근대 아시아
시장과 조선

개항·화상·제국

저자

이시카와 료타(石川亮太)_1974년 일본 시즈오카현(靜岡縣) 출생. 오사카(大阪)대학 문학부를 졸업 후, 동대학교 대학원에서 석사·박사과정을 졸업했다. 사가(佐賀)대학 교수를 거쳐 현재 리쓰메이칸대학 경영학부 교수로 근무하고 있다. 전공은 근대 동아시아 경제·경영사이다. 저서로는 『朝鮮史研究入門』(공저, 名古屋大学出版会), 『帝国日本の移動と動員』(공저, 大阪大学出版会) 등이 있다.

역자

최민경(崔瑉耿)_부경대 인문사회과학연구소 HK교수
권기수(權奇洙)_신라대 국제지역학부 교수
전성엽(全成燁)_인제대 국제어문학부 교수
조영호(曹永湖)_동의대 일어일문학과 교수

근대 아시아 시장과 조선 개항·화상·제국

초판인쇄 2020년 12월 20일　**초판발행** 2020년 12월 30일
지은이 이시카와 료타　**옮긴이** 최민경·권기수·전성엽·조영호
펴낸이 박성모　**펴낸곳** 소명출판　**출판등록** 제13-522호
주소 06643 서울시 서초구 서초중앙로6길 15, 2층
전화 02-585-7840　**팩스** 02-585-7848　**전자우편** somyungbooks@daum.net　**홈페이지** www.somyong.co.kr

값 51,000원　ⓒ소명출판, 2020
ISBN 979-11-5905-443-3　93910

이 책은 2017년 대한민국 교육부와 한국연구재단의 지원을 받아 수행된 연구임(NRF-2017S1A6A3A01079869).

부경대학교 인문사회과학연구소
해역인문학 번역총서 ╱ **04** ╱

근대 아시아
시장과 조선
개항·화상·제국

이시카와 료타 지음 | 최민경·권기수·전성엽·조영호 옮김

Modern Asian Market and Chosun :
Opening port, Chinese merchant, Empire

일러두기

· 인용문 중 ……는 생략, [ ] 속에는 인용자가 보충한 것을 나타낸다.

· 한자는 원칙적으로 일본의 상용한자로 고쳤다.

· 한문 사료 인용의 경우 본문에 현대 일본어 번역을 먼저 기재하고 이에 대응하는 원문을 [주]에 표기하였다. 인용문 중, □은 불명확한 글자이며 아라비아 숫자는 소주(蘇州)식 숫자를 가리킨다. 소주식 숫자는 중국의 전통적 상업문서에 쓰이는 숫자이며 이 책에서는 제2부에서 이용한 동순태 문서에 자주 나타난다.

· 문어체를 사용한 일본어 사료를 인용할 때는 한자와 히라가나를 섞은 문장으로 고치고 탁점과 구두점을 보충했다. 또한 1900년 이전 사용된 변체가나(変体かな)는 일반적인 가나로 고쳤다.

· 사료 출처 중 '사관당안(使館檔案)'은 중앙연구원 근대사연구소(中央研究院 近代史研究所) 당안관 소장인 주한사관보존당안(駐韓使館保存檔案)을 가리킨다. 이 사료에 대해서는 제4장을 참조하기 바란다.

· 연구문헌의 인용에 있어서 본문의 주에서는 저자명과 발표연도만을 나타내고, 서지 전체는 권말의 문헌 일람에 별도로 표기하였다. 또한 저자명을 한글로 나타낸 것은 한글문헌, 한자로 나타낸 것은 일본어 또는 중국어문헌이며, 동일 저자의 문헌이라도 이 원칙에 따라 구분하였다. 또, 일본어문헌 중 저자명이 조선 또는 중국명이며 읽는 방법이 분명한 것은 [ ] 안에 가나로 읽는 방법을 보충하고, 문헌 일람에서도 가나 순서로 배열했다. 예) 姜德相[かん・とくさん(강덕상)](1962).

· 본문의 날짜는 원칙적으로 서기(그레고리력)이며 필요에 따라 ( )에 음력을 보충했다. 단, 제6장, 제7장은 사료와 대조하기가 편하기 때문에 본문 중에서도 음력을 이용했다. 참고로 조선정부는 1896 (건양원)년 1월 1일부터 그레고리력을 채택했다.

발간사

　부경대학교 인문사회과학연구소와 해양인문학연구소는 해양수산 교육과 연구의 중심이라는 대학의 전통과 해양수도 부산의 지역 인프라를 바탕으로 바다를 중심으로 하는 인간 삶에 대한 총체적 연구를 지향해 왔다. 바다와 인간의 관계에서 볼 때, 아주 오랫동안 인간은 육지를 근거지로 살아왔던 탓에 바다가 인간의 인식 속에 자리잡게 된 것은 시간적으로 길지 않았다. 특히 이전 연근해에서의 어업활동이나 교류가 아니라 인간이 원양을 가로질러 항해하게 되면서 바다는 본격적으로 인식의 대상을 넘어서 연구의 대상이 되었다. 그래서 현재까지 바다에 대한 연구는 주로 과학기술이나 해양산업 분야의 몫이었다. 하지만 인간이 육지만큼이나 빈번히 바다를 건너 이동하게 되면서 바다는 육상의 실크로드처럼 지구적 규모의 '바닷길 네트워크'를 형성하게 되었다. 그리고 이 해상실크로드를 따라 사람, 물자, 사상, 종교, 정보, 동식물, 심지어 병균까지 교환되게 되었다.

　이제 바다는 육지만큼이나 인간의 활동 속에 빠질 수 없는 대상이다. 바다와 인간의 관계를 인문학적으로 점검하는 학문은 아직 정립되지 못했지만, 근대 이후 바다의 강력한 적이 인간이 된 지금 소위 '바다의 인문학'을 수립해야 할 시점에 이르렀다. 하지만 바다의 인문학은 소위 '해양문화'가 지닌 성격을 규정하는 데서 시작하기보다 더 현실적인 인문학적 문제에서 출발해야 한다. 그것은 한반도 주변의 바다를 둘러싼 동북아 국제관계에서부터 국가, 사회, 개인 일상의 각 층위에서 심화되고 있는 갈등과 모순들 때문이다. 이것은 근대 이후 본격화된 바닷길 네트워크를 통해서 대두되었다. 곧 이질적 성격의 인간 집단과 문화가 접촉, 갈등, 교섭해 오면서 동양과 서양, 내셔널과 트랜스내셔널, 중앙과 지방의 대립 등이 해역海域 세계를 중심으로 발생했던 것이다.

다시 말해 해역 내에서 인간(집단)이 교류하며 만들어내는 사회문화와 그 변용을 그해역의 역사라 할 수 있으며, 그 과성의 축적이 현재의 상황으로 나타난다고 할 수 있다. 따라서 해역의 관점에서 동북아를 고찰한다는 것은 동북아 현상의 역사적 과정을 규명하고, 접촉과 교섭의 경험을 발굴, 분석하여 갈등의 해결 방식을 모색토록 하며, 향후 우리가 나아가야 할 방향을 제시해주는 하나의 방법이라고 할 수 있다. 개방성, 외향성, 교류성, 공존성 등을 해양문화의 특징으로 설정하여 이를 인문학적 자산으로 상정하고 또 외화하는 바다의 인문학을 추구하면서도, 바다와 육역陸域의 결절 지점이며 동시에 동북아 지역 갈등의 현장이기도 한 해역을 연구의 대상으로 삼아 실제적으로 현재의 갈등과 대립을 해소하는 방안을 강구하고, 나아가 바다와 인간의 관계를 새롭게 규정하는 '해역인문학'을 정립할 필요성이 여기에 있다.

이러한 인식 하에 본 사업단은 바다로 둘러싸인 육역들의 느슨한 이음을 해역으로 상정하고, 황해와 동해, 동중국해가 모여 태평양과 이어지는 지점을 중심으로 동북아해역의 역사적 형성 과정과 그 의의를 모색하는 "동북아해역과 인문네트워크의 역동성 연구"를 제안한다. 이를 통해 우리는 첫째, 육역의 개별 국가 단위로 논의되어 온 세계를 해역이라는 관점에서 다르게 사유하고 구상할 수 있는 학문적 방법과 둘째, 동북아 현상의 역사적 맥락과 그 과정에서 축적된 경험을 발판으로 현재의 문제를 해결하고 향후의 방향성을 제시하는 실천적 논의를 도출하고자 한다.

부경대 인문한국플러스사업단이 추구하는 소위 '(동북아)해역인문학'
은 새로운 학문을 창안하는 일이다. '해역인문학' 총서 시리즈는 이와
관련된 연구 성과를 집약해서 보여줄 것이고, 또 이 총서의 권수가 늘어
가면서 '해역인문학'은 그 모습을 드러낼 수 있을 것으로 기대한다. 끝
으로 '해역인문학총서'가 인간과 사회를 다루는 학문인 인문학의 발전
에 기여할 수 있는 하나의 씨앗이 되기를 희망한다.

부경대 인문한국플러스사업단 단장 손동주

한국어판 서문

　많은 한국 연구자와 친구들의 도움을 받아 이뤄낸 연구결과를 한국어로 출판하게 되어 매우 기쁘게 생각한다. 출판에 힘써주신 모든 분들께 진심으로 감사의 말씀을 전한다.

　이 책은 개항기 조선을 둘러싼 화상華商(중국인 상인)의 상업 네트워크에 주목함으로써 조선이 동아시아 국제시장 속에서 어떻게 자리매김했으며 일본과의 관계는 이에 어떠한 영향을 끼쳤는지 고찰한 것이다.

　이 책의 초출 논문은 10년 이상에 걸쳐 발표되었고 그 결과, 분석시각이 반드시 일치하지는 않는다. 그러나 돌이켜 보면 거의 일관되게 개항기 조선을 둘러싼 '공간'의 문제에 관심을 가져온 것 같다.

　조선 개항 후 대외관계의 전개 과정에 대해서 적어도 경제사에서는 (아마도 정치사 등에서도 마찬가지일 것이다) 조선이 뚜렷한 윤곽선을 지닌 영역국가라는 전제하에 다른 국가와의 관계를 양국관계의 틀 속에서 묘사하는 경우가 많았다. 그러나 실제로는 동아시아 국가 간 관계는 서로 연동된 다각적인 관계였고, 이러한 관계를 통해 공유된 개항장 체제는 서양 상인뿐만 아니라 아시아 상인 또한 활약할 수 있는 무대가 되었다. 이 무대에서 그들이 연결한 사람, 상품, 화폐의 네트워크는 국가가 설정한 경계를 넘어 각각의 공간에서 독자적인 순환을 만들었다.

　그리고 이러한 측면을 분석하여 얻은 조선의 이미지는 결코 윤곽이 뚜렷한 균일한 영역은 아니었다. 그래픽 소프트웨어에서 다양한 층layer을 겹치게 함으로써 형태를 알 수 있는 무늬나 디자인처럼, 넓고 좁은 다양한 '공간'이 겹치면서 희미하게 그려지는 조선의 모습이 나에게는 신선했고 주요 관심 대상이었다.

　물론 이와 같은 발상을 독자적으로 이끌어낸 것은 아니다. 1980년대부터 1990년대에 걸쳐서 일본의 경제사학계에는 '아시아 교역권론'이라는 연구시각이 등장하여 19세기 '서양의 충격' 이후의 아시아 경제사를 어떻게 그려야 할지 논의하기 시작했다. 이 책의 서장에서도 '아시아 교역권론'에 대해서 언급했기 때문에 자세한 내용은 생략하지만, '아시아 교역권론'에서는 중국을 중심으로 하는 전통적인 국제질서, 아시아 상인의 국경을 넘나드는 네트워크, 생활양식의 공통성을 기반으로 한 아시아 내 무역의 확대 등에 주목함으로써 아시아 각 지역이 서구열강에 종속하는 형태로 세계시장에 포섭되었다는 기존 이미지를 깼다. 그리고 결과적으로 아시아 전체가 상대적으로 자립한 지역시스템을 형성하면서 독자적인 성장 궤도를 밟았다는 역사상(像)이 밝혀졌다. 이 논의는 마침 당시의 일본 역사학계를 휩쓸고 있던 국민국가의 재검토라는 과제와도 맞물려 국경을 넘나드는 사람, 상품, 화폐의 움직임을 가시화한 많은 연구성과를 낳았다.

　'아시아 교역권론'이 제기한 논점 중 일부는 현재 일반적으로 받아들여지고 있지만, 일부는 비판의 끝에 부정되고 다른 일부는 잊혀졌다. 그러나 '아시아 교역권론'을 계기로 많은 연구자들이 국경을 전제로 하지 않는 유연한 대상 공간을 설정하기 시작했고 이는 이후에도 일본의 아시아 경제사 연구를 특징지어 왔으며, 최근의 지구사global history 수용에도 영향을 미치고 있다. 1990년대 학창 시절을 보낸 한 사람으로서 이러한 일본 경제사학계의 흐름에 큰 자극을 받았음은 부인 할 수 없다.

　그런데 '아시아 교역권론'은 근대 아시아 지역시스템의 형성을 강조함과 동시에 그 속에서 일본이 어떤 위치를 차지하였는지를 묻는 것이기도 했다. 구체적으로 말하면 이 논의에서는 19세기 일본의 공업화가 '서양의 충격'에 대한 대응일 뿐만 아니라 아시아시장과의 관계를 통해 성립되었음을 강조했다. 일본과 아시아의 거리를 헤아리는 것은 일본의 아시아연구의 전통적인 과제라고 할 수 있지만, 특히 1980년대 들어 이 문제가 제기된 배경에는 모두에게 명명백백하게 다가온 아시아의 공업화가 있었다. 일본이 '아시아에서 유일하게' 공업화에 성공한 이유에 대하여 일본의 특수성을 강조하는 논의는 빠르게 설득력을 잃었으며 일본의 공업화도 아시아 전체의 장기적인 역동성 속에 자리매김해야한다는 의견이 나오기 시작했다.

바꾸어 말하자면 '아시아 교역권론'은 아시아와의 거리를 다시 헤아리고 고민할 수밖에 없어진 20세기 말 일본이라는 특정 장소와 시대상황의 산물이었던 것이다. 따라서 그러한 논의의 연장선에 있는 이 책이 비록 한반도를 연구 대상으로 삼고는 있지만 한국 역사학계와 얼마나 많은 관심을 공유할 수 있을지 조금 걱정이 된다. 저자가 미처 생각하지 못한 새로운 문제를 비판적인 독자가 발견하고 도움을 주었으면 하는 바람이 있다.

한편 앞서 언급한 역사 서술의 '공간' 설정이라는 과제는 한국 역사학계에서도 관심이 있을 것이라고 기대한다. 통일에 큰 관심을 가져온 한국의 역사학계에게 있어서 기존의 국가 영역에 기반을 둔 사고로부터 해방되어 더 자유로운 공간에서 역사를 그려내는 것이 반드시 최우선 과제가 아니었음은 알고 있다. 그러나 한국은 (내가 보기에는) 이제 일본보다 훨씬 빠른 속도로 글로벌화 중이다. 상품과 자본뿐만 아니라 적지 않은 사람들의 생활세계 자체가 국경을 넘나들며 전개하는 상황에서 한국사회를 둘러싼 '공간'과 그 역사적 변화라는 주제는 충분히 검토할 만한 가치가 있는 것이 아닐까 싶다. 이 책을 쓴 저자의 입장에서 보면 한국사회의 개방성은 근래에 와서 처음 나타난 것은 아니기 때문이다.

그리고 이러한 질문의 대상은 더 이상 공업화 같은 '대문자의 역사' 뿐만 아니라 사람들의 삶을 둘러싼 다양한 문제가 될 것이다. 이 서문을 쓰고 있는 2020년 5월 현재, 전 세계가 COVID-19의 맹위 앞에 꼼짝 못하고 있다. 한국 사람들이 이를 극복하기 위해 노력하는 모습은 물리적 이동이 차단된 상황에서도 인터넷을 통해 매일 일본에 전달되고 있다. 머지않아 새롭게 일상으로 돌아가면 바이러스가 어떻게 국경을 넘어 확산되었는지, 사람들은 어떻게 대처했는지, 그리고 그러한 대처에 한국사회의 역사적 경험이 어떻게 반영되었는지 등의 문제가 학계의 관심사가 될 것이다.

물론 이는 일본에서도 마찬가지일 것이다. 한국 학계와 관심사를 공유하면서 논의에 깊이를 더 할 수 있기를 간절히 바란다. 일본 학계에게 있어서 한국 학계와의 대화는 역사 수정주의를 짊어지고 망령처럼 힘을 얻고 있는 '일본특수론'에 다시 빠지는 것을 피하면서 일본사회의 개성을 주변국과의 비교나 관련성을 통해 다시 생각할 수 있는 기회가 될 것이다.

이 책을 집필하는 데 많은 한국 친구들의 도움을 받은 사실은 원저 '후기'에서 언급한 대로이며 책이 출판된 후 이 사실을 매우 기뻐해 준 사람들 또한 그들이었다. 일본어가 모국어인 사람에게도 (저자의 표현력이 미숙하여) 이 책을 읽어 나가는 데는 상당한 인내심이 필요하다. 그럼에도 불구하고 한국에서 이 책을 선택하여 세미나를 기획하거나 서평을 써준 친구들에게 진심으로 감사의 말을 전한다. 이러한 교류를 통해 나의 연구에 대한 지적사항과 비판을 접하게 되면 바로 이것들이 새로운 연구를 추진하는 원동력이 된다. 마지막으로 이 책의 번역과 출판이라는 어려운 작업을 결정하고 실행해 옮겨준 부경대 인문사회과학연구소와 소명출판의 모든 분들께 진심으로 감사드린다. 이 책이 한국에서 새로운 친구를 만들고 교류해 나가는 데 도움이 되기를 진심으로 바란다.

이시카와 료타石川亮太

차례

발간사 3
한국어판 서문 6

서장 **근대 아시아 시장 속에서의 조선 개항**
화상을 통한 접근 17
1. 개항기 국제상업에 대한 시각 22
2. 화인의 광역활동과 조선 41
3. 조선에서의 화인활동과 청조 56
4. 이 책의 접근 방법과 구성 61

제1부/ **조선 개항과 화상 네트워크의 확장**

제1장 **개항장을 둘러싼 이동과 제도의 대립** 75
부산의 일본 거류지와 화인 거주문제
1. 부산 개항과 일본 거류지 설치 77
2. 덕흥호 사건과 청국 거류지 성립 87
3. 일본의 대응―각국 거류지 안을 중심으로 108

제2장 **조선 거주 일본인 상인과 화상으로부터의 자립** 122
해산물의 대중수출과 관련하여
1. 조선 개항 직후의 다와라모노 해산물(1867~1880년대 전반) 124
2. 일본인 통어와 생산·유통구조의 변화(1880년대 중반~) 128
3. 부산의 일본인 상인에 의한 직수출 활동 138
4. 청일전쟁 이후의 생산·유통구조 155

제3장 **전통적 육로무역의 연속과 재편** 161
1880년대 홍삼 수출과 화상
1. 초상국 차관과 유증상 어음 163
2. 개항기의 홍삼 관리체제와 '국왕의 홍삼' 174
3. 육로 국경 무역의 변화와 상인의 대응 183

제4장 **화상의 조선인 대상 거래와 분쟁 처리** 201
서울에서의 소송 사례로부터

1. 사료의 성격─주한사관보존당안에 대하여　　　　　　205
2. 서울에서의 소송절차 개요　　　　　　　　　　　　211
3. 화상과 조선인 상인 사이의 거래 형태　　　　　　221
4. 분쟁의 계기와 처리　　　　　　　　　　　　　　239

제2부/ 조선 화상의 무역과 다각적 네트워크─광동상호 동순태의 사례 분석

제5장 동순태의 설립과 네트워크 형성　　　　　　　　260
1. 담걸생의 조선 도항과 동순태 설립　　　　　　　266
2. 담걸생의 인맥과 동순태의 거래 관계, 조직　　　272
3. 설립 당시 조선인 상인과의 관계　　　　　　　291

제6장 동순태의 상해무역과 결제시스템　　　　　　　298
청일전쟁 이전 시기를 중심으로
1. 동순태의 수입무역─발송계산서로부터　　　　　300
2. 동순태의 수출무역─매출계산서로부터　　　　　323
3. 동태호와 동순태 사이의 결제 및 대차관계　　　340
4. 화상 간 경쟁과 네트워크의 기능　　　　　　　364

제7장 동순태의 내지통상 활동과 배경　　　　　　　375
1. 내지로의 점원 파견과 수출품 매입　　　　　　379
2. 수출품 매입과 경영상의 의의　　　　　　　　390
3. 조선의 재래 상업체제와 내지통상　　　　　　400

제8장 깊어지는 조일관계에 대한 대응　　　　　　　420
청일전쟁 이후의 동순태
1. 청일전쟁에 대한 대응과 모색　　　　　　　　422
2. 청일전쟁 후의 무역활동　　　　　　　　　　430
3. 내지통상의 전개와 쌀 매입　　　　　　　　　440
4. 동순태의 상해 송금과 조일관계　　　　　　　459

보론 동순태 문서에 대하여 479

   1.『동태래신』에 대하여 481

   2.『동순태왕복문서』에 대하여 483

   3.『진구각화창구단』,『갑오년각준래화치본단』,『을미래화치본』,

     『동순태보호기』에 대하여 486

제3부/ **제국으로의 포섭, 제국으로부터의 이탈**—러일통화의 광역 유통과 화상

제9장 **근대 아시아 시장 속의 조선 지방경제** 496

    루블지폐의 광역 유통으로부터

   1. 함경지방의 지리적 조건, 그리고 러시아와의 관계 499

   2. 루블지폐의 유입과 원산 화상 503

   3. 만주에서의 루블지폐 유통 513

   4. 러청은행의 루블지폐 매입 520

   5. 지방경제 속에서의 루블지폐 525

   6. 조선의 식민지화와 루블지폐의 종언 529

제10장 **일본의 만주 통화정책 형성, 그리고 상해와의 관계** 540

    러일전쟁 군표의 유통 실태

   1. 러일전쟁 군표 제도의 개관 543

   2. 만주에서의 군표 유포와 영구로의 집중 547

   3. 군표를 통한 상해 송금과 금은 관계 552

   4. 상해와의 외환 거래 시작 564

   5. 군표를 둘러싼 광역적 투기와 조선 571

   6. 군표정책의 마지막—중국 본토로의 유출허용과 금엔 연결 포기 578

제11장 **식민지화 전후이 조선 화상과 상해 송금**   590
　　　 조선은행권 순환에 미친 영향
　　　 1. 러일전쟁 후의 화인 사회와 화상   592
　　　 2. 대중무역과 화상의 거래 및 결제 방법   601
　　　 3. 신해혁명에 대한 조선 화상의 대응   618
　　　 4. 조선의 유통과 금융에 미친 영향   629

제12장 **1910년대 간도의 통화 유통시스템**   637
　　　 조선은행권의 만주 유포와 지방경제 논리
　　　 1. 제1차 세계대전 이전 간도에서의 통화 유통   640
　　　 2. 제1차 세계대전기의 조선은행권 유입과 지방경제   654

종장　**조선 개항기의 역사적 위상**   664
　　　 화상 네트워크가 만드는 '지역'

　　　 역주   680
　　　 참고문헌   686
　　　 초출일람   701
　　　 후기   702
　　　 역자 후기   707

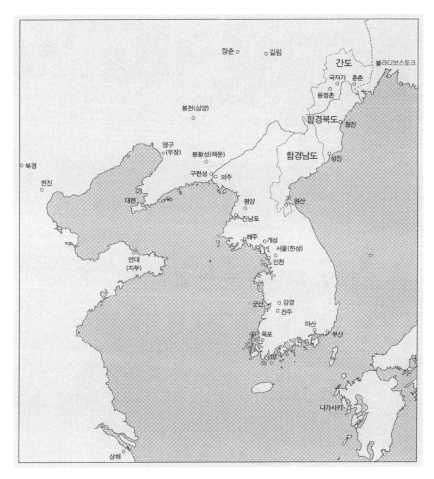

관련 지도(20세기 초)

근대 아시아 시장 속에서의 조선 개항

화상을 통한 접근

16세기 말부터 17세기 전반에 걸쳐 남쪽의 일본과 북쪽의 여진으로부터 두 번씩 침공당한 조선은 중화의 지배자가 된 여진, 즉 청의 조공국이 되는 한편, 일본에 새로 성립한 에도막부江戸幕府와는 대등한 입장에서 국교를 회복했다. 조선은 이후 200년에 걸쳐 이 두 나라하고만 외교 관계를 유지하였다. 이러한 동아시아 차원의 정치 변동은 16세기 후반 이 지역을 휩쓴 국제상업 붐을 배경으로 한 것이었는데,[1] 청과 에도막부는 17세기 중반부터 각각의 방법으로 해상무역과 사람의 이동을 관리하며 질서를 회복하려고 했다.[2] 이는 지리적으로 청과 에도막부의 사이에 있었던 조선도 마찬가지였으며 청과 일본(쓰시마번對馬藩)을 상대로 장소, 참가자 그리고 상품을 한정한 무역을 했다.[3]

---

1 岩井茂樹(1996)는 '변연(邊緣)의 경제 붐'이라는 말로 표현한다.
2 17세기 동아시아 삼국이 구축한 통교 관리시스템의 공통성과 이질성을 둘러싼 논의는 지금까지 이루어져 왔다. 단, 조선이 그중에서 어떠한 위치에 있었는지는 여전히 충분히 논의되지 않은 것 같다. 渡邊美季·杉山清彦(2008), 121쪽.

그런데 동아시아의 이러한 상황은 19세기 중반부터 개항장을 통한 자유무역이 시작되면서 다시 전환되었다. 전환의 배경이 된 국제관계 질서 혹은 논리의 변화에 대해서는 다양한 해석이 이루어지고 있다.[4] 하지만 굳이 양적인 측면에만 주목하자면 개항장이라는 장치와 그곳에 집중된 근대적인 교통, 통신 등 사회기반시설infrastructure을 통하여 동아시아 무역은 급격하게 증가하였고 이는 각국의 경제, 사회에 큰 변화를 가져왔다.

조선의 경우 1876년 조일수호조규朝日修好條規의 체결이 '개항'의 기점이 되었다. 이후 한동안 조선의 조약 체결국은 일본 한 나라에 국한되었으나, 1882년 미국을 시작으로 서양 여러 나라들과도 차례대로 조약을 체결하였으며 같은 해인 1882년에는 종속관계를 유지한 채 ─ 주권국가 간의 조약이 아닌 황제의 은혜로 ─ 조중상민수륙무역장정朝中商民水陸貿易章程1)이 제정되었고 청과도 개항장을 통한 이동과 무역을 인정받았다.[5] 1876년 당시 조선의 개항장은 일찍이 대일무역의 거점이었던 부산항 한 곳이었으나 1894년 청일전쟁까지 원산과 인천 2개 항이 추가되었고 1910년까지 더욱 증가하여 10개 항이 되었다.[6] 이러한 제도적 변화를 배경으로 실제 무역액도 급증했다. 〈표 서-1〉은 조선해관의 무역통계가 공식적으로 발간되기 시작한 1885년 이후부터[7] 보호국기保護國期

---

3   조선 후기 외교무역체제의 개요에 대해서 糟谷憲一(1992), 224~231쪽.
4   하마시타 다케시(濱下武志)의 조공시스템론과 이에 대한 비판을 염두에 두고 있다. 논의의 요점을 비판적인 입장에서 정리한 것으로 岩井茂樹(2010), 岡本隆司(2010).
5   糟谷憲一(1992), 231~243쪽에 개략적인 개국 과정이 정리되어 있다.
6   순서대로 기술하면 다음과 같다. 원산─1880년 5월, 인천─1883년 1월, 목포·진남포─1897년 10월, 군산·마산·성진─1899년 5월, 용암포─1904년 2월, 청진─1908년 4월.
    조선의 개항장과 거류지에 대하여 奧平武彦(1937), 손정목(1982), 高秉雲(1987)이 전체상을 그린다. 부산과 원산, 인천의 개항 교섭에 대해서는 田保橋潔(1940)가 현재로서는 가장 상세하다.
7   조선 개항기의 무역통계는 작성 기관과 기준이 다른 것이 복수 존재하여 단순히 이들을 연결시켜 검토할 수는 없다. 이들 통계자료는 충분히 조사되지 않았지만 堀和生·木越義則(2008)

〈표 서-1〉 개항기 조선의 무역액, 상대별(1885~1906)(천 엔)

연도	수입 (상품)			수출 (상품)			수출 (금)	
	일본	중국	기타	일본	중국	기타	일본	중국
1885	1,370	301	1	378	9	1	n.a.	n.a.
1886	2,021	439	14	488	16	0	912	219
1887	2,072	733	11	784	19	2	1,178	210
1888	2,179	848	20	785	72	10	1,025	349
1889	2,285	1,086	7	1,122	110	2	608	374
1890	3,071	1,652	5	3,475	71	4	275	475
1891	3,204	2,044	8	3,220	136	10	273	416
1892	2,542	2,051	5	2,272	150	22	367	486
1893	1,949	1,906	25	1,543	134	21	425	494
1894	3,647	2,065	120	2,051	162	99	639	295
1895	5,839	2,120	130	2,366	92	24	953	400
1896	4,294	2,159	78	4,396	264	68	803	587
1897	6,432	3,536	100	8,090	736	148	948	1,087
1898	6,771	4,929	117	4,523	1,130	57	1,193	1,183
1899	6,658	3,471	99	4,205	685	87	2,049	884
1900	8,241	2,582	117	7,232	1,969	239	3,065	568
1901	9,052	5,618	27	7,402	800	260	4,857	136
1902	8,689	4,832	20	6,550	1,536	231	5,004	60
1903	11,555	5,359	1,306	7,600	1,549	329	5,456	0
1904	19,007	5,053	2,745	5,697	1,233	3	4,999	11
1905	23,562	5,945	2,452	5,390	1,502	13	5,205	2
1906	22,914	4,105	2,635	6,917	700	516	4,602	64

주 조선해관의 간행물은 1901년까지는 멕시코달러 표시, 1902년부터는 엔 표시이다. 단, 멕시코달러 표시는 실제로는 엔 표시로
바뀌어도 무방하다(堀和生·木越義則(2008), 24쪽). 수출은 국산품만, 수입은 외국상품만을 나타내며 재수출을 제외한
순수입액을 표시한다. n.a.는 값을 얻을 수 없음을 나타낸다.
출처 1885~1893년은 중국해관연보 부록(China Imperial Maritime Customs, *Returns of Trade and Trade Reports*, Appendix 2, Corea)
각 연도, 1894~1903년은 조선해관연보(Korea Imperial Maritime Customs, *Returns of Trade and Trade Reports*) 1903년판.
1904·1905년은 조선해관연보의 1905년판, 1906년은 조선해관연보의 1906년판에 의한다. 또한 전자는
『조선해관연보』(아시아문화사, 1989)의 영인을, 후자는 원본(1901·1903·1905·1906년판은 한국 국립중앙도서관 소장,
1904년판은 서울대 중앙도서관 고문헌실 소장)을 이용했다.

가 기본적인 정리를 시도하였다. 여기에서는 대략적인 경향을 파악하면 되기 때문에 자료가
계속해서 존재하는 조선해관의 수치만을 제시했다.

인 1906년까지의 무역 상황을 나타낸다. 이 간략한 표만 보아도 조선의 무역이 가파른 상승세를 탔음을 알 수 있다.[8]

이 책에서는 1876년 개항으로부터 러일전쟁 후 일본의 보호국이 되기까지의 시기를 조선의 개항기라고 한다. 개항기 조선에 있어서 최대의 무역상대국은 계속해서 일본이었다. 대일무역은 규모가 커졌을 뿐만 아니라 내용면에서도 면직물 등 일본제 공업제품과 조선의 식량품(쌀, 콩)의 교환이라는 전형적인 수직 분업 형태가 보호국화 시점에서 이미 확립되어 있었다.[9] 무라카미 가쓰히코村上勝彦는 이와 같은 조일무역의 구조를 '면미분업체제綿米分業體制'라고 표현하고, 청일전쟁 후를 기점으로 러일전쟁 이후 형태를 갖췄으며 식민지 시기에 이르러 공고화·전면화되었다고 분석한다.[10]

그런데 이러한 지적과 관련하여 다음과 같은 2개의 문제에 유의해야 한다. 하나는 시장환경(제도나 사회기반시설)이 미정비 혹은 유동적이었던 이 시기에 무역을 생산 차원의 분업 형성 과정으로만 보는 것은 불충분하며 유통을 실제 담당했던 상인들이 제약된 환경 아래에서 어떻게 무역을 실현했는지를 밝혀야 한다는 것이다.[11] 또 하나는 개항기 무역

---

8 堀和生·木越義則(2008)가 추산한 개항기의 실질 무역액에 의하면(1910년 기준, 같은 논문의 부표 5), 조선의 대략적인 수출액은 1877년을 100으로 했을 때 1893년에는 2387, 1903년에는 8625가 되었다. 대략적인 수입액의 증가폭은 더욱 커서 1877년을 100으로 하면 1893년에 4421, 1903년에는 16588에 달했다.

9 개항기 조선의 무역구조를 분석한 堀和生(2013)은 일본이 무역에서 우위를 점하게 된 조건을 "첫 번째는 개항을 일본이 주도하고 그 후에도 강한 정치적 영향력을 계속 행사한 것, 두 번째는 조선은 서양에서 관심을 가진 차나 생사(生糸)와 같은 세계 상품을 가지고 있지 않았다는 것, 세 번째는 일본이 산업혁명을 이루어 공업품 수출국으로 급변모해 간 것"이라고 정리한다(111쪽). 거시적인 분업 형성의 배경으로 본다면 타당한 지적일 것이다.

10 村上勝彦(1975), 249~250쪽.

11 石井寬治(1984)는 막부 말 개항기의 일본이 '외압'에 어떻게 대응했는지를 생각할 때 (권력이나 민중의 대응에 맞추어) '외압'과 직접 맞서는 입장에 있었던 상인의 동향= 상인의 대응을

을 식민지화에 이르는 과정으로서 조선과 일본 두 나라의 관계 속에서만 이해해도 좋은가라는 문제이다. 조선이 최종적으로는 "일본에 의한 대외관계의 독점적인 매개와 장악"하에서 한일병합에 이르렀다고 해도[12] 그것이 처음부터 예정된 것은 아니었다. 개항기 조선을 둘러싼 다각적인 무역 환경의 구조를 밝히고 조일무역도 그중 하나로 상대적인 평가를 해야 할 것이다.

위와 같은 문제를 염두에 두고 이 책에서는 개항기의 외국무역에 있어서 일본인 상인의 가장 유력한 경쟁자였던 화인 무역상, 즉 화상華商에 주목한다. 대중무역을 축으로 화상의 상업활동의 실태를 밝히고 그것을 조건 지은 조선 내외의 다양한 요인 — 그 안에는 일본과의 관계도 포함된다 — 을 광역적인 관점에서 분명하게 밝힘으로써 개항기 조선과 국제시장의 관계에 대하여 하나의 실마리를 제시하려고 한다.

생각하는 것에 중요한 의미가 있다고 했다. 동시에 '외압'이라는 측면에 대해서도 당시의 미성숙한 국제시장에서는 선진국에서의 생산활동을 생각하는 것만으로는 불충분하고 이를 매개하는 무역 상인의 독자적인 역할에 주목할 필요가 있다고 했다.(2~3쪽) 조선 개항기의 국제상업을 거론하는 의의를 생각하는 데도 시사하는 바가 크다.

12 堀和生(2013), 126쪽.

1. 개항기 국제상업에 대한 시각

1) 조선 상업사에서의 개항기

개항기 대외무역에는 개항장을 통한 것 이외에도 중국 및 러시아와의 육로무역이나 연안 밀무역 등 여러 경로가 있었으며, 이는 지방에서는 상당한 의미를 지녔다. 그러나 여기에서는 개항장 무역에 일단 초점을 맞추고 몇 가지 관점에서 연구 과제를 정리해 보겠다.

우선 조선 상업사에서 개항기가 어떠한 평가를 받았는지를 알아보겠다. 그 당시 조선인 상인이 개항장을 통해 해외와 직접 거래하는 경우는 거의 없었고 무역의 대부분은 외국인 상인에 의해 이루어졌다. 서양을 대상으로 한 1차 상품을 생산하지 않았던 조선으로 도항渡航하는 서양인 상인은 매우 적었기 때문에 외국인 상인의 대부분은 일본인과 화인華人이었다.[13] 개항장에는 일본이나 중국과 마찬가지로 외국인의 거주와 영업을 위해 거류지居留地(조선에서는 중국처럼 '조계租界'라고 표현하였다)가 설치되었으며,[14] 내외상內外商의 거래는 그 거류지에서 이루어지는 경우가 많았다. 단, 조선의 경우, 내외상의 접촉은 이러한 (일본에서 말하는) 거류지 무역의 형태로만 볼 수 있었던 것은 아니다. 수도인 서울

---

13 서해안의 개항장인 인천의 무역액은 개항기 전체를 통틀어서 조선 최대였지만, 해관보고에 의하면 1893년 말의 상사(firm)의 수는 일본 : 15, 중국 : 14, 독일 : 2, 미국 : 1이고, 1903년 말에는 일본 : 103, 중국 : 25, 영국 : 3, 미국·프랑스·러시아 : 각 2, 독일 : 1이었다. 인구로 보면 1893년 말에 일본 : 2,504, 중국 : 678에 반해 서양 각국의 합계가 31명, 1903년 말에 일본 : 6,433, 중국 : 845에 대하여 서양 각국의 합계가 106명이었다. China Imperial Maritime Customs, *Returns of Trade and Trade Reports for 1893*, Appendix 2, Corea; Korea Imperial Maritime Customs, *Returns of Trade and Trade Reports for 1903*.

14 부산, 원산, 인천에는 일본 전관(專管) 거류지와 청나라 전관 거류지, 인천에는 이에 더해 각국 거류지까지 설치되었다. 청일전쟁 이후 개항한 여러 항에서는 기본적으로 각국 거류지만이 설치되었는데 마산에는 일본 전관 거류지도 설치되었다. 주 6)의 문헌 참조.

(한성)이 사실상의 잡거지雜居地로 외국인 거주와 영업에 열려 있었으며 이외에도[15] 내지통상권內地通商權,2) 즉 허가를 얻어 개항장 외에서 장사를 할 권리도 외국인들에게 인정되었다.[16]

조선사 연구에서 국제상업에 대한 관심은 외국인 상인들에 의한 무역활동 그 자체라기보다 위와 같은 여러 국면에서의 내외상 간 관계, 특히 조선인 상인의 대응이 중심이었다. 이러한 연구는 1980년대부터 한국을 중심으로 급속히 진전되었다. 조선인 상인의 경영사료는 거의 남아 있지 않지만, 그즈음부터 이용할 수 있게 된 왕조의 행정문서나 일본 영사보고의 면밀한 검토를 통해 개항장 무역에서 비롯된 국내 상업기구의 형성과 그 안에서의 조선인 상인의 활동에 대하여 많은 사실이 밝혀졌다.

이들 연구가 공통으로 주목했던 논점 중 하나는 내외상의 '상권商權', 즉 시장 주도권을 둘러싼 문제였다.[17] 외국인 상인, 특히 일본인 상인이 유통기구를 장악하는 과정과 조선인 상인의 다양한 맞대응 등이 거론되었다. 개항장 거류지 무역의 경우, 외상外商과의 거래에 응한 것은 개항장 객주라 불리는 상인들이며 내지(개항장 이외 지역) 조선인과의 거래를

---

15 서울 개방의 유래에 대해서는 손정목(1982) 제5장, 제6장이 상세하게 설명한다. 이 책 제4장의 서두에서도 그 경위를 간단하게 설명한다. 또한 1898년에는 평양도 잡거지로 개시(開市)되었다. 이에 대해서는 박준형(2013a).

16 내지통상권의 유래에 대해서는 주 104)에 대응하는 본문을 참조. 정확히 말하면 외국인은 거류지에서 조선의 리(里)로 10리 이내에서는 토지 가옥 구입이 가능하고(1883년 조영조약(朝英條約) 제4관 4), 또 조선 100리 이내는 자유롭게 여행이 가능한 간행리정(間行里程)이었다(1882년 조일수호조규 속약 제1관, 1884년에 실시). 내지통상권은 나아가 그 밖에서 허가를 얻어 상업활동이 가능한 권리라는 것이다. 조선의 1리는 약 400미터에 해당한다.

17 또 하나 중요한 연구사적 문맥은 개항기에 나타난 다양한 상인의 활동이 조선 후기까지 형성된 전통적인 상업체제 속에서는 어떻게 이해되는가라는 점이다. 이에 대해서는 이 책의 종장에서 다시 언급한다.

중개했다. 이병천에 의하면 이들은 개항장마다 상회사商會社 등으로 불리는 단체를 조직해 정부기관에 대한 납세와 맞바꾸며 중개독점권을 얻었다. 그러나 그러한 특권에도 불구하고 독립된 금융기관이 없었던 그들은 일본계 은행으로부터 지원받은 일본인 상인의 전대前貸에 의존함으로써 경영의 독립성을 잃어갔다는 평가를 받았다.[18]

또한 1890년대부터는 일본인 상인과 화상에 의해 내지통상이 활발해지고 규칙을 어겨가며 내지에 정착하는 사람도 나타났다. 이병천과 나애자가 이러한 상황에 관하여 검토하고 내지에서도 외국인 상인이 조선인 상인에 대한 전대 금융을 통해 유통 주도권을 쥔 점, 그리고 외국인 상인의 경우, 수출입품 모두 해관세 이외의 과세를 조약상 면제받았기 때문에 곳곳에서 상업세를 부담해야 했던 조선인 상인은 상대적으로 불리해진 점 등을 지적했다.[19] 한편 1889년부터 일어난 방곡령 사건도 이러한 내지통상과 함께 생긴 것이다. 지방관은 현지 소비 분량 확보와 징세를 목적으로 관행적으로 방곡(곡물유출 금지)을 해왔으며 외교문제에 이르지 않은 것을 포함하면 방곡을 둘러싼 외상과의 다툼은 곳곳에서 빈발했다.[20]

이러한 외국인 상인의 활동에 대하여 조선인 상인이 정치적 시위를 벌이기도 했다. 서울에서는 1887년부터 여러 차례에 걸쳐 외국인 상인의 서울 철수를 요구한 동맹 폐점(철시撤市)이 일어났다.[21] 또 청일전쟁 이후

---

18 이병천(1984), 홍순권(1985), 류승렬(1996)도 객주를 다룬 대표적인 연구로서 모두 특권 의존적인 성격을 강조한다.
19 이병천(1985), 나애자(1991). 무역품에 대한 내지과세 면제는 1883년의 조영조약 제5관 4에서 정해졌다.
20 吉野誠(1978) · (1993); 하원호(1985) · (1997).
21 관련 문헌은 이 책 제4장의 주 5) 참조.

인 1898년에는 서울 상인이 황국중앙총상회皇國中央總商會라는 단체를 결성하여 서울 및 내지에서 외국인 상인 배제를 정부에게 촉구했다. 가지무라 히데키梶村秀樹는 이를 민족적 상권자주운동으로 보고 강조했다.[22]

이처럼 개항기 내외상 간의 관계에 대해서는 외국인 상인 침투라는 외압에 대한 조선인의 대응이라는 측면이 강조되어 왔다. 그런데 이들 연구가 안고 있는 문제 중 하나는 외국인 상인의 실체가 분명하게 드러나지 않은 채 조선인 상인의 '대응'만이 거론되었고 따라서 '외압'의 내용도 분명치 않다는 점이다.[23] 외국인 상인의 활동을 뒷받침한 조건으로 자주 거론되는 것은 영사재판권,[3] 내지통상권, 내지과세 면제 등의 조약특권, 정기항로와 같은 사회기반시설이나 은행에 의한 근대적인 금융 서비스 등이지만 이들은 '불평등조약'으로 나타난 국가 간의 비대칭적인 관계와 관련지어 논해지는 일이 많고 그것이 상인들의 실제 활동 중에서 어떻게 기능했는가라는 문제는 자세하게 규명되지 않았다.[24]

예를 들어 내지통상권은 외국인 상인에게 중요한 권익이기는 했지만

---

22 梶村秀樹(1986), 이에 관한 연구로 신용하(1976). 가지무라(梶村)는 일본에서 개항기 경제사 연구의 제1인자로 조선경제의 내재적발전이 외압에 의해 제약되는 과정을 이론화하려고 했다. 洪宗郁(2010).

23 鵜飼政志(2002)는 막부 말 개항기의 정치사 연구에 대해 국제 환경의 구체적인 양상을 명확히 하지 않은 채 '외압'에 대한 일본 측의 대응에만 관심을 보여 왔다고 비판한다(서장). 주11)에 언급한 이시이 간지(石井寛治)의 지적과 함께 조선사에도 시사하는 점이 크다.

24 개항기 내외 상인의 관계에 초점을 맞춘 연구는 본문에서 소개한 1980~1990년대 논문이 중심을 이루는데 그 후에도 김태웅(2006)이나 하지영(2007), 오미일(2008) 등이 각각 새로운 사실을 밝혀냈다. 그리고 지금까지 거의 명확하게 알려지지 않았던 개항장 상인의 개별 예에 대해서도 이영호(2007)와 같은 연구가 나와 있다. 도시 연구와의 연계를 통해 개항장을 대립의 장으로 파악하는 것이 아니라 내외상 간의 질서 형성의 장으로 파악하는 견해가 강조되기도 했다(인하대 한국학연구소 편(2010) 등). 단, 이러한 새로운 연구라도 외국인 상인 측의 조건에 대하여 광역적인 시야에서 분석하려는 경향은 약하며 이는 해결되어야 할 문제로 남아 있다. 다만 이러한 경향 속에서도 예외적으로 개항장 금융을 동아시아적인 시야에서 검토한 김윤희(2012)의 연구는 주목할 만하다(이 책 제8장의 주 155) 참조).

필요조건에 지나지 않았던 것도 사실이며, 그들이 내지통상권을 어떠한 동기에 근거해 행사하고 자신의 경영에 자리매김했는지는 다시 논해야 할 문제로 남아 있다. 또한 일본계 은행에 의한 금융 서비스에 대해서도 그 서비스가 외국인 상인에게 지녔던 의미는 그들의 자금 조달이나 결제구조를 전체적으로 검토하는 과정에서 비로소 밝혀질 것이다.

그리고 이처럼 외국인 상인의 활동에 입각해 생각한다면 그것은 조선에서 완결되었던 것은 아니었기 때문에 조선인 상인과 맞대응한 상황에만 국한하여 논하는 것으로는 분명히 불충분하다. 국경을 넘나들며 이루어졌던 외국인 상인의 활동 전체상을 그것이 전체가 되었던 국제시장의 바람직한 모습과 함께 밝힐 필요가 있다. 나아가 조선에서의 내외상 관계에 대해서도 국제시장의 확산 과정의 일부로 파악해야 조선인 상인의 국제적 위상을 생각할 수 있는 단서가 마련되는 것은 아닐까.

2) 일본인 상인과 일본제국주의사

위에서 살펴본 외국인 상인의 활동에 초점을 맞춘 분석은 '조선사' 연구의 과제가 아니라는 의견도 있을 것이다. 그렇다면 외국인 상인 각각의 출신 국가로부터 접근한 연구는 이러한 과제를 직시해 왔다고 말할 수 있을까. 일본인 상인을 살펴보도록 하자. 일본인은 개항 당시 이미 부산에 쓰시마 출신자 커뮤니티를 형성하고 있었으며, 1910년에는 그 수가 17만 명에 이르렀다. 조선에 거주하는 일본인에 관한 연구는 1970년대부터 축적되어 많은 성과를 거두었다. 이들 연구는 일본의 제국주의적 팽창의 일환으로 조선에 거주하는 일본인을 자리매김하는 입장에서 시작되어,[25] 최근에는 개항장의 도시 형성사라는 시각에서 일본인

주민과 조선인 주민 간의 관계를 고찰한 연구도 볼 수 있게 되었다.[26]

　조선 거주 일본인 사회의 중심은 무역상이며 일본인 상업회의소나 거류민단 등을 통해 이들이 수행한 정치적, 사회적 역할에 대해서는 앞에서 거론한 것과 같은 연구에서 자세히 검토되었다. 그러나 이들의 상업활동 자체에 초점을 맞춘 연구는 드물다. 개항장의 일본인 상인은 경영과 자본 규모가 상대적으로 작은 현지 정착형 상점을 운영하는 경우가 많아 경영에 관한 사료를 거의 남기지 않았던 것이 직접적인 원인일 것이다. 일본의 조선 무역 거점이 나가사키長崎에서 오사카大阪로 이행하는 가운데 오사카와 관계가 있는 상인들의 진출이 늘어났다고 하지만[27] 이들이 일본과 구체적으로 어떻게 거래해 왔는지, 예를 들면 쌀이나 면직물 같은 주요 상품에 대해서도 거의 밝혀지지 않았다.[28] 따라서 일본인 상인의 상업활동에 대해서는 앞의 표현을 다시 사용하자면 현지에서 조선인과 마주한 쪽의 모습만 알 수 있는 것이다.

　한편, 일본인 상인의 대일무역을 뒷받침한 개항장의 사회기반시설이나 서비스에 대해서는 일정 정도 연구가 축적되어 있다. 이들 시설과 서비스는 일찍부터 일본정부 및 일본기업이 제공하였다. 예를 들어 일본계 은행은 1878년 부산에 제일국립은행第一國立銀行의 지점을 시작으로

25　초기의 대표적인 연구로 木村健二(1989)가 있다. 기무라(木村)는 개항기 조선에 거주한 일본인을 "일본제국주의의 사회적 기반"이라고 표현한다(209쪽).

26　조선 거주 일본인에 관한 연구는 많아 개항기로 한정해도 전부 언급할 수 없다. 본문에 언급한 것과 같은 경향을 대표하는 최근 연구로 조정민(2013), 인하대 한국학연구소·중국복단대학 역사지리연구중심(2015)이 있다.

27　山田昭次(1979).

28　귀중한 예외적 연구로 高村直助(1984)가 있는데 쵸긴(丁吟) 상점의 내부 사료를 가지고 1900년대의 조선용 면포 수출을 논했다. 그밖에도 木村健二(1999)는 회상록에 의거해서 일본인 상인의 개별적인 네트워크를 명확히 했다.

나가사키의 제18국립은행第十八國立銀行, 오사카의 제58국립은행第五十八國立銀行이 개항장에 점포를 개설하였다.[4] 무라카미 가쓰히코나 다카시마 마사아키高嶋雅明는 이러한 일본계 은행이 일본인 상인의 대일무역 금융이나 개항장의 일본계 통화 유통에 어떠한 역할을 했는지 검토했다.[29] 경영사료를 바탕으로 한 이들 연구는 정부의 대외 금융정책과 밀접하게 관련되면서도[30] 경영상 독자적인 입장에서 개항장 금융에 종사한 은행의 활동 실태를 밝힌다.

1970년대부터 1980년대에 집중적으로 이루어진 이러한 연구는 조선 거주 일본인에 관한 연구와 마찬가지로 일본제국주의의 출발점을 분명히 밝힌다는 관심에서 시작되었다. 그러한 의미에서 일본제국주의사 시점이라고 부를 수 있을 것이다. 무라카미는 일본의 '산업자본 확립'에서 '식민지권植民地圈 확보'가 갖는 중요성을 밝힌다는 입장을 명확히 내세웠다.[31] 일본에서 바라보는 조일관계에 관심을 둔 이 연구는 앞에서 언급한 조선사 연구와 직접적으로 함께 논의되지 않았다. 그리고 또 하나의 문제점은 일본에 의한 식민지화를 전제로 거기에 이르는 과정을 소급 적용하여 연구하는 방법을 통해 조일관계만을 따로 논하는 경향이 강했다는 것이다.[32] 조선을 둘러싼 광역적인 국제 환경 속에서 조일관계를 규정하는 것은 여전히 과제로 남아 있다.

---

29 村上勝彦(1973a)・(1973b); 高嶋雅明(1978).

30 조선의 금융정책에 대해서는 앞 주의 문헌 외에 波形昭一(1985).

31 村上勝彦(1975). 이러한 주장을 거슬러 올라가면 山田盛太郎『日本資本主義分析』(初版 1934)이 면업으로 대표되는 일본 산업자본의 확립에 있어서 조선 및 중국시장의 확보가 "기초적 조건"이었다고 논한 역사에 다다른다.

32 小風秀雅(1995)는 동아시아 해운 시장의 전체상 안에 일본 해운업을 자리매김하려 한 중요한 예외적 연구이다. 조선의 근대 해운업에 대해서도 대부분의 페이지를 할애하여 검토한다(이 책 5장).

3) 화상을 통한 접근

(1) 일본인 상인의 경쟁자, 화상

조선에서 활동한 외국인 상인 중, 일본인 상인 다음으로 많은 것은 화상이었다. 그 수는 정확하게 추산하기 어렵지만 어느 사료에 의하면 청일전쟁 직전인 1893년 조선 전체의 화인은 2,182명, 일본인은 8,871명이었다고 한다. 단, 서울만 보면 화인이 1,254명, 일본인이 779명으로 상황에 따라서는 화인이 더 많았던 경우도 있었다는 사실에 주의할 필요가 있다.(뒤에 수록한 〈표 서-6〉을 참조)

일본인 상인의 활동을 다룬 사료 중에는 종종 화상이 경쟁자로 등장한다. 〈표 서-1〉를 다시 보면 1880년대 말부터 대중 수입이 급증하여 1893년에는 대일 수입에 거의 필적하는 규모에 이른다. 대략적으로 대일무역은 일본인 상인, 대중무역은 화상에 의해 이루어졌다고 보아도 되며,[33] 이와 같은 무역 경향은 일본인 상인에 대한 화상의 급격한 추격으로 받아들여졌다. 때마침 조선을 둘러싼 청일간의 긴장이 고조되는 시기여서 양국 상인들의 경쟁은 어느 정도 그러한 정치적 정세와 관련지어 언급되었다.

양자의 경쟁 배경에 관해서는 무역구조를 보다 깊게 살펴볼 필요가 있다. 현대의 무역통계는 일반적으로 상품의 원산지와 소비지를 기준으로 상대를 구분하는데, 〈표 서-1〉이 근거로 한 조선해관통계에서는 상품의 최종 선적지와 최초 하역지를 기준으로 구분하였다. 이러한 구분상의 특징은 특히 조선의 수입에서 현저하여, 일본과 중국으로부터

---

33 동시대의 사료는 대체로 이와 같이 인식하며(예를 들어 鹽川一太郎, 『朝鮮通商事情』, 1894, 57~58쪽), 이 책에서 검토한 내용(특히 제2부)도 마찬가지이다.

의 수입이라고 되어 있는 것이 반드시 이 두 나라의 생산품은 아니었다. 오히려 영국제 면직물 등 제3국에서 재수입하는 품목이 많았으며 그 비중은 청일전쟁 직전에 조선 수입의 40%를 넘었다.[34] 대일수입의 경우, 중계 무역적 성격은 시기가 빠를수록 두드러져 〈표 서-1〉에 나타나 있지 않은 개항 직후에는 90% 가까이가 제3국 물품이 재수입이었다. 짐자 일본산 상품의 비율은 늘어났지만 1885년에도 여전히 절반이 제3국의 상품이었다.[35] 이러한 상황에서 화상도 영국제 면직물을 중국으로부터 재수입하기 시작했기 때문에 치열한 경쟁은 불가피했다.

다만, 청일전쟁 이후 일본으로부터의 수입품은 일본제품이 90%를 넘고 내역도 면사포 등 공업제품이 중심이 되었으며 동시에 대일 수출품에서 차지하는 쌀과 콩의 비중도 커진다.(1896년에 쌀, 콩 2개 품목이 86%)[36] 이러한 상황을 가리켜 무라카미 가쓰히코가 '면미 교환체제'라고 부른 것은 앞에서 언급한 대로다. 이후 화상의 무역활동은 적어도 일본제국주의사의 시각에서 이루어진 연구에서는 거의 등장하지 않는다. 이는 청이 이미 정치적 경쟁자가 아니었다는 사실과 생산 차원의 분업 형성에 관심을 두고 상업을 그것에 종속된 것으로 생각하는 연구 시각을 반영한 것이다.[37]

(2) 광역 유통업자로서의 화상

1880년대 후반부터 1890년대까지 화상에 의한 수입무역이 급증한 것

---

34 堀和生・木越義則(2008), 27〜29쪽.
35 北川修(1932), 70쪽; 村上勝彦(1975), 236쪽. 모두 일본 측 통계로 계산한 수치.
36 村上勝彦(1975), 239쪽.
37 청일 상인의 경합을 처음 역사 연구의 대상으로 삼은 우부카타 나오키치(幼方直吉)(기타가와 슈(北川修)는 필명)는 청일전쟁을 전후한 무역구조의 전환을 "일본 산업 자본의 청의 상업 자본에 대한 승리"라고 표현하면서 자신의 연구 관심을 여실히 나타낸다. 北川修(1932), 79쪽.

은 중국 및 조선 관계사의 문맥에서도 종종 언급되어 왔다.[38] 그중에서 화상들은 청의 조선정책을 통해 지원을 받고 그러한 정책에 부수되는 존재였다. 청은 1879년 류큐처분琉球處分[5]을 계기로 일본에 대한 경각심을 키우고 조선에 적극적으로 개입하기 시작했다.[39] 화상의 조선활동을 공인했던 1882년 조중상민수륙무역장정 자체가 서양 여러 나라를 상대로 한 조선의 개항에 청이 개입하는 과정에서 입안되어 임오군란의 사후 처리와 동시에 제정되었다. 그것은 개항장과 서울에서의 화인 거주와 영업활동 외에 청의 일방적 영사재판권을 인정하고 관세도 기존의 협정세율에 따르기로 정했다는 점에서 청 자신이 서구 열강과 맺은 이른바 불평등조약을 본뜬 것이었다. 1884년 갑신정변 이후 새로 파견된 원세개袁世凱를 통해 청의 조선정책은 더욱 강압적으로 변하였으며 조선과 중국을 연결하는 사회기반시설도 청의 주도하에 정비되었다.

물론 이러한 상황이 화상에게 대체로 유리하게 작용했다는 것 자체는 틀림없겠지만 독립적인 경영인으로서 화상의 행동은 청조의 정책 이외에도 여러 요인에 의해 결정되었을 것이다. 하지만 이들 다양한 요인을 염두에 두고 화상의 상업활동 자체를 분석하는 작업은 거의 이루어지지 않았다. 다만 1990년대 이루어진 후루타 가즈코古田和子의 연구[40]는 조선 화상만을 대상으로 한 것은 아니지만 앞에서 언급한 조선의 무역구조를 다시 해석함으로써 방법상 중요한 시사점을 주었다.

후루타의 연구는 19세기 말 동아시아 개항장 간 무역을 상해 중심의

---

38 彭澤周(1969), 林明德(1970)과 같은 외교사, 또 楊昭全・孫玉梅(1991) 등의 조선 화교사의 서술을 염두에 두었다.
39 류큐처분이 청의 조선정책의 전기(轉機)였음을 강조하는 견해로 岡本隆司(2004), 38쪽.
40 古田和子(2000)로 정리되었다.

방사형 유통시스템으로 인식하는 것이며 구체적으로는 영국제 면직물을 예로 들어 그것이 상해를 중계지로 삼아 각 지역 개항장으로 재수출된 사실을 중국해관통계를 통해 밝혔다.[41] 후루타는 이러한 개항장 간의 광역적 유통시스템을 '상해 네트워크上海ネットワーク'라 부르고 화상을 주된 주체로 자리매김했다. 이 논의는 19세기 후반의 아시아를 히니의 시장권으로 파악하려는 1980년대의 '아시아 교역권론'을 바탕으로[42] 그 공간적 구조를 명확하게 밝히고자 한 것이다.

그리고 이 중에서 조선은 중요한 사례 중 하나로 다루어졌다. 앞서 기술한 바와 같이 영국제 면직물은 일본인 상인과 화상의 조선시장을 둘러싼 경쟁의 중심에 있었지만, 후루타에 의하면 반입된 모든 것은 상해를 거쳐 재수출된 것으로 양자의 경쟁은 상해 네트워크 내부의 재편이라고 이해할 수 있다.[43] 이러한 해석은 화상에 관한 기존 연구가 조선 현지에서의 조선인이나 일본인과의 관계만을 다루어온 것과 달리 국제적 유통구조 속에서 평가하고 있다는 점에서 중요하다.

다만 후루타의 논의는 유통시스템의 담당자로 여겨진 화상의 활동을 구체적으로 검증한 후에 이루어진 것은 아니다. 후루타는 공동 출자와 동향성同鄕性에 기반을 둔 화상 네트워크가 원격지 거래의 비용과 위험을 낮추었다고 보지만,[44] 조선에서 활동한 화상 개인이 구체적으로 어떠한 네트워크를 전개하고 그것을 기능하게 하였는지에 대해서는 언

---

41 단, 후루타의 논의는 어디까지나 상해에 초점을 맞춘 것이기 때문에 각 지역과 상해와의 무역이 어떠한 의미를 가졌는지는 별도로 검토해야 한다. 예를 들면 高村直助(2002)는 일본의 면직물 수입 경로는 반드시 상해에서의 재수입으로 일원화되어 있지 않았음을 지적한다.
42 1990년대까지의 아시아 교역권론에 대해서는 古田和子(2000)의 보장(補章)을 참조.
43 古田和子(2000), 81쪽.
44 古田和子(2000), 181~183쪽.

급하지 않는다. 상업사의 관점에서 보면 후루타의 논의는 여전히 집계된 통계를 추가 설명한 가설로서의 성격을 벗어나지 못한다. 따라서 2000년대에 이루어진 개별 경영사료를 이용한 연구를 참조하면서[45] 후루타가 제시한 광역적 유통시스템이 어떻게 유지되었는지 검증할 필요가 있다.

또한 후루타의 논의는 동아시아 각 지역의 개항장이 자유무역의 '장場' 이라는 기능을 공유하였다는 점을 전제로 한다. 이러한 시각은 각각의 개항장을 한 나라의 역사 속에만 머물게 하지 않고 광역적인 국제시장의 기반으로 이해하는 데는 유효할 것이다. 그러나 개항장과 거류지의 성립 과정에는 각각 역사적인 개성이 있고 이를 반영하여 국제시장이나 국내시장의 관계도 다양했다.[46] 개항장에서의 국제 상업의 형성 과정을 역사적으로 복원하기 위해서는 이러한 상업의 '장'이 지닌 개성에 주목함과 동시에 그것이 광역 상업의 기반이 되어 가는 과정을 고려할 필요가 있다. 개항장에 집중된 사회기반시설이나 서비스도 마찬가지로 역사적 특징에 유의한 후 그것이 화상의 활동에 어떻게 반영되었는지를 밝혀야 할 것이다.

4) 개항기의 대중무역—논의의 전제

개항기의 무역에 관한 기존 연구는 조일무역의 확대와 그(일본의 공업화에 따른 분업 형성이라는 의미에서의) 심화 과정을 중시하는 한편, 다른 무

---

45 이에 대해서는 이 책 제2부의 도입부를 참조.

46 村上衛(2013)는 아시아 교역권론 전반에 대한 비판으로서 해관통계가 이용 가능한 1860년 이후에 논의가 집중된 점을 보았을 때 전근대로부터의 연속−단절이나 개항장체제의 역사적인 의의에 대해서 충분한 검토가 되어 있지 않음을 지적했다(4쪽).

〈표 서-2〉 인천의 대중무역과 전국 대비 비중(1885~1906) (천 엔)

연도	수입(상품)	(%)	수출(상품)	(%)	수출(금)	(%)
1885	217	72	9	100	n.a.	n.a.
1886	370	84	13	81	166	77
1887	627	86	19	100	110	52
1888	614	72	57	79	116	33
1889	687	63	99	90	64	17
1890	1,300	79	53	75	76	16
1891	1,721	84	103	76	99	24
1892	1,688	82	101	67	137	28
1893	1,569	82	79	59	127	26
1894	n.a.	n.a.	n.a.	n.a.	n.a.	n.a.
1895	n.a.	n.a.	n.a.	n.a.	259	65
1896	1,894	88	231	88	283	48
1897	3,097	88	669	91	777	71
1898	4,363	89	1,065	94	848	72
1899	2,843	82	506	74	659	75
1900	1,998	77	1,780	90	455	80
1901	3,910	70	662	83	119	88
1902	3,434	71	1,353	88	53	88
1903	4,451	83	1,289	83	0	n.a.
1904	4,817	95	1,165	94	3	27
1905	5,583	94	1,376	92	2	100
1906	3,330	81	347	50	0	n.a.

주 백분율(%)은 전국의 대중무역액 중 인천의 비중을 나타낸다. 전국 수치는 〈표 서-1〉에 의한다. 단위와 각 구분(수입, 수출(상품), 수출(금))이 표시하는 범위도 〈표 서-1〉과 같다. n.a.는 값을 얻을 수 없음을 나타낸다.
출처 인천의 무역액에 관하여 1893년 이전에는 〈표 서-1〉과 같다. 1896~1902년: 『仁川港外國貿易內國貿易輸出入額七ヶ年間對照表』(仁川日本人商業會議所, 1903); 1903・1904년: 『仁川商業會議所報告』(同前, 1905); 1905, 1906년: 〈표 서-1〉과 같다. 또한 금에 대해서 1895년은 仁川商況年報(『通商彙纂』 55號號外)을 참조하였으며 다른 것은 상품무역과 같다.

역 경로에 대해서는 거의 관심을 보이지 않았다. 여기에서는 화상의 상업활동을 논의하는 전제로서 이들이 활동의 축으로 삼은 대중무역의 구조를 개항장 무역통계를 통해 정리하겠다.

먼저 대중무역의 공간적인 구조를 확인하도록 한다. 앞에서 언급한 바와 같이 이 시기 조선해관통계는 최종 선적지와 최초 하역지를 기준으로 상대국을 분류하기 때문에 원산지 및 소비지를 기준으로 하는 현재의 무역통계와 직접 연결시켜 생각할 수는 없지만 유통경로를 확인하는 데는 현재의 것보다 오히려 편리하다.

조선에서 대중무역의 거점이 된 것은 1883년에 개항한 인천이다. 인천은 서해안 중부의 경기만 안쪽에 위치하여 수도 서울에서 가장 가까운 개항장이었다. 〈표 서-2〉는 인천의 대중무역액과 그것이 전국 대중무역에서 차지하는 비중을 나타낸다. 언뜻 봐도 알 수 있듯이 상품의 수출입에 관해서는 청일전쟁 전후에 걸쳐 인천이 압도적인 비중을 차지하였다.(평균적으로 수입 81%, 수출 83%) 다만 상품무역과는 별개로 금괴 수출의 경우 인천의 비중이 그리 크지 않다. 이는 동해안의 원산으로부터 인근에서 생산되는 사금이 바로 출하되었기 때문이다.

중국 측 상대 항에 대해서는 조선의 통계로는 알 수 없으므로 중국해관통계를 보도록 한다. 〈표 서-3〉은 중국 측에서 본 상품무역에 대하여 나타낸 것이다(금괴를 포함하지 않는다). 수출은 중국 국내상품과 외국상품의 재수출로 나누어 제시했는데 모두 일관되게 상해의 비중이 크다.(평균적으로 국내상품 수출 85%, 외국상품 재수출 96%) 한편, 수입은 초기에는 상해의 비중이 높았지만 산동성山東省의 지부芝罘(연대煙臺)가 점차 커졌으며 여기에는 나타내지 않았지만 천진天津도 일정한 비율을 차지했다.

〈표 서-3〉 중국의 대조선무역(1883~1906) (천 해관량)

연도	수입 (외국상품)	상해(%)	지부(%)	수출 (중국상품)	상해(%)	재수출 (외국상품)	상해(%)
1883	12	98	2	2	n.a.	63	100
1884	31	100	0	33	87	33	91
1885	25	100	0	121	100	85	100
1886	27	78	30	102	88	110	88
1887	18	35	41	182	88	274	88
1888	72	31	34	245	91	300	89
1889	120	17	54	200	80	418	92
1890	53	19	13	473	87	596	94
1891	101	18	19	480	81	975	96
1892	132	30	7	465	86	897	97
1893	127	16	5	399	83	828	97
1894	439	9	70	893	94	432	96
1895	56	31	n.a.	638	96	803	100
1896	462	11	70	478	73	938	97
1897	612	4	76	782	81	1,529	98
1898	952	4	80	1,087	76	1,605	98
1899	807	8	57	729	85	1,406	98
1900	1,189	58	34	804	80	1,142	97
1901	514	7	82	1,179	82	1,808	97
1902	1,261	6	86	1,043	85	2,120	99
1903	1,416	26	67	1,268	83	2,316	97
1904	879	6	89	1,391	89	2,041	97
1905	1,754	n.a.	n.a.	2,186	n.a.	n.a.	n.a.
1906	372	n.a.	n.a.	1,439	n.a.	n.a.	n.a.

주 원자료는 1890~1894년 조선으로부터의 '수입'을 국내상품으로 분류하였지만 여기에서는 외국상품으로 하였다.
1902~1904년의 '재수출(외국상품)'의 경우 전국 수치는 얻을 수 없고 각 항의 값만 얻을 수 있어 이것들을 합계하였다.
1905년 이후로는 전국, 각 항 모두 상대별 재수출액 수치를 얻을 수 없다. n.a.는 값을 얻을 수 없음을 나타낸다. 또한 1883년의
'수출(국내상품)'은 출처에서 나타낸 상해의 수출액이 전국의 그것보다 크기 때문에 오류라 보고 비중을 제시하지 않았다.
출처 China Imperial Maritime Customs, *Returns of Trade and Trade Reports*, each year.

한편, 통계상 제약으로 인하여 2개 항 사이의 무역 규모는 알 수 없지만 적어도 조선의 수입(중국으로부터의 수출)에 있어서 상해에서 인천으로의 흐름이 압도적이었던 것은 틀림없다. 조선으로부터의 수출도 선적지는 인천이 많다. 하역지는 분산되어 있지만 그래도 황해와 발해 연안 모든 항으로 거의 제한되어 있었다. 바꾸어 말하자면 개항장을 통한 상품무역은 상당히 한정된 경로로 이루어졌다고 할 수 있다.

또한 무역수지에 관해서는 〈표 서-1〉과 같이 조중무역은 전체적으로 조선의 적자였고 인천과 상해 사이에는 적자폭이 더 컸다.[47] 상품무역과는 별개의 금괴 수출이 적자를 어느 정도 메우고 있었다고는 하지만 수입을 상쇄할 정도는 아니었으며, 1890년대 말부터는 중국으로의 금 수출 자체가 급감했다. 이는 1897년 금본위제로 이행한 일본이 조선산 금 매입을 정책적으로 강화했기 때문이다.[48] 인천에서 대중무역에 종사하는 화상의 입장에서 보면 상해로부터의 수입이 활동의 중심이 되는 한편, 이에 알맞게 대응하는 수출상품 혹은 금괴를 확보하는 것은 어려웠다고 할 수 있다.

한편, 무역을 개인의 입장에서 생각한다면 결제가 어떻게 이루어졌

---

47 1908년 이전의 조선해관과 1904년 이전의 중국해관에서는 통계상 가격을 시장 가격에 따라 표기하였다. 이것은 현재의 일반적인 수입항에서의 운임보험료 포함 가격(CIF), 수출항에서의 본선인도 가격(FOB)의 기준과 비교해 수입을 과대평가, 수출을 과소평가했던 것이 된다. 堀和生・木越義則(2008)의 계산에 의하면 조선해관의 순수출입 가격을 CIF와 FOB로 환산하면 수출은 원 통계의 112.7%로 증가하고 수입은 원 통계의 84%로 감소한다고 한다(24~25쪽). 단, 이러한 환산을 고려해도 조선의 대중무역이 일관되게 적자였다는 사실에는 변함이 없다. 이 책에서는 환산 전 원 통계의 수치를 제시한다.

48 일본의 조선산 금 매입정책에 대해서는 村上勝彦(1973b), 小林英夫(1979). 단, 고바야시(小林)는 금의 대일매입 증가가 화상의 결제수단을 빼앗았기 때문에 이후 화상이 쇠퇴했다고 평가했지만 실제로는 화상의 활동은 그 후에도 계속된다. 화상의 활동을 지탱한 결제시스템의 자세한 내용에 대해서는 이 책 제8장, 제11장에서 논한다.

는지를 동시에 살펴보아야 한다. 하마시타 다케시는 개항기 인천 화상의 무역이 상해로부터의 수입에 편중된 점을 지적하면서 결제는 고베神戸를 더한 '삼각 금융'으로 해결되었을 것이라고 주장한다.[49] 조선 화상의 대중무역 또한 결제를 포함하여 생각할 경우, 조선과 중국 2개국 또는 인천과 상해 사이에서 완결되지 않았다는 사실은 위와 같은 무역통계의 검토를 통해서도 용이하게 추측할 수 있다. 이 점에 대해서는 이 책에서 구체적으로 검증할 것이다.

다음으로 무역상품에 대해여 살펴보자. 〈표 서-3〉에서 알 수 있듯이 중국에서 조선으로 선적되어 가는 상품의 반 이상은 상해를 거쳐 재수출되는 외국상품이었다. 후루타 가즈코가 거론한 영국제 면직물도 이 속에 포함되었을 것이다. 중국, 조선에서 공간公刊된 해관통계는 국가별, 상품별 수치를 제시하지 않기 때문에 더 이상의 품목 내역을 알 수 없다. 다만 인천에 한해서는 일본인이 작성한 통계를 통해 일정 정도 정보를 얻을 수 있다. 〈표 서-4〉는 1893년 인천의 수입품을 취급 상인의 국적별로 분류한 것이다. 상해에서 인천으로의 수입무역은 1888년 윤선초상국輪船招商局,6) 1889년 일본우선日本郵船7)의 상해 항로가 개설되면서 급속히 증가했으며,[50] 〈표 서-2〉, 〈표 서-3〉도 이를 증명하는데, 〈표 서-4〉에서처럼 이 해 '청상清商', 즉 화상의 수입액은 일본인 상인의 2배를 크게 넘는다. 그리고 화상에 의한 수입품 중 55%는 기계제 면직물로 영국에서 재수입된 이들 면직물이 화상의 무역 전체를 봤을 때도 중요한 의미

---

49 濱下武志(1999), 87~88쪽. 하마시타는 20세기 초 고베에 산서표호(山西票號)의 지점이 있었다는 사실을 근거로 그것이 인천과 상해 사이의 결제를 중계했다고 추론한다. 단, 하마시타 자신도 언급했듯이 이를 뒷받침하는 구체적인 사료는 제시되어 있지 않다.
50 小風秀雅(1995), 230~238쪽.

〈표 서-4〉 인천의 취급 상인 별 상품 수입액(1893) (엔)

'청상'		1,485,120
(내역)	기계제 면직물	809,419
	방적사(紡績絲)	44,666
	견직물	242,251
	삼베	31,349
	기타	491,153
	'일본상'	659,695
	'양상(洋商)'	113,944
	'한상(韓商)'	25,127
합계		2,283,886

주 취급 상인 구분은 원 사료에 의한다. 또한 해관통계(Returns of Trade and Trade Reports)에 의하면 이 해의 수입액은 2,435,310달러(그중 중국에서 1,589,126달러, 일본에서 845,349달러)였다. 이 표와 합계 수입액 사이에는 8% 미만 정도의 차이가 있다. 상품 구분은 저자가 재구성한 것이다.

출처 일본영사보고(日本領事報告)에 게재된 인천상황보고(仁川商況報告), 메이지26년 1〜12월 매월 분을 집계(『官報』 2903號〜『通商彙纂』 2號).

를 지니고 있음을 확인할 수 있다.

한편 청일전쟁 이후 대중 수입상품의 구성은 조금 더 자세하게 알 수 있다.(〈표 서-5〉) 기계제 면직물의 수입액(B)은 청일전쟁 전보다 오히려 증가하였지만, 수입 전체에서 차지하는 비중은 감소 경향을 보였다. 청일전쟁 이후 일본제 면직물 수입이 급증하면서 중국을 경유한 영국제 면직물 수입과 경쟁을 벌였기 때문이다. 면직물과 교체되듯이 비중을 높인 것은 중국제 견직물과 마직물(C)이었다. 모두 조선인에게 중요한 의류였으나 면직물과 달리 일본으로부터의 수입은 늘지 않았다. 식민지화 이후 1920년대 세제 개정으로 고율의 관세 및 소비세가 부과될 때까지[51] 이 2개 품목에 대한 중국제품의 우위는 흔들리지 않았다.

---

51 李正熙(2012), 第4章에서 조선총독부의 직물 관세정책을 자세히 논한다. 식민지 시기 대중무역 전반에 대해서는 송규진(2004).

〈표 서-5〉 인천의 대중 수입상품 구성(1896~1906) (천 엔)

년	대중 수입액 전체 합계 (A)	금건[8]	조포 (粗布)	왼쪽 2개 상품 합계 (B)	B/A (%)	견직물	삼베	왼쪽 2개 상품 합계 (C)	(B+C) /A(%)
1896	1,921	757	53	811	42	286	222	509	69
1897	3,121	1,047	259	1,306	42	423	397	820	68
1898	4,396	810	479	1,290	29	600	434	1,034	53
1899	2,853	663	562	1,225	43	437	287	724	68
1900	2,034	241	283	524	26	507	285	793	65
1901	3,926	438	491	930	24	921	443	1,364	58
1902	3,449	483	552	1,035	30	620	439	1,060	61
1903	4,505	756	400	1,156	26	660	529	1,190	52
1904	5,161	1,335	791	2,126	41	814	388	1,202	64
1905	6,099	1,362	889	2,250	37	795	904	1,699	65
1906	3,564	613	276	889	25	428	711	1,139	57

주 금건은 생금건, 쇄금건, 기타 금건류의 합계.
출처 대중수입액 전체 합계는 〈표 서-2〉와 같다. 각 상품에 대해서 1896~1902년은 『仁川港外國貿易內國貿易輸出入額七ヶ年間對照表(明治29~明治35)』(仁川日本人商業會議所, 1903). 1903년, 1904년은 『仁川商業會議所報告』(同前, 1905), 1905년은 「仁川三十八年貿易年報」, 『通商彙纂』, 明治40年臨時增刊5號. 1906년은 「仁川三十九年貿易年報」, 『通商彙纂』, 明治40年·64號.

덧붙여 여기에서는 인천에서 중국으로 가는 수출품에 대해서는 수치를 제시하지 않았다. 청일전쟁 이전에는 원래 대중 수출 자체가 수입에 비해 극히 적었지만 전후에는 상당히 증가하였다. 그 원인은 개항 후에도 의주를 통한 육로 수출만 허용됐던 홍삼이 청일전쟁 중 국가체제 개혁(갑오개혁)으로 인하여 해로 수출이 허용된 데 있다. 청일전쟁 이후 인천의 대중수출 가운데 홍삼은 평균 81%를 차지했다.(1896~1902)[52] 다만 홍삼은 조선정부와 왕실의 중요한 재원으로 관리되었고 1899년경부터는 전매화되었다.[53] 이러한 경위는 조선의 대중무역에 있어서 개

---

52 仁川日本人商業會議所, 『仁川港外國貿易內國貿易輸出入額七ヶ年間對照表(自明治29至明治35)』, 1903을 저자가 계산했다.

항장 이외의 경로가 여전히 일정한 의미를 가지고 있었다는 점, 이 점을 생각하는 데 있어서는 '자유무역'에 수렴되지 않는 제도의 연속적인 측면에 주의할 필요가 있음을 시사한다.

2. 화인의 광역활동과 조선

1) 근대 동아시아에서의 화인의 이동

화상에 의한 무역활동의 전제로 국경을 넘는 화인의 이동이 있었음은 물론이다. 동남아시아에 비하면 규모가 작지만 근대 동아시아에서도 화인은 넓은 범위에 걸쳐 이동할 수 있었다. 조선의 화상 또는 화인에 대해서도 그 일환으로 생각할 필요가 있다.

조선의 화인에 관한 통사적인 문헌은 대체로 현지 활동 상황에 초점을 맞추고 해외와의 관계에 대해서는 본국(청 및 중화민국)의 교무僑務정책9)을 제외하고는 거의 언급하지 않는다.[54] 개항기 화인에 관해서는 사료 상황의 변화에 자극받은 치밀한 연구가 한국에서 진행되고 있지만,[55] 이들도 다른 지역과의 비교나 관련성에는 관심을 보이지 않는다. 일본제국이나 제국 붕괴 후 냉전체제제하에서 화인의 위상을 광역적인

---

53 홍삼 무역에 대해서는 이 책 제3장에서 언급한다. 또 청일전쟁 후의 제도 변화에 대해서는 이 책 제8장 주 45)・50)참조.

54 한국과 중국에서 간행된 것을 들면 박은경(1986), 楊昭全・孫玉梅(1991), 전우용(2003), 양필승・이정희(2004), 王淑玲(2013). 또 인천 화인의 역사로 이옥련(2008), 부산에 대해서는 조세현(2013)이 있다.

55 중앙연구원 근대사연구소 당안관(中央研究院 近代史研究所 檔案館)에 소장된 주한사관보존당안(駐韓使館保存檔案)을 활용한 연구가 2010년경부터 한국에서 다수 발표되고 있다. 이 책 제4장, 특히 주 11) 참조.

시야에서 평가하려는 연구는 있지만 화인 사회의 초창기에 관하여 그러한 시각에서 접근한 연구는 거의 없다.[56]

화인활동의 광역적인 성격에 주목하지 않고 각 사회의 주변적인 존재 혹은 외부인으로 묘사해 온 것은 조선만은 아니다. 예를 들어 일본사에서는 메이지기 내지잡거內地雜居[10] 논쟁 속에서 화인 유입에 대한 경계심이 높아진 것을 일본의 국민 의식 형성이라는 맥락에서 언급해 왔다.[57] 하지만 '아시아 교역권론'에 의해 아시아의 시장권으로서의 모습에 주목하는 연구가 이루어지고 그 주체 중 하나로 화인이 주목받으면서 일본 화인에 대한 시각도 크게 바뀌었다. 예를 들어 가고타니 나오토籠谷直人는 메이지기 화인에 대하여 일본사회의 외부인이라기보다 아시아 내 무역 주체로 묘사하고, 그들의 활동이 일본을 아시아 시장으로 향하게 하는 계기가 되었음을 강조한다.[58] 또한 러시아에 관해서는 극동 지역을 광대한 국토 속의 변경이 아니라 아시아 시장의 일부로 묘사하려는 연구가 등장하기 시작했다. 이 지역 개발이 아시아로부터의 노동력이나 소비재의 공급 없이는 성립되지 않았다는 사실을 인지하면서 19세기 중반부터의 화인 유입도 주목받게 되었다.[59]

이 책에서는 이러한 시각 변화를 염두에 두면서 동아시아에서의 화

---

56 식민지 시기에 대해서는 松田利彦(2003), 安井三吉(2005), 菊池一隆(2011), 해방 후 한국에 대해서는 王恩美(2008). 이들이 화인의 정치적인 위상에 중점을 둔 것에 반해, 식민지 시기의 사회 경제활동에 중점을 둔 연구로 李正熙(2012)가 있다. 또 개항기 화상의 전문 논저로는 제2부 도입부에서 언급할 강진아 및 저자의 연구 외에 담영성(1976), 河明生(1994) 등이 있는데 모두 화상활동의 국제적인 확산에 주목했다고는 할 수 없다.

57 岡義武(1953).

58 籠谷直人(2000).

59 러시아 극동지방을 아시아 역사 속에서 이해하려는 시도로서 左近幸村(2008)에 수록된 논고, 그중에서도 특히 原暉之(2008). 또 아시아인의 이동에 대한 전문적인 연구로 サヴェリエフ(2005)가 있다.

인 이동에 관하여 정리하고 조선 화인의 성격을 이해하기 위한 전제로 삼고자 한다. 화인의 이동에는 몇 차례 큰 흐름이 있었지만 그중 하나는 18세기부터 중국에서 시작된 급속한 인구 증가와 소비 수요의 확대가 계기가 되었다. 중국 주변 각 지역에서 중국을 향한 상품 생산이 활발해지면서 동시에 화인의 이동이 시작되었으며 결과적으로 동남아시아에서는 '화인의 세기世紀'라 불리는 상황을 낳았다. 쌀과 같은 기간식량과 함께 주석과 후추, 해삼과 제비집을 비롯한 해산물 등 다양한 상품이 화상에 의해 중국으로 수출되고 화인 노동자의 이주가 그 생산을 확대하였다.[60]

한반도와 근접한 지역의 예를 들자면 산동반도에서 만주로의 이주가 있다. 이주자의 대부분은 농민이었지만 반드시 출신지에서 기반을 잃은 유민流民과 같은 존재는 아니었다. 가계를 보충하기 위한 일시적인 돈벌이出稼き[11]를 시작으로 출신지와 빈번하게 왕래를 반복하는 가운데 서서히 정착해 간 것이며 중국 본토로 내보내는 것을 전제로 한 상업적인 농업에 종사했다.[61] 한편 근세 일본에서는 화인의 이주는 제한되었지만 이른바 '4개의 출입구'를 통해 중국과의 무역이 활발히 이루어졌다. 특히 건해삼과 다시마 등 해산물이 나가사키와 류큐를 통해 대량으로 수출된 사실에 관해서는 금은 유출을 억제한다는 일본 측의 요인뿐만 아니라 중국의 소비 수요가 영향을 미쳤다는 사실을 무시할 수 없다. 그리고 이러한 움직임이 일본인 상인과 어민들의 북방 진출을 촉진하

---

60 太田淳(2013), 85~93쪽.
61 石田興平(1964)는 만주 개발의 이러한 성격을 '식민지 경제'라고 하고, 荒武達朗(2008)는 미시적인 가계의 시점을 포함하여 이주 과정을 밝혔다.

고 어업을 통한 아이누 지배 강화로 이어졌다는 점에서 중국의 인구 증가와 수요 확대라는 요인은 일본 및 주변 지역과의 관계에도 큰 영향을 미쳤다고 할 수 있다.[62]

일본의 개항 후 외국인 거류지 설치로 인하여 이동의 자유가 확보되자 나가사키에 이어 하코다테函館와 요코하마橫浜 등에도 1871년 청일수호조규淸日修好條規가 체결되기 전부터 화상들이 진출하여 해산물 수출을 시작했다. 이것은 위와 같은 18세기 이후의 중국 요인이 개항 후의 화인 이동에도 영향을 미쳤음을 나타낸다.[63] 그리고 화상의 해산물 수출은 일본인 생산자 및 상인의 조직화나 품질 개량, 화상에 대항한 직수출 시도와 같은 다양한 대응을 이끌어냈다.[64] 또 러시아 극동지역에서도 화인은 일찍부터 해산물 채취와 수출을 하고 있었으며,[65] 1870년대부터는 러시아인 상인이 사할린에서 화인 노동자를 고용해 중국용 다시마 생산에 종사하였다.[66]

물론 19세기 후반의 화인 이동이 이러한 기존 요인만으로 설명되는 것은 아니다. 동남아시아의 대부분은 서구 열강의 식민지 지배 아래에 들어갔고 이들을 위한 1차 생산품 생산 증가가 더 많은 화인을 끌어들였다. 중국과 일본 그리고 조선에서는 현지 정권의 주권이 일단 유지됐지

---

62 荒野泰典(1988). 또 근세의 홋카이도(北海道) 어업이나 아이누(アイヌ) 지배를 해산물의 중국 수출과 결부시켜 논한 것으로 田島佳也(2014), 第3部.

63 斯波義信(1981)·(1983)는 메이지 시기 화상의 해산물 수출을 하코다테의 예를 들어 논한다.

64 가고타니 나오토는 이러한 현상에 주목해 일본의 개항은 서양으로의 개항임과 동시에 '아시아로의 개항'이라고도 했다. 籠谷直人(2000), 33쪽. 화인의 해산물 수출에 대항한 일본 측의 직수출 활동에 대해서는 黃榮光(2008)도 참조.

65 블라디보스토크(Vladivostok)의 한자 표기 '海蔘崴'이 해삼에서 유래한 것은 잘 알려져 있다. 原暉之(1998), 42~52쪽.

66 神長英輔(2011)·(2015).

만 각 지역에 설치된 개항장이 이들 삼국을 '자유무역'으로 연결하는 장치가 되었다. 앞 절에서도 언급한 것처럼 개항장이나 외국인 거류지의 운용 형태는 각각의 역사적 배경에 따라 다양하고,[67] 원래 동아시아 3국 간에는 (이것도 역사적인 경위를 반영해) 상호적인 최혜국대우가 결여되어 있던 점을 생각하면,[68] 동아시아에서 자유무역체제가 성립했다고 단언하는 것에는 신중하지 않을 수 없다. 그렇지만 국가별 체제 차이를 넘어 개항장이라는 안정된 상업 질서의 장이 형성되고 그 사이에 이동의 자유가 보장된 것이 서양과의 관계뿐 아니라 아시아 안에서 화인의 이동과 상업활동에 절대적인 편의를 제공했음은 의심할 여지가 없다.[69] 그리고 개항장 사이를 연결하는 기선이나 통신 등과 같은 사회기반시설, 무역 금융이나 보험업 등 근대적 서비스가 이를 뒷받침했다.[70]

그런데 중국 국내에서의 이동, 특히 각 지역으로부터 외부인이 모이는 도시로의 이동에서는 동향성에 기반을 두는 네트워크가 중요한 의

---

67 朴俊炯(2014)은 동아시아 삼국에 있어서 거류지 제도의 차이를 내외 국인의 거주공간이라는 시점에서 지적한다.

68 1871년 청일수호조규는 최혜국대우를 쌍방으로 인정하지 않고 1896년의 청일통상항해조약(淸日通商航海條約)에 이르러 일본 측에만 인정했다. 1876년의 조일수호조규도 최혜국대우를 쌍방으로 인정하지 않고 1883년의 일본인민무역규칙(日本人民貿易規則)에 의해 일본에게만 인정했다. 1882년의 조중상민수륙무역장정은 다른 조약과는 서로 연동하지 않는 것이었지만 실제로는 청나라만 일방적인 최혜국대우를 받은 형태로 운영되었다. 1899년의 한청통상조약(韓淸通商條約)은 제1조에서 쌍무적인 최혜국대우를 정하였고 이것이 동아시아 3국간에서 유일한 예였다.

69 坂野正高(1973)는 중국에서의 '조약항(條約港)' 설치 목적을 무엇보다 안정된 상업 질서의 '장'을 만드는 것에 있었다고 하고, 서양 측에서는 거래의 반복성과 계산 가능성이 항상 보장되는 것이 중요했다고 지적한다(184쪽). 개항장이 '불평등조약의 소산인 것을 생각하면 이를 침략의 상징이라고 생각하는 것도 가능한데, 한편으로는 조약항이 아시아인의 이동이나 거래에도 개방되었다는 측면은 간과할 수 없다. 중국의 경우 개항장에 도입된 서양적인 거래 질서가 화상들에게도 받아들여져 전통적인 상업 질서를 내부로부터 해체하는 계기가 되었다는 점을 지적하는 연구도 있다(本野英一(2004)).

70 '아시아 교역권론'의 제창자 중 한 사람인 스기하라 가오루(杉原薰)는 '아시아 간 무역'에 서양이 준 가장 큰 자극의 하나로 이러한 근대적 서비스의 제공을 들었다. 杉原薰(1996), 32~33쪽.

미를 가졌다.[71] 상해에는 개항 직후부터 광주廣州에서 서양인과 거래 경험을 쌓아 온 광동 상인이 매판買辦12)으로 와서 거주하였고, 절강浙江(영파寧波)이나 강소江蘇 출신 상인도 마찬가지였다.[72] 이들 상인은 다른 개항장으로도 이동해 서양인들의 활동을 뒷받침함과 동시에 아시아 내부에서 무역의 주체가 되었다. 일본으로 도항할 경우에도 이들이 청일수호조규 체결 이전부터 활동할 수 있었던 것은 서양인 상인과 관계가 있어 매판이나 가사 사용인이라는 신분을 얻을 수 있었기 때문이며,[73] 화상의 입장에서 보면 중국 내 개항장 간 이동의 연장선상에 있었다고 할 수 있다. 메이지기 일본 화상의 대부분이 중국 개항장 상업에서 큰 힘을 가졌던 화중남華中南 연해의 여러 성省, 즉 광동廣東, 절강, 강소, 복건福建 출신이었다는 점도 이를 반영한다. 이러한 개항장 상업의 노하우를 지닌 화상들이 국경을 넘어 확산됨으로써 동아시아 개항장 상호 간 무역이 성장하였고 그 결과 전통적인 소비재뿐만 아니라 영국제 면직물 같은 근대 상품도 널리 유통된 것이다.

한편, 개항장간 이동과 연동하면서도 다소 성격이 다른 것으로 산동반도에서 북쪽으로 향하는 화인의 움직임도 주목할 수 있다. 앞에서 언급하였듯이 이러한 움직임은 18세기 이후 나타나며 연해주나 북만주에서의 러시아의 활동에 자극을 받아 범위를 북쪽으로 확대한 것이다.[74] 조약상 제약으로 개항장에서 상인이나 서비스업자를 중심으로 커뮤니

---

71 斯波義信(2002), 135~150쪽.
72 광동 상인의 상해에서의 활동에 대해서는 宋鑽友(2007), Goodman(1995) 등, 절강 상인(영파 상인)에 대해서는 西里喜行(1967), 斯波義信(2002), 183~224쪽. 또 이 책 제5장에서도 언급한다.
73 나가사키에 관하여 菱谷武平(1963), 요코하마에 대해서는 伊藤泉美(1991).
74 荒武達朗(2008), 第3 · 4章.

티를 형성한 일본 화인에 비해(시바 요시노부斯波義信는 이것을 '상인형 이주 유형'이라고 했다)[75] 북만주나 러시아로 향하는 산동 출신 화인에게는 일시적으로 돈벌이를 하려는 농민이나 노동자가 많았고 유동성도 높았다. 하지만 러시아 당국과도 관계를 맺으며 이동이나 소비생활을 유지하고 화인 사회의 리더가 되어 간 것은 현지에 정착한 화상이었다.[76] 또한 일본에서는 초기 산동 출신자의 활동은 눈에 띄지 않았지만, 청일전쟁 이후 한신阪神13) 지역의 면직물이나 잡화가 화북華北, 만주 시장으로 수입되면서 오사카에도 산동 출신 화상이 진출했다.[77]

이와 같이 근대 동아시아에서 화인의 이동은 적어도 18세기까지 거슬러 올라가는 장기적인 요인들과 '서양의 충격' 이후 생겨난 요인들 모두에게 자극을 받으면서 여러 흐름을 형성하였다. 그렇다면 이들 흐름 속에서 조선으로의 화인 진출은 어떻게 자리매김할 수 있을까.

2) 초창기 조선 화인의 특징

조선 개항기의 화인활동은 개항장 제도를 전제로 했다는 점에서 대략적으로는 시바 요시노부가 일본 화인을 설명한 '상인형 이주 유형'에 해당한다. 그러나 조선이 처한 국제관계와 기타 조건들 때문에 형성 과정에 상당한 차이가 있었음은 당연하다. 국제관계 문제는 다음 절에서 논하기로 하고, 여기에서는 청일전쟁 이전에 작성된 화인명부의 구성

---

75 '재일 화교사의 최대 특징은 도래 화교의 대다수가 일관되게 상층에 무역상, 단골 도매상, 하역 도매상, 은행, 상사 매판을 배치하고, 중하층에 본국 행상, 잡화업, 가공 장인들을 포함하는 광의의 상인집단군으로 구성되어 이른바 상인형 이주 유형을 기본적인 성격으로 삼아 온 것.' 斯波義信(1983), 45쪽.

76 麻田雅文(2008); 上田貴子(2011)・(2014).

77 上田貴子(2011)・(2014) 외에 이 책 제6장의 주 109)를 참조.

상 특징을 분명히 밝히고, 앞에서 살펴본 광역적인 화인의 이동 경향 속에 자리매김하고자 한다. 단 청일전쟁 이후의 화교 구성에 관해서는 별도로 제11장에서 살펴보도록 하겠다.

청조는 1882년 조중상민수륙무역장정에 의해 화인 주거가 공인된 서울 및 3곳의 개항장(부산, 원산, 인천)에 1883년부터 1884년까지 영사에 상당하는 상무위원을 배치하여 거류민 보호 및 관리를 담당하도록 했다.[78] 그리고 바로 이 상무위원의 업무 중 하나로 화인 등록이 있었다.[79] 〈표 서-6〉은 화인 등록을 통해 상무위원이 작성한 명부를 정리한 것이며 비교를 위해 일본인 수도 표시했다. 여기에서 조선 전체 화인 수는 아마 갑신정변의 영향으로 1884년부터 1885년에 걸쳐 감소한 것을 제외하면 대체로 증가 경향에 있었음을 알 수 있다. 그 사이 일본인 수는 일관되게 화인을 앞서지만 증가율로 보면 화인이 더 높았다. 또 화인 인구는 서울에 가장 많고 인천이 그 뒤를 이으며 부산과 원산은 적다. 일본인의 경우, 원래 대일무역의 거점이었던 부산 거주자가 많았고 서울과 인천을 비교하면 개항장인 인천에 집중하는 경향을 보였다.

이와 같은 화인과 일본인의 거주지 차이는 직접적으로는 대다수가 어떠한 형태로든 관여했던 대중무역과 대일무역의 성격에 기인했다고 보인다. 앞에서 언급한 것처럼 대중무역은 견직물, 기계제 면직물 등 당시로서는 사치품의 성격이 강한 소비재 수입이 중심이었다. 이들 상품은 상해에서 인천으로 수입되어 대부분은 조선 최대의 (거의 유일하다고 해도 좋다) 소비 도시인 서울에서 팔렸다. 반면 콩이나 쌀 등 농산물의 대

---

78 상무위원 제도에 대해서 權赫秀(2013), 96~109쪽; 靑山治世(2014), 209~214쪽.
79 石川亮太(2009), 168쪽; 김희신(2010c).

<표 서-6> 상무위원보고에 나타난 각 지역의 화인 수(광서(光緒) 9~12, 15, 17~19)(인)

연도	화인					일본인 (참고)		
	서울	인천	부산	원산	조선 합계	서울	인천	조선 합계
광서 9(1883)	82	54	n.a.	n.a.	136	n.a.	348	4,003
광서 10(1884)	352	235	102	62	751	n.a.	116	4,356
광서 11(1885)	108	50	107	91	356	88	562	4,521
광서 12(1886)	120	205	82	57	464	162	706	(609)
…								
광서 15(1889)	511	307	28	38	884	527	1,362	3,494
…								
광서 17(1891)	751	563	138	37	1,489	698	2,331	9,021
광서 18(1892)	957	637	148	63	1,805	715	2,540	9,137
광서 19(1893)	1,254	711	142	75	2,182	779	2,504	8,871

주 화인에 관하여 ① 광서 9~12, 15년 5년간의 인원수는 명단에서 저자가 집계한 것이다. 광서 17~19년는 합계 인원수만 알 수 있다. ② 대상 기간이 달력상의 1년과 일치하지 않는 경우도 있다. ③ 명단에서 동일 인물이 여러 차례 등장하는 경우가 있는데(연내에 퇴거와 입시(入市)를 반복해서 중복 등록된 것으로 보이는데), 이들도 포함한 총 인원이다. 일본인에 관해서는 ① 양력 기준이며 음력 기준인 화인 집계와는 일치하지 않는다. 또 계산 시점도 불명확하다. ② 세 항목은 각각 다른 사료에 의한 것이며 조사 방법의 정합성도 불명확하다. ③ 1886년 조선의 합계 수치는 서울 및 인천과 차이가 나지만 괄호에 넣어 원 사료의 값을 나타냈다.
출처 화인에 관해서는 광서 15년을 제외하고 『淸季韓中日關係史料』(中央硏究院近代史硏究所, 1972). 해당 문서번호는 다음과 같다. 광서 9년 : 826號, 10년 : 983號, 11년 : 1127號, 12년 : 1208號, 13년 : 1331號, 14년 : 1415 號, 15년 : 1515號, 16년 : 1608號, 17년 : 1674號, 18년 : 1786號, 19년 : 1873號, 광서 15년에 대해서는 「華商各號花 名淸冊」(使館檔案 1-41-40-19)으로 집계했다. 일본인에 대해서는 다음과 같다. 서울 : 京城居留民團役所, 『京 城發達史』, 1912, 422~423쪽. 인천 : 仁川府, 『仁川府史』, 1933, 6쪽. 조선 합계 : 朝鮮總督府, 『朝鮮に於ける內地 人』, 1923, 2~3쪽.

일 수출에도 종사했던 일본인의 경우 농산물의 집산지인 개항장에서 활동하는 것이 편리했을 것이다. 다만 서울의 거주권(개잔권開棧權)14)은 청이 다른 나라에 앞서 조선 측의 반대를 무릅쓰고 획득한 권리였다는 사실을 생각하면,[80] 왕성에 화인을 거주시키는 것 자체에 청은 어떠한 정치적인 의미를 부여했을지도 모른다. 외국인의 서울 거주에 반발하

---

80 秋月望(1985), 109~110쪽.

<표 서-7> 서울·인천의 화인 인구, 출신지(본적)별 구성 (광서 10~12·15)

서울 (인)

연도	산동	광동	강소	절강	호북 (湖北)	안휘 (安徽)	기타	합계
광서 10(1884)	235	3	22	15	47	14	16	352
광서 11(1885)	54	5	9	28	2	0	12	108
광서 12(1886)	65	9	9	15	10	3	9	120
…				…				
광서 15(1889)	361	24	37	17	17	1	54	511

인천 (인)

연도	산동	광동	강소	절강	호북	안휘	기타	합계
광서 10(1884)	93	74	15	37	8	0	8	235
광서 11(1885)	0	29	4	14	2	0	1	50
광서 12(1886)	79	37	13	49	14	2	11	205
…				…				
광서 15(1889)	233	42	8	18	4	1	1	307

출처 <표서-6)과 같음

는 조선인 상인의 철시운동으로 조선정부는 거듭 청에게 서울에서의 화인 철수를 촉구했으나 청은 이를 이해하는 척 하면서도 끝내 실행하지 않았다.[81]

다음으로 같은 사료를 이용해 화인을 출신지(본적)별로 정리한 <표 서-7)을 살펴보자. 이 표에서는 화인이 집중적으로 거주한 서울과 인천만을 정리하였다. 모두 산동 출신자가 많은 경향이 뚜렷하다. 다만 전부가 조선에 정착한 자였다고는 할 수 없다. 예를 들면 1889년 서울 거주자에 관해서 표의 근거가 되는 화인명부를 보면 361명의 산동 출신자 중 133명에게 '각

---

81 주 15)의 문헌을 참조.

상호에 일시적으로 체류하는 사람浮住各商號'이라는 설명이 붙어 있는데, 이 사실로부터 3분의 1이상이 돈벌이를 위한 일시 체류자였음을 알 수 있다.[82] 조선에 체류하던 산동 출신자 대부분은 산동반도 북쪽 해안의 등주부登州府와 내주부莱州府에서 왔으며,[83] 이는 요동遼東반도에 많은 단기 이주 노동자나 이민을 내보낸 지방과 일치한다. 이 지방 농민들에게 재래식 선박으로도 이틀 정도의 거리인 요동은 결코 먼 곳이 아니었기 때문에 가계를 보충하기 위하여 자주 왕래를 반복했다.[84] 조선도 이러한 산동반도 주민들의 일시적인 단기 이주 대상 권역에 들어갔다고 봐도 좋다.

산동으로부터의 화인의 도항 모습에 대한 사료를 하나만 들겠다. 1889년 가을 인천 상무위원인 이음오李陰梧가 서울에 주재하는 원세개에게 보낸 보고서의 일부이다.

생각건대 인천항은 서울과 근접하고 산동의 등주 및 연대와 마주보며 각국 군함과 상선이 모이는 장소이기 때문에 본토의 유민(遊民), 건달(遊勇)들도 나타나 사건이 이어지는 상황이 날로 심각해지고 있습니다. 요즘 산동 연해지방의 흉작으로 인해 유민이 삼삼오오 도래하여 생활을 꾸려나가고 곳곳의 건달들도 이에 섞여들면서 조선 내지에 들어가 마을들을 망치고 있습니다. 엄밀히 수색하여 불량자를 구분하여 송환하라는 각해(원세개의 명령을 반복하여 받들고 있습니다. (…중략…) [중일의 정기항로에 대하여]

---

82 「華商各號花名清冊」(使館檔案 1-41-40-19).

83 〈표 서-6〉의 출처 사료 중, 1884~1886년 명부(서울, 인천, 부산, 원산)을 합산한 결과, 산동성 출신자는 543명으로 그중 부(府) 이하 수준까지 판명된 것은 455명이었다(중복된 인원수는 제외하고 계산). 그리고 이 455명 중에서 등주부가 327명, 내주부가 60명이었다. 石川亮太(2009), 170쪽.

84 荒武達朗(2008), 93·107·121쪽.

배가 입항할 때마다 화인들이 수백 명 하선해 여관에 들어가고 조선인 민가에 몸을 숨기거나 일본인이 운영하는 여관에 투숙하는 사람도 있어, 관리 한, 두 사람을 써서 검사해도 하루정도 지나면 이들 유민이나 건달은 어디로 달아났는지 알 수 없게 됩니다.[85]

화인의 도항과 관련해 조선 측에는 관리 권한이 없어 상무위원이 검사하기로 되어 있었는데,[86] 실제로는 절차를 밟을 수 없을 정도로 유동적인 화인의 이동이 발생했다. 이러한 흉작에 따른 일시적인 피난으로서의 이동도 산동반도와 요동반도 사이에서는 예전부터 볼 수 있었던 것으로 산동 농민이 조선으로 가는 것도 큰 차이는 없었음을 알 수 있다.

또한 산동에서 인천으로는 기선을 이용하지 않고도 재래식 범선의 왕래가 충분히 가능하며, 1883년 개항 직후부터 산동, 요동의 범선이 '끊임없이 왕래'하였다고 한다.[87] 1884년 인천에 입항한 재래식 범선은 36척으로 연대(지부)와 위해威海, 리도俚島, 석도石島 등 산동반도 여러 항에서 출항했다.[88] 이 중 연대를 제외하고는 개항장이 아니었지만 연안 교역의 중요한 거점이었다.[89] 더 욱이 이 범선들은 조선쪽에서도 개항장인 인천에만 입항하는 것이 아니었다. 앞에서 인용한 사료와 같은 1889

---

85 "據辦理仁川商務委員李丞蔭梧稟称, 窃照朝鮮仁川一口, 密邇漢城, 對岸登煙, 爲各國兵船商輪萃泊之區, 亦爲內地游民游勇出沒之所, 事務沓雜, 日見繁鉅, 比時來山東沿海地方荒歉, 游民等數十相引前來謀生, 而各據游勇亦夾雜昆來, 潛赴韓內地滋擾閭閻, 迭奉憲臺箚諭飭令嚴密査禁, 分別遣逐各在案(…中略…) 每於該各船進口時, 華人民商輒有百數十人下岸分投店舍, 或潛匿韓民家, 或寄寓倭酒家, 待卑職派一二差人前往遍査, 已逾経日, 早不知該游民游勇等匿赴何據." 李鴻章 → 總理衙門(函), 光緒 15年 8月 9日, 『淸季中日韓關係史料』(中央硏究院近代史硏究所, 1972), 1447番.
86 주 79)의 문헌을 참조.
87 李鴻章 → 總理衙門(函), 光緒 10年 3月 3日, 『淸季中日韓關係史料』873番.
88 濱下武志(1999), 72쪽; 古田和子(2000), 99쪽.
89 庄維民(2000), 121쪽.

년, 산동반도에서 들어온 '유민' 단속에 고심한 원세개는 그들이 조선의 '연해지방 도처'에서 상륙하여 서울로 들어가고 있음을 이홍장李鴻章에게 보고했다.[90] 한반도 서해안의 몇몇 항은 개항 전부터 홍삼 수출 등 대중 밀무역의 거점이었기 때문에[91] 상륙을 가능하게 하는 시스템이 있었을 것이다. 그러한 '밀'무역, '밀'입국을 일부 포함하면서 개항장과 그곳에 집중되는 근대적인 사회기반시설에 의존하지 않는 형태로 화인의 왕래가 이루어졌음을 주목할 수 있다. 이러한 측면을 보았을 때도 산동에서 조선으로의 이동은 기존부터 요동반도로 이루어지고 있었던 이동의 연장으로 인식할 수 부분이 있었다.

물론 산동에서 온 화인 모두가 이동성이 높은 사람들이었던 것은 아니다. 앞에서 살펴본 1889년 서울 거주자 명부에서는 산동 출신자만으로 구성된 53개의 상호를 확인할 수 있다. 그중 10개 상호에서는 정식 구성원(1~9명)외에 1명에서 많게는 12명의 '임시로 거주하는浮住' 사람이 있었다.[92] 친척이나 지인에 대한 도움 또는 업業으로 '임시로 거주하는' 사람을 머물게 했다고 보이며 거래나 일자리를 알선하는 일도 있었다. 이처럼 먼저 조선에 온 사람이 정착하면서 그 사람을 의지하는 일시적 이주노동자의 왕래도 가능하게 되었다.

한편 〈표 서-7〉로부터 산동 이외에 소수이지만 광동, 절강, 강소 등의 출신자도 있었음을 알 수 있다. 표에서는 1884년부터 수치를 들고 있으나 1883년 말 서울 성내城內에는 산동 화상 13호戶·41명, 절강 화상 6

---

90 李鴻章 → 總理衙門(函), 光緒 15年 7月 4日, 『清季中日韓關係史料』 1444番.

91 이철성(2005).

92 주 82)와 같음.

호·18명이 있었던 것이 확인된다. 또 그해 초 개항 직후 인천에는 산동 화상 2호·13명 외에 광동 화상 3호·17명, 절강 화상 2호·18명이 활약하고 있었다.[93] 그런데 산동 화상보다 오히려 빨리 광동과 절강 상인이 진출했다는 사실이 눈에 띤다. 1884~1886년 화상명부에 의하면 광동 출신자의 경우 광주 및 조경肇慶 2개부에서 온 사람이 많고, 절강 출신자 중에는 영파부에서 온 사람이 많았다.[94] 모두 중국 국내에서 유력한 개항장 상인 그룹을 형성하고 일본에도 개항 초기부터 진출한 사람들이다. 이들의 조선 도항도 이와 같은 개항장 간 이동의 연장선상에 있었다고 보면 된다.

앞에서 검토한 1883년의 사료에 따르면 화인 중에는 독립 상인 외에 서양인의 피고용인으로 활동한 사람들도 있었다. 예를 들면 서울 교외 마포에는 '이화양행怡和洋行, Jardine, Matheson & Co.'에 속하는 광동인 2명과 절강인 3명이 있었다. 이화양행의 조선활동에 대해서는 자세히 알려져 있지 않지만, 1883년 극히 짧은 기간 동안 상해-인천 항로 운항을 시도하고[95] 이와 관련하여 거점을 마련한 것으로 보인다. 또 인천에는 해관과 세무사에 '용공傭工화인'이 9명 있었는데 구성은 절강 5명, 광동 1명, 강서江西 1명, 강소 2명으로 산동 출신자는 없었다.[96]

---

93 李鴻章→總理衙門(函), 光緖 10年 2月 11日, 『淸季中日韓關係史料』826番. 濱下武志(1994)·(1999), 73쪽.

94 주83)과 같이 1884~1886년 명부를 합산하면 광동성 출신자 258명 중 부 수준까지 출신이 판명된 것은 120명으로, 그중 광주부 95명, 조경부 20명이었다. 또 절강성 203명(부 수준까지 판명되는 것은 143명) 중, 영파부 125명, 소흥부(紹興府) 11명이었다. 石川亮太(2009), 170쪽.

95 손태현(1997), 118~126쪽; 나애자(1998), 48~51쪽.

96 구성 내역을 보면 '해관'은 절강 2, 강서 1, 광동 1, '세무사 명의' 절강1, 절소(浙蘇)[강소(?)] 2, '함백라(哈白羅)(미상) 명의' 절강 1, '숙련기계공(機匠人) 명의' 절강 1이었다. 인명은 기록되어 있지 않다.

광동이나 절강 출신 화인이 서양인과 함께 개항장 사이를 이동하는 것도 일본에서는 이미 볼 수 있는 패턴이었다. 다만 조선의 경우 정치적인 사정도 고려해야 한다. 오카모토 다카시岡本隆司가 자세히 검토했듯이 1882년 임오군란에 개입한 청은 이홍장의 막료幕僚 마건충馬建忠을 실질적인 설계자로 해서 이후의 조청관계를 결정짓는 일련의 조치를 취하였다. 청과 같은 형태의 외국인 세무사 제도하에서의 해관 설립, 서양인 및 화인의 정부고문 추천, 차관공여 등이 이에 해당한다. 이 때 조선에 보내진 자들은 이홍장의 영향을 받은 서양을 잘 아는 광동인 젊은 관료가 중심이었다.[97] 위의 예에 보이는 '고용된 화인'도 그러한 정치적 계획에 따라 도항한 보다 현장에 가까운 기술자나 사무직원 그룹이었다고 보인다.

조선에 진출한 광동 화상의 사례를 검토한 강진아는 이들이 관계官界의 광동인 그룹과 개인적인 관계로 연결되어 있었음을 강조한다.[98] 그러한 배경을 고려하면 광동과 강소, 절강 출신의 화인들은 수적으로는 산동 출신자에 미치지 못했지만 조선에서의 존재감은 결코 약하지 않았다고 봐도 무방하며, 다양한 사업 기회를 포착해 상승할 기회도 부족하지 않았을 것이다.

이처럼 화인의 조선으로의 이동은 크게 두 가지 흐름 속에서 이해할 수 있다. 하나는 산동반도에서 북쪽으로 향하는 흐름으로 18세기 요동반도와의 사이에서 생긴 사람의 움직임이 19세기 후반부터 범위를 확

---

97 岡本隆司(2004), 132쪽. 광동인 관료 중 진수당(陳樹棠)과 당소의(唐紹儀)에 대해서 權赫秀(2013), 96~109・218~252쪽에서 상세히 검토한다.
98 강진아(2011b), 124~129쪽.

대해 가는 가운데 조선에 이르렀다. 그중에는 상인으로 정착하는 사람 외에 상인에 의지해 돈벌이를 위한 이동을 반복하는 사람도 다수 포함 하는 등 다양한 구성을 보였다. 다른 하나는 광동이나 절강, 강소 등 화 중남 연해부 개항장을 발판으로 이동하는 상인 중심의 흐름으로 막부 말 개항 이후 이루어진 일본으로의 이동과 기본적으로는 같다. 조선의 화인은 이러한 2개 흐름이 겹치며 형성되었다.

3. 조선에서의 화인활동과 청조

조선에서의 화상활동은 청의 조선정책과 일체적인 것으로 파악해야 만 하는 것은 아니지만 그것이 중요한 조건 중 하나였다는 것은 앞 절의 검토를 통해서도 알 수 있었다. 여기서는 청의 정책 및 국가 간 관계와 화 인 관계를 어떻게 파악해야 할 것인지를 다시 한번 생각해 보고자 한다.

일본에서의 화인활동이 청일 국교 성립에 앞서 시작되었고 일본정 부가 화인 단속에 고심하던 상황이었던 것에 비해,[99] 조선에서는 조중 상민수륙무역장정의 준비 단계부터 일본을 견제하기 위한 정치 수단으 로 화인을 자리매김하였다.[100] 그러한 청의 자세는[101] — 화상이 어떻

---

99 森田吉彦(2009), 50쪽; 鵜飼政志(2014), 230~231쪽.

100 청의 주일공사관원이었던 황준헌(黃遵憲)의 『조선책략(朝鮮策略)』(1880)은 조선이 일본 이 외를 대상으로 개항하는 계기가 된 문서이다. 그중에서 조선이 앞으로 취해야 할 방침의 하 나로 화상을 개항장으로 끌어들여 활동시켜 '일본 상인의 독점을 막는다'는 것이 거론되었으 며 조선도 이를 받아들였다. 구선희(1999), 29쪽; 권혁수(2000), 59쪽. 『조선책략』에는 여러 종류의 버전이 있지만 권혁수(2008), 153~154쪽을 참조했다.

101 古田和子(2000)는 초상국 항로 개설에 비협력적인 화상의 존재로 인해 청과 화상의 이해 관 계가 항상 일치하지 않았음을 강조한다(104쪽).

게 받아들였는지는 차치하더라도 ─ 적어도 청일전쟁까지는 변함이 없었다고 생각된다.

이러한 청의 조선 개입은 17세기 이후의 종속관계를 명분으로 이루어졌다. 청이 그동안 조선의 내정 외교를 기본적으로 방임해 온 것을 감안하면 종속관계를 명분 삼아 관여하는 방법이 크게 바뀐 것은 틀림없다.[102] 이에 대하여 오카모토 다카시는 원래 속국이나 자주라는 개념에 정해진 정의가 있었던 것은 아님을 강조한다. 청은 말할 것도 없고 조선과 열강 모두 각각의 입장에서 다양한 해석을 허용하는 종속관계의 모호함이 조선이 다른 열강과 맺은 조약관계의 모순을 덮어버렸다는 것이다.[103]

조청관계를 양국 관계로만 이해하지 않고 다국간 관계의 균형 속에서 동적으로 검토하려는 오카모토의 논의는 조선에서의 화인 신분을 생각할 때도 적용할 수 있다. 조중상민수륙무역장정은 청조 황제가 속국에게 내리는 은혜로 조약과는 성격을 달리한다는 명분이었으나, 실제로는 열강의 조약과 연동해 사실상 '최혜국대우'를 확보하는 형태로 운용됐다. 예를 들면 이 장정은 화인의 수출품 구입에 한해서 내지통상권을 인정했지만, 1883년 11월에 체결된 영국과의 조약이 수입품의 내지 판매를 포함하는 내지통상권을 인정하자 청은 장정을 개정해 화인에게도 동등한 권리를 인정받게 했다.[104] 물론 열강 쪽도 마찬가지였다. 장정이 화인에게 준 서울에서의 거주 및 영업권(개잔권)은 지금까지

102 모테기 도시미츠(茂木敏夫)는 이것을 종속관계의 근대적인 재편이라고 인식한다. 茂木敏夫 (1997) 외.
103 岡本隆司(2004)·(2014).
104 진수당→김병시(조회), 광서 10년 3월 18일, 『구한국외교문서』 청안1, 문서번호 96. 酒井裕美 (2005), 131쪽.

열강과의 조약에 포함되지 않은 권익이었지만 영국은 위의 조영조약^朝^{英條約}에 이것을 포함시켜 청이 해당 권리를 철회하면 영국도 포기한다고 별지의 선후속조^{善後續條}에서 약속했다.[105]

청의 조선정책이 다국간에 연동되는 형태로 효과를 보인 것에 대하여 라센^{Kirk W. Larsen}은 '다각적 제국주의^{multilateral-imperialism}'라는 말로 표현했다.[106] 화인이 처한 상황은 바로 이것이었으며, 이들의 지위는 항상 다른 외국인과의 평형 관계 속에서 정해졌다. 청의 조선 관여가 화인에게 가져다 준 이점은 그다지 직접적인 것이 아니었다는 점에서도 화인이 청의 존재를 어떻게 인식하고 자신을 위하여 이용하려 했는지에 대해서는 다른 환경 요인과 아울러 신중하게 고찰할 필요가 있다.

그런데 청과 화인의 관계에 관해서는 조선정책의 일환인 동시에 이시기 폭넓게 전개된 해외 화인정책의 하나라는 측면도 있었음에 주의해야 한다. 해외 화인을 사실상 방치해 온 청은 1870년대부터 방침을 바꾸어 각 지역에 공사관이나 영사관을 설치하고 화인 보호 및 관리를 담당하도록 하였다. 1883년 이후 조선의 상무위원 설치도 이와 거의 때를 같이 한다. 상무위원이라는 호칭은 조선에서만 사용되었으나, 청 말의 영사제도를 검토한 아오야마 하루토시^{青山治世}에 의하면 직무와 직권으로 보아 같은 시기 서양국가나 일본이 조선에 파견한 영사와 기본적으

---

105 서울의 개시 과정에 대해서는 주 15)참조.
106 Larsen(2008). 단, 라센이 청의 조선정책에 대해 종속관계에 기초한 우월적, 배타적인 지위를 확보하는 것은 의도하지 않았다고 평가하는 점은 오카모토 다카시(주 103)의 분석과도 차이가 커서 논쟁의 여지가 있을 것이다. 한편 조선정부에게도 이러한 다국간 관계의 연동은 청과의 종속관계를 계속 유지하면서도 그 압력을 벗어나 정책의 자율성을 확보하는 데 있어서 중요한 조건이 되었다. 이 시기 조선이 맺은 조약, 규정에 관한 사카이 히로미(酒井裕美)의 일련의 연구를 참조. 酒井裕美(2008)·(2010)·(2011) 등.

로 동일했다고 한다. 즉 상무위원 제도 또한 종속관계가 화인에게 준 혜택 혹은 우위성을 나타내는 것으로 파악하는 것은 곤란하다고 할 수 있다.[107]

상무위원이 화인을 어떻게 관리했는지에 대해서는 2004년부터 관련 문서가 공개된 것을 계기로 한국에서 연구가 진전 중이다. 1880년대 서울에서는 유력 화상을 중심으로 '방幇'이라 불리는 동향同鄕 단체가 조직됐으며 최종적으로는 경京, 광廣, 남南, 북北 4방이 병립하였다. 김희신은 '방'의 형성 경위를 검토하여 이들이 자치적인 성격을 갖는 동시에 상무위원이 위임한 권한을 바탕으로 행정 업무를 맡았음을 밝혔다.[108] 영사 등이 유력 화상을 통해 현지 화인 사회를 조직하고 관리를 맡기는 수법은 청이 같은 시기 각 지역에서 취한 것이었다.[109] 이러한 화인 사회의 조직 방법도 화인정책 전반과 관련지어 특징을 이해할 필요가 있다.

이상은 청일전쟁 이전에 관한 논의이지만, 청일전쟁 이후에는 조청 간의 종속관계가 해소되어 조선의 국제관계는 모두 주권국가 간 조약에 의거하게 되었다. 조청 간에도 1899년에 대등한 — 쌍무적인 최혜국대우와 영사재판권을 포함한다는 변칙적인 형태였지만 — 조청통상조약朝淸通商條約이 체결되었다.[110] 앞에서 언급한 라센은 이후에도 화상이 활발한 활동을 전개했음을 강조하고 종속관계 자체는 이들의 활동에 큰 의미를 갖지 않았다고 한다.[111] 다만, 청 당국은 조선과의 대등성이 표면화

---

107 靑山治世(2014), 231~232쪽. 또 청의 재외 사절 파견을 화인 관리체제 구축이라는 시각에서 논한 것에 箱田惠子(2012).
108 김희신(2010b)·(2011a) 외. 사료(주한사관보존당안)에 관해서는 이 장 주55), 이 책 제4장을 참조.
109 미국에 대해서 園田節子(2009), 일본에 대해서 陳來幸(1996) 등.
110 청일전쟁부터 1899년까지의 화인 관리체제에 대해서는 이 책 제8장에서 언급한다.
111 Larsen(2008), p.258.

되는 것을 싫어하였고 이는 조약 체결 지연으로 이어졌다.[112] 조약 내용에 관하여 청이 영사재판권을 계속 손 놓지 않았던 것에 대해서도 아오야마는 그것이 청에게는 속국과의 상하관계의 지표였기 때문이라고 해석한다.[113] 적어도 청 정부 측에서 관계 전환은 쉽지 않았다.

그리고 서울의 개잔권도 화인과 관련하여 청이 손에서 놓지 못한 기득권 중 하나였다. 제1절에서 언급했듯이 서울의 조선인 상인은 청일전쟁 전부터 외국인의 서울 철수를 주장했고 전후에는 상권 자주를 호소하는 민족적 색채를 띤 운동으로 발전했다. 이에 대하여 한국 측은 청과의 조약협상 과정에서 개잔권 포기, 혹은 미래에 포기한다는 약속을 요구했으나 청은 응하지 않았다.[114] 박준형朴俊炯은 이러한 잡거 상태의 기정사실화가 서울 이외의 지역에서도 나타나고 일본이나 그 외의 나라에도 적용됨으로써 내외국인의 거주 공간을 구별한다는 조약 취지를 유명무실화했다고 분석한다.[115] 청일전쟁 이후 조선인의 내셔널리즘이 화인을 표적 삼아 고조된 것은 중요하지만 그럼에도 불구하고 청일전쟁 이전에 구축된 화인들의 조선사회에서의 존재 양상은 크게 변하지 않았다. 오히려 화인의 존재가 제도 운용에 영향을 주었다는 측면에 주의하기 바란다.

112 岡本隆司(2009).
113 靑山治世(2014), 232·328~331쪽.
114 박준형(2012), 146~151쪽.
115 박준형(2013b), 朴俊炯(2014).

4. 이 책의 접근 방법과 구성

1) 접근 방법과 구성

이 책에서는 지금까지 살펴본 것처럼 화인 및 화상의 특징에 근거하여 조선 개항기 화상의 국제상업활동에 대하여 구체적으로 검토한다. 기본적인 접근 방법으로는 이들이 형성하는 네트워크와 네트워크를 기초로 한 상품이나 통화의 광역적 유통시스템에 주목하고 국경을 초월한 관계성의 확산 속에 개항기 조선을 평가하는 것이다.

여기에서는 네트워크를 일단 미시적 차원에서 개별 화상을 잇는 반복적이고 고정적인 거래 관계라고 정의해 둔다.[116] 이 책이 검토 대상으로 삼는 것은 일반적이 화인도 아니고 현지에서 활동이 완결되는 소매업자나 서비스업자도 아니다. 주목하고자 하는 대상은 바로 현지에 거점을 두면서 원격지 상업에 종사하는 무역상이다.[117] 이러한 유형의 이주 상인이 특정 거래 상대와 국경을 초월한 네트워크를 형성하는 현상은 화인에 국한되지 않고 다국적기업 조직이 일반화되기 이전의 세계에서 널리 나타났다.[118] 그중에서 화상이 구축하는 네트워크의 특성, 예를 들어 어떠한 원리와 유대에 의해서 네트워크가 유지되었는지에 관해서는 역사학뿐

---

116 네트워크를 조직과 시장의 중간 영역으로 이해하는 경영학의 개념에 가깝다. 학문마다 다른 네트워크의 개념에 대해서는 화인 연구를 바탕으로 陳天璽(2001), 52~57쪽에 정리되어 있다.

117 화인 사회의 내부로 눈을 돌리면 이것들은 확실하게 구별할 수 있는 것이 아니라 영세 상인에서 무역상으로의 상승(또는 그 반대)이라는 흐름이 있었을 것이다. 여기에서는 편의상 구분한 것에 불과하다.

118 秋田茂・水島司(2003)는 상인, 금융업자를 단순노동자의 이동과 구별해서 '네트워크 집단'이라고 불렀다(13~14쪽). 또 Castles・Miller(2011)는 일시적인 노동이민도 영주이민도 아닌 정기적으로 계속해서 국경을 넘나드는 사람들을 '트랜스내셔널 커뮤니티(transnational community)'라고 부른다(41쪽).

아니라 인류학이나 경영학 등 다양한 입장에서 논의가 거듭되어 왔다.[119]

이 책에서는 기존의 성과를 참고하면서도 화상의 네트워크가 개항기 조선을 둘러싼 동시대적 환경하에서 어떻게 전개, 기능했는지에 보다 상세하게 주목하려고 한다.[120] 일찍이 아시아 교역권론을 주창한 하마시타 다케시는 유럽인의 진출 이전부터 존재했던 아시아인에 의한 역내域內 교역이 서양 세력의 참여로 개편됨에 따라 '근대 아시아 시장'이라고 부를 만한 지역 시장이 출현했다고 한다.[121] 단 이는 어떠한 실태를 가리키기보다는 작업가설이며, 관점에 따라 구체적인 모습은 다양하게 나타날 것이다. 이 책은 조선을 둘러싼 화상의 네트워크와 네트워크를 기초로 하는 유통시스템의 복원을 통해서 이를 조건지은 근대 아시아 시장의 성격과 그 속에서의 조선의 위상에 대하여 고찰하는 것을 목적으로 한다.

이하에서는 구체적인 논점에 대하여 이 책의 구성에 맞추어 설명하도록 한다.

첫 번째 논점은 조선의 역사적 조건이 화상 진출 과정에 어떠한 영향을 미쳤는가라는 점이다. 앞에서 살펴보았듯이 조선의 화인 사회는 보다 광역적으로 나타난 화인 이동의 일부로 형성되었다고 할 수 있는데, 그 과정은 조선 측 조건에 의해서도 규정되었을 것이다. 동아시아의 각 개항장이 각각의 역사적 경위를 반영하는 형태로 운용되고 나아가 개항장 외의 상업시스템은 당분간 그대로 유지되었던 점을 생각하면 화상의 진출과 정착 과정도 나라마다 크게 달랐다고 보아야 한다.

---

119 예를 들면 濱下武志(2013) 제1장에서는 인도계와 비교하면서 화인 네트워크의 특징을 검토한다. 인류학의 입장에서 화인 네트워크의 특징을 고찰한 것으로 陳天璽(2001)가 있다.

120 福井憲彦(2003)는 '개인 간에 형성되는 혹은 집단 상호 간을 연결하는 네트워크 자체는 보편적으로 존재해 왔다고 하며 그것이 실제 조건하에서 어떠한 선택을 하고 어떠한 내용을 가졌는지를 역사적으로 조사하는 것이 중요하다고 주장한다(14쪽).

121 濱下武志(1990), 9~15쪽.

제1부 '조선 개항과 화상 네트워크의 확장'에서는 이와 같은 관점에서 초기 화상의 활동과 관련된 네 가지 사례를 검토한다. 제1장 '개항장을 둘러싼 이동과 제도의 대립─부산의 일본 거류지와 화인 거주문제', 제2 장 '조선 거주 일본인 상인과 화상으로부터의 '자립'─해산물의 대중수출과 관련하여'에서는 15세기 이후 대일무역의 거점이었던 부산에 주목하고 개항장 사이를 잇는 화상의 이동과 무역활동이 어떠한 영향을 미쳤는지를 고찰한다. 한편 제3장 '전통적 육로무역의 연속과 재편─1880 년대 홍삼 수출과 화상'에서는 개항 이전부터 이어진 육로를 통한 홍삼수출을 예로 들어 화상활동에도 전통적인 상업시스템에 의거하여 이루어진 측면이 있음을 밝힌다. 제4장 '화상의 조선인 대상 거래와 분쟁 처리─서울에서의 소송 사례로부터'에서는 조선인과의 상거래 질서가 형성되어 가는 과정을 개별적인 분쟁 사례를 정리하면서 검토한다.

두 번째 논점은 조선 화상의 무역활동이 미시적인 수준에서 보았을 때 어느 정도의 범위에서 어떠한 조건에 의해 유지되었는가라는 점이다. 화상활동을 현지에서는 완결되지 않는 국제적 확장성을 가진 것으로 이해한다면 개별 경영의 구조와 그것을 유지하는 월경적인 네트워크의 기능을 파악하는 것이 필수불가결하다. 또한 조선 현지에서의 조선인이나 일본인 상인과의 관계도 광역적인 상업활동의 일부를 이루는 것으로 다시 파악함으로써 화상활동의 전체상이 밝혀질 것이다.

제2부 '조선 화상의 무역과 다각적 네트워크─광동상호 동순태의 사례 분석'에서는 화상 동순태의 경영문서 분석을 통해 위의 과제를 밝힌다. 제5장 '동순태의 설립과 네트워크 형성'에서는 1885년 상호 설립 과정을 중심으로 그것이 상해를 비롯해 동아시아 개항장에서 펼쳐지는 광

동 화상의 네트워크를 기반으로 하였던 점을 밝힌다. 제6장 '동순태의 상해무역과 결제시스템－청일전쟁 이전 시기를 중심으로', 제7장 '동순태의 내지통상 활동과 배경'에서는 동순태의 상업활동이 상해로부터의 수입무역을 주축으로 하였다는 사실을 밝힌 후, 그것이 위와 같은 화상 간 네트워크에 의해 유지되었다는 점, 그리고 내지통상 활동에 관해서도 광역적인 상업활동의 일환으로 평가되었다는 점 등을 검토한다. 제8장 '깊어지는 조일관계에 대한 대응－청일전쟁 이후의 동순태'는 청일전쟁 후 조일관계가 깊어지는 가운데 동순태가 이에 대응하여 활동을 변화시켜 가는 모습을 밝히겠다. 또한 향후의 연구를 위하여 보론 '동순태 문서에 대하여'에서 사료의 서지상 특징을 정리했다.

세 번째 논점은 20세기 초부터 이루어진 일본제국의 팽창이 화상활동에 어떠한 영향을 미쳤는가라는 문제이다. 이른바 불평등조약체제하에서 조선정부는 국경을 초월한 이동이나 유통에 개입하지 못하였고 이는 화상의 광역적 활동을 유지하는 조건 중 하나였다. 일본이 조선을 보호국으로 삼고 더욱이 남만주까지 세력권 아래에 둔 것은 이러한 조건의 변화를 의미했을 것이다. 영역 지배에 대한 강한 지향성을 특징으로 하는 일본제국의 팽창에 화상은 어떻게 대응했을까. 또 반대로, 제국의 경계를 넘나드는 화상활동이 정책에 어떠한 영향을 주는 일은 없었을까.

제3부 '제국으로의 포섭, 제국으로부터의 이탈－러일통화의 광역 유통과 화상'은 위의 물음에 통화문제를 통해 접근하려고 한다. 제9장 '근대 아시아 시장 속의 조선 지방경제－루블지폐의 광역 유통으로부터'에서는 일본통화에 앞서 1900년대부터 만주와 조선 일부 지역에서 유통된 러시아 루블지폐를 다루고, 유통 실태를 상해와 연결된 화상활동

과 관련지어 논한다. 제10장 '일본의 만주 통화정책 형성, 그리고 상해와의 관계—러일전쟁 군표의 유통 실태', 제11장 '식민지화 전후의 조선 화상과 상해 송금—조선은행권 순환에 미친 영향'은 만주에서의 러일전쟁 군표와 조선에서의 조선은행권 유통이 모두 루블지폐와 마찬가지로 화상의 광역 상업과의 긴장 관계 속에서 전개되었음을 밝힌다. 제12장 '1910년대 간도의 통화 유통시스템—조선은행권의 만주살포와 지방경제 논리'에서는 제1차 세계대전 전후 조선은행권이 만주로 확대되는 과정은 현지 화상을 주체로 하는 지역적인 통화 질서에 포함되는 형태로 밖에 실현될 수 없었음을 분석한다.

2) 사료와 용어에 관하여

화상의 국제상업을 통해 조선을 둘러싼 국제시장의 환경을 밝힌다는 이 책의 취지에 따라 화상 경영문서 외에 조선, 청, 일본 각각의 외교문서, 조사보고서 등을 다면적으로 이용하였다.

화상의 경영문서로는 광동 화상 동순태의 상업서간 및 계산서류(동순태 문서同順泰文書)를 선택해 제2부의 주요 사료로 이용했다. 이 사료는 현재 서울대에 소장되어 있는 것으로 연대는 1880년대 말부터 1900년대 초반까지로 한정되는데, 조선 화상의 경영문서로는 현재 알려져 있는 바에 따르면 유일하게 잘 정리된 형태로 남아 있는 것이다. 이에 대해서는 제2부 보론에서 조금 더 자세히 해설하겠다. 이 외에 청의 사료로서는 중앙연구원에 소장되어 있는 주한사관보존당안 수록문서들을 많이 이용했다. 이 문서는 1883년 상무위원이 설치된 후, 서울 주재 청조공관에 축적된 외교문서이며 현지 화상 관리에 관한 사료를 많이 포함한다. 보다 구체적으로는 제4장에서 소개하도록 한다. 한편 청조 중앙의 사료로서 『청계중일한관계사료淸季中日韓關係史料』(중앙연구원 근대사연구소, 1972)로 공간公刊된 총리아문의 조선당朝鮮檔도 이용했다.

일본 측 사료로는 거의 전편에 걸쳐 일본영사보고日本領事報告를 이용했다.(외무성 외교사료관에 소장된 원 문서 외에 『통상휘찬通商彙纂』, 『일본외교문서日本外交文書』로 편집·간행된 것) 청일전쟁 이후에는 서울의 일본공사관 및 통감부문서(國史編纂委員會, 『駐韓日本公使館記錄』, 1988~1894; 國史編纂委員會, 『統監府文書』, 1998~2000)도 이용했다. 외무성이나 대장성大藏省, 각종 은행 등에 의한 조사보고서도 주제에 따라 적절히 이용했다.

조선의 사료로는 대한제국기에 이르는 외교 및 행정문서가 서울대 규장각한국학연구원을 중심으로 국사편찬위원회, 한국학중앙연구원 장서각 등에도 소장되어 있다. 이들 원 문서의 일부는 『구한국 외교문서』, 『구한국 외교 관계 부속문서』(고려대 아세아문제연구소, 1965~1974), 『각사등록各司謄錄』(국사편찬위원회, 1981~)으로 복각되었다. 이 책은 원 문서와 복각 모두를 이용했다.

이 외에 영문 사료로서 중국해관·조선해관연보Returns of Trade and Trade Reports, 영국의회문서 중 영사보고Commercial Reports를 사료와 통계 출처로서 적절히 이용했고 제3장에서 홍콩상해은행 아카이브가 소장한 제물포대리점의 기록을 활용했다.

마지막으로 용어법에 대하여 설명해 두겠다. 이 책이 다루는 시기의 동아시아와 관련하여 지역(지리상의 공간)과 국가, 사람의 그룹을 각각 어떻게 불러야 하는지는 매우 어려운 문제이다. 완전히 정합성을 갖춘 용어 사용법을 짜내는 것은 어렵지만 이 책에서는 약간 무리가 있더라도 다음과 같이 하고자 한다.

중국에 본거지가 있으며 스스로도 그렇게 생각한 사람은 사는 곳에 상관없이 '화인'이라고 한다. 화상은 앞에서 설명한 것처럼 화인 중 상인, 특히 무역상을 가리키는데, 이것도 활동 장소와 상관없이 그렇게 부른다. 정치 주체로 등장하는 국가에 대해서는 '청', '청조'라고 부르며 지역의 호칭으로는 (이른바 차이나 프로퍼China Proper15)를 가리켜) '중국'을 사용한다. 현재 중화인민공화국 동북지방에 해당하는 지역은 역사적인 지역 호칭으로 '만주'라고 하지만 '중국'과는 구별하지는 않으며 특히 통계상 구분 등에서는 '중국'의 일부에 포함한다.

조선에 관해서는 지역과 사람 모두의 호칭으로 '조선'을 사용한다. 정치적인 의미의 국가에 대해서는 '조선왕조'라고 해야 하지만 대부분 간략하게 '조선' 혹은 '조선정부'라고 부르겠다. 다만 1897년 대한제국 성립 후에는 '한국'을 사용한다. 또한 수도의 호칭으로 '서울'은 도읍을 가리키는 오래된 고유어이지만 조선왕조의 공식 호칭은 한성이었다. 경성은 수도를 가리키는 일반명사이지만 개항 후 일본인들 사이에서 고유 지명으로 널리 쓰이면서 한일병합 후 공식 호칭으로 채택되었다. 이 책에서는 편의상 모든 시대에 걸쳐 서울을 사용한다.[122]

---

[122] 吉田光男(2009), 15·38쪽.

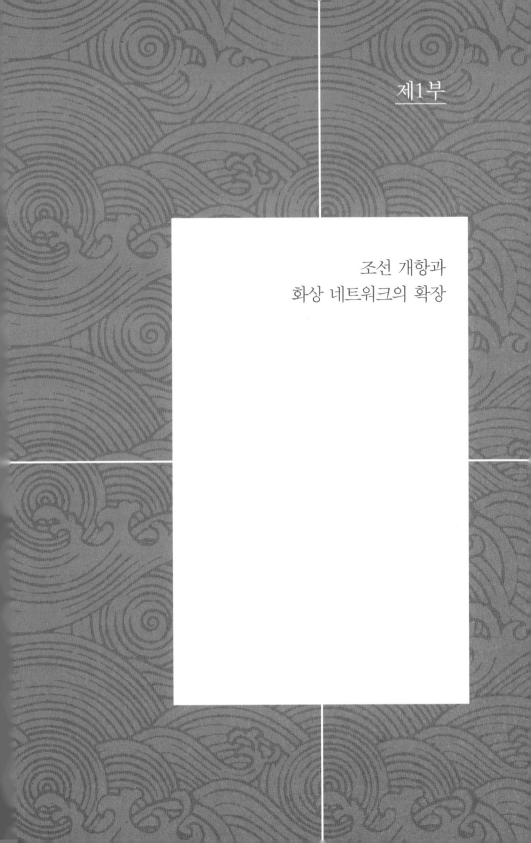

제1부

조선 개항과
화상 네트워크의 확장

긴 시간을 험난한 환경 속에서 살아온 조선(한국)의 화인은 스스로의 역사를 글로 써서 후세에 전하는 일은 거의 없었는데,[1] 그러한 가운데 1970년대 한 일간지의 기획 연재로 실린 「華僑」는 한성화교협회장인 진유광秦裕光 씨가 화인 사회의 발자취와 가족의 경험을 한국어로 소개한 귀중한 기록이다. 이 기획 연재에서 진유광 씨는 1882년 임오군란을 진압한 청군의 수행 상인이 한국 화인의 시조라고 한다. 진유광 씨에 따르면 청군을 이끈 수사水師 제독 오장경吳長慶이야말로 화인의 역사를 개척한 은인이며 이에 서울에 있는 그의 사당에 계속해서 제사를 지내고 있다고 소개한다.[2]

그런데 오장경이 지휘하는 청군을 수행했던 상인이 있었던 것은 사실이지만 1884년 청군 일부가 철수했을 때 대부분의 상인은 함께 귀국한 것으로 보이며[3] 이후의 연속성은 확인할 수 없다. 그리고 오장경의 사당은 그가 급사한 후, 1885년 조선정부가 세운 것으로 화인이 제사를 지내게 된 것은 아마도 꽤 시간이 흐른 후부터 일 것이다.[4] 그러나 화인 역사의 시작이 위와 같은 환경 속에서 준비되었다는 사실은 매우 중요하며 화인의 도항을 공인한 조중상민수륙무역장정朝中商民水陸貿易章程도 황제

---

1 1948년에 탄생했다고 할 수 있는 대한민국의 정주 화인은 박정희 정권(1961~1979)의 내셔널리즘에 의거한 경제정책하에서 활동의 자유를 제약받았다. 그러한 상황은 한국이 민주 정권으로 이행한 1990년대 후반부터 개선되었다. 王恩美(2008), 第2章, 附章.

2 진유광, 「華僑(남기고 싶은 이야기들 第66話)」, 『중앙일보』, 1979.9.17~12.17, 전 75회. 오장경에 대해서는 1979년 9월 21일 자 「吳長慶提督」(제5회). 같은 저자의 중국어 회고록은 秦裕光(1983).

3 李鴻章 → 總理衙門(函), 光緖 11.6.28, 『淸季中日韓關係史料』 1034番. 담영성(1976), 15쪽.

4 오장경의 사당은 고종의 명에 의해 1885년 정무사(靖武祠)라는 이름으로 만들어져 청일전쟁을 거치며 1908년까지 궁내부가 제사를 지냈다. 보호국기 행정 정리에 의해 1909년 청국 총영사관에 이관되었다. 이후에는 오무장공사(吳武壯公祠)라는 명칭으로 유지되다 1979년 한성화교중학교 부지에 옮겨져 지금에 이른다(박현규(2011)). 화인이 제사를 지내게 된 것은 적어도 1909년 청국 총영사관에 이관된 후라고 할 수 있겠다.

가 하사한 은혜로서 종속관계와의 연속성을 전면에 내세운 것이었다.

전통적인 관계가 이어진 것은 조일관계도 마찬가지였다. 1875년 조일교섭을 위해 부산에 파견된 모리야마 시게루森山茂는 영국공사 파크스Sir Harry S. Parkes에게 자신의 역할을 페리Matthew Calbraith Perry의 역할에 비유하였으며, 파크스도 조일교섭을 통해 조선이 서양을 대상으로 개국하는 계기가 마련되기를 기대했다.[5] 그러나 강화도 사건을 거쳐 실제 체결된 조일수호조규朝日修好條規는 양국 군주의 관계나 공사 상주권 유무 등 항목을 애매하게 규정했고 일본이 요구한 최혜국대우도 일본 이외에 국교를 확장하지 않을 것이라는 조선의 반대로 무산되었다.[6] 조선으로서는 대일개항을 기존의 교린交隣 관계16)의 변경 정도의 선에서 진행하고자 했고[7] 일본도 이에 타협할 수밖에 없었다.[8] 실제 조선이 서양 국가들과 조약을 체결하게 되는 것은 1882년 이후가 되어서다.

이처럼 조선의 대일, 대청개항은 모두 전통적인 관계를 답습하는 형태로 시작되었음을 다시 한번 상기할 필요가 있다. 물론 대일, 대청개항은 독립적으로 이루어진 것은 아니었다. 청이 서양과의 관계에서 있어서 실질적으로 최혜국대우 지위를 얻을 수 있도록 조중상민수륙무역

---

5 石井孝(1982), 297~299쪽.

6 田保橋潔(1940)이 조규의 교섭 과정을 각 조목을 차례대로 쫓아 검토하였다. 단, 조일수호조규는 양국의 대등함을 내세웠다는 사실이 강조되는 경향이 있지만, 조선이 싫어한 것은 군주 간 관계를 명시하는 것이었고 정부 사이의 대등성은 문제 삼지 않았다. 高橋秀直(1998)은 조규가 조선 측이 수용하기 쉽도록 '정부 대등론'의 선에서 정리되었다고 한다(94쪽).

7 田保橋潔(1940)는 '이 조약은 300년의 역사를 지니는 한일국교를 갱신하고 원칙적으로 양국 정부가 직접 교섭한 것에 그쳐 실질적으로는 아무런 성과도 없다'고 한다(上, 579쪽). 조선 정부의 인식에 대해서는 명확하게 알기는 어렵지만 1878년 조선이 무역품에 과세를 하려고 한 두모진 과세 문제에 대한 대응으로부터 교린체제의 연속이라는 조선 측 인식을 엿볼 수 있다는 견해가 있다. 연갑수(1993), 106쪽; 연갑수(2008), 81쪽; 구선희(2011), 124~126쪽.

8 각주6). 또한 諸洪一(2007)은 교섭의 실무 담당자였던 미야모토 고이치(宮本小一)에 초점을 맞춰 일본 측이 의도적으로 국제법과 분리하는 형태로 조약안을 작성했을 가능성을 지적한다.

장정이 운용된 것은 서장에서 강조한 바 있으며, 일본도 1883년 일본인 민무역규칙日本人民貿易規則을 통해 최혜국대우 지위를 얻었다. 이후 1894년 청일전쟁 발발까지 조선을 둘러싼 국제정치는 조선정부 스스로도 하나의 주체가 되어 상호 연동하는 국가 관계 속에서 종속관계를 어떻게 자리매김할 것인지에 초점을 맞춰 전개하였다.[9] 이러한 정세 속에서 조선의 외국인 — 실질적으로는 화인과 일본인으로 구성 — 의 지위도 서양에서 가지고 들어온 자유무역주의를 축으로 조정하면서 전통적인 조청관계, 조일관계를 각각 반영했다고 할 수 있다.

이와 더불어 외국인의 상업활동에 관해서도 조선의 전통적인 상업체제와의 관계를 무시할 수 없다. 이른바 '불평등조약' 체제는 개항장에서의 자유무역을 강제하는 것임과 동시에 개항장 외에서는 기존의 상업체제를 당분간 유지함을 인정하는 것이기도 했다.[10] 조선의 경우 적어도 1894년 갑오개혁까지 조선시대부터 이어져 온 특권 상업체제가 유지되었고 그중 일부는 다시 보호국 시기까지 형태를 바꾸어 존속했다. 조약에 의해 내지통상권이 주어지고 나아가 관세 이외의 상업세도 면제받았던 외국인 상인은 기존의 상업체제와 상관없이 내지를 포함하여 유통권을 장악했다는 견해도 있다.(서장 참조) 그러나 조약상의 규정

---

9 岡本隆司(2004)의 논의를 염두에 두었다.

10 石井寛治(1984)는 일본에 대하여 내지통상권을 부정한 거류지 무역체제가 외상의 상권 장악을 막은 요인 중 하나였다고 강조한다(422쪽). 조선의 경우 내지통상권의 인정이 곧바로 기존 상업체제의 붕괴를 초래하였는지의 여부를 '불평등' 조약이라는 인식 그 자체의 타당성(三谷博(2010) 등의 논의)와 함께 검토할 여지가 있다. 한편, 장기적으로 보면 개항장에 도입된 서양적인(또는 일본적인) 거래 규칙이 조선인 사이에서도 영향을 미칠 수밖에 없었다고 보인다. 이 문제에 대해서 이 책에서는 충분하게 논의할 수 없었고 제4장에서 간략하게만 언급한다. 참고로 근대 중국의 시장 질서에 대해서 개항장 상업의 영향을 중심으로 검토한 연구인 本野英一(2004)가 있다. 이 책 서장의 각주 69)를 참조.

이 현실의 시장질서 속에서 의미 있는 형태로 기능하였는지에 대해서는 구체적인 사례를 통해 검토하지 않으면 안 된다.

위와 같이 생각하면 조선의 화상은 서장에서 살펴본 동아시아의 광역적인 화인 이동을 배경으로 하면서도 역시 조선 고유의 역사적 조건 — 국제관계, 국내 상업체제 양쪽 모두에 있어서 — 아래에서 진출하고 조선인이나 일본인과의 관계를 구축했다는 측면을 주목할 필요가 있다. 이러한 측면에 주의하면서 조선 진출 초기(1880년대부터 1890년대 전반까지), 조선 화상의 활동을 몇 가지 사례를 통해 검토하도록 하겠다.

제1장

개항장을 둘러싼 이동과 제도의 대립

부산의 일본 거류지와 화인 거주문제

조선 개항 후에 외국인의 활동 거점이 된 것은 거류지이다. 거류지의 제도적 특징에 관해서는 제2차 세계대전 이전부터 연구가 축적되어 와 대략적으로는 밝혀져 있다.[1] 그러나 기존 연구는 대체로 조선을 둘러싼 열강의 이권 획득 경쟁이라는 시각에서 거류지를 검토하였고, 따라서 거류지가 갖는 다음의 두 가지 측면을 간과하기 쉬웠던 것은 아닐까 싶다. 첫째로 거류지는 조선뿐 아니라 중국과 일본의 많은 개항장에 설치되었으며 외국인이 안전하게 거주하고 경제활동에 종사할 수 있는 공간으로서 동아시아 내의 다각적, 광역적인 이동과 교역의 기반으로 기능하였다. 두 번째로 그럼에도 불구하고 많은 거류지가 국가 간 조약이

---

1 대표적인 것만을 들어도 Noble(1929), 奥平武彦(1937), 藤村道生(1965), 이현종(1975), 손정목(1982), 고병운(1987) 등이 있다. 그리고 이 책에서는 개항장에서 외국인 거주에 할애된 구획 중 일본과 조선에 있었던 것을 '거류지', 청에 있었던 것은 '조계'라고 표현한다(사료상의 표현을 제외한다). 이것은 편의상 구분한 것으로 거류지와 조계에 질적인 차이가 있다고 이해하는 것은 아니다. 또한 현재 한국에서는 '조계'라는 단어를 사용하는 것이 일반적이다.

아닌 지방 차원의 약속에 근거해 설치되었고 그 배경에는 모두 다른 역사적 경위가 있었다. 각각의 개성을 가지고 성립된 거류지가 결과적으로 서로 동등한 서비스를 제공하고 사람들의 광역적 이동을 유지하는 사회기반시설이 되어간 과정에 대하여 어떻게 생각하면 좋을 것인가.

이와 같은 의문점을 염두에 두고 이 장에서는 1880년대 부산에서 일어난 '덕흥호德興號 사건'을 분석한다. 한반도의 남동쪽 끝에 위치한 부산은 부산포로 불렸던 15세기 이후 조일외교와 무역의 거점으로서 중요한 역할을 해왔지만, 1876년 조일수호조규朝日修好條規에 의해 조선 최초의 개항장으로 지정되고 일본의 전관專管 거류지가 설치됐다. 여기에서 다루는 것은 1883년 말, 이 거류지 내에 개업한 화상의 상호 덕흥호를 일본영사가 폐점시킨 것에서 시작하여 그 처리를 두고 일본, 청, 조선 사이의 외교교섭으로 전개된 사건이다. 이를 계기로 청은 부산에 영사에 상당하는 상무위원을 파견하고 자국의 전관 거류지를 설치했다. 한편 일본도 거류지 운영 방법을 재검토하였고 실현되지는 못했지만 한때는 일본 거류지의 포기까지 진지하게 고려하였다.

이 사건 자체는 이전부터 알려져 왔지만[2] 많은 경우 청일 이권 전쟁의 '구실' 혹은 관련된 '짤막한 이야기, 에피소드挿話'로 다루어졌다. 사건의 계기가 된 화상에 대해서는 거의 알려져 있지 않고 청일 당국이 화상의 행동을 어떻게 받아들이고 제도에 반영시켰는지도 검토되어 있지 않다. 이 장에서는 쌍방의 외교문서를 대조하면서 사건의 전체상을 복원하고[3]

---

2 담영성(1976), 40쪽; 손정목(1982), 108쪽; 酒井裕美(2009), 71~75쪽; Patterson(2012), p.48. 박준형(2014)은 일본 거류지의 외국인 거주정책의 변천을 일본 측 사료를 통해 확인한 연구로 덕흥호 사건에 관해서도 검토했다(19~32쪽). 이 장에서는 이 논문의 내용을 반영할 수 없었는데 아울러 참조했으면 한다.

조선 개항 초기 화상의 이동 실태와 그것이 개항장·거류지 제도와 어떠한 관계를 맺고 있었는지에 대하여 고찰하고자 한다. 제1절에서 덕흥호 사건 이전의 일본 거류지와 그 운용에 대해서 확인한 다음, 제2절에서는 사건의 경과와 청의 대응, 제3절에서는 일본의 대응을 검토한다.

1. 부산 개항과 일본 거류지 설치

1) 왜관에서 일본 거류지로[4]

조선시대 후기, 지방관으로서 대일외교와 방어를 책임진 것은 한반도 남쪽 끝에 위치한 동래부東萊府였다. 그리고 동래부 소재지(현재의 부산광역시 동래구)로부터 남쪽으로 약 8킬로미터 떨어진 해안부에 수군 기지인 부산진釜山鎭이 있었다. 거기에서부터 다시 약 4킬로미터 남쪽 곶 모양자리에 일본인 체류 시설로 초량왜관이 설치된 것은 1678년의 일이다.

이 장소는 현재 부산의 중심 시가지이다. 하지만 당시에는 동래부의 중심지에서 떨어진 변방에 위치하였다. 약 10만 평의 왜관은 주위를 돌담으로 둘러쌌으며 평상시에 출입할 수 있는 문은 2곳밖에 없었다. 일본인이 체류할 수 있는 것은 왜관 내부로 한정되었으며 야간 외출은 금

---

3 주요 사료는 다음의 두 종류이다.『華商德興號控日本官』(1)·(2)(駐韓使館保存檔案(이하, 使館檔案), 中央研究院近代史研究所檔案館, 請求記號 1-41-12-2·3, 이하,『德興號』(1)·(2)로 약칭),『朝鮮國釜山元山兩港日本人居留地內ニ各國人雜居一件』(外交史料館, アジア歷史資料センター Ref. B12082508300, 이하,『雜居一件』으로 약칭). 후자의 경우, 아시아역사자료센터(アジア歷史資料センター)에서는 No. 1～6으로 분할해서 열람할 수 있으며, 이하에서는 이 분할 번호에 따라 (1)～(6)으로 출처를 나타낸다. 전자의 사관당안에 대해서는 이 책 제4장의 주 11.
4 이 페이지의 서술은 별도로 기술하지 않는 한 田代和生(1981)와 藤村道生(1965)에 의한다.

지되었다. 더욱이 왜관에서 부산진으로 가는 길 중간에도 설문設門이라 불리는 문과 장벽이 있어 일본인들은 낮에도 이를 넘어 갈 수 없었다. 일본인은 용무가 있을 때만 일시적으로 체류한다는 표면상의 방침이 있어 정기적·지속적인 거주는 허용되지 않고(실제로는 수년에 걸쳐 체류 하는 사람도 있었지만) 여성 동반은 엄격하게 금지되었다. 이와 같이 왜관 은 일본인을 '가둬두기' 위한 시설로 운용되었다. 이러한 측면은 나가사 키長崎나 광주廣州 등 동아시아의 전통적인 외국인 거주지에 공통적으로 나타나는 특징이지만 조선의 경우 1592년부터 6년에 걸쳐 전 국토를 유 린한 '왜란', 도요토미 히데요시豊臣秀吉에 의한 침략의 기억도 당연히 영 향을 미쳤을 것이다.

그런데 에도江戸시대 일본에서 조선과의 교섭이나 무역을 담당한 것 은 대한해협에 위치하는 쓰시마對馬를 영유지로 삼았던 소씨宗氏이다. 소씨는 메이지明治정부가 성립된 후에도 한동안은 조선 외교를 담당했 으나, 조선정부로 하여금 왕정복고王政復古1)의 통지를 수령하게 하는 데 실패했다. 이른바 서계문제書契問題이다. 메이지정부는 소씨로부터 조 선 외교의 권한을 빼앗고 1872년 외무성 관리를 왜관에 파견하여 관리 하도록 했다. 하지만 이후에도 조선은 메이지정부를 교섭 상대로 인정 하지 않았다. 결국 1875년 강화도에서의 무력충돌을 계기로 마침내 1876년 2월에 조일수호조규가 체결되었다.

이 조약에서는 부산 이외에 2개 항의 개항을 약속했다. 다만 조약 본 문에서는 개항장에서의 '일본인의 토지 임차와 가옥 건축, 조선인 가옥 의 임차'를 인정하는 것에 지나지 않고(제4조), 거류지 설정에 대해서는 언급하지 않았다. 왜관 부지가 계속해서 일본인 거주 목적으로 제공된다는 사실을 규정한 것은 1876년 8월의 조일수호조규 부록이며(제3조), 또한 1877년 1월에 부산 주재 일본 관리관 곤도 마스키近藤真鋤와 동래부사 홍우창이 부산항거류지차입약서釜山港居留地借入約書를 교환함으로써 왜관은 정식으로 일본 전관 거류지가 되었다.

부산항거류지차입약서는 일본 글자로 400자 정도의 간단한 것이다. 이 약서는 우선 구 왜관의 장소가 '옛날부터 일본 관민의 거류지'였음을 확인한 후, ① 지조地租로 연 50엔을 일본정부가 납입하고, ② 이미 만들어진 가옥 중 일본정부 소유와 조선정부 소유의 가옥을 확실히 구분하며, ③ 선착장을 제외한 토지, 도로, 배수로 등 설비 일체는 일본정부가 관리·보수하는 것으로 정했다. 왜관은 원래 조선정부가 소씨에게 은혜로 빌려준 객관客館이라는 성격을 띠고 있었는데, 약서는 이를 일본 측의 기득권으로 간주하여 빌리는 주체를 일본정부로 전환한 것이다. 서양 국가들과의 수호修好를 거부하면서도 일본과의 조약 체결은 전통적 관계의 복원에 불과하다고 평가했던 조선으로서는 이를 본질적인 변화로 보지 않았을 것이다.[5]

이 차입약서에 의거하여 일본영사는 경찰권을 비롯한 거류지 운영 전반에 걸친 강력한 행정권을 장악하였으나 조선은 거류지 내에서 권리를 행사할 여지를 대부분 잃었다. 상징적인 예로서 거류지 내 토지 이용자에 대하여 일본영사가 단독으로 ─ 즉 조선지방관의 연서連署 없이 ─ 지권地券을 발급하고 차지권借地權을 줄 수 있게 된 것을 들 수 있다.[6] 이 예는 차입약서에서 일본정부가 조선정부로부터 거류지 부지를

5 藤村道生(1965), 68쪽; 연갑수(2008), 80~81쪽.
6 釜山領事館布達 15號「地所貸渡規則」明治 13年 6月(不二出版復刻版『外務省警察史』第3卷,

일관적으로 빌리도록 정한 사실과 대응한다. 한편 이를 당시 일본에 있었던 거류지 제도와 비교해 보면 부산 거류지에서 일본영사의 권한이 훨씬 강했다는 사실을 알 수 있다.[7]

부산에 이어 1880년에는 '원산진개항예약元山津開港豫約'(1879.8)에 의해 동해안 원산이 개항되었다. 여기에도 일본정부는 전관 거류지를 설치하였으며 형식과 규모는 부산을 답습했다.

2) 서양과 청을 대상으로 한 조선의 개항과 거류지

조선정부는 1876년 대일개항 후에도 서양 국가와 교역을 거부하다가 청의 중개로 1882년 5월 미국과 통상조약을 체결했다. 그리고 이를 계기로 서양 각국과 조약을 속속 체결하였다(1882년 6월 영국, 독일 ― 다만 본국에서 비준되지 않아 내용을 개정하여 1883년 11월에 재체결, 1884년 7월 러시아, 이탈리아, 1886년 6월 프랑스). 그 사이 1882년 7월에는 임오군란이 일어나고 개항에 반대했던 흥선대원군이 옹립되었으나 청군이 진압하였다. 같은 해 9월에는 조중상민수륙무역장정이 제정, 청과의 종속관계를 재확인함과 동시에 개항장을 통한 청과의 자유무역이 인정되었다.

이미 개항한 부산과 원산은 이들 조약 및 장정에 근거해 일본 이외의 여러 나라에게도 개방되었다. 이어 1883년 1월에는 서울과 가까운 인

1996, 237쪽).

7 일본에 있었던 거류지는 모두 각국 공동 거류지로 특정한 한 나라에 의한 전관 거류지는 없었다. 또 거류지 용지의 임대는 일본지방관의 명의에 의해 이루어지고 외국영사의 전권으로 행하여지는 것은 없었다. 행정권의 경우는 거류지마다 사정이 달랐다. 요코하마(橫濱)나 나가사키에서는 일찍이 외국인 측의 거류지 자치제도가 없어지고 일본 측으로 권한이 옮겨졌다. 고베(神戶)에서는 1899년 거류지 제도 철폐까지 경찰권을 포함한 행정권이 외국인 측에게 있었지만, 일본정부는 늦어도 1878년 이후부터 탈환을 목표로 하였다. 大山梓(1988), 115쪽.

천도 개항하였다. 또한 대일개항 시에는 한동안 면제된 관세 징수가 인정되어 청의 외국인 세무사 제도를 본뜬 해관이 설치되었다. 우선 이홍장李鴻章의 추천을 받은 독일인 묄렌도르프Paul G. von Mollendorff가 1882년 12월에 내한하고 이듬해 5월에 총세무사에 임명되었다. 그리고 그의 추천으로 초빙된 서양인 세무사를 중심으로 인천해관이 1883년 6월, 원산해관이 10월, 그리고 부산해관이 11월 3일에 정식으로 업무를 시작했다.[8] 이로써 사실상 각 항이 일본 이외의 국가에 개방되었다.

그런데 일본 측에서 보면 이러한 일련의 개항은 조선의 개항장이 더 이상 자국민의 독무대가 아니라 그곳에서 다른 조약 체결 국민과 접촉이 일어날 수 있게 됨을 의미하였다. 1882년 11월 주조선공사에 임명된 다케조에 신이치로竹添進一郎는 부임에 앞서 이노우에 가오루井上馨 외무경外務卿2)에게 의견서를 제출하면서 상황에 맞게 일본도 조선에서의 거류지 정책을 재검토해야 한다고 했다.[9] 그 의견서 안에서 다케조에는 외국인의 거주에 대하여 다음과 같이 말한다.

외국인 잡거의 건. 부원(부산·원산) 양항의 거류지는 우리 영사가 전담하고 있는 제도로서 지금 당장은 쉽게 외국인의 잡거를 허용하기 어렵다 하더라도, 인천은 초창기 때라면 지금보다 이를 허용하든 하지 않든 자유롭다. 무역 편리성이라는 점에서 고찰하면 각국 상인의 잡거가 가능한 것과 같다.[10]

8 Patterson(2012), 20·42쪽. 조선세관의 설립 경위에 대해서는 고병익(1964).
9 奧平武彦(1937), 78쪽.
10 『善隣始末』卷6, 서울대 중앙도서관 소장. 이 사료의 열람에 관해서는 사카이 히로미(酒井裕美) 씨(오사카대)의 협력을 얻었다.

즉 다케조에의 의견은 일본영사가 행정권을 독점하는 부산과 원산의 거류지에 다른 국민의 거주를 허용하는 것은 어렵지만, 1883년 1월 개항이 결정되어 있는 인천에 거류지를 설치할 때는 타국민도 잡거할 수 있도록 해야 한다는 것이다(인천의 일본거류지장정이 실제로 체결된 것은 1883년 9월). 이노우에 외무경은 이 의견을 일단 기각하고 '잡거는 불허하는 쪽으로 결정해야 할 일'이라고 명령했지만,[11] 해관이 설치되지 않았고 다른 나라 국민의 도항도 아직 사작되지 않은 단계에서 이미 일본 정부 내부에서는 그 영향이 논의되었음을 알 수 있다.

1883년 3월에도 다케조에는 이노우에에게 같은 취지의 제안을 했고 더구나 이번에는 부산 및 원산의 일본 거류지도 다른 국민의 거주를 허용해야 한다고 했다.[12] 상당히 장문의 제안이지만 일부를 아래에 소개하겠다.

미·영·독이 지나(支那) 제국 당국과 통상 조약을 체결하였기 때문에 각국 상인은 추후에 부산 원산 두 항에 도항하여 무역을 할 수 있으며, 앞에서 말한 두 항에 있어서 각국 상인 거류지 설치는 필연의 일이라고 생각합니다. 그런데 위의 두 항 모두 기존에 일본인 거류지를 구획하고, 일본의 조계와 마찬가지로 오늘에 이르러도 일본 조계 중에 타국인의 잡거를 서로 거절하는 것은 일리 있는 일이라고 생각됩니다. 그러나 한 발 물러서서 숙고하면 두 항 모두 조계 중 편리한 장소는 대개 우리 상인이 차지하고 (…중략…) 공지(空地)에 속하는 부분을 구획하여 타국인의 잡거 허가를 인정하

11 앞의 주와 동일하다.
12 竹添進一郞(駐朝鮮公使) → 井上馨(外務卿), 明治 16年 3月 5日, 『雜居一件』(2).

는 것은 조선정부가 가장 선호하는 것일 수도 있는데 우리가 이를 엄히 거절하여 조선정부에 폐를 끼치는 일은 교제상 온당한 조치라고 생각할 수 없습니다. 그리고 각국이 어떠한 평가를 내리고 만일 각국에서 우리 처치에 만족하지 못한 채 내부적으로 조선정부를 두둔하게 되면 향후 만반의 불편함이 없을 거라고는 장담할 수는 없습니다.

즉 조선정부와 다른 여러 나라의 환심을 사서 국제정치를 유리한 방향으로 유도하기 위해 거류지 중 미사용지를 다른 국민이 거주할 수 있도록 개방하자는 의견이었다. 이어지는 부분에서 다케조에는 조선정부가 국제관계에 대한 지식을 쌓고 묄렌도르프와 같은 고문도 얻은 지금, 일본도 이제는 폭력적인 수단을 통해 의견을 관철하기 어렵게 되었다고 한다. 그러한 가운데 일본이 자국 거류지를 외국인에게 개방하면 일본의 공평함을 여러 나라에 보여주는 동시에 조선정부의 신뢰도 얻을 수 있으므로 청으로의 접근을 막는 수단이 될 것이라는 지적이었다. 또한 부산의 경우, 일본 거류지를 다른 국민에게 개방하는 데는 다른 나라의 전관 거류지 설치를 막겠다는 의미도 담겨 있었다. 앞에서 언급한 바와 같이 부산의 일본 거류지는 동래부 중심에서 남쪽으로 10킬로미터 이상 떨어져 있기 때문에 만약 다른 나라가 양 지점을 잇는 길에 자국 거류지를 마련했을 경우, 일본 거류지의 상업에 심각한 타격을 줄 것이 염려되었기 때문이다.

이 때는 이노우에도 다케조에의 제안에 기본적으로 동의했다. 다케조에의 제안은 조선에 대한 영향력을 확보하면서 청과의 평화를 유지한다는 당시 일본정부의 방침에도 맞는 것이었다.[13] 단, 개방의 형태에 관해서는 다케조에가 '토지 임대 방법은 청국의 상해上海, 천진天津 등의 예에 따라 현재의 거류지를 여전히 일본 조계로 정하고 우리 영사관에서 임대 방법을 결정하며 일반적으로 우리 규칙을 준수하도록 하는 것이 크게 어려워서는 안 된다'[14]고 하며 중국에서 서양의 여러 나라가 보유한 전관 조계처럼 부산에서도 일본의 전관권은 유지한 채 다른 국민의 잡거를 허용하면 된다고 제안하였다. 이에 대하여 이노우에는 그렇게 하면 '성가신 일을 야기'하게 된다며 일본 거류지 중 필요성이 떨어지는 일부를 조선에 돌려주고 그 자리에 각국 공동의 거류지를 설치하게 해야 한다고 했다.[15]

또 다케조에는 부산의 일본 거류지에서는 조선인 상인 거주도 허용해야 한다고 이노우에에게 제안했다.[16] 다케조에에 의하면 요코하마와 고베의 거류지에서는 일본인의 거주를 허용하지 않지만 상해나 천진의 조계에서는 화인 거주를 허용하며 조선에서도 상업상의 편리함을 위해서라면 신용이 있고 거류지 규칙 준수를 선서한 경우 조선인이라도 거주시키는 것이 유익하다고 생각했다. 이는 부산의 일본영사관원으로부터 보고된 의견이었다고 한다. 외무성은 조선정부와 그에 맞게 협정을 체결한 후 인정해도 좋다고 응답했지만,[17] 이후 경위는 확인할 수 없다. 실제로 거류지 내 조선인 거주는 후에도 원칙적으로 인정되지 않았다.(뒤에서 자세하게 설명하도록 한다)

---

13 임오군란 후 일본정부의 조선정책에 대해서는 高橋秀直(1995), 123~129쪽.

14 주 12)와 동일하다.

15 井上馨 → 竹添進一郎, 明治 16年 4月 10日, 『雜居一件』(2).

16 竹添進一郎 → 井上馨, 明治 16年 3月 5日, 『雜居一件』(4).

17 吉田淸成(外務大輔) → 竹添進一郎, 明治 16年 6月 27日, 同前.

그런데 다케조에가 부산 거류지의 다른 나라 국민 및 조선인에 대한 개방을 생각하는 데 있어서 모델로 상해와 천진의 예를 들었던 것이 흥미롭다. 상해의 경우, 1845년 설치한 영국 조계(1863년에 미국 조계와 합쳐서 공동 조계가 된다), 1849년에 설치한 프랑스조계 모두 처음에는 화인 거주나 차지借地를 허용하지 않았다. 그러나 1853년 소도회小刀會 봉기3)를 계기로 혼란을 피해 조계로 유입하는 화인이 급증하면서 화인의 조계 내 거주가 사실상 허용되었다(1855년에는 상해지방관인 도대道臺의 '상해화민 주거조계조례上海華民住居租界條例'에 의해 정식으로 인정되었다). 조계의 운영 방법은 개항장마다 달랐지만 적어도 거주 실태에 관해서 말하면 다른 항에서도 전관국 국민만으로 제한했다는 예는 없으며, 모두 화인을 포함한 다른 나라 국민들에게 개방되어 있었다고 보면 된다.[18] 다케조에는 1870년대부터 중국에 체류한 경험이 있고 특히 1880년부터 1882년까지는 천진 영사를 맡았다. 이러한 경력으로 볼 때 중국에서의 조계 운영에 대해 잘 알고 있었을 것이며 조선의 거류지도 그것을 '표준'으로 삼아야 한다고 생각했을 것이다.

한편 다케조에가 위와 같은 의견을 이노우에게 제출한 직후인 1883년 4월, 영국의 고베영사 애스톤W.G.Aston이 부산에 와 일본 거류지 동북쪽에 영국 거류지 예정지를 정한 사건이 있었다.[19] 이것이 실현될 경우, 영국 거류지는 일본 거류지와 동래부 사이를 막는 형태가 된다. 이것은

---

18 상해 조계에서 화인 거주가 인정된 경위에 대해서는 植田捷雄(1941), 96~97・242쪽. 다른 항의 조계 상황에 대해서도 이 책 참조. 또 加藤雄三(2011)은 진강(鎭江)의 예를 들어 규정상은 인정되지 않았던 조계 내 화인 거주 및 차지가 조금씩 인정되어 가는 과정에 대하여 연구하였다.

19 애스톤이 부산에 들른 것은 주일 공사 팍스의 명령에 의해 서울을 방문하여 1882년 조인한 조영조약(朝英條約)의 내용에 대하여 조선정부와 교섭하고 돌아오는 길이었다(楠本重敏(2005), 286~292쪽). 이후 애스톤은 1884년 3월부터 1886년 5월까지 영국의 조선 주재 총영사를 맡게 된다.

바로 다케조에가 걱정하던 사태이며 다케조에는 재차 외무성에게 일본 거류지의 타국인 거주를 허가하도록 요청했다.[20] 이에 대한 외무성의 답변은 현재 남아 있지 않으나 같은 해 6월부터 7월까지 외무성과 다케조에, 부산영사 사이에서 일본 거류지 중 반환해야 할 지역에 대한 의견 교환이 이루어진 사실을 확인할 수 있다.[21] 일본 당국자들 사이에서는 거류지 일부를 조선정부에게 반환하고 이를 각국 거류지로 전환시킨다는 방침이 어느 정도 공유되었다고 봐도 될 것이다.

다만 다케조에는 1883년 11월 내한한 영국공사 팍스(주청공사와 겸임)와 면회했을 때, 팍스로부터 부산 일본 거류지에 영국인 거주를 허용하도록 요구받았지만 이에 응하지 않았다. 아직 일본 거류지 반환에 관한 준비가 충분히 되어 있지 않았다고 생각했기 때문일 것이다. 그리고 다케조에는 팍스에게 요청에 응할 수 없는 이유를 다음과 같이 설명하였다. 부산은 '수백 년 동안 우리 일본인이 거주해 왔으며 거의 식민지적인 성질 때문에 통상적인 거류지가 아니다', 그리고 경찰이나 도로 등 행정 일체는 일본이 장악하고 있으므로, 여기에 외국인이 거주한다면 일본영사의 명령에 따르고 일본 법률을 준수해야 한다. 이에 대해서 깊은 숙려를 요한다. 일본정부도 거류지를 어떻게 취급할지 대해서 아직 충분히 검토하지 않았다[22]고 했다.

이처럼 다케조에는 부산 거류지에서의 일본 행정권이 역사적인 경위로 인해 매우 강력하다는 것을 강조하였다. 다케조에의 초점은 강력

---

20 竹添進一郎 → 井上馨, 明治 16年 4月 27日, 『雜居一件』(2).
21 前田獻吉(駐釜山領事) → 井上馨, 明治 16年 5月 30日, 『雜居一件』(2).
22 竹添進一郎 → 井上馨, 明治 16年 11月 12日, 『雜居一件』(2).

한 일본영사의 행정권이 다른 국민에게도 실효력을 발휘할 수 있는가 라는 점에 있었던 것은 아닌가 싶다. 행정권이 광범위한 것일수록 그것 은 다른 국민의 이해 관계와 여러 방면에서 충돌할 가능성이 있지만, 일 본영사의 재판권이 다른 국민에게 미치지 못하는 이상, 일본 측에는 행 정권 집행을 강제할 방법이 없다. 영사재판권과 행정권의 괴리라는 상 황은 일본정부가 국내에서 뼈저리게 경험해 왔었다. 다른 나라 국민에 대한 일본 거류지 개방을 주장해 온 다케조에이지만 이 문제에 대해서 는 불안감을 떨쳐내지 못한 것은 아닐까. 또한 이노우에가 일본의 전관 거류지인 상태로 다른 국민을 거주하게 하면 '성가신 사건'을 야기할 우 려가 있어 일단 조선정부에게 반환하고 각국 거류지로 삼는 편이 낫다 고 했을 때도 위의 문제를 염두에 두었을 가능성이 있다.

2. 덕흥호 사건과 청국 거류지 성립

1) 부산에서의 사건 발생

1882년 조중상민수륙무역장정에 따라 청의 총판(總辦4) 상무위원 진수 당陳樹棠이 서울에 부임한 것은 1883년 10월이었다.[23] 그리고 약 한 달 뒤인 11월 20일 진수당에게 화상 정익지鄭翼之와 정위생鄭渭生이 한 통의 청원서 를 제출했다.[24]

---

23 李鴻章(北洋大臣) → 總理衙門, 光緖 9年 9月 22日, 『淸季中日韓關係史料』(中央研究院近代史 研究所, 1972) 768番. 이하 『淸季中日韓』으로 약칭한다.
24 鄭渭生・鄭翼之 → 陳樹棠(總辦商務委員), 光緖 9年 10月 11日, 『德興號』(1). 본문에서 언급한 11월 10일은 진수당에게 도착한 날이다(음력 10월 21일).

이 청원서에 의하면 정익지는 광동성廣東省 향산현香山縣 출신으로 고베 공흥호公興號에서 일하던 중, 조선이 해관을 설치하고 다른 나라와 통상을 시작한 사실을 알고 조선 도항을 결심했다고 한다. 서양 잡화나 식료품 등 상품을 가지고 고베에서 일본 기선을 타고 10월 31일 부산에 도착한 후, 일본인 가옥을 빌려 가게를 하려고 했으나 빌려 주는 사람이 없어 해관의 영국인에게 부탁해 겨우 일본 가옥 한 채를 빌릴 수 있었다. 그리고 모든 화물을 통관시켜 상호를 덕흥호라 정하고 11월 6일에 영업을 시작했다. 앞에서 살펴본 것처럼 부산해관이 공식 업무를 시작한 것은 11월 3일이었으니까 정익지 일행은 바로 그 때를 기다렸다는 듯이 부산으로 건너간 것이다.

그런데 정익지 일행은 개점부터 사흘 뒤인 11월 9일에 일본영사의 호출과 함께 폐점을 요구받았다. 청원서 중 이에 관한 부분을 번역하면 다음과 같다.

생각지도 않게 일본영사는 (…중략…) 결국 저희들을 관저까지 데려가 심문하고 힘으로 위압을 가하며 불합리하게 가게를 폐쇄하도록 강요하고 영업을 인정하지 않았습니다. 일본영사의 말로는 '부산항은 일본 땅(일본 부지)이며 그 약정으로는 화인이 여기에서 무역하는 것을 허용하지 않는다. 조선 국왕의 명령에 의해 (조선정부가) 일본 관리에게 알아보고 허용해야만 화인이 여기에서 무역을 할 수 있다'고 했습니다. 제 생각에 일본영사는 부산을 병합하려는 것이며 너무 야만적이고 난폭합니다. 하는 짓이 도리에 어긋나고 만국공법(萬國公法)[5]에도 맞지 않습니다.[25]

정익지 일행은 이 청원서에서 진수당에게 일본영사의 부당함을 호소하면서 영업을 방해하지 않도록 중재를 요구했다. 12월 8일 두 번째 청원서에 의하면[26] 정익지 일행은 가옥을 중개해 준 영국인의 협력으로 잠시 영업을 할 수 있었던 것 같다. 그러나 일본영사는 12월 1일, 다시 이들을 불러내 폐점을 강요하는 한편, 건달을 점포에 보내 소란을 피우게 하였고 땅주인과 집주인에게 정익지 일행에게 건물을 빌려주지 말 것을 강요했다고 한다.

정익지 일행에게 영업 금지를 요구한 것은 정확하게는 영사가 아니라 영사 사무대리의 임무를 맡은 미야모토 히구마宮本羆였다(부산 주재 영사 마에다 겐키치前田献吉는 귀국 중이었다). 미야모토가 이노우에 가오루 외무경에게 보고한 사건의 경위는 정익지 일행의 청원서에 나타난 바와 대체로 일치한다. 미야모토에 따르면 정익지 일행은 일본 거류지 내 본정本町 3가에서 쓰시마 출신의 마츠모토 세타로松本淸太郎의 가옥을 빌려 양주, 기타 잡화류를 팔기 시작했다. 이를 알게 된 미야모토가 정익지 일행에게 '우리 거류지 내에 개점하여 무역을 하려면 누군가의 허가를 받아야 하는데' 나에게는 외무성으로부터도 조선정부로부터도 통지가 없었다라고 물었더니 정익지 일행은 '누구한테도 허가를 받을 필요는 없다고 생각한다. 조선의 개항장이라면 딱히 지장이 없을 것이라고 생각하고 개점했다'고 대답했다. 이에 미야모토는 '이곳은 조선의 개항장임에 틀

---

25 위의 각주와 동일하다. "証料其日本理事官 (…中略…) 迄出拘商至衙門訊問, 一味恃勢威迫, 全不論理, 硬要小店封閉, 不准開設, 謂『釜山港乃是其日本地基, 其約不准中國人貿易于此, 須要朝鮮國皇有諭, 照會其日本官允准, 然后方可中國在此地通商』, 惟日本理事府(實)屬志在鯨呑, 蛮橫已極, 似此所爲出于情理之外, 毛不依万國公法之規."

26 鄭渭生·鄭翼之 → 陳樹棠, 光緒 9年 11月 9日, 同前.

림없지만 우리 일본인 거류지 내에 다른 나라 사람과 함께 잡거무역을 하는 조약은 아직 없다'고 하며 거류지는 일본정부가 조선정부에게 지조를 내고 일본인을 위해 빌린 땅이기 때문에 관련 규약이 체결될 때까지 일시 체류는 괜찮지만 개점 영업은 허용할 수 없다고 말했다.[27] 이노우에 외무경 등이 일본 거류지 일부 반환과 각국 거류지화 계획을 추진하고 있는 것을 미야모토도 당연히 알고 있었겠지만 정식으로 결정되기 전에 독단으로 정익지 일행의 개점을 인정할 수 없었을 것이다.

한편 미야모토가 인용한 정익지의 답변에서는 그들이 개항장에서의 거주 및 영업의 자유를 당연하게 생각하고 있었음을 알 수 있다. 미야모토도 이 점을 부정하지는 않았지만 전관 거류지 안에서도 관철될 것인지에 대해서는 인식의 차이가 있었다고 할 수 있다. 미야모토의 다른 보고서에 의하면 정익지 일행은 '상해 조계의 예를 들어 멋대로 개점했다는 지적에에 변론하고자 한다', 부산에서도 개업은 자유인 것 아니냐고 주장했다고 한다.[28] 이와 관련하여 정익지 일행이 진수당에게 제출한 두 번째 청원서에서도 상해 사례가 언급되어 있음에 주목할 필요가 있다. 정익지 일행은 '상해에 조계를 가진 것은 영국, 프랑스, 미국뿐이지만 지금까지 해외 모든 나라 상인이 운집하여 마치 낙원을 목표로 하는 것과 같은 상태이며 아무런 장애도 없다'고 하고, 게다가 일본과 청은 국교를 맺고 있음에도 불구하고 일본영사가 거류지에서 화상활동을 방해하는 것은 부당하며 '공법', 즉 국제법을 고려하지 않은 행동이라고 주장했다.[29]

---

27 宮本羆(駐釜山領事事務代理) → 井上馨, 明治 16年 12月 25日, 『雜居一件』(5).
28 宮本羆 → 伊藤博文(外務卿代理), 明治 17年 1月 18日, 同前.

실제로 거류지 운영 방식은 각각 다르고 통일된 것은 아니었다. 그러한 점을 보았을 때 부산의 거류지 운영은 조일 양국 간 합의로 정해진다는 미야모토의 주장이 더 맞다. 그러나 앞에서 살펴본 바와 같이 중국 조계에서 거주 및 영업을 전관국 국민으로 한정한다는 사례가 없었던 것도 사실이며, 일본의 경우, 원래 특정국의 전관 거류지는 없고 모두 각국 공동 거류지이며 화인은 청일수호조규淸日修好條規(1871) 체결 이전부터 거기에서 활동했다.[30] 고베를 거점으로 하여 개항장 무역에 종사해 온 정익지 일행은 일본의 전관 거류지라는 사실이 그곳에서의 자신들의 활동을 방해할 이유가 되지 않는다고 생각했을 것이다.[31]

고베의 청국영사가 나중에 조사한 바에 의하면[32] 덕흥호는 정익지 일행이 예전에 일하던 공흥호의 '분호分號'6)였다. 정익지 자신과 공흥호의 경영자 황요동黃曜東 외 몇몇의 고베 화상이 합쳐서 약 2천 원元 정도를 출자했으며, 고베에서는 공흥호 외에 승기호升記號나 이화호怡和號를

---

29 주 26), 정익지 일행들의 청원서. "切思開港通商之利朝野咸沾, 敬維我大淸天朝旣與其日本國聯交, 卽該釜山之地, 果屬係其日本居留租界, 猶應一視衆同仁, 被初來無靠與國之商得棲寧宇, 乃故行昧理逞勢肆虐, 不顧和約之義, 橫暴已極, 比較我大淸皇朝江蘇省之上洋, 其有租地者, 與英法美耳, 迄今海外万邦各商, 鱗集如趨樂國, 毛無阻礙, 何其釜山港日本官志在鯨呑, 不顧公法, 壟斷昧理, 恃勢威迫商等, 進退兩難實如狼狽." 그런데 이 시기 상해에 있었던 것은 공동 조계와 프랑스 조계 2개로 정익지의 주장은 사실과 다르다. 단, 공동 조계는 1863년에 영국 조계와 미국 조계가 합쳐져 만들어 진 것이었다.
30 고베의 경우 1868년 거류지가 설치되어 서쪽에 인접한 지역도 잡거지로서 외국인 거주에 개방되었다. 여기에는 1869~1870년 시점에 이미 수백 명의 화인이 있었다. 단, 거류지 내에 화인이 영구 차지권을 취득하는 예는 없었던 것 같다. 1880년대에는 잡거지 내에 장래 차이나타운이 되는 화인의 집단 주거지(남경마을(南京町))가 형성되었다. 中華會館(2013), 32~35·53~56쪽.
31 덧붙여 말하자면 정익지 일행들의 청원서에서는 그들이 종주 국민으로 우월한 지위나 특권을 기대한 흔적은 볼 수 없다. 오히려 종속관계의 존재 자체를 몰랐던지 관심이 없었다고 보인다. 예를 들면 최초의 청원서(주 25)에서는 조선국왕을 '국황'으로, 진수당을 '흠차대신(欽差大臣)'이라고 하는데 이러한 표현은 조선이 청국의 대등한 조약 체결국인 것을 전제로 한 것이라고 할 수 있다.
32 黎汝謙(神戶理事官)→陳樹棠抄錄], 日時不明,『德興號』(2).

거래처로 삼을 예정이었다. 고베에는 1868년 개항 직후부터 화상이 도항해 대중무역에 종사하였는데 광동성 중부 출신의 상인들, 이른바 광동방廣東幇은 그중 가장 유력한 그룹의 하나이며 황요동 외 승기호를 경영하는 남만고藍萬高나 이화호를 경영하는 맥소팽麥少彭도 여기에 포함된다.[33] 이미 언급하였듯이 정익지와 정위생도 광동성 중부 향산현 출신이며, 동향 출신자의 연고를 활용하여 고베 화상으로부터 개항장 무역의 훈련을 받은 후, 자금 원조와 거래 네트워크에 의지해 독립하였다고 봐도 좋다.

이처럼 정익지 일행은 개항장 화상의 네트워크가 확장되는 형태로 부산에 진출했다. 그런데 부산 유일의 외국인 거류지였던 일본 거류지는 전통적인 조일관계의 유산으로서 일본정부에 계승된 것이며 원래 타국민의 도항을 상정한 것은 아니었다. 일본도 이러한 부산 거류지의 특성으로 말미암아 다른 나라 국민들과 다툼이 일어날 가능성을 예상하고는 있었지만 준비가 되기 전에 사건이 발생하고 말았던 것이다.

2) 조선에서의 청일 협상과 청국 거류지 설치

정익지 일행의 청원서를 받은 진수당은 1883년 11월 22일 조선의 외교 담당 관서인 통리교섭통상사무아문統理交涉通商事務衙門(이하, 통리아문)

---

33 맥소팽(광동성 삼수현)은 1863년생으로 1879년에 고베에 와서 신한중화회관(神阪中華會館) 이사와 광업공소(廣業公所) 이사를 맡았다. 남만고(광동성 향산현)은 남탁봉(藍卓峰)이라는 별명으로 알려져 있으며 1867년 홍콩상해은행(香港上海銀行) 요코하마 지점의 매판(買辦)으로 일본에 온 후, 1870년에 고베로 옮겨 같은 은행 매판을 계속했다. 또 고베의 광동방 이사로 각종 공직을 맡았다. 中華會館(2013), 66쪽; 藍玶(1966); 岸百艸(1966); 可兒弘明ほか・編, 『華僑・華人事典』(弘文堂, 2002), 「麥少彭」・「藍卓峰」. 황요동에 대해서는 町田實一, 『日淸貿易參考表』(1889年序), 〈日本各開港市場在留淸商開閉年月及營業種類〉 표에 광동인으로 이름이 나타난다.

의 독판(장관) 민영목에게 일본공사의 사실 확인을 의뢰했다.[34] 민영목은 즉각 다케조에 신이치로 일본공사에게 공문을 보내 진수당의 말을 전하고 부산의 각국 거류지에 관한 협정은 아직 마련되지 않았으니 현실적인 대응 방법을 논의하자고 제안했다.[35]

다케조에는 이에 대한 답장에서 사건의 상세한 내용은 명확하지 않다고 하면서도 부산은 '206년 전에 귀국 정부가 일본인에게 임대하고 체류하도록 한 것으로(該口在二百六年前, 由貴政府借給日本人, 以爲羈留之處)' 부산영사가 화인 거류 및 영업을 거부한 것은 정당하다고 주장했다.[36] 206년 전이라는 것은 초량왜관이 설치된 1678년을 가리킨다고 볼 수 있다. 앞에서 살펴보았듯이 다케조에는 불과 10일 정도 전에 팍스에게 일본 거류지 내 영국인 거주 거부의 뜻을 밝혔는데,[37] 근세 이후의 기득권익을 방패삼아 다른 국민의 거주를 거부한다는 논법은 그때와 변함이 없다. 한편 다케조에는 도쿄에 있는 이노우에 가오루 외무경에게 이 안건을 보고함과 동시에 미국과 독일공사로부터도 일본 거류지 내 거주에 관한 문의가 있었음을 전하고 다른 나라가 부산에 거류지를 설치하는 것은 피해야 하며 이를 위해 일본 거류지를 다른 국민에게 개방해야 한다는 지론을 다시 폈다.[38]

사태는 다케조에가 우려한 방향으로 흘렀다. 민영목은 12월 13일, 조기 해결을 원하는 진수당에게[39] '화상들이 계속 일본 거류지에서 개점

---

34 진수당 → 민영목(통리교섭통상사무아문독판), 광서 9년 10월 23일, 『구한국외교문서』(고려대 아세아문제연구소, 1973) 청안1, 15번. 이하, 이 사료집을 『구한국』으로 약칭한다.

35 민영목 → 다케조에 신이치로, 계미 10월 24일, 『구한국』 일안1, 193번.

36 다케조에 신이치로 → 민영목, 메이지 16년 11월 24일, 『구한국』 일안1, 194번.

37 주 22)와 동일.

38 竹添進一郎 → 井上馨, 明治 16年 11月 29日, 『雜居一件』(2).

을 원한다면 조선정부와 일본정부의 협의를 기다려야 한다. 시일이 걸리기' 때문에 '화상들을 위하여 따로 거류지를 설치, 신속하게 개점하게 하는 것이 낫지 않겠는가'라고 제안했다.[40] 진수당은 이틀 뒤 현지 조사를 자청하고 조선정부와 협의한 결과, 해관 총세무사이며 통리아문 협판協辦(차관)을 겸임하는 묄렌도르프가 동행하게 되었다.[41]

두 사람은 12월 22일 부산에 도착히여 이듬해인 1884년 1월 4일까지 체류했다. 진수당이 서울 귀임 후 작성하여 이홍장에게 제출한 보고서를 토대로 이들의 부산에서의 행동을 살펴보도록 한다.[42] 이들은 우선 정익지 일행에게 사건에 대해 자세히 들었으며 일본 미야모토 히구마 영사대리와도 면담했다. 진수당은 미야모토에게 과거 조일 정부 사이에 일본인 이외의 거류지 체류를 허용하지 않는 규정이 있더라도 그것은 일본인민무역규칙 제42조에 의해서 파기되었으며 부산은 여러 나라와 통상을 개방하여 '각국 사람들이 집을 임차하여 거주 및 무역을 하도록 되었다'고 주장했다. 이에 대하여 미야모토는 새로운 무역 규칙 운용은 자신의 권한으로는 판단할 수 없으며 일본정부의 지시가 있으면 즉시 덕흥호의 영업 재개를 허가한다고 했다.

1883년 7월 조선과 일본 사이에서 조인된 일본인민무역규칙은 조선 해관의 설치에 따른 새로운 무역 절차를 정한 것으로 제42조는 이에 저촉되는 기존 결정의 취소를 선언한 것이다. 진수당은 이 조문을 근거로

---

39 진수당→민영목, 광서 9년 11월 14일, 『구한국』청안1, 21번.

40 "如華商仍欲在日本租界內開店, 則本國政府先應與日本政府商議, 恐費日爲多, 本督辦竊意, 爲華商另擇租界, 速行開店, 實屬妥便." 민영목→진수당, 광서 9년 11월 15일, 『구한국』청안1, 23번.

41 진수당→민영목, 광서 9년 11월 17일, 『구한국』청안1, 24번. 민영목→진수당, 광서 9년 11월 18일, 『구한국』청안1, 25번.

42 陳樹棠→李鴻章, 光緖 9年 12月 10日, 『德興號』(1).

일본 거류지를 전통적 기득권이라 하는 다케조에의 주장을 반박했다. 아울러 개항장은 각국에게 개방된 것이어야 한다는 정익지 일행의 인식을 진수당도 공유하고 있었던 것에 주목할 수 있다. 진수당의 주장은 거류지와 개항장을 구분하지 않지만 그 자체로 거류지(조계) 거주 자격을 국적에 따라 구분하지 않는 중국 상황을 반영한 것으로 봐도 좋을 것이다.

또한 진수당은 일본 거류지가 산과 바다로 둘러싸인 협소한 지역에 있어 가옥을 더 이상 지을 여지가 없다고 보고 미야모토가 덕흥호를 폐점시킨 것도 그러한 토지 부족 때문이라고 생각했다. 그리고 청국 거류지를 신설하는 용지로서는 일본 거류지에서 보았을 때 동북쪽의 동래부로 향하는 길가의 평지가 적당하다고 했다. 바다를 따라 배가 정박하기 쉽고 동래부로 오가는 화물과 승객이 반드시 통과하는 지점이어서 앞으로 번창할 것이라고 예상했기 때문이었다. 진수당과 묄렌도르프는 이 지역을 방문하여 이미 영국과 독일이 확보한 토지 옆에 나무로 만든 표지를 세웠다. 독일은 명확하지 않지만 영국의 경우는 애스톤이 1883년 봄에 부산을 찾아 거류지 용지를 선정한 것은 이미 밝힌바 대로이다. 진수당이 선정한 용지는 거류지장정이 체결된 1886년 여름 이후, 실제 청국 거류지로서 운용되었다(다음 3항, '주일공사 여서창의 인식 그리고 일본정부와의 교섭'을 참조).

그런데 진수당이 민영목으로부터 부산 거류지 설치를 제안 받았을 때 거의 날짜의 여유를 두지 않고 부산 조사를 신청하여 실행에 옮긴 것에 주목하고 싶다. 당시 통신 상황을 고려하면 이는 본국의 지시가 아니라 진수당 자신의 판단에 따른 것이었다고 보인다(조선과 중국의 전신

개설은 1885년). 실은 진수당은 민영목의 제안에 앞서 12월 7일 이미 묄렌 도르프와 함께 인천을 답사했고 그곳에서도 거류지 예정지를 선정했다.[43] 진수당은 인천 현지답사 후, 이홍장에게 '인천 화상 중 일본에서 온 사람이 이미 5, 60명에 이르러 신속하게 토지를 구입하고 가옥을 만들어야 해서(仁川口華商, 由日本來者, 已不下五六十人, 亟須購地建房)' 조선정부와 협의하고 조사를 실시했다고 보고했다.[44] 인천 최초의 거류지로서 일본거류지장정日本居留地章程이 체결된 것이 이 해 9월 30일이며 진수당의 행동은 이에 대한 대응으로 볼 수 있지만, 정익지 일행의 청원서가 도착한 11월 20일 이후 구체적인 움직임이 시작된 것을 보면 인천의 거류지 설치도 본국의 지시에 따른 것이라기보다는 인천에서도 덕흥호 사건과 동일한 문제가 생길 것을 우려한 진수당 자신의 생각에 의한 것으로 추측된다.

애초에 청 정부가 조선에 전관 거류지를 설치하는 것을 기정 방침으로 삼았었는지 의심스럽다. 조선의 대청 개항을 뒷받침한 1882년 9월 조중상민수륙무역장정은 개항장에서의 거주 및 영업의 자유를 규정하지만, 거류지에 대해서는 아무런 언급이 없다. 이는 같은 시기 체결된 조선의 서양 각국 대상 조약에 거류지 설치가 명시된 것과 대조적이다. 예를 들면 1882년 조미조약에서는 미국인이 개항장의 '정해진 지구 안에서所定界內, within the limits of the concessions' 거주하는 것을 인정했다.(제6조)

1883년 조영조약에서는 보다 분명히 거류지(양인이 거주하는 곳洋人居住

---

43 진수당→민영목, 광서 10년 12월 18일, 『구한국』 청안1, 36번. 단, 진수당이 이홍장에게 한 보고(다음 주)에서는 인천 조사를 12월 5일(서기환산)이라고 기록한다.

44 陳樹棠→李鴻章, 光緒 9年 11月 9日, 『仁川華商地界』(使館檔案 1-41-5-4).

之處, 조계(Foreign Settlements)의 설치를 인정하였다.(제4조) 조중상민수륙무역장정에 거류지에 대한 언급이 없는 것은 청 정부가 자국민을 타국의 전관 거류지 또는 공동 조계에서 거주하는 것으로 전제했기 때문이라고 보아도 좋지 않을까 싶다. 1883년 10월 진수당이 부임할 때도 거주지 설치를 명령한 흔적은 없으며, 그 직전인 7월에 제정된 상무위원 집무규정(파원관리조선상무장정派員辦理朝鮮商務章程[45])에도 거류지에 관한 언급은 없다.

이렇게 보면 조선에 청국 거류지를 설치하는 것은 획득해야 할 이권으로서 처음부터 계획되었다기보다는 실제 화인의 움직임이나 그것이 야기한 문제에 대한 현지 대응의 일환으로 결정된 것이라 보인다. 인천 화상에 대한 진수당의 보고가 특히 '화상 중 일본에서 온 자'라고 표현하는 것도[46] 덕흥호 사건을 접한 진수당이 일본 개항장으로부터의 도항이라는 이동경로를 의식하고 있었음을 반영하는 것은 아닐까.

화상의 동향에 대한 사후 대응으로 제도가 정비된 것은 부산 외 각 개항장으로의 상무위원 파견에서 보다 확실하게 나타난다. 원래 상무위원은 1882년 조중상민수륙무역장정에서 각 개항장에 설치한다고 되어 있었다. 하지만 앞에서 언급한 1883년 7월의 파원관리조선상무장정에서는 당분간 서울에 총판상무위원 한명만을 두고 인천 위원을 겸임시키며, 부산과 원산에 대해서는 '화상의 도항이 아직 적다'는 이유로 장래 더욱 번창해지는 것을 기다려 파견하기로 하였다. 정부 차원에서는 보호해야 할 화상 자체가 많지 않다는 인식하에 상무위원의 대폭적인

---

45 李鴻章 → 總理衙門, 光緒 9年 6月 25日, 『淸季中日韓』 741番.
46 주 44)와 동일.

감원을 고려했음을 알 수 있다.

그러나 이 장정의 규정에 따라 총판상무위원으로 임명된 진수당은 서울에 부임하자마자 인천에도 전담 상무위원을 파견해 줄 것을 이홍장에게 요청했다. 그 이유는 인천 상무위원이 서울과 겸임하면 두 곳을 왕래하는 데 시간을 낭비할 뿐만 아니라, 실제로 인천으로의 화상과 화선華船(산동 방면에서 도항하는 재래식 선박인 듯 싶다)의 도항이 증가하고 있다는 것이었다. 이홍장은 이를 인정하고 진수당의 수행원인 이내영李乃榮을 인천에 주재시키기로 했다.[47]

이어 진수당은 1883년 12월 부산 조사 당시 그곳에도 이미 20명이 넘는 화상이 머물고 있다는 사실을 알게 되었다. 이들 화상의 관리자가 없어 새로운 분쟁이 일어날 것을 우려한 진수당은 부산해관에 번역원으로 근무하던 당소의唐紹儀를 '잠리화인사무暫理華人事務'로 임명한 후, 이홍장에게 조사 보고를 하면서 부산에도 전임 상무위원을 파견하도록 요청했다.[48] 진수당은 1884년 3월에도 다시 이홍장에게 상신上申해 부산과 원산으로 상무위원 파견을 요청했다.[49] 진수당은 이 상신에서 부산과 원산의 상황을 다음처럼 설명한다.

제가 작년 겨울에 부산에 갔다가 20명 정도의 화상이 있는 것을 알았습니다. 그중에는 원산에서 부산으로 온 사람이 있어 이야기를 들어보니, 원산에는 80명이 넘는 화인이 있는데 장사하거나 육체노동에 종사하고 있으며

---

47 李鴻章 → 總理衙門, 光緒 9年 12月 5日, 『清季中日韓』 800番.

48 주 42)와 동일. 당소의에 대해서 이 책 서장의 주 97) 참조.

49 李鴻章 → 總理衙門, 光緒 10年 3月 3日, 『清季中日韓』 834番.

아울러 훈춘(琿春) 방면의 화상도 오며가며 많이 원산을 지나기 때문에 신속하게 중국 관리가 와서 점포 개설을 지원하기 바란다는 것이었습니다. 조사 결과, 부산은 산과 바다에서 나는 물건이 풍부하고 가격도 저렴하며, 원산에도 모피와 사금, 각종 상품이 있고 가격은 더 쌉니다. 이것들은 지금까지 일본인이 독점적으로 홍콩과 상해로 운반해 판매해 왔습니다. 또 부산과 원산에서 팔리는 면직물이나 금속, 각종 상품도 매우 많은데, 그동안 전부 일본인이 홍콩 및 상해에서 일본을 거쳐 운반·판매했으며, 일본산 물품 판매는 그리 많지 않습니다. 그래서 부산과 원산으로 옮겨 가고 싶다고 생각하는 일본 화상이 많습니다.[50]

초기 조일무역의 적지 않은 부분이 조중 간 중계 무역이었다는 사실은 서장에서 살펴본 대로이다. 정익지 일행이 고베에서 부산으로 진출한 것도 이와 같은 무역구조에 편승하려 했을 가능성이 높다. 진수당은 스스로 부산을 방문해 봄으로써 이러한 움직임이 결코 예외가 아님을 확인하는 동시에 조선의 동해안을 거쳐 훈춘으로 이어지는 — 나아가 블라디보스토크Vladivostok 방면으로의 화상, 화공華工의 이동과도 아마 연결된다 — 화인의 움직임을 '발견'하고 그들을 보호할 필요성을 중앙에 알린 것이다. 이홍장은 진수당의 요청을 받아들여 부산 상무위원에 진위혼陳爲焜, 원산 상무위원에 유가총劉家驄을 임명했다.[51]

---

50 앞 주와 동일. "三月初三日, 署北洋大臣李鴻章文稱 光緒十年二月二十七日, 據委辦朝鮮商務委員分省補用道陳樹棠稟稱, 職道去冬在釜山査有華人二十餘名, 內有由元山返至釜山者, 面稱有華人八十余名在元山, 往來販貨及傭工, 兼琿春華商往來多經元山, 亟望華官到彼, 保護開設行棧等稱, 査釜山一埠, 土産山海各貨, 價賤物多, 元山産各種粗細毛皮張, 沙金, 雜貨, 物價更賤, 向爲日本華商多欲到該兩口貿易者"(李鴻章→總理衙門, 光緒 10年 6月 26日, 『淸季中日韓』 877番).

이처럼 진수당은 조선 부임 후 보고 듣고 깨달은 바, 특히 덕흥호 사건을 계기로 각 지역에 청국 거류지 설치하고 상무위원 파견을 진행했다. 즉 조선 화상을 보호 및 관리하는 제도는 반드시 청 정부의 조선정책의 하나로서 일방적으로 결정된 것은 아니었고 실질적인 화상의 움직임에 대한 대응으로 구체화되어 간 측면이 있었다.

3) 주일공사 여서창의 인식 그리고 일본정부와의 교섭

덕흥호 사건을 둘러싼 청일 간 교섭은 일본에서도 동시에 진행되었다. 덕흥호에 출자한 사람 중 한 명이며 정익지 일행의 고용주이기도 한 황요동이 고베의 청국영사에게 호소한 것을 받아 주일공사 여서창黎庶昌이 일본정부에게 덕흥호의 영업 재개를 요구한 것이다. 여서창이 이노우에 가오루 외무경에게 제출한 1883년 12월 3일 자 문서[52]에서는 황요동의 주장을 인용하는 형태로 부산은 개항장이고 조약 체결국에게는 동일한 왕래 무역의 권리가 인정되는 데도 불구하고 조선을 '종속국'으로 삼는 청에게 오히려 그것을 인정하지 않는 것은 부당하다고 지적했다. 정익지의 청원서에서는 보이지 않았던 종속관계에 대한 언급이 눈길을 끈다. 다만 여서창은 이 점에 대해 깊게 언급하지는 않고 부산이 개항장(통상부두通商埠頭)임에도 불구하고 덕흥호의 영업을 금지한 것은 부당하다는 점에 초점을 맞춰 일본영사를 비판했다. 개항장의 개방성을 강조하는 담론은 진수당이 부산에서 미야모토 히구마에게 주장한 바와 일치한다.[53]

---

51 李鴻章→總理衙門, 光緖 10年 閏5月 12日, 『清季中日韓』 862番.

52 黎庶昌→井上馨, 光緖 9年 11月 4日, 『雜居一件』(5).

53 주 42)와 동일.

이노우에 가오루의 답장에서도 종속문제는 언급하지 않았고 부산이 개항장으로서 타국민의 상업활동에 개방되어 있다는 사실도 부정하지 않았다. 이노우에에 의하면 부산을 각각의 국민에게 개방하는 것 자체는 조선정부가 '자주적인 권리 내'에서 결정한 것으로 일본영사는 간섭할 수 없는 일이었다. 다만, 이노우에는 만약 사건이 일본 거류지 안에서 일어난 것이라면 그 구역은 '조선정부와 특수한 약속'에 의해 '옛날부터 자연히 일본인 거류지'로 여겨 온 장소이고 일본정부가 지조를 납부하고 관리하는 것 외에 전반적인 수리도 일본인 거류민이 부담하여 하고 있으므로 영사가 '관할 외 타국인'의 거주 및 영업을 허가하기 어려운 사정이 있다고 했다.[54] 개항장의 개방성을 일반적인 원칙으로서는 인정하면서 거류지 내에서도 그것이 관철되는 것은 아니라는 주장은 다케조에 신이치로 공사가 민영목에게, 미야모토 히구마 영사대리가 진수당에게 한 반론과 일치한다. 그리고 '관할 외 타국인'이라는 표현은 거류지 거주를 인정할지 여부를 결정하는 데 있어서 영사행정권이 실효성을 확보할 수 있는 상대인지 아닌지가 중요한 판단 기준이 되었음을 보여준다. 앞에서 살펴본 것처럼 이 점은 이노우에나 다케조에가 일본 거류지를 타 국민에게 개방할 경우 가장 염려하던 문제였다.

이노우에가 위의 답변을 보낸 시점에서 외무성은 덕흥호 사건과 관련하여 서울과 부산 어느 쪽의 보고도 접하지 않았다. 11월 28일 자『시사신보時事新報』[7] 보도를 통해[55] 사건의 발생 자체는 알았을 가능성이 있지만 상세한 내용은 명확하게 파악할 수 없었을 것이다. 외무성은 여서

---

54 井上馨 → 黎庶昌, 明治 16年 12月 6日,『雜居一件』(5).
55 다음 주 참조.

창의 항의를 받고 즉각 부산의 미야모토 영사대리에게 상세히 알릴 것을 명했고,[56] 미야모토의 보고가 외무성에 도착한 후, 1884년 1월 18일 외무경 대리인 이토 히로부미伊藤博文 명의로 다시 여서창에게 문서를 보냈다. 내용은 사건이 거류지 내에서 발생한 사실은 확인할 수 있었으나 덕흥호에 대한 폐점조치는 정당하였으며 그것이 개항장에서의 청국인 활동을 방해한 것은 아니라는 것을 재차 강조하는 주장이었다.[57]

그런데 여서창은 이노우에와 처음 문서를 주고받은 이후 경위를 이홍장에 보고했다.[58] 그중에서 여서창은 덕흥호 사건을 '우리나라와 조선, 일본 3국의 통상 추이에 밀접히 관련된 문제'라고 하며 중대성을 강조하였다. 그는 일본영사가 덕흥호를 폐점시킨 이유를 기존에 일본이 독점해 온 무역을 빼앗기는 것에 대한 위기감과 함께 일본이 중국에서의 내지통상권을 인정받지 못한 것에 대한 보복이기도 하다고 지적했다. 후자의 이유는 당시 청일 간 현안 중 하나였던 류큐琉球문제와 관련이 있다. 1879년 류큐처분琉球處分을 둘러싼 청의 항의에 대하여 일본정부는 1871년 청일수호조규에 포함되지 않았던 최혜국대우와 내지통상권을 일본에게 준다면 류큐왕국을 구 세력권의 일부(사키시마제도先島諸島8))에서 부활시키겠다고 제안했다. 이 제안은 합의 직전까지 이르렀지만 최종적으로 청이 조인을 미루는 바람에 결렬됐다.(1881.1) 여서창이

---

56 吉田淸成(外務大輔) → 宮本羆(釜山領事事務代理), 明治 16年 12月 4日, 『雜居一件』(5). 井上馨 → 宮本羆, 明治 16年 12月 3日, 同前. 후자에 사건을 보고한 『시사신보』의 11월 18일부 기사 스크랩이 첨부되어 있다. 또한 사건에 대하여 다케조에 신이치로 공사로부터 첫 연락이 외무성에 도착한 것은 12월 10일이고(竹添進一郎 → 井上馨, 明治 16年 11月 29日, 『雜居一件』(2)), 미야모토 영사대리의 보고가 도착한 것은 다음해인 1884년 1월 7일이었다(宮本羆 → 井上馨, 明治 16年 12月 25日, 『雜居一件』(5)).

57 伊藤博文(外務卿代理) → 黎庶昌, 明治 17年 1月 18日, 『雜居一件』(5).

58 李鴻章 → 總理衙門, 光緒 9年 12月 1日, 『淸季中日韓』 文書793.

말하는 내지통상권이란 이 제안에 관한 것이었다고 볼 수 있다.

일본 측 사료를 보는 한에서는 일본정부가 덕흥호 사건을 류큐문제와 연계한 흔적은 없다. 그러나 여서창은 류큐문제 교섭 담당자 중 한 사람이며 예전에 천진영사였던 다케조에와도 이 문제를 논의한 적이 있었기 때문에[59] 두 문제를 연결시켜 생각했을 것이다. 여서창이 이노우에에게 한 항의 중에서 종속관계를 언급한 것도 그러한 이유라고 생각한다. 여서창은 위의 이홍장에 대한 보고에서도 '조선이 우리 속국임에도 불구하고 화상이 거주할 여지가 없어도 괜찮을까'라며 조선정부에 '명하여' 부산 이외의 여러 항에 즉각 '화인조계'를 세우도록 하자고 제안했다.

이처럼 문제를 국제정치의 하나로 이해한 여서창의 시각은 현장에서의 화상의 움직임에 주목한 진수당의 시각과는 상당한 차이가 있다. 또 여서창이 이홍장에게 거류지 설치를 제안했을 즈음에는 이미 진수당과 조선정부 사이에 거류지 설치 준비가 진행 중이었기 때문에 여서창의 제안이 거기에 직접적인 영향을 미친 흔적은 없다. 그럼에도 불구하고 이 제안은 여서창도 조선에서의 거류지 설치를 반드시 기정 방침으로는 여기지 않았음을 보여준다는 점에서 주목할 수 있다. 여서창이 이노우에에게 한 항의에서 개항장의 개방성을 근거로 일본영사의 부당함을 비판했다는 사실과 함께 비추어 볼 때, 초기의 여서창도 진수당과 마찬가지로 개항장과 그곳에 설치된 거류지의 개방성을 의심하지 않았던 것이 아닐까라는 생각이 든다. 즉 진수당과 여서창 모두 일본 거류지에서 화인의 영업이 거부되는 것을 예상하지 못했으며 덕흥호 사건을

---

59 여서창이 조선 및 류큐문제를 둘러싼 대일교섭에 깊이 관여하였고 적어도 1884년 11월 갑신정변까지 대일강경론의 주창자였다는 사실에 대해서는 西里喜行(1994)가 상세히 설명한다.

겪으며 비로소 자국 거류지의 필요성을 느끼게 되었다고 보인다.

4) 사건 수습과 그 후의 덕흥호

정익지 일행들은 1883년 11월부터 세 번에 걸쳐 진수당에게 영업 재개를 요구했다.[60] 12월 30일에는 4번째 청원을 했지만 그 내용은 이전과는 달리 손해배상을 전면적으로 요구하는 것이었다.[61] 이들은 점포 폐쇄 이후 생활비와 인건비, 홍콩 및 상해로부터의 수입 예약 취소로 총 3만 원의 손실을 입었다고 주장했다. 진수당은 청원에 제시되지 않았던 손실의 비목명세를 신속히 제출하도록 정익지 일행에게 명하는 한편,[62] 통리아문 독판인 민영목에게 공문을 보내 금액은 추후 통보하겠다며 일본 공사에게 배상 청구 의사를 전달해 줄 것을 부탁했다.[63]

정익지 일행이 손실 명세를 제출한 것은 이듬해 4월이 되고 나서였다.[64] 내용은 12월에 진수당에 신고한 손실액 3만 원 중, 상해와 홍콩으로부터의 수입 예약금 2만 5,700원은 면제받아 실제 손실은 4,243원에 그쳤다는 것이며, 내역으로 고베의 이화호 및 승기호에 대한 위약금 등 다섯 항목이 제시되었다. 진수당은 이 액수를 부산과 고베의 일본 당국으로부터 징수할 방침이라고 통리아문에게 통보했다.[65]

아울러 주일 공사 여서창도 이노우에 가오루 외무경에게 배상을 요

---

60 첫 번째, 두 번째는 주24)·26). 세 번째는 鄭翼之·鄭渭生 →陳樹棠, 發信日不明, 『德興號』(1). 내용은 첫 번째, 두 번째와 크게 다르지 않다.
61 鄭翼之·鄭渭生 →陳樹棠, 光緒 9年 12月 2日, 『德興號』(1).
62 陳樹棠 →鄭翼之·鄭渭生, 光緒 9年 12月 6日, 同前.
63 진수당→민영목(통리아문독판), 광서 9년 12월 18일, 『구한국』 청안1, 35번.
64 鄭翼之·鄭渭生 →陳樹棠, 光緒 10年 4月 12日, 『德興號』(2).
65 진수당→김병시(통리아문독판), 광서 10년 3월 24일, 『구한국』 청안1, 106번.

구했다.[66] 이노우에는 6월 5일 답변서에서 이를 거부했고 덕흥호를 폐점한 영사 조치의 정당성을 거듭 주장했다.[67] 이에 여서창은 일본과 협상을 계속해도 양보를 얻어낼 가망은 없으므로 거류지 설치를 서둘러야 한다고 진수당에게 전했다.[68] 단, 여기에서 여서창은 덕흥호가 제출한 손실액은 허위라고 단정하였다. 이에 관하여 고베의 청국 영사가 진수당에게 보낸 보고에 의하면[69] 원래 3만 원이라는 청구 금액 자체에 근거가 없으며 누군가가 정익지를 부추겨 과대 청구를 한 것이었다. 이 사실을 알게 된 황요동이 정익지 일행을 고베로 불러 질책했는데 전액을 철회하면 의심을 살 수 있다는 생각이 들어 4천 원 정도로 금액을 축소하여 재청구한 것이라고 하였다. 정익지 일행이 진수당에게 손실 명세를 제출하는데 넉 달 이상 걸린 것과도 맞아떨어지므로 아마 사실이었을 것이다. 그리고 이러한 내막이 덕흥호 사건을 더 이상 추궁하기 어렵게 한 것임에 틀림없다.

게다가 부산의 일본영사는 일본 거류지에서의 덕흥호 영업을 묵인하게 되었고 이로 인해 청의 입장에서도 싸울 이유가 사라졌다. 원래 일본영사는 정익지 일행에게 거류지로부터의 퇴거까지를 명했던 것은 아니었다. 1884년 2월 부산에 있던 당소의의 보고에 의하면 정익지 일행은 집 문을 걸어잠그고 체류하는 상황이었다고 한다.[70] 이어 1884년 6월 부산 상무위원으로 부임한 진위혼은 진수당에게 일본이 덕흥호의

---

66 黎庶昌 → 井上馨, 光緒 10年 4月 26日, 『雜居一件』(5).
67 井上馨 → 黎庶昌, 明治 17年 6月 5日, 同前.
68 黎庶昌 → 陳樹棠, 光緒 10年 5月 21日, 『德興號』(2).
69 黎汝謙 → 陳樹棠抄錄], 日時不明, 同前.
70 唐紹儀 → 陳樹棠抄錄], 日時不明(光緒 10年 1月 17日 受), 同前.

영업 재개를 묵인하였으니 더 이상 배상문제를 제기하지 않는 편이 좋겠다고 건의했다.[71] 이를 전달받은 이홍장은 '적절히 처리하라'고 진수당에게 지시했고 총리아문에게도 보고했다.[72] 이로써 외교상 안건이었던 덕흥호 사건은 일단 막을 내렸다.

아래에서는 덕흥호의 그 후의 활동을 살펴보도록 한다. 각 지역의 청국 상무위원이 작성한 1884년 화인명부에 의하면[73] 부산의 덕흥호에는 정위생 외에 정서분鄭瑞芬, 정요鄭耀, 정명鄭明의 4명이 있으며(모두 광동성 출신), 정익지는 그해 음력 3월에 인천으로 갔다. 1885년 명부에 의하면 1884년에 부산에 있었던 4명 중, 정위생도 인천으로 옮겼다. 또 1886년 명부에 의하면 부산에는 이제 정서분 밖에 없으며, 한편 인천에는 정익지, 정위생, 정요가 머무르고 있었다. 이를 통해 덕흥호가 활동의 중심을 점차 인천으로 옮겨간 사실을 알 수 있다.

이후의 움직임은 단편적으로밖에 알 수 없지만 1888년 7월경 서울의 오랜 상업 지구인 종로에 '20간짜리 기와집' 점포를 구입해 영업을 시작하는 듯하다.[74] 1889년에는 방화 사건으로 정요가 죽는 참화가 있었지만,[75] 상점은 재건되어 청일전쟁 직후 일본영사보고에도 서울에서 '굴지의 잡화상'으로 등장한다.[76] 그 후 적어도 한일병합 전후까지는 서울

---

71 陳爲焜 → 陳樹棠, 光緒 10年 閏5月 21日, 同前.
72 李鴻章 → 總理衙門, 光緒 10年 6月 26日, 『淸季中日韓』 878番. 단, 이것에 의하면 진위혼이 실제로 부산에 도착한 것은 그해 윤5월 6일이었다.
73 1884~1886년 화상명부는 『淸季中日韓』 983 · 1127 · 1208番.
74 鄭翼之 · 鄭乃昌 → 唐紹儀(龍山商務委員), 光緒 15年 5月 28日, 『三和興 · 德興號被焚卷』(使館檔案 1-4-47-41).
75 앞의 주, 또한 원세개(총리교섭통상사의) → 조병직(통리아문독판), 광서 15년 5월 9일, 『구한국』 청안1, 942번.
76 「廿八年四月中京城商況」, 『通商彙纂』 19號, 1895.

의 유력 화상 중 하나로 꼽힌 것을 확인할 수 있다.[77]

그런데 1884년에 정익지가 인천으로 옮겨 간 것은 앞에서 살펴 본 고베 청국영사의 보고에서도 언급되었다.[78] 이에 따르면 정익지는 인천 청국 거류지 부지 내 토지 조성이 끝나기 전에 건물을 건설했기 때문에 철거를 명받아 손실을 키웠다고 한다. 이미 설명하였듯이 인천 청국 거류지의 용지는 1883년 12월 선정됐지만 정식으로 거류지장정이 조인된 것은 이듬해인 1884년 4월 2일이었으며 조선과의 비용 부담 조건이 맞지 않는 등의 이유로 정지整地 작업이 늦어져 부지 경매에 이른 것은 그해 8월 4일이었다.[79]

진수당에 의하면 정익지는 거류지장정 조인 직후부터 건축 자재를 구입해 건설을 준비했고 정지 작업을 서두를 것을 요구했다.[80] 4월 22일에는 다른 화상과 함께 인천 상무위원인 이내영을 찾아 정지 비용을 스스로 부담해도 괜찮으니 빨리 땅을 불하해 주기를 간청했다.[81] 이내영은 거절했으나 정익지는 다음 날에도 이내영을 찾아가 입항 예정인 기선에 화물이 실려 있어 건물이 필요하다고 주장했다. 이내영은 만약 마음대로 건설해도 나중에 헐어야 한다고 했지만 제지할 수 없는 기세였다고 한다.[82] 앞에서 살펴 본 고베 영사의 보고와 함께 생각해 보면 정익지는 아마도 실제로 이내영의 제지를 뿌리치고 점포를 건설하였고

---

77 「華商舖名資本等項表」, 1911年頃(?), 『各口商務情形―商務報告』(2)(使館檔案 2-35-56-18). 〈표 11-7〉의 주 참조. 또 〈표 11-4〉에도 경성 상무총회의 임원으로 나타난다(1912).

78 주 (69)와 동일.

79 손정목(1982), 147~148쪽.

80 陳樹棠 → 閔泳穆, 光緖 10年 3月 16日, 『仁川華商地界』(使館檔案, 1-41-5-4).

81 李乃榮 → 陳樹棠, 光緖 10年 3月 27日, 同前.

82 李乃榮 → 陳樹棠, 光緖 10年 3月 27日, 同前.

이후에 철거를 요구받았을 것이다.

해관 설치 직후 부산에 진출하여 일본영사와 충돌하고 더욱이 거류지 정지 작업도 끝나지 않은 인천에 자국 상무위원의 제지도 뿌리치고 이동한 정익지 일행의 행동은 개항장이라는 사회기반시설의 보급을 전제로 하면서도 국가의 직접적인 지원과 개입으로부터는 선을 긋고 국경을 초월한 네트워크를 구축해 간 화상의 적극성을 상징적으로 나타낸다.

3. 일본의 대응 – 각국 거류지 안을 중심으로

1) 조선 거주 일본 관민의 위기감

여기서 시선을 다시 일본 측으로 돌려 덕흥호 사건 이후 거류지 제도가 어떻게 재검토되었는지 살펴보겠다. 앞에서 서술하였듯이 덕흥호 사건 발생 직후, 다케조에 신이치로 공사는 조선 통리아문에게 부산영사의 정당성을 주장하는 한편, 자국 정부에게는 부산 거류지의 외국인 거주를 조속히 인정하도록 재차 건의하였다. 1883년 12월 진수당이 묄렌도르프와 함께 부산을 방문하자 조선에 있는 일본 관민으로부터도 다케조에에게 동조하는 의견이 나오기 시작했다.

부산 영사대리인 미야모토 히구마는 덕흥호 폐쇄를 명한 당사자이지만 이노우에 가오루 외무경에게 진수당 일행의 부산 방문을 보고하는 가운데 청국 거류지를 일본 거류지와 별도로 설치하기보다는 일본 거류지 내에서 외국인 잡거를 인정하는 편이 이득이라고 보고했다.[83]

---

83 宮本羆 → 井上馨, 明治 16年 12月 26日,『雜居一件』(2).

또한 미야모토는 진수당 일행이 조사 도중에 마산에 들른 것에도 주목했다. 마산은 부산에서 서쪽으로 50킬로미터 떨어진 곳에 있고 개항 전부터 국내 교역의 거점 항이었다. 미야모토는 영국인 애스톤이 1883년 4월 부산을 찾았을 때도 마산을 시찰했기 때문에 마산 개항의 계획이 있는 것은 아닌지 의심했고, 만약 청국인이 먼저 마산에 진출하면 일본에게 타격을 줄 것이라고 보고했다.[84] 청의 사료에 의하면 진수당이 마산에 들른 것은 영국이 마산 개항을 계획하고 있다는 정보를 얻었기 때문이며 이는 미야모토의 의심대로였다. 다만 진수당 자신은 마산은 좋은 항이지만 개항 준비에는 시간이 필요하다고 이홍장에 보고한 것으로 보아[85] 마산의 즉각적인 개항에는 신중했던 것 같다.

또한 미야모토에 의하면 부산 거류지의 일본인 상인들도 타국민 거주에 긍정적이었다.[86] 미야모토가 이노우에게 보고한 내용에 첨부된 거류지회 의장 시라이시 나오미치白石直道와 상법회의소 회장 다카스 기이치高洲器一의 의견서에 의하면 그들은 타국 거류지가 부산에 설치될 가능성이 있음을 이미 다케조에 공사로부터 들었고 진수당과 묄렌도르프의 부산 방문을 통해 그것이 마침내 임박했다고 인식하고 있었다. 그리고 타국 거류지의 설치는 일본 거류지의 성쇠를 좌우하는 큰 문제라며 타국 거류지 설치를 피할 수 있다면 일본 거류지 중 사용하지 않는 용지를 타국민에게 개방하는 것은 괜찮으며 만약 그것으로 불충분하다면 전면적으로 잡거를 인정하는 것도 어쩔 수 없다고 했다.[87]

---

84 宮本羆 → 伊藤博文, 明治 17年 1月 10日, 同前.

85 陳樹棠 → 李鴻章, 光緒 9年 12月 10日『德興號』(1). 1883년의 조영조약에 의해 영국은 부산 대신 근처의 항구 하나를 개항장으로 선정할 권리를 얻었다.

86 주 83)과 동일.

또 일시귀국 중인 다케조에 공사의 대리로 서울에 주재했던 시마무라 히사시島村久는 직접 묄렌도르프를 만나 부산에서의 조사 내용을 물었다. 시마무라에 의하면 묄렌도르프는 만약 일본 거류지의 타국인 거주가 인정되지 않는다면 마산을 대신 개항하고 해관도 마산으로 이전할 수밖에 없다, 그렇게 되면 일본인 상인이 입는 타격은 클 것이라고 했으며, 이에 시마무라는 외무성에게 지시를 요구했다.[88] 위와 같이 진수당 자신은 마산 개항에 그다지 적극적이지 않았기 때문에 묄렌도르프의 발언이 무엇을 근거로 한 것인지는 분명하지 않다. 그러나 시마무라는 한 해 전에 애스톤이 마산을 방문한 것을 알고 있었을 것이기 때문에 묄렌도르프의 발언도 확정적인 것이라고 생각했을 듯 싶다.

2) 각국 거류지안과 그 좌절

묄렌도르프와의 회담에 관한 시마무라 히사시의 청훈請訓9)(1884.1.14)을 계기로 일본정부는 부산 거류지 제도를 재검토하기 시작했다. 외무경 대리 이토 히로부미는 2월 6일 산죠 사네토미三條實美 태정대신太政大臣에 대한 상신에서 대략 다음과 같이 말했다.[89] 조선정부도 미국, 영국 등의 공사도 부산의 일본 거류지에 외국인 거주가 인정되는 것을 원하고 있다. 또한 동 거류지는 우리나라가 '수백 년 동안 점유'해 온 곳인데 만약 앞으로도 외국인 거주를 인정하지 않는다면 다른 거류지가 일본 거류지로 통하는 도로를 막는 형태로 설치될 것은 확실하다. 그러므로 이

---

87 宮本㺯 → 竹添進一郎, 明治 17年 1月 10日, 『雜居一件』(2).
88 島村久 → 伊藤博文, 明治 17年 1月 14日, 同前.
89 伊藤博文 → 三條實美, 明治 17年 2月 6日, 同前.

기회에 '우리 거류지에 잡거 설치를 승낙해 주실 때는 상업상의 이익은 물론, 정략적으로도 쌍방에 호의를 표하는 일단이 되므로 가장 그렇게 해야 한다고 생각한다.'

이토에 의하면 부산의 일본 거류지를 외국인에게 개방할 경우, 두 가지 방식이 있었다. 하나는 일본의 전관 거류지라는 형식을 유지한 채 타국인 거주를 허용하는 것이며, 다른 하나는 일본이 전관국의 입장을 포기하고 거류지를 각국 공동 운영의 형태로 바꾸는 것이었다. 이토의 견해에 따르면 전자의 방식은 '주권의 헛된 명성虛名'을 유지하는 것에 지나지 않고 후에 '번잡하고 감당할 수 없는 폐해'가 생길 우려가 있어 일본이 점유해 왔다는 사실을 포기하더라도 후자의 형태를 취하는 것이 바람직하다고 했다. 이것은 덕흥호 사건 이전에 이노우에 가오루가 보인 견해와 일치한다.

이와 거의 동시에 작성된 외무성의 시마무라에 대한 훈령안訓令案에 서는[90] 위의 두 가지 방법에 관한 보다 자세한 설명을 하고 있다. 우선, 일본 거류지의 형식을 유지할 경우, '기존의 해당 지역 점유 주권을 유지할 목적으로 외국인을 우리 거류지 내에 섞어서 체류하게 한다면 지세 징수법은 물론, 경찰 규칙 및 토지 경영에 관련된 일체의 사항을 우리 영사의 전관으로 돌려야 한다'고 했다. 한편, 각국 거류지로 했을 경우는 '우리 정부가 점유하고 있는 것을 고쳐 완전히 각국 공유지로 만들

---

90 [外務省→]島村久代理公使(訓令案), 明治 17年 2月 7日, 同前. 여기에서는 본문에서 서술한 2개의 안에 대하여 거류지장정안도 첨부되어 있다. 일본전관제를 유지하는 안에만 메이지16년 12월 22일 기안이라는 주석이 있어 진수당의 부산 조사보다 앞서 작성되었음을 알 수 있다. 반대로 근본적인 전면 반환 안은 진수당 일행의 부산 조사를 반영하여 처음으로 등장했을 가능성이 높다.

면 거류지 내 모든 사업은 전부 외국과의 협의에 의해 성립'하게 된다. 전자는 '성가심을 후일에 끌어들이는 폐단'이 있는 반면, 후자는 '수백 년 이래 갖고 있었던 결실을 하루 아침에 버린 것과 비슷하지만 현재 상황에 맞추어 결국 실익을 잃지 않는 이익'이 있다는 것이다. 그래서 일본정부의 희망은 각국 거류지화에 있다는 것을 염두에 두고 조선정부 및 다른 나라와 협상하라는 것이었다. 또 이 훈령안에는 원산의 일본 거류지에 대해서도 마찬가지로 각국 거류지화를 도모하라는 내용을 포함한다.

1884년 2월 14일에는 외무경으로부터 시마무라 대리 공사에게 부산 거류지의 개방 방침 내정이 전보로 통지되었다.[91] 정식으로는 2월 19일 태정대신 이하 참의원의 연서連署에 의해 '부산항 우리 거류지를 외국인 잡거지로 할 것'이 메이지 천황에게 상주, 재가裁可되었다.[92] 이에 산죠는 2월 21일, 앞서 받은 이토의 상신에 대하여 '지시대로'라고 써서 되돌려 보냈다.[93] 사료상으로는 확인할 수 없지만 외무성은 즉시 시마무라에게 훈령을 내렸다고 추측된다.

이처럼 일본정부는 일본 거류지에서의 거주 및 영업을 자국민에게만 허용하겠다는 방침을 일단 포기하였다. 그 필요성 자체는 덕흥호 사건 전부터 다케조에 신이치로 공사가 지적하고 이노우에 가오루 외무경도 인정했는데, 덕흥호 사건을 계기로 부산의 타국 거류지 설치가 — 게다가 인접한 마산의 개항도 — 구체화된 것이 일본정부의 결정을 이

---

91 [外務卿→]島村久臨代理公使(電文案), 明治 17年 2月 14日, 『雜居一件』(2).

92 「朝鮮國釜山港我居留地を外國人雜居地となすの件」, 明治 17年 2月 19日, 『公文別錄』(國立公文書館, アジア歷史史料センター Ref. A03023614500).

93 주89)와 동일.

끌어 냈다고 할 수 있다. 여기에서 '수 백년 이래' 기득권인 전관권의 반환이 사건 전 이노우에 일행들이 검토하던 일부 반환안보다 근본적인 전면 반환안이라는 형태로 이루어졌다는 점이 눈길을 끈다. 전면 반환안이 전관 거류지에 타 국민이 거주함으로써 발생할 수 있는 '번잡함', '성가심'을 피한다는 이유로 선택된 것은 일본정부가 그동안 거류지에서의 타국민 거주를 계속 피해 온 이유가 타국민의 법적 관할권을 둘러싼 분쟁 회피라는 점에 있었다는 사실을 여실히 보여준다.[94]

그리하여 시마무라 대리 공사는 4월 25일 통리아문 독판 김병시에게 보낸 공문에서 부산 일본 거류지를 각국 거류지로 바꾸겠다는 일본정부의 의향을 전달하고 이를 각국 공사에게 전해줄 것을 의뢰했다.[95] 조선정부는 적어도 미국, 영국공사와 진수당에게 이를 전달하고 의견을 구했다. 이에 미국공사 푸트Lucius H. Foote는 찬반을 밝히지 않고 공사 회의 개최를 기다리겠다고만 답했다.[96] 한편 영국공사 팍스는 일본의 제안에 분

---

94 이노우에 가오루 외무경은 1884년 3월 11일에 시마무라 히사시 앞으로 추가 훈령을 내리고, 각국 거류지로 바뀐 후에도 각국영사가 실제로 부임하기까지는 어떠한 나라의 국민이라도 일본영사의 재판권 아래에 있다는 사실을 각국 공사에게 승낙하게 하도록 명령했다(井上馨 →島村久, 明治 17年 3月 11日, 『雜居一件』(2)). 이것도 외국인의 법적 관할권을 둘러싼 분쟁을 회피하려는 의도 때문이라고 할 수 있다. 이 추가 훈령을 받고 시마무라 히사시는 새로운 거류지장정이 성립되었다 하더라도 그 발효는 각국영사 부임 후로 하고 싶다는 의견을 김병시에게 전했다(『구한국』 일안1, 234번).

95 시마무라 히사시 → 김병시, 메이지 17년 4월 25일, 『구한국』 일안1, 233번. 본문에서 서술한 것과 같이 일본 측에는 일본 거류지에 외국인 거주를 허락하는 방식과 일본 거류지를 조선정부에 반환한 후에 각국 거류지로 하는 방식 두 가지 안이 있었다. 서울대 규장각한국학연구원에 소장되어 있는 조선정부의 행정문서에는 이 두 가지 방식의 거류지장정 안이 포함되어 있어 시마무라가 양쪽을 조선 측에 제시했음을 추측할 수 있다(『朝鮮國釜山日本租界內各國人羈住規則』奎23032, 『朝鮮國釜山口各國人雜居租界約條』奎23060). 또한 이 건의 교섭 개시가 일본정부의 방침 결정으로부터 2개월 남짓 늦어진 것은 진수당을 공사와 동격으로 대할지의 여부가 불분명했기 때문이며, 결국 시마무라는 각국 공사 및 진수당과 직접 교섭하는 것을 피하고 조선정부를 통해 협의하도록 했다(島村久 →井上馨, 明治 17年 3月 20日, 『雜居一件』(2). 島村久 → 井上馨, 明治 17年 4月 7日, 同前).

96 푸트(미국공사) → 김병시, 明治 17年 5月 2日, 『구한국』 미안1, 67번.

명하게 반대했다. 그에 의하면 일본 거류지 부지는 좁고 이미 많은 일본인이 거주하고 있어서 이용할 여지가 적었다. 그리고 먼저 애스톤이 설정한 영국 거류지의 후보지를 각국 거류지로 개방해도 되고, 또 부산 근처에 새로운 개항장을 열어도 좋다고 반대로 제안했다.[97] 진수당의 응답은 없지만 미국공사와 마찬가지로 회의 개최를 제안하는 데 그친 것 같다.[98] 이들 의견은 5월 12일 김병시로부터 시마무라에게 전달되었다.[99]

이에 시마무라는 반대를 표명한 팍스와 직접 면담했지만 팍스는 위와 같은 견해만 되풀이했다.[100] 또한 미국공사는 통리아문에 대한 답신에서는 찬반을 밝히지 않았지만 진수당이 미영 양국 공사와 만나서 물어본 결과, 양국 모두 일본의 제안에 부정적이었다고 한다.[101] 진수당 자신도 일본의 제안은 받아들이기 곤란하며, 이전에 자신이 정한 후보지에 예정대로 청국 거류지를 설치하는 것이 적절하다고 이홍장에게 보고했다. 이에 대하여 이홍장도 청국 거류지 후보지는 일본 거류지의 화물 출입로에 해당하며 장래 발전 가능성이 있다고 진수당의 의견을 지지했다.[102]

이와 같은 미국과 청의 반응이 일본정부에게 전해졌는지는 명확하지 않지만 예전에 영국인을 대상으로 일본 거류지 개방을 요청한 팍스 본인이 반대한 것만으로도 일본정부로서는 큰 장애물로 느껴졌을 것이다. 이노우에 외무경은 7월 10일 서울의 시마무라 공사와 부산의 마에

---

97 파크스(영국공사) → 김병시, 明治 17年 5月 7日, 『구한국』 영안1, 42번.
98 島村久 → 井上馨, 明治 17年 5月 16日, 『雜居一件』(2).
99 김병시 → 시마무라 히사시, 갑오 4月 18일, 『구한국』 일안1, 238번.
100 주 98)과 동일.
101 李鴻章 → 統理衙門, 光緒 10年 5月 13日, 『淸季中日韓』852番.
102 앞의 주와 동일. 이 의견이 공식적으로 조선정부에 전해졌는지는 명확하지 않다.

다 겐키치 영사에게 각각 훈령을 보내고 만약 영국이 자국 거류지의 타국민 거주도 허용할 방침이면 일본도 비슷한 방법을 취하지 않을 수 없기 때문에 일본 거류지 반환은 불가능하다고 했다.[103] 그 후 시마무라는 다시 조선정부를 통해 영국의 견해를 물어보았지만 답장은 받지 못했다.[104] 이후 경위는 불분명하지만 부산 일본 거류지의 각국 거류지화 계획은 일본 이외에 적극적인 찬성을 표하는 나라가 없는 가운데 일단 없어진 걸로 보인다.

3) 일본 거류지에서의 외국인 거주—그 후의 운용

앞에서 살펴본 것처럼 덕흥호는 늦어도 1884년 6월에는 일본 거류지 안에서 영업 재개가 묵인되었다. 폐점 사건에 대한 청일 간 교섭도 이를 계기로 수습단계에 들어섰다. 덕흥호의 영업 재개가 묵인된 것은 일본정부가 전관 거류지의 각국 거류지로의 전환을 꾀하던 시기와 정확히 겹친다. 청국 상무위원으로 부산에 부임한 진위혼은 일본이 덕흥호의 영업을 묵인한 것은 일본 거류지에 외국인을 받아들일 계획이 있기 때문이라고 진수당에게 보고했다.[105]

각국 거류지화 계획이 좌절된 후에도 일본영사는 거류지에서의 화인의 거주 및 영업을 당분간 묵인했다. 부산의 청국 상무위원과 동래부사 사이에서 청국거류지장정淸國居留地章程이 조인된 것은 용지 설정에서 2년 반이 지난 1886년 8월이었으며,[106] 이에 청국 상무위원은 일본 거류

---

103 井上馨 → 前田獻吉, 明治 17年 7月 10日, 『雜居一件』(3). 井上馨 → 島村久, 同日, 同前.
104 島村久 → 井上馨, 明治 17年 7月 30日, 同前.
105 陳爲焜 → 陳樹棠, 光緒 10年 閏5月 21日(受信日), 『德興號』(2).
106 용지 선정에서 장정 체결까지 2년 이상의 시간을 필요로 한 이유는 불분명하다. 장정 체결일에

지에서 일본인으로부터 집을 임차하던 화상을 자국 거류지로 이동시킬 예정이라고 일본영사관에게 통보했다. 미야모토 히구마 영사대리에 의하면 이 시점에서 일본 거류지 내에 수십 명의 화상이 있었다고 한다.[107] 또한 원산에서도 같은 1886년 4월에 청국조계규정淸國租界規程이 조인되었는데 그때까지는 일본 거류지 내 화인 잡거는 묵인되었다.[108]

한편, 위에서 언급한 미야모토의 보고에 외부성 통상국장인 아사다 도쿠노리淺田德則가 덧붙인 의견은 흥미롭다.[109] 아사다에 의하면 청국 거류지는 '육로무역의 요충지를 차지하여 우리 거류지에게는 불이익'을 주기 때문에 일본으로서는 청국 거류지 내에도 일본인을 거주시키고 싶지만 일본 거류지의 타국민 거주를 거부하는 것이 자유인 것처럼 청국 측도 자신들의 거류지에 일본인을 받아들일 의무는 없다. 그래서 당분간은 일본 거류지의 화인 거주를 묵인하고 '시기를 보면서 주한 청국 공사와 협의하여 서로 약정을 체결, 상대방 거류지에도 잡거를 허가하는' 것이 어떠한가라는 의견이다. 이 의견이 정책에 반영되었는지 확실하지는 않지만 각국 거류지화가 좌절된 후에도 일본 거류지의 화인 거주 및 영업이 묵인된 이유의 일부를 추측할 수 있다.

이후 부산에서는 1889년부터 1892년까지 서양 여러 나라와 일본 양쪽으로부터 각국 거류지 설치가 간헐적으로 제기됐다.[110] 그러나 이들

대해서는 다음의 사료에 의한다. 馬廷亮(淸國總領事) → 鶴原定吉(統監府總務長官), 光緖 33年 4月 11日, 『在仁川釜山元山淸國專管居留地ニ關スル日淸交涉一件』(外務省外交史館, アジア 歷史資料センターRef.B12082572400). 여기에 '부산 화상지계장정(釜山華商地界章程)'의 사본 도 수록되어 있다.

107 宮本羆 → 靑木周藏(外務次官), 明治 19年 8月 4日, 『雜居一件』(5).
108 주106)의 사료와 동일. 원산 일본 거류지에서의 화인 거주에 관해서는 石川亮太(2009), 176쪽 참조.
109 아사다의 의견은 주107)의 미야모토의 공신(公信)에 첨부되어 있다. 날짜 등은 불분명하다.
110 관련 과정은 『조선 부산에 있어서의 각국 거류지 관계 잡찬(朝鮮釜山港ニ於ケル各國 居留地

계획은 모두 실현되지 못했고 영국 외에 다른 열강이 전관 거류지를 실제로 설치하지도 않았기 때문에 결국 부산에는 일본 거류지와 청국 거류지가 병존하는 상황이 한국병합까지 이어졌다. 서양 각국이 부산에 거류지를 설치하지 않았던 이유로는 1880년대 말부터 상해-인천 간 정기항로가 안정적으로 운항되면서 조선의 서양 대상 무역 대부분이 이를 이용해 이루어졌기 때문에 부산의 상업 지리적 중요성이 감소한 것을 들 수 있을 것이다.[111] 또한 1883년 조영조약에 의해 거류지에서 10리 이내의 외국인 토지 취득이 공인된 것도[112] 각 나라가 자신들의 거류지를 가질 필요성을 줄였다고 추측된다.

그러나 일본 거류지에서 거주 및 영업을 희망하는 조선인이나 그 외의 외국인들은 여전히 존재하였으며 일본영사는 이들을 어떻게 해야 할지 계속 고민하였다. 이는 1903년 10월 부산영사 시데하라 기쥬로幣原喜重郎가 외무대신 고무라 쥬타로小村壽太郎에게 보낸 문서에서 드러난다.[113]

시데하라에 의하면 조선인이나 그 외의 외국인을 일본 거류지에 거주시킬 때 가장 문제가 되는 것은 행정권과 경찰권의 집행이 충분히 가능한지 아닌지였다. 형식적으로는 행정권을 일본이 가지고 있다고 해도 재판권은 각각 본국이 가지는 가운데 실효성이 의문시되었던 것이다. 예를 들어 외국인에 대해 '가택 수색과 같은 사법 경찰권의 집행은 실제로 자주 분란의 원인이 되고' 또 '거주하는 집에 관하여 경찰 목적

關係雜纂)』(外務省外交史料館, アジア歴史資料センター Ref. B12082514700) 소장 문서에서 알 수 있다. 상세한 검토는 후일의 과제로 삼겠다.
111 상해-인천 항로 개설과 그에 따른 물류 변화에 대해서는 이 책 서장, 또 小風秀雅(1995), 229~238쪽.
112 奧平武彦(1937), 75~76쪽; 朴俊炯(2012), 163~167쪽.
113 幣原喜重郎(駐釜山領事) → 小村壽太郎(外務大臣), 明治 37年 10月 16日, 『韓國各港居留地關係雜件』 第1卷(外務省外交史料館, アジア歴史資料センター Ref.B12082515000).

이외의 행정권, 예를 들어 공용 징발'을 할 경우, 거주자가 외국인일 경우에는 설령 집을 소유하고 있지 않아도 '점유자'의 입장에서 이의를 제기할 수 있었다. 그리고 조선인에 대해서는 전염병 방역에 관한 '경찰단속'을 실행할 수 있을지 우려되었다.

그러나 실제로 일본 거류지에 거주하고자 하는 외국인이나 조선인이 많기 때문에 시데하라는 다음과 같은 원칙에 따라 대응하였다. ① 조선인과 외국인이 하나의 독립된 가옥을 소유 및 점유하는 것은 일본영사의 행정 및 경찰권과 충돌할 가능성이 있어서 금지한다. ② 일본인이 소유 및 점유한 가택 내에 일시 체류(기거)만 한다면 일본영사의 행정권은 그 일본인에 대해서 행사하게 되고 '외국인은 단순히 일본인의 가택에 기거하는 데 그치므로 우리 국권 작용에 직접 참견할 구실이 없으며, 따라서 명령 집행상 어려움을 야기할 염려'가 없어서 인정해도 된다. 실제로는 외국인이 독립된 한 채의 가옥을 가지고 있다고 해도 명의상 일본인이 소유 및 점유하는 집에 기거하는 것으로 해두면 '당관(영사관)에게는 가옥의 소유자 또는 점유자로서 권리를 주장할 수 없게'되어 괜찮다. 시데하라에 의하면 실제로 이러한 편법으로 일본 거류지 내에 조선인 15가구를 거주시켰고, 러시아인이 동청철도東淸鐵道기선회사[10] 대리점 영업을 희망했을 때도 '표면상 일본인 마스나가增永 아무개 명의로'해서 러시아인이 마스나가의 사용인으로 기거하는 형태를 취하여 허용했다고 한다.

이를 통해 러일전쟁 직전 단계에 이르러서도 부산의 일본영사가 거류지에서의 자국민 이외의 거주 및 영업에 신중한 태도를 계속 유지하고 있었음을 확인할 수 있다. 그 이유는 일본의 재판권하에 있지 않은

타 국민에 대하여 일본의 행정권이 확실히 영향력을 미칠 수 있는지 확신할 수 없었기 때문이며, 거주를 인정하기 위해서는 타 국민이 일본영사와 권리 의무 관계를 맺지 않도록 동일한 법률상 효과를 부여할 필요가 있었다. 1880년대에 덕흥호 사건을 일으킨 것과 같은 조건이 여전히 일본 거류지 운영에 영향을 주고 있었던 것이다.

이 장에서 거론한 정익지, 정위생은 고베의 광동 화상의 지원을 받아 부산에 덕흥호를 설립, 인천에서 서울로 활동 거점을 옮기면서 조선을 대표하는 광동 화상으로 오랫동안 활동하였다. 즉 개항장 간에 형성된 화상 네트워크가 조선으로 확장하는 데 있어서 선구적인 역할을 했다고 할 수 있다. 그들이 1883년 말 부산 일본 거류지에 상륙한 직후, 일본영사에 의해 영업을 금지당한 사건은 청과 일본의 외교관과 본국 정부에게 각각 대응을 강요하여 기존 제도에 변화를 주거나 논란을 야기하기도 했다. 이 사건은 거류지라는 제도에 대한 관계자 간 인식 차이를 부각시켰다.

우선 당사자인 정익지와 정위생은 개항장과 함께 거류지도 모든 외국인에게 개방되는 것을 당연하게 여겼다. 이들의 모델은 우선 상해 조계이며 더불어 이들이 조선 도항 전에 활동했던 고베 거류지이기도 했다. 이들이 해관 설치 직후 자국 영사의 파견도 기다리지 않고 부산에 진출한 것은 상해와 고베에서의 관행이 부산의 일본 거류지에도 들어맞을 것이라 믿었기 때문으로 보인다.

그리고 청 측 대표자, 즉 서울의 진수당과 도쿄의 여서창은 사건 소식을 듣고 각각 조선에 청국 거류지 설치가 필요하다고 생각하였으며 진수당은 조선정부와 협상하여 이를 실행에 옮겼다. 이는 단적으로 두 사람이 그때까지 청국 거류지 설치를 기정 방침이라고 생각하지 않았음을 보여준다. 아마 이들도 애초에는 정익지, 정위생과 마찬가지로 거류지의 개방성을 당연한 것으로 생각하고 일본 거류지에 화상이 거주할 수 없는 사태를 생각하지 못했을 것이다.

한편, 일본 측 입장에서는 부산 거류지는 전통적인 조일관계를 통해 획득한 기득권을 계승한 것이며, 일본이나 중국에 있는 거류지와 같은 것은 아니었다. 조선이 일본 이외의 많은 국가들과도 서구적인 외교 및 통상 관계를 맺기에 이르러 위와 같은 부산 거류지의 특성이 타국과의 마찰을 야기할 가능성이 있음을 일본 측도 인식하고는 있었으나 준비가 다 되기 전에 덕흥호 사건이 발생했다. 일본이 타 국민에 대한 거류지 개방을 주저한 것은 아이러니하게도 일본의 기득권이라는 강력하고 광범위한 거류지 행정권 때문이었다. 그것은 일본의 영사재판권하에 있지 않은 타국민에게 행사될 때 마찰을 보다 크게 할 가능성이 있었고, 애초에 실효력을 발휘할지 의심스러웠다. 결국 일본정부는 일본 거류지의 각국 거류지로의 전환, 즉 전관권 포기라는 형식으로 밖에 문제를 해결할 방법을 찾지 못했고, 이것이 좌절된 후에는 일본 거류지의 외국인 거주를 원칙적으로 계속 금지하였다.

청일전쟁 이전에 개항된 3개의 항 ─ 인천, 부산, 원산 ─ 에서 일본과 청이 각각 전관 거류지를 설치한 것은 지금까지 조선을 둘러싼 청일의 패권 전쟁이라는 관점에서 논해져 왔다. 그러나 이 장에서 다룬 부산의 사례는 개항장을 둘러싼 제도의 형성 과정이 반드시 국가 간 관계라는 차원에서만 논할 수 있는 것은 아니라는 사실을 보여준다. 동아시아 지역 내의 상품과 사람의 흐름 확대라는 현실이 제도 형성이나 변용

을 어떻게 자극했는가라는 시점에서 검토하는 작업도 필수불가결하다
고 할 수 있다.

제2장

조선 거주 일본인 상인과 화상으로부터의 '자립'

해산물의 대중수출과 관련하여

일본 개항 후 대중무역의 주된 주체가 된 화상들은 1876년 조일수호조규朝日修好條規가 체결되어 조일 간 개항장무역이 시작되자 조선시장을 중국과 연결하는 역할을 간접적으로 하게 되었다. 이는 조일무역의 상당 부분이 중국과 조선 사이의 중계 무역으로 이루어졌기 때문이다. 1882년 조중상민수륙무역장정朝中商民水陸貿易章程이 제정된 후, 제1장에서 살펴보았듯이 일본 화상의 일부가 조선 진출을 꾀한 것도 이러한 문맥을 감안하면 이해할 수 있다.

그런데 이와 같은 초기 조일무역의 모습은 조선에 진출한 일본인들에게도 영향을 미쳤을 것이다. 1882년 이후 일본인 상인이 후발 주자인 화상과 조선시장을 놓고 치열한 경쟁을 벌인 것은 잘 알려져 있는데, 원래 일본인 상인이 취급하던 상품 대부분이 일본 화상의 손을 거친 것이라면 이전에도 일본인과 화상은 단순한 대립 관계에 있었다고는 할 수 없다. 후루타 가즈코古田和子는 영국제 면직물의 예를 들어 조선으로의 수입을 담당했던 조선 거주 일본인들도 화상이 구축한 '상해 네트워크'의 말단에 연결되어 있었다고 표현했다.[1] 이 자체는 중요한 지적이지만 조선 거주 일본인이 유통시스템상 어떻게 화상과 연결되었으며 일본인 자신은 이 점을 어떻게 인식하였는지 등 구체적으로 밝혀지지 않은 과제가 많이 남아 있다.

이에 이 장에서는 조선 연해에서 생산된 중국 수출용 가공 해산물을 살펴봄으로써 이러한 과제에 다가가 보고자 한다. 구체적으로는 근세 일본에서 다와라모노(俵物)[1] 3종으로 불린 건해삼, 건전복, 샥스핀 세 품목에 주목한다. 이것들 — 이하 편의적으로 '다와라모노 해산물'이라고 부른다 — 은 19세기 이전부터 아시아 각지에서 중국 수출용으로 생산되어 온 국제상품 중 하나이며, 근대에 들어서도 '거래액은 작고, 포장, 운송, 보관, 판매는 매우 번거로워 오랜 거래 경험과 넓은 판매 네트워크를 갖고 있지 않으면 다루기 힘들다'는 상품의 특성상,[2] 서양인과 일본인의 참여를 쉽게 허용하지 않는 화상의 중요한 상품이었다. 이러한 전통상품은 기계제 면직물 등에 비하면 주목받는 경우가 적지만 시장의 환경 변화가 유통에 미친 영향을 장기적인 관점에서 파악하기에는 좋은 소재일 것이다.

이 장에서는 1870년대부터 20세기 초까지 조선에서의 다와라모노 생산물 생산에서 시작하여 소비지에 이르기까지의 유통시스템을 복원한다. 이들 생산물은 초기 일본인 이주 어민의 주요 어획 대상이었으며 나가사키(長崎)에서 화상의 손을 거쳐 중국시장에 수출되었다. 한편 부산에

---

1 古田和子(2000), 81쪽.
2 廖赤陽(2000), 238~239쪽.

진출한 일본인 상인도 여기에 뛰어들어 중국으로 '직수출'을 시도했다. 이러한 과정에 주목함으로써 조선에서의 일본인 상인이나 어민의 활동이 화상의 광역 상업과의 긴장 관계 — 의존과 대항이라는 두 가지 측면을 포함한 — 속에서 이루어져 왔음을 밝혀낼 수 있을 것이다.

1. 조선 개항 직후의 다와라모노 해산물(1867~1880년대 전반)

조선에서는 거의 전국 해안에서 해삼을 잡을 수 있었는데 특히 남해안, 동해안 및 제주도가 주요 어장이었다. 해삼을 익혀 건조시킨 건해삼은 개항 이전부터 의주 근교에서 열렸던 변경 개시邊境開市(중강 개시中江開市)의 수출품이었고,[3] 부산 초량왜관에서도 쓰시마對馬로 보내졌으며 이는 나가사키를 거쳐 중국으로 수출되었다.[4] 다음으로 전복은 제주도의 유명한 생산물로 왕실에 진상하는 공물이었다.[5] 제조법은 불분명해도 전부 개항 이전부터 조선인이 생산하였고 건해삼의 경우, 일찍이 대중수출품으로 평가받고 있었다는 사실이 흥미롭다. 단, 샥스핀 어업은 거의 볼 수 없었던 듯하다.[6]

이들 다와라모노 해산물은 1876년 부산 개항 후, 부산항을 통해서 일

---

3   張存武(1978), 115쪽.
4   小川國治(1973) 제3장 2절에 의하면 1763년 쓰시마번이 조선으로 수출하는 물소뿔의 보답품으로 해삼이 수입되기 시작했다고 한다. 물소뿔은 나가사키의 당선(唐船) 무역을 통해 얻었으며, 해삼은 반대로 나가사키로의 수출품이 되었다. 건전복도 조선으로부터 매입하려고 했지만 실패로 끝났다고 한다.
5   예를 들면, 1653년의 『탐라지(耽羅誌)』에는 제주목(濟州牧)으로부터 사재감(司宰監)에게 '회포(灰鮑)', 수진방(壽進坊)에게 '대전복'의 헌상품을 바치는 규정이 있다. 田川孝三(1964), 47쪽.
6   韓國農商工部, 『韓國水産誌』(第1輯, 1908, 269쪽)에 따르면 상어잡이 어업 종사자는 일본인뿐이다.

본으로 수출되었다. 초기에는 쌀, 콩, 소가죽에 이은 중요한 수출품이었다고 한다.[7] 부산의 일본인 상인은 조선인 어민에게 일본식 제조법을 전수하고 상품을 확보했으며,[8] 수출품 대부분은 조선인이 생산한 제품을 집하한 것으로 추측된다. 단, 1883년 일본인민무역규칙日本人民貿易規則에서 연해어업이 해금되기 이전부터 실질적으로는 일본인의 이주 어업(조선통어朝鮮通漁)은 시작되었기 때문에[9] 그 생산물이 포함되었을 가능성도 부정할 수 없다.

부산에서 수출된 해산물이 도착한 곳은 나가사키였다. 1876년 나가사키 영국영사의 보고에서 부산으로부터의 수입품에 이미 irico(건해삼), shark's fins(샥스핀), dried awabi(건전복)가 포함된 것을 확인할 수 있다.[10] 여기에는 조선 개항 후, 최초로 정기 항로가 개설된 것이 부산-나가사키 구간이었다는 점, 개항 초기 부산 일본인 상인의 대부분이 나가사키현(특히 쓰시마) 출신이었다는 점,[11] 일찍이 일본계 은행이 나가사키로의 무역 금융 서비스를 제공하고 있었다는 점 등이 배경으로 작용했다고 볼 수 있지만,[12] 이와 더불어 조선산 해산물을 필요로 한 나가사키 측의 사정도 있었다. 나가사키 측의 사정에 대해서 조금 자세히 살펴보자.

---

7 姜德相(1962), 5쪽. 청일전쟁 전의 부산 무역에 대하여 홍순권(2010), 46~59쪽.
8 姜德相(1962), 5쪽.
9 吉田敬市(1954), 159~160쪽. 또 木部和昭(2013)은 19세기 초 이래 쓰시마 어민이 조선 근해에 입어(入漁)했을 가능성에 대해서 논하고 있다.
10 *Commercial Reports by Her Majesty's Consuls in Japan*, Nagasaki, 1876. 이하 이 장에서 사용되는 영국의 나가사키 영사보고(이하, C.R.Nagasaki)는 *Area Studies British Parliamentary Papers, Japan*, Irish University Press, 1971의 복각에 의한다.
11 山田昭次(1979), 62쪽. 부산의 일본인 사회 형성 과정에 대해서는 橋谷弘(1993), 246~248쪽; 高崎宗司(2002), 3~16・31~34쪽. 한국에는 많은 연구가 있는데 대표적인 것으로 거류지 제도에 관한 손정목(1982), 89~108쪽, 인구 구성과 자치 조직에 관한 김승(2014), 제1장이 있다.
12 伊丹正博(1961), 270쪽; 高嶋雅明(1971), 44・52~65쪽.

근세 나가사키 무역에서 다와라모노 해산물은 당선(중국선)의 수출품으로 중요한 지위를 차지했다. 유통시스템은 막부幕府의 통제하에 있었고 특히 1785년 이후에는 산지로부터의 집하 과정을 포함하여 나가사키 회소會所2)가 직접 통제하게 되었다. 이렇게 나가사키에는 전국에서 다와라모노 해산물이 모였지만 1859년 개항 이후, 다와라모노의 유통 통제는 단계적으로 완화되었고, 1865년에는 완전히 자유무역이 인정되었다.[13] 결과적으로 산지에 가까운 하코다테니函館 요코하마橫濱에 회송되는 다와라모노가 증가하는 한편, 나가사키는 지방의 집하지로 전락해 버렸다.[14]

이러한 상황에서 조선은 나가사키의 새로운 상품 공급지가 되었다. 이 사실은 특히 건해삼과 관련해서 명확하게 나타난다. 1881년 영국의 나가사키 영사보고에 의하면 이 해 나가사키에서 수출된 건해삼은 3만 8,548달러(멕시코달러, 이하 같음)였는데 비해, 조선으로부터 나가사키가 수입한 건해삼은 2만 7,216달러였다.[15] 상품의 성격상 일본 국내 수요가 많지 않았기 때문에 조선에서 수입된 건해삼이 모두 재수출되었다고 치면, 나가사키에서 중국으로 수출된 건해삼의 반 이상은 조선산이었던 셈이다. 다른 해의 수치도 살펴보면 1880년대 초 나가사키에서 수출된 건해삼의 상

---

13 나가사키의 다와라모노 무역와 제도에 대해서는 石井孝(1942); 小川國治(1973); 荒居英次(1975)를 참조했다.

14 秋谷重雄·黑澤一淸(1958), 15쪽; 小川國治(1972), 75~77쪽. 오가와(小川)는 메이지(明治) 초기의 각항별 수출 경향을 검토하고 나가사키에서 조선 연해산 비중이 높아지는 것을 이미 지적하였다. 荒居英次(1975) 제2부에 실려 있는 영국 외무성(Foreign Office) 문서의 수치에 의하면 1859년 나가사키에서 수출된 건해삼은 2,136담(擔)이었다. 이에 반해 1862년부터 1867년까지의 평균 수출량은 694담에 불과하고 메이지 이후 수치를 봐도 1859년을 상회하는 수출량이 처음으로 등장하는 것은 1895년의 일이었다(3,640담). 1859년의 수치가 정확하다고 한다면 막부의 유통통제 해제는 나가사키의 다와라모노 수출량을 크게 감소시켰다고 보아도 좋다.

15 C. R. Nagasaki 1881.

당 부분은 이미 조선산이 차지하였다는 사실을 알 수 있다.[16]

나가사키에 수입된 후의 조선산 해산물에 대해서 1882년 부산 주재 일본영사의 보고는 '오로지 지나인支那人에게 전매할 물건이다'라고 하였다.[17] 즉 최종적으로는 나가사키 화상이 수입자가 되어 중국으로 재수출했다고 볼 수 있다. 1859년 나가사키 개항 후, 당선의 내항은 없는 것과 마찬가지였지만,[18] 화상은 서양 배로 건너와 1871년에 청일수호조규가 체결되기 전부터 당관唐館 시절의 잔류자와 함께 무역상으로서 활발하게 활동했다.[19] 영자신문 *The Nagasaki Express*에 따르면 1869년 나가사키 수출 총액 317만 달러 중 56%, 수입 총액 305만 달러 중 52%를 Chinese Houses가 다루고 있었다고 한다.[20] 특히 중국용 해산물 수출은 화상이 거의 독점하는 상태였다.[21]

조선 개항 직후 조선 항로와 상해 항로를 연결하는 나가사키가 조중무역의 중계지가 되었다는 사실은 잘 알려져 있다. 예를 들어 조선에 수입되는 생금건 등 영국제 면직물 대부분은 상해에서 나가사키 화상을 거쳐 조선으

---

16 1882년 나가사키로부터의 수출 3만 6,786달러에 비해, 조선에서 나가사키로의 수입은 7만 6,113 달러에 달했다. 1883년의 경우에는 수출 2만 9,409달러, 조선으로부터의 수입은 1만 8,646달러였다. C.R.Nagasaki 1882·1883.

17 「明治十五年度朝鮮國釜山港狀況報告韓錢相場表」, 『明治十五年 通商彙纂』, 1883.

18 荒居英次(1975), 405쪽.

19 蒲地典子(1977)에 의하면 나가사키 개항 후에는 당관시대부터의 삼강계(三江系)와 복건계(福建系)에 더하여 근세에는 열세였던 광동계 화교가 새롭게 유입했다. 막부 말 개항기의 나가사키 화상에 관한 연구로서 재판 기록을 사용하여 분쟁 사례를 분석한 重藤威夫(1967), 거주 인구 수와 거주 지역의 추이를 고증한 菱谷武平(1963)·(1970), 청국인적비(淸國人籍牌)를 분석해서 이동 추이를 검증한 布目潮渢(1983)등이 있다.

20 菱谷武平(1963), 100쪽의 '1896년 나가사키 무역수지 대조표(一八六九年長崎貿易收支對照表)'에서 재계산.

21 原康記(1991), 65쪽. 나가사키에서 수출되는 가공 해산물에는 다와라모노만 있었던 것은 아니다. 가장 큰 비율을 차지했던 것은 쓰시마 근해나 일본해에서 어획 및 가공된 마른 오징어였다. 1890년 수치로는 나가사키에서 수출되는 가공 해산물의 25~30% 정도(금액 대비)가 다와라모노이며, 나머지 대부분이 마른 오징어였다. 長崎貿易商同業組合, 『組合史』, 1933, 卷末付表로부터 계산.

로 재수출되었다.[22] 그리고 나가사키 화상들 사이에 조선에 대한 관심이 높아지고 있었다는 사실은 나가사키를 방문한 청조 관리의 보고에도 나타난다.[23] 이러한 상황에서 조선산 다와라모노 해산물은 면직물과는 반대로 중국을 겨냥한 상품으로서 나가사키 화상의 활동 대상에 포함된 것이다.

2. 일본인 통어와 생산 · 유통구조의 변화(1880년대 중반~)

1) '조선통어'의 확대와 다와라모노 해산물

앞에서 언급한 것처럼 조선 연해에서의 일본인 어업은 1876년 조일수호조규 체결 전후부터 늘어났지만, 1883년 조일 간에 체결된 일본인민무역규칙에 의해 법적 근거가 주어졌다.[24] 이후 연해 어장의 포화가 심각했던 서일본3) 일대로부터 조선으로의 활발한 이주 어업 — 당시 표현으로 '조선통어' — 이 이루어지게 되었다. 1890년대 출어선의 수는 연간 600~700척 정도로 야마구치현山口縣, 나가사키현長崎縣, 히로시마현廣島縣에서의 출어가 특히 많았다.[25]

---

22 古田和子, (2000) 제3~4장.
23 1887년에 원산 상무위원으로 부임한 유가총(劉家驄)은 부임 도중에 기항한 나가사키에서 "일본의 화인들 중에는 원산에 가고 싶어하는 자들이 많고 비천한 일이라도 있으면 따라가려 했다(日本之華人多欲至元山者, 俟卑職到後隨往)"라고 들었다고 한다. 李鴻章 → 總理衙門, 光緖 10年 5月 24日, 『淸季中日韓』877番. 이 책 제1장의 주 50) 참조.
24 일본인민무역규칙의 제41관에서 일본인은 경상도, 전라도, 강원도, 함경도, 조선인은 이와미(石見), 이즈모(出雲), 쓰시마에서의 조업이 인정되었다(세칙에 해당하는 조선일본양국통어규칙(朝鮮日本兩國通漁規則)은 1889년 제정). 또 1888년 거류 일본인의 소비물에 한정한다는 조건으로 서해안 경기 연안 어장이 개방되어 1900년에 정식으로 통어 지역에 추가되었다. 1904년에는 조선 연해 전역에서 일본인의 조업이 인정되고 1908년의 한일어업협정(韓日漁業協定)에 의해 완전히 자유화되었다.
25 木村建二(1989), 47~52쪽. 조선통어에 관한 선행연구는 많은데, 여기에서는 앞에서 언급한 吉田

어획물을 어민 자신이 가공한 뒤 운반하는 가공 어업은 운반 기술이 미숙했던 초기 단계 통어에서 상당히 큰 비중을 차지하였다. 가공 어업 가운데 건멸치를 생산하는 멸치 어업과 더불어 중요했던 것이 다와라 모노를 생산하는 해삼, 전복, 상어였다.[26] 예를 들면 1894년 부산에서 조업 면허를 받은 625척 중 해삼과 전복을 대상으로 하는 잠수기어업潛水器漁業[4])에 종사하는 배는 85척, 상어주낙선ㇼㇿ繩漁船은 72척, 해삼그물 어업에 종사하는 배는 6척이었다. 또 같은 해 원산에서 조업 면허를 받은 46척 중에서는 32척이 잠수기 어선이었다.[27]

이들 중 잠수기는 기존에 잠수나 간단한 그물로 해왔던 해삼과 전복 어업의 생산성을 비약적으로 높였다. 일본에서는 1870년대에 도입되었으며,[28] 조선에도 꽤 이른 시기에 들어 왔는데 1879년에 야마구치현의 요시무라 요사부로吉村與三郎가 경상도 거제도에서 시작한 것이 효시였다고 한다.[29] 1880년대에 들어서 일본 국내에서 잠수기에 의한 남획의 폐해가 눈에 띄게 증가하여 농상무성農商務省[5])이 반복적으로 규제를 시도한 데다가 나가사키현이 1882년 잠수기 어업 단속 규칙潛水器漁業取締規則을 발표한 것을 계기로 각 지역의 잠수기선이 조선으로 가게 되었다.[30] 더군다나 1892년 말, 역시 일본인의 어장이었던 러시아령 연해주에서 잠수기 어업을 규제하면서 조선 연해로의 출어는 더욱 증가했

敬市(1954) 외에 羽原又吉(1957), 박구영(1967), 김옥경(1986), 金秀姬(1994), 김수희(2010)를 참고했다.
26 金秀姬(1994), 132~134쪽.
27 「明治二十七年中釜山港狀況」, 『通商彙纂』17號, 1895. 「朝鮮咸鏡江原兩道の沿海に於ける本邦人漁業の景況」, 『通商彙纂』7號, 1894.
28 二野瓶德夫(1981), 251쪽.
29 稻井秀左衛門(1937), 6~10쪽.
30 二野瓶德夫(1981), 251쪽; 稻井秀左衛門(1937), 21~22쪽.

다.[31] 1892년 12월부터 이듬해 2월에 걸쳐 조선 근해를 시찰한 농상무성 수산국의 세키자와 아케키요關澤明淸는 다음과 같이 말한다.

　　지난해까지는 본국 어부의 잠수기계선 중 조선 근해에서 돈벌이하는 것은 100대 정도였는데, 지난해 가을부터는 과거 러시아령인 블라디보스토크로 돈벌이를 간 잠수기계선 중 그곳에서 나와 조선 바다로 온 것이 27대, 이것을 합쳐 120대 정도 있으며, 그중에서 제주도 주변에서 어업을 하는 것이 7, 80대 있다(이 중 21대는 야마구치현의 요시무라 요사부로吉村與三郎, 17대는 나가사키의 다케우치 겐키치竹内源吉, 14대는 쓰시마의 다케우치 요시시게竹内吉重 등이 이끄는 수산회사 소유이며, 이 밖에는 한 명이 1대 내지 3, 5대를 소유하는데 불과하다). 또 현재 와 있는 것은 25대 정도에 불과하지만 음력 정월 이후가 되면 7, 80대에 이르고 9, 10월이 되면 일단 고향으로 돌아가는 것이 보통이라고 한다.[32]

　이로부터 청일전쟁 직전 조선 연해에서 백 수십 대의 일본인 잠수기가 조업하고 있었다는 사실, 그리고 대부분이 계절적인 이주 어업이었다는 사실을 확인할 수 있다. 또한 경영 형태와 관련해서는 몇 대에서 수십 대 단위로 조업하는 기업적 경영을 일부에서 볼 수 있었다는 점도 흥미롭다. 잠수기 어선은 1척당 잠수부 1~2명, 그 외에 선두船頭[6]와 펌프를 누르는 자, 밧줄(생명줄)잡이 등 모두 5~6명이 탔다. 출어 기간 중에

31　大藏省主稅局,『明治二十七年外國貿易要覽』, 1895, 259쪽.「露領沿海州海參收穫景況」,『官報』通商報告欄 2840號, 1892.
32　外務省通商局第二課,『朝鮮近海漁業視察關澤明淸氏報告』, 1894, 28~29쪽.

는 어장 부근의 적당한 곳에 '나야納屋'이라고 불리는 오두막을 설치하고 이곳을 근거지로 삼아 연일 조업했으며, 어획물은 오두막에 가져와 제품을 만들었다고 한다.[33] 이처럼 상륙해서 가공장을 설치할 필요가 있었다는 점과 남획이 자원 고갈을 초래했다는 점 때문에[34] 조선인 주민들과 잦은 분쟁이 일어나 목숨을 잃는 자까지 나타났다. 위 사료에 등장하는 제주도에서는 조선정부의 요구에 응한 일본정부가 1884년부터 1891년까지 간헐적으로 출어를 자제시켰다.[35] 그만큼 조선 연해에서 잠수기 어업이 급격하게 확산되고 큰 영향력을 가지고 있었음을 엿볼 수 있다.

상어잡이 어업은 4~5명, 또는 6~9인승 주낙선으로 했다.[36] 대상 어종의 특수성으로 인해 출어지가 한정되었기 때문에 1900년경에는 대부분이 야마구치현 쓰루에우라鶴江浦와 다마에우라玉江浦, 오이타현大分縣 사가노세키佐賀關와 나카쓰우라中津浦에서 출어했다. 상어잡이 어선은 비록 이주 어업이었지만 8월 하순에 출발해 어장을 전전하다가 이듬해 7월에 이르러 비로소 귀환하는 형태로 거의 1년에 이르는 장기 출어를 하였다.[37] 상어잡이 어업의 목적은 샥스핀 제조용 지느러미를 얻는 것으로 남는 부위는 바다 속에 버렸는데, 연안에서 어획했을 경우에는 몸통 부위를 조선인에게 팔았다. 그 전까지 상어를 잘 이용하지 않았던 조선인들은 '상어는 반드시 지느러미를 잘라내도록 정해진 것'이라고 생각할

---

33 稻井秀左衛門(1937), 6쪽.

34 1890년대 말, 제주도에서는 이미 자원 고갈이 현저했다. 大藏省主稅局, 『明治三十一年外國貿易要覽』, 1899, 220쪽. 조선에서 잠수기어업의 규제책이 취해지는 것은 보호국 시기인 1907년 이후의 일이다.

35 金秀姬(1994), 133쪽; 현계순(1964); 이원순(1967).

36 吉田敬市(1954), 202쪽.

37 葛生修亮, 『韓海通漁指針』, 黑龍會出版部, 1903, 320쪽.

정도였다고 한다.[38] 잘라낸 지느러미는 잠수기 어업과 마찬가지로 연안에 오두막을 지어 어민 스스로가 샥스핀으로 가공했다.[39]

2) 나가사키 경유 수출의 확대와 유통기구

일본인 통어의 증가는 현지 주민과 마찰을 일으키면서도 잠수기와 같은 새로운 기술을 가져오거나 기존에 어획 대상이 아니었던 상어잡이가 시작되는 등 조선 연해에서의 다와라모노 해산물 생산을 급격히 증가시켰다. 이와 같은 생산의 변화는 유통에 어떠한 형태로 나타났을까.

〈표 2-1〉에 의하면 조선의 개항장에서 수출된 다와라모노 해산물은 1882년 합계액이 10만 엔대이지만 이후 오히려 감소하고 증감을 되풀이하면서 1892년까지는 1만 엔에서 2만 엔대에 머물렀다. 조선 개항장 수출 통계에서는 일본인 어민의 활동이 다와라모노 해산물의 수출량 증가로 이어졌다는 사실을 찾아볼 수 없다.

그러나 주의해야 할 점은 조선 개항장 무역통계가 실제 이루어진 대외무역 전부를 파악하고 있는 것은 아니라는 사실이다. 1876년 개항 당시 조일무역은 당분간 무관세로 행하기로 했는데, 1883년 7월에 일본인민무역규칙, 조선국해관세목朝鮮國海關稅目이 정해지면서 무관세 무역은 끝났다. 1884년에는 통계상 조일무역 전체 규모가 줄어들었으며, 무라카미 가쓰히코는 줄어든 부분 중 일부는 관세를 기피한 밀무역에 의해 이루어진 것으로 추측한다.[40]

---

38 『朝鮮近海漁業視察關澤明淸氏報告』, 1894, 4쪽.
39 東邦協會, 『朝鮮彙報』, 1893, 308쪽.
40 村上勝彦(1975), 235쪽.

〈표 2-1〉 조선의 다와라모노 해산물 수출(1877~1903)

연도	건해삼			샥스핀			건전복		
	중량(담)	가격(엔)	(부산, 엔)	중량(담)	가격(엔)	(부산, 엔)	중량(담)	가격(엔)	(부산, 엔)
1877	213	3,382	15,237	43	1,199	n.a.	4	83	n.a.
1878	440	6,426	6,426	64	1,752	n.a.	7	137	n.a.
1879	679	16,332	16,332	72	2,174	n.a.	28	695	n.a.
1880	655	18,034	17,758	228	7,634	n.a.	161	1,655	n.a.
1881	1,382	60,584	34,791	145	7,956	n.a.	57	1,450	n.a.
1882	1,754	91,219	75,774	211	9,596	n.a.	189	1,160	n.a.
1883	1,076	30,228	27,090	211	7,900	7,566	2	30	30
1884	386	6,310	6,294	214	4,923	4,659	12	246	246
1885	695	10,114	9,653	229	5,215	5,028	31	575	575
1886	649	8,444	8,134	241	5,718	5,599	26	473	473
1887	736	9,506	9,380	271	6,578	6,399	4	51	51
1888	577	7,477	6,912	404	11,359	11,076	29	397	397
1889	1,056	15,125	14,413	441	12,788	12,500	132	1,757	1,757
1890	722	10,358	10,358	413	12,280	12,280	95	1,495	1,495
1891	551	8,721	8,530	475	13,313	13,313	0	0	0
1892	814	16,381	13,273	n.a.	10,626	10,372	40	608	608
1893	1,313	31,766	20,048	369	11,645	11,423	53	1,054	1,054
1894	3,132	68,633	34,793	160	4,629	4,455	n.a.	n.a.	2,992
1895	2,567	50,322	20,373	103	2,899	2,494	n.a.	n.a.	3,854
1896	1,496	27,060	23,394	222	5,850	4,965	82	1,707	1,707
1897	1,878	57,258	40,973	538	16,141	15,939	312	7,323	7,322
1898	2,471	59,303	38,409	461	13,079	12,700	376	9,676	9,676
1899	3,975	105,143	52,327	309	10,251	8,243	80	2,075	2,075
1900	2,273	61,524	32,873	186	5,171	4,963	317	8,961	8,733
1901	3,356	66,804	36,758	249	11,371	10,909	573	14,230	14,230
1902	2,345	63,837	n.a.	288	9,149	n.a.	154	5,676	n.a.
1903	3,861	109,139	30,857	425	13,710	13,193	151	5,151	5,151

주 원 사료의 액면금액에 따라 지폐엔과 은엔은 수정하지 않았다. 또 해관통계의 멕시코달러 표시를 엔으로 바꾸어 읽었다. 이러한 점에서 이 표는 잠정적인 것이다. 해관통계 단위에 대하여 堀和生・木越義則(2008) 참조. 또한 조선 전체의 수치와 원래 그 안에 포함되는 부산의 수치에 차이가 있는 부분이 있지만 원 사료 그대로 표시했다.

출처 조선 전체 : 1878~1883년은 大藏省, 『朝鮮舊貿易八箇年對照表』(同, 『大日本外國貿易十八箇年對照表』, 1909의 부록), 다만 1883년의 건해삼은 『通商彙編』, 明治 16年 上半季・下半季. 1884년은 『通商彙編』, 明治 17年 上半季・下半季. 1885~1893년은 China Imperial Maritime Customs, Returns of trade and trade reports for each year, Appendix 2 Corea. 1894~1903년은 Korea Imperial Maritime Customs, Returns of trade and trade reports for 1903 수록의 10년 대조표. 다만 1903년 분의 샥스핀의 오자는 같은 사료의 1905년판에서 수정했다. 부산 : 1878~1882년은 農商務省商務局, 『商況年報』, 明治 15年度. 1883년은 『通商彙編』, 明治 16年 上半季・下半季. 1884~1893년은 조선 전체와 동일. 1894~1900, 1903년은 『通商彙編』에 수록된 부산 상황연보(釜山商況年報). 1901년은 Korea Imperial Maritime Customs, Returns of trade and trade reports for 1901.

통어의 경우 어획물을 조선에서 통관하지 않고 일본으로 가져가는 것이 다른 상품보다 한결 쉬웠을 것이다. 1893년 부산영사보고는 일본인 어민들이 '어획한 곳의 어획물(전복)은 현지 항에서 판매하기보다 건조시켜 우리나라에 갖고 들어와 나가사키에서 판매하는 편이 이익이 많다고 생각하기 때문에 근래에 이러한 종류의 어업자가 증가함에도 불구하고 우리 항에서 수출하는 건전복과 건해삼은 증가하지 않는다'고 전한다.[41] 마찬가지로 상어잡이 어민 또한 어획물을 샥스핀으로 가공한 후 직접 가지고 가는 일이 많았다고 한다.[42]

그렇다면 여기에서 조선이 아닌 나가사키에서의 다와라모노 해산물의 수출 상황을 살펴보자. 〈표 2-2〉의 건전복 항목을 보면 나가사키에서의 수출 물량은 1886년까지 1,000담[7] 전후였지만 1887년에 2,004담으로 급증했으며 1889년부터 1894년까지는 2,500~2,700담 정도의 규모를 보인다. 한편, 일본 전체의 건전복 수출량은 1885년까지 점차 증가 경향에 있었지만 1886년에 일단 급증한 후, 1887년부터 1889년까지는 1885년 이전 수준으로 정체한다. 1890년에는 다시 증가하지만 1891년 이후는 계속적으로 감소한다. 결과적으로 일본 전체에서 차지하는 나가사키의 비중도 1887년 이후 증가한다. 『외국무역개람外國貿易槪覽』(메이지 25년판)은 건전복에 관하여 '요즈음 우리나라 각 지역에서 잠수기를 이용하여 어획하기 때문에 전복은 많이 감소하였지만, 다만 규슈지방에서는 (…중략…) 우리나라 어민이 제주도 근해에서 수확하는 일이 많아 올해처럼 나가사키항만 (수출액) 증액이 있다. (…중략…) 올해는 제주도산

---

41 「二十五年中釜山港貿易景況」, 『官報』 通商報告欄 2968號, 1893.
42 吉田敬市(1954), 202쪽.

〈표 2-2〉 일본의 다와라모노 해산물 수출(중량)(1878~1901)

(담)

연도	건해삼			샥스핀			건전복		
	전국	나가사키	(전국 대비 비중)	전국	나가사키	(전국 대비 비중)	전국	나가사키	(전국 대비 비중)
1878	4,848	1,223	25%	1,084	323	30%	9,037	797	9%
1879	4,599	1,512	33	1,595	476	30	10,170	699	7
1880	5,184	1,506	29	1,513	698	46	10,730	1,018	9
1881	5,779	1,039	18	1,708	733	43	8,556	1,118	13
1882	6,624	947	14	1,670	638	38	10,719	1,192	11
1883	6,756	874	13	1,669	600	36	10,170	976	10
1884	6,216	1,047	17	2,420	708	29	12,527	941	8
1885	6,329	1,016	16	2,085	620	30	13,347	876	7
1886	7,360	1,107	15	2,336	767	33	17,985	925	5
1887	8,891	1,212	14	2,538	947	37	13,994	2,004	14
1888	7,223	1,121	16	3,118	936	30	13,499	1,824	14
1889	7,455	1,137	15	2,917	1,026	35	13,563	2,663	20
1890	8,780	1,435	16	2,910	892	31	15,300	2,652	17
1891	8,557	1,507	18	2,493	816	33	12,426	2,769	22
1892	8,652	1,707	20	2,263	806	36	11,015	2,767	25
1893	8,408	2,093	25	2,833	945	33	10,210	2,710	27
1894	9,291	2,090	22	2,977	1,300	44	11,651	2,493	21
1895	10,218	3,640	36	3,095	944	31	10,608	1,980	19
1896	9,158	2,516	27	3,235	1,035	32	9,850	1,999	20
1897	7,998	3,205	40	3,475	996	29	9,078	1,907	21
1898	7,607	1,698	22	3,630	1,029	28	10,350	1,712	17
1899	9,457	2,526	27	3,907	1,116	29	11,157	1,476	13
1900	6,684	2,102	31	3,610	935	26	8,509	1,602	19
1901	10,056	1,809	18	3,882	1,080	28	8,509	1,334	16

출처　전국 : 1878~1881년은 東洋經濟新報社, 『日本貿易精覽』, 1935. 1882년 이후는 大藏省, 『大日本外國貿易年表』, 各年.
나가사키 : 1878~1884년은 BPP, *Commercial Report*, Nagasaki, each year. 1885년 이후의 건해삼, 샥스핀에 대하여 1885~1891년은 大藏省, 『大日本外國貿易年表』, 各年, 1892~1901년은 農商務省, 『水産貿易要覽』 上, 1903. 건전복에 대해서 1885~1897년은 大藏省, 『大日本外國貿易年表』, 各年, 1898~1901은 大藏省, 『外國貿易槪覽』, 各年.

이 실로 동항同港 수출액의 10분의 7을 차지한다'고 하며,[43] 이는 통계를 뒷받침한다. 건해삼과 샥스핀에 관해서는 이 정도로 명확한 경향은 보이지 않지만, 이들도 역시 건전복과 마찬가지로 어민들에 의해 직접 나가사키로 반입되었음을 생각하면 조선통어의 확대가 나가사키로부터의 다와라모노 해산물 수출 확대를 뒷받침했을 가능성은 높다.

단기 이주 어민들이 나가사키에 생산물을 들여온 이유는 우선 그들이 출어한 곳이 나가사키나 인근 현에 집중되었기 때문이지만,[44] 이와 더불어 금융상의 배경도 있었다. 나가사키의 해산물 거래에서는 일반적으로 하주荷主가 수출상인 화상과 직접 교섭할 수 없고 일본인 판매상에게 수수료를 지불한 후 화상과의 교섭을 위탁하지 않으면 안 되었다. 한편 판매상은 상품의 독점판매를 조건으로 하주에게 소요 자금을 전대前貸했다고 한다.[45] 나가사키에서 판매상과 하주는 '한 가족과 같이 교제'하고 있었으며,[46] 이러한 장기적인 거래 관계가 신용 공여의 전제가 되었을 것이다. 조선으로 돈벌이하러 가는 어민들도 나가사키의 판매p

---

43 大藏省主稅局, 『明治二十五年 外國貿易要覽』, 1893, 201쪽. 또한 〈표 2-2〉에서는 1892년 나가사키의 건전복 수출량은 전년도보다 감소한 것으로 표기되어 있어 사료와 맞지 않지만, 금액으로 보면 1891년의 8만 39엔에서 1892년에 8만 1,126엔으로 약간 증가했다.

44 예를 들면 '현재 조선 바다에 출어할 수 있는 잠수 기계는 120대 정도가 있는데, 그중에서 20여 대는 야마구치현에서 나온 것이고 그 외는 모두 나가사키현의 것'이라고 한다. 關澤明淸・竹中邦香, 『朝鮮通漁事情』, 團々舍出版, 1893, 108쪽.

45 東京高等商業學校, 『長崎港海産物貿易調査報告書』, 1901, 4~8・24쪽. 판매상에게 위탁하여 화상에게 해산물을 판매하는 관습은 각 지역 개항장에서 오랫동안 남아 있었다. 예를 들면, 오사카에 대해서는 籠谷直人(1990), 하코다테에 대해서는 羽原又吉(1940), 斯波義信(1981)・(1983), 籠谷直人(1995) 등.

46 위의 보고서, 23쪽; 長崎港貿易商同業組合, 『組合史』, 1933, 12쪽. 인용은 후자에 의한다. 1800년 판매 도매상에 의해 결성된 위 조합의 전신, 하물 수취 도매상 동료 연합(荷受問屋仲間聯合)의 맹약서에는 하주가 임의로 거래처의 도매상을 바꾸면 안 되고, 도매상도 다른 가게의 하주를 끌어들이면 안 된다는 규정이 있다(『組合史』, 6)쪽. 여기에서도 판매상과 하주와의 거래 관계가 고정적이었다는 것을 알 수 있다.

상으로부터 자금을 전대받고 이들 판매상을 통해 생산물을 파는 경우가 많았다고 보인다. 나가사키에 해산물을 공급하는 국내 집하 권역이 축소하는 가운데, 판매상 측에서도 조선통어를 지원하고 생산물을 확보하려는 의지는 강했을 것이다. 참고로 앞에서 조선에서의 잠수기어업 창시자로서 소개한 요시무라 요사부로도 거래하던 나가사키의 해산물 도매상으로부터 자금을 빌려 사업을 시작했다고 한다.[47]

이렇게 나가사키 화상이 매입한 해산물은 중국 각 지역으로 수출되었다. '말린 오징어와 전복은 주로 남청南淸에 수요가 있어 광동 상인에 의해 홍콩으로 수출되고, 해삼과 샥스핀은 북청北淸에 수요가 있기 때문에 복건상福建商에 의해 상해로 수출'되었다고 한다.[48] 나가사키 화상은 수출입 모두에 관여하고 중국 거래처와의 거래에 있어서는 거래를 한 번 할 때마다 결제하지 않고 일정 기간의 매매액을 정산한 후에 잔액을 받았다. 이와 같은 상호정산 방법은 화상들 사이에서 흔히 볼 수 있었다.[49] 나가사키 화상과 판매상의 관계도 고정적이었기 때문에 상호정

---

47 '요시무라는 (…중략…) 메이지 1년부터 조선에 통어해서 남한 근해의 소안도, 추자도 부근에서 상어잡이에 종사했다. 어획물인 상어 지느러미 판매를 위해 자주 나가사키를 왕복했다. 당시 나가사키현에서는 이미 20여 대의 잠수기업자가 있었다(나가사키현 수산과의 조사에 의한다). 요시무라는 잠수기어업의 이점을 보고 이를 조선 근해의 전복 채취에 사용하면 제일 유리하지 않을까라고 생각하여 당시의 나가사키 거래 도매상 히젠야(肥前屋)에게 부탁해 자금을 청하고, 히젠야도 그 청을 받아들여 흔쾌히 승낙했다.' 稻井秀左衛門(1937), 7~8쪽.

48 『長崎港海産物貿易調査報書』, 18쪽.

49 『長崎港海産物貿易調査報書』, 32쪽; 市立長崎商業學校, 『長崎港錫輸出貿易調査報書』, 1913, 64쪽. 일본 화상이 일반적으로 상호정산의 방식을 취한 것은 農商務省商務局, 『對淸貿易 / 趨勢及取引事情』, 1910, 45~46쪽. 단, 제1차 세계대전 후에는 중국으로부터의 수입에서 일본인 상인의 세력이 강해졌기 때문에 화상의 상호정산은 힘들어졌다고 한다(農商務省商工局, 『上海海産物事情』, 1915, 20쪽). 또한 개항 후의 나가사키 화상에 대해서는 태익호(泰益號)의 경영문서에 의한 많은 연구가 있다. 이들이 그린 20세기 전반의 상황을 보면 해외 거래처와의 상호정산은 뚜렷하지 않고 은행 하환어음에 의한 순차 결제가 일반적이었던 것 같다. 이 장에서 검토 대상으로 하는 19세기 상황과의 차이는 앞으로의 연구과제이다. 市川信愛・載一峰 (1994), 山岡由佳(1995), 朱德蘭(1997), 廖赤陽(2000), 和田正廣・翁其銀(2004) 등.

산이나 연불延拂을 흔히 볼 수 있었다.[50] 앞에서 살펴 본 것처럼 판매상과 하주 사이에서도 장기적인 거래를 기반으로 한 자금 전대를 볼 수 있었던 사실을 생각하면, 조선 연해에서의 다와라모노 해산물 생산은 중국의 소비지에서 나가사키 화상 및 판매상을 거쳐 이어지는 양자 간 신용 관계의 연쇄 위에 성립되었다고 할 수 있다.

나가사키 화상의 결제 방법이 위와 같은 것이었다면 조선산 해산물 ─ 나가사키에서 수출되는 다와라모노의 상당 부분을 차지하고 있었다 ─ 의 공급량 여하는 나가사키 화상의 수출뿐만 아니라 수입에도 영향을 미칠 수 있는 조건이었다고 할 수 있다. 판매상이 전대를 통해 어민으로부터의 공급량 결정권을 장악하고 있었던 것은 나가사키 화상 및 판매상의 무역활동이 안정성을 확보하는 데 있어서 중요한 열쇠의 하나가 되었다.[51]

3. 부산의 일본인 상인에 의한 직수출 활동

1) 직수출 활동의 주체─부산수산회사를 중심으로

개항 후 조선산 해산물의 유통경로는 나가사키를 중계점으로 형성되었는데 여기에서 벗어나는 움직임이 없었던 것은 아니다. 일본우선日本

---

50 『長崎港海産物貿易調査報告書』, 30쪽. 『長崎港鰮輸出貿易調査報告書』, 63쪽. 帝國水産會, 「長崎市魚市場狀況調査」, 『魚市場ニ關スル研究』, 1936, 301쪽.
51 해산물 판매상이 화상과 이해 관계를 공유하고 화상에게 종속적인 존재였다는 점에 대해서는 籠谷直人(1990)를 참조. 또 大日本水産會·大日本塩業協會, 『水産諮問會紀事』, 1897, 122~125 쪽(『明治前期産業發達史資料』別冊43II, 1969年復刻).

郵船은 1886년 나가사키에서 조선 각 항을 거쳐 연대煙臺(지부芝罘)와 천진天津에 이르는 정기항로를 개설했는데, 천진영사 쓰루하라 사다키치鶴原定吉에 따르면 항로 개설 이듬해인 1887년부터 천진의 일본상점 부사이고武齋號가 부산에서 조선산 건해삼 수입을 시작했다. 또한 미츠이물산三井物産 출장소도 역시 부산에서 조선산 샥스핀 수입을 시작했다고 한다.[52]

여기에서는 나가사키가 아니라 부산이 수출 기점이라는 점이 눈길을 끈다. 부산 측 수출 주체에 관하여 1889년 지부영사보고는 다음과 같이 서술한다.

조선국 부산에 체류하는 우리 상인이 수출하는 수산물 중, 샥스핀, 건해삼, 건전복, 어두(魚肚)[8] 등은 주로 청에 수출하는 것으로 그 양도 꽤 거액이지만, 기존에는 나가사키 청상의 손을 거쳐 수송하므로 충분한 이익을 얻을 수 없었기 때문에 올해 부산항에서 오로지 당국에 직수출하는 것을 목적으로 수산회사를 설립하였다. 한편 연대항에 체류하는 우리 상인들도 이 수산회사와 연락하여 위탁 판매를 시도해 봤지만 샥스핀, 건해삼, 건전복, 어두와 같은 사치품은 평소에도 수요가 적을 뿐만 아니라 작년 가을부터는 흉황이 덮쳐 경제력이 다 떨어지고 수요도 없었다고 한다.[53]

이 사료에서는 부산의 일본인 상인이 나가사키 화상을 경유하지 않고 해산물의 대중수출을 추진하려고 설립한 '수산회사'에 주목한다. 앞

---

52 鶴原定吉(天津領事) → 大鳥圭介(駐淸公使)(機密諸1號), 「朝鮮産物輸入稅半減問題は條約改正交涉迄隱忍するを可とする旨意見具申の件」, 明治 23年 1月 11日, 『日本外交文書』 卷22, 文書番號200 付記1付屬, 461쪽.

53 「長崎天津間定期航路開通の效果」, 『通商報告』 114號, 1889.

절에서 살펴본 것처럼 일본인 이주 어민이 생산한 다와라모노 해산물 대부분은 조선의 개항장을 거치지 않고 직접 나가사키에 반입되었는데, 이렇게 해서는 생산이 증가해도 개항장의 일본인 상인이 얻는 이득은 없었다. 또한 개항장에 집하되는 물건도 나가사키 경유로 수출되었기 때문에 가격과 거래량은 소비지에 대한 정보를 가지는 나가사키 화상이 사실상 결정했다.[54] 부산에서 천진과 연대로의 해산물 수출은 이러한 상황을 타개하고 조선 해산물의 유통을 일본인 상인의 지배하에 두려는 시도로 볼 수 있다.

메이지시대 일본에서 외국인 상인이 지배하는 거류지 무역을 극복하고 일본인 상인에 의한 해외 수출을 실현하려고 한 움직임은 일반적으로 직수출운동이라고 불린다. 직수출 대상이 된 상품으로는 생사가 유명하지만, 다시마 등과 같은 해산물도 화상에게 대항하기 위해 시도된 적이 있다.[55] 부산에서 천진과 연대로 가는 다와라모노 해산물 수출도 위의 사료에서 바로 '직수출'이라고 표현하고 있듯이 넓은 의미로 이러한 직수출운동의 일환이라고 볼 수 있을 것이다.

이하에서는 위 사료의 '수산회사'를 중심으로 부산 일본인 상인의 직

---

54 '나가사키에 있는 청상인 (…중략…) 조선지방의 공급과 수요도 그때마다 잘 짐작해 금건과 같이 만약 그 수요가 많다면 상해 화물의 유무와 관계없이 그 가격을 올리거나 내리거나 하고, 또 해산물과 같은 것은 한때 고가에 인수하여 조선 거주 일본인 상인이 다투어 전부 수송하는 것을 보고 그것이 도착하기 전에 갑자기 가격을 떨어뜨리는 등 매일 일본인 상인이 청국 상인에게 제지당하는 일이 적지 않다.' 室田義文(釜山領事) → 青木周藏(外務次官), 公89號, 「該航路は將來日淸露領間における貿易上, 最も進步を與ふべしと信ずる旨申進の件」, 明治 22年 5月 30日, 『日本外交文書』 22卷, 259番, 577쪽. 나가사키뿐만 아니라 각 개항장의 판매 도매상은 화상에 의해 '자유롭게 농락당하는 약한 입장에 있었다'는 점을 小川國治(1972), 87~88쪽이 지적한다.

55 1880년대 홋카이도(北海道)산 다시마 직수출운동에 대하여 籠谷直人(1995)·(2000) 第2章. 또 羽原又吉(1940), 小川國治(1972), 황영광(2008). 황영광의 연구는 1876년에 설립된 광업상회를 분석한 것인데 나가사키 지점이 조선산 해산물의 집하, 수출에도 관여했을 가능성을 시사한다. 단, 실제로 어느 정도 취급했었는지는 불분명한 것 같다(37~39·120~121쪽).

수출 시도를 보다 자세하게 검토하겠다. 이 회사, 즉 부산수산회사는 1889년 2월 발기인 10명이 연명하여 부산영사에게 설립 신고를 하고 영사가 본성本省에 의사를 타진한 끝에 인가된 것으로, 조선 거류지에서 조직된 가장 초기의 '회사'이다.[56] 영사에게 제출한 정관에 따르면 회사는 '해산물 매매 및 조업을 목적으로 하고 아울러 위탁판매업을 하는'(제2조)것으로 되어 있고, 설립 기한은 10년, 유한 책임 제도를 취하고 자본금 5만 엔을 천 주株로 나누어 모집하는 것으로 되었다. 자본금 중 절반은 발기인이 보유할 예정이며 주주는 일본인으로 한정하였다.[57]

회사 발기인으로 알려진 10명은 모두 부산 거주 일본인이다.(〈표 2-3〉) 그중 9명은 설립과 같은 해인 1889년 외무성이 실시한 해외 일본인 상공업자 보고에 재산 천 엔 이상 보유자로 이름이 등장하였고, 모두 무역상을 주업으로 한다.(〈표 2-3〉의 비고란) 발기인 중에는 부산에서 식민지 때까지 활약한 사람도 포함되어 있다. 예를 들면 오이케 츄스케大池忠助는 1856년에 쓰시마 이즈하라嚴原에서 태어나 1875년 부산에 왔다. 이후 일관되게 부산에서 '무역, 해운, 제염, 수산, 정미, 여관업 등 다방면에 걸쳐 선구적인 개척에 매진'하고 거류민단 의장과 일본인상업회의소 부회장을 역임하는 등 1930년에 사망할 때까지 일본인 사회의 중심에 있었다.[58] 또 하자

---

56 室田義文(釜山領事) → 青木周藏(外務次官) 公44號, 明治 22年 3月 15日, 『朝鮮國釜山港ニ於テ釜山水産會社設立及請願雜件』(外務省外交史料館, アジア歴史資料センター Ref. B10074011400). 青木周藏 → 室田義文 公44號, 1889年 3月 27日, 同前. 단, 이 무렵 일본 국내에서도 회사에 관한 통일적인 법률은 아직 존재하지 않았기 때문에(1894년 7월에 구상법회사편(舊商法會社篇) 시행), 외무성은 '따라서 결사 영업 조례가 제정될 때까지는 인민의 상호 계약에 맡긴다'라고 지시하도록 무로타(室田)에게 명했다.

57 발기인으로부터의 신고서(明治 22年 2月 27日 付), 정관 및 취지서, 모두 室田義文 → 青木周藏 公44號(주 56)에 사본이 첨부되어 있다.

58 黑龍會, 『東亞先覺志士記傳』 下, 1936, 138~139쪽. 오이케(大池)의 사업과 사회활동에 관해서는 전성현(2013), 여기에서 부산수산회사도 언급한다(24쪽).

〈표 2-3〉 부산수산회사의 설립 발기인(1889년 당시)

성명	본적지·신분	현재 주소지	비고
이사야마 운페이 (諫山運平)	宮崎縣南那珂郡西方村五百 五十番號 사족(士族)	부산항 제1구 본정(本町) 1정목(丁目) 12번지	무역 겸 어업, 재산액 1,500엔
가이에다 헤이스케 (海江田平助)	鹿兒島縣薩摩國日置郡湊町 八十八番地 평민(平民)	부산항 입강정(入江町) 11번지	무역 겸 잡상 재산액 7,000엔
우에노 에이지 (上野永次)	新潟縣越後國北蒲原郡新發 田東村字片町一番地 사족	부산항 제1구 금평정(琴平町) 8번지	무역, 오쿠라구미(大倉組) 재산액 3,000엔 ※'上野永治'라는 이름으로 나옴
구리하라 시게후유 (栗原重冬)	新潟縣越後國中頸城郡高田 中根町通丁十二番地 사족	부산항 제2구 입강정 14번지	무역 겸 잡상, 재산액 5,000엔 및 일본형, 서양 범선, 지점 원산
하자마 후사타로 (迫間房太郎)	大阪府西區南堀工町五丁目 十三番地 평민	부산항 제1구 본정 2정목 8번지	무역, 이오이(五百井)상점 (본점 오사카), 재산액 6,000엔
도요타 세이스케 (豊田清助)	大阪府東區淡路町五丁目一 番地 평민	부산항 제1구 변천정(辨天町) 1정목 12번지	무역 겸 잡상, 재산액 3,500엔
사와키 야스지로 (澤木安二郎)	大阪府東區高麗橋三丁目二 十七番地 평민	부산항 제1구 본정 2정목 6번지	(나와 있지 않음)
오이케 츄스케 (大池忠助)	長崎縣對馬國下縣郡宮谷町 평민	부산항 제2구 입강정 2번지	무역 겸 선박 도매상 재산액 13,000엔
마츠오 모토노스케 (松尾元之助)	長崎縣對馬國下縣郡天道茂 町百八十七番地 평민	부산항 제1구 본정 1정목 7번지	무역, 재산액 3,500엔
사카타 요이치 (坂田與一)	福岡縣筑後國上妻郡吉常村 十六番地	부산항 제1구 본정 3정목 12번지	무역, 재산액 5,000엔

출처 届出書(1889.2.27 付). 室田義文(釜山領事) → 靑木周藏(外務大官) (公44號) (1889.3.15 付, 『朝鮮國釜山港ニ於テ釜山水産會社設立及請願雜件』外交史料館 3-3-2-3, 아시아歷史資料센터-Ref. B10074011400)에 첨부. 단, 비고란은 室田義文(釜山領事) → 靑木周藏(外務大官)(公36號)(1889.2.22 付, 『本邦人外國ニ於テ商店ヲ開キ營業ヲスル者ノ氏名住所營業ノ種類等取調一件』外交史料館 3-3-7-13, 아시아歷史資料센터-Ref. B10074441300) 참조

마 후사타로迫間房太郎는 1860년에 태어나 1880년 오사카 이오이쵸상점五百井長商店의 부산 지배인으로 와서 무역업에 종사하면서, 부산수산회사 외 부산창고회사(1897), 부산전등주식회사(1901)등 재부산在釜山 일본인 기업 활동에 적극적으로 관여했다. 1904년에는 이오이쵸 상점으로부터 독립하여 하자마상점迫間商店을 설립하고 1942년 부산에서 사망할 때까지 오이케와 마찬가지로 사업활동 이외에 각종 공직도 도맡았다.[59]

부산수산회사는 이후 개항기부터 식민지기에 걸쳐 부산의 대표적인 일본인 '지역地場' 기업으로서 살아남았다. 회사 사업으로 잘 알려진 것으로 부산 어시장 운영이 있다. 회사 설립과 거의 동시에 설립된 어시장은 일본인 어민의 위탁을 받아 어획물을 판매하고 20세기 초까지 조선 일대에 선어를 공급하였다.[60] 그러나 회사가 설립 초에 의도했던 것은 이러한 조선 국내용 사업이라기보다 다와라모노를 비롯한 가공 해산물의 해외 수출이었다. 그것은 회사의 설립 취지서에 명백히 나타난다.[61]

'부산수산회사 설립 취지'라는 제목의 이 문서는 처음에 부산 무역의 현황에 관하여 '기존 수출품의 중심은 바로 곡물로, 곡물의 성쇠는 전적으로 한 해의 풍흉豐凶에 좌우되므로 (…중략…) 우리들은 본 항의 무역이 곡물에만 의존하지 말고 더욱 왕성하게 나아갈 방책을 강구하는 것이야말로 현재의 시급한 임무'라는 인식을 나타낸다. 실제 1889년 부산 수출액의 53.4%를 콩과 쌀 2개 품목이 차지하였다.[62] 이러한 상황에서 '해

---

59 釜山府, 『迫間房太郎 翁略傳』, 1942, 年譜.

60 김수희(1994), 129~130쪽. 1909년 조사에 의하면 다른 지방의 어획량이 적은 동절기에는 조선 일원뿐만 아니라 일본까지 부산 어시장에서 신선한 생선이 발송되었다고 한다. 農商工部, 『韓國水産誌』 第1輯, 1908, 379쪽. 또한 김동철(2005), 63~64쪽은 식민지기의 부산수산회사 경영진에 대해서 검토하였다.

61 주 57) 참조.

삼, 샥스핀, 전복, 기타 해초류' 등 해산물은 '풍부함이 오히려 곡물을 능가할 뿐만 아니라 해마다 풍흉에 대한 걱정이 없고', '상품을 모으기 용이하며 바로 앞에 광대한 판매장이 있는' 등의 이유로 부산의 새로운 수출상품으로 발전시키기에 적합했다. 그러나 부산의 일본인 상인은 '부를 창출하는 자원은 광대하고 소유주가 없다는 것을 안다고 해도 대부분은 이에 투자할 자금력이 약하고 독자적으로 행동하기 때문에 본줄기의 작은 흐름도 흡수할 수 없는' 상태였다. 그래서 '각자 응분의 자본을 긁어모아 이 항에서 제일의 주식회사를 조직'해, '위로는 (조선통어의 길을 연) 정부의 성의를 받들며, 아래로는 상업상 실익을 누리고 아울러 이 항은 단지 풍흉이 늘 있을 수밖에 없는 곡물에만 기대지 않는 방책'을 취하려고 하므로 '강호의 자산을 가진 제군'들의 투자를 기대하고 싶다고 하였다.

이 취지서에 따르면 부산수산회사 설립은 부산의 다와라모노 해산물 수출을 추진함으로써 쌀과 콩에 과도하게 의존하는 불안정한 수출무역의 기반을 넓히는 것이 최대 목적이었다. 취지서의 마지막이 '상품 제조 등의 방법에 관해서는 숙련된 자를 초빙하여 이에 종사하게 해야 한다'라는 말로 조금 뜻밖의 결론을 짓는 것으로 보아, 회사 설립 과정은 무역상이 주도하고 생산자는 직접 관여하지 못했음을 알 수 있다.[63]

그런데 앞에서 인용한 1889년 지부 영사의 보고[64]에도 있듯이 부산수산회사는 설립 당시부터 실제로 천진과 연대에 다와라모노 해산물의

---

62 China Imperial Maritime Customs, *Returns of Trade and Trade Reports for 1889*, Appendix 2 Corea, Fusan에서 계산.

63 1892년 현지를 시찰한 세키자와 아케키요는 부산수산회사가 어시장 운영과 샥스핀의 수출에만 관여한다고 하며, 그 이유의 하나로 '회사에 수산에 대해 아는 사람이 부족한' 것을 들고 있다. 『朝鮮近海漁業視察關澤明清氏報告』(주 32), 5쪽.

64 주 53)과 동일.

직수출을 시작했다. 1889년부터 1892년까지 회사가 직수출한 다와라 모노 세 종류의 총 중량은 1889년 : 127.5담, 1890년 : 177담, 1891년 : 192담, 1892년 : 292.5담으로 일단은 증가 경향에 있었다는 사실을 확인할 수 있다.[65] 지부 영사는 팔림새가 그다지 좋지 않은 것처럼 표현하지만, 1889년 부산해관의 보고에서는 회사가 샥스핀의 대중수출에서 이익을 올리며 설립한 지 아홉 달 사이에 주주에게 30%의 배당을 실현했다고 한다.[66] 자금 부족으로 인해 금리가 높은 거류지에서 주주를 붙잡아두는 데는 무리를 해서라도 일정 정도 배당은 필요했겠지만[67] 그런대로 이익은 있었다고 보인다.

한편, 직수출 방법은 『조선통어사정朝鮮通漁事情』(1893)에서 대략 알 수 있다.[68] 우선 수출 대상 지역에서의 상품판매의 경우, '부산수산회사에서 상품을 천진으로 직수출하려면 미츠이물산회사 천진출장소로 판매를 위탁하고 미츠이물산회사는 위탁을 받아 이것을 판매할 때는 그 대가에서(천진 현지 상인의) 중매수수료로서 매상 대금의 2%, 회사의 수수료로 똑같이 2%, 합쳐 100분의 4를 공제한다'(120쪽)는 것처럼 미츠이물산회사 출장소에 판매를 위탁하였다. 또한 금융과 관련해서는 같은 사료에 '직수출할 때는 판매를 마치고 결산 대금이 들어오기까지는 많은 시간이 소요되기 때문에 제일국립은행第一國立銀行 지점에 의뢰하고 천진의 미츠이물산회사에 하환어음9)을 차용하여 자금 운용을 했다'고 되어 있으며(138쪽), 가장 먼저 조선

---

65 『朝鮮通漁事情』(주 44), 119쪽.
66 주 62)와 동일.
67 세키자와 아케키요에 의하면 1892년 시점에서 5만 엔의 자본금 중 납부금은 2만 엔에 불과했다. 세키자와는 금리가 '연 5할 6할이 보통'인 거류지에서 주식에 자금을 묶어두는 것을 좋아하는 사람은 적다고 평가한다. 『朝鮮近海漁業視察關澤明淸氏報告』(주 32), 5쪽.
68 주 44) 참조.

거류지로 진출한 제일국립은행으로부터 하환어음 할인을 받고 있었다. 그리고 상품 운송을 위해 일본우선이 1886년에 개설한 나가사키-천진 간 정기항로를 이용했다는 사실 또한 부산수산회사의 직수출이 일본기업의 맹아적 무역 관련 서비스에 힘입어 이루어졌다는 점에서 흥미롭다.

그리고 회사의 상품 조달과 관련해서는 '재부산수산회사와 같은 경우는 본국에서 돈벌이를 원하는 어민 중 자금이 부족한 자에게 자금을 빌려주고 이들의 수확물을 매입, 대금에서 조금씩 자금을 상환하는 법을 만들었다'(126쪽)는 구절에서 알 수 있듯이, 일본인 어민에 대한 자금 전대를 통해 어획물을 확보하려고 했다. 나가사키의 판매상이 하주와 어민에게 한 전대와 동일한 수단을 취한 것이다. 다만 부산수산회사에 대해서 '생 지느러미를 파는 자는 오이타현大分縣 나카쓰우라의 어민밖에 없고', '부산에서의 수출량은 출어한 사람의 전체 수확량에서 보면 열의 한 둘에 불과하며', '제품은 항상 어민 스스로 일을 해 나가사키로 가서 파는 것'이라는 설명이 있다.(66쪽) 이와 관련하여 1892년 부산영사의 보고는 '우리나라 어부가 잡은 해삼도 대부분은 나가사키와 같은 지방에서 판매되기 때문에 우리 항에 있는 상인은 조선인이 잡은 것과 우리나라 어부가 우리 항 근처에서 잡은 것을 사들여 건조한 후 천진으로 수출하는데 지나지 않는다'고 한다.[69] 부산수산회사를 비롯한 부산의 일본인 상인들은 이제 겨우 중국시장으로 직수출하기 시작했다고는 하지만 상품 집하 과정에서 나가사키 화상 및 판매상의 주도권을 빼앗는 단계에는 이르지 못한 것이다.

---

69 「二十五年中釜山港貿易景況」, 『官報』 通商報告欄 1768, 1893.

2) 천진에서의 조선산 해산물

부산의 직수출 발송지로 거론된 곳은 천진과 연대 2개 항이다. 여기에서는 천진에 주목하여 조선산 해산물 유통에 대하여 더욱 상세히 검토해 보겠다.

우선 천진의 조선 해산물 수입 규모를 건해삼을 예로 살펴보자. 〈표 2-4〉는 중국해관연보에서 가지고 온 천진의 건해삼 수입량(담)이다. 조선산은 원래 국외산(A)에 포함되어야 하지만 1890년부터 1894년까지 중국해관에서는 조선을 '종속국'으로 자리매김하고 생산품을 '국내산'으로 분류했기 때문에 이 기간의 A에 조선산은 포함되지 않는다. 한편 국내산(B)의 경우, 원래 중국 국내에서의 건해삼 생산은 매우 적었다. 초기에는 전혀 없었던 B가 1890년이 되어 갑자기 나타나는 것은 위에서 언급한 통계 기준 개정에 의해 조선산이 국내산으로 편입된 것을 반영한 것이다. 즉 B는 실질적으로 조선산 수입량이라 생각해도 좋다. 그렇게 생각하면 천진의 조선산 건해삼 수입은 1890년 이후 급속히 성장하여 1894년에는 다른 외국산과 거의 맞먹는 양에 이른 것을 알 수 있다. 이와 같은 조선산의 수입 증가는 부산에서 직수출한 결과로 보아도 될 것이다.

또한 C는 조선의 세 개항장(부산, 인천, 원산)에서의 건해삼 수출량을 나타낸다. 발송 국가별 수치는 불명확하지만 실질적으로는 일본과 중국의 합계라 생각해도 좋다. 이를 B와 비교하면 1891년부터 1893년까지 C의 약 90%가 천진으로 향했음을 알 수 있다. 통계의 불완전함(예를 들면 어민이 직접 가져간 것)를 감안하더라도 조선의 '개항장을 통한' 수출에서는 일본(나가사키)용보다도 중국으로 향하는 직수출 비중이 더 컸다

<표 2-4> 천진의 건해삼 수입량 (1885~1894)

(담)

| 연도 | 천진·수입 | | 조선·수출 |
	국외산(A)	국내산(B)	조선산(C)
1885	2,006	—	695
1886	1,868	—	649
1887	2,726	—	736
1888	1,835	—	577
1889	2,428	—	1,056
1890	1,482	324	722
1891	1,749	528	551
1892	2,154	710	814
1893	1,535	1,156	1,313
1894	1,759	1,563	—

주 A란의 경우, 1890~1894년은 조선산은 포함하지 않는다. 같은 기간 조선산은 B란에 포함되어 실질적으로 그 전부였다. 본문을 참조. C란은 세 개항장(부산, 인천, 원산)에서의 수출량.
출처 모두 China Imperial Maritime Customs, *Returns of Trade and Trade Reports, each year*, 다만 조선은 Appendix 2에서 정리

고 해석할 수 있다.[70]

천진의 해산물 시장에서 조선산의 비중이 높았던 것은 기술記述 사료에서도 확인할 수 있다. 직수출이 막 시작된 1890년에는 '(천진의) 해당 업자의 말에 의하면 해삼은 일본산이 70%를 차지하며 샥스핀은 일본산이 40%의 비중을 차지하는 것 같다'는 설명이 있는 등[71] 일본산이 우세했다. 그런데 1900년이 되면 천진으로 수입되는 건해삼은 '총액 10 중 5는 조선산으로 부산과 원산 두 개 항에서 수입되며, 우리 국산은 그 다

---

70 덧붙이면 원래부터 적었던 조선의 대중수출에서 다와라모노 해산물은 상당히 큰 비중을 차지하게 된다. 1890년 천진에서는 '일본인 상인이 이곳으로 수입한 조선산 건해삼 및 샥스핀만 해도 그 합계가 3만 9천 5백 10엔에 달하고 (…중략…) 이 지역으로 수입한 조선산 생산품은 합계 5만 2천 7백 43엔'이었다. 「天津 貿易槪況二十三年中」, 『官報』 通商報告欄 2330, 1891.
71 鶴原定吉 → 大鳥圭介 機密諸1號(주 52).

음, 러시아령산은 대략 20%의 비중'이 되므로,[72] 10년도 안 되는 사이에 직수출되는 조선산의 점유율이 크게 늘어났음을 알 수 있다.

다음으로 천진에서의 유통시스템에 대해 살펴보자. 앞에서 언급한 것처럼 직수출된 해산물은 현지 일본 상인에게 판매를 위탁했다. 천진에서 일본인 상인이 활동하게 된 계기는 1886년 일본우선에 의한 나가사키-천진 항로의 개설이었다. 1889년 사료에서는 '정기항로 개통 이전에 상업상 볼 일 때문에 우리나라 사람이 천진에 온 경우는 매년 3, 4명에 지나지 않는다. 그러나 개통 첫 해부터 갑자기 증가해 지난 19년(1886)에 8명, 20년에 26명, 21년에는 35명이나 되었다'고 한다.[73]

내항자의 대부분은 상세하게 알 수 없으나 그중에서도 가장 일찍부터 활동한 것은 1884년 개설한 미츠이물산 천진출장소였다. 청일전쟁 전 중국에서 일본인 무역상이 활동한 지역은 상해, 홍콩, 천진, 연대, 광주, 복주福州 연해 항으로 한정되었는데 미츠이물산은 복주 이외의 여러 항에 지점과 출장소를 두고 위탁 매매에 종사하였다.[74] 1890년대 초 천진출장소 업무 내용에는 '청국정부에 대한 판매', '런던으로 보낼 양모 매입', '규슈 차 판매'와 병행하여 '조선으로부터의 잡곡, 해산물의 운송'이 있었다.[75] 연대의 경우, 미츠이물산 출장소가 '상해, 홍콩, 조선의 3개 항 및 본국에 있는 여러 은행과의 환어음 협의', '우리 상인처럼 청국

72 農商務省水産局,『淸國水産販路調査報告』, 1900, 33쪽. 나가사키 경유로 수입된 조선산이 어떻게 취급되었는지가 문제이지만 화북에서 조선산이라는 브랜드가 확립된 것은 부산에서의 직수출 이후로, 그때까지는 조선산도 일본산에 섞여 취급되었다고 하니(「芝罘に於ける海産物の狀況」,『通商彙纂』47號, 1896) 나가사키 경유의 것은 일본산이라고 간주되었을 것이다.

73 「長崎天津間定期航路開通の效果」,『通商報告』115號, 1889.

74 角山榮(1984), 18쪽.

75 益田孝,「物産會社營業實況報告幷意見書」, 1891(三井文庫,『三井事業史』資料編3, 1974, 210~221쪽).

통상에 익숙하지 않은 사람은 우리 출장원이 친절하게 지시'(1892) 등[76] 매매 중개 이외에 다양한 부수적인 서비스를 하고 있었다. 이와 같은 미츠이물산의 서비스에 의존하는 형태로 부산으로부터의 다와라모노 해산물 직수출도 실현된 것이다.

이러한 천진의 일본인 상인이 현지의 해산물 유통시스템 안에서 어떠한 위치를 차지하였는지에 대해서는 1908년의 『청국상업종람淸國商業綜覽』으로부터 추측할 수 있다. 이에 의하면 천진에는 '외국 수입상인', '중국 도매상', '중매인', '소매인', '내지 구매인'이라는 5종류의 해산물 상인이 있었다.[77] 수입상인 '중국 도매상'은 상해 혹은 일본에서 직접 상품을 수입해 반드시 '중매인'을 거쳐 '소매인' 혹은 '내지 구매인'에게 판매했다. 즉 일본 및 상해 →'중국 도매상' →'중매인' →'소매인' 및 '내지 구매인' → 각 지역의 소비자라는 것이 기본적인 유통경로였다.

한편, '외국 수입상인'은 '일본인으로만 하고 본업과 함께 수산물을 취급하며 중개인을 거쳐 도매상에 매각한다', 그리고 '일본 수입상은 중개인을 거쳐 도매상에 팔기만 했을 뿐 소매인 또는 내지 구매인에게 파는 일은 없다'고 한다. 미츠이물산 출장소 등도 이 '외국 수입상인'의 범주에 들어가는 것으로 보인다. 이들을 매개로 수입된 조선산 해산물은 일단 '중매인'을 거쳐 '중국 도매상'에게 팔리고 그 후에는 위의 기본경로에 따라 유통되었다.[78] 일본인 상인이 '소매인', '내지 구매인'과 직접 거래하지 않는다는 점은 일본인 상인이 기존의 유통시스템과 경합하여 새로운

---

76 「芝罘商況昨年十月中」, 『官報』 通商報告欄 2568, 1892.

77 根岸佶, 『淸國商業綜覽』 6, 丸善, 1908, 629쪽.

78 東亞同文會, 『支那經濟全書』(1908)에 의하면 천진으로 조선산 해산물을 수입하는 것은 재류 일본인 상인뿐이었다(9卷, 731쪽).

유통시스템을 구축한 것은 아니라는 사실을 보여준다.

천진에 수입된 조선산 해산물은 천진에서 소비되는 것 외에 '내지 구매인', 즉 여러 지역에서 물건을 사러 온 객상의 손을 거쳐 화북華北 각지의 소비 지역으로 갔다고 보이는데, 그때 같은 조선산이라도 산지나 품질에 따라 시장은 세분화되어 있었다. 예를 들어 건해삼의 경우, '조선산은 (…중략…) 외관이 손상되어 국산의 우수함에 이르지 못하고 그러한 이유로 중간 정도에 위치하며 원산제품은 산서성山西省으로 보내고 부산제품은 약간 괜찮으면 북경에 보내는 것 외에 천진에서 필요에 의해 사용'(1900)하는 상황이었다.[79] 시장에 익숙하지 않은 일본인 상인에게 이처럼 복잡한 해산물 시장에 새로 진입하는 것이 지극히 어려웠던 것은 당연하며 기존 유통시스템 말단에 위치할 수밖에 없었다고 할 수 있다.

3) 근대적 무역 서비스의 미성숙

개항장 무역에서 서양으로부터 수입된 근대적인 사회기반시설이나 무역 서비스, 노하우가 큰 의미를 가진 것은 당연했지만, 부산수산회사의 직수출의 경우, 이용한 서비스 모두가 일본기업에 의해 제공되었다는 점이 특징적이다. 당시 조선 개항장에서 서양 기업의 활동 자체를 거의 볼 수 없었던 것도 사실이지만, 일본기업이 이 시기 이미 삼국 간 무역, 이 경우는 조중 간의 서비스를 제공한 사실은 흥미롭다.

다만, 실제 기능에는 다양한 문제도 있었다. 무역 금융을 예로 해서 검토해 보자. 부산수산회사가 천진에 직수출할 때, 조선의 제일국립은행

---

79 『淸國水産販路調査報告』(주72), 33쪽.

지점에서 하환어음의 할인을 받은 것은 앞에서도 언급했다. 하지만 이 사실을 소개한 『조선통어사정』(1893)은 '요즘 은행과 물산회사 사이의 다양한 사정에 의해 코레스 계약10)이 파기되었고 이에 해당 은행이 하환어음 대부를 하지 않아 크게 불편함을 느낀다'는 설명이 있어(120쪽), 1893년까지도 서비스가 중단되었음을 알 수 있다. 이 해 10월에 오사카 상업회의소는 제일국립은행에 조선과 상해 간 환어음 협의를 요구했는데 그 이유 중 하나로 조선산 '해삼과 샥스핀 등은 청국으로 수출하지만, 조선에서 직접 청국으로 수출하는 것은 매우 적고 대부분은 일단 나가사키 상인의 손을 거쳐 수출한다. (…중략…) (조선에) 체류하는 우리나라 상인이 수출에 관여하는 경우가 매우 적은 것은 생각하건대 (…중략…) 양 지역 간 환어음의 불편함이 바로 하나의 원인'이라는 점을 든다.[80] 부산수산회사 설립에 관여한 하자마 후사타로가 오사카의 유력한 조선무역상인 이오이쵸 상점의 부산 지배인이었다는 사실 이외에도,[81] 이 시기에는 오사카 상인이 조선무역에 깊이 관여하고 있었기 때문에[82] 부산 상황은 오사카에도 직접 전해졌다고 볼 수 있다.

제일국립은행이 하환어음 할인을 중단한 직접적인 배경은 불분명하지만 당시 조중 간 무역은 조선 측 수입에 치우친 압도적인 편무역으로 (서장 참조), 금융 서비스 유지에는 바람직하지 않은 상황이었다. 오사카

---

80 「韓日貿易擴張策に關する方案」, 『大阪商業會議所月報』 14號, 1893(澁澤靑淵記念財団龍門社, 『澁澤榮一傳記資料』 16卷, 1957, 43쪽).

81 오사카의 미곡상 이오이 세이에몬(五百井淸右衛門)은 1878년에 서양형 범선을 구입해서 조선무역을 시작했다. 1898년에는 오사카의 유력한 조선무역상 15명 중 이오이 세이에몬과 이오이 쵸베(五百井長兵衛) 두 개 이름이 거론된다. 高嶋雅明(1986), 69~73쪽.

82 일본의 대조선무역의 거점은 당초 쓰시마, 나가사키였는데, 메이지 20년대부터 오사카로 옮겨지기 시작했다. 오사카 상인은 방곡령이나 청일전쟁 등 조선 정세에 강한 관심을 보였다. 山田昭次(1979), 65~70쪽.

상업회의소가 요청한 다음 달, 즉 1893년 11월에 요코하마쇼킨은행橫濱正金銀行 상해 지점이 개설되고 조선에 있는 일본계 은행 사이에서 환어음 협의를 시작했지만 그것도 원활하지 않았다. 1894년 인천 영사의 보고에 의하면 조중 간 환시세의 불안정성에 더해 '우리나라 상인이 현지에서 상해로 수출해야 할 것이 없어 본 항 지점은 항상(상해에 대하여) 차변借邊이 많고 편환片換11)이 되기 때문에 현재 상태로는 아직 충분히 이를 이용할 수가 없다'고 보고했다.[83] 부산과 천진 및 연대 사이에서 이루어지는 해산물 직수출의 경우, 당시 조중무역의 대동맥인 인천과 상해 사이의 직수출에 비해 무역 규모 자체가 적고 따라서 안정적인 환어음 제공에는 어려움이 많았을 것이다.

또 소비지에서의 정보 입수라는 점에서도 문제가 있었다. 천진은 겨울철 결빙으로 무역활동이 멈추기 때문에 봄이 되어 해빙이 시작되는 직후, 겨울철에 부산의 일본인 상인들이 보관하고 있었던 다와라모노 해산물의 재고가 몰려 가격 폭락을 일으키는 일이 종종 있었다. 1893년 천진 영사의 보고에서는 '본품(건해삼) 및 샥스핀은 수출하는 사람이 항상 수요의 정도를 측정하여 적절한 양을 나누어 보내는 것이 필요하고, 그렇지 않으면 점차 가격이 하락하여 마침내 만회할 수 있는 기회가 없어진다'는 경고를 보냈다.[84] 이와 관련해서는 부산 상인의 자금 융통문제도 생각할 필요가 있는데 천진 측에서는 '수요 정도를 측정'할 수 없는, 즉 시장 정보가 충분하지 않은 것이 이러한 사태를 낳는다고 인식하였다.

83 「明治二十六年中仁川港商況年報」, 『通商彙纂』 8號附錄, 1894.
84 「天津商況四月中」, 『官報』 通商報告欄 3026, 1893.

미츠이물산 이외에 현지에서 판매를 위탁받는 일본인 상인은 수출상으로부터 이러한 소비지 정보를 얻을 수 있다고 기대했지만 이들에 대해서도 '원래 천진에서 사용하는 샥스핀은 주로 '홍상어'로 하는데 '홍상어'는 다른 잡종보다 고가로 팔아야 하는 것이 당연하다고 한다. 그런데 예전에 천진에 샥스핀을 수출할 때 "홍상어"도 잡종도 모두 같은 가격에 팔았다. 천진에 체류하는 우리나라 상인이 그러한 취급에 익숙하지 못하여 염가로 팔았다'고 비판하듯이,[85] 시장 정보와 거래 관습에 익숙하지 않아서 불리한 거래를 하는 경향이 있었다. 앞에서 언급하였듯이 세분화된 전통 상품의 취급은 새로 온 일본인 상인들에게는 매우 어려운 것이었다.

이와 같이 일본기업이 제공하는 무역 서비스는 충분히 성숙된 것은 아니었다. 이것이 직수출에 어느 정도 영향을 미쳤는지 가늠하는 것은 어렵지만 일정한 제약을 준 것은 틀림없을 것이다. 다만 부산의 수출상인은 유리한 거래를 할 수 없다고 판단되는 상황에서는 직수출을 꼭 고집하지 않았다. 청일전쟁 이후 1896년의 상황商況에 대한 부산영사의 보고는 '기존에 당 항에서 직접 천진, 지부, 상해 기타 각 항으로 (해산물을) 수출한 적은 있지만 부족한 자본을 가지고는 각 항에서 화물의 판로를 찾기까지의 여유는 없고, 때문에 손실을 알면서도 다 팔아버리는 일이 있기 때문에 일단은 일본本邦에 출하하고, 나가사키 및 고베 등에서 거류 중국 상인에게 팔아 그들을 통해 청국으로 수출하는 것이 편리하다'고 기술한다.[86] 수출상의 규모가 작고 충분한 금융 서비스 지원도 받을

85 『長崎港海産物貿易調査報告書』(주 45), 148쪽.
86 「二十九年中釜山港貿易年報」, 『通商彙纂』號外(明治 30年 12月 30日 付), 1897.

수 없는 상황에서는 스스로 직수출을 시도하기보다는 이미 있는 일본 화상을 중심으로 한 유통시스템을 이용하는 편이 낫다고 판단하기도 했다. 부산수산회사의 설립 취지서에 보이는 '정부의 성의를 받들어'라는 문구에서는 사업의 경제 내셔널리즘적인 측면을 엿볼 수 있지만 한편으로 현장 상인들 사이에서는 일본인만으로 완결된 거래시스템을 만들려는 의지가 반드시 관철되지는 않았다는 사실에 주목할 수 있다.

4. 청일전쟁 이후의 생산·유통구조

지금까지 분석에서 1894년 청일전쟁 직전 조선산 다와라모노 해산물의 유통경로를 정리하면 〈그림 2-1〉처럼 된다. 우선 부산의 일본인 상인이 집하하고 나가사키의 판매상 및 화상을 거쳐 중국으로 수출되는 루트를 '부산-나가사키 루트'라고 부르기로 한다. 이것은 조선 개항 당시부터 존재했던 루트이다. 1880년대 중반부터 일본인 어민이 늘어나자 이들이 부산을 거치지 않고 나가사키로 직접 들여온 해산물이 증가하는데 이것은 '나가사키 반입 루트'라고 하겠다. 위 두 경로는 모두 나가사키를 거치는 것이지만 1886년 나가사키-천진 항로가 개설된 후, 부산의 일본인 상인이 천진과 연대의 일본인 상인과 제휴하여 나가사키를 거치지 않고 직수출을 시도하기 시작했다. 이 루트는 '직수출 루트'라고 부르겠다.

청일전쟁은 이들 유통경로에 큰 영향을 미쳤다. 천진을 비롯하여 화북 여러 항으로의 뱃길이 막혀 버렸기 때문이다. 이와 관련하여 1895년

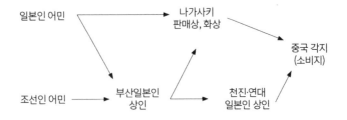

〈그림 2-1〉 조선산 다와라모노 해산물의 유통경로 (1894년 당시)

부산영사의 보고에서는 '(다와라모노) 3종의 수요지는 거의 청국으로 한
정되며 본 항의 상인은 직접 천진이나 기타 청국의 여러 항으로 수송하
는 것과 본국 나가사키로 수송하는 것을 선택할 수 있었는데, 통상 나가
사키로의 수출은 일부분에 그쳤지만, 개전 이후 올해 7월까지 당 항과
북청 여러 항 사이의 항로가 단절되었기 때문에 그 후에는 주로 나가사
키로 수송하고 거기에 사는 청상에게 판매하는 길을 택했다'고 기술한
다.[87] 2절 2항(천진에서의 조선산 해산물)에서도 언급했듯이 청일전쟁 직전
에는 부산을 거치는 해산물 중 '직수출 루트'가 '부산-나가사키 루트'보
다도 오히려 활성화되었다. 그런데 전쟁의 영향으로 전자가 끊긴 후,
'부산-나가사키 루트' 중심으로 되돌아와 버린 것이다. 항로는 1895년
7월 재개됐지만 그래도 이 해 부산으로부터의 수출 중 '직수출 루트'에
의한 것은 금액 기준으로 25.8%(2만 373엔 중 5,248엔)까지 떨어졌다.[88] 한
편 같은 해 나가사키에서 수출되는 건해삼은 전년 대비 1,500담 이상 증
가했다.(〈표 2-2〉)

　다만 청일전쟁의 영향은 일시적이었던 것 같다. 부산에서 중국으로

---

87 「二十八年中釜山港貿易年報」, 『通商彙纂』 號外(明治 29年 12月 28日 付), 1896.
88 앞 주와 동일.

직수출되는 건해삼은 전쟁이 끝난 후 서서히 증가했다. 부산의 건해삼 수출액에서 차지하는 '직수출 루트'의 비중은 1895년 25.8%에서 1896년 54.4%(1만 2,750엔), 1897년 62.3%(2만 5,361엔), 1898년 73.2%(2만 7,785엔)로 높아졌고 수량도 증가하였다.[89] 반면 나가사키에서 수출되는 건해삼은 점차 줄어 1900년에는 2,102담이 되어 거의 청일전쟁 이전 수준으로 되돌아갔다.(〈표 2-2〉)

1900년 이후에 대해서는 충분히 검토하지 않아 간단하게만 언급하겠다. 1907년 나가사키에 입하된 건해삼 2,253담 중, 조선산은 1,152담으로 비중은 51%였다.[90] 이 조선산 1,152담은 '나가사키 반입 루트'와 '부산-나가사키 루트'의 합계이다. 한편 같은 해 조선의 여러 개항장을 통해서 각국에 수출된 건해삼은 3,105담이었다.[91] 이것은 '직수출 루트'와 '부산-나가사키 루트'의 합계이다(엄밀히 말하면 발송지가 부산에 국한된 것은 아니었지만 통계상 구분이 곤란하다).[92] 그리고 이들 2개 수치를 비교하면 '직수출 루트'가 가장 컸던 것으로 추정된다. 건전복과 샥스핀에 대해서는 이러한 수치를 산출할 수 없지만 모두 1900년대까지는 부산수산회사를 통한 직수출이 이루어졌음을 확인할 수 있다.[93]

---

89 『통상휘찬(通商彙纂)』에 실린 부산무역연보(釜山貿易年報)(각 연도)에 의한다(明治 29 : 號外(明治 30年 12月 30日 付), 明治 30年 : 100號, 明治 31年 : 134~138號). 1899년 이후는 발송지별 수량이 명기되어 있지 않아 불분명하다.

90 건전복은 나가사키의 총 입하량 1,460담 중 800담, 샥스핀은 923담 중 308담이 조선산이었다. 農商務省水産局, 『水産品貿易要覽』, 1909, 153·192·248쪽.

91 統監府, 『第三次統監府統計年報』, 1910, 413쪽. 원 사료의 근(斤)을 담으로 환산.

92 이 장에서는 충분히 검토할 수 없었는데 1890년대 후반이 되면 새롭게 어장이 된 조선 동해안산 건해삼이 어장 근처에 정착한 일본인 잠수기 어민이나 원산의 화상, 그리고 일본인 상인에 의해 화복과 블라디보스토크(Vladivostok)로 직수출되었다고 한다. 葛生修亮, 『韓海通漁指針』, 黑龍會出版部, 1903, 399쪽.

93 '천진으로 직수출하는 것은 중간 정도 수준의 해삼 및 약간의 샥스핀과 건전복으로, 주로 이것을 부산에서 보냈으며 재부산수산회사 및 지비키 부에몬(地引武右衛門) 등이 여기에 종사

그렇다면 나가사키를 거치는 것 중에서 이주 어민이 조선 개항장을 거치지 않고 반입하는 '나가사키 반입 루트'와 일단 개항장의 일본인 상인을 통해서 수출되는 '부산-나가사키 루트' 중에서는 어느 쪽이 컸을까. 일본의 『외국무역개람外國貿易槪覽』 1902년판은 이 해의 건전복 수출에 관하여 '나가사키와 고베 2개 항에서 수출하는 것은 조선산이 7, 8할을 차지하고 (…중략…) 조선산은 일단 부산을 거쳐 내지로 오는 것과 어장에서 쓰시마로 들어간 후 내지로 오는 것이 있는데 전자 쪽이 많다'고 전한다.[94] 이것이 건해삼과 샥스핀에도 적용된다면 다와라모노 해산물의 수출 루트로서는 '나가사키 반입 루트' 보다도 '부산-나가사키 (및 고베) 루트'가 활성화되었었다고 볼 수 있다. 청일전쟁 이전에는 일본인 어민의 생산물 대부분은 부산을 거치지 않고 직접 나가사키에 반입되었으니 어떠한 변화가 생긴 셈이다.

그 배경으로 여기에서는 생산 측면의 변화를 살펴보겠다. 앞에서 검토한 것처럼 1880년대 이후 급증한 일본인의 잠수기 어업과 상어잡이 어업은 고기잡이가 이루어지는 시기별로 돈벌이를 하는 통어였다. 그러나 1890년대 중반부터 일시적인 돈벌이가 아니라 조선에 근거지를 두고 활동하는 정착형 잠수기 어민이 나타났다.[95] 1900년대 말에는 조선 연해에서 조업하는 일본인 잠수기 137대 중 정착한 것이 83대였다고 한다.[96] 정착한 잠수기 어민의 제품은 대규모 경영자의 경우, 그들 스스

한다. 물건은 대부분은 각자 준비한 잠수기 어선 및 그 외 어선에서 특약 매수한 것으로 판매는 천진에 있는 미쓰이물산회사에 위탁한다.' 위의 책, 398쪽.

94 大藏省, 『明治三十五年外國貿易槪覽』, 1903, 144쪽.
95 吉田敬市(1954), 209쪽.
96 農商工部, 『韓國水産誌』 1卷, 1908, 300쪽.

로 직접 천진으로 수출하는 것도 있었지만, 대부분은 전대를 받은 개항장의 일본인 상인에게 팔렸다.[97] 어쨌든 일본인 잠수기 어민이 조선에 정착하는 경향, 바꾸어 말하자면, 나가사키 판매상의 전대에 판로를 구속당하는 생계형 어민의 비중 저하는[98] 나가사키 판매상 및 화상의 집하력을 감소시켰다고 할 수 있다.

한편, 부산의 일본인 상인은 자신이 집하한 해산물을 상황에 맞추어 중국에 직수출할지 나가사키 화상을 이용할지, 혹은 고베로 수출할지를 결정했을 것이다. 일본인 어민의 활동 형태 변화와 더불어 조선산 다와라모노 해산물의 유통시스템은 부산의 일본인 상인들을 중심으로 재편된 것이다.[99]

1876년 조일수호조규 체결 직후부터 다와라모노 해산물은 부산 일본인 상인의 중요한 수출품 중 하나가 되었고, 1880년대부터는 일본인 어민의 어획 및 제조 대상으로서도 중요했다. 이 장에서는 이러한 일본인 상인과 어민의 조선에서의 활동이 나가사키 화상을 중심으로 하는 해산물 유통시스템의 일부분으로서 자리매김했음을 강조했다.

---

97 위의 책, 297쪽. 「元山港に於ける水産物狀況」, 『通商彙纂』 46號, 1896.

98 나가사키에서는 20세기가 되면 어업 전반에서 중개 유통업자의 생산자에 대한 전대가 감소해 갔다고 한다(帝國水産會, 『魚市場に關する硏究』, 1936, 335쪽). 판매상에게서 전대를 받는 생계형 어민의 감소는 나가사키의 해산물 유통시스템이라는 측면에서도 생각할 필요가 있는데 여기에서는 검토하지 못했다.

99 19세기 말 직수출 담당자는 기본적으로 일본인 상인이었다고 봐도 좋은데(「三十年中釜山港貿易年報」, 『通商彙纂』 100 · 101號, 1898), 조선 화상의 참여 시도가 없었던 것은 아니다(앞의 내용과 같음, 또 주 92)도 참조). 식민지기인 1924년에는 부산에서 수출된 건해삼 3,500담 중, 1,140담은 부산 화상의 손에 의한 것이었다고 한다(朝鮮總督府, 『朝鮮に於ける支那人』, 1924, 144쪽; 吉田敬市(1954), 419쪽). 조선 화상이 언제부터 조선 개항장의 해산물 수출에 종사하게 되었는지를 밝히는 것은 앞으로의 과제이다.

한편 부산에서 화북으로의 직수출은 이러한 상황에서 벗어나 조선산 해산물 유통을 스스로 지배하고자 한 일본인 상인의 시도로 시작된 것이었다. 조선에서의 일본인 기업활동의 효시라고 할 수 있는 1889년 부산수산회사의 설립도 화상으로부터 '자립'하려는 시도의 일환이라고 할 수 있다. 조선을 둘러싼 근대적 무역 서비스가 미성숙한 상태였음에도 불구하고 부산 일본인 상인의 직수출은 계속되었다. 나가사키의 해산물 수출에서 조선은 여전히 중요한 공급지였지만, 그것은 이미 나가사키 화상 및 판매상이 일방적으로 유통을 지배한 결과는 아니었다. 청일전쟁 후에 일본인 어민의 활동이 통어에서 정착으로 형태를 바꾸었으며 이들에게 자금을 제공함으로써 조선 거주 일본인의 집하력이 높아지는 가운데, 나가사키는 역으로 선택할 수 있는 판로의 하나로 자리 잡아 간 것이다.

이와 같은 다와라모노 해산물의 사례는 개항 후 조선에서의 일본인의 활동을 조일 양자 간의 관계 속에서만 이해할 것이 아니라 보다 광역적인 아시아 시장 속에서 — 구체적으로는 일본인에 앞서 개항장 간 교역을 벌였던 화상과의 관계 속에서 — 생각할 필요가 있다는 점을 시사한다.

제3장
전통적 육로무역의 연속과 재편
1880년대 홍삼 수출과 화상

    조선 개항 후 대외무역은 개항장을 통한 자유무역으로 일원화되었
다고 생각하기 쉬운데 반드시 그러한 것만은 아니다. 그러한 통념에 맞
지 않는 상품으로서 약용 인삼을 원료로 하는 홍삼이 있다. 홍삼은 18
세기 말부터 북경北京으로 가는 연행사燕行使1)가 휴대하였고 개항 직전
에는 최대 수출품이었다. 개항 후에도 대부분의 조약 체결국으로 수출
이 금지되었지만[1] 청과 일본으로는 허용되었는데 그것도 조선인의 수
출만 허용되었다.[2] 외국인 참여가 허용되지 않았기 때문에 전통적인 홍
삼 무역 관리체제는 개항 후에도 기존 형태를 유지하고 수출 경로도 원
칙적으로 전통적인 사행使行 루트를 이용하였다. 이것이 변화하는 것은
청일전쟁으로 인해 연행사 제도가 폐지되고 전쟁 중 시작된 갑오개혁

---

1 1882년의 조미조약(朝美條約)은 홍삼 수출 금지를 본문에 명기한다(제8조). 그리고 맺어진
    여러 나라와의 조약 부속 세칙(稅則)에 금지제품으로 홍삼을 들고 있다.
2 조중상민수륙무역장정(朝中商民水陸貿易章程)(제6조, 1882), 일본과의 해관 세목(稅目)(1883).

에 의해 기존의 상업체제가 해체된 후부터였다.

홍삼의 사례는 '개항'이 조선 내 상업체제의 변혁과 함께 이루어지지 않고 기존체제의 바깥 테두리에 개항장을 접목한 것에 불과했다는 사실을 보여준다. 그렇다고 홍삼의 수출시스템이 개항에 의해 변하지 않았던 것은 아니다. 이 장에서는 개항 후의 홍삼 수출에 ─ 조선인만이 권리를 갖는다는 제도의 겉모습과는 상관없이 ─ 화상華商이 깊이 관여했다는 사실을 통해 홍삼 수출시스템의 연속과 단절이라는 양면에서 검토하고자 한다.

조선 후기 홍삼 무역에 관해서는 많은 연구가 축적되어 있지만 개항 후 실태에 대해서는 그다지 알려지지 않았다.[3] 여기에서는 청 측에 남아 있는 사료를 이용하여[4] 1889년에 일어난 한 사건을 예로 들어 그 배경을 분석한다. 그 사건이란 화상 유증상裕增祥이 홍삼 대금으로 발행한 어음이 부도가 났는데, 조선정부가 이 어음을 윤선초상국輪船招商局(이하, 초상국)으로부터 빌린 차관 상환에 이용함에 따라 사건은 단순한 상업

---

3 인삼에 관한 포괄적인 문헌으로 식민지기 조사를 바탕으로 한 今村鞆(1971)를 지금도 참고할 수 있다(초간 1934~1940년의 영인본). 또 조선 후기의 대중무역에 관해서는 張存武(1978), 이철성(2000), 유승주·이철성(2002)이 대표적인 연구이다. 모두 홍삼 수출을 중시하는데, 서술의 중심은 정부의 홍삼 징세제도에 있고 취급 실태에 대해서는 상세하지 않다. 또 개항 후에 관한 언급도 부족하다. 한편 청일전쟁 후, 대한제국기의 홍삼 수출 관리에 관해서는 양상현(1996), 양정필(2001)이 있다. 이 장은 그 중간의 과도기적 단계에 초점을 둔 것이라고 할 수 있다.

4 이 장의 중심 사료는 주한사관보존당안(駐韓使館保存檔案)(중앙연구원 근대사연구소 당안관 (中央研究院 近代史研究所 檔案館)의 관련 문서이다. 이 사료(이하, 使館檔案)에 대해서는 이 책 제4장을 참조(주 11 외). 특히 빈번하게 참조하는 다음 폴더에 관해서는 이하, 괄호 안에 표시한 약칭으로 인용한다.

『商人孫兆吉商局銀限期請繳卷』(1)·(2) 請求記號1-41-47-12, 13(『商人孫兆吉』(1)·(2))
『裕增祥缺款案』(1)·(2) 1-41-30-39, 40(『裕增祥』(1)·(2))
『照會遵催朝鮮缺招商局息銀卷』1-41-32-1(『照會遵催』)
『照催朝政府繳解招商局息銀立帶還本銀卷』1-41-32-2(『照催朝政府』)
『招商局息款卷』1-41-32-3(『招商局息款』)
『遵札傳裕增祥商人更換上海銀票卷』1-41-40-24(『遵札傳裕增祥』)

분쟁에 그치지 않고 양국 정부가 관여한 외교문제로 발전했다. 여기에 서는 이 사례를 통해 개항 후 조선과 청에서 무역에 참여한 주체와 배경이 된 제도에 대하여 심도 있게 검토해 보겠다.

1. 초상국 차관과 유증상 어음

1) 초상국 차관의 성립과 상환

화상 유증상의 사건을 검토하기에 앞서 그 배경이 된 초상국 차관에 관해 살펴보도록 하겠다. 1882년 9월 임오군란을 수습하기 위하여 청에 파견된 조영하는 천진天津에서 이홍장李鴻章과 마건충馬建忠을 만났다. 이 때의 교섭 내용은 청일전쟁까지의 조청관계의 기본적인 틀을 결정하였다. 구체적으로는 조중상민수륙무역장정 제정 외에 청을 본보기 삼아 해관을 설치하고 청이 외교 고문을 추천하는 것 등이 정해졌다.[5]

이 교섭에서 이홍장은 조선정부에게 차관을 제공하기로 했다. 초상국에서 조평은曹平銀 30만 냥, 개평광무국開平鑛務局[2])에서 20만 냥, 합계 50만 냥을 '오직 상업적 이익에 도움되는 것이기專爲商務興利之用' 때문에 12년 할부, 연 이자 8%로 빌려주기로 한 것이다. 담보는 신설 예정인 해관 세수로 하고 그것으로 부족하면 '홍삼세항紅蔘稅項', '광세鑛稅'를 더 쓰기로 했다.[6] 하지만 다음 해인 1883년 2월 상해를 방문한 민영익과 묄렌도르프Möllendorf에게 초상국은 위임장 미비를 이유로 은의 인도를 거부했

---

5 권혁수(2000), 120~129쪽; 岡本隆司(2004), 126쪽.
6 김정기(1976), 428~436쪽; 권혁수(2000), 104~106쪽.

다.[7] 조선 측은 3월에 다시 민영익과 이조연을 상해로 파견하여 조평은 20만 냥(상해에서 통용되는 규원은規元銀＝상해량으로 환산하여 21만 냥)만을 빌렸다.[8]

이자는 전년에 합의한 대로 연8%, 원금 인도 후 1년마다 천진이나 상해上海의 초상국에 지급하기로 하였다. 원금은 6년째 되는 해부터 매년 조평은 2만 8,571냥 42(규원은으로 환산하여 3만 냥)씩 상환하도록 하고, 더불어 이자 지급은 조금씩 줄여나가 12년째 되는 해에 원리금 모두를 갚는 계획이었다.[9] 조선정부는 이를 바탕으로 1884년 4월 1회차 이자로 규원은 1만 6,800냥짜리 홍콩상해은행香港上海銀行 수표를 초상국에게 넘겼다.[10]

그러나 조선정부의 이자 지급은 2회차부터 늦어지기 시작했다. 1885년 3월 기일보다 두 달 늦게 규원은 7천 냥이 우선 지급되고,[11] 나머지 이자는 1년 늦은 1886년 4월이 되어서 지급되었다.[12] 3회차 지급은 더 늦어져 기일로부터 일 년 후인 1887년 3월에야 겨우 일부인 조평은 6,734냥 정도를 지급했다.

---

7   표면상의 이유는 위임장을 갖추지 않았다는 것이었지만 초상국의 당정추(唐廷樞)는 차입 목적이 애매한데다가 변제 계획도 불충분하다고 조선 측을 비판하고 재검토를 권고했다. 唐廷樞→穆麟德・閔泳翊(照會), 光緒 9年 1月 16日, 『招商局與政府往復公文』(서울대 규장각한국학연구원, 奎26628, 이하 『往復公文』으로 약칭).

8   招商局總辦→議政府(咨復), 光緒 10年 3月 26日, 『往復公文』. 이에 따르면 계약 성립은 1883년 3월 31일(음력 2월 23일)이었다. 50만 냥의 차입이 성사되지 않고 20만 냥만이 교부된 것은 Larsen(2008), p.143에서 지적한 바 있고, 또 Patterson(2012), 19~20쪽도 묄렌도르프 측의 사료를 사용해서 확인하였다. 한편 김정기(1976)는 50만 냥의 차관은 성립된 것으로 보고 그것과는 별개로 20만 냥의 차입이 이루어졌다고 잘못 해석한다(436~441쪽).

9   앞 주의 자복(咨復). 상환 예정액 합계는 원금 21만 냥과 이자 15만 1200냥, 합계 36만 1,200냥이다(단위는 규원은).

10   주7)과 동일.

11   領議政→招商局總辦(咨稿), 光緒 11年 4月 29日, 『往復公文』. 總辦交涉通商公署收條, 光緒 11年 5月 4日, 同前.

12   辦理輪船招商總局→領議政(咨寫), 光緒 12年 3月 9日, 同前.

여기서 주목해야 하는 사실은 조선정부가 3회차 지급 수단으로 구련성九連城 화상 동래복東來福이 발행한 약속 어음(은표銀票)을 이용한 것이다.[13] 구련성은 압록강을 사이에 두고 의주와 마주하는 청 측의 부락이다. 1882년 조중상민수륙무역장정이 제정되기 전에는 조선의 사행(연행사)가 압록강을 건너 유조변장柳條邊牆3)이라 불리는 방책을 통과하는 장소(책문)에서 정기적으로 이루어졌던 책문후시柵門後市가 양국 무역의 최대 기회였다(육로무역 제도에 관해서는 제3절에서 다시 언급한다). 그런데 1883년 봉천교역장정奉天交易章程奉天與朝鮮邊民交易章程에서 이 책문후시가 폐지되고 대신 수시 교역을 인정받은 곳이 구련성이었다.[14] 이러한 점에서 조선정부가 이자 지급에 사용한 어음도 육로무역과 어떠한 관계가 있었을 가능성이 있으며, 왜 조선정부가 이 어음을 갖고 있었는지도 살펴보아야 한다.

다만 이유는 불분명하지만 이 어음을 초상국이 제시하자 동래복의 상해 분호分號는 지급을 거절했다. 원세개袁世凱는 어음을 조선정부에게 돌려주고 이미 기일을 맞은 4회차 이자와 합쳐서 다시 지급해 달라고 요구했다.[15] 조선 측은 1887년 10월이 되어 이번에는 봉황성鳳凰城의 화상 유증상이 발행한 어음 6장, 규원은 3만 냥 분을 원세개에게 건넸다. 봉황성은 위에서 말한 책문 뒤편에 위치하며 이 지방의 상업 및 행정 거점이었다. 조선이 원세개에게 인도한 어음은 유증상의 상해 주재원으로부터 지급된 것이었다.[16] 조선정부가 잔액을 현금으로 지급함으로

---

13 領議政 → 袁世凱(照會), 光緖 13年 3月 7日, 『照會遵催』.
14 秋月望(1985), 126쪽; 酒井裕美(2008), 134쪽.
15 袁世凱 → 領議政(照會稿), 光緖 13年 閏4月 4日, 『照會遵催』.
16 招商局辦理 → 袁世凱(咨). 光緖 13年 12月 3日, 『照催朝政府』.

써[17] 3회차, 4회차 이자 지급도 완료되었다.

1888년 5회차 이자 지급도 기일보다 늦어져 12월 말 화상의 어음 2장이 원세개에게 인도되었다. 어음은 유증상이 발행한 규원은 1만 4,200냥짜리와 광신호廣信號가 발행한 2,780냥짜리로 모두 구련성에서 조선인을 대상으로 발행된 것이었다.[18] 이들 어음도 1889년 5월 말까지 상해에서 지급되었다.[19]

1889년부터는 원금 상환도 시작되었는데 그동안의 상황에 비추어 조선 측의 지급 능력을 우려한 원세개는 체납하면 초상국이 해관세나 광산을 압류할 수 있다고 조선정부에게 경고했다.[20] 그러나 조선정부의 지급은 이 해도 늦어져 연말이 되어 6회차 이자와 원금의 합계, 규원은 4만 6,800냥이 상인 어음 16장으로 지급되었다. 그중 조선인 상인이 발행한 800냥 분을 제외하고 15장, 4만 6천 냥 분은 앞서 두 차례에 걸쳐 사용된 화상 유증상의 어음이었다. 원세개는 서울에 주재하는 유증상의 손조길孫兆吉에게 명령해 이들 어음을 상해에서 지급한다는 약속을 포함하는 어음으로 다시 쓰게 하여 초상국으로 보냈다.[21] 그런데 상해의 유증상 출장원은 이듬해 음력 윤달 2월 말일(1890.4.18)을 기일로 하는 어음 지급을 하지 않았다. 이 부도 어음 처리가 다음 항부터의 주제이다.

이러한 상황 속에서 7회차 지급 기한이 겹치고 이어서 1891년 3월에는 8회차 기한이 닥쳤지만 조선정부는 전부 지급하지 못했다. 거듭 원

---

17 議政府 → 袁世凱(照會), 光緒 14年 2月 17日, 同前.
18 龍山商務委員 → 袁世凱(稟), 光緒 14年 12月 9日(受信日), 『招商局息款』.
19 盛宣懷 → 袁世凱(咨), 光緒 15年 4月 29日, 『照催朝政府』.
20 袁世凱 → 朝鮮政府(照會稿), 光緒 14年 12月 15日, 『招商局息款』.
21 議政府 → 袁世凱(照會), 光緒 15年 12月 27日, 『照催朝政府』. 袁世凱 → 龍山商務委員(札), 光緒 16年 1月 5日, 同前. 龍山商務委員 → 袁世凱(稟), 光緒 16年 2月 17日, 同前.

세개의 독촉을 받은 조선정부는 1891년 10월, 7회차, 8회차에 더해 9회차 원금도 앞당긴 11만 6,400냥을 상해에서 한꺼번에 갚았다.[22] 조선정부는 이 은에 대하여 역관 홍정주를 영구營口로 보내 조달해 왔다고 설명하였으나 자세한 내용은 알 수 없다.[23] 이후의 지급은 끝내 이루어지지 못한 채 청일전쟁에 이르렀다.

2) 유증상 어음의 처리 문제

초상국 차관의 상환 과정에서 조선정부는 수차례에 걸쳐 화상이 구련성과 봉황성에서 발행한 어음을 이용했다. 그중에서 유증상의 어음은 1887년부터 1889년까지 3회에 걸쳐 이용하였는데, 마지막 것은 부도가 나 파문을 남겼다. 여기에서는 부도 어음 처리 과정을 통해 유증상이 어떠한 상점이었는지를 밝히고 문제의 어음을 발행한 경위에 대해서 검토하겠다.

유증상이 어음 지급을 할 수 없다는 사실이 밝혀진 뒤, 이홍장은 규원은 4만 6천 냥이라는 대금을 끝까지 유증상으로부터 징수하기로 하고 서울에 있던 손조길을 천진으로 압송했다.[24] 손조길은 1890년 6월 18일 천진에 도착했다.[25]

손조길이 천진에서 진술한 바에 의하면 유증상은 양화洋貨, 잡화, 조선 종이 등을 취급하였고 봉황성과 그 주변에 복수의 점포를 운영하는 것 외에 상해, 영구, 연대와 서울에 계열점인 연호聯號 내지는 주재원(행

---

22 招商局會辦 → 袁世凱(咨), 光緒 17年 9月, 同前.
23 領議政 → 袁世凱(照會), 光緒 17年 7月 13日, 同前.
24 李鴻章 → 袁世凱(札), 光緒 16年 4月, 『商人孫兆吉(2)』.
25 李鴻章 → 袁世凱(批), 光緒 16年 5月 21日, 同前.

장行庄)을 두었다.[26] 즉 조중 국경을 거점으로 하여 황해 및 발해 연안의 개항장에서 활동하였던 것이다. 또 천진으로 압송되기 전 서울에서 했던 진술에 의하면 손조길이 서울에 온 것은 1887년이며 주동縄洞4)의 '조선객점朝鮮客店'에 임시로 기거하면서 활동했다고 한다.[27]

이후 이홍장은 봉황성에 주재하는 분순동변병비도分巡東邊兵備道(이하, 동변도東邊道)[28]에게 명령해 유증상의 자산을 압류했다. 동변도의 보고를 통해 국경 지역에서의 유증상의 사업을 엿볼 수 있다.

본 성(봉황성)에 개설된 유증상, 유증화(裕增和), 유증영(裕增永) 세 상호의 자산을 대충 계산한 결과, 부채의 반도 되지 않았습니다. 이 외 봉황변문(鳳凰邊門)(책문)에 유증잔(裕增棧)이 있고, 안동현(安東縣)에는 구련성에 유증상, 용천구(龍泉溝)에 유증후(裕增厚), 사하진(沙河鎭)에 유증복(裕增福), 율자원(栗子園)에 유증장(裕增長)이 있으며, 관전현(寬甸縣)에는 태평천(太平川)에 유증태(裕增泰), 영전(永甸)에 유증화가 있습니다. 이들 7개 점포는 모두 봉황성 유증상의 분점인데 재고품은 많지 않습니다. 이 중에는 양조장(酒造所)(燒鍋)도 하나, 둘 있는데 자금은 그다지 윤택하지 않습니다. 구련성의 유증상은 타 점포와 비교할 수 없을 정도로 크지만, 현재는 이전의 기세는 없는 것 같습니다. 또한 각 상점에서 거액의 어음을 발행하는 한편, 관민 모두를 대상으로 한 거액의 대출이 있다고 합니다. 손조상(孫

---

26 李鴻章 → 袁世凱(札), 光緒 16年 8月 初4日, 『裕增祥(1)』.
27 孫兆吉(供招), 光緒 16年 4月 17日, 『商人孫兆吉(2)』. 서울 화상 중에는 기존의 조선에 있던 위탁판매 상인 '객주'에 투숙하고 이들의 알선을 통해 거래하는 예가 있었다(제4장 주 41)에서 대응하는 본문 참조). 손조길도 마찬가지였을 가능성이 있는데 '조선객점'에 관한 설명이 없어서 자세한 것은 알 수 없다.
28 주 33) 참조.

兆祥)은 '조선에 은 23만 냥 정도의 빚이 있지만, 여러 해 동안 회수하지 못하여 자금이 부족하다, 이들 대출을 받아내 주었으면 한다'고 주장하고 있습니다.[29]

이 사료에 '유증'의 두 글자를 공유하는 상점들이 합쳐서 10개 나타나는데, 모두 손조린孫兆麟, 조상兆祥, 조길兆吉의 '동동연호同東聯號', 즉 같은 출자자를 둔 계열점이었다.[30] 유증상이 손조길과 그 친족의 공동출자에 의한 것이었음을 알 수 있다. 이 중 봉황성 본호本號, 즉 본점에 있던 손조상은 조길의 형이며 상해에는 조길의 조카인 손송암孫松嚴도 있었다.[31]

한인漢人 농민에 의한 만주 개발은 중국 본토와의 분업을 전제로 진행되었다. 농산물의 상당 부분은 식량과 비료로 중국 본토에 이출되는 한편, 면직물 등 공산품은 거꾸로 만주에 이입되었다. 이를 배경으로 농촌 재생산의 중심이 되어 잡화 판매와 농산물 매수, 때로는 양조업을 겸하면서 농업 주기에 따라 금융 서비스도 제공하는 상인이 출현했다.[32] 위 사료는 손씨 일가가 바로 그러한 형태의 상인이었음을 보여준다. 원래 책문 밖 압록강 오른쪽 연안으로의 이주는 금했는데 19세기 중반에는 급속하게 농지화가 진행되어 청조도 이를 추인할 수밖에 없었다. 유증상의

---

29 "今將本城開設之裕增祥, 裕增和, 裕增永三號存項, 約略估計, 尚不及欠項之半, 此外如開設鳳凰邊門之裕增栈, 並安東縣九連城之裕增祥, 龍泉溝之裕增厚, 沙河鎮之裕增幅, 栗子園之裕增長, 又寬甸縣太平川之裕增泰, 永甸之裕增和七舖, 均係鳳城裕增祥分號, 存貨無多, 間有一二燒鍋, 資本又不甚厚, 其九連城之裕增祥, 雖非他舖可比, 目前成强弩之末, 且聞各該號開出憑帖甚多, 並有該欠官商鉅款, 據孫兆祥聲稱, 朝鮮國歷年積欠該號銀二十三万餘兩, 以致資本空虛, 請追抵各款等情" 盛宣懷 → 袁世凱(咨), 光緒 16年 9月 19日, 『裕增祥(1)』.

30 앞 주와 동일.

31 주 26)과 동일.

32 石田興平(1984), 第9 · 10章.

계열점 대부분이 있었던 안동현과 관전현도 이러한 지역에 속했으며,[33] 유증상이 이 지역의 급속한 개발을 배경으로 성장했음을 알 수 있다.

또 봉황성 교외 책문은 앞에서 언급한 것처럼 조중 간 육로무역의 거점이 되어 왔다. 위 사료에서 유증상이 책문에서 유증잔을 운영했고,[34] 조선에 은 23만 냥이 넘는 채권을 갖고 있었다는 사실은 이 상점이 조선과의 육로무역에도 관여했음을 시사한다.

다음으로 문제의 발단이 된 부도 어음의 배경을 검토하다. 앞에서 기술한 바와 같이 이 어음은 원세개가 조선정부로부터 받은 것을 손조길에게 명하여 상해에서 지급되는 형태로 다시 쓰게改書 한 것이었다. 손조길이 개서 명령을 받은 것은 1890년 3월 초인데 손조길은 처음에 해당 어음에 대해서 '조선 왕실(한정韓廷)의 인삼 대금에 관한 것이며, 중개자인 현흥택玄興宅과의 사이에 다른 사정(별정別情)이 있는 것은 이미 여쭈었습니다'라며 해결될 때까지 지급을 기다려 달라고 간청하였다.[35] 애초부터 문제가 있는 어음이었던 것이다. 그리고 이 책의 주제에 비추어 보면 거기에 홍삼이 관련되어 있었다는 점이 흥미롭다.

그렇다면 손조길이 말하는 '다른 사정'이란 무엇일까. 이를 설명하는 보고(품稟)는 1890년 2월 4일 손조길이 용산 상무위원인 당소의唐紹儀에게 제출하였다.

---

33 원래 이 지역에는 민정(民政)에 해당하는 지방관도 설치되어 있지 않았다. 인구 증가의 결과 봉황 직례청(直隸廳)이 설치된 것은 1876년, 분순동변병비도와 책문 밖의 안동, 관전, 회인(懷仁), 통화(通化) 4개 현이 놓인 것은 1877년이었다. 秋月望(1983), 130~131쪽.

34 1882년 12월 책문을 방문한 마치다 지츠이치(町田實一)는 같은 지역의 70호에서 80호의 화상 중 '손꼽히는 상인' 14호의 하나로 유증상을 들었다. 「盛京省經歷紀行」, 『曾根, 町田, 淸水ノ4名淸國內地視察一件』, (外務省外交史料館, アジア歷史資料センター Ref. B07090445000).

35 唐紹儀(龍山商務委員) → 袁世凱(稟), 光緖 16年 2月 17日, 『照催朝政府』.

나는 광서 14년 9월에 조선인 현흥택으로부터 홍삼 6천 근을 사들이고 1근 13냥 정도의 시가로 지급하기로 했습니다. 현(玄)은 개성에서 홍삼을 저에게 일단 넘겼는데, 제가 의주에 도착하자 상품 발송을 못 하게 하고 시가에 따르는 것이 아니라 1근에 15냥으로 하자며 저에게 어음 9만 냥을 억지로 발행하게 했습니다. 제가 거기서 현과 약속한 것은 '만약 그렇게 가격을 인상한다면 신속하게 홍삼을 넘겨주고 제가 (다른 매도자보다) 먼저 상해에 도착해 팔아 많은 이익을 볼 수 있도록 하겠다는 것. 또 조선인이 상해에 가서 싸게 파는 것을 허락하지 않아 저에게 손실이 미치지 않도록 해라. 만약 그렇게 되지 않았을 때는 원래 어음은 회수하여 파기하고 1근 13냥 정도의 가격으로 계산한 다른 어음으로 바꾼다(…후략…)'는 것이었습니다. 현은 그때 전부 승낙했습니다.[36]

이에 따르면 손조길은 조선인 현흥택으로부터 상해에서 팔겠다는 조건으로 홍삼 수출을 도급받아 전부 판 후에 정산하는 약속으로 어음을 발행했다. 홍삼은 인삼 재배 거점이었던 개성에서 만들어진 것으로 봐도 되는데, 현흥택이 거기에서 인도하지 않고 의주까지 동행한 것은 홍삼 수출은 조선인에게만 허용한다는 조중상민수륙무역장정의 규정에 따르기 위한 것이었다.

하지만 유증상은 홍삼을 받아 중국에서 판 후에도 현흥택에게 대금

36 "竊商於十四年九月,買到鮮人玄興宅紅參六仟斤,言明聽隨市價每斤十三兩有零,伊在松都將貨交付商手,商發至義州,伊復將貨攔住,聲言不隨市價,必另作價,每斤價銀十五兩,勒商開給銀緋九萬兩,商當卽與伊訂明,若照加價之數,必須速交參貨,以便先到上海售殼,俾多獲利,不准韓任赴滬賤售,免得虧本,否則將原出銀緋收回作廢,仍照十三兩有奇之價合算(…中略…) 彼時伊均已應允". 孫兆吉 → 唐紹儀(稟), 光緒 16年 1月 15日,『遵札傳裕增祥』.

을 지급하지 않았다. 현흥택의 행동에 불만을 느꼈기 때문이다. 윗글의 이어지는 부분에 따르면 현흥택은 가격을 약속한 후에도 홍삼을 좀처럼 넘기지 않았고, 손조길이 간신히 홍삼을 받은 것은 음력 10월 중순이었다. 손조길은 영구까지 홍삼을 실어 날랐지만 항구가 이미 결빙되어 요동반도遼東半島 남부의 장하莊河에서 겨우 상해로 운반할 수 있었다. 그런데 현흥택은 이 사이 몰래 부하인 최석영과 현학성에게 명하여 홍삼 2,600근을 인천에서 밀수출시켜 상해에서 저렴하게 팔고 있었다. 그 영향으로 상해 홍삼 가격이 크게 떨어졌고 손조길은 어쩔 수 없이 홍콩으로 향했지만 거기에서도 최석영 일행이 이미 홍삼을 다 팔아치운 후였다. 결국 손조길도 헐값에 팔 수밖에 없어 큰 손실을 봤다고 한다. 손조길이 당소의에게 호소한 바는 현흥택에게 지급할 홍삼 가격을 의주에서 한 약속대로 1근 13냥으로 낮추어 달라는 것이었다.

이 호소에 대해 당소의는 2월 14일 조선 측 한성부 소윤少尹5)과 사건을 심리하는 회심會審의 장을 마련하고 손조길과 현흥택을 불러냈다.[37] 손조길의 주장은 대체로 위의 품과 같은 내용이었다. 현흥택은 손조길에게 홍삼 6천 근을 판 것은 인정했지만 가격은 처음부터 1근 15냥으로 합의했다고 주장했다. 홍삼에 대해서는 다음과 같이 증언했다.

이 홍삼은 국왕 소유의 홍삼이며 저는 중간에서 중개를 했을 뿐입니다. 홍삼 1근 당 은 15냥, 합계 9만 냥에 손조길에게 팔고 대금은 유증상 어음 (은표)으로 받아 바로 국왕에게 제출했습니다. 조금도 제 것으로 하지 않았

---

37 두 사람의 진술 내용에 대해서는 회심공단(會審供單)(光緒 16年 1月 25日, 同前)에 의한다.

습니다. 또 홍삼 2,600근을 인천에서 상해로 수출한 건에 대해서는 국왕이 사람을 보내어 팔게 한 것이며 저는 관련이 없습니다.[38]

해당 홍삼이 국왕 소유라는 점은 앞에서 살펴본 손조길의 주장과 일 치한다. 홍삼 가격에 대해서는 현흥택과 손조길 중 어느 쪽 말이 맞는지 분명치 않다. 회심의 판결문도 가격에 관해서는 판단하지 못하고 국왕 이 2,600근의 홍삼을 해로로 수출한 점만을 문제로 삼았다. 즉 국왕의 행 위는 민간인과 이익을 다투는 것으로 유증상이 분노하는 것은 당연하지 만 국왕의 밀수출이라는 사건이 외교 교섭상 문제가 되는 것은 좋지 않 으니 1근당 3~4냥을 손조길에게 돌려주고 사건을 마무리하라는 것이 결론이었다.[39] 회심에서도 국왕의 홍삼 수출 관여가 인정된 셈이다.

이러한 경위를 통해 보면 조선정부가 차관의 이자 지급을 위해 원세개 에게 준 유증상 어음은 현흥택의 진술대로 홍삼의 대가로서 국왕에게 헌 납된 것이었음을 알 수 있다. 3월 초 원세개로부터 어음 지급을 요구받은 손조길이 유예를 요청한 것은 위의 회심에서 인정된 환급금 수취가 아직 끝나지 않았기 때문이다. 원세개는 손조길의 요구에 응하지 않고 상해 지급으로 개서시킨 어음을 바로 초상국에 넘겼다. 상해의 유증상 주재원 이 기일에 그것을 지급할 수 없었던 것은 앞에서 설명한 대로이다.[40]

그러나 원세개는 지급되지 않았다는 사실을 알고[41] 당소의에게 명해

---

38 "此參係國王之參, 僅与経手, 將參殼與孫兆吉, 照十五兩一斤, 共合價銀九成兩, 當收該號銀票, 卽 呈交國王, 幷未圖分文, 再由仁川出口運至上海紅參二千六百斤, 係國王派人去賣的, 不與我相 干." 출처는 앞 주와 동일.

39 唐紹儀 → 袁世凱(稟), 光緖 16年 3月 29日, 『商人孫兆吉』(1).

40 유증상은 5월 19일(음력 4월 1일)까지 지급을 유예받았으나 결국 지급할 수 없었다. 李鴻章 → 袁世凱(札飭), 光緖 16年 4月 11日, 『商人孫兆吉(2)』.

다시 손조길을 심문하도록 했다. 손조길에 의하면 현홍택은 판결에서 지시한 환급을 거부하고 대신 홍삼 1만 5천 근의 수출을 새로 위탁한다는 이야기를 갖고 왔다. 하지만 이것도 결국 실현되지 않았고 유증상은 어음대금을 준비하지 못했다고 한다.[42] 이에 대해 당소의도 현홍택은 조선 국왕의 '측근'이라 강하게는 추궁하지 못하고 한성부 소윤도 현홍택을 '호랑이처럼 두려워할' 뿐이며 진전이 없다고 원세개에게 보고하였다.[43] 이렇게 해서 이홍장은 유증상과 그 계열점의 자산을 압류하게 된 것이다.

2. 개항기의 홍삼 관리체제와 '국왕의 홍삼'

1) 홍삼 관리체제의 변화

유증상이 현홍택으로부터 수출을 도급받은 '국왕의 홍삼'은 원래 어떠한 것이며 개항기의 홍삼 관리체제 속에서 어떻게 자리매김하였을까. 우선 개항 이전 체제로 되돌아가 정리해 보겠다.[44] 조선 후기 홍삼 수출은 중국 사행에 필요한 경비를 보충하기 위하여 시작되었다. 사행 참가자에게 일정 정도 사무역私貿易을 인정하는 관행은 조선 전기부터 존재하였고 그 자금으로서 1682년부터 은 반출이 허용되었는데, 일본은의 유입이 끊기면서 이것이 어려워지자 1797년부터 은을 대신하여 홍삼 반출

---

41 奎訓(東辺道) → 袁世凱(電), 光緖 16年 3月 8日, 同前.
42 袁世凱 → 奎訓(電稿), 光緖 16年 3月 11日, 同前.
43 唐紹儀 → 袁世凱(稟), 光緖 16年 3月 29日, 同前.
44 주 3)의 선행연구를 참조.

이 허용되었다. 그러한 홍삼을 포삼包蔘이라 불렀다.

반출을 허용한 포삼의 총량은 처음에 연 120근이었는데 점차 늘어 1847년에는 4만 근에 달했다. 단, 1850년대에는 다소 감소해 2만 근 정도가 되었다.[45] 수출권은 사행에 참가하는 역관들뿐만 아니라 상인에게도 인정되었다. 그중에서도 큰 비중을 차지한 것은 의주 상인이었다. 1851년 포삼신정절목包蔘申定節目6)에서는 사행원역 약 27명에게 1만 800근의 수출을 인정했으며 의주 상인으로 구성되는 포삼별장包蔘別將7) 17명에게는 2만 9,200근을 인정하였다.[46]

포삼정액包蔘定額, 즉 반출이 허용되는 홍삼 양의 증가에는 정부의 재정문제가 걸려 있었다. 정부는 포삼 수출에 대해 일정한 포삼세包蔘稅를 부과했다. 세수는 사역원司譯院8)이 관리하고 사행 경비나 역관들의 수입이 되었는데, 세수 규모 확대에 따라[47] 상당 부분이 호조戶曹9)로 옮겨져 사행 이외의 용도에 쓰였다.[48] 1864년 고종이 즉위하고 친아버지인 흥선대원군이 정권을 장악하자 대외관계의 긴장 속에서 팽창하는 군사비에 포삼세가 유용되기 시작했다. 지세地稅를 비롯한 기존의 기간세基幹稅 수입이 고정되는 가운데 포삼세는 국가 재정을 보전하는 중요한 재원이었던 것이다.[49]

이 장의 시작 부분에서 언급하였듯이 외국인의 홍삼 수출이 금지된

---

45 이철성(2000), 237쪽.
46 유승주·이철성(2002), 223~229쪽.
47 유승주·이철성(2002), 202쪽에 의하면 1841년의 포삼세 정액 10만 냥은 곡물로 환산해서 약 3만 3천 석이었다. 당시 호조의 쌀 세입은 9만~10만 석이었다고 한다.
48 1867년『육전조례(六典條例)』호전판적사조(戶典版籍司條)에서는 포삼정액을 1만 5천 근, 포삼 세전을 21만 냥으로 하고, 그중에서 6만 냥을 사역원에, 15만 냥을 호조 경비로 쓴다고 한다.
49 이 점은 기존의 많은 연구가 지적한다. 이철성(2000), 243쪽; 유승주·이철성(2002), 244~246쪽; 이항준(1999), 25~40쪽; 연갑수(2001), 239쪽; 이철성(2005), 205~213쪽.

상황 속에서 개항 후에도 포삼제도는 유지됐다. 그리고 포삼정액이 1880년대 전반까지 재정 궁핍을 이유로 거듭 늘어났다는 사실을 통해[50] 포삼세가 계속 중요 재원으로 간주되었음을 알 수 있다. 청은 조중상민 수륙무역장정에 의거해 기존에는 비과세였던 홍삼에 상품 가격을 기준으로 15% 과세하였는데, 포삼세 수입에 영향을 미치는 것이 두려웠던 조선정부는 감세를 거듭 요구하여 1885년에는 10%로 인하, 1888년에는 면세를 인정받았다.[51] 또한 초상국으로부터 차관을 도입할 때 '홍삼세 항'이 해관세에 이어 담보로 설정된 것도[52] 중앙정부가 확실한 수입을 예상할 수 있는 첫 번째 세목에 포삼세가 있었음을 보여준다.

다만 개항 후 포삼 제도 운용에 변화가 없었던 것은 아니다. 개성 출신 지식인 김택영은 『홍삼지紅蔘志』에서 '(고종) 21년(1884)에 포삼 1만 여 근을 내고內庫에 붙여 별부別付라 불렀다. 감채관監採官, 금잠관禁潛官 등을 개성에 파견해 만들게 했다. 그중 1만 근은 역관에게 주고 팔게 하여 (대금을) 납공시켰다'고 했다.[53] 내고가 구체적으로 가리키는 것은 불분명하지만 왕실 재정으로 봐도 될 것이다. 즉 수출권을 나누어주는 대신 포삼세를 징수할 뿐만 아니라 국왕 스스로가 수출권을 가지게 되었다는 것이다.

---

50 今村鞆(1971) 3卷, 231~237쪽; 이항준(1999), 40~42쪽.

51 張存武(1978), 80쪽. 원래 무역장정 제정 때, 청은 홍삼의 수입세율을 30%로 하려고 했지만 어윤중의 요구에 의해 15%로 설정했다는 경위가 있었다(秋月望(1985), 110~113쪽). 또한 주진대원(駐津大員) 남정철은 1885년에 이홍장과 회담할 때 청의 과세에 의해 홍삼 무역이 감소하면 포삼 세수도 줄어 '국계(國計)'에 큰 영향이 있다고 호소했다. 「乙酉正月二十四日北洋大臣衙門筆談」(한국한중앙연구원 장서각).

52 주6)참조.

53 김택영 『소호당집(韶濩堂集)』 8권, 인삼지(아세아문화사판, 『김택영 전집』 2, 158쪽). 김택영이 편집에 관여한 『증보 문헌비고(增補文獻備考)』 151권, 田賦考一一에도 거의 같은 문장이 보인다.

이를 뒷받침할 다른 사료는 조선에서는 찾을 수 없다.[54] 다만 서울에서 활동한 화상 담걸생譚傑生이 1890년 서간에서 '예년 조선에서는 "국왕 귀속"의 홍삼이 1만 5천 근, "관가 귀속"이 1만근, (밀조품인) "사화私貨"가 1만근에서 2만 근 제조된다'고 언급한 사실에 주목할 수 있다.[55] 당시 담걸생이 경영하던 동순태同順泰는 개성에서 인삼제품을 매입하였기 때문에(제7장 참조), 정확도가 높은 정보를 접하고 있었다고 볼 수 있다. 포삼수출권의 상당 부분이 국왕에 귀속된 것이 공식적인 움직임이었는지 어떤지는 모르지만[56] 사실이었을 것이다. 이 점을 감안하면 1889년 유증상이 수출을 맡은 '국왕의 홍삼'도 국왕이 수출권을 갖는 홍삼 — 이하에서는 김택영을 따라 별부삼別付蔘이라 한다 — 에 속하는 것이었을 가능성이 높다.

2) 별부삼 수출-조선 측 담당자

별부삼의 성격에 대하여 유증상의 거래 상대였던 현흥택을 통해 알

---

54 별부의 존재를 지적하는 선행연구가 근거로 명시하는 것은 김택영의 서술뿐이다. 今村鞆 (1971) 2卷, 420~421쪽, 7卷, 524~525쪽; 최태호(1983), 53쪽; 양상현(1996), 126쪽. 그리고 이마무라(今村)는 별부의 수량을 '1만 5천 근'라고 하는데 이것은 김택영의 문장에는 보이지 않지만 동순태의 서간에서 말하는 국왕 귀속의 중량과 일치한다. 이마무라는 수치의 출처를 나타내지 않는데 완전히 근거가 없는 것은 아니라고 생각된다.

55 譚傑生 → 梁綸卿(37號信), 庚寅 9月 9日, 『同順泰往復文書』 33卷(서울대 중앙도서관). 마찬가지로 담걸생의 1892년 서간에서도 거의 같은 기술이 반복되고(譚傑生 → 梁綸卿(94號信), 壬辰 閏6月 6日, 『同順泰往復文書』 34卷), 국왕이 개성의 홍삼 제조에 20~30만 냥을 투자했다는 기술도 보인다(譚傑生 → 梁綸卿(書簡), 壬辰(日付不明), 同前). 사료에 대해서는 이 책 제2부, 특히 보론 참조. 또한 동순태도 별부삼 수출에 참가하려고 했던 것에 대해서는 이 책 제5장.

56 국왕의 홍삼 수출 직영은 공개적으로 해서는 안 되는 일로 간주되었을 가능성이 크다. 그것은 유증상과 현흥택의 분쟁 회심 판결문에서도 엿볼 수 있고(주39), 조선 측 사료 중에서 별부를 언급하는 것이 김택영의 기록뿐으로 정부의 공식 기록에 나타나지 않는 것 자체가 이를 시사한다. 또한 이영훈(李榮薰)은 청일전쟁 전부터 유교적 규범을 벗어난 형태로 왕실 재정이 확대되었으며, 이는 대한제국기 황실 재정 확대의 전제가 되었다고 한다. 李榮薰(2013), 96~97쪽.

아보겠다. 지금까지 살펴본 유증상과의 분쟁에 관한 기록에서는 현흥택이 일정한 위세를 가지는 관인이었던 것 밖에 알 수 없다. 하지만 이 시기의 다른 사료와 대조해 보면 현흥택이 1883년 견미사절遣美使節(보빙사報聘使, 조선정부가 서양에 처음으로 보낸 사절단) 수행원으로 참가한 현흥택玄興澤을 가리키는 것은 거의 틀림없다.[57]

현흥택10)의 출생, 사망연도, 가문, 어린 시절의 경력 등은 분명치 않다. 견미사절단이 귀국한 후에는 광무국礦務局과 전운서轉運署 등 재정 관련 부서를 중심으로 이름이 등장하고 청일전쟁 직후인 1895년부터 1896년에는 왕실 재산을 관리하는 장원사장莊園司長・내장사장內藏司長을 역임했다. 그 후에는 대한제국 말기까지 무관직에 있었던 것으로 알려져 있다.[58] 예를 들어 서영희는 그를 유력 가문 출신은 아니지만 국왕의 개인적 총애를 받고 영달한 '근왕세력勤王勢力' 중 한 명으로 꼽는다.[59]

현흥택이 홍삼무역에 깊숙이 관여한 것은 양정필이 이미 지적했다.[60] 양정필이 소개한 『구포건삼도록책九包乾蔘都錄冊』에서는 무자년(1888)에 제조된 홍삼 2만 5,753근의 수출권자로 보이는 인물 30명을 열거하는데, 그 중 현흥택 혼자 제조 금액 전체의 59%에 해당하는 1만 5,220근의 권리를 갖고 있었다.[61]

---

57 『통서일기(統署日記)』(『구한국 외교 관계 부속문서』 3권) 고종 20년 12월 3일조에 따르면 견미사절단의 여비로 홍삼・사금을 '현흥택(玄興宅)'이 휴대하도록 했다. 또 이헌영의 『부서집략(釜署集略)』 갑오년 5월 초 8일조에서는 '현흥택'에 대하여 "작년에 민참판과 함께 미국에 들어갔고, 작년 겨울 상해에 와서 머물렀으며 오늘날 서울에 돌아갔다고 들었다(聞昨年与閔參判同入美國, 昨冬來留上海, 今將歸京)"라고 기술했다(『경와집략(敬窩集略)』 중권, 한국사료총서 53). 이것들이 현흥택을 가리킴은 틀림이 없다. 또 청 측의 기록에서 '玄興宅'을 '玄興澤'으로 표기한 예도 있다. 東邊道 → 袁世凱(電), 光緖 16年 3月(?), 『商人孫兆吉(2)』

58 김원모(1995), 574~588쪽; 양정필(2001), 26~28쪽.

59 서영희(2003), 35쪽.

60 양정필(2001), 20~21쪽.

역과(譯科11)에 합격한 적이 없는 현흥택이 홍삼 수출에 종사한 배경에 대하여 양정필은 민영익과의 관계를 강조한다.[62] 1860년생인 민영익은 왕후 민 씨의 생가에 1877년 양자로 들어간 후, 젊은 나이에도 불구하고 국왕의 외척으로 권세를 휘두르고 또 개화정책을 추진했다. 민영익은 1883년 견미사절 사신 중 리더(正使)를 맡았으며 수행원이었던 현흥택과는 서로 잘 아는 사이였다고 추측된다.[63]

민영익은 1886년 국내 정쟁을 피해 홍콩에 일시 체류했으며 이후 1914년에 사망할 때까지 서울과 홍콩 및 상해를 오가는 생활을 계속했다. 그러한 민영익이 국왕 고종과 왕후에게 위탁받아 중국에서 홍삼을 판 후, 매출금을 은닉하고 있다는 풍문은 당시부터 널리 퍼져 있었다.[64] 1908년부터 1909년에 걸쳐서는 퇴위 이후의 고종과 민영익 사이에서 청일전쟁 이전에 상해에 수출한 홍삼의 대금 반환을 둘러싼 분쟁이 일어났으며 이에 현흥택도 관여하였다.[65] 이러한 사실로부터 현흥택이 별

61 서울대 규장각한국학연구원 소장(奎 9862). 여기에서는 현흥택에게 할당된 홍삼 중 1만 5천 근에 '무은혈(貿銀穴)'이라는 설명이 있다. 이것이 별부삼을 의미할 가능성도 있다.

62 양정필(2001), 26쪽.

63 황현의 『매천야록(梅泉野錄)』에서는 현흥택을 민영익의 '오래된 부하(구겸(旧傔))'라 한다. 한국사료 총서판, 408쪽.

64 한국 주재 일본 공사는 1897년에 '민영익이 예전에 상해에 있을 때 민비의 홍삼 판매를 다루고 그대가 수십만 엔을 오리엔탈은행에 맡겼다고 본성에 보고하였다. 「六國公使黃泳纊ニ對する佛國政府ノ故障」, 明治 30年 10月 29日, 『駐韓日本公使館文書』 12卷, 國史編纂委員會 翻刻本, 165~166쪽.

65 한국경시총독 마루야마 시게토시(丸山重俊)에 의하면 1908년경 고종은 상해 체류 중인 민영익에게서 홍삼 2만 9,800근, 사금 2천 냥과 현은(現銀) 1만 냥 상당의 대금을 돌려받고자 했다. 이들은 1888~1893년에 상해로 반출, 민영익에게 예탁된 것으로, 반출한 것은 '현흥택 외 수 명'이었다. 「太皇帝紅參代金取立ノ爲メ侍從遣ノ件」, 明治 41年 1月 14日, 『統監府記錄』 10卷, 79쪽. 서영희(2003), 241~242쪽; 양정필(2001), 26쪽. 이에 관하여 고종은 다음해 1909년 서울에서 민영익을 상대로 소송을 했는데 이때 고종 측 대리인이 현흥택이었다. 현흥택이 재판에 출석하지 않았기 때문에 민영익이 승소하였다(융희3년 민제487호, 한국법원도서관·구한말 민사판결문 데이터베이스http://khd.scourt.go.kr/main/index.jsp, 2015.7.30 열람). 또 고종은 상해에서도 동일한 소송을 했다. 김원모(1995), 586~588쪽.

부삼 수출에 종사한 것도 민영익과의 관계를 통해서였다고 볼 수 있다.

그런데 유증상은 현흥택과의 거래 2년 전인 1887년부터 이미 별부삼 수출에 관여하고 있었다. 단, 손조길이 용산 상무위원에게 다음과 같이 보고한 것은 1891년이 되어서였다.

> 광서 13년(1887)에 오경연을 통해 '별복삼(別福參)' 1만 5천 근을 구입했습니다. 1근당 15냥으로 모두 은 22만 5천 냥 분의 어음을 발행하고 그해 9월 말까지 은과 교환하기로 약속했습니다. 그런데 뜻밖의 일이 일어났습니다. 저는 기한이 오기 전에 약속한 은을 [오에게] 넘기고 정산하려고 했는데 [오는] 19만 5천 냥 분의 어음만을 돌려주고 나머지 3만 냥 분에 대해서는 돌려주지 않았습니다. 오경연은 어음은 내무부가 분실한 것이며 은닉한 것은 아니라고 했습니다.[66]

조선인에게 어음을 주고 홍삼을 받아 나중에 은으로 정산하려 한 것은 현흥택과의 거래와 같다. 손조길이 '별복삼'이라고 표기한 것은 별부삼으로 보면 될 것 같다('복福'과 '부附'는 중국어로 음이 같다). 유증상 어음이 내무부에 보관되었다는 사실도 이 홍삼이 국왕 권력과 가까운 곳에서 취급되었음을 시사한다.[67]

---

66 "光緒十三年吳慶然手買到別福參一萬五千斤, 每斤作價十五兩, 合銀二十二萬五千兩, 開具銀票, 以當年九月爲期交票取銀, 詎意期內卽將銀如數支訖, 及至歸算之時, 只交銀票十九萬五千兩, 短少銀票三萬兩未交, 據吳慶然聲稱, 內務府遺失此票, 並無藏匿等情." 孫兆吉 → 唐紹儀(稟), 光緒 17年 12月, 『遵札傳裕增祥』.

67 1885년에 신설된 내무부는 노론의 여흥민이 장악하였고 후기 민씨 정권의 중추 중 하나가 되었다. 糟谷憲一(1995), 118쪽. 내무부가 왕실 재정을 관리함과 동시에 개화 정책의 사령탑 역할을 했다는 점도 별부삼의 역할에 관한 본문의 주장과 연관이 있어 주목할 만하다. 한철호(2009), 234~239쪽.

같은 해인 1887년 4월 초 통리아문은 원세개에게 통지하고 친군영기기국親軍營機器局12) 창설에 필요한 기기와 무기를 구입하기 위해서 홍삼 1만 5천 근을 '전 부사府使 오경연'에게 맡겨 상해 및 천진에서 팔고 싶다고 했다.[68] 이에 대해 원세개가 청 측 수입세를 반으로 감세하고, 조선 정부는 이를 의주에서 동변도에게 신청하였다는 사실로부터[69] 해당 홍삼은 육상의 사행 루트를 거쳐 수출될 예정이었음을 알 수 있다. 담당자와 수량, 경로 등을 보았을 때 이것이 위의 '별복삼', 즉 별부삼 1만 5천 근과 같은 것임은 확실하다.

오경연은 해주 오씨 출신이며 한학 역관 오응현의 자식으로 1841년에 태어났다. 형제로는 개화사상가로 유명한 경석 외에 경윤, 경림, 경학이 있으며 모두 역과에 합격하였다. 오경연 자신도 1876년 역과식연시譯科式年試에 합격했다.[70] 이후 오경연은 1881년 역사행재자관曆使行齎咨官으로 북경에 가고,[71] 1882년 동지사冬至使13) 때도 정원 외의 당상역관堂上譯官으로 수행했다.[72] 1883년 말에는 천진의 기기제조국機器製造局에 기계 구입 대금으로 은 2만 냥을 납부하는 임무를 맡았다.[73] 이처럼 1887

68 통리아문독판→원세개(조회), 광서 13년 3월 8일, 『구한국외교문서』 청안1, 575번. 기기국은 1883년에 설치되었지만 공장이 준공된 것은 1887년 12월이다. 김정기는 1887년의 홍삼 수출이 경비 준비의 일환이었음을 지적한다. 또한 기기국은 친군각영(親軍各營)의 직접적인 관리하에 있었던 것은 아니지만 영사(營使)가 국(局)의 총판을 겸임하는 등 밀접한 관계에 있었다. 김정기(1978), 110 · 116쪽.
69 『통서일기』 1, 고종 24년 6월 3일조, 『평안도관초(關草)』(『각사등록(各司謄錄)』 38권 수록) 고종 24년 6월 3일조, 7월 3일조, 8월 25일조.
70 오경석에 관해서는 신용하(1985). 오경연과 친족의 과거 합격 이력에 대해서는 한국학 중앙연구원의 데이터베이스 '한국 역대인물 종합정보 시스템'을 이용했다(http://people.aks.ac.kr/index.aks, 2015.7.30 열람).
71 김윤식, 『음청사(陰晴史)』, 고종 18년 11월 18일조; 『승정원일기』, 고종 19년 5월 15일조.
72 『승정원일기』, 고종 19년 9월 10일조.
73 진수당→통리아문독판(조회), 광서 10년 1월 22일, 『구한국외교문서』 청안1, 51번.

년 별부삼 수출과 같은 목적의 업무에 몇 년 전부터 이미 몸담았다는 사실에 주목해야겠다.

그 외에 오경연은 1888년 4월부터 전환국典圜局 위원으로 만리창 주전소鑄錢所를 감독하고, 그해 9월에는 광무국 방판幇辦14)도 겸하였다는 사실을 확인할 수 있다.[74] 현흥택과 달리 정권 중추와의 인적 네트워크는 명확하지 않지만 관리로서의 경력은 군정과 개화 정책 양쪽에 깊숙이 관여한 민영익과 교차하는 부분이 있어[75] 그로부터 인정받았을 가능성은 높다. 즉 오경연은 한학 역관으로서의 실무 능력을 통해 개화 정책에 관여한 인물이며 별부삼 수출도 그 일환으로 맡았을 것이다. 현흥택이 수출한 별부삼도 '상업적 이익을 얻는 용도商務興利之用'를 내건 초상국 차관 상환에 쓰인 것을 감안하면, 별부삼 제도 자체가 개화 정책에 따른 재정 지출 확대에 부응하기 위하여 만들어졌다고 보는 것도 결코 무리가 아닐 것이다.

조선왕조의 재정시스템은 각 기관이 개별적으로 재원 확보를 해야 한다는 분산성이 특징이며, 이 점은 개항 후에도 변함이 없었다. 스가와 히데노리須川英德에 의하면 이러한 가운데 추진된 개화 정책은 통리아문이 간신히 관리하는 해관 세수에 과도하게 의존하게 되었다.[76] 즉

---

74 『승정원일기』, 고종 25년 2월 21일조, 고종 25년 8월 24일조. 단, 전환국의 당오전(當五錢) 남발은 시장의 혼란을 초래하였기 때문에 1889년 5월에는 일단 주조가 정지되었다. 그 여파로 오경연은 파면 후 유배되었다(『승정원일기』, 고종 26년 5월 9일조, 고종 26년 6월 8일조).
75 민영익은 친군영을 자신의 영향력 아래에 둠과 동시에 반복적으로 기기국의 관직에 임명되었다. 예를 들면 1884년에 기기국 총판이 되고 1887년에는 친군우영사로 기기국의 유사당상(有司堂上)에 임명되었다(『승정원일기』, 고종 21년 10월 2일조, 고종 24년 6월 6일조). 또한 민영익은 1887년 4월의 광무국 창설 당시 총판이었으며(『승정원일기』, 고종 24년 4월 초 7일조), 1886년부터 전환국의 관리 사무도 맡았다(『승정원일기』, 고종 24년 7월 5일조).
76 須川英德(1994), 212쪽.

별부삼 또한 개화 정책의 희소한 재원 중 하나였다고 할 수 있다. 개항 이전부터 중앙정부가 관리할 수 있는 재원으로 포삼세가 활용되던 것을 계승하고 더 많은 수입을 확실하게 확보하기 위하여 포삼 수출권 자체를 국왕에게 귀속시킨다는 조치가 취해진 것은 아닐까 싶다. 다만 국왕 스스로가 무역에 관여하는 것이 당시로서는 비정상적인 것으로 여겨졌기 때문에 공식화되지 않고 민영익과 개인적으로 관련이 있는 인맥을 통해서 수출이 도모되었을 것이다.

3. 육로 국경 무역의 변화와 상인의 대응

1) 국제 환경의 변화와 육로무역

지금까지 검토해 온 것처럼 유증상이 1887년과 1889년에 수출한 홍삼은 모두 국왕이 수출권을 가지는 별부삼이었다. 또한 손조길은 1890년 회심에서 '지금까지 조선 관삼官蔘의 수출을 맡았는데 문제가 없었다'고 진술했다.[77] 이로부터 추측하건데 조선정부가 초상국 차관의 3회차, 4회차, 5회차의 이자 지급에 이용한 유증상의 어음도 별부삼 수출에 따라 발행된 것일 가능성이 높다. 특히 3회차와 4회차 이자 지급에 사용된 3만 냥 분의 어음에 대해서는 손조길 스스로 '조선 국왕 화은貨銀'으로서 발행하였음을 분명히 말하고 있다.[78]

---

[77] 주 37) 참조.

[78] 孫兆吉 → 龍山商務委員(槳), 光緒 13年 9月 8日, 『商人孫兆吉(1)』. 이에 대해서는 유증상이 같은 해 오경연으로부터 구입한 별부삼과의 관련성을 주목해야 한다. 하지만 유증상에 의하면 그때 발행해서 '분실'된 어음 3만 냥 분은 1891년 시점에서 반환되지 않았다고 한다(주 66). 만

그리고 이처럼 유증상이 여러 차례에 걸쳐 별부삼 수출을 맡은 배경에 봉황성에서 종사해 온 육로무역의 경험이 있었음을 충분히 예상할 수 있다. 유증상 어음과 마찬가지로 조선정부의 이자 지급에 사용된 동래복과 광신호의 어음에 대해서는 단서가 없지만 이들이 구련성과 봉황성에서 발행되었다는 점을 고려한다면 역시 육로무역과 관련된 것일 가능성이 높다. 이 절에서는 이 시기 육로무역과 담당자에 대하여 검토하고 아울러 별부삼 수출과의 관계에 대해서도 생각해 보겠다.

개항 전 육로무역에는 여러 경로가 있었는데[79] 여기에서는 유증상과 직접 관련된 것으로 봉황성 외곽의 책문에서 열린 책문후시에 주목한다.[80] 이미 언급한 것처럼 압록강을 건넌 사행이 책문을 통과하는 타이밍에 맞추어 일정 기간 만들어진 양국 상인 교역의 장이 책문후시이다. 사행의 파견 횟수는 해에 따라 늘어나기도 줄기도 했지만 후시의 개최 횟수는 19세기 중반까지 연 3회였다.[81]

조선정부는 오랫동안 비공식적으로 이루어진 책문후시를 1752년에 공인했다.[82] 책문후시의 목적은 교역품에 과세하고 역관들이 휴대하는 공용은公用銀을 조달하는 데 있었다.[83] 후시 참가자를 의주 상인으로 한

약 조선정부가 이것을 차관 변제에 사용했다면 당연히 유증상에게 제시되었을 것이기 때문에 다른 것으로 생각하지 않을 수 없다.

79 책문후시 외, 중강(中江), 훈춘(琿春), 회령(會寧)에서 변경개시가 정기적으로 개최되었다. 寺內威太郎, (1986)・(1998).

80 책문후시에 대해서는 주3)・14)에 들었던 문헌 외에 寺內威太郎, (1992a)・(1992b).

81 1850년의 사료에서는 '만상삼문(灣上三門)'이라는 표현을 볼 수 있다(『승정원일기』, 철종원년 4월 15일조). 1883년에 의주를 방문한 가이즈 미츠오(海津三雄)에 의하면 '책문 개시의 시기는 우선 2월 20일에 열어 5월 30일에 닫는 것으로 이를 동지사 귀조시(冬至使歸朝市)라 한다. 그 다음은 9월 10일에 열고 10월 30일에 닫는 것으로 이를 황력재자사(皇曆齎咨使)라 한다. 그리고 11월 20일에 열고 12월 30일에 닫는 것을 동지사 입조시(冬至使入朝市)라 한다'(海津三雄, 「朝鮮北部內地の實況 義州行記」, 『東京地學協會報告』6卷2號, 1884, 21쪽).

82 寺內威太郎(1992a), 383~384쪽.

정하는 한편, 그들 단체(도중都中)에게 후시세의 징세 업무를 맡게 하고 세금 4만 냥을 은으로 바꾸어 사역원에 납부하였다. 1814년에는 의주에 관세청이 설치되어 후시세 외에 포삼세와 모세帽稅(모피 모자의 수입세) 등 육로무역에 관한 많은 세금을 징수했는데[84] 실무는 계속 의주 상인이 담당했다.[85] 또한 청은 책문에서 중강세中江稅를 부과했다.

조선정부가 책문후시의 공식 출시품으로 인정한 것은 종이나 소가죽, 다시마 등이었으며 명목상 사행 참가자가 북경까지 휴대하기로 되어 있는 홍삼(포삼)도 실제로는 후시의 중요한 상품이었다.[86] 앞에서 살펴본 것처럼 19세기가 되면 홍삼 수출권의 상당 부분이 의주 상인에게 주어졌기 때문에 이들이 일부를 책문에서 판 것은 이상하지 않다. 한편 조선의 수입품은 직물이나 잡화류였지만 19세기 중반부터 기계제 면직물(양목洋木)이 유입되어 서울뿐만 아니라 지방 시장에서도 보이기 시작했다. 이들은 흥선대원군이 서양제품 수입을 금지한 시기에도 남경 목면南京木綿이라는 이름으로 수입되었다고 한다.[87]

면포의 예에서 알 수 있듯이 책문후시는 국제시장의 변화와 단절된 것은 아니다. 1861년 개항된 영구(우장牛莊)해관의 보고에서는 책문을 통한 면직물의 출하와 홍삼의 입하 등이 자주 보고되었다.[88] 그리고 1866년 병

---

83 청의 당국자에게 외교교섭 운동비나 사례, 뇌물로서 전하기 위한 자금을 공용은이라고 불렀다. 비공식이지만 중요한 자금이었으며 조달 방법은 거듭 논의의 대상이 되었다. 寺內威太郎(1992a), 이철성(2000) 제2장외.
84 이철성(2000), 226쪽, 유승주·이철성(2002), 191쪽.
85 과세체제에 대한 서술은 寺內威太郎(1992a)에 의거한다.
86 이철성(2000), 194쪽. 북경에 반입된 경우는 삼국(蔘局)에서 위탁 판매되었다고 한다. 張存武(1978), 106쪽.
87 張存武(1978), 143~154쪽; 연갑수(2001), 246~248쪽.
88 張存武(1978), 136~140쪽.

인양요를 계기로 의주 부윤(府尹15)이 모은 정보 중에는 책문의 화상 적왕증(積王增)이 홍삼을 판매하기 위해서 해로로 상해에 갔을 때의 증언을 포함하며 그중에는 상해에서 프랑스인으로부터 조선 원정의 소문을 들었다거나 연대를 경유해 돌아올 때도 큰 서양 배를 보았다는 등의 기술이 있다.[89] 이처럼 책문 화상 스스로가 개항장 사이를 왕래하고 있었다는 사실을 주목해야 하겠다. 유증상이 영구나 상해에 출장원을 파견한 것도 육로무역에 종사하는 화상으로서 특이한 예는 아니었다고 할 수 있다.

단, 1876년 조선이 부산을 개항하고 기계제 면직물 및 잡화가 일본 경유로 수입되기 시작하자 책문후시의 교역액은 눈에 띄게 줄어 1880년에는 영구에서 봉황성으로의 출하는 거의 전무했다.[90] 그러한 가운데 1882년 조중상민수륙무역장정과 이듬해 봉천교역장정에 의해 책문후시가 폐지되고 구련성으로 자리를 옮기고 나서 수시 교역이 허용되었지만 시장 상황도 만족스럽지 않았다. 1884년 주진대원(駐津大員16)으로 임명된 남정철에 의하면 구련성은 황무지를 개척했을 뿐인 장소이며 화상들은 책문으로부터 이동해 왔지만 수시 교역으로 거래 시기가 분산되었기 때문에 더욱 부진해졌다고 한다.[91]

---

89 「만윤록지(灣尹錄紙)」, 『용호한론(龍湖閒錄)』, (한국사료총서판)4권, 167쪽.
90 China Imperial Maritime Customs, *Trade Report for 1880*, Newchwang, p.3 姜德相(1962), 9~12쪽.
91 「乙酉正月二四日 北洋大臣衙門筆談」(한국학중앙영구원 장서각). 또 의주 상인도 65명 연명으로 남정철에게 곤궁한 상태를 호소했다. 「의주상민소장(義州商民訴狀)」(남정철, 『남이대담기(南李對談記)』 수록, 국사편찬위원회). 남정철의 파견에 대해서는 森万佑子(2013).

2) 유증상에 의한 육로무역과 거래 상대

제1절에서 살펴보았듯이 어음 미지급으로 인해 동변도에게 자산을 압류당한 유증상은 '조선에 은 23만 냥 정도의 대출'이 있다고 하며 이를 징수해 어음 지급을 하겠다고 청했다. 구체적인 내역으로 1890년에 작성된 목록에는 46항목, 합계 은 24만 8천 냥兩과 전錢 4만 3천 여 냥이 열거되어 있다.(〈표 3-1〉) 현흥택과 최석영에 대해서는 서울(한성) 소재라는 설명이 있지만, 나머지 대부분은 의주 상인에 대한 것이다. 가장 오래된 채권은 동치同治 4년(1865)에 발행된 것으로 유증상이 책문후시 때부터 육로무역에 종사하였음을 확인할 수 있다.

표의 가장 위에 쓰여 있는 차주借主 '대관중大官中'에 대해서는 원세개로 부터 문의를 받은 의정부議政府가 「의주 감세소義州監稅所」를 가리킨다고 답했다.[92] 육로무역의 세금 징수를 담당한 의주 관세청을 지칭하는 것이겠다. 표의 비고란에는 '홍덕조洪德祖, 안방현安邦賢 이인 경수二人經手'라는 것이 있는데, 손조길에 의하면 홍덕조는 '의주 세관', 안방현은 '대관중 총판'인데, 실제로 은전 수수는 후자를 통해 이루어졌다.[93] 홍덕조는 한학 역관이며 1880년대 후반 감세관으로 의주에 파견된 것을 확인할 수 있다.[94] 다만 관세청의 실무를 담당했던 것은 앞에서 말한 바와 같이 의주 상인이며 '총판總辦' 안방현은 그 대표자로 보인다.[95]

---

92 領議政 → 袁世凱(函), 光緖 17年 3月 17日, 『裕增祥』(1). 이 서간에서는 '감세소'의 유증상에 대한 부채는 2만 3893량으로 대부분은 변제 완료되었음을 알 수 있다. 유증상의 주장과는 어긋나지만 대차관계의 존재는 확인할 수 있다.

93 唐紹儀 → 袁世凱(稟), 光緖 17年 6月 14日, 『裕增祥』(1).

94 홍덕조는 본관 남양(南陽), 1838년생으로 1874년의 증광시에 급제했다(한국 역대인물 종합 정보 시스템). 1877년 12월에 감세관 벼슬을 받았다(『승정원일기』 고종 14년 11월 21일조). 다음해 9월에는 다른 사람으로 교체되었지만(『승정원일기』 고종 15년 9월 3일조), 1887년 9월에는 재임된다(『승정원일기』 고종 24년 8월 7일조).

유증상이 관세청에 빌려준 자금의 용도에 대해서는 '일을 하러 북경에 가는 사신의 여비로 빌려줌辨使臣赴北京路費借用'이라고 설명되어 있다. 관세청은 사행의 공용은을 조달해야 하는 의무가 있었는데, 실제로 항상 충분한 은이 수중에 있었던 것은 아니다. 이와 관련하여 1882년 재자관齎咨官[17]으로 북경에 파견된 이응준은 '재자관의 여비 등은 조선 상인이 봉황성 주변의 상점에서 차용한다. 조선산 약재 소토(홍삼을 말함)[96] 등을 지참해 은으로 바꿔 변제한다. 이는 200년간의 예'라고 했다.[97] 200년 이래라는 근거는 분명치 않지만 관세청 상인이 공용은을 책문 화상에게서 차용하는 관행이 있었다는 사실은 다른 사료에서도 확인할 수 있으며, 임시 사행이 있으면 차입이 늘어나서 문제가 되었다.[98] 유증상의 '대관중'에 대한 채권도 비슷한 사례로 볼 수 있다.

다른 차주에 대해서는 1891년 9월 의주 부윤의 현황 조사를 참고할 수 있겠다.[99] 조사 대상자는 〈표 3-1〉에서 상대적으로 규모가 크고 채권 시기가 최근인 12건이며, 그중 김정효, 우창모, 김응오, 홍우락, 김여린, 이관화, 정승조의 7명은 이미 파산하거나 혹은 의주를 떠났다고 한

---

95 1871년 관세청 임장(任掌) 안방현이 책문세전을 횡령하였다고 고발당한 사실이 있는 것으로 보아, 안방현이 관세청의 실무 담당자였음을 확인할 수 있다. 『평안도 관초』(『각사등록』 38권 수록) 고종 27년 8월 17일조.

96 청의 중강 세무 감독은 '약재 소토'를 '약재 삼화(蔘貨)'로 바꾸어 불렀다. 李鴻章 → 總理衙門(稟), 光緒 8年 10月 13日, 『淸季中日韓關係史料』 629番.

97 禮部 → 總理衙門(稟), 光緒 8年 10月 16日, 『淸季中日韓關係史料』 629番. 이 사료가 공용은 조달에 관련되어 있다는 것은 酒井裕美(2008), 132쪽도 지적한다.

98 이유원, 『귤산문고(橘山文稿)』 14권 「용만기사(龍灣紀事)」에 수록된 서면 보고(다음 문장으로 시작하는 2건, 모두 일시 불명. "爲牒報事, 卽節本府管稅廳商民李享淡等~", "爲牒報事, 卽節本府管稅廳商民李碩等姓等~". 이유원의 의주 부윤 재임중(1848~1850)의 문서이다. 서울대 규장각한국학연구원 소장(古4254-3).

99 義州府尹報牒, 領議政 → 袁世凱(照覆)(光緒 17年 8月 4日 附錄), 『裕增祥(1)』. 보고 대상은 박경희, 김정효, 우창모, 김응오, 이치운, 이보화(〈표3-1〉에서는 이관화), 정승조, 홍우락, 김여린, 김춘언(〈표3-1〉에서는 김지언), 의주상회소, 대관중 12건. 본문에서는 〈표 3-1〉의 표기에 따른다.

〈표 3-1〉 조선인을 대상으로 한 유증상의 채권 일람

차주	금액	비고	차주	금액	비고
대관중 (大官中)	은 33,021냥 20	光緒 13・14年, 洪德祖・安邦賢 二人經手, 辦使臣赴 北京路費借用	장진국 (張鎭國)	은 44냥 60	
			김정진 (金正鎭)	은 256냥 50	
현흥택 (玄興宅)	당 오전 4,351적 60	光緒 15年 12月 그믐날 買紬緞, 辦公【漢城】	김여화 (金汝華)	은 90냥 00	[의주 거주]
			김효영 (金孝永)	은 259냥 21	[〃]
이치운 (李致雲)	은 6,136냥 46	光緒 14年 3月, 辦公	김익성 (金益成)	은 132냥 10	[〃]
최석영 (崔錫榮)	은 250냥 00	〃 4月【漢城】	곽흥원 (郭興元)	은 339냥 42	이하 동치 5년 [〃]
의주 상회소 김기석 (義州 商會所 金基錫)	은 3,534냥 63	光緒 15年	김화형 (金華衡)	은 91냥 47	[〃]
김응오 (金應五)	은 34,682냥 10	光緒 12年, 義州	김득인 (金得姻)	은 332냥 67	[〃]
박경희 (朴景禧)	은 262냥 80	〃 , 〃	김운경 (金雲鯨)	은 581냥 00	[〃]
김지언 (金志彦)	은 208냥 60	〃 , 〃	김락영 (金洛永)	은 758냥 55	[〃]
홍우락 (洪宇洛)	은 95,187냥 10	光緒 7年, 〃	신성봉 (申成鳳)	은 667냥 13	[〃]
김여린 (金汝麟)	은 2,695냥 20	光緒 9年, 〃	박경무 (朴景茂)	은 290냥 95	[〃]
이관화 (李寬和)	은 41,621냥 40	光緒 7年, 〃	이학경 (李學耕)	은 1,303냥 70	[〃]
정승조 (鄭承祚)	은 15,599냥 05	光緒 6年, 〃	박옥중 (朴沃中)	은 127냥 20	[〃]
우창모 (禹昌謨)	은 2,167냥 10	〃 , 〃	신영록 (申永祿)	은 99냥 08	[〃]
김정효 (金鼎孝)	은 1,221냥 56		고재명 (高才明)	은 34냥 00	
장원길 (張元吉)	은 71냥 23	光緒 12年, 〃	백시겸 (白時謙)	은 102냥 35	[〃]

차주	금액	비고	차주	금액	비고
정인흥 (鄭麟興)	은 212냥 53	光緒 12年, 義州	이영춘 (李永春)	은 971냥 86	이하 동치 4년 [義州]
김영준 (金永俊)	은 59냥 05	光緒 11年, 〃	홍기수 (洪基守)	은 532냥 80	[〃]
안상우 (安尙佑)	은 70냥 34	〃, 〃	김상우 (金尙佑)	은 1,715냥 00	[〃]
김경흥 (金景興)	은 352냥 00	〃, 〃	이응찬 (李應贊)	은 98냥 96	[〃, 현재 왕경]
이지청 (李枝靑)	은 451냥 14	光緒 6年, 〃	김거명 (金擧鳴)	은 213냥 23	[〃]
김계련 (金啓練)	은 297냥 89	〃, 〃	이관창 (李寬昌)	은 802냥 29	[〃]
김태규 (金泰奎)	은 244냥 83	同治 13年 [住義州, 在元山開店]	김필명 (金必明)	은 652냥 22	[〃]

출처와 주 조선인을 대상으로 한 유증상의 채권 목록은 이하의 여섯 종류를 확인했다. ① 領軍政 → 袁世凱(照覆), 光緒 16年 5月 23日, 『裕增祥』(1). ② 李鴻章 → 袁世凱(札), 光緒 16年 8月 19日, 『裕增祥』(1). ③ 龍山商務委員 → 袁世凱(稟), 光緒 16年 9月 14日 4日, 『裕增祥』(1). ④ 裕增祥孫兆吉 → 龍山商務委員(稟), 光緒 16, 『遼札伝裕增祥』, ⑤ 裕增祥孫兆吉 → 龍山商務委員(稟), 光緒 16年 8月, 『遼札傳裕增祥』, ⑥ 裕增祥孫兆吉 → 龍山商務委員(稟), 光緒 18年 閏6月, 『裕增祥』(2). 이 중에서 ③과 ⑤가 가장 상세하다. 이 2개는 내용에 약간의 차이는 있지만 대체로 같은 것이다. ①, ②, ④는 일부(표에서는 김정효 보다 위에 기록되어 있는 항목)를 골라서 뽑아낸 것이다. ⑥은 다른 것 보다 2년 정도 지난 시기로, 내용에는 다른 것과 겹치지 않는 항목을 포함한다. '조선인에게 남아 있는 명세서(鮮人餘欠淸單)'라는 설명이 있는 것으로 보아 광서 16년에 신고되지 않은 영세한 대출도 포함했을 것이다. 표에서는 유증상 자신이 작성하고 게다가 다른 것과 공통점이 많은 ⑤를 원본으로 했다. 항목의 순서도 ⑤를 따른다. 하지만 주기 중【 】는 ④에, [ ] 는 ⑥에 나타난 정보를 보충한 것이다.

다. 이로부터 국경 무역이 부진했음을 알 수 있지만 그중에 원래는 상당한 재력을 가지고 있던, 혹은 대규모 사업을 전개하였다고 추측되는 사람도 있다. 예를 들어 김응오가 파산 후 처분한 가산家産으로 '의주의 각 채무자로부터 거둬들인 돈과 논밭의 증서, 개성의 삼포(인삼밭), 서울, 개성, 평양과 안주 객주에게 예탁한 돈'이 거론된 것으로 보아,[100] 그가 인삼 재배나 국내 무역에 광범위하게 관여했음을 알 수 있다. 또 이관화에 대해서는 1880년 파산했을 때, 처분한 가산을 유증상 포함 열두

---

100 손조길도 김응오로부터 각종 건물 계약서나 개성 삼포 그 외의 매각 대금을 받은 것을 인정하였다. 주 102).

화상이 균등하게 나눠 가졌다고 한다.[101]

그리고 1892년에는 차주 중 이치운, 김기양, 김응오, 박경희, 홍종락(사망한 홍우락의 남동생), 이관화, 정승조, 우창모가 서울로 소환되어 한성부 소윤과 용산 상무위원의 회심에 부쳐졌다. 그들은(고인이 된 홍우락을 제외하고) 모두 유증상이 말한 채무액이 과하다고 주장했지만 정작 유증상과 거래한 것은 인정했다.[102] 회심의 판결은 대체로 유증상 측 주장을 인정하는 것이었다.[103] 그 결과 10월까지 김응오, 홍우락, 안방현 등 일부 채무자가 은 20정錠, 전 33만 냥 여를 유증상에게 지불했다고 한다.[104] 또 안방현은 그해 사망하였는데 전토문권田土文券은 의주부에 압류, 매각되었다. 감세관 홍덕조의 채무는 그가 임지를 옮김에 따라 의주부 좌수에게 맡겨졌다.[105] 이렇게 서서히 회수가 이루어진 흔적은 있지만 총액은 그다지 컸던 것 같지는 않다. 그리고 초상국의 어음 대금에 충당된 흔적도 없다. 아마 유증상은 주요 자산을 압류당한 채 조선인의 채권 추심도 원활하지 못해 재기의 기회를 잡지 못한 것으로 보인다.[106]

그런데 유증상과 이들 조선인 사이에서 일어난 분쟁이 구체적으로 어떠한 거래에서 시작되었는지, 위의 회심 기록이나 의주부에서는 명확하지 않다. 하지만 유증상이 용산 상무위원에게 제출한 '장단賬單', 즉 거래명세서를 보면 이들 임차가 한 번의 거래로 생긴 것은 아님을 알 수

---

101 「壬辰十月二十五日平安道龍川居李景植原情」, 『各處所志謄錄』(奎18015), 한국상업사자료총서판, 425쪽.
102 會訊供單, 光緖 18年 6月 13日, 『遵札傳裕增祥』.
103 堂斷, 日付不詳, 『裕增祥(2)』.
104 孫兆吉 → 袁世凱(稟), 光緖 18年 10月, 『裕增祥(2)』.
105 統理衙門督辦 → 袁世凱(照會), 光緖 18年 11月 28日, 『裕增祥(2)』.
106 화상 동순태의 서간에는 '거상 유증상도 홍삼 때문에 파탄했다'는 서술이 있다. 譚傑生 → 邵松芝(14號信), 庚寅 9月 11日, 『同順泰往復文書』 33卷.

있다.[107] 장단에 의하면 유증상은 상대방과 계속적으로 거래를 반복하면서 대차를 상쇄해 나가는 상호정산의 형태를 취하고 있었다. 매년 말 대차잔액을 계산하였는데 반드시 그 시점에서 정산된 것은 아니고 잔액에 이자를 붙여 다음 해로 이월하였다. 손조길은 앞의 회심에서 '책문 교역에서는 춘추 두 계절에 이부二分를 넘지 않는 이자를 더한다'고 했는데 이는 장단의 형식과 일치한다.[108] 이러한 점에서 유증상과 조선인 상인의 거래는 장기적인 신용 관계 위에서 이루어진 것이라 할 수 있다. 이응준이 말하는 화상이 관세청에 공용은을 빌려주고 홍삼으로 회수한다는 관행도 이와 같은 거래 방법을 전제로 했다고 할 수 있다. 위의 회심에서도 유증상과 10년이 넘는 거래 관계에 있었다는 조선인의 증언이 있었다.[109]

단, 이러한 신용 관계는 반드시 양자 관계에 국한된 것은 아니었다. 예를 들어 서울에서의 회심에 소환된 김기석은 유증상의 채무 중 일부는 유증상에게 빌려준 것이 있다고 말하는 의주의 황치호에게 지급했다고 주장하고 판결도 이를 사실로 인정하였다.[110] 김기석은 조선정부

---

107 박경희, 김응오, 대관중, 최석영, 이치운, 상회소에 대한 6건의 '장단'이 『준례전유증상(遵札傳裕增祥)』의 말미에 첨부되어 있다. 모두 시계열 순서로 '수(收)', '거(去)'를 나열, 기록함으로써 상쇄하는 형태를 취한다(대체로 광서 12~15). 모두 유증상 측이 빌려준 것이 많은 상태(貸越)로 끝났고, 잔액은 〈표 3-1〉과 대체로 일치한다. 대부분의 대차 항목은 금액만을 기록하고 있기 때문에 거래 품목의 집계는 힘든데, 일부 항목의 설명에서 단편적으로 거래 내용을 알 수 있다. 예를 들면 '대관중'의 광서 14년분 '거=빌려준 쪽'에는 '(9월 19일) 재자관용' 현은 675냥, '(12월 12일) 대교진경용(大轎進京用)' 3월 은 1만 4400냥이 계상되어 있어, 역자행 및 동지사행의 공용은을 빌려준 것이라 볼 수 있다. 또 같은 해의 '수=빌린 쪽'에는 「(3월 30일) 이정화래(以定貨來), 참935」 1만 3277냥이라고 되어 있어 정화, 즉 예약한 홍삼을 손에 넣은 것이라 볼 수 있다.

108 주 102)와 동일하다.

109 이치운은 '십수년', 정승조는 아버지 대부터 '수십년'의 관계가 있었다고 한다(주 102). 또 이관화는 의주부의 조사 중 유증상과 '다년'의 관계가 있었다고 증언하였다(주 99).

110 주 102)·103) 참조.

에 대한 상신에서 황치호에게 지불할 때, 손조길을 차주로 하는 은 9천 냥의 차용증이 제시됐다며 '책문 교역에서는 은단銀單과 전표가 서로 통용되었으며 이를 받으면 은을 지급하는 것이 관례'라고 하였다.[111] 국경에서 육로무역에 종사하는 조선 및 조중 상인들 사이에서 어음을 이용한 신용 유통을 볼 수 있었던 것이다.

3) 구체적인 거래 방법과 홍삼

국경에서 행해지는 육로무역의 거래 방법에 대하여 다른 화상의 사례를 통해 조금 더 검토해 보겠다. 1890년 천진에 소환된 손조길은 육로무역에서 조선인의 부실 채권을 고민하는 것은 유증상만은 아니라며 적옥증積玉增이나 동래복東來福도 조선인에게 돈을 받으려 한다고 진술했다.[112] 제1절에서 이미 살펴본 것처럼 동래복은 구련성의 화상이며 1887년에는 조선정부가 어음을 초상국 지급용으로 이용하려 했다. 동래복이 조선인 상인의 채권 추심에 힘들어했던 것에 대해서는 이들이 1888년 1월 용산 상무위원에게 제출한 소장에서도 확인할 수 있다.[113] 거기에는 육로무역의 방법에 대해 다음과 같은 기술이 있다.

저희는 구련성에 잡화포(雜貨舖)를 설치하여 생업삼아 통상장정(通商章

---

111 統理衙門督辦 → 袁世凱(照會), 光緒 19年 4月 24日, 『裕增祥(2)』.

112 李鴻章 → 袁世凱(札), 光緒 16年 12月 22日, 『裕增祥(1)』. 적옥증에 대해서는 자세하지 않지만 1866년경 상해에 홍삼을 팔러 갔다고 한다. 적왕증과 동일한 상호일지도 모른다(주89).

113 "商在九連城開設雜貨生理, 謹遵通商章程, 兌換貨物, 因價動萬千, 事關匪細, 執中無人, 每至兩不相信, 故遇交易, 設有朝鮮經紀, 兩造貨物, 均依該經紀估價交領, 所辦華商貨殖, 皆付伊承領過江分行變賣, 變賣後卽以官參銀項抵還貨款, 如有舛錯, 惟該經紀是問, 歷経辦理有年, 所以防拐騙歸信, 實法至善也." 東來福 → 龍山商務委員(稟), 光緒 13年 12月 19日, 『東來福請詳追義州經紀缺項案』(使館檔案, 1-41-47-17).

제3장 / 전통적 육로무역의 연속과 재편   193

程)[봉천 교역장정인 듯 싶대을 준수하면서 화물의 매매를 하고 있습니다. 가격은 종종 고가이고 사소한 것은 아니며, 사이에 중개인이 없으면 사사건 건 상호 불신을 일으키기 때문에 거래 시에는 조선인의 '경기(經紀)'를 나서게 해 매매 쌍방의 화물에 대해 모두 그 경기를 통해 매상금을 받습니다. 화상의 화물은 모두 경기에게 맡기고 압록강 건너편에 보내 구매자에게 나누어 팔게 하고 매각 후 화물 대금은 신속하게 '관삼은항(官蔘銀項)'과 정산합니다. 만 약 오류가 있다면 경기가 책임을 집니다. 이 방법은 이미 오랫동안 해 온 것으 로, 속임수를 막고 성실한 거래를 하기 때문에, 정말로 좋은 방법입니다.

사료에서는 '이미 오랫동안 해 왔다'라고 할 뿐 언제부터 이러한 방법 이 활용 되었는지는 분명하지 않다. 다만 동래복은 원래부터 구련성에 있었던 것은 아니며 1882년 말 일본인의 답사 기록에서는 책문 굴지의 화상 중 하나로 이름이 거론된다.[114] 따라서 책문후시가 폐지되고 1883 년부터 육로무역의 장소가 구련성으로 옮겨지면서 동래복도 이전한 것 으로 보인다. 위의 사료가 소개하는 방법도 책문후시 시대부터 크게 바 뀌지 않았다고 봐도 좋을 것이다.

이를 토대로 사료를 보면 우선 알 수 있는 것은 압록강 건너편, 즉 의주 의 조선인과의 교역이 매매를 정산하는 형태로 이루어져 왔다는 것이며 이는 앞에서 살펴본 유증상의 사례와 유사하다. 또 거기에 홍삼(관삼=포 삼) 수출이 포함됐다는 것도 지금까지 검토해 온 바를 뒷받침한다.

동래복의 소장은 구체적인 거래 내용을 담지 않았지만 이를 보완하

---

114 주 34) 참조.

는 것으로 1888년 1월(광서 13년 12월) 동래복의 거래 상황을 담은 '장단'이 첨부되어 있다.[115] 이를 정리한 것이 〈표 3-2〉이다. 장단에서는 거래처를 '결欠'과 '존存'으로 나누어 각각의 금액을 표시한다. 동래복의 거래가 유증상의 경우와 마찬가지로 대차를 정산하는 상호정산 형태로 이루어졌다면 결은 동래복의 대월貸越,18) 존은 차월借越을 가리키는 것으로 예상할 수 있다. 동래복에게 '결'을 가진 자 중에서 김응오와 이관화는 유증상의 안건에서도 거래처의 의주 상인으로 등장한다. 반면 '존'에도 역시 유증상의 안건에 등장한 대관중, 즉 관세청이 나타난다. 똑같이 '존'에 등장하는 최석영은 현흥택의 부하로 상해로 홍삼 수출을 담당한 인물이며 자신도 한학 역관으로서 홍삼 수출권을 가지고 있었다.[116] 이러한 사실로부터 동래복이 의주 상인과 그 운영에 관련되는 관세청, 그리고 역관들과 거래했음을 알 수 있다.

또 앞에서 인용한 소장에서는 양국 상인 사이를 조선인 '경기'가 주선했다고 하지만, 〈표 3-2〉에 나타낸 것처럼 장단에도 일부 항목에 경기의 이름이 기록되어 있다. 경기는 중개인을 말하며 조선의 거간居間에 해당한다. 앞에서 인용한 소장의 이어지는 단락에 의하면 동래복이 연루된 사건은 직접적으로는 '경기'의 행동에서 비롯된 것으로 금전 수수를 중개하는 '경기'가 나쁜 마음을 먹어 전년도 수출대금을 수금하지 않았고 더군다나 구입한 홍삼대금도 동래복의 부채가 되었다.

이들 조선인 중매인의 실태는 분명치 않다. 그러나 봉천교역장정의 체결 협상 시, 청의 동변도 진본식陳本植은 그동안 개시에서 '동주東主' 스

---

115 帳單, 光緒 13年 12月 19日, 『東來福請詳』(주 113).
116 『九包乾蔘都錄冊』(주 61)에 '관포삼' 660근의 권리자로 나타난다.

〈표 3-2〉 동래복의 상대별 대차 잔액 (광서 13년 12월)

구별	상대	금 액		비고	
결(欠)	김응오(金應五)	은	16,542냥 29	경기(經紀) 김응권, (金應權)	이정묵 (李珽默)
〃	이현옥(李玄玉)	은	838냥 10	경기 김운흥 (金雲興)	
〃	마영달(馬永達)	은	1,100냥 00	경기 김응권 (金應權)	
〃	이윤식(李允植)	은	528냥 75	경기 고봉진 (高奉珍)	
〃	김경흥(金景興)	은	406냥 39	경기 김운흥 (金雲興)	
〃	김봉기(金鳳起)	은	605냥 69	경기 김응권, (金應權)	이정묵 (李珽默)
〃	김득인(金得仁)	은	923냥 00	경기 고봉진 (高奉珍)	
〃	계규용(桂奎鏞)	은	158냥 98	경기 황운서 (黃雲瑞)	
〃	신순(申淳)	은	54냥 86	〃	
〃	장원길(張元吉)	은	354냥 93	경기 김응권, (金應權)	
〃	심여진(沈汝進)	은	163냥 48		
〃	임의선(林宜善)	은	1,483냥 76	경기 신기영 (申基永)	
〃	이관화(李寬和)	은	547냥 68	〃	
〃	최윤석(崔允碩)	은	140냥 00		
〃	최형준(崔亨俊)	은	300냥 05	경기 고봉진 (高奉珍)	
〃	이양순(李陽俊)	은	139냥 93	〃	
〃	박성근(朴成根)	은	1,500냥 00		
		(합계 : 은 25,787냥 89)			
존(存)	대관중(大官中)	은	2,864냥 86		
〃	이죽촌(李竹村)	은	4,355냥 97		
〃	김문현(金文鉉)	은	2,770냥 40		
〃	최석영(崔錫榮)	은	2,446냥 86		
〃	장정선(張禎善)	은	4,069냥 03		
〃	신응하(申應夏)	은	6,450냥 29		
		(합계 : 은 22,957냥 41)			

출처 帳單, 光緒13年12月19日,『東來福請詳道義州經紀欠項案』(使館檔案 1-41-47-17).

스로 국경을 왕래하지 않고 '거간과 파는 자'가 사이에 껴서 폐해가 생겼다며 조선에게 이들의 배제를 요청했다.[117] 이 경우 '동주'는 상품 소유자인 상인 스스로를 가리키며, 결과적으로 상인이 직접 왕래하지는 않고 중개인이 양쪽을 중개했음을 추측할 수 있다. 이 때문에 봉천교역장정은 22조에서 '경기'의 금지를 정했다. 이 금지 조항이 실제로는 기능하지 않았음이 1888년 동래복의 소장에 '경기'가 등장하는 것으로 밝혀졌지만, 장정 조문에서 중개인의 모습을 부분적으로 살펴볼 수 있다. 거기에서는 양국 상인 사이에서 '관설경기官設經紀'가 가격을 조작하거나 상품대금 지급을 이행하지 않는 등의 문제가 있어서 앞으로는 '경기'의 '포람包攬', 즉 거래 청부를 금지한다고 기술한다. '관설'이라고 하는 표현은 중개인이 어떠한 관허를 필요로 한 것을 시사한다.

그리고 이로부터 국경에서 이루어지는 육로무역의 거래 관습이 어떻게 형성되었는지도 추측할 수 있다. 앞에서 살펴본 것처럼 조선 측에서는 책문후시 참가는 의주 상인으로 한정하고 징세 업무와 공용은 조달을 그들에게 맡겼다. 중국 측에서도 책문에 점포를 내는 상인이 중강세 징수 업무를 맡았으며,[118] 그들이 동시에 무역 거래를 독점하였다면 무역이 성할 때는 만주뿐만 아니라 중국 남부에서도 객상이 모였다는 책문후시에서도[119] 최종적인 무역 주체는 책문 화상으로 한정된 것이

---

117 「經略使与陳本植唔談草(二月二十六日)」,『經略使與中國委員唔談草』서울대 규장각 한국학연구원 소장(奎26171). 秋月望(1985), 129쪽.

118 1882년 10월 중강 세무 감독의 주장에 의하면 책문의 수입 화물은 '포상(舖商)'이 기표, 납세 후에 입문을 허용하고, 수출도 '포호(舖戸)'에 수량을 보고하게 한다. 中江監督諭, 光緖8年9月14日,『淸季中日韓關係史料』626番附件. 청대의 상관에서 현지의 포호 및 아행(牙行)에 의한 징세 청부가 널리 있었다는 사실은 瀧野正二郎(1988).

119 張存武(1978), 100쪽.

된다. 게다가 거래를 중개하는 중개인도 자유로운 참가가 허용되지 않고 관허를 필요로 했기 때문에 국경에서의 육로무역 자체의 참가자는 양국 모두 꽤 한정적이었다고 할 수 있다. 양국 상인 간의 장기적인 상호정산이나 어음을 통한 신용 유통을 전제로 한 육로무역의 관행이 성립될 수 있었던 것도 그러한 이유 때문일 것이다.[120]

이 장을 통해 살펴 본 유증상도 이와 같은 육로무역 참가자 중 하나였다고 생각한다. 그리고 육로무역의 조선 측 참가자들과의 관계를 통해 현흥택과 오경연과도 접촉하게 된 것이다. 유증상이 장기 어음으로 별부삼 지급을 행한 것도 기존의 육로무역의 관행에 따른 것이었다고 할 수 있다. 하지만 별부삼의 경우, 수출권이 국왕에게 귀속되는 유례없는 형태였기 때문에 이전에는 육로무역의 참가자 사이에서만 유통되던 어음이 서울로 반출되어 조선정부의 차관 상환에 쓰인 것이다. 동래복도 마찬가지로 육로무역 안에서 발행한 어음이 모종의 형태로 조선정부의 손에 넘어가 차관 상환에 이용된 듯 싶다.

이 장에서는 개항 후의 홍삼 관리체제를 별부삼, 즉 국왕이 수출권을 가지는 홍삼을 중심으로 검토했다. 별부삼이라는 제도는 분산적이고 유연성이 낮은 조선 왕조의 전통적인 재정시스템 아래에서 개항 후의 재정 지출 팽창에 대응하기 위한 방안의 하나로 만들어졌다. 또한 별부삼을 실제로 수출한 것은 기존의 책문후시 때부터 육로무역에 종사해

---

120 국경 무역에서의 신용 거래가 언제까지 거슬러 올라가는지는 불분명하지만, 조선 상인의 부채가 외교문제화된 1727년의 '청채(淸債)' 사건 등의 전례가 있다. 山本進(2014)는 1730년의 김초서 사건을 단서로 양국 상인 간의 신용 거래가 상당히 긴밀하고 또는 항상적이었음을 지적한다(272쪽). 이러한 관행을 성립시킨 구체적인 조건에 대해서 더욱 검토할 필요가 있다.

온 화상이었다. 이 사례는 1880년대 개화 정책이 전통적인 재정시스템 및 무역체제와 분리해서는 생각할 수 없음을 보여준다.

다음으로 상인의 입장에서 이 사례의 의미를 생각해 보자. 1880년대 시작된 조선 화상의 활동은 동아시아 개항장 간 이동의 일환이라는 형태로 이해해야 할 측면이 분명히 있다. 제1장에서 살펴본 덕흥호는 그 대표적인 예이다. 하지만 그러한 측면에만 주목하면 전통적인 조청관계 속에서 경험과 인맥을 축적해 온 화상의 존재는 보이지 않게 된다. 책문에서 활동해 온 유증상이 개항 후 서울에 손조길을 파견하여 새로운 별부삼의 수출에도 응한 것처럼 전통적인 육로무역의 경험을 가진 화상이 환경 변화에 대한 대응의 일환으로 조선 국내에 진출하려고 한 예도 적지 않았던 것은 아닐까.[121] 개항 초기 일본인 상인 중 왜관 무역의 경험을 쌓은 쓰시마對馬 출신자가 많았다는 것을 생각하면 이러한 가설도 이상하지는 않다.

그리고 이와 같은 측면은 조선인 상인에게도 적용된다. 전통적인 대일 및 대중무역에 종사해 온 동래와 의주 상인이 인천 등으로 이동하여 개항장 무역에 종사한 사례가 있음은 이미 지적하였다.[122] 특히 의주에서는 육로무역의 쇠퇴가 돌이킬 수 없을 정도로 진행된 상황이었기 때문에 상업활동을 계속하려는 상인에게는 서울이나 개항장으로의 이동은 불가피한 선택이었을 것이다.[123] 〈표 3-1〉에 나타나는 정승조도 아

---

121 유증상의 예는 특수한 것은 아니다. 예를 들면 1892년 서울의 화상 의흥륭(義興隆)은 구련성의 화상 집상영(集祥永)으로부터 출자를 받았는데, 서울의 '연상(燕商, 대중무역상)' 류성근(柳星根)에게 집상영의 대금을 받기 위하여 용산 상무위원에게 소송을 냈다. 義興隆 → 龍山商務委員(稟), 光緒 18年 8月, 『商民紛糾-龍山』(使館檔案 1-41-30-35). 漢城府少尹 → 龍山商務委員(照會), 光緒 18年 8月 17日, 『華商蔡重里還交證案追索缺款案』(使館檔案 1-41-47-65).

122 이병천(1984); 오미일(2008), 54~59쪽.

버지 대부터 수십 년에 걸쳐 유증상과 거래해 왔는데 장사에 실패하고 나서 서울로 옮겨 '경기' 즉, 중개인으로 먹고 살았다고 한다.[124] 이는 반드시 소극적인 행동이었다고는 할 수 없다. 급속도로 화상이 증가했던 서울이나 인천에서 중국의 상관습을 잘 알고 중국어도 구사하는 의주 출신자가 활약할 여지가 적지 않았을 것이기 때문이다.[125]

개항장 제도 그 자체는 분명히 조선에 있어서 외래적인 것이었지만 이것이 조선에 정착하는 가운데 전통적인 제도나 상업 관행이 영향을 미친 것은 의심할 여지가 없다. 이러한 과정을 증명해 감으로써 조선에서의 개항의 의미를 보다 다면적으로 이해할 수 있을 것이다.

---

123 중국해관연보에 의하면 책문 무역의 쇠퇴에 의해 의주의 영향력 있는 조선인 상인(influential Corean merchants)의 대부분이 개항장으로 옮겨 갔다. China Imperial Maritime Customs, *Trade Reports for 1881*, Newchwang, p. 13.

124 주 99)·102) 참조.

125 서울에서 화상의 거래를 중개하고 통역 서비스를 제공하는 '경기' 중에 의주 출신자가 있었던 것은 사료를 통해서도 확인할 수 있다. 이 책의 제4장 주 50)·51)을 참조.

제4장

화상의 조선인 대상 거래와 분쟁 처리

서울에서의 소송 사례로부터

1882년 조중상민수륙무역장정朝中商民水陸貿易章程은 개항장에서 화인의 거주와 영업을 인정했을 뿐만 아니라 수도 서울(한성) 및 한강에 면한 교외 지역, 양화진楊花津(후에 마포로 이름을 바꿈)에 화교의 '개설행잔開設行棧'을 허용했다.(개잔권開棧權1)) 장정의 조문은 자세한 의미를 정의하지 않았지만, 점포 상설을 인정한 것으로 해석할 수 있으며 다른 나라와의 조약도 이를 답습하거나 최혜국대우로 똑같은 혜택을 받음으로써(균점均霑) 서울은 사실상 개시장開市場이 되었다.[1] 〈표 서-6〉처럼 1880년대 후반에는 서울의 화인 인구가 개항장보다 많아졌으며 이는 서울로의 유입이 급속도로 진행되었음을 말해준다. 청일전쟁 직전 서울에서는 '일본 상인 7백 명'에 비하여 '청국 상인은 2천 5백 명'이 활동하고 있었다고 한다.[2]

---

1 손정목(1982), 178~182쪽. 또 朴俊炯(2012), 第4章, 박준형(2012)은 한성 개잔의 법적 성격을 둘러싼 논의를 분석한다.
2 塩川一太郎, 『朝鮮通商事情』, 八尾書店, 1895, 76쪽. 단, 청일전쟁 이후가 되면 일본인 수가 급증하여 화인 수를 넘어선다. 朴俊炯(2012), 141쪽.

조선정부는 서울 개방에 처음부터 소극적이었으며[3] 1883년 조영조 약朝英條約 이후 다른 나라와의 조약에서도 '청이 개잔(개설행잔)의 권리를 해소하면' 자국민도 서울에서 퇴출시키는 취지의 부속 문서를 첨부하 게 했다. 개잔 해소를 거듭 요구하는 조선정부에게 청도 1886년에는 이 를 일단 인정하고 화인을 한성 밖 용산으로 이동시키기로 약속했지만 이전 비용의 보상이 충분치 않다는 것을 빌미로 연기하여 결국 실행에 옮기지 않았다.[4]

한편, 개항장에는 어떠한 형태로든 거류지가 설치되어 외국인이 거주 했지만 서울에는 끝까지 거류지가 설치되지 않았다. 사실상 잡거지가 된 서울에는 외국인이 밀집하는 주거지가 몇 군데 형성되었다. 화인이 많이 거주한 것은 도성 정문인 숭례문을 지나 성안 중심인 종루鐘樓로 향하는 도로(현재의 남대문로)변 일대이며 전통적인 상업 지구로 진출하는 형태였 다. 반면에 일본인은 성안 남쪽 주변의 이현泥峴이라고 불린 지역에 모였 다. 이들 화인과 일본인의 상당수는 각종 상인이나 도시적인 서비스업에 종사하는 사람들이었다고 봐도 좋을 것이다. 서양인 수는 적었고 선교 사, 외교관 그리고 그들 가족이 외국 공사관이 몰려 있는 성안 서부의 정 동貞洞 근처에 살았다.

서울에 진출한 외국인 상인에 대하여 조선정부뿐만 아니라 서울의 조 선인 상인 사이에도 퇴거를 요구하는 목소리가 커지면서 1887년, 1889 년, 1890년 세 차례에 걸쳐 철시撤市, 즉 상점 파업이 일어났다. 특히 1890 년 철시는 일주일에 걸쳐 이루어졌으며 조선정부는 다시 천진天津에 사

---

3 秋月望(1985), 109~110쪽.
4 서울의 개잔, 철잔(撤棧)문제의 경위에 대해서는 손정목(1982), 182~193쪽, 김희신(2010a).

절을 보내 이홍장李鴻章에게 개잔권 포기를 요청했지만 이홍장은 이에 응하지 않았다.[5]

이러한 철시는 시전市廛에 속하는 유력 상인층이 주도적인 역할을 하여 이루어졌다.[6] 시전이란 서울에서 특정 상품의 독점적인 판매권을 인정받은 상인 조직으로, 그 대가로 일정한 세금을 정부에 납부하였으며 규모가 큰 경우에는 공용품 납품이나 왕궁 수리 등 국역國役이라 불리는 의무가 부과되었다. 시전 제도는 조선 왕조 건국 초기부터 있었지만 그 수는 17세기 중반부터 늘어나기 시작하여 18세기 말에는 120개에 달했다.[7] 정부는 시전 수와 특권 억제를 시도했지만 면포를 취급하는 백목전白木廛이나 면직물을 취급하는 입전立廛 등 육의전六矣廛이라 총칭하는 대시전大市廛은 1894년까지 독점권을 보유했다. 이들 시전은 특권 대상 상품을 스스로 거래함과 동시에 구성원 이외의 상인에게 분세分稅라고 부르는 세금을 부과해 해당 품목의 거래를 인정했다.[8]

외국인 상인은 수출입품 거래에 있어서 해관세 이외의 국내 과세를 조약상 면제받았고 서울에서도 시전 특권을 무시하고 활동하다 보니 종종 마찰을 일으켰다.[9] 또 시전에 속하지 않는 조선인 상인이 외국인의 이름을 빌려 분세를 면하려는 일도 자주 발생했다.[10] 그렇지 않아도

---

5 철시 사건에 대한 전문적인 논문으로 김정기(1989). 또 손정목(1982); 박경룡(1995), 145~156쪽; 朴俊炯(2012); 박준형(2012)도 사건의 개요를 정리한다.

6 김경태(1985), 205~212쪽.

7 고동환(2013), 140쪽.

8 변광석(2001), 166쪽; 고동환(2013), 149쪽.

9 예를 들면 1888년에는 백목전(면포전)이 일본인 상인에 의한 전라도산 면포 판매에 항의하여 통리아문(統理衙門)이 일본공사에게 판매 중지를 요구했다. 1891년에는 어물전 또한 일본인이 서울에서 조선산 수산물을 판매하는 것에 항의했다. 김경태(1985), 207쪽.

10 1885년에는 백목전, 청포전, 입전이 공동으로 통리아문에게 '우리나라 모리배(我國牟利之輩)'가 외국인에게 '신분을 빌려(籍托)' 세금을 면하려는 것을 금지하도록 호소했다. 통리아문도 이에

무역에 따른 유통구조나 물가체계의 변화는 기존 조선인 상인에게 큰 부담이 되었으며 외국인 상인을 표적으로 한 철시 사건은 조선인들 사이에 쌓인 불만과 불안이 분출한 것이라고 할 수 있다.

이처럼 1880년대 반복된 철시 사건은 서울의 외국인 상인과 조선인의 관계를 반영하는 것으로 주목되어 왔다. 이 사건은 청에 대한 개잔 해소 요구와 관련이 있었다는 점에서 당시의 조청관계를 반영한 것이라고 할 수 있으나, 이와 동시에 영국을 비롯한 다른 나라들이 청을 모방하여 한성 개잔권을 누린 점이나 관의 거래 개입, 내지과세를 금하는 자유무역주의가 내외상內外商 간의 긴장을 고조시킨 점 등을 합쳐서 생각하면 조청관계에 그치지 않고 이른바 불평등조약체제가 전체적으로 내외상 사이의 관계에 강한 영향을 미쳤음을 보여주기도 한다.

한편 내외상 간의 구체적인 거래에 대해서는 거의 논해진 적이 없다. 가끔 대립 상황이 표면화된다고는 해도 배후에는 일상적인 거래가 있었을 것이다. 전통적인 특권에 의거한 시장 규제가 느슨해지는 가운데 외국인 상인과 조선인 상인과의 거래는 어떠한 규칙 아래에서 행해졌을까. 그리고 양자 사이에는 어떠한 마찰이 생기고 어떻게 해결되었을까. 이와 같은 시장질서는 국가 간 관계를 일방적으로 반영한 것이라고는 보기 어렵고 상인들 자신이 개별적인 거래를 쌓아 가는 가운데 자생적으로 형성되었다고 생각한다.

이에 이 장에서는 청일전쟁 이전 서울에서 일어난 조선인과 화상의 소송 안건을 다룬다. 여기에서 사용하는 것은 이른바 영사 재판 제도에

옹답했지만 실효성이 있었는지는 불분명하다. 「六矢廛」, 『日韓通商協會報告』 1, 1895, 112쪽; 변광석(2001), 243쪽.

관련된 사료로 그 자체는 국가의 시장 개입을 반영한 것이라고 할 수 있는데, 상인이 제출한 소장이나 진술은 소송의 계기가 된 거래 실태를 생생하게 보여줄 뿐만 아니라 소송 제기에 이르기 이전 단계에서 상인들 스스로가 다양하게 시장 질서 유지를 꾀하고 있었음을 전해준다.

1. 사료의 성격 – 주한사관보존당안에 대하여

중앙연구원 근대사연구소中央研究院 近代史研究所의 주한사관보존당안駐韓使館保存檔案은 청조 및 중화민국이 서울에 두었던 공사관, 총영사관 및 이에 상당하는 기관에 축적된 사료군史料群이다(이하, 사관당안이라 약칭). 이 사료군에는 공문서 외에 기관 운영이나 인사에 관한 기록, 화인의 각종 신청서 등 다양한 사료가 포함되고 내용에 따라 폴더에 정리되어 있다. 1883년 총판상무위원總辦商務委員인 진수당陳樹棠이 서울에 부임한 이후부터 대체로 1930년대 중반까지의 문서가 거의 빠지지 않고 보존되어 있다(다만 뒤에서 설명하겠지만 모든 문서가 원형 그대로 남아 있는 것은 아니다). 이 사료는 2004년부터 차례로 공개되어 이를 이용한 연구도 늘어나고 있다.[11]

이 책의 제1장, 제2장에서도 이미 이 사료를 이용했지만 다시 한번 청

---

11 이 사료는 1999년 대만 외교부로부터 중앙연구원 근대사연구소 당안관으로 이관되었는데, 그중에서 청 말기 부분은 2004년에 디지털 이미지가 공개되었고 2006년부터는 제2차 세계대전 종전 전의 중화민국기 부분도 같은 형태로 공개되었다. 사료에는 당안관의 기존 분류법에 따라 '전종(全宗)-계열(系列)-종(宗)-책(册)'의 청구 기호가 부여되어 있고 '주한사관보존당안'은 그중 계열 명에 해당한다. 전종을 기준으로 건수와 수록 연대를 정리하면 다음과 같다.

일전쟁 이전의 사관당안의 성격을 정리해 두겠다. 먼저 사료의 생성과 관련하여 서울에 있던 청조 측 기관을 살펴보도록 한다. 1882년 조중상민수륙무역장정은 북양대신北洋大臣[2]이 조선의 각 개항장에 상무위원을 파견하도록 했지만(제1조) 그것은 당장 실현되지는 않았다. 1883년 7월에 제정된 파원관리조선상무장정派員辦理朝鮮商務章程에서는 서울에 총판상무위원 한 명만 두고 인천 상무위원을 겸임하도록 정해졌다.[12] 이에 따라 서울에 파견된 것이 진수당이며, 진수당은 서울의 거류민 사무를 관장하는 한편, 사실상 청조를 대표하여 외교 협상에도 나섰다. 이후 화상이 증가하자 진수당은 북양대신을 설득하여 우선 인천에 전임상무위원을 두고 나아가 부산과 원산에도 상무위원을 파견시킨 것은 이미 제1장에서 살펴본 대로이다.

갑신정변을 이후 청조의 조선 정책이 변화하는 가운데 진수당은 1885년 1월 경질되고 원세개袁世凱가 총판상무위원에서 격상된 총리교섭통상사의總理交涉通商事宜를 맡아 서울에 부임했다. 원세개가 청조를 대표하여 청일전쟁 직전까지 강한 권력을 휘두른 것은 잘 알려져 있다. 한편 서울의 거류민 사무에 관해서는 따로 한성 상무위원이 있어[13] 1886년 2월

전종	종(건수)	책(건수)	연대
총리각국사무아문	77	569	1882~1902
외무부	289	289	1901~1911
외교부	236	933	1912~1933 · 1943

위의 건수는 당안관이 과거 웹사이트 상에서 공개한 관장당안목록청단(館藏檔案目錄淸單)(http://archives.sinica.edu.tw/main/directory.html, 2006.12.28 열람)에 의한다. 또한 한국에서는 2010년경부터 이 사료에 착안한 연구가 증가했다. 전부를 들 수는 없지만 문서의 생성 과정과 당안의 전체상에 관해서는 김희신(2011b)이 상세히 분석하였고 각 폴더 해제로는 박정현 외(2013)가 있다. 또 소송 안건을 다룬 사례 연구로는 청일전쟁 후에 관한 이영옥(2007), 박정현(2013) 등이 있으며 소송 안건 전체의 경향성을 수량적으로 분석한 송규진(2014)이 있다.

12 李鴻章(北洋大臣) → 總理衙門(函), 光緖 9年 6月 25日, 『淸季中日韓關係史料』卷3, 741番.

부터 원세개의 수행원인 담갱요譚廣堯가 이를 겸임했다.[14] 이 해 6월부터는 한성 상무위원은 담갱요가 전담했으며 앞에서 언급한 바와 같이 화인의 용산 이동이 논의되던 시기였으므로 명칭도 용산 상무위원으로 변경되었다.[15] 담당자는 종종 바뀌었지만[16] 1889년 1월 당소의唐紹儀가 부임한[17] 후에는 그가 청일전쟁까지 이 직무를 맡았다.

즉 청일전쟁 이전 서울에는 청조의 파견 기관으로서 1882년부터 1885년까지 총판상무위원, 1885년부터 총리교섭통상사의가 있었고 1886년부터는 이와 더불어 한성(후일의 용산) 상무위원을 두었다. 따라서 청일전쟁 이전의 사관당안에 포함되는 것은 기본적으로 이 세 기관이 보내거나 받은 문서인 셈이다.

다음으로 사료 내용에 관하여 현재의 소장기관인 중앙연구원 근대사연구소 당안관의 목록을 통해 개략적으로 살펴보겠다. 이 목록에서는 청 말기 사관당안을 중분류인 '종宗'을 기준으로 책임자의 이름과 내용에 따라 분류한다. 예를 들면 총리교섭통상사의, 즉 원세개가 수·발신한 조선정부와의 교섭에 관한 폴더는 '원세개 : 중한 교섭'이라는 종으로 정리되어 있다. 청일전쟁 전의 문서를 담은 각 종에는 '진수당 : ~', '원세개 : ~', '당소의 : ~' 중 하나의 제목이 붙어 있으며 각각 총판상무위원, 총리교섭통상사의, 한성 및 용산 상무위원이 보내거나 받은

---

13 원세개의 부임에 따른 기관 편성 변경에 대해서는 林明德(1970), 123~135쪽.
14 袁世凱 → 總理衙門(函), 光緒 12年 1月 17日, 『淸季中日韓關係史料』 卷4, 1119番.
15 袁世凱 → 總理衙門(函), 光緒 12年 5月 15日, 『淸季中日韓關係史料』 卷4, 1148番.
16 1886년 5월에 이음오(李鴻章 → 總理衙門(函), 光緒 12年 4月 11日, 『淸季中日韓關係史料』 卷4, 1142番), 같은 해 11월에 진동서(陳同書)(李鴻章 → 總理衙門(函), 光緒 13年 2月 19日, 『淸季中日韓關係史料』 卷4, 1203番), 1888년 5월에 홍자빈(洪子彬)(李鴻章 → 總理衙門(函), 光緒 14年 4月 10日, 『淸季中日韓關係史料』 卷5, 1347番).
17 李鴻章 → 總理衙門(函), 光緒 15年 10月 9日, 『淸季中日韓關係史料』 卷5, 1462番.

〈표 4-1〉 청일전쟁 이전의 사관당안(「종」 별 권수)

	진수당	원세개	당소의
중한 교섭	3	11	4
각국 교섭		10	6
변계(邊界)	1	1	1
조약	1		
조계		4	
개부(開埠)	2	1	2
상무	17	21	30
세무	1	8	6
교무(僑務)		7	2
광무	1	4	
어업		1	
학무	1	1	1
군사	2	7	1
인사	8	32	13
호조집조(護照執照)	2	8	6
소송안건	27	41	72
연도안건(煙賭案件)			4
금령(禁令)		10	2
윤선초상국	3	4	8
수건공정(修建工程)	4	8	6
임내왕래문건(任內往來文件)	7	10	5
잡항(雜項)		4	2
합 계	80	193	171

출처: 본문의 주11) 참조, 단, 공란은 해당 사항 없음을 나타낸다.

문서로 볼 수 있다.

〈표 4-1〉은 청일전쟁 이전 각 종의 부책(簿冊3) 수를 정리한 것이다. 현소장기관에 의한 분류가 사료의 본래 상태를 어느 정도 반영하는지는 불명확하지만[18] 내용의 대략적인 경향을 파악하는 데는 문제가 없을

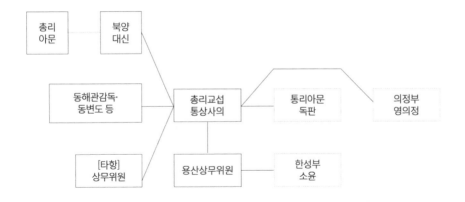

〈그림 4-1〉 사관당안에 포함되는 공문서의 범위(1890년경)
출처 저자 작성.
주 '총리아문'과 '북양대신'을 맺는 점선은 『청계중일한 관계사료』의 수록 범위를 참고하기 위해 붙인 것이다.

듯싶다. 좁은 의미의 외교에 관한 것이라 할 수 있는 '중한 교섭'이나 '각
국 교섭'은 많지 않은 반면, 거류민 보호·관리, 관내 인사에 관한 문서
가 많이 남아 있는 것을 알 수 있다. 그중에서도 전체(444권)의 3할을 넘
는 140권이 '소송 안건'에 속한 것이 눈길을 끈다. 조중상민수륙무역장
정에 의거하여 청조는 조선에서 영사재판권을 보유하고 있었는데 이에
관한 사무가 출장 기관의 중요한 업무였다는 사실을 확인할 수 있다.
이 장의 주요 분석 대상도 여기에 포함되는 문서이다.

그런데 사관당안의 중심은 관공서 간을 왕래하는 공문서이며 사문
서나 다른 기록 대부분은 관계 공문서의 부록이라는 형태로 수록된다.
〈그림 4-1〉은 사관당안에 포함되는 공문서의 범위를 1890년경을 예로

---

18 저자가 확인한 범위에서 말하면 사료는 원래의 당안 파일 안에 들어간 상태로 보존되는 것 같
   다. 그리고 각 문서는 대략 시계열 순으로 이어 붙인 상태이다. 이러한 사실로부터 분류 기호
   등은 후에 붙여진 것이지만 사료의 원래 체계에는 큰 변화가 없었다고 볼 수 있다.

하여 그림으로 나타낸 것이다. 굵은 실선으로 둘러싸인 총리교섭통상사의(원세개)와 용산 상무위원(당소의)이 사관당안의 생성 기관인 것은 앞에서 말한 바와 같다.

우선 청 측 기구를 살펴보면 총리교섭통상사의는 천진 북양대신의 지휘를 받으면서 동시에 용산 및 인천, 부산, 원산의 각 상무위원을 지휘하는 처지였기 때문에 이 경로에 따른 문서가 가장 많다. 그리고 총리교섭통상사의는 연대煙臺의 동해관감독東海關監督이나 봉황성鳳凰城의 동변병비도東邊兵備道 등 청국 내에 소재한 다른 기관들과도 필요에 따라서는 연락했다.

또한 그림에서는 북양대신과 총리아문 사이를 점선으로 연결하는데 이는『청계중일한관계사료淸季中日韓關係史料』(중앙연구원 근대사연구소 편, 1972)의 수록문서를 나타낸다. 이 사료는 총리아문에 축적된 '조선당朝鮮檔'을 정리한 것으로, 여기에 포함되는 조선의 현지 정보는 오로지 서울의 진수당과 원세개로부터 북양대신 이홍장에게 보고된 후 이홍장의 견해를 덧붙여 총리아문(관저)로 회부한 것이다. 따라서『관계사료』와 사관당안은 사료로서 상호 보완적이라고 할 수 있는데 조선에서의 사건이 모두 빠짐없이 북양대신에게 보고된 것은 아니며 특히 거류 화인華人에 관한 문제 대부분은 조선 내에서 처리되었기 때문에『관계사료』에는 반영되어 있지 않다.

한편 조선 측 기구를 살펴보면 총리교섭통상사의는 보통 외교를 관장하는 통리교섭통상사무아문統理交涉通商事務衙門(통리아문)의 독판督辦(장관)과 조회照會4)를 주고받았으며 의정부의 영의정에게 조회를 보내기도 했다. 그리고 용산 상무위원과 유사하고 관련이 있었던 것은 1887년에 신설된 한성부 소윤少尹으로 주로 거류민 사무와 관련해서는 양자 사이에

서 조회를 주고받았던 것으로 보인다.[19]

조선 측 외교문서로는 통리아문이 각국 대표 기관과 주고받은 문서들이 『구한국외교문서』(고려대 아세아문제연구소, 1965)로 정리·간행되었다.[20] 사관당안 가운데 총리교섭통상사의가 통리아문과 주고받은 조회의 상당 부분은 여기에도 수록되어 있다. 단 총리교섭통상사의가 의정부 등 조선의 다른 관공서와 주고받은 문서는 포함하지 않는다. 또한 용산 상무위원과 한성부 소윤이 설치된 후 서울 거류 화인에 관한 교섭은 통리아문을 거치지 않아 이에 관한 문서도 『구한국외교문서』에는 기본적으로 포함되지 않는다.

이처럼 사관당안에는 다른 사료로는 파악할 수 없는 문서가 많이 들어 있다. 그리고 여기에서 다룰 서울의 화인 관련 소송 문서는 그중 하나라고 할 수 있다.

2. 서울에서의 소송절차 개요

1882년 조중상민수륙무역장정에서는 청의 일방적인 영사재판권을 규정했다. 이에 따르면 조선에서 일어나는 양 국민 간 분쟁에서 화인이 피고인이면 청의 상무위원이 재판권을 가질 뿐만 아니라 조선인이 피

---

19 한성부의 장관은 판윤(判尹)인데, 각국 영사와의 교섭 담당자로서 판윤은 계급이 너무 높다는 이유로 판윤을 대신하여 외국인 관련 소송을 전담시키기 위해서 소윤이 만들어졌다. 초대 소윤은 김학진으로 1887년 8월 11일(광서 13년 6월 22일)에 임명되었다. 『고종시대사』 제2집, 고종 24년 6월 18일조, 고종 24년 6월 22일조.
20 원본은 서울대 규장각한국학연구원에 소장되어 있다.

고인 경우에도 조선지방관과 청의 상무위원이 '회동會同'하여 재판하도록 하여21(회심제會審制), 피고주의를 원칙으로 하는 일반 영사재판권에 비해 조선이 더 불리한 형태였다.22 그러나 구체적인 소송절차는 규정하지 않았다.

개항장에서는 상무위원과 조선 측 지방관, 즉 개항장 감리監理가 재판을 맡았지만, 서울의 경우 처음에 총판상무위원들과 관계를 맺은 것은 한성부가 아니라 통리아문 독판이었기 때문에 재판도 이 두 사람이 맡았다. 앞에서 설명한 바와 같이 한성(후일의 용산) 상무위원과 조선 측의 한성부 소윤이 설치되면서 소송도 이 양자 사이에서 처리되기 시작했다.

다음은 화인이 원고가 되어 조선인을 고소할 경우의 소송절차에 대하여 검토한다. 화인의 소송은 먼저 상무위원에게 품稟(아래에서 위로 상신하는 문서) 형태로 제출되었다. 이하에서는 이를 편의적으로 소장이라고 부른다. 다음은 1889년 용산 상무위원에게 제출된 소장의 예이다.

통치하에 있는 광방(廣幇) 동순태(同順泰)의 담이시(譚以時)[담걸생(譚傑生)]가 기세를 믿고 채무 불이행하는 것을 조사해 주시도록 품으로 부탁드립니다. 저는 몇 년째 서울에 점포를 차려 사업을 하고 있습니다. 지난해 12월 초 첫날의 일입니다. 이동(犁洞)에 사는 조선인 김상우라는 자는 지위가 있

---

21 "中國商民在朝鮮口岸, 如自行控告, 應歸中國商務委員審斷, 此外財産罪犯等案, 如朝鮮人民爲原告, 中國人民爲被告, 則応由中國商務委員追拿審斷, 如中國人民爲原告, 朝鮮人民爲被告, 則應由朝鮮官員將被告交出, 會同中國商務委員, 按律審斷."(제2조).

22 1876년 조일수호조규(朝日修好條規)는 단순한 피고주의 영사재판을 규정했다. 1883년의 조영조약(朝英條約)은 조선에서 이루어지는 재판에 대하여 서로 '청심(聽審)'할 수 있다는 규정을 만들었다. 1899년 조청조약(朝淸條約)은 쌍무적인 영사재판권을 규정했는데 거기서도 '청심' 규정이 만들어졌다. 은정태(2009), 12~15쪽.

고 부유하기도 하여 왕래는 없어도 잘 알고 있었는데 [이 자가] 표양포(漂洋布) 다섯 필을 한 필에 3.6원 모두 합쳐 양은(洋銀)[5] 18원으로 사 가면서 연내에 지불하겠다고 약속했는데 미루어 지금까지 한 푼도 내지 않았습니다. 저는 그에게 독촉했지만 어찌 된 일인지 그는 이치에 맞지 않게 자신의 지위를 방패삼아 위력으로 성의를 무시하고 갚지 않습니다. 또 박용식이라는 자는 저의 가게와 오랫동안 거래가 있고 지금까지 연체는 없었습니다만, 이번 3월에 사 간 상품에 대해서 일부만 지불하고 나머지 4만 640문(文)을 내지 않은 채 소식을 끊어 못 만나고 있습니다. 저는 그를 찾아 독촉했지만 속이기만 하고 지불할 의사가 보이지 않습니다. 할 수 없이 제가 진실을 말하고 헌대대인(憲臺大人)[당소의]에게 부탁 말씀을 드리는 것은 저의 곤란함을 불쌍히 여기고 조선 관리에게 조회하여 김상우와 박용식이라는 두 명을 엄하게 추궁하여 제 돈을 모두 갚도록 적절히 조처해 주시는 것이며, 불법을 혼내주고 저의 이국에서의 삶을 편안하게 해 주시면 더 이상의 감격은 없습니다. 광서 15년 11월 15일, 통치하의 광방 동순태가 삼가 품을 드립니다. [인영(印影): 용산화상광방동사착기(龍山華商廣幇董事戳記)][23]

---

23 譚以時(同順泰) → 唐紹儀(龍山商務委員)(稟), 光緒 15年 11月 15日, 『華商控朝人缺款案』(使館檔案 1-41-47-17). 〈표 4-2〉의 소장 19에 해당한다. 품의 수신처는 명시되어 있지 않은데 이 부책이 '당소의: 소송 안건'에 포함되어 있으므로 용산 상무위원으로 보면 된다. 원문은 다음과 같다. "具稟治下廣幇同順泰譚以時, 爲恃勢抗債懇恩追究事, 竊商號在漢城開設生理歷有年, 前於上年十二月初一日, 有鮮人梨洞居士金相愚, 功名在身亦是富室, 雖無來往而頗覺熟識, 買去漂洋布五正, 3.6元, 合洋銀十八元正, 約定年內歸還, 延至於今分文未給, 商向伊索討, 詎伊不出理言, 恃其功名, 爲護身之符, 以勢相欺誠心抗賈騙, 再有朴蓉湜與商號交易多年, 從無拖欠, 自今春三月買去貨物, 除還下欠錢四十吊零六百四十文, 自此抗債絶交永不相見, 商尋伊索討, 伊推托支吾, 橛絕 無還賑之意, 商情無出無奈, 只得一倂據寔瀝陳叩懇憲臺 大人, 俯恤商艱,恩准轉照朝鮮官[衙]門, 嚴追金相愚与朴蓉湜二人, 楚還商錢, 以儆頑梗而安商旅, 則商感荷無旣已, 光緒十五年十一月十五日治下廣幇同順泰謹稟" 강조점은 원 사료에는 없음. []안의 글은 뒤에 덧붙여 씀. 상무위원이 한성부에 대한 조회에 인용할 때 수정한 것으로 보인다. 번역은 가필 이전의 것을 따랐다. 아라비아숫자는 소주식 숫자.

이 소장은 화상 상호 동순태가 김상우, 박용식과 상거래를 하면서 발생한 두 건의 미지급 안건에 대하여 징수를 호소한 것이다. 문장 끝에 있는 '용산화상광방동사착기'의 인영을 통해서 광방, 즉 광동 출신자 단체의 대표자를 통한 형식으로 제출되었음을 알 수 있다. 그리고 '11월 16일 도착'이라고 별도로 메모한 부분이 있는 것으로 보아 동순태가 소장을 작성한 후, 광방 동사의 도장을 받고 하루 만에 상무위원에게 제출한 것이라 할 수 있다.

이러한 문서의 경로는 관례를 따른 것으로 보인다. 저자가 확인한 상업 관련 소장은 42건으로 광서 10년 및 14~17년(1884년, 1888~1891년)에 작성된 것인데(뒤의 〈표 4-2〉) 광서 10년의 6건 중 4건에는 '조선한성화상공소착기朝鮮漢城華商公所戳記'의 인영이 있고(2건은 인영이 없음), 또 광서 14~17년의 36건에는 전부 '용산화상북방동사착기龍山華商北幫董事戳記', '용산화상남방동사착기龍山華商南幫董事戳記', '용산화상광방동사착기龍山華商北幫董事戳記' 중 하나의 인영이 보인다.

서울의 화인 단체 중 최초로 설립된 것은 한성 화상공소漢城華商公所(중화회관이라고 하는 사료도 있다)이며 1884년 5월 총판상무위원 진수당의 명으로 조직되었다. 이 단체는 모든 거류민을 포섭하고 있었지만, 이듬해 1885년 산동山東 출신자를 중심으로 한 북방北幫과 그 이외의 남방南幫으로 분열되고, 1888년에 광동廣東 출신자의 광방廣幫이 남방으로부터 분리하여 남·북·광이라는 세 방이 병존하게 됐다. 방은 위와 같은 소송 접수 외에 토지 가옥 매매에 대한 증명, 거류증(면허증)이나 내지통상에 필요한 호조護照6) 발급을 상무위원에게 연결하는 등 자치적인 동향단체이자 행정 말단 업무를 분담하기도 했다. 방의 대표, 즉 동사는 방의

추대에 따라 상무위원이 임명했다.[24]

그리고 소장을 받은 상무위원은 제출자에게 수리했다는 확인을 '비批'[7]로 알려주는 한편[25] 조선 측 담당자(용산 상무위원이 다루는 소송의 경우 한성부 소윤)에게 조회했다. 위에 인용한 품의 경우 상무위원의 조회 그 자체는 확인이 어렵지만 다음과 같은 한성부 소윤의 회신(조복照覆)이 남아 있어서 처리 방법의 윤곽이 분명하게 드러난다. 회신의 발신일은 광서 15년 12월 28일이다.

조선 한성부 소윤의 성(기운)이 조회를 하여 회신합니다. 올해 11월 17일 전임자 재임 중에 다음과 같은 귀하의 조회를 받았습니다. '동순태호 담이시의 품에 따르면 "이동에 사는 조선인 김상우가 사 갔던 표양포 다섯 필에 대해서 양은 18원이 연내 지급 약속에도 불구하고 지금까지 1푼도 지급되지 않았고, 또한 박용식이 이 봄 3월에 구입한 화물도 일부만 냈을 뿐 나머지 4만 640문이 미지급 상태이며, 이후 지급을 거부, 소식을 끊어 만날 수가 없기에 조선 관아에 조회해 김상우와 박용식이 돈을 모두 갚도록 엄히 추궁하게 해 달라"고 해서 조회합니다. 신속히 조사한 후, 김상우와 박용식 2명을 잡아 바로 지급하도록 명령해 주십시오'라는 내용이었습니다. 이미 김상우와 박용식 두 사람은 구금되었는데 김상우의 주장에 따르면 화상 동순태에게 진 양은 18원의 빚은 이미 전액 준비되어 있어 머지않아 갚는다고 했습니다. 또 박용식의 주장에 따르면 그 자의 점원이 내년 1월 말까지

---

24 청일전쟁 이전에 성립한 남·북·광 세 방에 더해 1899년에 경방(京幇)이 성립했다. 화인 단체의 형성 과정과 기능에 대해서는 김희신(2010b)·(2011)을 따랐다.

25 본문에서 인용한 품에 대한 '비'는 불분명하지만, 다른 품의 예에 의하면 수리한 취지를 간결하게 알린 것에 그친 듯 싶다.

대신 준비해 모두 갚도록 약속했다고 합니다. 이 내용을 답변드리니 상응하는 조치를 해 주십시오.[26]

여기에 인용된 용산 상무위원의 조회에서 상무위원은 자신이 재판에 참여할 의사는 없으며 김상우 및 박용식의 조사와 대금 추징을 한성부에게 위탁한 것을 알 수 있다. 앞에서 언급한 것처럼 조중상민수륙무역장정 규정에서는 화인이 조선인을 고소했을 경우 청과 조선의 담당 관원이 합동으로 재판(회심)을 하게 되어 있었다. 그러나 실제로는 꼭 그렇게 운용된 것은 아니었고 상업 관련 안건의 다른 사례를 보더라도 합동 재판이 시행되는 경우는 적으며[27] 한성부에게 처리가 일임되는 경우가 많았던 것 같다.

이 사례의 경우 한성부 소윤이 조회를 받은 후 회신할 때까지 약 40일이 걸렸고 그 사이 한성부가 독자적으로 피고의 신병을 확보해 조사한 것이다. 다만 회신 문장은 경위에 대해서는 언급하지 않고 고소당한 상인들이 지급을 약속했다는 결론만을 전한다. 그래서 어떠한 법적 근거

---

26 成岐運(漢城府少尹) → 唐紹儀(照覆), 光緒 15年 12月 28日, 『華商控朝人缺款案』(使館檔案 1-41-47-47). 원문은 다음과 같다. "照覆事, 照得, 本年十一月十七日弊前任案內, 准貴照會內開, 據同順泰號譚以時稟稱, 鮮人犁洞居金相愚, 買去漂羊布五疋, 合洋銀十八元正, 約定年內歸還, 延至於今分文未給, 再有朴蓉湜今春三月買去貨物, 除還下欠錢四十吊零六百四十文, 自此抗債絕交永不相見, 懇請轉照朝鮮衙門, 嚴金相愚與朴蓉湜楚還商錢等情, 爲此備文照會, 卽請查照, 飭拘金朴兩姓到案, 淸款毋任拖累等因, 准此, 現經飭拘金朴兩姓到案, 據金相愚稟稱, 所負華商同順泰號洋銀十八元, 業已如數備齊, 不日歸還等語, 據朴蓉湜稟稱, 有伊野出義代爲約定, 來正月晦間措辦淸還等情, 據此, 相應照覆貴理事査照辦理可也, 須至照覆者."

27 재판은 소송 당사자 간의 주장에 차이가 생겼을 경우 등에 이루어졌다. 예를 들면 1891년에는 화상 신창호(信昌號)가 조선인 배춘백의 채무 불이행을 소송하자 배의 친족이 신창호에게 구타당했다는 반대의 소송을 했기 때문에 용산 상무위원은 이를 합동 심리하는 것을 제안하고 한성부 소윤도 받아들였다. 李建昌(漢城府少尹) → 唐紹儀(照覆), 光緒 17年 11月 7日, 『華商追韓人帳目』(使館檔案 1-41-47-60).

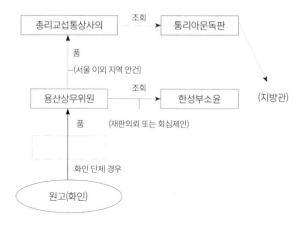

〈그림 4-2〉 소송 경로 (화인이 조선인을 고소하는 경우) (1890년경)
출처 저자 작성.

를 바탕으로 판결이 났는지는 분명치 않다. 이것은 다른 사례에서도 대체로 마찬가지이다.

이와 같은 소송 경로를 나타낸 것이 〈그림 4-2〉이다. 위에 인용한 동순태의 김상우 및 박용식을 대상으로 한 소송에서는 안건이 한성부 내에서 완결되기 때문에 공문서를 주고받는 것은 용산 상무위원과 한성부 소윤 사이에 그쳤지만, 안건에 따라서는 서울 이외의 지방에 걸치는 것도 있었다. 그러한 경우에는 그림에 나타낸 것처럼 용산 상무위원이 총리교섭통상사의(원세개)에게 품을 올리고 거기에서 통리아문에게 조회하여 관련 지방관에게 대응하도록 요구했다.[28]

조선인이 화인을 고소하는 경우의 절차에 관해서는 한성부 등 조선측 기관의 문서가 남아 있지 않고 사관당안에서 확인할 수 있는 건수도

---

28 1886년 이후의 『구한국외교문서』에 보이는 화상의 상업 관련 안건은 대부분 이러한 형태로 통리아문를 거쳤기 때문에 기록에 남아 있는 것이다.

〈표 4-2〉 사관당안에 수록된 상업 관련 소장 (청일전쟁 이전)

소장 번호	발신자(상호·성명)	인영 (화인 단체)	소장 날짜(광서)	수신자	청구기호
1	회기(匯記) (마종요(馬宗耀))	[없음]	10.02.09	총판 상무위원	1-41-12-5
2	영원순(永源順) (장시서(張詩緖))	[없음]	10.04.10	〃	1-41-12-8
3	화흥순호(和興順號) (포성오(包星伍))	漢	10.06.20	〃	1-41-12-16
4	생성호(生盛號) (왕경림(王景林))	漢	10.06.20	〃	〃
5	공순흥호(公順興號) 이순호(利順號)	漢	10.07.15	〃	1-41-12-19
6	중화흥(中華興) (강봉채(姜鳳彩))	漢	10.08.18	〃	1-41-12-20
7	화순호(和順號) (진자정(陳紫亭))	北	14.08.27	용산 상무위원	1-41-47-24
8	진강호(震康號) 순흥호(順興號) 익기호(益記號)	南	14.09	〃	1-41-47-28
9	영래성(永來盛) (왕간재(王簡齋))	北	14.09.09	〃	1-41-47-29
10	동성호(彤成號) 쌍성태(雙盛泰) 화순호(和順號) 개기호(蓋記號) 영래성(永來盛) 공원리(公源利)	北 南	14.11.05	〃	1-41-47-33
11	항리창호(恒利昌號) (왕성문(王星文))	北	14.11.15	〃	1-41-47-34
12	영래성(永來盛)	北	14.11.24	〃	1-41-47-32
13	쌍성태(雙盛泰)	北	15.06	〃	1-41-47-45
14	금성동(錦成東)	北	〃	〃	〃

소장 번호	발신자(상호 · 성명)	인영 (화인 단체)	소장 날짜(광서)	수신자	청구기호
15	용순복(湧順福) 영래성(永來盛) 광덕호(廣德號)	北	〃	〃	1-41-47-46
16	영래성(永來盛)	北	15.10.18	〃	1-41-47-47
17	쌍성태(雙盛泰)	北	15.11.04	〃	〃
18	복신호(復新號)	南	15.11.15	〃	〃
19	동순태(同順泰) (담이시(譚以時))	広	〃	〃	〃
20	동경화(同慶和)	北	15.11.19	〃	〃
21	흥장화호(興長和號)	南	15.11.24	〃	〃
22	보흥호(寶興號)	北	15.11.28	〃	〃
23	우흥호(佑興號) (이헌익(李獻益))	北	15.12	〃	〃
24	쌍성태(雙盛泰) (왕자번(王子蕃))	北	15.12.13	〃	〃
25	복신호(復新號) 근기호(謹記號) 헌기호(獻記號) 흥화장호(興和長號) 영태호(永泰號)	南	15.12.15	〃	〃
26	금성동(錦戌東) 공원리(公源利)	北	〃	〃	〃
27	영순공(永順公) 공원흥(公源興) 북공순(北公順) 용순복(湧順福) 회순호(和順號) 동순리(東順利)	北	16.04	〃	〃

소장 번호	발신자(상호 · 성명)	인영 (화인 단체)	소장 날짜(광서)	수신자	청구기호
28	용순복(湧順福) (포복산(鮑福山))	北	16.05.17	용산 상무위원	1-41-47-47
29	쌍성태(雙盛泰) (왕자번(王子蕃))	北	〃	〃	〃
30	공화순(公和順) (난덕무(鸞惪楙))	北	16.06.25	〃	1-41-47-54
31	공원흥(公源興) (엽종선(葉從先))	北	16.06.27	〃	〃
32	공화순(公和順)	北	16.07	〃	1-41-47-47
33	복신호(復新號)	南	16.09.10	〃	1-41-47-54
34	쌍성태(雙盛泰)	北	16.11	〃	1-41-30-34
35	동순태(同順泰)	広	17	〃	1-41-47-60
36	쌍성태(雙盛泰)	北	17.04	〃	〃
37	흥순호(興順號)	北	17.04.25	〃	〃
38	복신호(復新號)	南	17.05.15	〃	〃
39	북공순(北公順) 만생성(萬生成)	北	17.06	〃	1-41-47-72
40	신신호(信申號)	北	17.01	〃	1-41-47-60
41	금성동(錦戊東) 화순호(和順號) 동경화(同慶和)	北	17.11	〃	1-41-47-21
42	복신호(復新號) 지풍호(志豐號)	南	〃	〃	1-41-47-60

주 ① '발신자'는 상호명 외에 성명이 판명되는 자만 괄호 안에 성명을 기입했다. ② '인영'은 화인 단체의 인영, 이하의 약호로 표시했다. 漢: 朝鮮漢城華商公所鈐記, 北: 龍山華商北幫董事鈐記, 南: 龍山華商南幫董事鈐記, 廣: 龍山華商黃幫董事鈐記 ③ '수신자'는 수록 부책에 속하는 '종'에서 판단했다. 4) '소장 날짜'는 원 사료에 따라 연월일의 순으로 나타낸다. 연호는 모두 광서, 음력 그대로.

많지 않아 충분히 알 수 없다. 조중상민수륙무역장정에 의하면 화인이 피고가 되는 경우는 청 상무위원이 단독으로 재판을 시행한다. 조선인으로부터의 소송은 일단 한성부 소윤에게 제출하고 소윤이 조회하는 형식으로 용산 상무위원에게 전달되는 한편[29] 원고로부터 바로 용산상무위원 내지 총리교섭통상사의에게 제출하는 경우도 있었다.[30] 화인의 소송이 거의 예외 없이 〈그림 4-2〉의 경로를 따라서 이루어진 반면 조선인의 소송은 절차가 확립되어 있지 않았던 것처럼 보인다.

이 외의 소송에 관한 자료로는 관계자 소환장이나 법정 진술서 등이 있는데 소송절차의 더욱 엄밀한 복원은 향후의 검토를 기대해 보겠다.[31]

3. 화상과 조선인 상인 사이의 거래 형태

위와 같은 사료의 성격을 염두에 두고 그 안에 나타나는 상거래의 실태로 눈을 돌려보겠다. 화인이 원고인 소송은 상무위원에게 소장(稟)을 제출을 하면서 시작되었다. 이하에서는 이 소장을 주요 자료로 하여 화상과 조선인 상인 사이의 거래가 지니는 특징을 검토한다.

여기에서 이용하는 것은 〈표 4-2〉에 정리된 42건의 소장이다. 상거

---

29 黃耆淵(漢城府少尹) → 唐紹儀(照會), 光緒17年8月24日, 『華商追韓人帳目』(使館檔案 1-41-47-60).
30 嚴致弘原情, 丙戌十一月, 『朝鮮商民稟控各案』(使館檔案 1-41-12-25). 원정(原情)은 조선에서 사용된 소장의 형태로 이 경우는 원세개에게 직접 제출된 것으로 보인다.
31 본문에서 묘사한 소송절차는 청 측의 경우 본국의 것을 준용한 부분이 많은 듯 보이는데 구체적인 제도 형성 과정은 검토가 필요하다. 滋賀秀三(1984), 第1章. 또한 한국에서는 2000년대부터 근대 시기 국가 간 관계를 법제사적인 시각에서 재검토하는 연구가 나오고 영사재판권에 대해서도 주목하기 시작했다. 청의 영사 재판에 대해서도 정태섭·한성민(2007), 이은자(2009) 등의 사례 연구가 발표되었다.

<표 4-3> 상업 관련 소장에 나타나는 거래(청일전쟁 이전)

소장 번호	매도자	매수자 (거처)	중개자 (호칭)	거래일	상품	가격	지급 조건 현금	연불	불명
1	마종요 (馬宗耀)	최치기(崔致基) (간동(諫洞))	박순창(朴順昌) (거간(居間))	09.11.04	원보은(元寶銀) (8정)	전(錢) 400적(吊)		○	
2	영원순 (永願順)	김응오(金應五) (北門谷(북문곡))	장현근(張賢根) (동중(同中))	10.03.19	왜원(倭元) (7,481근)	전 576적	○	○	
3	화흥순 (和興順)	임학연(林學淵)	최치선(崔致善) (경수(經手)) 김규환(金奎換) (〃) 김백현(金伯賢) (〃)	10.05.10	철(5,942근)	전 244적		○	
	〃	〃	〃		철(6243근)	전 262적		○	
4	생성호 (生盛號)	임학연	김규환(金奎換) 경기(經紀)	10.윤5.14	철(4316근)	전 177적		○	
5	공순흥호 (公順興號)	류한세(劉漢世)	김원경(金元慶) (경기)	10.05		전 270적		○	
	〃	〃	〃			전 187적		○	
	이순호 (利順號)	〃	〃	10.05	양포(洋布)(91필)	전 224적		○	
	〃	〃	〃		성냥(洋火)(1상)	전 36적		○	
6	중화흥 (中華興)	이광순(李光純)	안덕재(安德載) (중인(中人)) 단우림(單于林) (통사(通事))	11.01	강철(3450근)	전 250적		○	
7	화순호 (利順號)	이동식 (만리창)	강위성(姜渭成) (경기)		철	전 648적		○	
8	진강호 (震康號)		김희주(金喜周) (거간)	17.08		전 128적		○	
	순흥호 (順興號)		〃	〃		전 31적		○	
	익기호 (益記號)		〃	〃		전 47적		○	

소장 번호	매도자	매수자 (거처)	중개자 (호칭)	거래일	상품	가격	지급 조건 현금	연불	불명
9	영래성 (永來盛)	조창한(趙昶漢) (청사방(靑四房))	박응순(朴應順) (경기)					○	
	〃	박한풍(朴漢豊) (입두방(立斗房))	〃					○	
	〃	김인완(金仁完) (입화방(立化房))	〃					○	
	〃	김 모(金 某)	〃					○	
10	동성호 (彤成號)	홍봉여(洪鳳汝) (서문(西門))	신영서(申永瑞) (경수)			전 18적		○	
	〃	〃				전 13적		○	
	쌍성태 (雙盛泰)	〃	이치명(李致明) (경수)	14.10.28		전 63적		○	
	화순호 (利順號)	〃	김재현(金在玄) (경수)			전 14적		○	
	개기호 (蓋記號)	〃	최규헌(崔圭憲) (경수)			전 84적		○	
	영래성 (永來盛)	〃	신영서(申永瑞) (경수)			전 227적		○	
	공원리 (公源利)	〃	김재현(金在鉉) (경수)			전 26적		○	
11	항리창호 (恒利昌號)	류병도(劉秉度)		14.11.06		전 38적	○		
12	영래성 (永來盛)	손경환(孫景換) (목신방(木新房))		14.10	양포(60필)	전 300적		○	
	〃	〃		14.11.17	붉은 금건 (紅洋標)(4필)	전 20적		○	
13	쌍성태 (雙盛泰)		이무경(李戊敬) (경기) 장화경(張和敬) (〃)	15.06.22	양사(洋紗)(30필)	전 42적	○		
14	금성동 (錦盛東)		이무경(李戊敬) (경기) 장화경(張和敬)	15.06.20	양시(洋柴)(1상)	전 40적		○	

소장번호	매도자	매수자 (거처)	중개자 (호칭)	거래일	상품	가격	현금	연불	불명
15	용순복 (湧順福)		이봉하(李鳳夏) (경기)	16.04		전 51적			○
	영래성 (永來盛)		〃	〃		전 6적			○
	광덕호 (廣德號)		〃	〃		전 6적			○
16	영래성 (永來盛)	조징윤(趙鼎閏) (탕기정동(湯器井洞))				전 94적		○	
17	쌍성태 (雙盛泰)	조대홍(趙大洪) (동문내(東門內))	조중여(趙仲汝) (경수인(經手人))	15.08.17	양포(20필)	전 121적		○	
	〃	〃	〃	15.08.19	양포(20필) 포대기 (搭連布)(1필)	전 126적		○ ○	
	〃	〃	〃	15.08.25	양포(20필)	전 120적		○	
18	복신호 (復新號)	김명덕(金明德) (일본가(日本街))		15.11.20	주화	전 52적		○	
	〃			15.11.21	주화				
19	동순태 (同順泰)	김상우(金相愚) (이동(駬洞))		14.12.01	표양포(漂洋布) (5필)	양은 18전		○	
	〃	박용식(朴蓉湜)		14.03		전 41적			○
20	동경화 (同慶和)	김성무(金聖武) (미동(美洞))	김희순(金希順) (중보인(中保人))	15.08.21	백설탕(白糖) (5필)	전 109적		○	
21	흥화장호 (興和長號)	박리순(樸履順)		15.09.01	양포(40필)	전 332적		○	
22	보흥성 (寶興盛)	김성무(金聖武)		15.08.18	양철가마 (洋鐵鉝)(300개)	전 38적		○	
23	우흥호 (佑興號)	하춘초(河春初)	이치홍(李致弘) (경수인)	15.11.19	백설탕(2포)	전 45적		○	
24	쌍성태 (雙盛泰)	배세원(裵世元)				양은 40전 전 1,273적			○

소장번호	매도자	매수자 (거처)	중개자 (호칭)	거래일	상품	가격	지급 조건		
							현금	연불	불명
25	복신호 (復新號)	박중식(樸重植) 김명재(金明載)		15.11		전 598적			○
	근기호 (謹記號)	〃	〃			전 38적			○
	헌기호 (鬚記號)	〃	〃			전 23적			○
	영태호 (永泰號)	〃	〃			전 16적			○
	흥화장호 (興和長號)	〃	〃			전 100적			○
26	금성동 (錦盛東)	최덕경(崔德景)	박봉근(朴鳳根) (경수인)	15.09.21	백설탕(4포) 당강(糖光)(1상)	전 114적			○
	공원리 (公源利)	최덕형(崔德形)		15.08.30	백설탕(3포)	전 53적			○
27	영순공 (永順公)	박흥여(朴興汝)		15. 추		전 14적			○
	공원흥 (公源興)	〃	〃			전 6적			○
	북공순 (北公順)	〃	〃			전 7적			○
	용순복 (湧順福)	〃	〃			전 5적			○
	화순호 (和順號)	〃	〃			전 9적			○
	동순리 (東順利)	〃	〃			전 4적			○
28	용순복 (湧順福)	[부지성명 (不知姓名)]		16.05.15	백조라(白潮羅) (4포)	전 50적	○		
29	쌍성태 (雙盛泰)	[부지성명]		16.05.14	백항라(白杭羅) (4필)	전 10적	○		
30	공화순 (公和順)	유치만(兪致萬) (청포사방(靑布四房))	전성공(全聖貢) (경수인)	16.05.30	양사(200필)	전 360적		○	

소장번호	매도자	매수자(거처)	중개자(호칭)	거래일	상품	가격	지급 조건 현금	지급 조건 연불	지급 조건 불명
31	공원흥(公源興)	유치만(兪致萬) 청포사방(靑布四房)	전성공(全聖貢)(경수인)	16.05.30	양사(200필) 양라(50필)	전 455적		○	
	〃	〃	〃	16.06.13	양라(40필) 여의사(如意紗)(5필) 은조사(銀條紗)(15필)	전 367적		○	
	〃	〃	〃	16.06.20		전 5적		○	
32	공화순(公和順)	김학수(金學洙)	김성문(金聖文)(경수인)	16.07.10	대미(大米)(11포)	전 59적		○	
33	복신호(復新號)	유치만(兪致萬)			양포·양사	전 250적		○	
34	쌍성태(雙盛泰)	위홍구(魏洪九) 청포방(靑布房)		16.05 가	양포	전 209적		○	
35	동순태(同順泰)	김종우(金鍾佑)		17.04.22	주단				○
36	쌍성태(雙盛泰)	서석윤(徐錫允) 청보이방(靑布二房)	서석준(徐錫俊)(양윤 동생)	17.04.04	양포(10필)	전 87적		○	
37	흥순호(興順號)	류진유(劉鎭裕) 청포오방(靑布五房)	서석준(徐錫俊)(경기)	17.04.02	조라(潮羅)(20필)	전 64적		○	
	〃	〃	〃	17.04.09	운건하포(雲巾夏布)(200필)	전 350적			○
	〃	〃	〃	17.04.18	운창하포(雲昌夏布)(100필)	전 180적			○
	〃	〃	〃	17.04.20	조라(60필)	전 193적			○
38	복신호(復新號)		서석준(徐錫俊)(거간)	17.03.15	양포(20필)	전 170적		○	
39	북공순(北公順)	최성진(崔成辰)	장준식(張俊植)(경기)		양동(洋銅)(6상자)	전 86적		○	
	만생성(萬生成)	〃	〃		백설탕(3포)	전 91적		○	
40	신신호(信申號)	배춘백(裵春伯)	서원엽(徐元燁)(경기)	17.08.08	양포	전 666적			○
	〃			17.08.13	〃				○

소장 번호	매도자	매수자 (거처)	중개자 (호칭)	거래일	상품	가격	지급 조건		
							현금	연불	불명
41	금성동 (錦盛東)	이치대(李致大)	이승천(李升天) (경기)	17.10.15	양포 등	전 153적			○
	화순호 (和順號)	〃	〃	〃	〃	전 26적			○
	동경화 (同慶和)	〃	〃	〃	〃	전 58적			○
42	복신호 (復新號)	김용환(金用煥)	양준국(楊駿國) (경기)	17.09.15		전 749적		○	
	지풍호 (志豊號)	〃	이순희(李順喜) (경기)	〃		전 485적		○	

주 ①'소장번호'는 〈표 4-2〉와 동일. ②공란은 소장에서 정보를 얻을 수 없음을 나타낸다. ('지급 조건'의 열은 제외한다). ③'거래일'은 원 사료에 따르고, 연월일의 순으로 나타낸다. 연호는 모두 광서. ④'가격'에서 전(錢)의 단위, '적(吊)'은 1,000장에 해당된다.

래와 관련되는 안건만을 뽑았으며 절도나 폭행 등은 대상에서 제외했다.[32] 또 같은 안건에 대하여 반복적으로 소장이 제출된 경우도 있는데 그러한 중복 안건 또한 제외했다. 발신일은 광서 10년과 14~17년에 집중되어 있다. 이는 청일전쟁 이전의 소송 관련 부책을 전체적으로 살펴본 결과이며 훑어보면서 누락된 것이 있을 수도 있지만 그렇다 하더라도 당시의 소장 모두가 현존하는 것은 아닌 것 같다. 그리고 〈표 4-3〉은 소장에 거론된 거래를 정리한 것이다. 1건의 소장에 여러 개의 거래가 언급되는 경우가 있기 때문에 거래 건수는 소장 건수보다 많다. 전부 화상이 조선인에게 판 상품의 대금지급이 분쟁으로 발전한 것이다.

---

32 단, 폭행이나 절도 등이 원인이 된 소송도 실질적으로는 상거래에 관련된 경우가 있다. 이를 구별하는 데 있어서 저자의 자의적인 선택이 개입하는 것을 막을 수는 없었다. 또한 청대의 재판에서 민사와 형사의 절차상 구별이 없었던 것은 滋賀秀三(1984), 7쪽.

1) 판매된 상품

구체적인 상품명을 제시하지 않고 가격만 표시한 소장도 많지만 명백하게 알 수 있는 한에서는 양포洋布 및 양사洋紗(기계제 면직물, 방적사)나 하포夏布(삼베), 견직물 등 섬유제품이 주를 이룬다. 서장에서 살펴보았듯이 이들 섬유제품은 화상이 상해에서 인천을 통해 수입했던 주력 상품이다. 성냥과 같은 서양 잡화, 설탕, 철재도 수입품으로 예상된다. 〈표 4-3〉의 소장 32에 보이는 '대미大米(쌀)'도 중국산으로, 조선의 흉작으로 인하여 특별히 중국에서 수출이 허가된 것이다.[33] 즉 서울에서 화상들이 조선인에게 판매한 주요 물품은 중국으로부터의 수입품이었음을 확인할 수 있다.

2) 매매 주체

소장 제출자인 상호 수는 전부 66개이며 소장 자체의 건수보다 많은 것은 연명의 소장이 있기 때문이다. 단, 하나의 상호가 복수의 소장을 제출하는 경우도 적지 않아 그러한 중복 소장을 제외한 상호 수는 38개이다. 참고로 사관당안에 포함되는 광서 15년(1889) 명부에 의하면 그해 서울의 화인 수는 511명, 화상의 상호는 75개였다.[34]

그리고 광서 14년 이후 소장에 보이는 화교 단체의 인영을 소장 제출자의 출신지를 반영한 것으로 보면 가장 많은 것은 북방, 즉 산동성 출신자이며 남방(강소성 및 절강성), 광방(광동성)이 그 뒤를 잇는다. 위의 광서 15년 명부에 의하면 서울 체류 화교 중 산동성 출신자가 59%로 가장

---

33 이 책 제6장 제4절 2항 참조.
34 「光緒十五年華商各號花名成冊」, 作成日不明, 『華商人數淸冊』(使館檔案 1-41-40-19), 石川亮太 (2009), 171쪽의 〈표 6-4〉 참조.

많고 강소江蘇 및 절강浙江성 출신자는 9%, 광동성 출신자는 4%였다. 소장 제출자의 구성도 이와 다르지 않다.

매수자인 조선인은 성명으로 표시되는 경우가 많다.(〈표 4-3〉) 구체적인 업종과 업태를 알 수 있는 예는 적지만 거처를 '청포사방靑布四房', '청포오방靑布五房', '입두방立斗房', '입화방立花房', '목신방木新房' 등이라 하는 사람에 대해서는 '종루가한성관상鍾樓街漢城官商'이라는 설명이 있어[35] 시전 상인이라 봐도 좋을 듯싶다. 시전 상인은 소속하는 시전이 설치된 상설 점포 중에서 '방房'이라고 불리는 구획을 배정받아 활동하였으며[36] 소장에서의 표현도 이를 반영한 것이라고 할 수 있다. 구체적으로는 '청포靑布'는 청포전, '입立'은 입전, '목木'은 백목전을 가리키는 것으로 보이며 모두 직물 종류를 취급하는 시전이었다.

시전 상인이 외상外商의 서울 퇴거를 호소하는 철시운동의 선두에 서 있었던 것은 이 장의 시작 부분에서 설명한 대로이며 사관당안에도 화상으로부터 면포 판매를 도급받은 조선인 상인이 백목전 상인에게 '규비規費'(판매 허가비＝분세를 가리키는 것으로 보인다) 지급을 거부하여 폭행당한 사건이 기록되어 있다.[37] 화상의 활동이 시전 상인의 특권을 동요하게 하여 마찰을 야기한 것은 확실하지만 한편으로 화상과 직접 거래하는 시전 상인도 나타났다는 것은 이들의 대응 방법이 동질적이지는

---

35 "有鐘樓街靑四房趙昶漢, 立斗房朴漢豐, 立花房金仁完 (…中略…) 該鐘樓街韓城官商"(소장 9). 이하, 〈표 4-2〉의 소장은 번호로 인용한다.

36 육의전은 종로와 남대문로를 따라 가늘고 긴 건물을 가지고 그 안을 구분한 방을 각 구성원의 점포로 했다. 19세기 말의 명주전의 경우, 7개의 건물을 가지고 그 안을 78개의 방으로 구분했다고 한다. 각 방의 사용자는 방세를 시전에 납부했다. 須川英德(2003a), 253쪽; 吉田光男(2009), 261~263쪽. 시전의 배치도에 관해서는 京城府, 『京城府史』 2卷, 1936, 496~499쪽.

37 주 39) 및 『華商雙盛泰與朝人崔學中釐稅卷』(使館檔案 1-41-41-1).

않았음을 보여준다.

3) 매도자 및 매수자의 관계와 중개자

화상이 수입품을 판매할 때 자력으로 매수자를 찾는 것은 어려웠을 것이기 때문에 모종의 중개인을 통해 거래하는 경우가 많았음은 쉽게 짐작할 수 있다. 견직물이나 기계제 면포 같은 상대적으로 고가의 소비재를 판매할 때는 특히 중개인이 필요했을 것이다.

중개인을 활용하는 방법 중 하나는 조선인 상인의 점포에 기거하면서 동시에 거래 중개도 위탁하는 것이었다. 예를 들면 1890년경 공화순公和順이라는 상호는 변종옥의 '가게 내부'에 방을 빌려 변종옥이 고용한 김성문의 중개로 거래하였다.[38] 1887년 연대에서 온 쌍성태雙盛泰는 조선인 '잔주棧主8)' 최학중의 방에 기거하고 상품도 그곳에서 판매했다.[39] 또한 앞 절에서 인용한 소장의 예에 나타나는 동순태도 1885년 조선에 온 후, 서울의 조선인 손윤필 일행이 운영하는 '잔棧'에 거점을 두고 월세를 내지 않는 대신에 모든 거래를 손윤필 일행에게 위탁했다. 그리고 1889년 말 손윤필 일행이 경영난을 겪고 도망가자 남겨진 가옥을 자신의 것으로 했다고 한다.(이 예에 대한 자세한 내용은 제5장)[40]

---

38 "商來鮮貿易, 寓鮮人卞鐘玉店內, 憑經手人店夥金聖文, 於七月初十日, 將大米十一包, 賣鮮人金學朱"(소장 32).

39 "王子番供, 登州府人, 於今年七月間(…中略…) 開雙盛泰字號, 在福盛春號同寓, 后因該號欲收生意, 有朝鮮棧主崔學中接商民, 到該棧暫寓, 於八月初三日移住該棧, 忽于初五日有鐘鼓樓五六人到商民號內, 要商民貨物蓋截納捐", "崔學中供, 向開棧爲生, 近來朝鮮商人存貨甚少, 現招中國商人王子蕃, 於八月初三日將貨物移在小的棧內", "邊總殿供, 白木塵人, 朝鮮向例, 有貨來到小的們前往, 蓋用戳記捐釐, 昨査崔學中棧內現有來的貨物, 卽派人前往打圖章, 不料崔學中攔阻, 并云及此貨華商貨物" 供招, 光緒 13年 8月 16日, 『華商雙盛泰與朝人崔學中釐稅卷』(使館檔案 1-41-41-1).

40 同順泰→在漢城淸國總領事(稟), 光緒三二年六月, 『錢債案卷(一)』(使館檔案二-三五-六二-七).

이러한 예에서는 최학중과 손윤필을 가리켜 '잔'이라고 하는데 중국에서는 상인을 숙박시키고 거래를 중개하는 여관을 '잔'이라고 부르기도 하므로 여기에서는 조선에서 비슷한 기능을 했던 객주를 가리키는 의미로 볼 수 있다. 객주는 매매 쌍방의 위탁을 받아 거래를 중개하는 중간 상인이며 점포를 마련해 상인에게 숙식이나 화물 보관의 편의를 제공했을 뿐만 아니라 금융업 등 다면적인 업무에 종사했다.[41]

객주 내지 이와 유사한 상인의 점포에 머무르면서 거래를 중개받은 사실을 확인할 수 있는 것은 위의 세 건뿐이다. 그러나 〈표 4-3〉의 '중개자'의 예와 같이 어떠한 형태로든 매도자와 매수자 사이를 중개하는 인물을 이용한 예는 많다. 사료상에서의 호칭은 다양하여 '경기經紀', '경수經手', '경수인經手人'이라 하는 경우가 많고, '거간居間', '동중同中', '중보인中保人' 등으로 부르는 예도 있다. 이들의 지위 차이를 엄밀히 검증하기는 어렵다. 여기에서는 모두 임시로 중매인이라고 부르고 그 기능에 대하여 생각해 보겠다.

중매인의 활동 형태에 대하여 많은 소장은 '조선인 모씨가 "경수인"인 모씨를 통해 상품을 구입했다'[42]는 식으로 간결하게 언급할 뿐이다. 그러나 다음과 같은 기술도 있다. '윤5월 14일에 조선 "경기" 김규환 외 1명이 내방해 교섭하고 조선인 임학연이 철재 99곤을 샀다',[43] 그리고 '이

---

41 잔 및 객주에 대해서는 이 책 제5장의 주 80), 81). 또 손윤필에 대해서는 이 책 제5장 참조.

42 "於五月三十日, 鐘樓鮮商靑布四房兪致方, 憑経手人全聖貴, 買去洋紗二百疋, 每疋鮮錢三百六十吊, 開有錢票給商收執爲憑, 遲延至今分文未給, 商於本月二十五日, 到靑布四房追討, 則已將鏖房鎖閉(…中略…) 而經手人全聖貴亦渺無踪跡, 不知下落(…中略…) 顯係同謀合騙, 情殊可恨, 伏乞憲台大人, 恩准可否照會漢城府少尹, 嚴促兪致方並經手人全聖貴, 追及商錢"(소장 30)

43 "於閏五月十四日, 有朝鮮人經紀金奎煥, 與一人亦口金同來說合, 朝鮮林學淵買去支鐵九十九捆"(소장 4).

달 22일에 조선인 "경기" 이무경과 그 수하인 장화경이 면사 30필을 구입하고 (…중략…) 현금 거래를 신청하였기에 경호원인 김중화에게 화물을 짊어지고 가도록 하고 곧바로 돈을 받으려 했는데 아니나 다를까 이무경은 화물을 받아 주동의 박순지 집으로 가버리고 김중화는 빈손으로 돌아왔다'.[44] 이러한 예에서 보면 중매인은 일정한 점포를 거점으로 활동하였다기보다 매도자와 매수자 사이를 왕래하면서 매매를 중개하는 존재였다고 할 수 있다.

또한 소장 중에는 '조선인과의 교역 일체는 모두 "경수인"에 의해 행한다'는 문구도 있어,[45] 이와 같은 중매인은 화상들 사이에서 꽤 널리 이용되고 있었음을 말해준다. 그리고 '조선의 상관습에 따라 모든 상품의 매매는 전부 "경기"가 가격을 정하고 대금도 "경기"를 통해 수수하기 때문에 사기 등의 폐해가 있다'[46]는 구절도 있으며 이를 통해 가격 협상과 대가 수수까지도 중매인의 손에 의해서 이루어졌던 상황을 엿볼 수 있다.

더욱이 화상은 최종 매수자가 누군지 모른 채 중매인에게 상품을 파는 일도 있었다. 〈표 4-3〉 중 매수자의 이름이 보이지 않는 거래(소장8, 13~15, 38)가 이에 해당한다. 이러한 경우 화상의 입장에서는 중매인이 사실상의 매수자가 되기 때문에 분쟁에 대한 책임도 중매인을 추궁한다.[47] 중매인 입장에서 보면 최종 매수자와의 거래에 동반되는 위험 일

---

44 "本月二十二日, 有朝鮮人經紀李戊敬與伊吵蔣和敬, 買商洋紗三十疋 (…中略…) 言明現錢賣買, 着樣棍金仲和背送貨物, 立卽取錢, 詎李戊敬將貨物領至綑洞林舜之家, 金仲和空手而回"(소장 13).

45 "商在漢城開設生理, 所有鮮人交往貿易, 俱以経手人爲憑"(소장 17), 또한 주 47)의 인용 사료에도 같은 문구가 있다.

46 "據朝鮮商規, 所有各貨賣買, 皆憑經紀估價, 銀錢亦由經紀手交, 致有詿騙等弊"(소장 9).

47 다음 예에서는 도망 간 '경기'만이 책임을 추궁당하고 '경기'에게 의뢰한 매수자에 대해서는 전혀 언급되지 않은 것으로 보아 매도자인 중국인에 대해서는 '경기'가 전적으로 책임을 졌다고 할 수 있다. "竊自通商以來, 商與鮮人交易, 俱憑牙行經紀爲証, 因有西門外經紀李鳳夏, 於四

체를 매도자인 화상 대신 끌어안고 있었던 것이 된다.

이와 같이 중매인의 기능은 하나가 아니고 매도자 및 매수자의 신용 상태나 상품의 성격에 따라 다양한 서비스를 제공하고 있었다고 볼 수 있다. 그러한 중매인은 조선인 상호 간 거래에서도 널리 활동하였지만[48] 서로 접촉 경험이 적은 화상과 조선인 사이의 거래에서는 단순히 거래 상대를 찾을 뿐만 아니라 거래에 따른 위험을 줄인다는 의미에서도 중요한 역할을 했다. 특히 화상이 일정한 중매인과 계속 거래 관계를 맺는 경우는[49] 후자에 대한 기대가 컸을 것이다.

그리고 이 시기 서울에는 통역을 겸하는 의주 출신의 중매인 등[50] 화상과의 거래에 특화된 중매인도 있었던 것 같다.[51] 제3장에서 의주의

月內買到商等貨物, 未給錢文, 卽行藏匿無 (…中略…) 商等尋至伊家, 伊父去不知所往 (…中略…) 叩懇憲台大人恩准, 照會朝鮮政府, 嚴追李鳳夏, 楚還商等帳目"(소장 15).

48 본문에서 살펴본 중매인의 기능은 보호국 시기 이후의 조사에서 보이는 거간의 기능과 대체로 겹치지만 다른 점도 있다. 가장 중요한 차이는 거래에서의 당사자성(當事者性)의 해석이다. 본문에서는 중매인의 책임이 한 가지만 있는 것이 아니라 때로는 거래 당사자로서 위험을 부담했던 것에 주목했는데, 보호국 시기 이후의 많은 조사에서는 거간은 거래 당사자로서의 책임을 지지 않는다고 하여 객주가 거래 당사자로서 책임을 지는 것과 대비하고 있다. 이러한 견해는 어음 조합과 금융 조합의 조사 보고를 편집한 理財局, 「韓國の商事關係」(『朝鮮』 3卷4號, 日韓書房, 1909)에 처음으로 보인다. 이후 『朝鮮産業誌』(山口精, 寶文館, 1910, 中, 577쪽)등 동 시대의 문헌 대부분에 이어져 박원선(1973), 47쪽도 이를 답습한다. 한편, 『慣習調査報告書』(朝鮮總督府, 1913, 378쪽)에서는 거간의 책임을 보다 다의적으로 파악하고, 상대편이 누구인지 나타내지 않고 거래를 주선한 경우는 당사자와 마찬가지의 책임을 져야 한다는 점이 본문에서 본 중매인의 기능과 유사하다. 후자의 견해는 『朝鮮人の商業』(朝鮮總督府, 1925, 74쪽)에서도 나타난다. 또한 중개한 거래에 대한 객주의 보증 책임에 관해서는 이 책 제5장, 제7장에서도 각각 사례를 들어서 논한다.

49 한 화상의 소장에서는 문제가 된 중매인에 대하여 "與商號交易有年, 屢年賬目不下兩三萬金, 毫無差錯"(소장 9)이라고 표현한다.

50 1884년의 조선인 임학연에 의한 대금 미지급 안건에서 임의 진술서는 "矣身段居生于梨峴是乎所, 居間人金伯賢, 及通辭金奎煥爲名者, 偕往華商處, 支鐵一萬一千五百餘斤貿來"라고 기술한다. 여기에 나타나는 '통사 김규환'은 같은 안건에 관한 포성오(包星伍)의 진술에서 '의주인'으로 되어 있다. 모든 진술이 『漢城華商和興順號控朝鮮人林學淵誆騙貨價卷』(使館檔案 1-41-12-16)에 실려 있다.

51 1886년에 일어난 중국쌀 거래에 관한 분쟁에 대하여 '조선국 경기 한정학'이 용산 상무위원에게 제출한 품은 화상이 제출한 것과 같은 서식이었다. 일반적으로 사관당안에 포함된 조선인의 신청서가 자활(自活)이나 원정(原情)이라 불리는 조선의 전통적인 문서 형식을 준용한 이두(吏

상황을 살펴보았듯이 전통적인 육로를 통한 대중무역에 종사해 온 상인은 그것이 쇠퇴하면서 서울 등지로 이동하였다. 전통적인 대중무역의 경험이 개항 후 화상활동을 지탱한 예로서 흥미롭다.

4) 지급 수단과 조건

제2절에서 인용한 동순태의 소장(〈표 4-2〉의 소장 19에 해당함)은 거래의 매매가를 양은 — 조선에서 유통된 것의 상당수는 일본엔은日本圓銀9)이라 예상된다 — 으로 표시한다. 하지만 〈표 4-3〉에서 알 수 있듯이 이것은 예외에 가까우며 두 가지 예를 제외한 모든 거래는 동전銅錢을 기준으로 했다. 조선인과의 거래는 기본적으로 조선의 동전에 의해 이루어진 것이라 볼 수 있다.

다만 〈표 4-3〉의 우측 끝에 표시한 지급 조건을 보면 판명되는 것 중에서는 현금 거래는 적고 대부분은 연불延拂 거래였으며 그 기한은 대체로 10일부터 1개월 정도였다. 연불 거래 시에는 '전표錢票', '기표期票', '표거票抾' 등으로 불리는 증서가 작성되기도 하였다. 이들 증서를 편의상 어음이라 부르겠다. 다음은 소장에 첨부된 어음의 실물 혹은 사본의 예이다. 단 ③의 원 사료는 2번째 줄 중앙부에서 잘려 오른쪽 절반만이 남아 있다.

① 癸未十一月初四日馬宗燿処標

　右標段同前洋元寶銀捌拾錠價錢文肆仟両今月十五日及良依数備報事

讀) 혼용의 문장이었던 것과 다르다. '경기 한정학은 중국 관습에 정통한 인물이었다고 추측되는데, 진술에 의하면 한정학의 출신지는 '평안도 의주부'이고 관계자의 진술에는 '한 통샤'라고 표현되어 있어 중국어에도 뛰어났다고 보인다. 전부『華商車文殿與朝人姜德俊議米價卷』(使館檔案 1-41-40-8) 수록.

標主諫洞崔致基(출처 : 소장1)

② 含石價參仟両四月初五日即出給標

甲申三月十九日北門谷金應五(출처 : 소장2)

③ 梨峴林学淵閏五月初十日 保 金奎煥 金伯賢 崔致基

錢文貳仟肆佰參拾陸兩貳戔貳分標(출처 : 소장3)

이들은 모두 1884년의 것이지만 양식은 일정하지 않다. ①에는 발행인 : 최치기崔致基, 수취인명 : 마종요馬宗耀, 발행일 : 계미 11월 초4일, 지급일 : 이 달 15일, 거래상품과 수량 : 양원보은洋元寶銀 80정, 지급액 : 전문錢文 4천 냥이라 기재되어 있는데 ②는 훨씬 간략해 발행인과 발행일, 지급액만 기재되어 있다. 또 ③은 중앙에서 잘렸다는 외형상의 특징 외에 '보保', 즉 보증인의 성명이 함께 기록되어 있는 점이 ①, ②와 다르다.

이 중에서 수취인이 없는 ②는 지참인 지급 조건으로 발행되었을 가능성이 있다. 화상이 발행한 '전표'를 도난당한 조선인 상인이 '기일 후에 발행인의 손에 넘어가면 늦다'고 용산 상무위원에 신고한 사례도 있어,[52] 제3자에 대한 양도를 허용하는 무기명식 어음도 유통되었다고 추

---

52 "小商, 四月十五日代客賣砂金, 錢六千七百七十二兩三錢正, 言明四月二十五日錢淸, 當收到華商雙盛泰票, 回付當五市錢六千七百七十二兩三錢正, 隨到鐘樓撥兌錢項, 被賊人盜去, 恐到期票落名之手聲明不及, 特稟呈憲臺大人尊前, 恩准存案, 小商不至受累, 則感德無極矣." 崔學中 → 龍山商務委員(稟), 光緒 14年 4月 16日, 『崔學中稟失票』(使館檔案 1-41-47-23). 문장의 의미를 이해하기 어려운 부분이 있는데 4월 25일을 정산 기일로 하는 쌍성태표(雙盛泰票)를 종로에서 매각하려고 했는데 강탈당했다고 해석한다. 이 해석이 올바르다면 어음 할인 가능성을 생각할 수 있다.

측할 수 있다. 실제 당사자 이외의 인물이 발행한 어음이 지급에 이용된 사례도 확인된다.[53] 어음의 양도성과 그 범위에 대해서는 신중한 검토가 필요하지만[54] 앞의 세 가지 예에서 어음의 서식이 각각 다른 점을 감안하면 일정한 원칙을 공유하였다기보다 시장환경이 급속히 변화하는 가운데 다양한 형식과 기능을 가진 어음이 동시에 나타났다고 봐야 할 것이다. 조선에서는 개항 전부터 '어음於音'이라고 썼던 어음이 널리 이용된 것으로 알려져 있고 여기에서 예로 제시한 것도 넓은 의미로는 그 중 하나라고 할 수 있지만, 그것이 '전부터 있던在來' 것이라고 해서 반드시 고정적이지는 않았으며 수시로 변화하였다고 보아야 한다.[55]

그런데 연불 거래가 현금 거래보다 위험이 컸던 것(따라서 분쟁으로 발전

---

53 다음 두 예에서는 중매인이 자신의 친족이 발행한 어음을 화상에게 지급했다. "於本月二十日, 有鮮人經紀李戊敬, 與伊夥蔣和敬, 買到商洋柴一箱, 計錢四十吊正, 言明十日內陸續交淸, 當時蔣和敬與伊父蔣錫玄, 打給錢票一紙爲憑"(소장 14), "鮮商劉鎭裕, 住靑布五房後, 憑經紀徐錫俊, 於四月初二日, 買去潮羅二十疋合錢六十四吊, 開具伊兄徐錫允錢票, 交付商手 (…中略…) 均將貨物, 送在劉鎭裕家中 (…中略…) 將屢向徐錫俊追索錢文 (…中略…) 詎於二十一日徐錫俊逃匿無蹤, 商尋問劉鎭裕, 則云錢文俱付徐錫俊"(소장 37). 또 1888년의 항리창호(恒利昌號)의 소장에 의하면 항리창호가 조선인 유병도(劉秉度)로부터 상품대금 대신에 '서문 밖의 박 씨 성을 지닌 사람의 쌀 가게의 전표 한 장(西門外朴姓米舖現錢票壹張)'을 받았기 때문에, 짐꾼을 데리고 박모 씨에게 교환하러 가보니, 박 씨는 '내 표가 아니다(並非我票)'로 지급을 거절했다고 한다. "於十一月初六日, 有鮮人劉秉度, 到商號買雜貨等物, 共計現錢參拾捌吊貳百七十文 (…中略…) 伊言, 有西門外朴姓米舖現錢票壹張, 錢壹百肆拾吊, 着抗錢苦力同商到西門外使錢, 商遂同抗錢苦力人到西門外朴姓米舖使錢, 朴姓云並非我票"(소장 11).

54 이 점에 관해서는 문헌마다 해석이 다르다. 예를 들면 보호국 시기에 한성어음조합 이사인 후지이 사다요시(藤井定吉)는 조선의 재래식 어음은 양도 가능하다고 하면서도 양도인은 양수인에 대하여 상환 의무를 지지 않기 때문에 광범위하게는 유통되지 않는다고 했다. (「韓國の手形に就て」, 『朝鮮』 2卷1號, 日韓書房, 1908). 한편 朝鮮總督府, 『慣習調査報告書』(1913)는 양도받은 어음에 대하여 채무자가 지급을 거절한 경우, 직접 양도인에게 지급을 요구할 수 있다는 다른 견해를 나타낸다. 단 지급 기한이 짧기 때문에 양도 회수는 사실상 1~2회에 그친다고 한다(387쪽).

55 이 장에서 제시한 세 건의 어음 형식은 보호국 시기 조사에 근거한 '어음' 형식과 일치하지 않는 점이 많다(예를 들면 朝鮮總督府, 『朝鮮人の商業』, 1925, 122~128쪽의 그림을 참조). 한편 예③이 좌우로 잘려 화상이 한쪽만 가지고 있었다는 점은 전통적인 어음 수수 방법을 답습하였다는 사실을 말해준다. 이를 통해 어음의 관행이 다양함을 알 수 있다.

하기 쉬웠던 것)은 분명하기 때문에 소장에서 확인할 수 있는 거래의 대부분이 연불이라고 해서 이것이 전반적인 지급 경향을 반영한 것이라고는 말할 수 없다. 다만 이러한 사정을 고려하더라도 소장의 서술을 통해 연불이 상당히 널리 이루어지고 있었음을 알 수 있다. 예를 들면 어음 예 ①에 첨부된 소장1은 이 장에서 다룬 거래 사례 중 가장 빠른 1883년 12월의 일인데, 이에 따르면 조선인에게 마제은^{馬蹄銀}10)을 판 화상 마종요가 어음에 의한 지급을 받아들인 것은 '조선의 매매는 먼저 기표의 예가 있음'으로 인식하고 있었기 때문이었다.[56] 그리고 1884년의 소장8은 진강호^{震康}^號 등 세 화상 상호가 중매인인 조선인 김희주로부터 가짜 '전표'를 샀다는 안건인데 소송 내용과는 별개로 이들 화상은 소장에서 '서울의 거래에서는 한 달짜리 "기표"를 사용하는 것이 관례이며 만약 현금 거래로 바꾸면 모두 앉아서 시장 상황이 침체되는 것을 기다릴 수밖에 없다'며 어음에 의한 연불 관습 자체는 받아들일 수밖에 없다는 인식을 나타낸다.[57]

이와 같이 일반적으로 연불을 수반하는 거래는 서울에서 조선인 상호 간 상업 금융 방식을 반영한 것으로 보인다. 이번에 검토한 소장 중에서는 조선인과 중국인 상인 간의 거래에 있어서 은행 등 금융기관이 관여한 흔적은 없다. 청일전쟁 전 서울에서 영업한 것은 일본인 상인을 주 고객으로 하는 제일국립은행^{第一國立銀行}(1888년 경성출장소 개설)뿐이었다.[58]

---

56 "光緒九年十一月初四日, 有朝鮮人王京諫洞崔致基者, 買生元寶銀八錠, 當面言明每錠朝鮮市價五拾千正, 共錢四百千文, 同在崔致基家立期票, 十一月十五日爲期, 憑票取付生, 因朝鮮買賣向有期票之例, 故與交易, 不憶崔致基昧良詿騙, 至期全家逃避."(소장 1)

57 "竊有韓人金喜周, 平素以居間爲業貿易口文, 今於八月間, 陸續向商順興號買去貨價錢壹百念八千五拾文, 向商益記號買去貨價錢參拾千另五百文, 向震康號買去貨價錢四拾陸千五百文, 均以一月錢票, 往常交易, 按期無悮, 因風間金喜周, 日夜嗜賭, 是以將該居間來票往訂, 詎知慨係捏造僞票 (…中略…) 在漢城貿易, 例以一月期票, 若訂現錢交易, 則皆坐待無市, 習慣市景固難挽回"(소장 8).

은행을 대신하는 기존 결제시스템으로서 어음 할인이나 교환이 육의전 부속 업무 중 하나로 행해지고 있었음을 알 수 있는 기록도 있는데 규모가 명확하지 않고 육의전 구성원 외에게도 열려 있는 서비스였는지는 신중하게 생각할 필요가 있다.[58]

이와 같이 개항에 의해 급속히 상거래가 확대되면 고액의 자산을 가지거나 관금官金 유용이 허용되는 대상인大商人을 제외하고는 매도자가 매수자에게 약간의 연불을 허용하고 매수자는 상품의 전매 대금으로 채무를 갚는 형태의 신용을 이어가는 것 외에는[60] 방도가 없었을 것이다. 당시 서울의 시장은 이러한 양자 간의 단기 신용이 자금을 회전시키면서 겨우 성립되었던 것은 아닐까.[61]

또한 조선의 통리아문 독판은 1887년 원세개에게 조회하여 서울의

---

58 波形昭一(1985), 45~48쪽. 나미가타(波形)에 의하면 은행에게 있어서 경성출장소의 수지는 타산에 맞지 않아 1893년에는 철수를 검토했지만 외무성의 요청으로 존속했다고 한다. 다른 일본계 은행의 서울 진출은 더욱 늦어 제58국립은행(第五十八國立銀行)이 1894년, 18은행(十八銀行)은 1905년이었다. 개항장의 대일무역 금융이 애초에 주요 임무였던 일본계 은행에게 서울에서의 활동이 반드시 매력적인 것은 아니었음을 알 수 있다. 十八銀行(1978), 568쪽,『京城府史』(京城府, 1936) 2卷, 632쪽.

59 고동환(2010), 291~294쪽. 기존의 신용거래시스템 수준에 관하여 다시 생각해 볼 필요성을 지적하는 흥미로운 연구인데, 근거로서는 식민지화 이후의 회상에 의한 서술이 있을 뿐이므로 같은 시대 사료에 의한 분석이 기다려진다. 주 52)의 사료는 그 방증이 될 가능성이 있다.

60 소장 32에서는 매수자인 조선인이 상품 전매 지연을 이유로 화상에게 지급 기한 연장을 요구했다. "於七月初十日, 將大米十一賣於鮮人金學洙(…中略…) 商向金學洙追究欠賬, 伊聲言, 將米轉賣於米房金元植, 立有米票爲憑, 因伊米票遺失, 金元植迄而生心, 遂不給錢, 幷非伊甘心抗債等語." 또 다른 예에서는 화상으로부터 상품을 구입한 조선인이 대금 미지급의 이유로 전매가 잘 이루어지지 않았다는 것을 들고 있다. "據華商同順泰及公記二號稟稱, 韓商崔鳳植欠同順泰錢八千吊, 欠公五千吊(…中略…) 據崔鳳植聲稱, 伊貨咸賣與海州衆商等, 貨價未歸, 遂致商債無以償還." 唐紹儀 → 袁世凱(稟), 光緒 18年 12月 1日,『華商在內地控追賠貨貨價立照提店圭卷』(使館檔案 1-41-30-22).

61 赤間嘉之吉,「日淸韓の商取引と手形の流通」(『朝鮮』 1卷4號, 日韓書房, 1908)에서는 중국 상업계에서는 6개월에서부터 1년의 연불이 널리 이루어지는 반면, 조선에서는 5일부터 길어도 1개월 정도의 단기 연불 밖에 이루어지지 않는 이유로 운용 자금 융통을 맡는 재래 금융기관의 유무를 들고 있다.

화상이 동전을 모으고 있어 조선인 상인의 수중에는 '회표', 즉 어음만 남아 있다고 항의하였다.[62] 실제 화상들이 얼마나 동전을 보유했는지는 알 수 없지만 화상의 활동이 수입품 판매에 집중되어 이들 손에 동전이 모이기 쉬웠던 것은 사실일지도 모른다.[63] 그렇다면 개항 후 급격하게 늘어난 거래가 현금 통화의 상대적인 부족을 가져 왔고 — 서울의 주요 통화는 공급의 융통성이 특히 떨어지는 동전이었다 — 어음에 의한 연불을 촉진했을 가능성도 있다.

4. 분쟁의 계기와 처리

〈표 4-2〉에서 제시한 화상의 소장은 모두 조선인에게 상품대금 지급을 요구한 것이지만 자세히 보면 지급이 기일까지 이행되지 않았다는 이유로 소송에 이른 예는 적다. 가장 많은 것은 매수자가 도망을 치면서 소송으로 이어진 것인데, 그 경우도 소송에 이르기 전까지 당사자끼리 어떠한 방식으로든 해결이 도모되었다. 이 절에서는 분쟁이 어떠한 계기로 생겼는지 검토하고 아울러 시장 내부로부터 나름의 규칙을 형성하려고 시도한 점에 대해서도 생각해 보고 싶다.

---

62 "本年十月二十六日, 准朝鮮外務門督辦趙照會內開, 現聞漢城棧住華商, 積聚敝邦銅錢, 不令貨路流通, 以致我市廛之間, 徒持匯票, 兌換無路." 袁世凱 → 陳同書(龍山商務委員)(札), 光緖 13 年 10月 30日, 『査華商各戶所存朝錢數目卷』(使館檔案 1-41-40-15).

63 용산 상무위원으로부터 조사를 요청받은 남방 동사는 동순태가 동전 1만 2천 남짓을 보유하고 있는 것 외에는 대부분의 상인은 보유한 것이 없다고 회답하였다. 張傅茂(南幫董事) → 陳同書(龍山商務委員)(稟), 光緖 13 年 11月 2日, 『査華商各戶所存朝錢數目卷』(使館檔案 1-41-40-15). 실제로 동순태는 조선인에게 수입품을 매각하면서 동전을 보유하게 되었고 그 운용에 고민했다(이 책 제7장).

1) 매매를 책임지는 사람은 누구인가

앞 절에서 검토하였듯이 서울의 화상들은 조선인과 거래할 때 중매인을 이용하는 일이 많았다.[64] 중매인은 매수자와의 가격 교섭이나 대금 수수 등을 대행하는 것 외에 때로는 자신이 사실상 매수자의 지위에 서기도 했다. 이러한 중매인의 활동은 화상에게 편의를 제공했지만 한편으로 거래에 동반되는 책임 소재를 애매하게 하여 분쟁의 계기가 되었다.

중매인을 통한 대금 수수에 문제가 생긴 예로 1891년 홍순호興順號에 의한 소송을 살펴보겠다.(소장37) 분쟁의 계기는 청포오방의 류진유가 '경기' 서석준을 통해 홍순호로부터 직물류를 구입한 것이었다. 홍순호는 물건을 류진유의 집으로 옮겼고 서석준으로부터 그의 형인 석윤이 발행한 '전표', 즉 어음을 받았다. 이후 홍순호는 서석준에게 어음 지급을 독촉했지만 서석준은 이에 응하지 않은 채 도망가 버렸다. 홍순호는 매수자인 류진유에게도 문의했으나 대금은 이미 서석준에게 가 있다고 하며 상대하지 않았다고 한다. 이 안건에서는 중매인을 통해 대금을 받을 때 매수자가 어디까지 책임질 것인지가 분명하지 않아 분쟁에 이르렀다고 할 수 있다.

또 하나의 예로 1888년 진강호, 순흥호, 익기호가 연명으로 낸 소송을 살펴보도록 하자.(소장8)[65] 이 예에서는 원고가 된 세 상호가 각각 '거간'인 김희주와 거래하고 모두 한 달 후 지급되는 '전표'를 받았는데, 전표가 위조된 것임이 밝혀지면서 소송으로 발전하였다. 이 소송에서 실제 매수자는 등장하지 않는다. 아마도 세 상호는 매수자가 누군지 모른

---

64 주 53) 전반부의 인용 사료를 참조.
65 주 57)의 인용 사료를 참조.

채 '거간'을 상대로 협상하였을 것이며 바로 여기에 '거간'이 '전표'를 위조할 여지가 생긴 것이다.

하지만 중매인이나 연불의 관습을 갑자기 없앨 수 있는 것은 아니었으며 화상은 이를 전제로 한 대책을 마련해야만 했다. 앞 절에서 거론한 소장1의 안건을 다시 보도록 하겠다. 이 안건은 화상 마종요가 조선인 최치기 발행의 어음 ①의 지급을 요구한 것인데 이 어음을 받은 경위에 대해서 마종요가 한성부에서 진술한 것으로 보이는 진술서가 남아 있다.[66] 이에 따르면 1883년 12월 '거간' 박순창이라는 자가 마종요를 찾아와 돈 4천 냥 어치의 '어음지於音紙'를 보여주면서 마종요에게 원보은元寶銀을 팔 것을 부탁했다고 한다. 이에 대하여 마종요는 '우리나라(중국)의 방식으로는 "수표手標"를 주로 사용하고 "어음지"는 사용하지 않는다. 만약 은을 사고 싶다면 내가 매수자와 직접 대면해 "(수)표"를 작성한 후에 넘겨주겠다'고 했다. 박순창도 이에 동의했기 때문에 함께 매수자인 최치기의 집으로 가서 박순창, 최치기와 마종요의 3인이 면담 후, 최치기는 4천 냥의 '전표'를 작성하여 넘겼다고 한다.

앞에서 언급한 것처럼 중매인을 거친 거래에서는 매도자와 매수자가 직접 대면하지 않는 경우도 드물지 않았다. 이 거래에서도 처음에는 '거간'인 박순창만 마종요를 찾아갔다. 그러나 마종요는 실제 매수자도 동석해 합의할 것, 그리고 '어음'이 아닌 '수표'로 지급할 것을 요구했다.

---

66 "昨年十一月初, 居間人朴順昌爲名人, 以肆仟兩於音紙一片, 來言曰『此是實於音, 元寶願賣』云爾, 則矣身答曰『我國法意, 以手標爲主, 所謂於音紙, 不用件也, 汝若願買銀子, 我與當者, 親面相對成標後出給, 似好』. 朴順昌答曰『好矣』, 仍与矣身偕往崔致基家, 朴順昌, 崔致基, 矣身三人面約後, 崔致基成給肆仟兩錢標." 馬宗耀供招, 甲申3月2日, 『馬宗耀稟控朝人崔致等誆財』(使館檔案 1-41-12-5). 문장 중에 '의신(矣身)'(나의 뜻) 등의 이두가 포함된 것으로 보아 조선 측에서 작성한 진술서라고 추측된다.

어음은 조선의 전통적인 어음을 말하는데 이 경우 박순창이 어떠한 형식의 것을 내놓았는지는 알 수 없다. 그러나 결과적으로 작성된 '전표' 즉, 어음 ①이 상당히 자세한 내용이었음을 고려하면 처음에 박순창이 전달하려던 '어음'은 그것보다 훨씬 간략한 것이었는지도 모른다. 마종요는 최치기와도 직접 면담하여 거래 당사자를 명확히 하고 직접 최치기를 발행인으로 한 어음을 작성함으로써 거래에 따른 위험을 가급적 줄이려 했을 것이다.

그러나 이렇게 상관습을 변경하는 것은 오히려 조선인 상인과의 사이에 마찰을 초래하는 원인이 되기도 했다. 1888년 화순호와 조선인 이동식 사이에서 일어난 분쟁에 대해서 살펴보도록 한다. 화순호가 용산 상무위원에게 제출한 소장 7에 따르면[67] 화순호는 '경기' 강위성을 통해 이동식에게 철재를 매각했다. 이동식은 '만리창 주전로鑄錢爐'의 '오른쪽 첫 번째 고로의 책임자右第一爐頭領'로 1883년 주조가 시작된 당오전當五錢의 제조를 맡았던 인물 중 한 명으로 보인다. 철재 대금은 현금 지급을 약속했지만 '경기' 강위성이 '전표'로 연불을 요구해 와 화순호도 이를 받아들였다. 그러나 그 후에도 대금이 일부밖에 지급되지 않았기 때문에 화순호가 매수자인 이동식에게 직접 청구하러 갔다가 욕설과 폭행을 당했다고 한다.

이 안건에 대해서는 이동식의 청원서도 남아 있다.[68] 이에 따르면 이

---

67 "韓城萬里倉鑄錢爐右第一爐頭領李東植, 買到商號鐵, 鮮錢六百四十八吊, 言明貨錢兩交, 有經紀姜渭成處說, 五日爲期, 至期仍未交還, 因彼已將鐵搬去, 又要延期五日, 不得不再應允 (…中略…) 並立錢票爲證, 至期僅交六十吊, 十三日交六十吊, 二十交十五吊 (…中略…) 商向李東植追錢, 緣李貞適在坐間, 口吐惡言, 此係公地, 非爾等敢到之地"(소장 7).

68 "矣鑄所頹之初, 義州商人姜渭成處, 鼓鑄各般機釘鐵物貿用, 而價本從後量給, 自有鑄所之舊規矣 (…中略…) 而彼姜渭成有言, 此鐵料賣販于上國商人處也, 別比我國循規之意, 越例成錢標, 當給

동식의 주전소에서는 설립 초기부터 의주 상인인 강위성을 통해 재료 등을 구입했으며 대가는 추후 정산하는 것이 관습이었다. 그러나 이번 거래에서는 강위성이 '화상으로부터 구입한 것이며 우리나라의 규칙을 적용할 수 없다'고 했기 때문에 예외적으로 '전표'를 작성하여 화순호에게 주었다. 그중 일부는 이미 지급했는 데도 불구하고 화순호가 지급 지연이라는 이유로 직접 주전소에 들어가 난동을 부렸다고 한다.

두 사람의 주장을 비교해 보면 화순호는 강위성의 역할을 거래 알선에 불과하다고 보고 거래의 실제 주체는 이동식이라 여겼지만, 이동식은 그동안의 관습에 비추어 볼 때 강위성을 통해 구입한 물건의 대금은 강위성과 정산하면 된다고 생각했던 것 같다. 이동식은 강위성의 말에 따라 특별히 '전표'를 화순호에게 발행하였으나, 강위성의 매입처에게 직접 매수자로서 의무를 지는 것은 처음 경험하는 일이었기 때문에 지급 방법을 둘러싸고 화순호와 이견이 생긴 것이다.

앞 절에서 살펴본 것처럼 당시 서울에서의 상거래는 연불 형태로 행해지는 것이 많았고 이를 통해 형성되는 양자 간의 신용은 중매인을 통해서 연결되었다. 이러한 거래 형태에 익숙한 조선인에게 특정 거래의 책임자를 명확히 하는 사고 방식은 생소했을지 모른다. 앞 절에서 검토한 것과 같은 다양한 형식의 어음도 이러한 조선인과 화상 사이의 대립 속에서 생겨난 것으로 볼 수가 있다.

于上國商和順號陳東山, 間已準給標條錢强半, 而零錢之未趁淸帳, 每日在蝦煉中矣, 不料今月二十七日, 陳東山出來鑄所, 要推標條之零而以趁未淸目樣, 扯拮統領李光淳, 將要捉去." 統領李東植·李世貞·尹俊泳→洪子彬(龍山商務委員)(白活), 戊子8月29日, 『和順號控韓人李東値缺鐵價卷』(使館檔案1-41-47-27). 또한 목록에 나타나는 이동치(李東値)는 이동식(李東植)의 오류라 생각된다.

2) 보증 책임의 소재

매매 책임을 질 당사자가 누구냐는 문제와 관련하여 매수자가 지급을 이행하지 않았을 때 누가 보증 책임을 졌는지도 생각해 보겠다. 먼저 조선인 중매인의 책임을 생각해 보자. 지급 불이행은 매수자의 도피를 통해 드러나는 경우가 많았는데 이때 중매인도 자주 잠적했기 때문에[69] 매수자가 도망쳤을 때는 중매인도 어떠한 책임을 셔야 하는 것이 관례였다고 보인다.[70] 그러나 그 책임은 매수자의 채무를 완전히 대신하는 것은 아니었다.[71] 예를 들면 도망간 매수자를 대신하여 지급을 요구받은 중매인이 스스로 지급하는 것이 아니라 매수자를 데리고 돌아온 예가 있다.[72] 또 다른 예로는 매도자인 화상에게 매수자의 친족으로부터 돈을 받아내거나 매수자의 자산을 처분한 경우도 있다.

이 문제에 대하여 화상은 어떻게 대응했을까. 앞 절에서 검토한 어음 ③에서는 김규환, 김백현, 최치선 3명을 '보'라고 적었는데 이들은 (이 어음의 첨부된) 소장3에서 거래의 '경수', 즉 중매인이었음을 알 수 있다. 이 경우 어음의 문장에 중매인의 책임이 명확히 나와 있다. 다만 다른 두

---

69 소장 30, 주 42)의 인용사료를 참조.

70 단 중매인이 명확하지만 도망간 매수자만 추궁 대상이 된 예도 있었다. "有崔德景, 崔德形兄弟二人, 素以貿販爲業, 於九月二十一日, 崔德景, 憑經手人樸鳳根, 買去商號成東白糖四包 (…中略…) 其崔德形, 於八月三十日, 買去商號公源利白糖三包, 嗣后數月之間, 均各不知去 (…中略…) 伏乞 憲臺大人, 俯恤商艱苦, 恩准照會朝鮮官, 嚴追崔德景, 崔德形, 楚還商等賬目."(소장 26).

71 청대의 중국에서도 거래 '중인(中人)'이 반드시 채무 대상(代償) 의무는 지지 않고 채무자가 지급을 이행하도록 독촉하거나 도망가지 않도록 감시한 것에 불과한 경우가 많았다. 仁井田陞(1960), 553~563쪽. 여기에서는 화상의 상관습에 대해서는 거의 고려하고 있지 않지만 본래는 중국 관습법과의 관계도 염두에 두면서 검토해야 할 것이다.

72 "前於八月十七日, 有鮮人東門內居趙大洪, 憑經手人趙仲汝, 買去洋布二十疋, 合錢壹佰二十一吊 (…中略…) 俱以九月二十日爲交錢之期 (…中略…) 商於九月二十日, 着柜夥到東門內 (…中略…) 尋趙大洪索債, 及至該處, 伊已逃竄無踪, 商遂尋趙仲汝追討, 詎趙仲妝於本月初三日, 將趙大洪拉至敵柜, 兩手空空並無分文 (…中略…) 叩懇憲臺大人, 俯恤商艱, 恩准轉照漢城府少尹, 嚴追趙大洪幷趙仲汝等, 楚還商錢"(소장 17).

예의 어음에는 보증인의 이름이 없어 중매인을 '보'라고 하는 것이 일반적이었는지는 알 수 없다. 또한 1892년 용산 상무위원이 서울의 화인 단체, 북방・남방・광방의 각 동사에게 조선인 '경기'는 소개한 거래에 책임을 지지 않기 때문에 거래할 때는 확실한 '보인保人'에게 '보자保字'를 제출시켜야 한다고 주의하였다.[73] '보인'의 책임 범위는 별도로 검토해야 하지만[74] 중매인이 져야 할 책임의 내용이 화상 입장에서는 애매하게 보일 수 있어 분쟁의 원인이 되었다고 추측할 수 있다.

한편, 중매인 외에 보증 책임을 물었던 대상은 매수자의 친족이다. 조선인이 상무위원에게 제출한 소장에는 도망친 친족을 대신하여 채무를 지급하라는 화상들의 추궁에 항의한 것이 있다. 친족의 주장은 다양한데, 먼 친척이기 때문에 채무를 질 입장이 아니라고 주장하는 것이나[75] 중매인이나 보증인을 넘어서 친족으로부터 징수하는 것은 부당하다고 하는 것 등이 있었다.[76] 반면에 중매인이 화상을 안내하여 도망간 매수자의 친

---

73 "夫海外經營, 已屬不易, 而生意之道, 顧本爲先, 利息欠之, 何我商不体驗此情, 而輕於一擲, 徒信無賴經紀, 狼狽爲奸, 或指某商公正, 或稱家資富饒, 或云有眷屬屋廬之可靠, 一経逃匿, 則毫無把握(…中略…) 此後與韓商交易, 宜以現錢爲上, 卽或偶有賖欠, 着令邀出的實保人出具保字, 或以房屋作質, 亦須書立典契, 萬一逃匿, 尚有保人及屋宇, 可以追償." 唐紹儀→廣幫・南幫・北幫董事(諭稿), 光緖 17年 12月 17日,『華商追韓人帳目』(使館檔案 1-41-47-60).

74 朝鮮總督府,『慣習調査報告書』(1913)도 '보인'의 책임 범위를 논한다(192쪽). 이러한 사료를 사례와 대조하면서 검토할 필요가 있을 것이다.

75 "皮善卿(…中略…) 不勝其華商督促, 稱托高士元處, 有所捧錢二千餘兩, 士元亦是難捧, 而士義適因所看日前上京, 不意皮善卿來訪, 爲言四寸士元許有捧錢二千餘金, 此是華商彤成號, 復新號等處所去云, 無數詰亂而去矣, 過數日, 華人三人偕來討索(…中略…) 與士元雖有四寸分義, 一年內相面無過一二次, 今番上京, 探問去就, 屢月前出他, 未能相面, 皮哥暗生不測之心, 忽侵鄕居四寸, 豈不冤抑乎." 高士義→龍山商務委員(原情), 光緖 14年 10月 22日,『韓人高士義控華商彤成等號卷』(使館檔案 1-41-47-30).

76 "今月初五日, 忽有貴國人馬兆斌, 叩門喚出, 問其來由, 則馬曰『爾弟買我倭元七千四百八十一斤牛, 每斤價錢七錢七分, 爾必報』, 我答曰『吾弟今不在家, 爾貨賣買初不聞知(…中略…) 七千餘斤賣買, 不輕伊重, 必有居間保證』, 求見其標記, 則價錢三千兩也, 審問其保人, 則曰『張賢根也』, 張賢根必是我國人, 而初不相知, 馬之賣則於宜鉉, 而以張爲保, 則必熟知張之可信故也, 何以捨可信之張, 而責報於初不知之地乎." 金口鉉→陳樹棠(白活), 甲申4月,『永源順號張詩緖

족으로부터 돈을 받아낸 예도 있다.[77] 즉 어느 범위까지 돈을 받아낼 수 있는지, 중매인과 친족 중 어느 쪽이 더 무거운 책임을 져야 하는지 등에 관하여 일정한 원칙이 공유되지 않은 채 징수가 이루어진 것이다.

예를 들어 한성부 소윤인 이건창은 1891년 한 안건에서 화상이 매수자의 사촌으로부터 징수한 것에 대하여 용산 상무위원에게 조회를 보내고 '우리나라 "법규"에서는 모든 사적인 부채와 관련하여 주거를 달리하는 "당종堂從"[11]으로부터 징수하겠다는 문구는 없다'고 하며 징수한 대금을 반환시키도록 요구했다.[78] 『속대전續大典』[12](1746년 편찬) 이후 조선의 법전에는 '공사 간 부채에 있어 친부자 간 외에 형제가 되거나 같이 사는 친족에게는 일체 침노하지 못한다公私負債者, 親父子外, 兄弟及一族·止接人一切勿侵' (호전戶典의 징채徵債조)는 문장이 포함되어 있으므로 이를 감안한 요구라고 보인다. 그러나 이 법전상 규정이 조선 내부에서도 완전히 공유되었던 것은 아니다. 1894년에는 조선 측의 인천 감리가 상무위원에게 요청받고 채무자의 친족으로부터 징수하려 하자 통리아문에서 '친족으로부터의 징수를 불허한다不許徵族'는 이유로 제지당한 사건이 일어났다.[79]

稟控朝鮮人金應五逃騙貨價卷』(使館檔案 1-41-12-8). 단, [知, 馬之賣貨]의 부분은 원 사료에서는 파손되어 있고 진수당으로부터 통리아문 독판으로의 조회에 인용된 문장에서 보충했다. 진수당 → 김병시(조회), 광서 10년 4월 28일, 『구한국 외교문서』 청안1, 문서번호 137.

77 "西部孔德里裴實傳奴吉伊稟穪, 矣上典四寸仁永, 本係浮浪, 家亦貧寠, 緣何負債於華商, 其弟與善, 已自華商家拘留經月矣, 本月十八日, 華商信昌號, 率與善及居間人徐元燁, 卽入矣上典所, 居間日, 仁永, 與善果宣伝之四寸乎, 矣上典答曰, 然, 華商曰, 然則四寸所負之債替當可也, 矣上典未及回答之際, 華商猝加拳毆, 無數毒打, 矣上典昏怯之中, 爲其威脅, 書給三千三百五兩證票, 華商持之而去, 法外橫徵極涉冤枉等情." 李建昌(漢城府少尹) → 唐紹儀(照會), 光緒17年 10月15日, 『華商追韓人帳目』(使館檔案 1-41-47-60).

78 "査此案, 原裴春伯所應償之款, 裴星五尙係伊之胞弟, 至裴宣傳乃春伯之堂從, 異居有年, 從來弊邦律例, 凡私債之款, 無異居士堂從替徵之文." 李建昌(漢城府少尹) → 唐紹儀(照覆), 光緒17年 12月6日, 『詞訟卷宗』(使館檔案 1-41-47-21). 앞 주와 동일한 안건이다. 앞 주의 인용사료에서는 매수자인 배춘백을 인영, 동생인 배성오를 홍선이라고 하고 있다.

79 "接准諟仁川監理照覆 (…中略…) 該商, 仁川僅有房屋一處, 業已査封 (…中略…) 而豐德府有

위의 한성부 소윤 이건창은 다른 안건에서 '족징이라는 항목은 실은 공법에 기재되는 바가 아니다'는 이유로 친족에 대한 징수를 반대하였다.[80] 여기에서 말하는 '공법'을 만국공법萬國公法,[13) 국제법이라고 해석한다면 그가 친족으로부터의 징수를 반대한 것은 반드시 조선의 법전에 따르는 것만을 목적으로 하지는 않았을지도 모른다. 이건창의 논리가 흔들린 것은 서울에서 화상활동이 활발해지는 가운데 거래 규칙을 둘러싸고 분쟁이 많이 일어나는 시장 현실에 직면하여 담당관으로서 유효한 규칙을 모색하려는 모습을 반영한 것은 아닐까.[81]

3) 매수자의 자산 처분과 압류

매수자가 가옥 등 자산이 있는 경우는 이것을 팔아 채무 지급에 충당하는 경우가 있었다. 우선 복신호, 근기호, 헌기호, 흥화장호, 영태호가 연명으로 제출한 1889년의 소장25를 살펴보자.[82] 소송 상대는 조선인

其家庭産業, 當於貨財, 足償華商各債, 綽綽有餘, 前經飭差, 往徵該家族措償, 將已辦有成數, 忽奉統理衙門關文, 不許徵族, 因之不能擅便, 無由辦償." 劉永慶(仁川商務委員) → 袁世凱(稟), 光緒 20年 1月 20日, 『華商在內地控追賠貨價竝照提店主卷』(使館檔案 1-41-30-22).

80 "新溪之朴, 初非朴勝文之族, 設謂其族, 以本無徵族之意, 業経聲明知照各館, 則族徵一款, 實非公法所載也, 今此華人之違章行悖, 理合嚴訊" 李建昌(漢城府少尹) → 唐紹儀(龍山商務委員) (照覆), 光緒 16年 9月 19日, 『華商控朝人缺款案』(使館檔案 1-41-47-47). 친족으로부터의 징수에 대하여 한성부 소윤이 각국 공사에게 통지했다고 하는 기술은 흥미롭지만 이에 해당하는 다른 사료는 찾을 수 없다.

81 朝鮮總督府, 『慣習調査報告書』(1913)은 '족징'은 법전 상, 일정한 범위에서 허용된다고 하면서도 '최근에 들어서' 부채는 본인과 상속인의 책임에 그친다는 관념이 보급되기 시작했다고 한다(177쪽). 이러한 변화 과정을 동적으로 검토할 필요가 있다.

82 "商等來朝貿易歷年, 所向也韓人樸重植, 全明載公平交易 (…中略…) 復新號貨價鮮錢五百九十八千文, 興和長號貨價鮮錢一百千文, 謹記號貨價鮮錢三十八千文, 獻記號貨價鮮錢二十三千文, 永泰號貨價鮮錢十六千文, 再三追索, 無力償還, 樸重植, 全明載, 自知理虧, 情願將自已住屋二所 (…中略…) 并將親兄樸健植舖屋一所 (…中略…) 挽中出抵於商 (…中略…) 當時立有抵押筆據一紙, 限期是月初五日, 變賣給還 (…中略…) 豈知限期已逾, 終無變賣之意 (…中略…) 只得具稟, 叩求大人臺前, 懇恩先將樸重植等三處房屋發封, 并乞照會朝鮮漢城府少尹, 將屋發賣歸還."(소장 25)

박중식과 전명재로 이 두 사람은 다섯 상호와 수년에 걸쳐 거래하면서 각각에 미지급 채무가 있었다. 이에 박중식과 전명재는 자신들의 집은 물론 박중식의 형의 집도 팔아 갚기로 약속했지만 약속 기일이 지나도 매각하지 않았다. 복신호 등은 이 소장에서 상무위원이 이들 가옥을 폐쇄하고 한성부 소윤에게 조회하여 가옥을 판 후, 대금을 반환하게 하도록 요구했다.

이 예는 채무자, 즉 상품의 매수자가 스스로 가옥 매각을 신청한 경우이지만 채무자가 도망쳐 버렸을 경우에 대해서도 살펴보도록 한다. 1888년의 소장 10은 동성호, 쌍성태, 화순호, 개기호, 영래성, 공원리가 연명으로 용산 상무위원에게 제출한 것이다.[83] 이 소장에 의하면 이들 여섯 상호는 각각 다른 중매인을 통해서 서대문 밖에 사는 홍봉여와 거래하였다. 그런데 어느 날 밤 홍봉여가 도망쳤고 이튿날 중개인들이 여섯 상호에게 이 사실을 통보했다. 중매인들은 여섯 상호가 홍봉여의 재산을 나눌 것을 제안하고 홍봉여의 집에서 실어낸 물품은 일단 회관(무엇을 지칭하는지 명확하지 않음. 구 한성 화상공소 혹은 방의 건물인 듯싶다)에 보관했다. 용산 상무위원에게 제출한 소장은 위원들이 한성부에 조회하여 홍봉여의 가옥도 매각하도록 요구하는 것이었다.

전자의 예에서 알 수 있듯이 지급 능력을 잃은 채무자가 채권자와 협의하여 자산을 매각, 지급하는 일은 수시로 행해지고 있었을 것이다.[84]

---

83 "韓人洪鳳汝, 在西門開設鋪廠, 平日常憑經紀買商等各貨, 出賣皆有票貼爲證, 本月初二忽然夜間逃走, 與伊估買經紀等, 次日到商亦應典賣, 償還貨錢 (…中略…) 懇乞恩天俯仰商民, 照會韓署, 懷柔遠人, 迅速將洪鳳汝房屋典賣, 償還商等貨錢."(소장 10). 이들 여섯 상호가 각각 개별 중매인을 통해 독립적으로 거래해 온 것은 소장에 첨부된 각서를 통해 알 수 있다.
84 매매 당사자 간 합의로 처리된 경우는 다른 사례에서도 확인할 수 있다. 1884년의 공순홍호·이순호의 소장5에 의하면 두 상호에 채무가 있는 조선인 유한세는 이원섭에게 가옥을 매각하고

그리고 채무자가 협의대로 이행하지 않거나 도망쳐 버렸을 경우, 채권자가 용산 상무위원과 한성부 소윤에게 호소하여 강제로 매각하도록 의뢰했다고 할 수 있다.[85]

그리고 이러한 사례가 모두 연명에 의한 소송이라는 점에도 주목해야 하겠다. 호소한 화상들은 매수자인 조선인과 개별적으로 거래했지만 매수자의 경영이 순조롭지 못하고 혹은 도망쳐 버린 단계에서는 협력하여 채권 처리를 시작했을 것이다. 이를 통해 상인들 사이에 일정한 통념이 존재했다고 볼 수 있다. 게다가 후자의 예에서는 복수의 중매인들이 공동으로 매수자의 자산 처리를 실행하려 했다.[86] 앞의 항에서 살펴본 것처럼 중매인의 책임에는 애매한 측면이 있었지만 중매인들 사이에서는 자신들의 역할에 대하여 공통된 인식이 있었을 것이다.

이처럼 채무를 이행할 수 없게 된 상인의 자산을 어떻게 취급할 것인

그 대금을 두 상호에게 지급할 것을 약속했다. "商等自五月間, 憑經紀金元慶說合, 賣與朝鮮人劉漢世貨物甚多, 均立有欠帖 (…中略…) 初六日又向他追問, 伊云賣房歸□約, 其相識人李公集合局, 將房賣與土人金元變, 言明房屋一百三十千, 當日与商等面立文契, 執筆人李元昊, 同衆言明, 此頂歸商家兩號, 限以本月十二日, 金元變將錢交付, 又立欠帖一張爲憑, 至期合局人並賣房人, 皆不見面."

85 도망간 채무자의 가옥 압류는 상무위원, 매각과 채권자에 대한 대금 교부는 한성부 소윤에게 권한이 있었다고 보인다. 다음 사료를 참조. 단, 근거가 되는 법규 등은 현재로서는 명확하지 않다. "准貴照會內開, 據華商永來盛號秉稱, 緣朝人吳相順, 居住鐘樓木房, 於前日在該號買去洋布三十疋 (…中略…) 分文未交, 突於十四日平明時, 閉門逃匿, 稟請查封房屋, 照會追償等因, [이어서 공화순으로부터 오상순으로의 추징 청구를 인용], 除仰派差携本府封條前往, 查封該處房屋外, 爲此照會貴少尹, 請煩査照, 迅速提吳相順到案, 嚴行究追償還兩號欠款, 實爲公便等因前來, 吳姓 在逃, 現未就獲, 卽將該房變賣, 準交兩號欠款三千五百九十五緡." 黃耆淵(漢城府少尹) → 唐紹儀(照覆), 光緒 17年 3月 11日, 『韓民吳相順逃匿公債』(使館檔案 1-41-47-58). 또한 평양에서는 화인이 청국 영사관의 증인(證印)이 있는 종이를 채무자의 가옥에 붙여서 우선권을 주장하는 관행이 한일병합 때까지 보였다고 한다. 平壤商業會議所, 『平壤全誌』(1927), 382쪽.
86 매수자인 조선인이 도망간 후, 중매인이 채권자인 화상들에게 매수자의 자산 처분을 권한 다른 사례도 있다. "鮮商李致天, 憑經紀李升天, 於十月十五日, 買去商等洋布等貨, 一去不返, (…中略…) 共合欠商等錢二百十三千, 逃竄無踪, 經紀李升天, 深懼幇騙之罪, 遂向商等婉說, 將李致大所遣之房, 變賣以充欠款, 雖是兩便之策, 然不敢不稟命憲臺大人案下, 伏乞照會漢城府, 發給文契, 以憑變賣."(소장 41).

지에 관해서는 당사자 사이에서 모종의 규칙이 계속 형성되고 있었던 것 같다.[87] 최종 단계에서는 관이 관여하기도 했지만 그것은 관이 적극적으로 개입한다는 의미가 아니라 민간의 절차를 보완하는 데 불과한 것이었다.

이 장에서는 주한사관보존당안에 포함되는 화상의 소장을 통해서 개항 직후 서울에서 화상과 조선인 상인의 거래와 분쟁 형태에 대하여 검토하였다. 검토 결과를 간단히 정리하도록 한다. 이 장에서 거론한 소장들은 모두 서울의 화상이 조선인 상인에게 수입품을 매각하는 과정에서 생긴 분쟁에 대하여 관의 개입을 요구한 것이다. 이에 의하면 분쟁으로 발전한 거래 대부분은 조선인 중매인이 중개하고 10일부터 1개월 정도의 연불 조건으로 이루어졌다. 이와 같은 거래 형태는 양자 간의 단기 신용이 중매인을 통해서 연쇄적으로 이어진다는 기존의 서울 시장의 특징을 반영하며 화상도 이러한 연쇄 과정의 말단에 중매인을 통하여 연결될 수 있었다.

한편 이러한 거래 방법은 화상과 조선인 사이의 분쟁의 계기가 되었다. 예를 들면 중매인을 거친 연불이 연속적으로 진행되면서 거래의 최

---

87 보호국 시기의 사료에서는 채무자가 기일까지 채무를 이행할 수 없는 경우 도망가고 채권자는 다 같이 그 자산을 분배하여 채권을 소멸시키는 습관을 소개하며 이것을 파산에 비유한다. 山口精, 『朝鮮産業誌』(寶文館, 1910)中, 590쪽 등. 이에 의하면 도망 자체가 정형화된 채무 처리 과정의 일환을 이룬다. 여기에서 대상으로 하는 안건도 대부분은 채무자의 도망이 분쟁의 직접적인 계기가 되었다는 사실을 유념해야겠다. 또한 朝鮮總督府, 『慣習調査報告書』(1913)에서는 채무가 불이행된 경우에 관을 통하지 않고 채무자 자산을 인도하여 그것을 가지고 채권을 소멸시키는 관습이 1907년의 재판 사무 '쇄신(刷新)', 즉 일본인 법무 보좌관 제도 도입까지 널리 보인 것, 또한 채무자가 '도산'한 경우에는 채권자 간의 협의에 의해 채무자 재산을 분배하였다는 사실이 지적되어 있다(176~179쪽). 이러한 관습이 이 장에서 대상으로 하는 시기에도 이미 정착한 것인지는 재차 검토하지 않으면 안 된다.

종책임자는 불투명해졌다. 화상 중에는 어음 양식을 보다 자세한 것으로 바꾸는 등의 방법으로 위험부담을 줄이려는 사람도 있었지만, 조선의 기존 상관습에 비추어 보았을 때 익숙해지기 어려운 그러한 시도가 오히려 분쟁을 초래하기도 했다. 또한 매수자가 채무를 이행할 수 없게 되었을 때 누가 보증 책임을 질지도 명확하지 않아 중매인의 책임 범위에 대한 이해가 화상과 중매인 사이에서 어긋나거나 화상이 매수자의 친족으로부터 자의적으로 징수하는 등의 사태를 초래했다. 다만 도망간 매수자의 자산 처리를 매도자나 중매인이 합동으로 맡는 등 상인들 사이에서는 모종의 규칙이 공유되고 있었음을 알 수 있는 사례도 있다. 관에 대한 소송은 이러한 시장 내부에서의 해결 시도가 실패했을 때 마지막 수단으로 선택하는 것이었다.

이처럼 당시 서울에서는 화상 및 조선인 상인과의 마찰과 타협을 통해 새로운 거래 규칙이 시장 내부에서 모색되었다. 일본인 등 다른 외국인 상인과 조선인 사이에서도 비슷한 과정이 있었을 것이다. 이 점은 앞으로의 검토 과제로 삼고자 하며 현 단계에서는 아래의 두 가지 과제를 제시하겠다.

첫 번째는 일본의 보호국, 식민지 지배 아래에서 20세기 초부터 실시된 각종 관습조사를 어떻게 다루느냐는 문제이다. 부동산법조사회不動産法調査會 등에 의한 관습조사의 결과는 조선총독부의 『관습조사보고서慣習調査報告書』를 비롯하여 다양한 형태로 공표되었다. 이들 자료는 젠쇼 에스케善生永助나 박원선에 의한 전통적인 상업 관행 연구의 기초가 되며 오늘날까지 관련 내용을 이해하기 위한 틀을 제공한다. 하지만 주의하지 않으면 안 되는 점은 이들 조사가 시행된 것은 개항으로부터 이미 수십 년이 지난 시점이었고 따라서 그 사이 외국인과의 접촉을 통해서 시장의 모습이 상당히 변화했을 가능성이 있다는 것이다.

또한 이들 조사 보고가 관습 그 자체의 서술이라기보다 관습을 근대법의 틀 안에서 어떻게 평가할 것인가라는 시각에서 서술되어 있다는 점도 간과할 수 없다. 예를 들면 이 장에서 검토한 '중매인'의 활동은 조사 보고에 나타나는 '거간'의 활동과 대체로 겹치면서도 거래에 대한 책임 유무 등 중요한 부분에서 달리 이해되는 경우가 있다.[88] 이러한 차이가 어떻게 생겼는지 시계열적 흐름에 따라 분명히 밝힘으로써 개항기의 시장 변화를 보다 동적으로 파악할 수 있을 것이다.

두 번째는 시장 규칙에 국가가 어떻게 관여하는가라는 문제이다. 여기에서는 사료상 제약도 있어서 소장 제출 후의 재판 과정이나 법원法源[14] 등에 관해서는 거의 언급할 수 없었다. 다만 채무자의 자산 처분에 대하여 살펴본 것처럼 국가의 재판은 시장 내부에서의 분쟁 처리 과정을 보완하는 데 불과했다는 점은 시사하는 바가 크다. 한성부 소윤 이건창이 화상의 '족징'에 항의한 것도 이를 금지하는 법이 먼저 있었기 때문이라고 할 수 없다. 오히려 그는 시장 현실을 반영하는 형태로 적용 가능한 법을 찾고 있었다고 할 수 있다. 이 인물은 한성부 소윤 재임 중, 한성부에서의 통화 유통 혼란과 외국인의 가옥 매입을 제한하도록 요구하는 상소를 국왕에게 제출했다.[89] 현장 관료들은 현장에서의 경험을 통해서 시장 규칙 구축에 대한 관심을 갖게 된 것이며, 이러한 변화가 국가의 시장에 대한 태도에 어떠한 영향을 줬는가 — 혹은 식민지

---

88 주 48)참조.
89 『고종실록』, 고종 28년 11월 19일(1891.12.19)조.

화라고 하는 사태에 의해 굴절할 수밖에 없었는지 — 라는 점을 밝히는 것은 조선에서의 시장 경제 정착 과정을 내재적으로 파악하는 데 있어서 중요한 과제라고 할 수 있다.[90]

---

90 李英美(2005)는 보호국 시기, 한국의 독자적인 민상법 도입 시도가 좌절되는 과정을 정책사 중심으로 살펴보아 시사하는 바가 크지만, 그 과정이 사회 경제적 실태를 어떻게 반영했는지는 과제로 남아 있다.

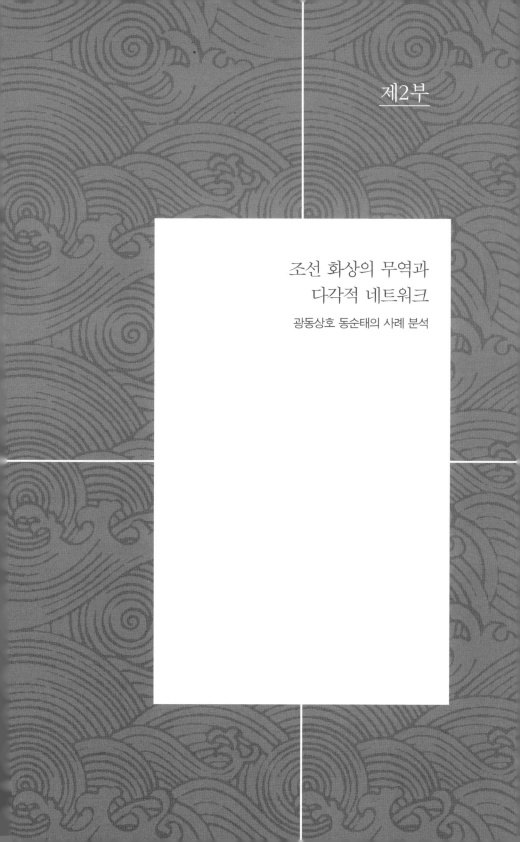

제2부

조선 화상의 무역과
다각적 네트워크

광동상호 동순태의 사례 분석

화상華商의 조선 진출에서 개항장을 통한 자유무역의 시작이 중요한 계기가 된 것은 분명하지만 그것이 전부는 아니었다. 제1부의 각 장에서 살펴보았듯이 고유의 역사적 배경을 지닌 양국 관계, 근대적인 시장경제와는 이질적인 조선 국내의 상업체제, 전통적 소비재에 대한 뿌리 깊은 수요 등 '개항' 후에도 바로 새롭게 변화하지 않은 다양한 조건이 서로 겹쳐 조선에서의 화상활동에 영향을 끼쳤다. 제2부에서는 화상의 경영사료를 통해 이들이 복합적인 조건 속에서 사업을 전개해 간 모습을 복원하려고 한다.

제2부에서 살펴보는 것은 1880년부터 1920년대에 걸쳐 조선에서 활동한 담걸생譚傑生과 그의 상호 동순태同順泰의 사례이다. 광동성廣東省 고요현高要縣 출신인 담걸생은 1885년 조선에 건너와 동순태를 설립하고 무역상으로 성공했다. 청이 청일전쟁에 패배한 후에도 담걸생은 식민지 시기에 걸쳐 다양한 사업을 전개하고 1929년 사망하기까지 화상 유일의 부호로 알려졌다. 담걸생의 사후에는 그의 자식이 동순태를 인수하여 1937년 중일전쟁 시작을 계기로 폐점할 때까지 영업을 계속했다.

담걸생의 업적 중 가장 잘 알려진 것은 청일전쟁 전인 1892년, 조선정부에게 은 20만 냥의 차관을 공여한 일이다. 이것은 조선에 대한 지배력 강화를 꾀한 원세개袁世凱의 뜻에 따라 명의를 빌려준 것이며 그 대가로 조선정부로부터 연안 항행권航行權을 획득한 동순태는 짧은 기간이었지만 한강에서 기선을 운항하였다.[1] 이러한 예에서 상상할 수 있는 것은 청의 조선 정책을 따른 '정상政商'으로서의 담걸생의 모습이다. 한

---

1 임명덕(1970), 206~220쪽; 나애자(1998), 131~132쪽; 강진아(2011b), 74~77쪽.

편 인물과 상업활동의 실태에 관해서는 거의 알려진 바가 없다. 제2부에서는 한국에 남겨진 동순태의 경영사료를 이용하여 이를 규명하고자 한다.

동순태의 경영사료(이하, 동순태 문서)는 서울대에 보존 중이며, 1880년대 말부터 1900년대 중반에 걸친 약 3,000건의 서간과 계산서류로 구성된다.(상세한 내용은 제5장 및 제2부 보론) 유감스럽게도 상부 종류는 포함하지 않아 체계적인 경영 분석에는 어려운 부분이 있으나 조선 화상의 경영사료로서는 현재까지 알려진 유일한 예이다.

동순태 문서의 존재는 과거부터 알려져 있었지만 화인華人과 화상에 대한 관심 자체가 낮은 가운데 거의 주목을 받지 못했으며, 본격적으로 분석 대상이 된 것은 2000년대 이후의 일이다.[2] 한국에서 이 문서를 선구적으로 거론한 강진아는[3] 담걸생을 둘러싼 광동 출신자의 인적 네트워크에 주목하고 위에서 언급한 차관 공여도 상업계 및 관계官界로 퍼진 인적 관계로부터 설명했다.[4] 이는 정치적으로 보이는 조선 화상의 활동도 청의 '국가적' 이해 관계에 종속된 것이라고 속단할 수 없음을 시사

---

2 문서의 존재는 박은경(1986), 53~54쪽; Larsen(2000), 246~247쪽; Larsen(2008), 263~266쪽이 지적하지만 역사적 분석 대상으로 삼은 것은 아는 범위 내에서 저자와 한국의 강진아 뿐이다.

3 강진아(2004)는 담걸생과 동순태의 역사를 개관한 최초의 논문이다. 강진아는 그 후 문서의 본격적인 분석에 착수하여 강진아(2007a)을 발표했다. 이것은 동순태의 문서 중에서도 기존에 학계에 소개된 적이 없는『동순태왕복문서(同順泰往復文書)』,『동순태보호기(同順泰寶號記)』(〈표 5-1〉 참조)를 거론한 것이다. 이후에도 강진아(2007b)·(2008a)·(2008b)·(2010)·(2011a)라는 연구 성과가 이어졌고 이들을 집대성한 저작물로서 강진아(2011b)가 있다. 이 책에서의 인용은 기본적으로 강진아의 저서에 따른다. 강진아는 이후에도 강진아(2014a)·(2014b)을 발표했다. 또 현재까지의 강진아의 연구에서는 동순태 문서 중『동순태왕복문서』의 제1권부터 제30권까지(1894~1895)과『동순태보호기』(1907)을 집중적으로 사용하였다. 이 책의 사료적 의미 중 하나는 강진아가 이용을 하지 못한 부분도 포함하여 문서를 전체적으로 파악하고 이용하려 한 것에 있다.

4 강진아(2011b), 148쪽. 이 점은 이 책 제5장에서 다시 논한다.

한다.[5] 강진아의 연구의 경우 상업활동에 관해서는 구체적으로 설탕이나 채표彩票(복권) 등과 같은 특징적인 상품에 주목하고 중국에서의 거래 관행과 결제 통화와의 관계에 주목하면서 광역적 유통시스템을 복원했다. 강진아의 접근 방법은 국경을 넘어 퍼져가는 화인 사회 속에서 담걸생의 행동을 이해하려 한 점이 특징적이다.[6]

저자는 담걸생 활동의 광역성에 주목한다는 측면에서 강진아와 관심 분야를 공유하지만, 중국뿐만 아니라 조선 국내의 상업기구나 조일관계에도 주목하고 싶다. 당시의 조선시장을 둘러싸고 형성되었던 다양한 조건에 개개의 화상이 어떻게 맞섰느냐는 시점에서 근대 아시아 시장에서의 조선의 위상을 파악고자 한다.[7]

---

5 이것은 청조의 조선 정책이 정부 차원의 이해 관계뿐만 아니라 '조약항(條約港) 엘리트'의 이해 관계도 반영했다는 Larsen(2008)의 주장과도 겹친다(p.198).
6 斯波義信(1983)는 일본 화교의 존재 형태에 관하여 일본 근대사의 틀 내에서 파악할 뿐만 아니라 '화교의 행동과 이동 상승 지향성을 내면으로부터 지탱하는 중국 본토 자체의 사회 조직의 성립' 등에 대한 '중국학적' 이해에 근거하여 생각해야 한다고 지적한다(106쪽). 강진아의 연구는 이러한 지적에 따른 것이라고 할 수 있다.
7 저자는 石川亮太(2004a)에서 처음으로 동순태 문서의 부분적인 이용을 시도했다. 이후 동순태 문서를 이용한 연구를 계속하는 가운데『동순태왕복문서』,『동순태보호기』의 존재와 성격에 관하여 강진아씨로부터 직접 가르침을 받았다. 여기에 감사를 표하고 싶다.

제5장
동순태의 설립과 네트워크 형성

동순태同順泰 문서는 현재 서울대에 6개 제목, 66권이 보존되어 있다.(〈표 5-1〉)

〈표 5-1〉 동순태 문서(서울대학교 소장) 구성

제목	청구 기호	권 수
진구각화창구단(進口各貨艙口單)	奎27581	8
갑오년각준래화치본단(甲午年各準來貨置本單)	奎27582	2
을미래화치본(乙未來貨置本)	奎27583	1
동태래신(同泰來信)	奎27584	19
동순태보호기 : 광서정미년 4월중(同順泰寶號記 : 光緒丁未年四月中)	6100-110	1
동순태왕복문서(同順泰往復文書)	6100-61	35
합계		66

주 청구기호가 '규(奎)' 자로 시작되는 4개의 제목은 서울대 규장각한국학연구원, 다른 2개의 제목은 서울대 중앙도서관에 소장되어 있다(2015년 5월 현재). 규장각한국학연구원에 소장되어 있는 것의 청구 기호, 제목은 『규장각 도서 한국본 종합 목록』(수정판, 서울대 규장각 편, 1994), 중앙도서관에 소장되어 있는 것은 도서관 전자판 목록(http://library.snu.ac.kr//index.ax, 2015. 5. 7 열람)에 의함.

제2부의 도입부에서 언급한 바와 같이 여기에는 장부 등의 기록물은 포함되지 않으며, 전부 서간과 그 사본, 계산서류를 붙여 책자 형태로 한 것이다. 본론에 들어가기 전에 동순태 문서의 구성과 특징에 대하여 간략하게 살펴 두겠다.

현존하는 문서는 총 3,000건 정도로 연대는 1880년대 말부터 1900년대 중반까지이다. 이것은 모두 서울의 동순태 본호^{本號}(이하에서는 사료의 호칭에 따라 한성본호라고 한다)가 각 지역의 분호^{分號} 점원과 거래처 화상^{華商} 사이에서 주고받은 것이다.

그중에서도 다수를 차지하는 것은 상업서간이며 『동순태왕복문서』와 『동태래신』의 두 제목으로 2,400건 정도가 수록되어 있다. 서간은 수신 서간의 원본과 발신서간의 사본으로 나뉜다. 각각을 상대방별로 분류한 것이 〈표5-2〉, 〈표5-3〉이다. 서간의 수·발신자는 개인 이름이지만 여기에서는 소속 상호와 소재지에 따라 분류했다. 〈표5-2〉, 〈표5-3〉의 '상대방' 란의 가장 윗줄에 있는 '동순태 내부'는 서울 이외의 개항장에 설치된 동순태 분호나 개항장 외의 이른바 내지^{內地}에 파견된 점원 사이에서 왕래한 서간을 가리킨다. 그 외의 상대방은 거래처 화상이며 조선 국내의 개항장도 일부 확인할 수 있지만 대부분은 중국과 일본 연해의 여러 항에 분포한다. 특히 상해^{上海}, 홍콩^{香港}, 고베^{神戸} 등과의 서신 교환이 많다.

『동순태왕복문서』와 『동태래신』을 제외한 4개 제목에는 한성본호가 수신한 계산서류가 담겨 있다.(〈표5-4〉) 발신인은 서간과 크게 다르지 않다. 종류별로 보면 동순태가 수출한 상품의 매각 상황을 보고한 매출계산서, 동순태가 발송한 상품의 발송계산서 및 포장명세서 등으로 나눌 수 있다(분류명은 저자가 편의상 붙인 것, 자세한 내용은 제6장 및 보론을 참조).

〈표 5-2〉 한성본호 발신서간의 수신인별 건수(1890~1899)

수신인		경인 1890	신묘 1891	임진 1892	계사 1893	갑오 1894	을미 1895	병신 1896	정유 1897	무술 1898	기해 1899	합계
동순태 내부	개성	36	59	85	38					13	3	234
	해주	19	16	4								
	전주/율포				30	15		3	41	27	23	139
	강경									15	5	20
	불명					3					3	6
인천	의생성(義生盛)									1		1
원산	동풍태(同豊泰)	3	3	1		1			16	16	2	42
상해	동태호(同泰號)	55	36	39	33	52	48	10	32	28	31	364
	서초당(瑞草堂)									1	1	2
	노열생(老悅生)									6	3	9
홍콩	안화태(安和泰)		15	30	17	13	21	5	6	6	6	119
	무화상(茂和祥)	17	3									20
광주	영안태(永安泰)	1	12	17	11	2	3					46
연대	공유(公裕)	12	2									
	동기(同記)	5	4	1			6					16
	이태겸(履泰謙)		10	4								14
	영풍(榮豊)								1			1
	동순성(同順成)									4		4
고베	상륭호(祥隆號)	24	17	19	17	25	29	1	14	12	5	163
요코하마	복화호(福和號)	10	6		2	15	21	1	7	2	1	65
나가사키	만창화(萬昌和)	1	3	3		3	3		2	4	1	20
	굉창호(宏昌號)						2		2			4
블라디보스토크	복태륭(福泰隆)			1	2							3
불명			3	4	1	7	2		6	6	2	31
합계		183	189	208	151	136	135	20	131	137	86	1,376

주 수신인은 원 사료에서는 개인 이름이지만 여기서는 소속 상호 및 소재지를 기준으로 분류했다. 그리고 발신인은 기본적으로 담걸생 본인이지만 귀성 등으로 본호에 부재중일 때는 그렇지 않다.

출처 『同順泰往復文書』(6100-61) 第10~35卷.

5-3〉한성본호 수신서간의 발신인별 건수(1889~1906)

신인	발신년	기축	경인	임진	계사	갑오(1894)		계묘	갑진	을사	병오	불명	합계
		1889	1890	1892	1893	(A)	(B)	1903	1904	1905	1906		
순태 매부	인천	219				140	15	152		7	22	44	668
	전주·율포				3	33		2	2	7		1	48
	군산							2		37		1	41
	불명					16	1			6		1	24
천	의생성(義生盛)					1		1					2
	이생호(怡生號)					9	2						11
	동의루(同意樓)									1			1
산	동풍태(同豊泰)	1	1				1		1	5		2	11
해	동태호(同泰號)	2	6	1			41			21			71
콩	안화태(安和泰)						7			7			14
주	영안당(永安堂)						2						2
베	상륭호(祥隆號)		3				33			4		3	43
하마	복화호(福和號)		1		1		14					3	19
사키	만창화(萬昌和)						3			2			5
국 사관	(조선 소재)									9		1	10
명	거창태(巨昌泰)										2		2
	상호 불명		2			6	5	17		7	1	5	43
계		244	11	1	4	189	139	75	3	183	26	60	1,015

갑오년의 (A)는 『同泰來信』 수록, (B)는 『同順泰往復文書』 수록. 그 외에는 모두 『同泰來信』 수록. 연도나 발신인 기준은 〈표 5-2〉와 같음.
『同泰來信』(奎27584) 第1~19卷, 『同順泰往復文書』(6100-61) 第1~10卷.

〈표 5-4〉 계산서류의 발신인별/종류별 건수(1888~1907)

	발신년 (간지/양력)	무자 (1888)	신묘 (1891)	갑오 (1894)	을미 (1895)	병신 (1896)	정유 (1897)	무술 (1898)	기해 (1899)	경자 (1900)	계묘 (1903)	정미 (1907)	합계
발신인	동순태(同順泰) (인천)			7	53					22	30		11?
	동풍태(同豊泰) (원산)						1		1				2
	안화태(安和泰) (홍콩)		13	3	24	1	1		2			4	48
	〃		2										2
	〃				2								2
	〃			2	4								6
	〃									2		1	3
	동태호(同泰號) (상해)	14	39	27	39	3	18	1	29			48	21?
	노열좌흥기 (老悅坐興記) (〃)								1				1
	화창호(華彰號)(〃)								1				1
	발기(發記) (진강)			11	26	2	13		12				6?
	만경원(萬慶源) (연대)		2										2
	이태겸(履泰謙) (〃)		4										4
	만창화(萬昌和) (나가사키)				1	3							4
	상륭호(祥隆號) (고베)	8	3	6									1?
	복화호(福和號) (요코하마)	1	1										2
	(이하 소재지 불명)												
	원춘창(源春昌)		2										2
	진항파호(陳恒頗號)								1		1		2

발신년 (간지/양력)	무자 (1888)	신묘 (1891)	갑오 (1894)	을미 (1895)	병신 (1896)	정유 (1897)	무술 (1898)	기해 (1899)	경자 (1900)	계묘 (1903)	정미 (1907)	합계
채설교(蔡雪喬)		1										1
협화호(協和號)											1	1
정항륭(正恒隆)											1	1
생원(生源)											2	2
(불명)											4	4
매출계산서		59										59
발송계산서	13	2	35	105				1			51	207
기타계산서		8	8	9				1	22	30	10	88
포장명세서	1		15	43	6	33	1	47			1	147
계	14	69	58	157	6	33	1	49	22	30		507

수신인은 일부 예외를 제외하고 담걸생 혹은 동순태 한성본호이다. 발신 연도는 문서 각 건의 기재를 따랐으며, 각 책자 표제의 발신 연도와 ·경우도 있다. 종류별 내역에 대해서는 제6장 및 보론을 참조.
『進口各貨艙口單』(奎27581-1-8), 『甲午年各準來貨置本單』(奎27582-1-2), 『乙未來貨置本』(奎27583), 『同順泰寶號記』(6100~110).

이처럼 문서 구성을 보는 것만으로도 동순태가 동아시아 연해에 널리 거래처를 가지고 활발한 상업 활동을 전개하였음을 엿볼 수 있다. 이 장에서는 먼저 동순태의 설립 과정에 대하여 경영자인 담걸생譚傑生의 성장 과정과 인맥부터 밝히고 이어서 동순태 문서의 수·발신 상대로 등장하는 사람들이나 상점을 단서로 동순태 네트워크의 확대 과정과 특색을 분석하고자 한다. 단 이 장의 본문에 나오는 날짜는 별도로 표기하지 않는 한 양력으로 환산한 것이다. 문서의 인용 방법은 각주 1)을 참조하기 바란다.[1]

---

1 이 책의 주에서 동순태 문서의 서간을 인용할 때는 다음과 같은 원칙에 따른다. ① 원 문서에서 발신자는 대부분 성명을 적지만, 수신자(받는 사람)는 성을 생략한 것이 많다. 주에서는 모두 가능한 한 성명으로 표기했다. ② 날짜는 원 문서 그대로 음력으로 표기하지만 달의 별칭 등은 무시하고 숫자로 바꾸었다. 연도는 원 문서에 기록되지 않는 경우가 많은데 간지를 보충하였다. ③ 출처 순서는 서울대의 청구 기호에 따른다. 외제(外題)와의 관계는 보론을 참

1. 담걸생의 조선 도항과 동순태 설립

1) 조선 도항 이전의 담걸생

담걸생의 경력을 전하는 사료는 적다. 그중 여섯째 아들인 담정택譚廷澤이 1970년대에 저술한 『선부담공걸생전기先父譚公傑生傳記』는 걸생의 직계 가족에 의한 귀중한 기록이다.[2] 30페이지 미만의 소책자 중 반은 1929년에 사망한 담걸생의 유산 처리에 관한 설명이 차지하며, 특히 저자 담정택이 한국 당국과의 협상을 통해 서울 소재 부동산의 권리를 회수할 때까지의 과정이 상세히 기술되어 있다. 한편, 저자의 출생 전, 담걸생이 내한했을 당시의 설명은 부족하며 잘못된 기억에 의한 기술이라고 보이는 부분도 적지 않다. 동순태 설립 경위는 담걸생의 자식 세대에 이미 명확히 알기 어려웠으며 이는 그동안 담씨 일가譚家 및 조선 화교가 경험한 시대가 얼마나 격변의 시대였는지를 말해준다.

먼저 이 『전기傳記』에 따라 담걸생의 내한 이전 경력을 살펴보자. 담걸생은 함풍咸豊 3년 11월 28일, 즉 1853년 12월 28일, 광동성廣東省 조경부肇慶府 고요현高要縣 묵강향墨岡鄉에서 오형제 중 셋째 아들로 태어났다. 걸생은 통칭에 해당하는 자字이며, 본명에 해당하는 휘諱는 이시以時이다. 묵강향이 속하는 금리마을金利村은 주강珠江 최대의 지류인 서강西江의 오른쪽 기슭과 면하고 광주廣州 부성府城에서 서쪽으로 50킬로미터

조. ④『동순태왕복문서』는 『왕복문서』로 줄여서 표기한다.

2 『先父譚公傑生傳記』私家版, 1973年跋. 저자는 이 사료의 사본을 담걸생의 증손 중 한 사람인 담영봉(譚永鋒, Frank Tang) 씨(미국 거주)에게 받았다. 또 강진아(2011b)도 이 사료를 이용하였으며 특히 담걸생의 재산 처리를 둘러싼 문제에 대해서는 다른 사료도 활용하면서 자세히 재구성 하였다.

거리에 있다.[3] 지형적으로는 산간 지대를 흘러온 서강이 평지에 이르러 북강北江과 합류, 광대한 주강의 삼각주를 형성하는 기점에 가깝다. 담걸생의 소년기인 1860년대부터 1870년대는 주강 삼각주에서 미국 등으로 이민이 급증한 시기에 해당한다. 그러나 담걸생 가까이에 그러한 인물이 있었는지는 확인할 수 없다.

『전기』에 의하면 담걸생은 고향 서당에서 공부하였는데 한번 읽은 것은 잊지 않는 총명한 소년이었다고 한다. 부모와 가업에 대한 정보는 거의 없다. 『전기』는 걸생이 어릴 때 시골 연극 고연 중 화재로 아버지를 잃었다고 한다.[4] 이후 가세가 기울자 고향에 남을 이유가 없다고 생각한 담걸생은 '스무 살 남짓'의 어느 날 매형인 양윤경梁綸卿을 의지하여 상해上海로 갔다. 이 시점에 이르기까지 담걸생은 첫 아내와 사별하고 두 번째 부인 양 씨를 맞이하였고, 그가 상해로 떠난 후에는 양梁 씨가 장남 정호廷瑚를 키우면서 고향 땅과 집을 지켰다고 한다. 『전기』의 다른 부분에서 장남 정호가 1879년에 출생한 것으로 기록하므로 이 설명을 믿는다면 담걸생이 고향을 떠난 것은 20대의 끝에 가까운 1880년대 초가 되는 셈이다.

1842년 남경조약南京條約에 따라 개항한 상해는 그 당시 광주를 제치고

---

3 『전기(傳記)』에서 말하는 묵강향은 현재의 고요시 금리진 동위촌(묵강촌)(高要市 金利鎭 東㘽村(墨江村))에 해당한다고 추측된다. 다만, 2009년 1월의 현지 조사에 따르면 자연 촌락으로서 묵강촌에는 제2차 세계대전 후 해방 때까지 황씨 성을 가진 사람들 밖에 없었으며, 담씨 성의 사람들이 살았던 곳은 묵강촌의 동북쪽에 있는 낭심촌(塀心村)이라고 한다. 片山剛(2009), 170~171쪽. 또한『금리구지(金利區志)』(金利區志編寫組, 1988)에 따르면 낭심촌의 담씨는 모강촌(茅崗村)의 담씨가 명나라 영락년 동안에 갈라져 나온 것이라고 한다(52쪽). 이러한 사실은 가타야마 츠요시(片山剛) 교수(오사카대학)의 가르침에 의한다.

4 단, 동순태 문서에 따르면 실제 아버지의 죽음은 1892년으로 담걸생은 그 소식을 서울에서 들었다. 『전기』의 오기로 보인다. 譚傑生 → 鈺田(安和泰)(14號信), 王辰 11月 4日, 『往復文書』 35. 그리고 이 서간에는 아버지가 '금리마을 연극 공연에서의 화재(金利演戲火災)'로 타 죽은 것(燒死)으로 되어 있는데 이 부분은『전기』와 일치한다.

중국 최대의 무역 항구가 되어 있었다. 뒤에서 설명하겠지만 상해는 서양인과의 접촉 경험이 풍부한 광동 상인이 많이 이주하여 영파寧波 상인에 다음가는 세력을 자랑했다.[5] 담걸생의 매형인 양윤경이 언제 상해에 왔는지는 모른다. 그러나 담걸생이 상해에 왔을 무렵, 양윤경은 동태호同泰號라는 상호를 경영하고 있었으며 상해의 광동 사람 중 유력 인사의 한 명으로 꼽혔다.(2절 2항 참조)『전기』에 의하면 동태호에서 장사를 배우게 된 담걸생은 한 달에 양은洋銀(서양은화) 2달러를 받고 해관 수속이나 부두 하역 업무를 도왔다고 한다. 이를 통해 담걸생이 배운 개항장 무역의 노하우는 그가 조선에 건너와 동순태를 경영하는 데 있어서 중요한 의미를 가졌을 것이다.

2) 조선 도항과 서울 진출

상해에서 일하던 담걸생이 조선으로 옮겨 온 경위는 확실하지 않지만 『전기』에 따르면 1882년 30세의 나이에 인천으로 건너왔다고 한다. 1882년은 조중상민수륙무역장정朝淸商民水陸貿易章程이 제정된 해이며 인천의 개항 자체가 1883년 1월이었음을 고려하면 이 해의 도항은 조금 이르다. 1882년 임오군란 때 서울에 진주한 청군을 따라 40명 정도의 상인이 왔다고 하지만,[6] 담걸생이 이들 상인에 속했던 흔적도 없다. 『청계한중일관계사료淸季中日韓關係史料』는 광서 9년부터 광서 12년(1883~1886)까지 상무위원이 작성한 서울 및 세 개항장의 화인명부를 수록하는데, 담걸생의 이름은 그중 광서 11, 12년의 인천명부에 등장한다.[7] 이로부터 생각하면 담

---

5 주 39)에 대응하는 본문을 참조.
6 이 책 제1부 도입부를 참조.

걸생이 조선에 온 것은 빨라야 1885년이 된다.

이를 뒷받침하는 사료는 거의 20년 후인 한국 보호국 시기에 발견된다. 1906년 5월 담걸생이 조선인 손윤필 일행으로부터 서울의 토지, 가옥을 넘겨달라고 요구받는 사건이 일어났다. 이 소송 때 담걸생이 청나라 총영사에게 제출한 상신서 두 통에 따르면[8] 담걸생이 조선에 입국한 것은 광서 11년 7월, 즉 1885년 8월경이며 처음에는 인천에 머물며 손경문이라는 조선인 상점과 거래하였다. 이듬해인 광서 12년 9월 손경문의 동생인 손윤필이 현성일과 공동으로 서울에 주택을 구입하여 점포로 바꾸고 담걸생에게도 서울에 오도록 권유했기 때문에 담걸생은 두 사람과 함께 임시로 같이 살게 되었다고 한다. 그런데 3년 후 광서 15년 11월 28일(1889.12.20), 사업에 실패한 손윤필과 현성일이 도망가 버렸기 때문에 그들에게 빌려준 돈이 있었던 담걸생은 그 건물을 자기 점포로 삼았다. 이 경위는 손윤필이 제출한 소장과도 크게 다르지 않아 사실로 봐도 좋을 것이다.[9] 또한 광서 11년과 12년의 중국인 명부에서 담걸생이 인천에 체류한 것으로 되어 있는 점과도 부합한다. 청일전쟁 이전의 화인명부는 이 밖에 광서 15년 것이 주한사관보존당안駐韓使館保存檔案(제4장에서 살펴본 사료)에 남아 있으며 이에 따르면 서울의 동순태에 담걸생을 포함한 세 명의 광동 출신자가 있었다고 한다.[10] 담걸생이 이 해가 되기 전에 서울로

---

7 『淸季中日韓關係史料』, 文書番號 826 · 983 · 1127 · 1208. 이 책 서장 참조.

8 東順泰 → 駐漢城總領事(稟), 光緒 32年 閏4月 13日, 『錢債案卷(2)』(使館檔案 2-35-62-7). 東順泰 → 駐漢城總領事(稟), 光緒 32年 6月, 『錢債案卷(2)』(使館檔案 2-35-62-7).

9 孫允弼(訴狀), 明治 39年 7月 2日, 同前. 담걸생의 상신서와 비교하면 손윤필, 현성일의 서울에서의 개업을 무자년(1888) 3월이라 하는 등 오류가 있지만 사실 관계상 큰 차이는 없다. 단지 손윤필은 자신의 도피 후에도 가옥 소유권을 담걸생에게 물려준 적이 없다고 하여 그 점이 쟁점이 되었다(제3절 참조). 소송 결과에 대해서는 분명치 않다.

10 〈표 5-5〉 참조.

옮겨 와 동순태의 상호를 사용하여 상업활동을 한 것을 확인할 수 있다.

1906년에 손윤필이 반환을 요구한 것은 자신이 1889년에 도망쳐 동순태 손에 넘어간 건물이었다. 손윤필의 소장에는 그 장소를 대평동大坪洞 혹은 大平洞 동현銅峴이라고 기록되어 있다. 소장 부속문서에 의하면 동순태가 손윤필 등으로부터 인수받은 건물은 네 동으로, 기록되어 있는 주위 건물 등으로 보아 해방 후의 을지로 2가 10번지 부근으로 추측된다.[11] 이는 도성 정문인 숭례문에서 성안 중심부 종루鐘樓로 향하는 큰 길(현재의 남대문로)과 거기에서 동쪽으로 갈라져 광희문에 이르는 길(현재의 을지로)의 분기점에 가깝다. 현재의 남대문로 일대가 화상들의 집단 주거 지구였다는 사실은 이미 제4장에서도 언급하였다. 이후에도 동순태는 1929년 담걸생의 죽음을 거쳐 1937년 문을 닫을 때까지 이곳을 본거지로 삼았다. 또한 담걸생은 자신이 1886년 서울로 옮겨 온 후에도 인천에 점원을 두고 동순태의 분호(지점)로 삼았다. 서울은 사실상 개시장開市場이었지만 해관이 없어 수출입 절차를 모두 인천에서 밟을 필요가 있었기 때문일 것이다. 『동태래신』에는 기축년(1889) 정월부터 6월 말까지 인천분호가 한성본호(본점)에게 보낸 219건의 서간이 수록되어 있다.(1-3, 15, 16권) 평균적으로 하루 한 통 이상의 서간이 교환되었으며 밀접한 연

---

11 「前承受孫允弼玄聖一房産四至」, 光緖 34年 7月 晦日, 前出 『錢債案卷(2)』 所收. 한성 동순태의 점인(店印)이 있다. 이에 따르면 문제의 건물 네 동은 원래 현성일 것이 한 동(기와집 29 칸), 손윤필 것이 두 동(기와집 29칸 반과 67칸), 손경문의 것 한 동(철거됨)이었다. 이들은 인접해 있었으며 사방의 경계를 보면 동쪽이 '수하동 골목', 북쪽이 '수하동 보통학교', 남쪽이 '18은행방(十八銀行房)' 및 '동순태방'과 맞닿은 위치에 있었다. 이들을 각종 고지도에서 확인하면 을지로2가 10번지로 볼 수 있다(서울역사박물관, 『서울지도』(2006)에 수록된 『대경성 정도(大京城精圖)』(1936) 외). 또한 남쪽으로 접한 '동순태방'은 동순태 자신이 매입한 토지일 것이다. 『전기』에 의하면 동순태는 개점 후 십수 년 동안 사업을 확대했기 때문에 애초에 가지고 있었던 부지로는 부족하여 황금정 2정목(일제의 지명, 해방 후의 을지로 2가) 9번지에 987평, 벽돌로 2층 점포를 건축했다고 한다(5)쪽.

락을 통해 본호와 분호 사이의 정보 공유를 도모했음을 알 수 있다.[12]

이 인천분호는 처음에는 한성본호와 경영상 특별히 구별되지 않았던 것으로 보이지만 경인년(1890) 정월부터 담걸생의 표현에 따르면 '문호분개門戶分開'를 하게 되었다.[13] 본점과 지점은 동순태의 상호명을 공유하면서 자본금을 분할하여[14] 해외 상품 발주도 따로 하였다.[15] 한성본호의 상품을 인천항에서 싣고 내릴 때 인천분호가 업무를 대행했지만 비용은 정기적으로 본호에게 청구하였다.[16] 담걸생은 거래처에게 인천분호는 사업을 독자적으로 관리하기 때문에 자신도 경영에 개입할 수 없다고 설명하였다.[17] 뒤에서 언급하겠지만 본호와 분호의 인적 관계는 단절된 것은 아니며 필요에 따라서 공동거래도 했지만 기본적으로는 회계도 의사결정도 독립적으로 이루어졌던 것으로 보인다.[18] 이후의 동순태 문서를 이용한 분석은 (인천분호와는 다른 독립적인) 한성본호를 대상으로 한다.

---

12 이들 서간 배달에서 가장 빈번히 사용된 것은 해관 우편이었다. 서간은 대체로 발송 다음날부터 늦어도 사흘 뒤에는 도착한 것 같다. 石川亮太(2008), 227쪽.

13 譚傑生 → 梁綸卿(5號信), 庚寅 2月 10日, 『往復文書』 33.

14 譚傑生 → 梁綸卿(6號信), 庚寅 2月 20日, 同前.

15 梁綸卿 → 譚傑生(2號信), 庚寅 1月 15日, 『同泰來信』 18.

16 『進口各貨艙口單』(奎27584) 第7, 8冊에 수록된 문서가 여기에 해당한다.

17 譚傑生 → 陳達生(書簡), 乙未 閏5月 12日, 『往復文書』 31.

18 양윤경의 편지에서 한성과 인천은 '각자의 의견을 달리하기 때문에(因各有立見不소)' 나뉘어 있지만 원래 같은 뿌리이고 서로 협력하였으면 한다고 나와 있다. 분립의 이유는 불분명하지만 전년도의 손윤필, 현성일의 도주사건 처리를 둘러싸고 의견 대립이 있었을지도 모른다. 梁綸卿 → 譚傑生(5號信), 庚寅 2月 4日, 『同泰來信』 18.

2. 담걸생의 인맥과 동순태의 거래 관계, 조직

1) 동순태의 자본 관계

1890년에 한성본호와 인천분호가 분리되었을 때 두 점포의 '저자底子'는 각각 은 1만 1천 냥씩 분할되었다고 한다.[19] 다만 이로부터 시간이 지난 1896년 서간에서는 한성본호의 '자본'은 32고股로 합계 은 4만 8천 냥이라 설명하므로 동순태가 중국의 전통적인 공동 출자 형태인 '합고合股'에 의해서 자본금을 조달한 것을 알 수 있다.[20]

동순태의 고동股東(출자자)이 누구인지 명시한 사료는 없다. 그러나 위의 1896년 사료는 그해에 배당되는 '원리금'을 한 고에 200냥으로 하고 32고 합계 6,400냥을 분배하는 가운데 담걸생의 몫은 1,200냥이라 한다. 즉 담걸생의 지분은 32고 중 6고에 불과했으며 담걸생은 동순태의 경영자이기는 했지만 소유 주식의 비중은 결코 높지 않았다고 할 수 있다. 다른 고의 지분은 담걸생의 조선 진출 경위를 감안할 때, 상해의 양윤경과 동태호가 상당 부분을 출자했다고 보는 것이 자연스러울 것이다. 실제로 담걸생은 서간 속에서 양윤경과 동태호를 자주 '동가東家', 즉 출자자라고 부른다.[21] 그리고 담걸생 자신의 지분도 최소 1890년경까지는 양윤경에

---

19 譚傑生 → 梁綸卿(6號信)(주 14). 사료에서는 1만 1천 냥 중 수천 냥은 재고 화물을 매입가의 90%로 환산한 것이라고 하므로 '저자'는 '자본금'이라기보다는 '자산'을 가리킬 가능성이 있다. 또 이 시기 인천분호의 서간은 한성과 인천의 '속은(屬銀)'을 각 1만 1,500냥이라 하고, 그 중 '노본(老本)'이 3천 냥이라고 한다. '노본'이 설립 당시의 자본금을 가리킬 가능성이 있다. [發信者不明 → 譚傑生(書簡), 1月 7日(年不明), 『同泰來信』17.

20 譚傑生 → 梁綸卿(260號信), 丙申 11月 10日, 『往復文書』31.

21 1897년 나가사키(長崎)의 굉창호(宏昌號)로부터 홍삼의 공동 수출을 제안받은 담걸생은 상해에 있는 '폐동(弊東)', 양윤경과 나주신(羅柱臣)에게 상담하자 (나주신도 동태호의 공동 경영자) 위험이 크다며 동의를 얻지 못했다고 답장했다. 중요한 거래를 할 때는 출자자인 양윤경과 동태호가 개입하는 경우가 있었음(혹은 거절의 이유가 되었음)을 알 수 있다. 譚傑生 →

게 자금을 빌려 구입하였다.[22]

이러한 사실에 비추어 볼 때 동순태의 설립 자체가 양윤경의 제안에 의한 것이었을 가능성이 있고 그렇다면 담걸생은 양윤경이 보낸 '고용된(월급쟁이) 경영자'였던 셈이다. 강진아는 초기의 동순태에서는 양윤경의 발언권이 강했고 담걸생은 조선에서의 활동이 길어지면서 점차 경영 주도권을 잡게 되었다고 추측한다.[23]

또한 양윤경이 조선에서 출자한 것으로 보이는 상호로 동순태 외에 동해안의 개항장 원산의 동풍태同豊泰가 있다. 동풍태는 원산에서 가장 이른 시기에 설립된 유력 상호이며 경영자인 광동 출신 나요잠羅耀箴과 나빙신羅聘臣은 1886년경 조선에 건너왔다.[24] 담걸생은 동풍태와 지속적으로 서신을 주고받았는데, 그중 하나에 동풍태와 동순태는 '출자자'가 같다는 문구가 보인다.[25] 동순태의 출자자는 양윤경의 동태호이므로 동풍태도 동태호의 출자를 받았다고 보면 된다. 상호 이름도 동同 자와 태泰 자를 공유하므로 삼자三者는 이른바 연호聯號(자본상·경영상의 계열점) 관계였을 가능성이 높다. 상해의 광동 상인이 동아시아와 동남아시아에

麗堂(宏昌號)(書簡), 丁酉 7月 6日, 『往復文書』 31.

22　譚傑生 → 梁綸卿(2號信), 庚寅 1月 22日, 『往復文書』 33. 譚傑生 → 羅桂臣(46號信), 辛卯 1月 3日, 同前. 담걸생이 자신의 지분 자금으로 각각 400냥과 200냥을 양윤경에게 빌린 것임을 확인할 수 있다.

23　강진아(2011b), 142~145쪽.

24　朝鮮總督府, 『朝鮮に於ける支那人』(1924)에서는 1885년 '오뉴월경 광동 상인 동풍태의 점원 아무개가 나가사키에서 건너와 일본 거류지 내에 점포를 마련하고 장사를 한 것이 원산에서의 중국인 거류의 효시'(187쪽)라고 한다. 1892년에는 상무위원의 알선으로 조선지방관(감리)에게 토목 공사 비용 2천 원(元)을 빌려 준 적도 있다(李鴻章 → 總理衙門, 光緖 18年 8月 21日, 『淸季中日韓關係史料』(1721番). 나빙신, 나요잠의 이름은 광서 12년 원산 상무위원의 화교명부에 처음으로 나타난다. '설포 화상(設舖華商)'이라고 기록되어 있는 것으로 봐서 처음부터 점포를 가졌던 것 같다. 『淸季中日韓關係史料』(1208番).

25　譚傑生 → 羅耀箴(書簡), 丁酉 4月 7日, 『往復文書』 31.

널리 연호 네트워크를 구축해 가는 가운데[26] 양윤경은 새로운 시장인 조선에 강한 관심을 갖고 적극적으로 연호 설립을 시도했을 것이다.[27]

이와 같이 동순태의 설립에는 양윤경과 동태호가 깊이 관여하였다. 이후에도 동순태가 동태호와 긴밀한 관계를 유지한 것은 앞의 〈표5-2〉, 〈표5-3〉에서 동태호와의 사이에 오간 문서가 다른 거래처에 비해 압도적으로 많았다는 점, 그리고 문시 왕래가 모든 시기에 걸쳐 이루어졌다는 점을 통해 알 수 있다. 동태호가 동순태에게 보낸 서간에는 연번이 붙어 있는데 그중 가장 늦은 시기의 것인 을사년(1905) 6월 24일 자 편지는 623호이다.[28] 약 15년 전인 기축년(1889) 12월 23일 자의 것에 1호라고 있는 것을 연번의 시작이라고 생각하면[29] 이 사이에 연간 40통이 넘는 서간이 발신되었음을 알 수 있다.

2) 상해에서의 양윤경의 활동과 인맥

여기에서는 담걸생의 매형이자 동순태 설립에 깊이 관여했던 양윤경에 대하여 당시 상해 광동인의 위상을 염두에 두면서 검토해 보자. 양윤경의 성장 과정에 대해서는 불분명하지만, 『역언易言』, 『성세위언盛世危言』의 저자로 알려진 정관응鄭觀應(광동성 향산현 출신, 1842~1922)과 청년기부터 친분이 있었다는 사실을 강진아가 밝혔다.[30] 정관응이 만년에 저

26　宋鉆友(2007), 294~299쪽.
27　1892년에는 담걸생이 양윤경에게 부산에 점포를 낼 것을 권했다. 譚傑生 → 梁綸卿(書簡), 壬辰年(日付不明), 『往復文書』 34. 단, 실행에 옮겨진 기록은 없다.
28　『同泰來信』 19에 수록.
29　『同泰來信』 18에 수록. 다음 해 경인년 정월에 한성본호와 인천분호가 분리되었음을 감안할 때, 이때를 기점으로써 한성본호 앞으로 보내는 서간번호를 시작했을 가능성이 크다.
30　강진아(2011b), 125쪽.

술한 『향산정신여당대학노인촉서香山鄭愼餘堂待鶴老人囑書』(1914)에 따르면 정관응이 1858년 고향을 떠나 신덕양행新德洋行의 중개업자였던 숙부를 따라 상해에서 장사를 배우기 시작하였을 때 '고요高要양군윤경梁君綸卿'과 함께 영국인 전란아傳蘭雅(John Fryer)의 영화서관英華書館에서 2년간 야학을 다녔다고 한다.[31]

'고요 양군윤경'이라는 것을 보면 양윤경이 담걸생과 같은 고요현 출신이었음을 알 수 있다. 양윤경이 언제쯤 상해에 왔는지는 분명하지 않지만 1870년대 중반에는 이미 동태호의 상호를 사용하고 있었던 것 같다.[32] 또한 1884년에는 상해의 수입 면직물상이 조직한 '진화당양포공소振華堂洋布公所'의 회원이었음이 확인된다.[33] 청일전쟁 전 동태호는 상해 현성의 대동문大東門 안에 있었지만[34] 황포강黃浦江에 면한 대동문 밖에는 화인 수입 면포상이 모여 있었다고 하므로[35] 동태호 역시 이와 관련된 상점 중 하나였는지도 모른다. 다만, 다음 장에서 살펴볼 동순태와의 거래 내용에서 알 수 있듯이 동태호는 면직물뿐만 아니라 견직물, 마직물, 각종 잡화 등 다양한 상품을 취급하였다. 훗날의 『상해상업명록上海商業名錄』(1922년판)은 수출입 업종 및 광주방幇에 속하는 상점의 하나로 동태호를 꼽는다.[36]

---

31 上海図書館・澳門博物館 編, 『香山鄭愼餘堂待鶴老人囑書』(澳門博物館, 2007), 3・59・81쪽. 정관응에게 양윤경은 계속 신뢰할 수 있는 친구인 듯하다. 위의 『촉서(囑書)』에서 정관응은 자신의 상해 자산을 '동태양 군윤경'에게 관리시키도록 자손에게 지시하였고 『촉서』의 증인으로서 양윤경 자신이 서명도 하였다.

32 『申報』, 光緖 元年 正月 24日, 「遺失滙票提單」에 상해 동태호의 양윤경 이름이 보인다.

33 中國社會科學院經濟硏究所(1979), 28쪽. 단, 1908년의 『支那經濟全書』 11에 게재된 진화당양포공소의 구성원 목록에는 동태호가 보이지 않는다.

34 「仁川港ニ於ケル支那米輸出ノ景況」, 『通商彙纂』 6號, 1894.

35 中國社會科學院經濟硏究所(1979), 11쪽.

36 『民國十一年上海商業名錄』(商務印書館, 1922), 81쪽, 山口大學藏. 또, 사료에서는 소재를 영

동태호의 조직 등은 불분명하지만 담걸생이 동태호에게 보낸 서간에서는 양윤경과 연명, 또는 때로는 단독으로 나주신이라는 인물이 받는 사람으로 되어 있어, 동태호는 이 두 사람이 공동 경영한 것으로 보인다.[37] 그러나 1905년 이전에 나주신은 사망했고 이후는 양윤경이 단독 경영하였다.[38]

그런데 상해에는 1843년 개항 이후 광주, 홍콩에 본거지를 두었던 서양인 상관商館이 진출하고 광동 상인도 중개업자로서 이동해 왔다. 1850~1860년대가 되면 영파 상인이 급성장하지만 광동 상인도 그들에 이은 세력을 계속 유지했다. 상인 외에도 선박 수리공, 기계공 등 다양한 계층의 광동인들이 상해로 유입되어 1885년에는 그 수가 공공 조계에서만 2만 명을 넘었다고 한다.[39] 광동성 중에서도 고요현은 앞에서 말한 정관응을 비롯하여 많은 유력 중개업자를 배출하였고 고요현을 포함한 광주부, 조경부 상인이 1872년에 개설한 광조공소廣肇公所는 상해에서 가장 유력한 동향 단체 중 하나가 되었다.[40] 양윤경은 늦어도 1890년대 초반부터 위 공소의 동사董事(등기 이사) 중 한 사람으로 이름을 올리게 되고,[41] 적어도 1918년까지 최고령 이사로 재임했다.[42] 이후 1924년

국 조계(정확하게는 '외국인 공동 거주' 지역)인 북경로 경순리(北京路慶順里)라 한다. 강진아에 의하면 1918년 간행된 같은 이름의 책은 동태호의 소재를 '영국조계 영파로 11'이라 기록하고 1925년, 1928년판에서는 '북경로 경순리'라 한다. 강진아(2011b), 124~125쪽.

37 「변무(辨誣)」(『申報』, 光緒 21年 11月 17日)는 나주신을 '삼양경교동태호(三洋経橋同泰號)'의 경영자라고 한다. '삼양경('經' 혹은 '涇') 는 현성의 북쪽, 공동 조계와 프랑스 조계의 경계에 있는 양경포(洋涇浦)의 다리 중 하나로 '대동문(大東門) 안'이라는 1894년의 사료(주 34)와 다르지만 그 이유는 자세히 알 수 없다.

38 羅耀箴 → 譚傑生(書簡), 乙巳 2月 15日, 『同泰來信』19.

39 宋鑽友(2007), 31~32 · 37쪽; Leung Yuen Sang(1982); Goodman(1995), 54~62쪽.

40 宋鑽友(2007), 63쪽. 단, 1851년까지는 원형이 성립되었다고 한다.

41 『광조공소집의부(廣肇公所集議簿)』(上海市檔案館, Q118-12-139)에서는 양윤경이 광서 17년부터 27년에 걸쳐 이사회에 거의 빠짐없이 참석했던 것을 확인할 수 있다.

3월에는 상해의 월교상업연합회粵僑商業聯合會1) 부회장으로 선출되었다고 한다.[43] 양윤경은 같은 해 9월에 사망했는데 추도회에는 동 연합회 외 상해의 광동인 각 단체에서 500여 명이 출석했다.[44]

유력한 광동 상인이었던 양윤경이 각 방면에 인맥을 갖고 있었던 것은 상상하기 어렵지 않다. 일찍부터 서양인과의 접촉이 있었던 광동인은 이른바 국제 교역을 통해서 청나라 말기 관계官界에도 넓게 침투했다. 대표적인 인물이 정관응이었고 양윤경은 정관응과의 친교를 통해 상업계뿐 아니라 관계와도 밀접한 관계를 구축했을 것이다. 강진아는 이와 같은 양윤경의 인맥이 조선에서의 담결생의 활동에도 강력한 버팀목이 되었을 것으로 추측한다.[45] 서장에서도 언급하였듯이 1882년 조중상민수륙무역장정 제정을 전후하여 조선에 관여했던 청나라 인물 중에는 당정추唐廷樞, 진수당陳樹棠, 당소의唐紹儀 등 광동인이 눈에 띄게 많았고,[46] 이들도 양윤경을 통해 담결생과 접점을 가졌을 가능성이 크다.

실제로 동순태 문서에는 1883년 조선해관을 설립할 때 번역관으로 조선에 와 1889년 이후 용산 상무위원으로 원세개袁世凱를 보좌했던 당소의의 이름이 종종 등장한다.[47] 당소의는 상해의 광조공소와 관계가 깊었기

---

42 郭緖印(2003), 447쪽.

43 「粵僑商業聯合會選擧揭曉」, 『申報』, 1924.4.1.

44 「粵商追悼梁綸卿紀」, 『申報』, 1924.10.6.

45 강진아(2011b), 124~129쪽.

46 岡本隆司(2004), 132・427쪽.

47 담결생은 당소의로부터 개인적인 물품 조달을 의뢰받거나 연초에 인사를 가기도 했다. 仁川分號 → 漢城本號(1號信), 己丑 1月 3日, 『同泰來信』1. 譚晴湖 → 譚傑生(無番信), 1月 15日(年不明), 『同泰來信』17. 한편 담결생은 홍삼 밀수출 주선을 당소의에게 의뢰한 적도 있어서(譚傑生 → 關聘農(書簡), 乙未 8月 22日, 『往復文書』31, 다만, 이때는 적발되면 체면을 구긴다는 이유로 거절당했다) 밀접한 관계를 엿볼 수 있다. 한편, 강진아(2011b)는 당소의가 홍삼 밀수출을 계획했을 때 담결생이 운영하는 기선 한양호를 이용한 사실을 지적한다(78쪽).

때문에[48] 양윤경과도 서로 알고 있었을 것으로 추측된다. 담걸생이 당소의에게 인정받은 것도 양윤경의 소개에 따른 것이었다고 보인다.

동순태는 1892년 청나라가 조선에게 차관을 공여할 때 명목상 대주_貸主가 되고 그 대가로 인천과 서울 사이의 소규모 증기선의 운항권을 획득한 것은 제2부 도입부에서 언급한 바 있다. 또한 동순태는 원세개의 의뢰로 조선에서 지출되는 청조의 공금을 보관하고 그 회송도 맡았다.[49] 30대 초반에 조선으로 건너온 담걸생이 단기간에 관으로부터 재무 관련 업무를 맡게 된 이유는 양윤경을 통한 관계와의 인맥을 생각하지 않고는 상상하기 어렵다. 1888년 서울에 광동 출신자 단체로 광방廣幫이 성립하였을 때는 담걸생이 추대되어 이사를 맡았다.[50] 이러한 화인 사회로부터의 기대를 통해서도 그의 풍부한 인맥을 엿볼 수 있다.

3) 거래처 화상의 확대

동순태는 동태호, 동풍태 외에 홍콩에서 블라디보스토크Vladivostok에 이르는 연해 각 지역에 거래하는 화상이 있었다. 이들 중 관련 사료에서 정보를 얻을 수 있는 것은 다음과 같다.

---

48 1918년 광조공소의 운영을 둘러싸고 내분이 일어났을 때는 겸임 동사로서 수습에 주력했다고 한다. 宋鉆友(2007), 69쪽.

49 1890년 고평은(庫平銀) 6천 냥의 보관을 원세개로부터 의뢰받았다는 기사가 있다. 譚傑生 → 梁綸卿(20號信), 庚寅 4月 25日, 『往復文書』33. 또 1892년 여름 무렵에는 장기 예치금이 1만 4천 냥에 달했으며, 연간 7만 5천 냥의 공금을 상해에서 회송하도록 의뢰받았다. 譚傑生 → 梁綸卿(96號信), 壬辰 7月 18日, 『往復文書』35.

50 洪子彬 → 袁世凱(稟), 光緖 14年 10月 17日, 『漢城衆商分擧各幫董事並議立會館』(使館檔案 1-41-28-4). 이에 앞서 1887년에는 담이서(譚以瑞)라는 인물이 인천 광방 동사에 임명됐지만 이는 주(67)에서 언급하였듯 담걸생의 둘째 형 청호일 가능성이 높다. 廣幫商人等 → 袁世凱(稟), 光緖 13年 11月 13日(受信日), 同前.

영안태永安泰(광주) 담걸생이 보낸 서간 46건 외에[51] 영안태로부터 받은 계산서류가 6건 남아 있다. 점포는 광주 시내의 안공가(晏公街)에 있었다.[52] 구성원에 대한 정보는 얻을 수 없지만[53] 담걸생이 영안태에 보낸 서간 중 그의 본가로 생활비를 보내도록 의뢰한 것을 볼 수 있다.[54] 〈표 5-2〉, 〈표 5-3〉에 나타나는 거래처 중에서는 담걸생의 고향 마을과 가장 가까워 담걸생의 가족과 교류가 있었다고 해도 이상하지 않다.

안화태安和泰(홍콩) 담걸생으로부터의 서신 29건과 안화태로부터의 서신 14건 외에 안화태가 발행한 계산서류 48건이 남아 있다. 서간의 수신·발신자는 주로 나손경羅遜卿, 나자명羅子明 두 명이지만 그들이 담걸생과 어떠한 관계였는지는 분명하지 않다. 설립은 동순태보다 늦었던 것 같으며 담걸생은 1891년 동태호로부터 안화태 설립에 관한 이야기를 듣게 된다.[55] 점포인店舖印에 따르면 소재지가 '홍콩 상환上環'이다.[56] 또한 1892년 일본영사보고에 의하면 홍콩의 남북행가南北行街에 점포가 있으며 주로 고베와 요코하마로橫濱부터 해산물을 수입했다고 한다.[57]

만창화萬昌和(나가사키) 담걸생으로부터의 서간 20건과 만창화로부터의

---

51 모두 『왕복문서』에 수록되어 있다. 또한 서간 수신처의 상호명은 1890년부터 1892년 초까지의 14건은 '영안당(永安堂)', 이후에는 두 건을 제외하고 '영안태(永安泰)'라고 한다. 이 전후로 동순태로부터의 서간에 붙여진 연번이 이어지며 같은 인물(옥세(玉細))이 수신처로 되어 있어 여기에서는 같은 곳으로 간주했다.

52 점인에 의한다. 永安泰 → 同順泰(艙口單), 乙未 5月 16日, 『進口各貨艙口單』 2.

53 동순태의 서간에서 수취인으로 되어 있는 사람은 오천(五泉, 1), 인천(仁泉, 1), 자명(子明, 3), 옥전(鈺田, 34), 욱전(煜田, 3), 옥세(玉細, 2)로 모두 성은 알수 없다(괄호 안 숫자는 총 출현 횟수이며 연명 서간은 각각 하나로 세었다).

54 譚傑生 → 鈺田(書簡), 辛卯 11月 11日, 『往復文書』 34, 譚傑生 → 鈺田(11號信), 壬辰 8月 10日, 『往復文書』 35. 후자에는 '가부(家父)'가 들르면 전해 달라고 되어 있어 담걸생의 친가와 일상적인 왕래가 있었다고 보인다.

55 譚傑生 → 羅遜卿(書簡), 辛卯(日付不明), 『往復文書』 34.

56 安和泰 → 同順泰(艙口單), 乙未 6月 1日, 『進口各貨艙口單』 2 외.

57 「香港に於ける海産物取引に關する規約並慣例」, 『官報』 通商報告欄 2830號, 1892.

서간 5건, 계산서류 4건이 남아 있다. 1889년 인천분호가 한성본호에 보낸 서간에서 이미 만창화를 언급하므로[58] 일찍부터 관계가 있었음을 알 수 있다. 서간의 수・발신자인 반달초潘達初는 1915년 나가사키長崎 쇼후쿠지聖福寺에 건립된 '중건광동회소비기重建廣東會所碑記'에 회소會所의 등기 이사 정동사正董事이자 8명의 건비 발기인의 한 사람으로 이름이 등장한다. 이에 따르면 원적지는 광동성 광주부의 남해현南海縣이었다.

상륭호祥隆號(고베) 담걸생으로부터의 서간 163건, 상륭호로부터의 서간 43건과 계산서류 17건이 남아 있다. 서간의 수・발신자인 진달생陳達生에 대해서는 어느 정도 경력을 알 수 있다. 진달생은 1853년 광동성 광주부 순덕현順德縣에서 태어났으며 1870년 친아버지와 일본에 갔다. 1882년경부터 오사카大阪에서 해산물 수출이나 성냥 제조를 하였지만 1894년에 고베로 이동해 광동인이 조직한 광업공소의 이사를 맡았다고 한다.[59] 상륭호의 문서를 보면 1891년 계산서에는 '阪庄(판장)'이라고 적혀 있으며,[60] 청일전쟁 이후의 것에는 '일본 고베', '고베 해안 65번'이라고 기록되어 있어 이 무렵에 고베로 이전한 것을 확인할 수 있다. 간사이關西2)의 광동 상인 상당수는 처음에는 고베와 오사카 양쪽에 점포가 있었는데 외국 항로 대부분이 고베에서 발착했기 때문에 1897년에 전부 고베로 본거지를 옮긴 것으로 알려져 있다.[61] 진달생은 그보다 한발 빨리 고베 이전을 택했을 것이다. 상륭호는 홍콩에도 점포를 가지고 있었던

---

58 仁川分號 → 漢城本號(42號信), 己丑 2月 13日, 『同泰來信』 2.

59 籠谷直人(1990), 6쪽; 中華會館(2013), 66쪽.

60 [祥隆號 →]同泰號(結單), 辛卯 3月 25日, 『進口各貨艙口單』 1, [祥隆號 →]同泰號(費單), 乙未 6月 6日, 『進口各貨艙口單』 2.

61 中華會館(2013), 129쪽. 담걸생이 상륭호에 보낸 서간에서도 1897년에 오사카의 '광방'이 모두 고베로 이전한 것을 언급한다. 譚傑生 → 淸湖(書簡), 丁酉 6月 11日, 『往復文書』 31.

것 같지만 자세한 것은 알 수 없다.[62]

복화호福和號(요코하마) 담걸생으로부터의 서간 65건, 복화호로부터의 서간 19건과 계산서류 2건이 있다. 담걸생으로부터 서간을 받은 사람은 담패림譚沛霖과 담옥계譚玉階 두 명으로 담걸생이 두 사람 모두에게 '종형대인宗兄大人', '종숙대인宗叔大人' 등의 경칭을 붙이는 것으로 보아 친족으로 보인다. 이 중 담옥계는 1899년 일본 측 기록에 요코하마의 '중요한 청국 상인' 중 하나로 등장한다.[63] 메이지明治 초기 요코하마 화교의 상당수는 광주와 조경, 두 부 출신으로 알려져 있으므로[64] 담패림과 담옥계 또한 같은 지역 출신이라고 생각해도 좋을 것이다.

동순태가 광주와 홍콩 외에 일본의 세 개항장에서도 유력한 광동상호를 거래처로 삼았다는 사실은 주목할 필요가 있다. 이들 중 담걸생과 친족 관계를 확인할 수 있는 것은 요코하마의 복화호뿐이지만〈표 5-2〉, 〈표 5-3〉을 보는 한 동순태는 각 항구에서 한 곳의 거래처와 거래를 계속하는 경향이 있으며[65] 그 배경으로서 담걸생과의 어떠한 개인적인 관계가 있었을 가능성은 높다. 게다가 이러한 거래처는 다음 장에서 설명하겠지만 상해의 동태호와도 각각 거래 관계를 맺고 있었다. 동순태 및

---

62 담걸생은 1897년 고베 상륭호에게 홍콩분호 경유로 약제 구입을 의뢰한 바 있다. 譚傑生→陳達生(14號信), 丁酉 7月 21日, 同前.

63 「當港在留淸商氏名」, 『橫浜商業會議所會報』 28號, 1899.

64 臼井勝美(1963), 864쪽.

65 나가사키의 복건(福建) 화상 태익호(泰益號)의 경우, 각 지역 거래처와의 관계가 반드시 고정적이지는 않았다. 廖赤陽(2000)에 의하면 태익호는 각 개항장에서 항상 십 수호부터 수십 호에 이르는 화상과 동시에 거래 관계를 맺었지만 그중 장기적이고 안정적인 거래 관계를 맺었던 것은 한 지역에서 겨우 한 곳, 많아도 두세 곳이었다고 한다(28쪽). 이러한 네트워크 형태의 차이는 무엇에서 유래하는지(출신지나 시대 등) 신중하게 검토할 필요가 있다.

동태호와 이들 거래처 사이에 연결된 다각적이며 국경을 넘나드는 네트워크의 배후에는 양윤경을 중심으로 하는 인적 유대가 있었다고 봐도 좋을 것이다.

4) 동순태의 인원 구성

동순태의 조직 내부로 눈을 돌려 구성원의 특징을 살펴보도록 하자. 청의 상무위원 및 영사가 작성한 화인명부 중 광서 15년(1889), 광서 25년(1898)의 서울명부는 성명과 함께 소속 상호명을 기록하므로 한성본호의 인원 구성을 알 수 있다.(〈표 5-5〉)

앞에서 살펴본 바와 같이 한성본호는 1886년 조선인 손윤필과 현성일이 새로 설립한 점포의 일부를 빌리는 형태로 활동을 시작하였다. 1889년 말에 손윤필과 현성일이 사업에 실패하여 도망가고 1890년 초부터는 한성본호와 인천분호가 경영을 분리하였는데 표의 위쪽 부분(광서 15)은 그 직전의 상황을 반영한 것이다.[66] 참고로 담걸생은 휘인 '이시'로 되어 있다. 담걸생을 제외한 구성원은 두 명으로 모두 광동성 출신이며 이 중 담이경은 출신지와 항렬자인 '이此'로 보면 걸생과 같은 세대의 친족으로 보인다.

표 아래쪽에 표시한 광서 25년의 구성원은 담걸생을 제외하고 9명으로 그동안 한성본호가 발전하였다는 사실을 엿볼 수 있다. 담걸생 외 한 명은 처자와 함께 생활했던 것으로 보여 이들의 체류가 장기화되었음을 알 수 있다. 담걸생과 다른 구성원의 관계는 표만으로는 알 수 없으

---

66 작성 날짜에 대해서 광서 15년 6월 15일(1889.7.12)이라는 설명이 있다. 『華商人數淸冊』(使館檔案 1-41-40-19).

<표 5-5> 화인명부에 나타나는 동순태(한성본호)의 구성원(1889・1899)

연도	성명	연령	본적지	비고
광서 15 (1889)	담이시(譚以時)	37	광동성 조경부 고요현 (廣東省 肇慶府 高要縣)	
	나장패(羅章佩)	26	광동성 조경부 학산현 (廣東省 肇慶府 鶴山縣)	
	담이경(譚以経)	41	광동성 조경부 고요현	
광서 25 (1899)	담걸생(譚傑生)	47	〃	처자 있음 (남아 2, 여아 1)
	하정생(何梃生)	53	〃	처자 있음 (여아 2)
	담수지(譚秀枝)	46	광동성 조경부 향산현 (廣東省 肇慶府 香山縣)	전주 거주
	담정창(譚梃昌)	36	광동성 조경부 고요현	
	담기옥(譚其玉)	25	〃	
	담기영(譚其榮)	23	〃	
	황태분(黃泰芬)	23	〃	
	이정파(李静波)	29	〃	전주 거주
	맥군발(麦羣拔)	25	광동성 조경부 학산현	강경 거주
	고수흥(古穗興)	26	광동성 조경부 향산현	율포 거주

출처: 광서 15년은 『華商人數青冊』(使館檔案 1-41-40-19), 광서 25년은 『華商人數青冊』(使館檔案 1-41-56-4).

나 담씨 성인 동시에 고요현 출신의 3명은 담걸생의 친족이었을 가능성이 있다. 그 이외의 사람도 고요현 내지 학산현鶴山縣, 향산현 출신으로, 서로 가까운 곳에서 온 사람들이었다. 또한 비고란에 표시한 것처럼 9명 중 4명은 실제로는 서울에 없고 전주, 강경, 율포에 있었던 것으로 보인다. 이러한 지명은 <표 5-2>, <표 5-3>와도 일치하므로 개항장 외의 이른바 '내지'에 파견되어 상업활동에 임하고 있었다고 봐도 좋다.

광서 15년에 있었던 나장패羅章佩와 담이경 두 명은 25년에는 이미 한성본호를 떠났으며 이로부터 구성원 교체가 상당히 잦았음을 추측할 수

〈표 5-6〉서간의 수·발신자였던 동순태 구성원

성명	수신 건수	발신 건수	등장 기간	비고
담청호 (譚晴湖)		61	청일전쟁 전 1894~1905	담걸생에 대한 호칭은 삼제(三弟). 명부(부산·인천·한성 1886, 인천 1889), 광동성 고요현.
[담]정갱 ([譚]廷賡)	3	33	1894~1906	담걸생에 대한 호칭은 숙대대인(叔臺大人). 자칭은 조카. 성은 何介眉→象喬(書簡)(癸卯11.9, 『來信』10卷)에 따름.
[담]이장 ([譚]以牲)		2	1889~1894	남설생에 대한 호칭은 삼형대인(三兄大人). 명부(부산·인천 1886, 인천 1889), 광동성 고요현.
담배남 (譚配南)		[43]	1891	담패림(譚沛霖)(요코하마 복화호)에 대한 호칭은 종형대인(宗兄大人).
정장 (廷章)		3	1894	담걸생에 대한 호칭은 숙대대인, 자칭은 조카
정창 (廷彰)		1	1894	담걸생에의 호칭은 숙대대인, 자칭은 조카
정예 (廷銳)		21	[청일전쟁 전]	담걸생에의 호칭은 숙대대인, 자칭은 조카.
[담]정호 ([譚]廷瑚)		3	1906	담걸생에의 호칭은 존친대인(尊親大人), 자칭은 불초(不肖). 명부(인천 1907), 광동성 고요현. 『傳記』에 의하면 담걸생의 장남(1879년생).
[담]상교 ([譚]象喬)	[92]	61	1903~1906	담걸생에의 호칭은 삼숙대인(三叔大人), 자칭은 조카. 양윤경으로부터의 호칭은 내질(內侄), 담정호로부터의 호칭은 이형대인(二兄大人).
[담]기영 ([譚]其榮)	[11]		1905	1905년 담상교로부터의 호칭은 현질(賢侄). 명부(한성 1899), 광동성 고요현.
기신 (其新)	[2]		1905	담상교로부터의 호칭은 현질(賢侄).
소란포 (邵蘭圃)	205[19]	8	1890~1899	명부(한성 1907), 광동성 광주. '蘭甫(란보)'라는 이름도 포함.
하정생 (何珽生)	92	13	1892~1904	명부(한성 1899), 광동성 고요현.
하려당 (何麗堂)		8	1889	명부(인천 1886, 인천 1889), 광동성고요현.
[소]송지 ([邵]松芝)	40		1890~1891	명부(인천 1886년) 광동성번우현, 내지호조(內地護照)(1893), 광방.
[하]영걸 ([何]英傑)	1		1892	내지호조(1892, 1893, 1894), 광방.

성명	수신 건수	발신 건수	등장 기간	비고
나명계 (羅明階)	8	13	1893~1894	
[나]장패 ([羅]章佩)	3		1890~1891	명부(부산 1886, 한성 1886, 한성 1889) 광동성 학산현.
[나]빙삼 ([羅]聘三)	45		1890~1891	성은 譚傑生 → 蘭甫(書簡)(庚寅11.22, 『往復』33卷)에 의함.
유시고 (劉時高)	30	12	1893~1894	
이천형 (李泉亨)	[26]	14	1894	내지호조(1892, 1893, 1894년) 광방.
채병화 (蔡炳龢)		12	1894	담걸생에의 호칭은 숙대대인(叔臺大人).
[담]수지 (譚秀枝)	28		1898~1899	명부(한성 1899), 광동성 향산현 '秀芝(수지)'라는 이름도 포함.
이위초 (李偉初)		6	1905	담걸생에의 호칭은 숙대대인(叔臺大人). 자칭은 조카.
이익경 (李益卿)		128	1903	내지호조(1892), 광방.
이정파 (李靜波)	34	31	1898~1905	담걸생에의 호칭은 숙대대인. 자칭은 조카.
이서운 (李瑞雲)		16	1905~1906	담걸생에의 호칭은 숙대대인. 명부(한성 1899), 광동성 고요현.
[이]영상 (李永祥)		1	1905	담걸생에의 호칭은 숙대대인. 명부(인천 1907), 광동성 학산현.
하개미 (何介眉)		11	1903	담걸생에의 호칭은 숙대대인.
고달정 (古達庭)	1	1	1898~1905	
[고]수흥 (古穗興)	51		1897~1899	명부(한성 1899), 광동성 향산현.
[고]위경 (古渭卿)	1		1897	성은 譚傑生 → 挺生(書簡)(丁酉5.21 『往復』31卷)에 의함.
맥군발 (麦羣拔)	21	9	1898~1905	담걸생에의 호칭은 숙대대인. 명부(한성 1899), 광동성 학산현.
[황]태분 (黃泰芬)	8	1	1898~1903	명부(한성 1899), 광동성 고요현.
추명 (秋明)	[5]		1905	

성명	수신 건수	발신 건수	등장 기간		비고
상개 (常鍇)		1		1905	
[왕]정삼 (王鼎三)	4			1897	성은 譚傑生 → 梃生(書簡) (丙申12.23 『往復』 31卷)에 의함.
[정]덕윤 (鄭德潤)	3			1898	성은 譚傑生 → 秀芝(書簡)(戊戌10.18 『往復』 32卷)에 의함. 譚傑生 → 羣拔 (書簡)(戊戌7.25 『往復』 32卷)에 따르면 **조선인.**
익사(차) (謚樣)	3			1899	

주 1 성명에 대하여. 서간의 수신자, 발신자로부터 작성했는데 이들이 반드시 성과 명 양쪽 모두를 명기하지는 않는다.. 특히 담걸생의 발신서간은 대부분이 수신자의 성을 적지 않았다. 따라서 담걸생 수신서간의 발신자와 대조시키는 등 확인 작업을 하였고 그래도 불분명한 것은 이름만 기술하였다. 또한 서간 본문이나 다른 사료(명부 등. 이 표의 주4 참조)에서 성으로 추측되는 것은 [ ]에 적었다.

주 2 수신 건수와 발신 건수에 대하여. 각각(한성본호에서 본 수신서간/발신서간의) 발신자 또는 수신자가 된 횟수를 가리킨다. 수신자와 발신자가 연명의 경우는 각각 1회로 세었기 때문에 서간 자체의 건수와는 일치하지 않는다. 또한 한성본호에서는 기본적으로 담걸생이 서신의 수·발신 주체가 되었지만 그가 부재할 경우 등에 다른 인물이 대리인이 되는 경우가 있었다. 그러한 경우의 수신 건수와 발신 건수는 [ ]에 따로 적었다. 이 경우 상대방은 동순태의 분호, 내지 출장자만이라고는 할 수 없다.

주 3 등장 기간에 대하여. 해당 인물이 서간의 수신자, 발신자가 된 최초의 해와 마지막 해를 표시한다. 비록 편의상 서기로 표시했지만 실제로는 음력 서간 날짜를 그대로 쓴다. 표의 칸을 좌우로 나누어 청일전쟁이 발발한 1894년(갑오) 이전에만 등장하는 경우는 좌측, 이후에만 등장하는 경우는 우측에 적고 청일전쟁을 걸쳐서 전후 모두 이름이 나타나는 경우는 중앙에 썼다. 또한[청일전쟁 전]이라 표기한 것은『동태래신』17권에 수록된 서간이다. 이 권의 서간에는 발신 연도가 명기되어 있지만 내용으로 보아 청일전쟁 이전인 것이 분명하다(이 책 보론 참조).

주 4 비고에 대하여. 여기에는 주로3가지 사항에 대해 알 수 있는 모든 정보를 제시했다. ① 서간의 수신자와 발신자에게 붙여진 존칭과 비칭(卑稱) 중 담걸생과의 친족 관계를 엿볼 수 있는 것. 참고로 여기에 따로 설명이 없는 자의 대부분은 담걸생에 대한/으로부터의 존칭을 '인형(仁兄)'이라 하였다. ② 청 상무위원과 영사가 만든 화인명부에의 게재 여부, 그리고 거기에 적힌 출신지. 인용한 명부의 출처는 다음과 같으며 위원/영사의 임지별로 작성되었다. 1886년(광서 12) : 『淸季中日韓關係史料』(文書番號: 1208), 1889년(광서 15) : (인천)『華商人數靑冊』(使館檔案 1-41-21-7), (한성)『華商人數靑冊』(使館檔案 1-41-40-19), 1899년(광서 25) : 『華商人數淸冊』(使館檔案 1-41-56-4), 1907년(광서 33) : 『華商人數靑冊』(使館檔案 2-35-56-15). ③ 내지호조(內地護照)는 화상이 내지를 여행할 때 상무위원이 발급하는 허가증을 말한다. 여기에서는 광서 18〜20년(1892〜94) 용산 상무위원이 발급한 발급자 목록에 나타나는 사람에 대하여 설명을 붙였다. 출처는『華商請領護照入內地採辦士貨』(使館檔案 1-41-46-5), 같은 사료를 이용한 〈표 7-1〉을 함께 참조. 또한 여기서 사용하는 사료의 약칭은『내신』=『동태래신』, 『왕복』=『동순태왕복문서』, 『전기』=『선부담공걸 생전기』를 가리킨다. 또한 친족 관계나 출신지에 관한 중요한 정보는 굵은 글자로 표시하였다.

출처 이 표는 동순태 문서에 포함되는 서간 가운데 동순태의 분호 혹은내지 출장자를 대상으로 하는 것을 수신자, 발신자별로 정리하였다(예외에 대해서는 이 표의 주2 참조).

있다. 구성원 변화를 통시적으로 파악할 수 있는 사료는 얻을 수 없지만 한성본호가 인천분호나 내지 출장자와 주고받은 서간(〈표 5-2〉, 〈표 5-3〉에서 '동순태 내부'로 분류한 것)의 발송인, 수취인으로부터 일부는 알 수 있다. 이것을 정리한 것이 〈표 5-6〉이며 〈표 5-5〉에 포함되지 않은 인천분호의 구성원도 포함한다. 계속 한성본호에 상주하여 서신을 주고받을 필요가 없었던 사람은 여기에 포함되지 않기 때문에 구성원 전체를 망라한 것은 아니지만 대략적인 경향을 알기에는 충분하다.

위 표에 나타나는 인물은 39명이다. 서간의 발신자 또는 수신자로 나타나는 기간을 보면 청일전쟁 전후에 걸쳐 나타나는 인물은 4명이며 나머지는 전전·전후 어느 한쪽에 단기간만 등장한다. 이 표만으로 각각의 인물이 동순태에서 어느 정도의 기간 동안 활동했는지 판단할 수 있는 것은 아니지만 〈표 5-5〉와 함께 생각하면 역시 구성원 교체가 상당히 잦았다고 봐도 좋을 것이다.

한편 39명 중 담씨 성을 가져 걸생의 친족으로 추측되는 사람은 표의 윗부분에 정리하였으며 그 수는 11명이다. 그중에서도 담청호譚晴湖와 담이장譚以莊 두 사람이 이른 시기부터 등장하는데, 청호는 걸생을 '삼제三弟'라고 부르고 이장은 '삼형三兄'이라고 부르는 것을 보면 각각 걸생의 형과 동생이라고 생각할 수 있다.[67] 비고란에 나타낸 것처럼 이 두 사람은 상무위원이 작성한 광서 12년(1886) 명부에서 이미 이름을 볼 수 있어

---

67 '청호(晴湖)'는 '이(以)' 자를 포함하지 않으므로 '시호'가 아니라 '자'로 추측된다. 또한 1886년에 '담이서(譚以端)'라는 인물이 동순태를 대표해서 당소의에게 품의서를 제출했다. '이' 자를 공유하므로 담걸생과 같은 세대의 친족으로 보이며 그해 청호가 인천에 왔다는 사실을 함께 생각하면 (다음 주 참조) 이 인물이 담청호이며 그의 시호를 나타낸다고 봐도 될 것이다. 譚以端(同順泰) →唐紹儀(禀), 光緒 12年 8月 3日, 『朝人嚴致控華商譚以瑞卷』(使館檔案 1-41-47-6).

담걸생의 도항 직후 조선에 건너왔음을 알 수 있다.[68] 담걸생이 서울로 옮겨와 사업을 확장하기 위해 불렀을 가능성도 있다. 두 사람 모두 인천 분호에서 활동했는데[69] 특히 청호는 1887년에 인천의 광방 이사, 1893년 에는 같은 지역 남북광 삼방 이사의 직책을 맡아 담걸생과 마찬가지로 일찍부터 화인 사회의 중요한 지위를 차지하였다.[70] 담이장의 서간은 2 건밖에 남아 있지 않고 그것도 갑오년(1894)까지밖에 확인할 수 없지만 담청호의 편지는 을사년(1905)까지 있어 담걸생과 함께 조선에서 오래 활동했음을 알 수 있다.

담정호는 담걸생의 자식이다. 제1절에서 소개한 것처럼 『선부담공 걸생전기』에 의하면 정호는 1879년 고요현에서 태어났고 걸생이 상해 로 떠난 후에도 고향에서 어머니와 살았다고 한다. 정호의 서간이 동순 태 문서에 나타나는 것은 병오년(1906)으로 성장 후 아버지를 의지하여 왔을 것이다.[71] 담정갱譚廷賡은 정호와 항렬자 '정延'을 공유하지만 걸생 을 숙대대인叔臺大人의 존칭으로 부르는 것으로 보아 아들이 아니라 조

---

68 『淸季中日韓關係史料』 1208番. 담청호는 광서 12년 부산, 인천, 서울명부에, 담이장은 부산, 인천명부에 나와 있다(다만, 인천과 서울에서는 청호는 담이서라는 이름으로 나와 있다. 앞 의 주 참조). 화교는 거처를 옮길 때마다 상무위원에게 신고를 해야 했기 때문에 같은 해 두 곳에서 이름이 나와도 이상한 것은 아니다(이시카와 료타(2009), 168쪽). 부산명부에서 두 사 람이 광서 12년 4월에 부산항을 통과한 것을 확인할 수 있으며 모두 일본 경유의 기선을 타고 온 것으로 추측된다.
69 두 사람 모두 인천분호가 발송한 편지가 남아 있고 1892년 담걸생의 서간에도 인천분호에 청호, 이장과 익경 등 3명이 있다고 나와 있다. 譚傑生 → 卲蘭圃(30號信), 壬辰 閏6月 24日, 『往復文書』 34. 한편, '익경'은 〈표5-6〉에 나오는 이익경을 가리킨다. 이익경도 오랫동안 인천분호에서 일한 인물이며 1905년 재직 중 인천에서 사망했다. 羅耀箴(元山同豊泰) → 譚傑生(書簡), 乙巳1月 26 日, 『同泰來信』 14.
70 廣帮商人等 → 袁世凱(稟), 光緖 13年(月日不明), 『漢城衆商分擧各帮董事並議立會館』(使館檔 案 1-41-28-4). 劉永慶 → 袁世凱(稟), 光緖 19年 10月 7日, 『華商四鼇捐款章程卷』(使館檔案 1-41-2 2-4). 모든 사료에 이름이 '담이서'로 나와 있다. 이 이름이 담청호로 추정됨에 대해서는 주 67) 참조.
71 『선부담공걸생전기』에는 정호가 1924년 조선에 왔다고 나와 있지만 오류일 것이다(25쪽). 담걸생의 처와 자식에 대해서는 주 74) 참조.

카로 보인다. '정' 자가 이름에 있으면서 담걸생을 숙대라고 부르는 자는 그밖에 정장廷章, 정창廷彰, 정예廷銳가 있다. 성을 확인할 수 없지만 정갱과 동세대의 친족으로 볼 수 있다.

담상교譚象喬는 담걸생을 삼숙대인三叔大人으로 부르는 한편, 정호로부터는 이형二兄이라 불린다. '정' 자를 공유하지 않지만 담걸생의 조카 중한 명으로 봐도 좋을 것이다. 이 인물은 1903년 담걸생들이 고향에 돌아가면서 한성본호를 맡긴 사람이며,[72] 1905년부터 1906년에 걸쳐 인천분호를 대표하여 담걸생에게 편지를 보내기도 했다. 담걸생의 신망이 두터운 인물임을 알 수 있는 동시에 경영상 독립되었던 인천분호와 본호 사이에 인사人事상의 교류가 있었음을 확인할 수 있다.

담배남譚配南, 담기신譚其燊, 기신其新 등에 대해서는 호칭이나 출신지 등을 보았을 때 담걸생의 친족이었을 가능성이 있지만 담걸생과의 관계에 대한 보다 자세한 정보는 없다.[73]

이처럼 동순태에서는 담걸생의 친족 여러 명이 항상 서로 바뀌면서 일을 도왔다. 『선부담공걸생전기』에 따르면 담걸생은 여러 명의 아내를 두어 1900년경에는 광동의 본적지에 양 씨, 서울에 하阿 씨, 인천에 호㷍 씨와 동시에 살고 있었다.[74] 담걸생의 친족은 이들 가족과 동거하

---

72 李益卿 → 譚象喬(書簡), 癸卯 9月 28日,『同泰來信』8. 이 해의『동태래신』에는 상교가 걸생을 대신해서 본호에서 수신한 서간이 69건 수록되어 있다.

73 담배남은 신묘년(1891) 담걸생이 어머니 문병차 청호와 일시 귀국했을 때 한성본호를 맡았다 (譚傑生 → 梁綸卿・羅柱臣, 辛卯 6月 26日,『往復文書』34). 그의 이름으로 한성본호에서 발신된 서간 사본은 43건이 있다. 다만 담걸생이 서울로 돌아온 뒤 게으르다는 이유로 나장패 (羅章佩)와 함께 해고되었다(譚傑生 → 梁綸卿(書簡), 發信日不明(壬辰年初(?)), 同前).

74 『선부담공걸생전기』의 처자식에 대한 기술을 정리해 두겠다(4・25쪽). 양 씨의 이름은 용방 (容芳)이라 하며 걸생과 같은 광동성 고요현 묵강에서 태어나 1935년 사망할 때까지 고향에서 살았다. 1879년에 장남 정호를 낳았다. 하 씨의 이름은 미상, 역시 묵강 출신으로 결혼 후 조선에 건너와 서울에 살았고 1937년 동순태 폐점 후에는 고향에 돌아가 1951년에 사망했다.

면서 동순태의 핵심 멤버로 활동했던 것으로 보인다.

담씨 성의 친족을 제외한 28명에 대해서는 자료가 부족하다. 그러나 조선인으로 보이는 한 명의 인물을 제외하고는 화인명부 등에서 밝혀진 바에 따르면 모두 광동성 출신이며, 그것도 담걸생의 출신지인 고요현 외에 학산현, 번우현番禺縣, 향산현 등 출신지가 서로 가까운 지역이었다. 그중 일곱 명은 담걸생을 '숙대'라고 부른 사실로부터 이들이 서로 가까운 관계에 있었음을 추측할 수 있다.

나명계羅明階는 동태호의 공동 경영자인 나주신의 조카였으며 이를 통해 종업원의 인사와 관련해서도 동태호와 동순태의 사이에 교류가 있었음을 추측할 수 있다.[75] 담걸생은 점원의 일하는 태도 등을 자주 양윤경과 상의하고 때로는 새로운 점원을 알선해 줄 것을 의뢰하는 일도 있었다.[76] 어떠한 서간에서는 홍삼 밀무역의 비밀을 지키기 위해서라도 인사에 신중해야 한다며(밀무역에 대해서는 다음 장 참조),[77] 정보 관리 차원에서도 개인적인 네트워크를 통한 폐쇄적인 채용 방법이 필요했음을 엿볼 수 있다.

한편, 구성원 개개인의 근속 연수가 반드시 길지는 않았던 것은 앞에

차남 정곤(廷琨, 1885년생), 3남 정림(廷琳, 1889년생), 차녀 수봉(秀鳳, 1901년생), 5남 정쇠(廷釗, 1905년생)을 낳았다. 호 씨의 이름은 운경(雲卿), 1879년에 광동성 불산현(佛山縣)에서 태어났고, 1895년에 결혼해서 조선으로 건너왔다. 인천에서 살았고 동순태 폐점 후에는 상해에서 그리고 홍콩으로 옮겨가 1959년에 사망했다. 4남 정란(廷鸞, 1898년생), 장녀 수란(秀鸞)(생년불명), 6남 정택(廷澤)(생년불명), 3녀 수금(秀金, 1911년생), 7남 정황(廷煌, 1913년생)을 낳았다. 이 외의 부인으로 양씨 이전에 고향에서 결혼해서 아이 없이 사망한 황(黃) 씨, 1917년 내한한 상해 출신의 김(金) 씨가 있었다고 한다.

75 羅明階 → 譚傑生(書簡), 甲午 1月 19日『同泰來信』4.
76 예를 들면 주73)의 후반부에서 인용한 사료에서 담걸생은 양윤경에게 나장패과 담배남의 해고를 알리는 한편, 대신 동태호에서 일하는 양식삼(梁植三)을 동순태로 보내 주든지 아니면 그와 비슷할 정도로 믿음이 가는 인물을 알선해 달라고 의뢰했다.
77 譚傑生 → 梁綸卿(77號信), 壬辰 2月 24日, 『往復文書』34.

서 언급한 바와 같다. 그중에는 잠시 일하다가 자기 가게를 차려 독립하는 사람도 있었다.[78] 먼저 떠난 지인을 의지하여 고향을 뒤로 하고 이동을 반복하면서 상승을 도모하는 담걸생 자신도 거쳐 갔던 패턴이 반복되고 있었음을 알 수 있다.

3. 설립 당시 조선인 상인과의 관계

담걸생의 도한渡韓과 동순태 설립에 있어서 양윤경 및 그를 매개로 한 광동인의 인적 네트워크가 이바지했음은 의심할 여지가 없다. 그러나 조선에 정착해 상업을 하는 데는 조선인 상인과도 모종의 관계를 맺어야 했다. 여기에서는 설립 당시 조선인 상인과의 관계에 대하여 앞에서도 이름이 나왔던 손경문과 손윤필, 현성일과의 관계를 단서로 살펴보고자 한다.

담걸생이 인천으로 도항한 초기에 관계가 있었던 사람은 손경문이었는데, 앞에서 인용한 담걸생의 상신서에서는[79] 그를 '손경문잔孫景文棧'이라고 표현한다. 중국에서 잔棧은 보통 여관을 가리키지만 동시에 상품의 거래알선, 보관도 하는 객상의 활동 거점이기도 하였다.[80] 제4장에

---

78 청일전쟁 전에 동순태의 점원이었던 채설교(蔡雪喬)는 전쟁 후에는 인천에 자기 가게를 차렸고 서울에도 출점 계획을 세웠다고 한다. 譚傑生 → 邵蘭圃・何梃生(45號信), 壬辰 7月 27日, 『往復文書』 35. 譚傑生 → 梁綸卿(221號信), 乙未 8月 9日, 『往復文書』 31.

79 주 8) 참조.

80 중국에서의 '행잔(行棧)'이라는 업종의 기능에 대해서 庄維民(2012)은 매매 중개, 위탁 매매, 객상의 숙박 및 화물의 예탁, 신용 보증, 자금 융통, 운수업자를 대상으로 한 중개, 서신 발송, 상품 가공 등을 들고 있다(121~141쪽).

서도 언급하였듯이 조선에서 이에 상당하는 기능을 가진 상인은 객주이다. 객주는 18세기 이후, 서울 남쪽 근교 한강변을 비롯하여 전국 항구도시에 무리지어 나타난 것으로 알려졌으며, 개항 후에는 개항장에도 외국 상인과 조선인 상인을 중개하는 객주가 등장했다.[81] 손경문도 그러한 개항장 객주의 한 명이었다고 추측된다. 그리고 앞에서 언급한 상신서에는 손경문이 개성인이라고 쓰어 있다. 경기도 북부에 있는 개성은 고려의 옛 도읍지로 조선시대에는 상업도시로 알려졌다. 그리고 1883년 인천이 개항하자 개성 외에 부산과 해주, 서울 등 각지의 전통적인 상업도시로부터 상인들이 유입되어 객주업에 종사했다고 한다.[82]

1886년 손경문의 동생 손윤필이 현성일과 함께 서울에 낸 가게에 대해서도 담결생의 상신서는 '잔'이라고 표현한다. 손윤필 일행의 소장은 이를 '객주'라 표현하므로 이를 통해 '잔'이 '객주'에 해당함을 확인할 수 있다. 담결생의 상신서에 따르면 이곳에 기거하면서 월세를 내지 않는 대신 모든 거래의 알선을 약속받았다고 한다. 1888년 담결생이 손윤필 및 현성일과 체결한 계약서의 사본으로 여겨지는 문서도 남아 있는데 이에 의하면 동순태는 모든 거래를 손윤필, 현성일에게 위탁하는 한편, 손윤필 측은 알선한 거래에 책임을 지고 만일 상대방 사정으로 거래가 이루어지지 않을 경우 배상 책임도 지며 나아가 인천의 손경문도 연대 책임에 응하도록 되어 있었다.[83] 이후의 관습조사에 의하면 알선한 거

---

81 객주의 업무에 대해서는 박원선(1968)이 자세하게 밝히고 있다. 18세기 이후 서울에서의 객주(여객 주인)의 탄생과 전국으로의 전개 양상에 대해서는 이병천(1983), 또한 개항장 객주의 성장에 대해서는 이병천(1984), 홍순권(1985). 그리고 지방의 객주에 대해서는 이 책 제7장 제3절 참조.
82 오미일(2008), 53~56쪽.
83 孫景文→同順泰, 戊子 1月 15日. 주8)에서 인용한 동순태의 품의서(광서 32년 6월)에 첨부되어 있다. 또한 1906년에 손윤필 측이 제출한 소장에서는 자신들이 동순태의 모든 거래를 알

래에 보증 책임을 지는 것은 객주의 중요한 기능이었다고 하므로[84] 손 윤필과 현성일도 이와 다르지 않았다고 할 수 있다. 현지 정보를 모르 는 화상에게 있어서 객주가 거래 상대를 알선하고 거래 이행에 책임을 지는 것은 고마운 일이었을 것이다. 서울에 진출한 화상에게 이러한 객 주와의 관계가 일반적이었던 것인지는 알 수 없다. 그러나 4장에서 이 미 언급했듯이[85] 다른 사례가 없었던 것은 아니다.

그런데 1889년 말에 이르러 동순태는 이러한 활동 형태를 크게 바꾸 게 되었다. 손윤필과 현성일이 사업을 접고 도주했기 때문이다. 담걸생 의 상신서에 의하면 그들이 여기저기 진 채무는 다 합쳐서 전錢으로 4만 ~5만 적(1적吊=1천문千文)으로 그중 동순태에 대한 채무가 가장 많아 1 만 2,677적에 이르렀다고 한다. 도망간 손윤필 일행은 한 달 뒤 조선인 관리 김종원을 통해 채무 정리를 신청해 왔기 때문에 담걸생도 이에 따 라 손윤필 일행이 소유한 가옥 네 채와 약간의 돈을 받았으며 그것을 차 감한 잔액 7천여 적은 추후에 받기로 했다.[86]

여기에서 손윤필 일행이 파탄에 이르는 경위를 살펴보자. 담걸생이 양윤경에게 보낸 서간에 의하면 손윤필 일행은 수입품을 서울 등 각 지 역에 판매하는 것 외에 '전국錢局'의 위탁으로 주전鑄錢 재료를 매입하고 있었다고 한다.[87] 조선정부는 개화 정책 재원의 하나로 1883년부터 당

선한 것은 아니며 알선하는 경우에는 상품대금의 2%, 동순태가 직접 상대를 찾는 경우는 1% 의 구전(口錢)을 받았다고 주장하였다(주9).

84 박원선(1968), 47~50쪽.
85 이 책 제4장의 주38)·39) 참조.
86 이 경위는 담걸생의 품의서(주8)에 의한다. 손윤필 일행의 소장에서는 채무의 존재는 인정하 지만 김종원의 중개로 채무를 가옥과 상쇄한 것은 부정한다. 그러나 손윤필의 도주 직후 담걸 생이 양윤경에게 보낸 주87)의 서신에서도 김종원의 중개로 채무를 정리했음을 언급한다.
87 譚傑生 → 梁綸卿·羅柱臣(1號信), 庚寅 1月 3日, 『往復文書』 33.

오전當五錢이라 불리는 오문전五文錢의 주조를 시작했는데 그 원료는 주로 일본 등 외국에서 수입된 것이었다.[88] 담걸생에 따르면 손윤필 일행의 채무 정리를 중개한 김종원도 '주전국 총판(총책임자)'직에 있는 인물이었다.[89] 김종원에 대해서는 상세히 알 수 없으며 주전 사업을 담당했던 전환국 책임자 명단에도 그의 이름은 보이지 않는다. 하지만 당오전의 주조소는 여러 군데 있었으며 게다가 지원하는 사람은 납세를 대가로 독자적인 주조를 인정받았다.[90] 김종원도 아마 어떠한 형태로든 주전에 관여한 하급 관리였고 손윤필은 이러한 인물을 통해 주전 재료의 납품권을 얻었을 것이다.[91]

주전 재료 조달에는 동순태도 관여하였다. 동순태의 주요 수입품은 면직물이나 견직물 등으로 조중무역 전체의 경향에서 벗어나지 않았지만(다음 장 참조), 이 시기의 『동태래신』에서 일본과 홍콩으로부터 구리나 납도 구매했음을 알 수 있다.[92] 이것들은 손윤필을 통해 주전용으로 매각했을 것이다. 또 동순태는 1888년 말, 홍삼 3,500근과 바꾸는 형태로 주전용 구리와 납 2,000담擔의 납품 제의를 받았다.[93] 이 제안을 한 것은 제3장에 등장한 현흥택과 오경연으로 동순태에게 제공하기로 약속

---

88 오두환(1991), 91~92쪽; 李碩崙(2000), 160~168쪽. 일본인 상인 중에도 당오전의 원료인 구리 조달에 종사하여 인천에서 서울로 진출한 사람이 적지 않았다. 京城居留民所役所,『京城發達史』, 1912, 19쪽.

89 譚傑生→駐漢城總領事(稟)(光緒 32年 6月, 주 8)에 의한다.

90 오두환(1991), 66~81쪽.

91 김종원의 이름은 1880년대 말 친군영(親軍營)의 무관으로 사료에 나타난다. 예를 들면『승정원일기』고종 25년 4월 29일조. 민씨 정권의 개화 정책의 일환으로 마련된 친군영은 각종 재정상의 권익을 가지고 있었기 때문에 그 구성원이 주전 사업에 관여한 것은 이상하지 않다.

92 仁川分號→漢城本號(14號信), 己丑 1月 17日,『同泰來信』2.

93 仁川分號→漢城本號(6號信), 己丑 1月 9日,『同泰來信』1, 仁川分號→漢城本號(60號信), 己丑 3月 3日,『同泰來信』12. 이 홍삼 수출 시도에 대해서 자세한 것은 Ishikawa(2014)를 참조.

한 홍삼도 국왕으로부터 받은 것이라고 설명하였기 때문에 국왕이 수출권을 가진 별부삼別付蔘이었던 것으로 보인다. 이 제안은 실행 직전에 가격 조건이 맞지 않아 무산됐지만 이와 같은 관과의 관계도 손윤필 일행을 통해 얻은 것으로 보인다.

이처럼 손윤필 일행은 결코 맨손의 신흥 상인이었던 것은 아니며 조선의 공권력과 결탁하고 이를 무기 삼아 외국인을 상대로 한 객주업에 진출했다고 볼 수 있다. 담걸생이 양윤경에게 경위를 설명한 서간에 의하면 손윤필 일행은 파탄에 이르기까지 이미 몇 번이나 거듭 손실을 보고 있었다. 구체적으로는 돈 3천 적을 도난당한 것, 동전 주조가 일시 정지된 것, 이로 인해 환율이 일시적으로 오르고 보유 은괴를 매각할 때 7천~8천 적의 손해를 본 것, 쌀 거래 실패로 인해 추가로 5천~6천 적의 손실을 본 것 등이 기록되어 있다. 게다가 '전국'에 납입한 재료비가 항상 3만~4만 적의 빚이었음에도 구입처인 일본인 상인에게는 은으로 지불하기로 되어 있었던 것도 큰 부담이었다. 이러한 상황 속에서 발행한 어음의 결제에 응할 수 없게 된 것이 직접적인 계기가 되어 도망쳤다고 한다.[94]

손윤필 일행의 손실을 낳은 원인 중 하나로 주전의 정지를 언급하였다. 1883년에 발행되기 시작한 당오전은 1888년경부터 지나치게 많이 주조되어 급속도로 가치가 떨어졌다. 1889년 6월에는 의정부가 국왕에게 주조 정지를 제안해서 승인받았다.[95] 주조는 3개월 정도 지나자 재개되었지만 동순태에게 홍삼을 소개한 오경연은 전환국典圜局 위원으로서 당오전 남발의 책임을 추궁당해 귀양을 갔다.[96] '전국'으로부터 돈을

---

94 譚傑生 → 梁綸卿·羅柱臣(1號信), 庚寅 1月 3日, 『往復文書』 33.
95 오두환(1991), 72~75쪽.

받지 못한 것과 더불어 이러한 정치적 동요도 손윤필에게 큰 부담이 되었다고 보인다.

이미 언급한 것처럼 손윤필 일행이 도망간 후 담걸생은 그 점포를 자신의 것으로 사용했다. 이후 한성본호에서는 손윤필과의 사이에서 그러했던 것처럼 특정 객주와 관계를 맺어 모든 거래를 객주의 알선에 맡기는 일은 없었다. 손윤필과의 관계는 담걸생에게 편리한 것이기는 했지만, 한편으로는 거래의 자유를 구속하는 것이기도 했으므로 이를 싫어했을지도 모른다. 그러나 제7장에서 다시 살펴보겠지만 조선인 객주나 중개인 등의 서비스는 계속 이용하지 않을 수 없었다. 또한 상업특권에 관여하는 것의 위험성을 손윤필 사건을 통해 인식했음에도[97] 담걸생은 그 후로도 자주 이에 편승하려고 했다. 이처럼 동순태의 조선활동에서 기존 상업시스템과의 관계는 떼어낼 수 없는 것이었다.

이 장에서 검토하였듯이 담걸생의 조선 도항과 동순태의 설립은 매형인 양윤경의 후원 속에 이뤄졌다. 양윤경은 상해의 유력한 광동 상인 중 한 명이며 동순태는 양윤경이 운영하는 동태호의 연호 중 하나로 설

---

96 『승정원일기』, 고종 26년 5월 9일조, 6월 8일조. 오경연의 전원국에 대한 관여는 이 책 제3장의 주 74).

97 현흥택, 오경연과의 홍삼 거래가 좌절된 후, 담걸생은 한성부 이 아무개와 결탁하고 스스로 주전사업을 떠맡으려 했지만 인천분호(필적으로 봐서 아마도 둘째 형 담청호)는 주전 사업은 관의 자의에 영향을 받기 쉽고 그것에 종사하는 조선인들도 건달들이 많아 관계를 맺어서는 안 된다고 충고하였다. 仁庄 → 漢庄本號(64號信), 己丑 3月 6日, 『同泰來信』 15. 仁庄 → 漢庄本號(續64號信), 己丑 3月 7日, 同前. 결과에 대해서는 명확하지 않지만 담걸생은 1893년에 이르러서도 관과 결탁하여 구리와 납의 독점 수입 및 주전소의 하청에 관심을 가지고 있었으며 반복적으로 양윤경에게 이를 상담하였다. 譚傑生 → 梁綸卿・羅柱臣(118號信), 癸巳 3月 20日, 『往復文書』 35. 譚傑生 → 梁綸卿・羅柱臣(119號信), 癸巳 4月 1日, 同前. 담걸생은 특권 상업과 관계를 맺어 초과 이윤(rent)를 얻는 데 많은 관심을 가지고 있었던 것으로 보인다.

립됐다. 양윤경은 새로 개항한 조선시장에 강한 기대와 관심을 갖고 자기 밑에서 개항장 상업의 노하우를 배워 온 담걸생을 조선으로 보낸 것이다. 이러한 진출 과정은 고베의 광동 화상으로부터 독립하면서 그 화상으로부터 출자를 얻어 부산에 도항한 정위생鄭渭生, 정익지鄭翼之의 경우와도 상통하는 면이 있다.(제1장) 그리고 담걸생은 양윤경이 업계와 관계에 구축한 폭넓은 인맥을 바탕으로 짧은 시간 안에 조선을 대표하는 화상 중 한 명이 되어 화인 사회를 주도하기에 이르렀다.

그런데 담걸생 및 동순태의 활동은 이러한 광동 상인의 광역적 네트워크와 함께 현지 조선인 상인들과의 상호 관계 없이는 성립할 수 없었다. 1885년 인천에 설립된 동순태는 이듬해 서울에 진출하여 서울의 객주 손윤필과 현성일을 통해 거래하였다. 이에 따라 동순태는 거래 상대의 중개와 보증 담당자를 얻고 주전 재료의 납품 등 상업특권과 결합한 사업도 벌이게 됐다. 손윤필 및 현성일과의 관계는 이들의 사업 파탄으로 끝났지만 이후에도 조선의 전통적인 시장이나 상업 방식은 동순태의 활동에 큰 영향을 주었다고 보인다. 이러한 광동인의 광역적 네트워크와 현지 조선인 상인 사이에서 동순태의 활동이 어떠한 특징을 띠게 되었는지는 다음 장부터 구체적으로 밝힐 것이다.

제6장

동순태의 상해무역과 결제시스템

청일전쟁 이전 시기를 중심으로

담걸생譚傑生의 도한渡韓과 동순태同順泰 설립에 있어 후원자로서 큰 역할을 한 것은 매형 양윤경梁綸卿이었으며 그가 경영하는 상해上海의 동태호同泰號는 이후에도 동순태에게 가장 중요한 거래처였다. 인천을 거점으로 한 개항기의 대중무역에서 상해가 가장 중요한 상대 항이었음은 서장에서 살펴본 바와 같다. 따라서 동순태와 동태호의 관계에 주목함으로써 이러한 무역구조가 각각의 화상華商에 의해 어떻게 유지되었는지 미시적으로 검증할 수 있을 것이다.

이와 같은 시점에서 이 장에서는 동순태의 상해무역에 대하여 검토한다. 이때 상품거래와 함께 결제가 어떻게 이루어졌는지에도 주목해 보겠다. 개별 상인의 입장에서 생각해 보면 상품거래는 이에 대한 결제가 이루어져야 비로소 완결된다. 조선의 대중(상해) 무역은 서론에서 살펴본 바와 같이 조선의 수입이 훨씬 많은 상태였다. 거시적으로 보면 조중 간(혹은 인천과 상해 간) 무역은 두 나라 사이(두 항 사이)에서 완결되지 않는 자금의 움직임을 만들어 냈지만 개별 화상의 수준에서는 어떠했을까.

결론의 일부를 먼저 말하자면 동순태와 동태호의 거래는 상해 이외의 여러 항의 화상을 끌어들여 다양한 경로로 송금을 중계함으로써 성립되었다. 이러한 각 지역 화상의 협조는 결제뿐만 아니라 통신이나 교통 등 여러 방면에 미치고 있었다. 바꾸어 말하자면 조선 화상의 상해무역이 광역적이고 다각적 네트워크를 전제로 성립되었다는 사실은 거시적으로 보았을 때도 동아시아의 지역 내 교역이 양국 간/양항 간 관계의 단순한 집합이 아니라 서로 연동된 유기적인 시스템으로서 성립하였음을 시사한다.

이 장에서는 동순태 문서에 포함되는 각종 계산서류를 정리하고 상업서간에 나타나는 기술과 대조하면서 내용을 해석해 보고자 한다. 〈표 5-4〉에 제시한 바와 같이 현존하는 계산서류는 몇 종류로 분류할 수 있지만, 여기에서 주로 사용하는 것은 상품 발송 시 작성된 발송계산서, 위탁 화물 매각 시 작성된 매출계산서 그리고 상대방과의 대차 상황을 정리한 대차계산서 세 종류의 서류이다.(〈표 5-4〉에서는 대차계산서를 '기타계산서'로 분류한다. 자세한 것은 제2부 보론 참조) 모두 동태호 등 거래 관계가 있던 화상이 동순태에게 보낸 것으로 동순태 쪽에서 보면 각각 수입무역, 수출무역 그리고 그 결과로서의 대차관계를 반영한 것이다. 이하에서는 이들을 순서대로 분석해 가겠다. 대상 시기는 일단 청일전쟁 이전으로 하며 청일전쟁 이후의 변화에 대해서는 제8장에서 재검토한다.

그리고 이 장에서는 문서 대조상의 편의를 위하여 날짜는 원칙적으로 본문에서도 양력으로 환산하지 않고 원 사료에 보이는 음력을 그대로 인용한다.

1. 동순태의 수입무역 — 발송계산서로부터

1) 발송계산서에 대하여

발송계산서는 상품을 보내는 자가 내역과 제반 사항을 정리하여 동순태에게 통지하기 위해 작성한 것으로 동순태의 입장에서 보면 수입무역을 할 때 받은 문서라 할 수 있다.

서식을 사례에 따라 살펴보도록 하자. 아래 사료는 갑오년(1894) 말에 상해 동태호가 작성하여 동순태 앞으로 발송한 발송계산서이다. 아라비아 숫자는 이른바 '소주식 숫자蘇州號碼'(중국에서 상업용으로 사용된 숫자)를 가리킨다. [ ] 안은 인영印影, ( )는 별필別筆1)의 위치이다.

拾陸幇　由法公司沙麥南火船付崎轉上(乙元月十五日乃到撥入乙年冊)
HCT　紗綾 壹箱 計開

天青芝素紗	計24疋　5.3兩	127.2兩
花徐綾	又116疋 2.25兩	261兩
	支 税紗 85斤 12 1118	11.404兩
	支 木箱 一寸/捆纂 12	1.12兩
	支 安泰保漬 500兩 1寸 5折	2.5兩
	支 叩行佣 一寸	3.88兩
	支 水脚 洋1.5元 75	1.125兩

(覆)[過]共計 銀5百另八兩貳錢二九[同泰圖章]
同順泰寶號 臺照 甲臘月廿八日[甲午][上海北頭同泰號]結單[1]

위 사료의 구성은 다음과 같이 정리할 수 있다.

1　『甲午年各準來貨置本單』(奎27582-1), 表6-1 a19 文書. '/'는 원 사료상에 줄 바꿈이 있음을 나타낸다. 글자 배치는 기본적으로 원 사료에 따르지만 위치를 정확히 재현한 것은 아니다.

① 첫 번째 줄은 화물 운송 정보를 나타낸다. 화물 운송 정보에는 연초를 기점으로 하는 일런 번호가 붙는데 이 예는 갑오년의 제16편이다(이하에서는 '출하번호'라고 부른다). 출하번호 외에 이용 선박명을 기록하는 경우가 많고 도중에 경유지가 있으면 그것도 적는다. 단 ( ) 안은 동순태에 화물이 도착한 후에 기재된 메모라고 추측된다.[2]

② 두 번째 줄 이하에는 상품 내용을 적는다. 위 사료의 경우는 '비단紗綾' 한 상자이며 (HCT는 상자의 하인荷印), 그 안에 '천청지소사天青芝素紗', '화서능花徐綾'이라는 두 종류의 견직물이 포장되어 있었음을 알 수 있다. 상품명 뒤에는 수량과 단가, 합계 대금을 기록한다. '천청지소사'의 경우는 수량이 24필疋, 1필당 가격은 5.3냥兩으로 합계 대금이 127.2냥이다.

③ 이어서 '지支~' 이하에 발송에 필요한 제반 비용을 적는다. 사료에서는 상해 수출세, 포장재(나무상자)대금, 해상보험료安泰保漬, 수수료叩行佣, 해상운임水脚의 순서로 기록되어 있다.

④ '공계共計'는 상품대금과 제반 비용의 합계이다. 이 사료에서는 상품대금이 은 388.2냥, 제반 비용이 은 20.029냥으로 모두 합해서 은 408.229냥이다. 또한 [동태도장同泰圖章] 표시는 원 사료에서는 발송계산서 위에 찍혀져 있다. 수정을 방지하기 위함일 것이다.

⑤ 마지막으로 행선지와 날짜, 발신점명(여기에서는 점인店印)이 기록된다.[3]

---

2 사료 첫 줄에 보이는 '乙元月十五日乃到撥入乙年冊'은 따로 적어 넣은 것이다. 도착일 사정 때문에 갑오년에 출하된 것임에도 불구하고 다음 해인 을미년의 회계에 넣게 된 사정을 동순태 측에서 설명한 것으로 보인다.

3 마지막 부분의 '결단(結單)'은 문서 종류를 나타내는 것이겠지만 반드시 일정하지는 않았다. 동태호의 경우, 결단 외에 치본단(置本單), 단(單), 천비단(川費單), 찰단(札單) 등의 예가 있지만, 서로 서식 상 차이는 없다(다만 천비단과 찰단은 전송 비용의 계산서). 다른 상호들을 보면 치본단으로 하는 경우가 많으나 본단(本單), 열(列), 천비단 등의 경우도 있다. 발송계산서가 수록된 책자의 외제(外題)가 『각부래화치본단(各埠來貨置本單)』인 것으로 보아(뒤의

위에 정리한 서식은 다른 거래처가 작성한 것에서도 대체로 공통된다. 동순태의 거래처는 매번 발송할 때마다 이러한 형식의 계산서를 작성해 동순태에게 보냈다고 볼 수 있다.[4] 한편, 서식 중에서 ④에 제시된 금액은 거래처로부터 동순태로의 청구액이라고 봐도 좋으며 대부분의 발송계산서에서는 여기에 ②의 상품대금과 ③의 제반 비용을 합한 금액을 표시하는 반면, 일부이지만 상품대금을 기록하지 않고 운임 등 제반 비용만 청구하는 것도 있다. 후자의 경우, 자기 상호의 수출품이 아니고 다른 상호가 수출한 화물에 대하여 항로 간 환적 수속을 대행했을 때 소요 비용을 청구하기 위해서 작성한 것이라고 추측할 수 있다.[5]

앞 장의 〈표 5-4〉에서 알 수 있듯이 발송계산서는 모두 207건이 남아 있지만 여기에서는 비교적 많은 수량이 남아 있는 갑오·을미년(1894·1895)의 것을 사용한다.[6] 이 중 인천에서의 하역 비용 등을 기록한 인천분호分號 발행의 계산서를 제외하고 거래처 화상이 발행한 81건을 정리한 것이 〈표 6-1〉이다.[7] 상해 동태호가 작성한 것이 41건으로 가장 많고 그

보론 〈표 보-3〉을 참조) 동순태에서는 치본단이라고 불렀을 가능성이 높다.

4 발송계산서의 서식은 한자어라는 점을 제외하고는 이른바 상업송장(invoice)과 흡사하다. 다만 그것이 어떻게 사용되었는지는 분명치 않다. 1890년 동태호의 서간에서는 상품 발송에 맞춰 "제단치본창구등단(提單置本艙口等單)"을 보내니 대조하라고 말한다(梁綸卿 → 譚傑生(5號信), 庚寅 2月4日, 『同泰來信』18). 앞의 주에서 언급한 것처럼 '치본'은 발송계산서에 해당하는 것으로 보이며, 또 '제단'은 일반적으로 선박 화물의 증권, '창구단'은 포장명세서를 가리킨다. 발송계산서를 상품송장(invoice)으로 본다면 이들은 이른바 선적 서류 일체인 셈이다. 그러나 이들 서류가 기선 회사나 세관에 제시되는 것이었는지의 여부 등 문서의 기능에 대해서는 불명확한 점이 많다. 개항장 무역의 공통 절차가 동아시아에서 언제쯤, 어떻게 성립했는지 자체가 검토되어야 할 과제이다.

5 동순태의 수출을 중계했을 때 작성된 것으로 추측되는 문서도 보인다. 〈표 6-1〉의 e9, g)문서가 이에 해당한다. 이들 문서를 발송계산서의 한 종류로 포함하는 것은 부적절할지도 모르지만 서식 구성이 거의 동일하기 때문에 편의상 이에 포함시켰다.

6 이 두 해 이외에 정미(1907)년에도 51건의 발송계산서가 남아 있다. 이 해의 발송계산서에 대해서는 강진아(2011b) 제4장이 분석한다.

7 모두 『각준래화치본단(各準來貨置本單)』 1·2에 수록되어 있다.

밖에 안화태^{安和泰}(홍콩^{香港}), 영안태^{永安泰}(광주^{廣州}), 복화호^{福和號}(요코하마^橫^濱), 상륭호^{祥隆號}(고베^{神戶}), 굉창호^{宏昌號}(나가사키^{長崎}), 만창화^{萬昌和}(나가사키)가 작성한 것이 있다. 그리고 상품대금 기재 없이 환적에 필요한 비용만을 기록한 것은 13건이다(이 중 7건은 원래의 수출자가 발송한 계산서가 함께 남아있다. 표의 비고란을 참조).[8] 이하에서 개별 문서를 언급할 때는 〈표6-1〉 '번호'란의 번호를 사용한다.

2) 계산서에 나타난 거래 조건

발송계산서에는 제반 항목 등이 상세하게 기재되어 있으며 이를 통해 거래가 어떠한 조건으로 이루어졌는지도 알 수 있다. 여기에서는 동태호가 발행한 41건을 중심으로 거래 조건을 검토한다. 앞에서 언급한 바와 같이 발송계산서는 자기 상호의 수출에 관한 것과 다른 상호의 상품 전송에 관한 것으로 나뉜다. 단 동태호가 발행한 것 중에 후자는 3건(a4, 26, 32)에 불과하다.

동태호 스스로 수출한 거래에 대한 38건의 계산서부터 살펴보기로 하자. 계산서에 열거된 제반 비용은 수출세(稅), 하역 비용(出棧, 下力, 駁艇 등), 포장 비용(箱, 捆纂 등), 해상보험료(安泰保潰 등), 해상운임(水脚, 載脚 등), 수수료(叨光行佣, 叨佣, 叨行佣 등)의 여섯 종류로 분류할 수 있다. 이 중 하역 비용, 해상운임, 해상보험료는 모든 계산서에 포함되어 있다.

그리고 수수료에 해당하는 항목은 38건 중 36건이 포함한다. 〈표6-1〉에 나타낸 것처럼 수수료는 대체로 상품대금의 1%이며 세 건만 2%이다.

---

8 동순태의 수출에 대해서도 환적을 대행한 화상이 경비를 청구하는 경우가 있었던 것 같다.
   〈표5-1〉에서는 e9, g1이 이에 해당한다.

번호	발신자	발신일	상품 대금	제반 비용	수수 료율	단위	출하 번호	이용 선박명	경유지	비고
a1	동·태호(同泰號) (상해)	갑오 01.12	3,641.9	85.6	1%	량 (兩)	元幇	鎭東火船		
a2	〃	02.02	1,896.9	249.3	2%	〃	第貳幇			
a3	〃	02.20	148.6	7.1	1%	〃	第參水	三菱公司□之哦火 船		
a4	〃	〃		20.0				〃		'代安和泰' 전송 대상 ╂
a5	〃	02.23	1,287.8	70.7	2%	〃	第四幇	鎭東火船		
a6	〃	03.09	1,428.6	65.2	2%	〃	第五幇			
a7	〃	03.18	258.0	11.9	1%	〃	六幇	煙之哥火船		
a8	〃	03.23	475.1	24.4	1%	〃	第七幇	鎭東火船		
a9	〃	04.11	678.9	31.6	1%	〃	第八幇	〃		
a10	〃	04.26	658.3	29.2	1%	〃	第九幇	〃		
a11	〃	05.09	603.7	21.0	1%	〃	第拾幇	〃		
a12	〃	〃	4,108.4	31.0		〃	〃	〃		현은(現銀)
a13	〃	09.22	710.4	29.1	1%	〃	拾壹幇	法公司	고베 나가 사키	
a14	〃	10.24	12,422.9	636.8	1%	〃	拾貳幇	加大公司	〃	
a15	〃	11.10	4,093.7	188.5	1%	〃	拾參幇	〃	〃	
a16	〃	11	3,296.3	125.6	1%	〃	拾四幇	加大火船	〃	
a17	〃	12.24	14,620.0	752.7	1%	〃	拾五幇	三菱加大火船	〃	
a18	〃	〃	212.8	6.1		〃	〃	〃	〃	'浼沽'라고
a19	〃	12.28	388.2	20.0	1%	〃	拾陸幇	法公司沙麥南火船	〃	
a20	〃	을미01.09	2,474.1	100.4	1%	〃	元幇	三菱加大火船	□□ 나가 사키	
a21	〃	01.17	1,685.1	88.6	1%	〃	貳幇	法公司火船		
a22	〃	01.31	2,353.9	141.7	1%	〃	參幇	三菱加大火船		
a23	〃	02.17	6,655.2	323.5	1%	〃	拾四幇	三菱亞夫更火船		
a24	〃	03.01	14,825.1	918.0	1%	〃	拾五幇	三菱加希火船		
a25	〃	03.22	30,365.9	1761.5	1%	〃	拾陸幇	三菱呵地來地火船		
a26	〃	04.02		9.4		〃	拾捌幇	三菱呵夫更火船	나가 사키	'代安和泰', b8에 다
a27	〃	04.12	7,325.9	490.1	1%	〃	拾九幇	三菱加希火船		
a28	〃	05.01	4,113.8	177.1	1%	단위	拾拾幇	三菱呵地累低火船		

호	발신자	발신일	상품 대금	제반 비용	수수 료율	단위	출하 번호	이용 선박명	경유지	비고
)	〃	05.25	7,675.0	466.3	1%	〃	第拾壹幇	三菱加希火船		
)	〃	윤05.17	10,895.6	452.9	1%	〃	拾貳幇	三菱阿夫更火船		
	〃	06.10	9,959.0	549.5	1%	〃	拾參幇	三菱加希火船		
2	〃	〃		4.7		〃		加希火船		'代友'라고 설명
3	〃	07.20	12,179.7	599.0	1%	〃	拾四幇	三菱阿夫更火船		
4	〃	07.29	9,827.3	368.6	1%	〃	拾五幇	三菱山城丸火船		
5	〃	08.17	10,328.8	419.1	1%	〃	拾六幇	三菱加希火船		
	〃	09.10	3,930.4	176.5	1%	〃	拾七幇	三菱薩加米火船		
7	〃	09.30	3,107.0	189.8	1%	〃	拾八幇	三菱山城丸火船		
8	〃	10.20	4,847.1	286.2	1%	〃	拾九幇	三菱薩加米火船		
)	〃	11.10	932.6	32.6	1%	〃	念幇	三菱雅馬希魯麥魯火船		
)	〃	11.29	1,140.3	106.6	1%	〃	念壹幇	三菱拿加多麥魯火船		
	〃	12.27	1,968.9	150.2	1%	〃	念貳幇	〃		
	안화태(安和泰)(홍콩)	갑오02.13	761.1	28.4	1%	원(元)	首幇	招商局富順船	상해	
	〃	02.27	902.8	37.2	1%	〃	貳幇	招商局圖南船	〃	
	〃	04.03	109.7	3.2	1%	〃	參幇	招商局富順船	〃	
	〃	을미02.13	566.8	30.2	1%	〃	漢城元幇	禪臣鯉門輪船	〃	
	〃	03.11	607.3	45.4	1%	〃	漢城第貳幇	鯉門輪船	〃	
	〃	03.17	42.0	0.6	1%	〃	第三幇	招商局山東船	〃	
	〃	〃		16.2		〃		招商局	〃	'付申駁返' 환송으로 보임
	〃	03.22	245.8	14.5	1%	〃	第四幇	招商局致遠輪船	〃	
	〃	03.28	640.3	40.0	1%	〃	漢城第五幇	富順火船	〃	
	〃	03.29	282.8	16.5	1%	〃	漢城第五幇	〃	〃	
	〃	04.20	575.9	41.1	1%	〃	漢城第六幇	招商局致遠船	〃	
	〃	05.06	424.7	20.0	1%	〃	第七幇	天祥船名昔	고베	

번호	발신자	발신일	상품 대금	제반비용	수수료율	단위	출하번호	이용선박명	경유지	비고
b13	〃	05.22		12.0		〃		□行火船名邊釐地	〃	'代永安' 전⋯ c04·e06에
b14	〃	윤05.09	569.5	43.8	1%	〃	第八幇	三菱公司阿富汗		
b15	〃	윤05.12	188.8	18.8	1%	량(兩)	漢城第九幇	晏干拿	나가사키	
b16	〃	윤05.22	36.6	12.1	1%	〃	第拾幇	□行船了釐	고베	
b17	〃	06.01	687.5	74.1	1%	〃	第拾壹幇	三菱公司船加思	인천	
b18	〃	06.16	574.2	27.1	1%	〃	第拾貳幇	禪臣鯉門輪船	상해	
b19	〃	06.18	494.7	24.9	1%	〃	第拾參幇	招商局富順輪船	〃	
b20	〃	07.20	75.0	5.2	1%	〃	第拾四幇	三菱公司加恃火船	인천	
b21	〃	09.04	238.5	4.7	1%	〃	第拾五幇	三菱任馬思□路線	〃	
b22	〃	09.22	263.0	4.1	1%	원(元)	第拾五幇	三菱船沙甘美	〃	출하번호⋯ 제16편의 오류로 보⋯
c1	영안태(永安泰)(광주)	갑오02.14	135.3	38.4	1%	량(兩)	漢首幇	寧波火船	상해	
c2	〃	〃	135.3	33.1	1%		漢首幇	〃		c1의 정정
c3	〃	을미03.05	175.9	37.0	1%		漢城首幇	南洋火船	상해	
c4	〃	05.16	203.0	12.0	1%			□行火船	홍콩·고베	
d1	복화호(福和號)(요코하마)	을미06.24	505.6	82.1	1%	원(元)	首幇			
e1	상륭호(祥隆號)(고베)	갑오01.02	105.0	11.1	2%	원(元)	首幇	木曾川丸		
e2	〃	04.19	66.4	7.4	2%	〃	首幇	伊勢丸輪船		출하번호⋯ 제2편의 오류로 보⋯ 수수료는 ⋯
e3	〃	05.02	207.0	58.9		〃	貳幇	木曾川輪船		
e4	〃	을미02.10	73.3	16.6	1%	〃	漢城第貳幇			

호	발신자	발신일	상품 대금	제반 비용	수수 료율	단위	출하 번호	이용 선박명	경유지	비고
5	〃	03.29	72.4	16.3	1%	〃		三海丸火船		'代安和泰', 전송, c4·b13에 대응
6	〃	을미05.04		6.3		〃		醉河丸		'代安和泰', 전송, b12에 대응
7	〃	05.17		3.6		〃		駿河丸		'代安和泰', 전송, b12에 대응
8	〃	06.06		4.6		〃		湯龍丸		'代安和泰', 전송, b16에 대응
0	〃	07.02		98.9		〃		英公司晏干拿船		'付港安和泰', 수출로 보임
	굉창호(宏昌號) (나가사키)	윤05.24		3.2		원 (元)		駿河丸火船		'安和泰來', 전송, b15에 대응
	만창화(萬昌和) (나가사키)	갑오11.14		55.3		원 (元)				'付香港安和泰上海同泰號收', 수출로 보임
	〃	을미01.15		6.1		〃			상해	'代支', 전송, 대상 불명
	〃	01.29		1.5		〃		肥後丸輪船		'代支', 전송, 1에 대응

출처 책자의 수록문서 중 〈표5-4〉에서 발송계산서로 분류한 문서를 발신자마다 발신일 별로 배열. 단, 인천 동순태가 발신한 문서는 제외. 수신자는
동순태 본호이다. 발신일은 원 사료에 따랐으나 간지 등이 생략된 경우는 임의로 보충했다. 비용란은 제반 비용(본문 참조)의 합계이며 수수료만
을 표시했다. 금액은 소수점 이하 둘째 자리를 반올림하였다. 빈칸은 해당 항목의 기재 사항이 없음을 나타낸다.
『甲午年各準來貨置本單』(全27581-1~2)

수수료가 제반 비용에 포함되지 않는 계산서는 2건 있는데 이 중 하나는
일반 상품이 아닌 은괴 수출에 관한 계산서이고(a12)[9] 또 하나는 '매고洗沽',
즉 동태호가 매각을 위탁한 상품이다(a18). 이러한 사실로부터 발송계산
서에 계상된 수수료는 동순태로부터 위탁을 받아 (귀금속을 제외) 상품을
매입하면서 동태호가 부담한 것이었다고 보인다.

　대부분의 발송계산서에 수수료가 계상되어 있다는 사실은 현존하는

9　또한 a1문서는 비용에 수수료를 포함하지만 수출품 중에 은괴가 있어 그 가격은 수수료 산정
　　대상(상품대금의 1%)에 포함하지 않는다.

문서에 한해서이지만 동태호로부터 동순태로의 수출이 기본적으로 동
순태의 위탁에 의한 매입 형태로 이루어졌을 가능성이 큼을 나타낸다.
다른 거래 화상이 작성한 발송계산서에서도 전송에 관한 것을 제외한
대부분에 상품대금의 1~2%에 상당하는 수수료가 포함되어 있다(예외
는 '면용免用'이라고 명기한다. e3). 동태호로부터의 수출에만 한정된 것이
아니라 다른 지역 거래처로부터의 수출도 수입자, 즉 동순태의 위탁으
로 이루어진 셈이다.

전송에 관한 계산서는 3건이 남아 있는데 그중에서 을미년 4월 초 2
일 자의 a26 문서를 예로 들어보자. 이 문서에는 유향乳香, 목향木香, 사미
砂米 등의 상품명이 열거되어 있는데 가격은 없고 하역 비용이나 보험료,
수출세 등 제반 비용만이 청구 금액으로 나와 있다. 그리고 '대안화태代
安和泰', '천비단川費單'이라는 문구가 문서 중에 보이므로('천비川費'는 교통비)
홍콩 안화태의 발송 상품을 전송한 것에 대한 계산서임을 알 수 있다.

이 문서와 짝을 이루는 발송처 문서로 안화태가 발행한 b8(3월 22일 자)
이 있으며, a26과 동일한 상품에 대해서 가격을 포함하여 표시한다. 이
상품들은 홍콩에서 일단 상해로 보내진 후 다른 배로 옮겨졌을 것이다.
두 개의 문서를 비교하면 해상보험료와 운임은 홍콩과 상해 두 항에서
각각 지출되었다. 홍콩에서 이용한 배가 '초상국치원륜선招商局致遠輪船',
상해에서 이용한 배는 '미쓰비시아부갱화선三菱阿夫更火船'임에 따라(〈표
6-1〉 '이용 선박명'란을 참조) 도중에 이용하는 회사가 바뀌는 등의 이유로
최종 목적지까지 한 번에 운송 계약을 체결하기 어려운 경우에 중계지
화상에게 환적 수속을 의뢰한 것은 아닐까 추측된다. 다른 거래처에 의
한 전송 관련 계산서도 마찬가지일 것이다.[10]

3) 발송 빈도와 경로, 수송 수단

발송계산서에서는 발송 경로나 수단에 관한 정보도 얻을 수 있다. 여기에서도 상해 동태호의 발송계산서 41건을 중심으로 이 문제를 검토하고자 한다.

계산서의 첫머리에 있는 출하번호부터 살펴보자. 〈표 6-1〉에 의하면 동태호의 발송계산서 41건 중 37건에 출하번호가 있다. 번호는 매년 그해의 첫 발송을 '원방元幇', 즉 제1편으로 하고 갑오년은 12월 28일 자의 '16방'까지, 을미년은 12월 27일 자 '22방'까지 확인 가능하다. 두 해 모두 문서가 연말까지 남아 있는 점, 출하번호가 을미년의 '7방'을 제외하고 연속적이라는 점을 봐서 이 두 해의 경우는 현존하는 계산서를 통해 실제 출하 상황 대부분을 파악 가능하다고 할 수 있다. 또한 안화태의 수출품을 전송한 a26에도 출하번호가 포함되어 있기 때문에(을미년 제8편) 동태호는 자기 상호의 수출품인지 아닌지를 따지지 않고 관여한 발송편에 일률적으로 번호를 붙였다고 보인다.[11]

출하번호가 없는 4건의 계산서의 경우, 각각 같은 날 같은 선박의 발송계산서가 있고 거기에는 출하번호가 포함되므로 그 일부로 취급되었을 것이다. 같은 선편의 발송이라도 거래 조건이 다른 경우에는 발송계산서가 따로 작성되었다고 할 수 있겠다.[12]

---

10 발송지와 전송지 양쪽의 발송계산서가 남아 있는 것을 대조하면(〈표 6-1〉 비고란) 불명확한 글자가 있거나 선박명 자체를 특정할 수 없는 것도 있지만, 대체로 다른 선사의 배와 환적한 경우에는 전송에 관한 발송계산서가 작성된 듯하다.

11 다만 안화태, 상륭호에서는 전송품에 출하번호를 붙이지 않았다.

12 출하번호가 없는 4건은 다른 상호 수출품의 전송(a2, a31), 현은(現銀)의 수송(a12), 동태호로부터의 판매 위탁(a18)에 관한 것으로 모두 동태호는 수수료를 받지 않았다. 이들은 같은 날 발송된 위탁 매입에 의한 상품과 구별하여 계산서를 작성하였을 것이다. 또한 본문에서 예로 제시한 a26문서는 전송에 관한 계산서이지만 동시에 발송된 다른 화물이 없었기 때문에 독립

이처럼 동태호의 출하번호가 원칙적으로 발송 때마다 매겨졌다면 이를 통해 발송 빈도도 알 수 있다. 갑오·을미 두 해는 앞에서 언급한 대로 연말까지 각각 제16편, 제22편을 확인할 수 있다. 다른 해의 경우도 부분적으로 남은 발송계산서나 포장명세서(발송명세서와 마찬가지로 화물마다 작성되었다고 보인다. 보론 참조)로부터 그해의 가장 늦은 출하번호를 뽑아보면 다음과 같다.[13]

무자년(1888) 11월 10일 자 제16편

병신년(1896) 12월 21일 자 제7편

정유년(1897) 8월 27일 자 제21편

무술년(1898) 12월 29일 자 제29편

기해년(1899) 12월 23일 자 제29편

정미년(1907) 12월 19일 자 제21편(선편), 제26편(우편)

각 연도를 비교해 보면 병신년을 제외하고 20~30회 정도 발송이 이루어졌음을 알 수 있다(문서가 8월까지밖에 남아 있지 않은 정유년은 더 많았을 가능성이 있다).

다음으로 운송 수단과 경로에 대하여 〈표 6-1〉의 '이용 선박명', '경유지'를 통해 검토해 보자. 동태호가 발송한 것을 보면 거의 모든 화물편이

된 출하번호가 붙여진 것으로 보인다.

13 해당 계산서를 포함한 책자를 열거하면 무자년이 『진구각화창구단(進口各貨艙口單)』 제5권, 병신년이 제3권, 정유년이 제4권, 무술년 및 기해년이 제6권으로, 정유년만 『동순태 보호기(同順泰寶號記)』이다. 또한 『진구각화창구단』 제5권의 외제에는 무술년이라고 적혀 있지만 이는 무자년의 오류이다(주 17 참조).

기선(화선)으로 발송되었음을 확인할 수 있다. 다른 상호의 발송도 동일하게 이루어졌을 것이다. 이 시기 조중 간 교통에서는 산동반도山東半島의 재래식 범선도 활발히 활동했음을 놓쳐서는 안 되지만,[14] 동순태의 경우에는 개항장 사이를 잇는 기선 항로에 거의 전적으로 의존했다.

다만 경로가 항상 안정적이었던 것은 아니었다. 특히 여기에서 다루는 갑오·을미년에는 청일전쟁의 영향으로 큰 변화를 경험했다. 이 점에 대하여 조금 더 자세히 살펴보자.

갑오년 초부터 5월 9일의 a12까지 12건(발송은 10회)에는 경유지 기재가 없는 것으로 보아 화물 발송에는 상해에서 인천으로의 직항로가 이용되었을 것이다. 이 중 8회에 걸쳐 윤선초상국輪船招商局의 진동선鎭東船이 이용되었다. 동순태가 설립된 1885년 당시는 상해와 인천을 잇는 직항로가 없어서 중계지인 나가사키에서 화물 환적이 필요했기 때문에 동태호의 발송품도 나가사키 경유로 발송됐다고 볼 수 있는데(동순태가 나가사키의 만창화와 일찍부터 거래한 것도 그 때문이라고 생각된다),[15] 1888년에 초상국이 상해와 인천 사이에 사실상 최초의 정기항로를 개설하자[16] 이후에는 동태호로부터의 발송도 대부분 이 항로를 이용하게 되었다.[17] 갑

---

14 이시카와 료타(2009), 176~180쪽.

15 이후에도 발송 시기에 따라서는 나가사키를 경유하여 상품을 보내고 만창화에게 환적을 의뢰하는 일도 있었다. 梁綸卿 → 譚傑生(4號信), 庚寅 1月 25日, 『同泰來信』 18.

16 1883년 인천 개항 직후, 초상국과 자딘 매더슨(Jardine·Matheson)상회(이화양행(怡和洋行))에 의해 각각 인천-상해 간 정기항로 개설이 시도됐으나 모두 손실이 늘어 단기간에 없어졌다. 손태현(1997), 118~126쪽; 나애자(1998), 48~51쪽.

17 예를 들면 『진구각화창구단』 제5권은 무자년(1888)의 동태호의 발송계산서 및 그 사본 14건을 포함한다. 이 중 11건에는 초상국의 해창(海昌), 광제(廣濟)선을 이용한 사실이 기록되어 있다(나머지 3건에는 선박명 기재 없음). 이 책자의 외제에는 '무술년', 즉 1898년으로 적혀 있으나 수록문서 자체에는 무술년이라는 표시는 없고 여섯 건에 '戊'라고만 적혀 있을 뿐이다. 초상국 선박이 인천-상해 사이에 취항했던 것은 청일전쟁 이전이므로 이 책자도 무자년 것으로 보는 것이 타당하다.

오년 전반기의 상황도 이를 반영한다.[18]

갑오년의 발송은 5월 9일 제10편부터 잠시 중단되는데 이는 청일전쟁 개전을 앞둔 조선 정세의 긴박함에 따른 것으로 보인다. 초상국의 항로 자체도 5월 18일(양력 6월 21일) 인천 출항을 끝으로 끊겼다.[19] 개전은 6월 23일(양력 7월 25일)이었고 담걸생도 그 전에 일부 점원에게 점포를 맡기고 연대煙臺로 피신했다.(제8장) 동태호의 발송이 재개된 것은 개전으로부터 3개월 후인 9월 22일이지만 전쟁은 아직 계속되었으며, 전선이 마침내 조선 북부에서 만주로 옮겨 가고 있을 무렵이었다. 조중 간 항로도 계속해서 단절된 상태였기 때문에 제11편도 직항로가 아닌 고베 경유로 발송되었다. 이후에는 다음 해 봄까지 나가사키 경유로 9회 발송이 이루어졌다. 상해로부터의 발송이 다시 직항편을 통해 이루어진 것은 청일 강화淸日講和 직전인 을미년 3월 1일 제5편부터이다.[20] 단, 초상국의 상해-인천 항로는 이후에도 재개되지 않아 동태호는 주로 '미쓰비시', 즉 일본우선日本郵船 항로를 이용하였다.

이와 같이 전쟁 중에도 동태호에서 동순태로의 수출이 계속된 것은 청일, 조일 간의 기선 운항이 끊어지지 않았기 때문이지만,[21] 동시에 일본 개항장에 화상들이 잔류하고[22] 항로 간 화물 환적 등을 대행할 수 있

---

18 1888년 항로 개설 시 초상국은 조선 화상에게 결손 보전과 타사 선박의 이용 금지를 약속받았다. 다만 초상국의 항로에서는 정기 운항이 반드시 확보된 것이 아니었다는 문제가 있었다. 古田和子(2000), 102~104쪽. 〈표6-1〉에서 갑오년 전반에 '미쓰비시'(일본우선)와 '연지가(煙之哥)'(미상)를 이용한 사실로부터도 타사 선박 이용 금지가 반드시 철저하게 지켜지지 않았음을 알 수 있다.

19 『仁川府史』(仁川府, 1933), 769쪽.

20 시모노세키(下關) 강화회의에서는 양력 3월 30일(음력 3월 5일)에 휴전 조약이, 양력 4월 17일(음력 3월 23일)에 강화 조약이 조인되었다.

21 인천에서 일본 기선에 의한 일본 항로가 지속된 것은 「三十八年中仁川港商況年報」, 『通商彙纂』 16號, 1895, 67쪽.

22 일본정부는 잔류 화상의 대청무역을 허용했다. 有賀長雄, 『日淸戰役國際法論』(陸軍大學校,

었던 점이 중요하게 작용했을 것이다. 예를 들어 동순태의 거래처인 나가사키의 만창화, 고베의 상륭호와 요코하마의 복화호에도 각각 점원이 남아 있었다.[23] 전쟁 중 동태호·동순태 간의 상품 수송은 이들 거래처가 중계한 것이라고 할 수 있다.

그리고 전쟁 중에는 동순태와 동태호 간의 전신電信도 일본 경유로 교환되었다. 청나라가 1885년에 의주를 거쳐 서울까지 가설했던 전신은 항로와 마찬가지로 청일전쟁 이후 불통이 되었다. 양윤경은 조선무역 재개와 함께 전신을 이용하는 경우는 일본전보국日本電報局을 사용하도록 담걸생에게 제안하여[24] 실제로 다음 해까지 양자 간의 전신은 고베 상륭호가 중계했다.[25] 조선과 중국을 연결하는 사회기반시설은 구축 경위 때문에 국가 간 관계의 변동에 영향을 받기 쉬웠지만, 화상 네트워크는 그러한 사회기반시설의 취약성을 보완하며 안정적인 무역을 실현하는 데 중요한 역할을 했다.

4) 발송액과 상품 구성

〈표 6-2〉는 각 거래처의 발송계산서에 나타나는 상품과 금액을 분류, 정리한 것이다(전송품은 제외). 합계액을 보면 동태호는 갑오년에 약 5만 2천 량, 을미년에 약 14만 8천 량(단위는 상해량)의 상품을 동순태로 발송하였다.

1896), 42~46쪽. 청일전쟁 중의 일본 화상에 대해서는 安井三吉(2005), 55~62쪽.

23 譚傑生 → 譚廷賡(158號信), 甲午 9月 10日, 『往復文書』 6.

24 梁綸卿 → 譚傑生(150號信), 甲午 5月 27日, 『往復文書』 5.

25 『갑오년각준래화치본단(甲午年各準來貨置本單)』 제2권 중 「자장대판상륭호대전전비초열(玆將大坂祥隆號代轉電費抄列)」이라는 제목의 문서에는 을미 2월 24일부터 5월 4일까지 상륭호 경유로 발신한 16건의 전신 비용이 열거되어 있다. 同泰號 → 同順泰, 乙未 閏5月 26日付.

〈표 6-2〉각 거래처에서 동순태로의 발송(갑오·을미년)

수출자	품목(단위)	금액	
		갑오년	을미년
동태호(同泰號) (상해)	견직물(량(兩))	29,892.1	70,344.5
	면직물(〃)	6,163.9	41,407.2
	마직물(〃)	220.0	19,464.7
	은지금(銀地金)(〃)	6,026.5	
	식품·약재(〃)	5,611.6	7,409.6
	잡화(〃)	3,160.9	2,873.7
	기타(〃)	880.7	6,039.1
	합계(〃)	51,955.7	147,538.9
안화태(安和泰) (홍콩)	견직물(량)		188.8
	식품·약재(원(元))	947.4	920.9
	식품·약재(량)		287.8
	잡화(원)	64.8	3,546.4
	기타(〃)	771.4	1,609.6
	합계(〃)	1,783.6	6,076.9
	〃(량)		476.6
영안태(永安泰) (광주)	약재(량)	135.2	318.4
	기타(〃)		60.5
	합계(〃)	135.2	378.9
상륭호(祥隆號) (고베)	약재(원)	66.4	145.7
	잡화(〃)	105.0	
	기타(〃)	207.0	
	합계(〃)	378.4	145.7
복화호(福和號) (요코하마)	식품(원)		505.6

주 품목은 원 사료의 상품명을 바탕으로 저자가 분류했다. 빈칸은 해당 품목의 발송이 없음을 의미한다. 안화태에서 발신한 문서에서는 금액이 '량'인 경우와 '원'인 경우가 있어 병기하였지만, 환산 금액이 있는 경우는 '량'으로 표시하였다. 모두 소수점 이하 둘째 자리를 반올림하였기 때문에 내역과 합계에 약간의 차이가 있다.
출처 〈표 6-1〉과 같음. 단, 전송에 관한 문서 제외.

상대적으로 갑오년이 적은 것은 청일전쟁 발발로 발송이 정지된 기간이 있었기 때문이라고 추측된다. 반대로 을미년의 경우, 전쟁 중 군비를 뿌린 것이 조선인의 소비를 일시적으로 자극하였음을 고려해야 한다. 단, 제3절에서 살펴보았듯이 신묘년(1891)의 수출도 9만 2천 량에 이르기 때문에 갑오·을미년의 금액이 평소와 크게 동떨어진 것이라고는 할 수 없다.

한편, 동태호 이외의 거래처 중 홍콩 안화태의 경우는 현존하는 문서의 출하번호로 보아(〈표 6-1〉) 을미년 겨울(10~12월)에 추가 발송이 있었을 가능성은 부정할 수 없지만 실제 이루어진 수출 대부분을 파악할 수 있을 것이다. 안화태의 수출은 두 해 합쳐서 20회 확인할 수 있는데 금액의 합계는 동태호의 5%에도 미치지 못한다. 발송계산서 이외에 남아 있는 문서의 건수로부터(〈표 5-2〉~〈표 5-4〉) 동순태에게 안화태는 특히 긴밀한 관계에 있던 상호 중 하나였다고 추측할 수 있지만 그래도 수입처로서 안화태의 위상은 동태호에 크게 미치지 못했다. 이는 다른 거래처도 마찬가지이다.

다음으로 상품 구성을 보면 동태호로부터의 발송 상품에서는 두 해 모두 견직물이 차지하는 비중이 높아 총액의 각각 58%와 48%를 차지한다. 그 다음으로 면직물이 이어지며 을미년의 경우는 마직물도 많이 수출되었다. 전체적으로 섬유제품의 발송이 많고 이어서 식재료나 잡화, 한약재 등을 더한 구성이었다. 이것이 이 두 해 만의 현상이 아니었음을 확인하기 위하여 무자년(1888)의 상황에 대해 살펴보고자 한다.(〈표 6-3〉) 〈표 6-3〉에 의하면 밝혀진 수출액 3만 8,049량 중, 견직물이 49%, 면직물이 39%, 마직물이 4%를 차지한다. 이 표에 나타낸 수치는 사료상 제약으

〈표 6-3〉 동태호가 동순태로 발송한 상품 내역(무자년(1888) 부분)

품목	금액(량(兩))	비율(%)
견직물	18,493.2	49
면직물	14,704.7	39
마직물	1,626.5	4
약재, 식품	734.0	2
잡화	485.0	1
금속	1,225.0	3
불명	781.6	2
합계	38,049.9	100

주 출처 7건은 모두 동태호가 동순태에게 보낸 발송계산서인데 점인이 없기 때문에 사본으로 보인다. 7건의
출하번호와 날짜는 다음과 같다. 제5방(3월 21일), 제6방(4월 17일), 제7방(5월 7일 도착), 제8~10방, 제13방(모두
날짜 불명). 날짜 불명의 4건의 경우 같은 책에 포함된 내용 판독이 곤란한 제16방의 발송계산서가 11월 10일
자이므로 적어도 그 이전의 것으로 보인다. 이들을 무자년(1888)으로 추정하는 이유는 본문 주 17)을 참조. 내역과
합계의 차이에 대해서는 〈표 6-2〉의 주를 참조.
출처 『進口各貨艙口單』 第5卷에 포함된 14건의 문서 중 판독 가능한 7건에 따름.

로 인하여 실제 수출 중 일부분을 다루는 것에 지나지 않지만[26] 상품 구
성은 갑오·을미년과 크게 다르지 않다. 그리고 이와 같은 상품 구성은
서론에서 본 조중 교역의 전체 추세와도 일치한다.

 그런데 발송계산서에 등장하는 상품은 동태호 뿐만이 아니라 모든
거래처에 있어서 대부분이 소비재였다. 그중에는 기계제 면직물, 양잡
화 등 서양제품도 있지만 견직물, 약재, 식품 등 전통적인 상품이 차지
하는 비중이 오히려 높았다. 상품 구성이 다양했던 것은 동태호로부터
의 발송품을 보다 세밀하게 분류한 〈표 6-4〉에서 확인할 수 있다. 이와
같이 다양하고 한 품목당 거래량도 많지 않은 소비재를 거래하는 데 있

26 『진구각화창구단』 제5권에 수록된 무자년의 동태호 발송계산서는 파손이 심하여 판독 가능
한 것은 7건밖에 없다. 판독이 불가능한 계산서를 포함하면 이 해의 수출은 최소한 제16편(11
월 10일 자)까지 있었음을 확인할 수 있으므로 이 해의 실제 수출 중 판독 가능한 계산서로 파
악할 수 있는 것은 절반 이하가 된다. 〈표 6-3〉의 주 참조.

〈표 6-4〉 동태호가 동순태로 보낸 발송 상품의 내역(갑오 · 을미년)

① 갑오년

품목(대분류/소분류)	금액(량)	비율(%)
견직물	29,892.1	58
사(紗) (紗, 芝紗, 素紗, 府紗, 如意紗, 八吉紗, 匀條紗 외)	14,766.5	
단(緞) (緞, 庫緞, 府緞, 南京緞, 摹本緞)	2,943.2	
주(綢) (綢, 鎬綢, 寧綢, 綿綢)	7,260.5	
라(羅) (生杭羅, 熟羅)	390.0	
능(綾) (綾, 徐陵, 羚綾)	1,774.1	
추(縐) (鎬工線縐)	2,757.9	
면직물 (羽布, 回布/紅布, 市布, 斜布, 洋寧, 套布, 漂布)	6,163.9	12
마직물 (夏布)	220.0	0
은지금 (元寶銀)	6,026.5	12
식품, 약재	5,611.6	11
설탕(車糖)	2,353.3	
약재(黃連, 胡椒, 全蝎, 丹蔘, 麥蔘, 附子, 蓗蓉, 全忠, 象貝, 姜蠶)	1,720.2	
곡물(糯米, 朴米)	1,327.8	
식재(桔餠, 牛肉汁, 生油, 糖姜)	210.4	
잡화	3,160.9	6
잡화(洋紅, 洋紫, 洋綠, 砵紅, 洋燭, 貢紙, 面盆)	1,383.9	
면사(原綿線)	1,587.0	
모직물(哈喇絨)	190.0	
기타	880.7	2
금속(元鐵條, 馬甲鐵)	606.8	
면화(崧棉花)	273.9	
갑오년 합계	51,955.7	100

② 을미년

품목(대분류/소분류)	금액(량)	비율(%)
견직물	70,344.5	48
사(紗)(紗, 官紗, 花紗, 素紗, 吉祥紗, 龍紗, 如意紗, 八吉紗, 匀絲線紗 외)	26,272.4	
단(緞)(緞, 府緞, 元緞, 庫緞, 累緞)	8,729.6	
주(綢)(綢, 溫綢, 濮綢, 川綢, 生綢, 鑛工綢, 鑛綢, 萬花綢, 甌綢)	27,222.6	
라(羅)(銀羅, 生杭羅, 生絲羅)	735.0	
능(綾)(徐綾, 犵綾, 素綾)	6,685.0	
추(縐)(杭線縐, 杭龍線縐)	700.0	
면직물(回布, 原·漂潮羅, 細原布, 市布, 套布, 漂洋布, 洋元緞, 洋羅, 洋摹本, 洋紗, 洋寧綢)	41,407.2	28
마직물(夏布)	19,464.7	13
식품, 약재	7,409.6	5
설탕(車糖)	5,014.7	
약재(桂円肉, 月石, 山枝子, 尺桂, 象貝, 朱苓, 川君子, 川附子, 全虫, 提夾, 鬱金, 麝香, 茉苓, 姜蠶, 防己, 洋尖砂)	1,632.2	
식재(甜杏仁, 糖姜, 紅茶, 芝麻肉)	762.8	
잡화	2,873.7	2
잡화(塊綠, 紙, 銀味, 麻繩, 黑料, 洋綠, 洋朱, 洋燭, 秋帶, 褌帶 외)	1,893.0	
면사(原綿線)	980.8	
기타	6,039.1	4
금속(元鐵枝, 電線鐵, 水銀)	1,974.9	
불명(机白花, 白鬆花)	4,064.2	
을미년 합계	147,538.9	100

출처와 주 〈표6-2〉와 같음. 상품의 대분류는 〈표6-2〉와 대응한다. 소분류 금액은 대분류 금액에 포함. 연 합계는 대분류 금액을 합산한 것. 내역과 합계의 차이에 대해서는 〈표6-2〉의 주를 참조.

어서 소비지와 공급지 쌍방의 정보 교환은 매우 중요했다. 동순태 문서가 포함하는 상업서간 대부분은 그러한 상품에 관한 정보 교환을 목적으로 한 것이었다.

이하에서는 이들 서신을 참조하면서 동태호로부터의 발송품 중 대부분을 차지한 견직물과 면직물에 대하여 구체적인 거래 과정을 복원해 보겠다.

견직물은 개항 이전부터 대표적인 대중 수입상품이었다. 조선 국내에서도 견직물은 생산됐지만 고급품 대부분은 중국으로부터의 수입에 의존했다.[27] 견직물은 짜는 방법이나 모양, 색상 등이 매우 다양하며 〈표6-4〉를 통해 족히 20종이 넘는 품목을 발송하였음을 알 수 있다. 색상을 포함하면 품목 수는 더욱 증가한다.

그중 갑오·을미 두 해의 발송액을 합쳐서 5천 량이 넘은 품목을 순서대로 들면 진강비단鎭江綢·진주鎭綢(1만 9,474량), 소사素紗(1만 5,163량), 복주濮綢(9,289량), 고단庫緞(6,718량), 서능徐綾(6,348량) 등 다섯 종류이다. 이들 합계는 견직물 발송액의 약 60%를 차지하며 조선에서 인기 상품이었다. 다만, 항상 같은 물건이 팔린 것은 아니었고 계절이나 유행에 따라 잘 팔리는 상품이 달랐기 때문에 동순태에서는 신속히 구매를 조정할 필요가 있었다. 동태호 수출이 기본적으로 동순태 측으로부터의 매입 위탁에 의해 이루어진 것도 세분화된 전통 소비재 시장에서는 예상 수출의 위험이 너무 컸기 때문일지도 모른다.

---

27 조선총독부의 추정치에 따르면 1912년 당시 견직물의 조선 국내 생산액이 66만 6천 엔이었던 반면, 중국으로부터의 수입이 203만 6천 엔, 기타 지역(일본을 포함)의 수이입(輸移入)이 7만 5천 엔이었다. 朝鮮總督府, 『支那ニ於ケル麻布及絹布並其ノ原料ニ關スル調査』, 1923 81쪽.

다음 사료는 1893년 담걸생이 양윤경에게 보낸 것으로 전신도 함께 사용하면서 매입 상품을 조정하였음을 말해준다.[28]

　6량중량 백주(白綢)의 판매량은 양호합니다. 보내 준 200필은 8.4적[1적은 동전 1천 문에 팔리고 있어 이익이 있습니다. 전신으로 300필을 추가 주문한 것은 그 때문입니다. 시급히 가장 가까운 배로 발송해 주시면 적기에 판매할 수 있습니다. 만약 늦으면 다른 가게의 발송 증가로 시장 상황이 반전될 것입니다. 신속한 발송을 바랍니다.

　品月油緣直地九雲漢府紗.[29] 원래부터 그렇게 잘팔리는 것은 아닙니다. 또 다른 가게가 많이 산 모양이니까 이익은 나지 않을 것입니다. 정월에 발주서로 의뢰한 양을 반으로 줄일 수 있을까요. 그것이 무리라도 많은 양을 구입하지 않아도 됩니다.

　天青芝地直地漢府紗. 작년 말에 예약을 받은 600필은 3월 말 인도 약속입니다만 기일까지 손에 넣는 것이 어려우면 손님에게 며칠 기다려 달라고 할 수밖에 없습니다. 거절당하더라도 그렇게 밀고 나가죠. 조선인은 약속 기일을 강요하지는 않을 것이라고 생각합니다. 단지, 신뢰를 잃으면 후일의 예약 판매에 지장이 있을까 걱정입니다.

---

28 譚傑生 → 梁綸卿(106號信), 癸巳 3月初 2日(?), 『往復文書』35. "足重6兩白紬市行ゝ, 所來2百疋得価8.4吊, 核寸有利. 故卽達電再加辦300疋. 赶卽期船付下, 卜可遇市. 如遲防各號多來, 則□轉滯. 故以快來爲貴也. (…中略…) 品月油緣直地九雲漢府紗, 原非多行, 聞別號亦多到, 料非有起色之體. 此貨正月有列單討辦, 祈減一半爲佳. 否亦不宜多辦爲要. (…中略…) 天青芝地直地漢府紗, 昨年底抛沽出六百疋, 限三月底交足, 如果十分難辦, 到期交不足, 亦是無法, 當与客商量請緩其期, 或不允則推之. 料朝人不敢說强話, 不過失信于人, 日後定辦貨物生意, 自塞其路耳."

29 결과적으로 1924년 일본이 사치품의 세율을 올려 중국산 견직물의 대조선 수출이 어려워지자 소주 총상회(蘇州總商會)는 인천중화총상회와 연락하여 반대운동에 나섰다. 陳來幸(2007), 37·52~55쪽.

동태호가 발송하는 견직물의 산지는 앞에서 언급한 품목 중 진강주, 진주가 가장 많았다는 점에서 추측할 수 있듯이 상해 일대 강남江南의 여러 지역이 중심이었다고 보면 된다. 이러한 지역에서도 조선은 1920년대까지 중요한 수출 시장이었다.[30] 동태호는 기방機房(직물을 제작하는 곳)에 주문을 의뢰하였기 때문에 담걸생이 동태호에게 보낸 서간에서는 기방에 빨리 주문을 하여 수요의 계절 변동에 따라 품절 없이 상품을 조달하도록 재촉하였다.[31]

또한 동태호는 진강의 발기發記라는 주단장綢緞莊(산지 도매상)과 연간 계약을 맺고 시황의 변화와 관계없이 안정적으로 조달할 수 있도록 노력하였다.[32] 발기는 상해에도 점원을 주재시키고 산지로부터의 수송비 등도 부담하면서 동태호에 상품을 공급하였다. 발기가 동순태의 주문품을 다른 곳에 부정 유출한 사건도 일어난 것으로 보이[33] 관계가 항상 원활했던 것은 아닌 것 같다. 하지만 동순태, 동태호가 생산자나 산지 상인과도 협조하면서 조선의 복잡한 견직물 시장에 대응하고 있었던 사실은 흥미롭다.

다음은 면직물에 대해서 살펴보자. 면포에도 많은 종류가 있었는데 견직물에 비하면 특정 품목에 집중되었다. 동태호가 동순태에게 수출한 면직물은 갑오·을미년을 합쳐서 4만 8천 량에 조금 미치지 못하였지만 그중 2만 1천 량이 '시포市布', 9천 량이 '양라洋羅'였다. 모두 서양에서 수입한 면직물이라 보면 된다. 시포는 일본에서 말하는 생금건shirting[34]으로 개항

---

30 譚傑生 → 羅柱臣(無號信), 庚寅 8月 晦日, 『往復文書』 33.
31 譚傑生 → 羅柱臣(47號信), 辛卯 1月 18日, 同前. 〈표 5-4〉의 진강 및 발기의 계산서는 모두 견직물의 포장명세서이다. 여기에는 '동순태패(同順泰牌)'라고 적혀 있어 주문 생산에 의한 것임을 확인할 수 있다.
32 譚傑生 → 梁綸卿(107號信), 壬辰 11月 4日, 『往復文書』 35.
33 譚傑生 → 羅柱臣(46號信), 辛卯 1月 3日, 『往復文書』 33.

기 조선의 주요 수입품이었다. 동태호의 발송계산서에는 상표명도 기록되어 있지만 시포의 대부분은 상해 의원양행義源洋行(Brand Brothers&CO. Merchants), 풍유양행豊裕洋行(china&Japan trading Co .Ltd.)의 상품이었다.[35] 당시 일본인의 기록에 따르면 의원양행이 판매한 맨체스터Manchester제 금건은 각종 금건 가운데 조선인들에게 가장 인기가 높았다고 한다.[36] 동태호의 면포 조달 방법은 명확하지 않지만, 앞 장에서 살펴본 것처럼 동태호는 수입 면포를 취급하는 화상(양포점)이 조직한 진화당양포공소振華堂洋布公所의 회원이었으며 스스로 위와 같은 외국인 상사로부터 구매한 면포를 재수출했다고 추측된다.

그런데 동순태에서 면직물은 취급 규모가 큰 상품 중 하나이면서도 반드시 이익이 남는 것으로는 인식되지 않았다. 예를 들면 한성본호本號에서는 경인년(1890)에 합계 8천 량 정도의 이익을 얻었지만 그 대부분은 견직물과 마직물, 동이나 납에서 얻은 것으로 '양포洋布'에서는 오히려 손해를 보았다고 한다.[37] 담걸생은 계열점인 원산의 동풍태同豊泰에게 조선의 양포 수입은 갈수록 늘어나고 있지만 이익이 없기 때문에 앞으로는 취급을 자제하고 싶다고 밝혔다.[38] 그 배경으로 담걸생은 조선정부가 동전

---

34 『支那經濟全書』(東亞同文書院, 1908)에 따르면 상해에서는 8파운드 이상의 무거운 shirting을 가리켜 시포라 불렀다고 한다(11卷, 769쪽).

35 상점의 영어 이름은 The Chronicle and Dilectory of China, Japan, The Philippines, etc. for the Year 1894, 112・114쪽. 이에 따르면 의원양행의 본점은 상해, 풍유양행의 head office는 뉴욕에 있었다. 후자는『지나경제전서(支那經濟全書)』에서도 상해의 대표적인 면포 수입상 17개 중 하나로 꼽히고 있다(第11卷, 852쪽).

36 미쓰이은행(三井銀行)의 무라카미 사다무/테이(村上定)가 1890년대에 조선으로 출장을 갔을 때에는 '조선인은 연중 흰 목면 의류를 입고 있으며 생금건은 영국 "맨체스터" 의원양행의 다년간의 노력에 의해 거의 전매권을 가지고 있기 때문에 금건이라 하면 의원양행의 "마크"가 있는 것으로 한정되었을 정도로 다른 회사가 이곳과 경쟁할 때마다 실패로 끝난 역사가 있다'고 전했다. 村上定(1989), 48쪽.

37 譚傑生 → 羅柱臣(47號信), 辛卯 1月 18日,『往復文書』33.

발행을 늘려 급속한 동전 시세의 하락을 야기한 것(이것은 조선인 사이에 이용되는 동전 결제 수입품의 가격 상승을 의미한다),[39] 조선에 진출하는 산동 상인이 증가하여 경쟁이 심해진 것 등을 들고 있다.[40] 게다가 담걸생은 국제적인 금값 상승, 은값 하락 경향에 대해서도 상해에서의 서양상품 대금의 은 기준 원가 상승으로 연결될 수 있다고 보고 주시하였다.[41]

이에 비해 중국산 견직물은 적어도 금, 은 가치 차이의 영향은 받기 어려웠으며 생산자와도 협조하여 세분화된 시장에 유연하게 대처함으로써 소품종의 기계제 면직물과 비교하면 이익 확보가 그래도 수월했던 것은 아닐까. 동순태의 동태호로부터의 수입이 면직물보다 견직물에 중심을 두었던 것도 이러한 방침 때문이었다고 추측된다.

2. 동순태의 수출무역 – 매출계산서로부터

1) 매출계산서에 대하여

이 절에서는 〈표 5-4〉에서 매출계산서로 분류한 문서를 이용하여 동순태의 수출무역에 대하여 고찰하고자 한다. 이것도 앞 절에서 본 발송계산서와 마찬가지로 각 지역의 거래처가 동순태에게 보낸 것이지만 발

---

38 譚傑生 → 羅煜甫(書簡), 庚寅 10月 13日, 同前.
39 譚傑生 → 羅桂臣(52號信), 辛卯 3月 14日, 『往復文書』 34, 同前. 유통에 대해서는 주 98)을 참조.
40 譚傑生 → 梁綸卿(96號信), 壬辰 7月 18日, 『往復文書』 35.
41 譚傑生 → 何梃生・劉時高(25號信), 癸巳 12月 29日, 『往復文書』 13, 譚傑生 → 何梃生・古穗興(32號信), 丁酉 7月 23日, 『往復文書』 31 외. 19세기 후반의 은값 하락이 중국의 수입에 미친 부정적 영향은 제한적이었다는 견해도 있지만(西村閑也(2014), 80쪽), 금은 비가(比價)의 급변이 무역에 단기적인 영향을 주는 경우가 있었음을 부인할 수는 없을 것이다.

송계산서와는 반대로 거래처가 동순태로부터 받은 상품의 매출 상황을 통지하기 위해 작성된 문서이다. 현재 남아 있는 것은 〈표 6-5〉에서 제시한 59건으로 모두 신묘년(1891)에 작성되어 『진구각화창구단』(제1권)에 수록되어 있다. 이 중 상해의 동태호가 발신한 것이 31건이며 그밖에 홍콩, 연대, 오사카[42]의 거래처가 발신처인 것이 포함된다.

매출계산서의 서식 상 특징에 대하여 아래 사료(〈표 6-5〉의 i1)를 예로 들어 정리하겠다. 표기 원칙은 앞의 발송계산서의 예와 같다.

代售　又16幫　庚□□□初一來

牛黄　浄2.26兩　　47兩　　　106.22兩

支叩用　　一寸　　　　1.062兩

除支即找 98元壹百〇五兩錢六分[同泰圖章](2月20)

尚存虎皮一只沽出再結(過貨幫·過来住)

漢城同順泰寶號臺照　二月初十日[辛卯][上海北頭同泰號]結單[43]

① 첫 번째 줄의 '대수代售'(대신 판매하다)라는 문구는 이 문서가 상품의 대리(위탁) 판매에 관련되는 것임을 나타낸다. 같은 표현이 동태호가 발송한 매출계산서에도 공통적으로 나타나며 다른 거래처의 계산서에서도 '대고출代沽出', '일매一賣' 등 같은 취지의 문구를 볼 수 있다.(〈표 6-5〉 '첫 번째 줄 기재')

---

42 〈표 6-1〉, 〈표 6-2〉에서 고베에 있었던 상륭호가 오사카 소재가 된 것은 1894년에 오사카에서 고베로 이전을 했기 때문이다(이하 같음). 이 책 제5장 주 61)에 대응하는 본문 참조.

43 『進口各貨艙口單』 1, 〈표 6-5〉의 i1문서.

표 6-5〉 매출계산서 일람(신묘년(1891))

번호	발신자	발신일	상품대금	제반 경비	수수료	단위	첫 번째 줄 기재	비고
i1	동태호 (同泰號) (상해)	신묘 02.10	106.2	1.1	(1%)	량 (兩)	代售 又十六幇庚□□□初一來	
i2	〃	03.01	3,457.1	0.4		〃	代售 二幇 二月廿三來	비용에 '탄공고력(炭工估力)'을 포함
i3	〃	03.06	21.9	0.2	(1%)	〃	代售 庚十二月初一日來	
i4	〃	03.29	77.4	0.8	〃	〃	代售 又二幇 二月廿三廣濟來	
i5	〃	03.29	6,764.6	0.8		〃	代售 三月廿廣濟來	비용에 '탄공고력'을 포함
i6	〃	04.30	1,203.6	0.2		〃	代售 四幇 四月十三廣濟來	
i7	〃	07.07	295.0	4.0	(1%)	〃	代售 四幇四月廿一廣濟火船來	
i8	〃	05.27	4,568.8	0.5		〃	代售 五幇 五月十八來	비용에 '탄공고력'을 포함
i9	〃	06.18	6,890.0	2.0		〃	代售 又六幇 六月十六來	비용에 '고력'을 포함
i10	〃	06.18	5,362.3	0.7		〃	代售 六幇 六月十六日由日新火船來	비용에 '탄공고력'을 포함
i11	〃	06.18	2,126.4	241.7	(1%)	〃	代售 五月廿六 煙臺 轉來	'항고(港古)'라는 설명이 있음(일부), j4에 대응
i12	〃	07.01	686.3	39.8	(불명)	〃	代售 六月初二由神戸 轉來	'항고'라는 설명이 있음, j5에 대응
i13	〃	07.01	1,826.3	0.3		〃	代售 七幇 六月廿四日由三菱來	비용에 '탄공고력'을 포함
i14	〃	07.07	1,151.9	0.2		〃	代售 七月初四日來 又九水	〃
i15	〃	07.26	321.2	16.0	(1%)	〃	代售 七月初 四由船工人帶來	
i16	〃	07.07	1,045.3	0.3		〃	代售 七月初 四帶來	비용에 '공고전(公估錢)'을 포함
i17	〃	07.26	1,467.0	0.2		〃	代售 十幇 七月廿四日由日新火船來	비용에 '탄공고력'을 포함
i18	〃	[불명]	701.9	58.4		〃	代售 七月初九由煙來	

번호	발신자	발신일	상품대금	제반경비	수수료	단위	첫 번째 줄 기재	비고
i19	〃	08.18	5,130.9	0.6		〃	代售 十一幇 八月十六日 新來	비용에 '탄공고력'을 포함
i20	〃	09.20	56.0	0.6	(1%)	〃	代售 十貳幇 九月初三日 日新火船來	
i21	〃	09.20	6,373.8	0.8		〃	代售 十貳幇 九月初三日 由日新來	비용에 '탄공고력'을 포함
i22	〃	09.22	3,479.8	0.5		〃	代售 十三幇 九月卅日由日新火船來	〃
i23	〃	10.11	1,067.5	0.2		〃	代售 十月初九日來 14幇	〃
i24	〃	11.02	2,016.6	0.3		〃	代售 15幇 十一月初一來	〃
i25	〃	11.19	3,732.4	0.5		〃	代售 十六幇 十一月十七來	〃
i26	〃	11.19	214.9	0.1		〃	代售 又十六幇 十一月十七來	비용에 '고력(估力)'을 포함
i27	〃	12.08	241.7	0.5		〃	代售 又十七幇 十二月初六日新船來	비용에 '탄공고력'을 포함
i28	〃	12.15	180.7	9.7	(1%)	〃	代售 又十一幇 八月十六由日新船來	
i29	〃	12.20	100.4	1.0	〃	〃	代售 又十七幇 十二月□來	
i30	〃	12.20	822.8	25.5	〃	〃	代售 十二月初四由港來	
i31	〃	12.3	4.1	0.2	〃	〃	代售 又十七幇 十二月初六日新船來	
j1	안화태 (安和泰) (홍콩)	신묘 04.01	537.1	1.2		원 (元)	貳幇 玆代沽出	
j2	〃	04.15	360.0	0.9		량	玆沽出 三月十四日由廣濟船來	
j3	〃	05.12	502.7	1.1		〃	來四幇 玆代沽出	
j4	〃	06.12	35.2	0.2		〃	玆代沽出六月初六廣利船 到由信局來麗参貳包	문서 보내는 곳은 '同泰大寶號', i11에 대응
j5	〃	06.21	687.7	1.4		〃	玆代沽出六月初日由同泰 付富順火船付來	i12에 대응
j6	〃	07.16	150.0	0.3		〃	第五幇 今代沽六月初七日由招商 局日新船由申轉來	

번호	발신자	발신일	상품대금	제반경비	수수료	단위	첫 번째 줄 기재	비고
j7	〃	09	284.1	0.7		〃	第六幇 兹古出八月初九日由日新船來	
j8	〃	10	660.8	1.5		〃	第七幇 兹代古出九月廿五日由日新火船來白薐貳箱售列	
j9	〃	12	446.9	5.8	(1%)	원	又九幇 十一月念日由寧波船來參鬚參件售訖	
j10	〃	12	102.3	2.2	〃	〃	第九幇 十一月念日由寧波船來栗子 22.5包售訖	
j11	〃	12.30	241.9	0.8		량	玖幇 十一月廿六日由富順船転到白參參箱古列	
j12	〃	12.30	579.3	1.7		〃	第十幇 十二月初九日由日新船戴到參鬚七件古訖	
j13	〃	12.30	325.1	1.1		〃	第十幇 十一月初九日由南船轉來白參鬚共六箱古列	
k1	무화상 (茂和祥) (홍콩)	신묘 03.10	409.5	5.3	(1%)	량	代售 庚貳幇存下	
k2	〃	03.20	423.2	6.0	〃	〃	代售 元月十二日由招商局火船駁到	
l1	이태겸(履泰謙) (연대)	신묘02.0 9	145.0	4.8		량	一賣 日新輪船卸	
l2	〃	02.28	45.8	0.7		〃	一賣 廣濟船卸	
l3		03.29	349.3	13.8		〃	一賣 廣濟輪船卸	
m1	만경원(萬慶源) (연대)	신묘05.0 5	215.3	10.0		량	売 十六年由和記行起来	
m2	〃	06.09	10.0			〃	一売 裝紅糧例下	

번호	발신자	발신일	상품대금	제반경비	수수료	단위	첫 번째 줄 기재	비고
n1	상륭호(祥隆號) (오사카)	신묘04.28	451.6	13.1	(1%)	〃	代古出 三月廿五日順泰由一船到 / 漢城首幇	문서 보낸 곳 '同泰寶號'
n2	〃	04.28	2,044.7	52.4	〃	〃	代古出 四月十一日順泰由口鷗丸 來/漢城第弍幇	
n3	〃	05.04	2,660.3	68.0	〃	〃	代古出 四月廿三日順泰尾張丸到/ 漢城第三幇	〃
n4	〃	06.01	930.3	23.5	〃	〃	代古出 五月廿四日漢城同順泰付 到/漢庄第四幇	〃
n5	〃	06.18	887.3	19.1	〃	〃	代古出 六月初三日同順泰付豐島 丸/漢城第五幇	〃
n6	〃	09.28	542.4	17.0	〃	〃	代古出 九月十六日同順泰由伊勢 丸到/漢城第六幇	〃
n7	〃	10.04	183.6	7.3	〃	〃	代古出 九月廿日同順泰由豐島丸 到/漢城第七幇	〃
n8	〃	09.28	451.8	13.9	〃	〃	代古出 九月廿日同順泰付豐島丸 到/漢城第八幇	〃

출처 책자 중, 〈표5-4〉에서 매출계산서로 분류한 문서를 발신자별, 발신일순으로 배열했다. 수신자의 대부분은 동순태 본호이나 일부 동태호에 보낸 것도 있어 비고란에 기재했다. '첫 번째 줄 기재'란의 아라비아 숫자는 소주식 숫자. 나머지는 〈표 6-1〉과 동일.
출처: 『進口各貨艙口單』(奎27581-1).

②'又十六幇 庚□□□[12월인 듯하다] 初一來'는 매각 대상인 화물 편을 가리킨다. '16방'은 동순태 측에서 출하할 때 붙인 출하번호이다. 또한 동태호로부터의 수출인 경우, 원칙적으로 1회 발송에 1건의 발송 계산서가 작성되었지만 매출계산서는 그렇지 않다. 예를 들면 i2(3월 1 일 자)와 i4(3월 29일 자)는 모두 2월 23일 도착하는 제2편(2방)의 상품에 대

해 작성되었다. 같은 편으로 도착한 화물이 한꺼번에 팔린 것이라고는 볼 수 없으므로 매각 때마다 계산서를 따로 작성한 듯 싶다.

③ 두 번째 줄 이하에서 구체적인 품목과 매각금액을 제시한다. 이 사료에서는 약재인 '우황牛黃' 한 품목뿐이며 중량 2.26량과 단가(우황1량 당 은47량), 합계 금액(은106·22량)이 표시되어 있다.

④ 상품의 매각금액 다음 '지支~' 이하에 제반 비용을 표시한다. 이 사료에서는 동태호가 취득하는 판매수수료叩用로 상품대금의 1%에 해당하는 액수가 계상되어 있다.(〈표6-5〉 '제반 비용') 발송계산서와 비교했을 때 수수료가 기재되어 있지 않은 경우가 많지만 그 이유에 대해서는 다음 항에서 검토한다. 그리고 제반 비용에 포함되는 다른 항목으로는 '탄공고력炭工估力'(뒤에서 설명), '거룻배 비용艇金', '하역비上下力金', '해관세'稅, '항만 사용료'馬頭費, '보험火險栈担' 등이 있다.

⑤ '除支卽找~'로 표시되는 금액은 ②의 상품대금에서 ③의 제반 비용을 공제한 금액이다. 이것을 동태호가 동순태에게 지급하는 정산액이라 봐도 좋을 것이다. 발송계산서에서는 상품대금에 여러 가지 비용을 더한 것이 동순태에 대한 청구액이 되지만 그것과는 반대이다.

⑥ '그 외에 호피 하나가 남아 있어 매각 후에 다시 정산尚存虎皮一只沽出再結'이라는 구절은 이 사료에만 보이는 것으로, 같은 '16방'으로 도착한 화물 중 팔리지 않은 상품(호피)은 후일 매각 시 정산할 것을 통지한 문구로 보인다. 결국 이 호피에 대해서는 약 20일 후 작성된 i3이 '경庚 12월 1일래米'의 '호피 일척'이 팔린 것을 통지하여 이 사료를 뒷받침한다.

⑦ 마지막 줄에 수신인, 날짜와 동태호의 점인이 있는 것은 발송계산서와 같다. 그밖에 별필로 '2월 20', '과화방·과래왕過貨幇·過来往'이라는

〈표 6-6〉 동순태가 동태호로 보낸 출하 구성(신묘년)

출하번호	착하일	선박명	경유지	대응
(경인년)16帮	경인 12.1			i1, i3
(신묘년) 2帮	신묘 2.23	광제(廣濟)		i2, i4
	3.20	〃		i5
(〃) 4帮	4.21	〃		i5, i7
(〃) 5帮	5.18			i8
	5.26		연대	i11
	6.2		고베	i12
(〃) 6帮	6.18	일신(日新)		i9, i10
(〃) 7帮	6.24	미쓰비시		i13
(〃) 9水	7.4			i14, i15, i16
	7.9		연대	i18
(〃) 10帮	7.24	일신		i17
(〃) 11帮	8.16	〃		i19, i28
(〃) 12帮	9.3	〃		i20, i21
(〃) 13帮	9.20	〃		i22
(〃) 14帮				
(〃) 15帮				
(〃) 16帮	11.17			i25, i26
	12.4		홍콩	i30
(〃) 17帮	12.4	〃		i87, i29, i31

주 매출계산서의 첫 번째 줄에 기재된 화물편에 관한 정보로 재구성했다. 기재 사항은 문서에 따라 다르지만 화물이 도착한 날이 같은 경우에는 같은 편으로 간주했다. 빈칸은 원 사료에 해당 사항의 기재가 없음을 나타낸다. '대응'란은 각 화물편에 대응하는 매출계산서의 번호를 나타낸다(〈표 6-5〉).
출처 〈표 6-5〉중 동태호가 발행한 매출계산서.

기술이 있는데, 이것은 동순태에게 문서가 도착한 후 도착일이나 장부에 옮겨 적을 때 메모로 쓰인 것이다.

　그런데 위의 ②에서 설명한 것처럼 매출계산서는 거래처에서 화물 매각 때마다 만들어졌기 때문에 동순태로부터의 상품 발송과 반드시 일치하지는 않는다. 그래서 〈표 6-6〉에서는 동태호의 매상계산서만을 가지고 동순태로부터의 상품 발송이 어떻게 이루어지는지를 정리했다. 이 표에 의하면 발송은 경인년 제16편(16방)부터 신묘년 제17편까지이며 출하번호를 확인할 수 없는 것도 포함하면 20회 이루어졌다. 출하번호를 확인할 수 없는 것은 3월 20일 도착 화물(i5)을 제외하면 모두 다른 항을 거쳐 전송되어 온 것이며, 원칙적으로는 동순태로부터의 직항편에 연초를 기점으로 출하번호가 부여된 것 같다. 또한 선박명이 밝혀진 것은 11편으로 모두 경유지가 없는 직항편이며 '미쓰비시', 즉 일본우선이 한번 등장하는 것을 제외하면 윤선초상국의 광제호廣濟號와 일신호日新號가 이용되었다. 발송계산서를 통해 확인한 것처럼 윤선초상국의 인천-상해 항로가 기본적으로 이용되었음을 알 수 있다.

이처럼 매출계산서로 파악할 수 있는 것은 동순태로부터 상대편에게 위탁 판매 형태로 이루어진 수출이다. 이것과는 별도로 거래처로부터의 주문에 의한 수출이 있었을 가능성도 있다. 단, 결론은 미리 말하자면 동태호와의 관계에 한해서 살펴보면 이러한 매출계산서는 이 해 동순태로부터의 수출 거의 전부(구체적으로는 제1편을 제외한 모든 것)를 포함한다. 이 점은 제3절에서 해당 연도의 동순태와 동태호 간의 대차관계를 검토하면 밝혀질 것이다.

2) 상품 구성과 거래 조건

〈표 6-7〉은 매출계산서에 기재된 매각 상품을 정리한 것이다. 발송계산서의 경우와 마찬가지로 가장 많은 상품을 매각한 것은 상해의 동태호이다. 단, 동태호에서 매각한 상품의 90% 이상은 일반 상품이 아니라 금, 은괴가 차지하고 있었음을 주목해야 한다. 특히 많았던 것은 금

〈표 6-7〉 동순태로부터의 위탁 상품 매출액(신묘년)

매각자	품목(단위)	금액
동태호(同泰號) (상해)	금괴(兩)	47,841.21
	은괴(〃)	8,154.48
	약재(인삼 외)(〃)	4,998.54
	기타(〃)	501.72
	합계(〃)	61,495.95
안화태(安和泰) (홍콩)	약재(인삼)(량)	2,994.783
	약재(인삼)(元)	983.91
	기타(〃)	102.3
	합계(량)	2,9943.783
	(원)	1,086.21
무화상(茂和祥) (홍콩)	약재(인삼)(량)	832.643
이태겸(履泰謙) (연대)	곡물(수수)(량)	487.76
	기타(〃)	69.62
	합계(〃)	557.38
만경원(萬慶源) (연대)	곡물(수수)(량)	215.25
	기타(〃)	10.026
	합계(〃)	225.276
상륭호(祥隆號) (오사카)	곡물(대두 외)(원)	8,151.87

주 품목은 원 사료상의 상품명을 토대로 저자가 분류했다.
출처 〈표6-5〉과 같음. 단, 안화태 발송 j4,j5는 동태호 발송 il1, il2과 중복되기 때문에 제외했다(본문의 주48참조).

으로 전체의 77.8%에 이른다. 이를 제외한 나머지 대부분은 인삼 등 약재였다. 동태호 이외의 거래처에서는 금은괴 매각은 볼 수 없고 홍콩에서는 약재, 일본과 연대에서는 곡물이 주로 매각되었다.

이하에서는 동태호의 매출계산서 31건을 중심으로 금과 약재에 초점을 맞추어 거래 조건 등을 검토하고자 한다. 우선 금은 서론에서 살펴보았듯이 거시적으로 조선의 (개항장을 통한) 대중수출에서 가장 큰 비중을 차지하는 품목이었다. 조선에서 근대적 금광업이 본격적으로 시작된 것은 청일전쟁 이후인데, 사금 채취 위주의 금 생산은 그 이전부터 전 지역에서 행해지고 있었다. 농민이 부업으로 하기도 했지만 주요 산지에서는 덕대德大라고 불리는 경영자가 수십 명에서 수백 명의 전업노동자를 조직해 대규모로 채취하였다.[44]

동태호의 매출계산서에서도 금의 대부분은 '금사金砂' 등으로 표기되어 있어 조선인이 채취한 사금으로 볼 수 있다. 동순태가 사금을 어떻게 입수했는지는 알 수 없으나 동태호에게 보낸 서간에서 수시로 서울에서의 동전 기준 금 시세를 통지한 것으로 보아 서울에서도 사금 매매가 일상적으로 이루어졌음을 알 수 있다. 일본인 기록에 따르면 조선 각 지역에서 채취한 사금은 조선인의 손을 통해 서울이나 개항장에 들어갔다. 화상들은 이를 수입 직물류의 결제수단으로 이용하기 위해 일본인보다 다소 비싼 값에도 적극적으로 사들였다고 한다.[45]

동태호의 매출계산서를 보면 금, 은 이외의 상품에 대해서는 제반 비용으로 상품대금의 1%에 상당하는 '수수료'가 포함되었으며 이는 위탁판매에 대한 수수료라고 생각해도 좋다. 그러나 금, 은의 경우는 수수료가 없고 대신에 '탄공고력炭工估力', '공고전公估錢' 등 금은괴의 감정이나

---

44 19세기 전반, 덕대는 대상인을 자본주(물주)로 해서 자금을 조달하고 유동적인 노동자(금군(金軍))을 고용했다. 중앙, 지방의 관아에 납세하여 허가를 얻은 다음, 매수한 토지에 수 미터의 구멍을 파고 토사를 물로 선별해 사금을 채취했다. 유승주(1993), 377~397쪽. 개항 후 조선정부는 1887년 광무국(廣務局)을 설치하고 외국인 기술자를 초빙하는 등의 방안을 마련했지만 실효가 있었는지는 분명치 않다. 1895년 7월 미국인 모스(James R. Morse)가 조선정부로부터 평안북도 운산의 금광 채굴권을 획득한 것을 계기로 외국자본에 의한 금광개발이 본격화되었다. 이배용(1989), 70~74쪽.

45 「廿九年中元山商況年報」, 『通商彙纂』 號外, (明治 31年 3月 31日付), 1898, 89~90쪽; 宮尾舜治(報告), 『宮尾稅關監視官韓國出張復命書』, 1900(?), 356~372쪽.

재주조에 필요한 비용으로 보이는 비목이 나와 있다.(〈표 6-5〉비고란)[46]
금, 은에 관한 제반 비용에 판매수수료가 포함되지 않은 것은 앞에서 제
시한 일본인의 기록에도 있듯이 이들이 일반 상품과 구별되어 결제수
단으로서의 성격이 강했음을 말해준다.

　다만 동순태와 동태호 간의 계산은 상해량으로 이루어졌는데 금과
은 사이의 가치 차이와 함께 각종 은화와 은정銀錠 간의 차이도 수시로
변했기 때문에 금, 은괴는 결제수단으로서 결코 중립적이지는 않았다.
담결생은 동태호로부터 전신을 통해 자주 상해의 금 시세 정보를 모아
경쟁 구매자였던 산동 상인의 동정을 주시하며 금을 사들였다.[47] 서울
금 시세와의 차이에 따라서는 사금을 현물로 보내는 것이 이익을 내는
경우도 있었다.[48] 금, 은은 수입상품에 대한 결제수단인 동시에 그 자체
가 이익과 위험부담을 낳는 '상품'이었다고 할 수 있다.

　다음으로 약재는 〈표 6-7〉에서 알 수 있듯이 대부분이 인삼이었다.
동태호에서는 약 5천 량의 약재가 매각되었는데, 대부분은 '여삼麗蔘', '고
려삼' 및 인삼의 수염뿌리라고 추정되는 '이삼而蔘'으로, 그 이외의 약재
로는 (앞의 사료에 등장하는) 우황이 2회에 걸쳐 340량에 매각되었을 뿐이
다.[49] 또 홍콩의 안화태, 무화상에서 매각된 약재도 모두 백삼과 백삼의

---

46 동태호의 매출계산서 중, 금에 관련된 것은 15건(i2, 5, 6, 8, 10, 13, 14, 17, 19, 21∼25, 27), 은
　에 관한 것은 3건(i9, 16, 26)이다. 모두 제반 비용(수수료)의 항목은 없고, 대신에 금의 경우는
　'탄공고력', 은의 경우는 '공고전', '고력' 중 하나가 나와 있다. 공고전은 은정의 품질 감정과 중
　량 검사를 실시하는 공고국에 대한 비용일 것이다. 공고국에 대해서는 宮下忠雄(1952), 71∼
　75쪽. '탄공고력', '고력'도 마찬가지로 보인다.
47 譚傑生 → 梁綸卿(122號信), 癸巳 6月 2日, 『往復文書』 35.
48 譚傑生 → 梁綸卿・羅柱臣(4號信), 庚寅 2月 4日, 『往復文書』 33.
49 약재에 대한 동태호의 매출계산서 일부에 실제 매각지가 상해가 아닌 것이 포함되어 있다.
　약간 번잡하지만 〈표 6-7〉의 계산과 관련이 있으므로 설명해 둔다. 동태호가 발신한 iii, 12,
　15, 18, 30 문서는 인삼 매출을 통지한 것인데 그중 iii, 12, 18의 3건에 '항고(港沽)'라는 설명이

수염뿌리인 백삼자白蔘髭(조선어로는 백미삼白尾蔘), 여삼 중 하나였다.[50]

조선 인삼은 17세기 이후 재배 기술 확립과 함께 생산이 급증하여 18세기 말부터 중국을 상대로 주요 수출품이 되었다.(제3장 참조) 다만 인삼제품은 크게 나누어 말려서 만든 백삼과 쪄서 만든 홍삼이 있는데 대중 수출품은 후자였다. 동순태가 1890년 광주에 백삼 수출을 시도했을 때도 위탁업체 영안태에게 백삼은 조선인 사이에서 널리 쓰이는 것으로 자양滋養도 홍삼과 다르지 않다고 일부러 설명하는 등 대중수출품으로는 새로운 상품이었다.[51] 이에 반해 매출계산서에서 백삼과 구별한 '고려삼', '여삼'은 홍삼으로 보아도 좋다. 단위당 판매가가 백삼보다 훨씬 고가였던 것도 이를 증명한다.[52]

있어(〈표 6-5〉비고란) 상해에서 다시 홍콩에 전송되어 팔린 것으로 보인다(다만 iii에 대해서는 매출의 일부인 35.014량에 대해서 이러한 설명이 있다). 이 3건 중 iii, 12는 홍콩의 안화태가 발신한 j4,5와 각각 짝을 이룬다. 예를 들어 안화태의 j5는 동태호로부터 전송된 '여삼' 40근에 대하여 매출금액 687.695량에서 비용 1.412량을 뺀 686.283량을 정산 예정 금액으로 한다. 이에 대해서 동태호의 i12는 안화태의 정산 예정 금액과 동일한 686.283량을 매출금액으로 하고 거기에서 제반 비용 39.758량을 뺀 646.525량을 동순태에게 정산해야 할 금액으로 하였다. 이들 금액으로 보아 이 상품은 동태호가 중개하여 안화태로 매각된 뒤, 대금은 동태호를 통해 동순태로 지불되었음을 짐작할 수 있다. 이러한 중복 문제를 염두에 두고 〈표 6-7〉에서는 동순태에 대한 최종 지불 당사자를 기준으로 분류하기로 하였으며 안화태에서의 매각액 수로부터 j4,5를 제외했다. 다시 말하면 동태호에서의 매각액수에는 실제로는 홍콩에서 매각된 금액이 포함되어 있는 셈이 된다. 또한 '항고'라는 설명이 있는 iii, 12, 18 3건의 상품은 모두 인천에서 직항로를 통해서가 아니라 연대 혹은 고베로부터 전송되어 온 것이었다. 이들 문서의 제반 비용에는 운임으로 연대 및 고베에서 상해까지의 운임과 상해에서 홍콩까지의 운임이 계상되어 있다. 이것으로 보아 동태호는 연대와 고베에서 상품을 인수하고 나서 홍콩에서 매각될 때까지의 과정을 동순태에게 하청받은 것임을 알 수 있다.

50 〈표 6-7〉를 통해서 살펴보면 동태호에서 매각된 약재 중 3835.814량이 '여삼'이었다(앞의 주에서 설명한 '항고' 분을 포함). 또 안화태가 매각한 약재 중 '여삼'은 722.879량으로 나머지는 백삼이었다. 무화상이 매각한 약재는 모두 백삼이었다.

51 譚傑生 → 五泉(永安堂)(書簡), 庚寅 11월 2日, 『往復文書』 33. 광주와 홍콩을 대상으로 한 백삼 수출은 그 후 어느 정도 증가했다. 담걸생은 증가 이유를 미국산 인삼에 섞기 위해 이용된 것으로 해석한다. 譚傑生 → 邵蘭圃(25號信), 辛卯 8월 11日, 『往復文書』 34. 백삼 수출 시도에 대해서는 이 책 제7장에서 다시 논한다.

52 홍콩 안화태가 발신한 j5(신묘 6월 21일 자)에 의하면 홍삼 한 근의 가격은 34.8원(20지(枝)짜리), 25.5원(30지짜리)인 반면, j7(신묘 9월) 백삼 한 근은 5.9원이었다.

그런데 외국과 조선의 통상조약 및 조중상민수륙무역장정^{朝中商民水陸}
貿易章程에서는 외국인의 홍삼 수출을 금지하였다. 청일전쟁 이전에 조선
정부가 인정한 홍삼 수출 방법은 수출권을 나누어 받은 조선인이 의주
를 거쳐 육로로 수출하는 것밖에 없었으므로 화상들이 합법적으로 홍삼
을 취급하려면 그러한 조선인과 결탁하여 도급받는 형태를 취할 수밖에
없었다. 담걸생도 1889년에 현흥택, 오경연과 결탁하여 홍삼 판매에 참
여하려다 실패한 것은 앞장에서 살펴본 바와 같다. 이후에도 담걸생 쪽
에 몇 차례 조선 측으로부터 사전 문의가 있었음을 확인할 수 있다.[53]

그러나 매출계산서에 나타난 '고려삼', '여삼'은 해로로 운반된 것으
로 합법적인 수출과는 다른 밀무역에 속하는 것으로 보인다. 화상이나
일본인 상인이 홍삼 밀수출에 관여했음을 지적하는 기록은 많지만[54]
그 실체를 당사자 입장에서 서술한 사료는 극히 적다. 여기에서는 동순
태의 밀수출에 대하여 조금 더 자세히 살펴보자.

〈표 6-5〉의 i18(동태호 발신, 발신일 미상)은 '고려삼' 43포가 701,894량에
팔린 것을 통지하는 것으로, 이 문서의 첫 번째 줄에서는 해당 홍삼이 7
월 9일에 연대를 거쳐 상해에 도착했음을 기록한다. 같은 해 7월 7일 자
로 연대의 이태겸^{履泰謙}으로부터 동순태에게 '고력삼(高力[麗와 소리가 같
음]蔘)' 43포를 기선 '통주^{通州}'로 발송한 것에 대한 전송 비용이 청구되어

---

53 예를 들면 경인년(1890) 9월 초에는 김영규라는 인물로부터 관삼(官蔘) 1만 5천 근의 수출을 맡아
    주길 바란다는 타진이 왔다. 이에 대해서는 이 책 제7장 제1절 참조. 또한 1893년 양윤경에게 보낸
    서간에서는 '국왕지화(國王之貨)'를 사 달라는 조선 관리가 자주 오지만 품질이 고르지 않고 상해
    시황도 좋지 않아서 받지 못했다고 한다. 譚傑生 → 梁綸卿(132號信), 癸巳 9월 17日 『往復文書』 35.
54 일본인과 화상이 홍삼 밀수출에 종사했던 것은 당시에도 공공연한 비밀이었다. 今村鞆(1971)
    에는 개항기의 밀수출에 대해서 1930년대에 일본인 당사자로부터 들은 기록이 수록되어 있
    다(5卷, 517~550쪽).

있어[55] 동일한 홍삼에 관한 것으로 추측된다. 즉 이 홍삼은 연대의 거래처인 이태겸을 통해 동태호로 전송된 것이었다.

그리고 약 1개월 전에 담걸생은 동태호의 양윤경 등에게 홍삼 밀수출과 관련 하여 다음과 같은 서신을 보냈다.

> 홍삼은 다시 생자(生字) 30지(枝)의 물건을 43근 연대로 보내 이태겸에게 맡겨서 받게 하고, 동기(同記)의 관빙농(關聘農)을 통해 즉시 상해로 전송하도록 조치했습니다. 또 43근의 재고가 있으며 이것은 '선우(船友)'에게 의뢰해 고베에 지참토록하고 상륭호에서 대신 받은 다음 상해로 보낼 것입니다. 다만 작년에는 '사화(私貨)'의 생산이 적어 좋은 물건을 조달하는 것은 지극히 곤란합니다. 지금 보내는 것에는 상품, 중품, 하등품이 혼재되어 있습니다. 하등품은 적습니다만 선별해서 팔아 주십시오(6월 6일 자).[56]

여기서 말하는 '생자生字 30지枝'(생生은 천자문의 번호, 30지는 등급)의 홍삼 43근이 앞에서 언급한 7월 7일 이태겸으로부터 전달된 홍삼과 같은 것인지는 수량 단위가 다르므로(매출계산서는 43포로 기재) 단언할 수 없지만, 어쨌든 이태겸이 연대에서 홍삼 전송을 도급받았음을 확인할 수 있다('동기'는 연대의 중간상 또는 운송업체로 추측되나 자세히는 알 수 없다). '사화私貨'는 관

---

55 履泰謙 → 同順泰(計算書), 辛卯 7月 7日, 『進口各貨艙口單』 1. 같은 책자에 수록된 이태겸의 매출계산서와 유사한 서식이지만 전송 비용을 통지, 청구하는 내용이다. 청구액은 43.48량으로 운임, 관세, 포장비 등이 포함된다.

56 "紅參又寄辦妥, 生字卅枝43斤, 往煙臺托履泰兼收, 着同記關聘農卽轉運往申, 尙存43斤, 擬托船友帶去神戶, 祥隆代收關照, 卽付去申就是, 但昨年私貨疎少, 好貨極難找辦, 玆付上之貨, 上中下均有, 但下貨亦少, 祈分別出手, (…中略…) 官貨由陸路運去牛庄千餘里, 皮費甚重, 國王每斤抽稅五兩, 又未知路上太平否, 似非易ゝ也." 譚傑生 → 梁綸卿・羅桂臣(60號信), 辛卯 6月 6日, 『往復文書』 34.

의 허가가 없는 밀조품을 가리키는 것으로 보이며 이것을 수출하면 밀수출이 되는 것이다. 한편 대비되는 것이 '관화官貨'인데 이에 대해서는 같은 서간에서 육로로 1,000여 리²)를 운반할 필요가 있으며(의주를 거치는 정상적인 수출 루트를 가리키는 것으로 보임), 그만큼 비용이 많이 들고 운반 중 안전이 염려될 뿐만 아니라 국왕의 과세(수출을 공식적으로 허가받은 홍삼=포삼에 매겨진 포삼세包蔘稅인 듯하다)도 무거워 쉽지 않다고 덧붙인다.[57]

위의 사료에서는 다른 홍삼을 고베의 상릉호 경유로 수출할 예정이라고도 했다. '선우'가 누구인지는 알 수 없으나 밀수출을 안내하는 자가 선원 중에 있었을 것이다. 6월 12일 자 서간에서는 실제로 43근의 홍삼이 '선우'에게 맡겨져 상릉호로 보내졌음을 알 수 있다.[58] 같은 서간에는 8월 이후에 새 물건이 나오면 또 1천 근 이상을 '선우'에게 맡겨 연대, 고베로 가져가게 한 후 상해, 홍콩 등으로 나누어 수출하고 싶다고도 기술되어 있다. 이것이 실행되었는지는 알 수 없지만 여기에서도 홍삼을 상해로 직접 보내는 것이 아니라 연대나 고베 경유로 수출하려 했음에 주목할 필요가 있다. 매각품에 홍삼이 포함되는 동태호의 매출계산서는 5건이지만 그중 4건이나 연대나 고베, 홍콩을 경유한 것을 확인할 수 있다(남은 1건은 직항편이지만 '선공인船工人(선원)'에게 맡기는 형태로 운반되었다.[59]

홍삼 밀수출이 이처럼 우회적인 경로로 이루어진 이유는 분명치 않으며 또 항상 우회로가 이용된 것도 아니었다. 담걸생이 1892년 초 양윤

---

57 앞의 주에서 제시한 사료의 원문에 이 부분도 포함한다.

58 譚傑生 → 梁綸卿・羅柱臣(62號信), 辛卯 6月 12日, 『往復文書』34. 이에 대응하는 매출계산서는 없지만, 7월 1일 자 i12문서에는 역시 고베 경유로 6월 2일에 도착한 '여삼 40근의 매출(686.283량)이 통지되어 있다.

59 동태호발 매출계산서 중 인삼과 관련된 것은 ⅲ,12,15,18,30의 5건이다(주 49 참조). 경로 등은 〈표 6-5〉 '첫 번째 줄의 기재'에 의한다.

경에게 보낸 서간에서는 광동 순덕인順德人 중개업자인 등계정옹鄧桂庭翁
에게 홍삼 46포를 맡겨 초상국 진동호에 실었다고 전한다. 이 경우는 초
상국이 운영하는 상해-인천 간의 직항로를 이용한 것이 된다.[60] 하지만
연대의 관귀關鬼(해관직원을 말하는 듯하다)에게 적발되어 상품의 절반을
몰수당했다는 소식을 듣고 담걸생은 양윤경에게 일본세관의 단속이 느
슨하니까 나머지 홍삼은 일본을 경유해 보내겠다고 거듭 말한다.[61] 이
처럼 운반을 의뢰할 수 있는 인물의 존재나 해관 단속체제 등 제반조건
을 고려하여 가끔 다른 경로를 사용해 밀수출을 하였다.

외국인의 홍삼 밀수출은 당시에도 공공연한 비밀이었다. 담걸생의
서간에도 사삼私蔘(밀조품)이 많이 나돌아, '산동방山東幇'이나 '경방京幇(직
례直隷=하북성河北省)'이 재래식 선박으로 연대에 실어 나르는 한편, 일본
인은 나가사키로 빈번하게 반출하고 있다는 기술이 종종 나타난다.[62]
그러나 발각되면 해관에게 몰수되고 큰 손실을 입기 때문에 담걸생은
비밀을 지키는 데 신경을 쓰고 있었다. 담걸생이 점원을 고용하면서 홍
삼 밀무역에 관한 비밀 누설을 우려했던 것은 앞 장에서 언급한 바와
같다. 또한 상해 양윤경이나 홍콩의 나손경(안화태), 연대에서 전송을
도왔던 관빙농 등에게는 홍삼의 해로 수출은 주사走私(밀수)이자 정상적
인 루트가 아니며非係正路 편법으로 하는 일이니偏門之事 형인 담청호가 있
는 인천분호에는 전하지 말 것을 강조하였다.[63] 고베의 상륭호나 연대

---

60 譚傑生 → 梁綸卿(75號信), 壬辰 1月 20日, 『往復文書』34.
61 譚傑生 → 梁綸卿(76號信), 壬辰 2月 13日, 同前.
62 예시한 것은 譚傑生 → 羅遜卿(安和泰)(15號信), 壬辰 7月 17日, 同前.
63 譚傑生 → 梁綸卿·羅桂臣(62號信), 辛卯 6月 12日, 『往復文書』34, 譚傑生 → 羅遜卿(4號信),
  壬辰 3月 30日, 同前. 譚傑生 → 關聘農(同記)(書簡), 日時不明(辛卯 6月 初(?)), 同前. "주사비
  계정로생의(走私非係正路生意)"라는 것은 나손경, "편문지사(偏門之事)"는 관빙농에게 보낸

의 이태겸 등 중계지 거래처와는 중대한 비밀을 공유한 후 협력을 요청하였다는 점에서 동순태와 거래처의 관계가 깊음과 동시에 상해무역이 각 지역과의 다각적인 네트워크를 전제로 했을 때 비로소 성립하는 것이었음을 다시 한번 확인할 수 있다.

3. 동태호와 동순태 사이의 결제 및 대차관계

1) 대차계산서에 대하여

지금까지 동순태의 거래처, 특히 동태호와의 무역에 대하여 발송계산서와 매출계산서를 이용해 분석했지만 이들 문서에서는 각각의 거래가 어떻게 결제되었는지 직접 알 수 없다. 같은 시대의 조사보고 등에서는 화상이 상호거래를 그때그때 정산하는 것이 아니라 절기지급[3]과 같은 형태로 기간마다 취합해 정산했다는 기술이 종종 나오는데[64] 동순태도 마찬가지였을까.

앞 장의 〈표 5-4〉에서 '기타계산서'로 분류한 문서 중 동태호가 동순태와의 사이에 발생한 대차 사항을 열거한 문서가 있으며 이 문서는 위의 질문에 대한 답의 단서를 제공한다. 이들 문서를 대차계산서라고 부

서간에 나타나는 문구이다. 다만 이 무렵의 한성본호와 인천분호는 개성에서의 백미삼 매입을 놓고 '적국'과 같은 라이벌 관계에 있었다고 하며(譚傑生 → 卲蘭圃(2號信), 壬辰 4月 25日, 同前), 담걸생이 인천분호에게 정보가 새는 것을 싫어한 이유도 이 때문이었는지도 모른다. 개성에서의 인삼 매입에 대해서는 다음 장 참조.

64 예를 들면 인천에 대한 일본영사보고에서는 화상은 최대한 '화물 교환법'을 이용하여 현금의 이동을 피했으며 결제를 하는 경우도 5월 5일, 8월 15일과 12월 그믐날을 기일로 하는 절기지급 방법으로 하는 것이 일반적이라고 한다. 「明治二十六年中仁川港商況年報」, 『通商彙纂』 第8號 附錄, 1894.

르자. 지금까지 살펴본 것처럼 동태호가 동순태로부터의 주문을 근거로 상품을 매입하여 발송하면 동태호에게는 대변貸邊(채권)이 발생하고, 반대로 동순태로부터 위탁받은 상품을 상해에서 매각하면 그 매출은 동순태에 지급해야 할 차변借邊(채무)이 된다. 대차계산서는 이렇게 일정하게 계속되는 거래에 의해 발생하는 채권, 채무를 일정 기간 작성한 것이다. 동태호가 작성한 이러한 종류의 문서는 신묘년(1891)의 것이 5건 남아 있다. 대상으로 삼은 기간이 연속적이므로 연결하면 같은 해 동안 발생한 대차관계를 전체적으로 파악할 수 있다.[65]

대차계산서의 서식에 대해서 5건 중 가장 빠른 것을 예로 들어보자. 표기 원칙은 발송계산서와 같다.

接庚年結欠98元16198兩08分

二月初一收 沽元水 二月初三 11378兩6錢4分5[對]	二月初六付 十一號票 868兩8錢[對]
初十收 沽牛黃 二月廿 105兩1錢6分 [對]	元月十一付 元水 9302兩一錢2分5[對]
三月初一收 沽二水 二月卅 3456兩7錢4分8[對]	二月初十付 二水 8558兩7錢9分[對]
(…中略…)	(…中略…)
共 41374.23兩	共 64013.48兩

六月初五止 截除收分欠98元參万捌千八百參拾七兩參錢三[同泰圖章]

漢城 同順泰寶號 臺照 辛六月初六日[辛卯] [上海北頭同泰號]抄[66]

---

65 5건 모두 동태호가 동순태에게 발송한 것으로『진구각화창구단』제1책에 수록. 각 건의 발신 날짜와 대상 기간은 다음과 같다. (가) 신묘 6월 6일 자: 신묘년 초〜동 6월 5일, (나) 신묘 10월 11일 : 신묘 6월 5일〜동 10월 11일, (다) 신묘 12월 30일 : 신묘 10월 11일〜동 12월 말일, (라)·(마) 신묘 12월 30일 : 신묘 연중 보유(補遺). 이들이 서로 연속하는 것은 각 건 첫머리에 적힌 전기 말(前期末) 정산 잔액이 그 전 건 마지막에 있는 당기 말(當期末) 잔액과 일치하는 것으로 확인할 수 있다.

① 첫 번째 줄에서는 '경년결庚年結', 즉 문서 작성 전년에 해당하는 경인년(1890) 말 시점에서의 대차잔액을 제시한다. 이 금액은 1만 6198량08(단위는 98규원은(規元銀＝상해량))의 '결欠', 즉 동태호의 대변이었다.

② 두 번째 줄 이하는 좌우 두 개의 단락으로 나뉘는데 좌측단에는 '수收', 즉 동태호의 차변이 발생한 항목을, 우측단에는 '부付', 즉 대변이 발생한 항목을 각각 날짜 순서에 따라 기록한다. 위의 예에서는 '수', '부' 모두 처음의 세 항목만을 표시하였으나 실제로는 전부 합쳐서 '수'에 20개 항목, '부'에 21개 항목이 있다.[67] 예로 든 세 가지 항목 중, 예를 들어 '수'의 두 번째 항목은 동순태로부터 위탁받은 우황의 매각 대금 105량 13을 동태호가 갚아야 할 돈, 즉 동순태에 지급해야 하는 채무 발생으로 계상한 것이라 해석할 수 있다. 그리고 이 항목은 앞에서 매출계산서의 예로 소개한 i4 문서와 짝을 이룬다.

③ '수', '부'의 각 항목을 열거한 후, 각각의 합계액을 표시한다. 여기에서는 '수'가 4만 2374량 23, '부'가 6만 4013량 48이다. 그리고 줄을 바꾸어 '수', '부' 각각의 합계액을 첫 번째 줄의 전기 말前期末 잔액과 정산한 당기 말當期末의 미정산 잔액를 표시한다. 예의 경우, 당기 말 6월 5일 시점에서의 잔고는 3만 8837량 33의 결, 즉 대변이 많은 상황이며 해당 기의 초반(즉 신묘년 초)과 비교하면 2만 량 남짓 동태호의 미수금이 증가한 상황이다.

④ 마지막 줄에 행선지와 날짜, 발신자의 점인店印이 찍혀 있는 것은 발송계산서, 매출계산서의 경우와 같다. 여기에서는 말미에 '초抄'라고만 적혀 있는데 신묘 12월 30일 자 대차계산서의 경우에는 '왕래단往來單'이라

---

66 앞 주의 (가) 문서.
67 각 항목 끝의 '對' 자 인은 동순태의 검인으로 보인다.

고 기록하며 이는 당시 이러한 종류의 문서를 부르던 명칭으로 추측된다.

이와 같은 서식의 문서가 작성된 것 자체가 동태호와 동순태의 거래가 그때그때 정산되지 않고 장기적으로 대차를 정산해 나가는 형태를 취했음을 보여준다. 그리고 현재 남아 있는 신묘년의 5건의 대차계산서는 전후로 연속되어 있으며 그 사이 대차 잔액을 한꺼번에 정산한 흔적이 없으므로 정산 시기를 정한 이른바 절기지급제도 아니었다고 할 수 있다. 두 상호 간의 대차는 기일을 정하지 않은 상호 정산 방식(청산 계정open account)에 의해 처리되었다고 보아도 좋다. 또한 신묘년 전체를 보면 5건의 대차계산서로 부터 계산한 1년 동안의 '수'의 합계는 10만 3387량 4, '부'의 합계는 11만 5,399량 5이다. 이것을 정산한 신묘 연말의 대차잔액은 2만 7823량 4의 '결', 즉 동태호가 받을 돈이 많았다. 위의 사례에서 볼 수 있는 경인년 말의 잔액과 대조하면 한 해 동안 동태호가 받을 돈이 1만 량 이상 늘어난 셈이다.

위의 ④에서 언급한 것처럼 이 형식의 문서는 당시 '왕래단'이라 불렸다고 추측되는데 동태호가 담걸생에게 보낸 서간 중에도 아무 해의 '왕래수往來數'를 통지한다, '왕래장정단往來賬正單'을 보낸다 등의 표현이 몇 군데 보인다.[68] 아마도 위와 같은 대차계산 자체를 '왕래수'나 '왕래장'이라고 불렀을 것이다. 그리고 서간 사료에 의하면 동순태가 '왕래장'을 통해 상호정산을 했던 것은 동태호와의 사이에서 뿐만이 아니라 그 외의 거래처에 대해서도 마찬가지였다는 사실을 알 수 있다.[69] 앞 장에서

---

68 梁綸卿 → 譚傑生·譚象喬(621號信), 乙巳 2月 19日, 『同泰來信』19. 梁綸卿 → 譚傑生·譚象喬(623號信), 乙巳 3月 5日, 同前.

69 예를 들면 담걸생이 안화태에게 보낸 서간에서는 귀향하는 동순태 점원에게 돈을 대신 내어 달라고 부탁하고 그 금액은 동순태의 '왕래장'에 가산하도록 전했다. 譚傑生 → 羅遜卿(書簡), 壬辰 10月 7日, 『往復文書』35.

〈표 6-8〉 동태호의 대차계산서 내역(신묘년)

수(收)＝동태호의 차변	계 103,877.4량(兩)(100%)
①수입품매각(동태호에 의함)	계72567.4량 (70%)
2.1 '沽元水 二月初二' 11378.6량	7.26 '沽十水 七月廿七' 1466.8량【i17】
2.10 '沽牛黃 二月廿' 105.2량【il】	7.26 '沽口麗參 七月卅' 305.2량【i15】
3.1 '沽二水 二月卅' 3456.7량【i2】	8.18 '又[人参] 八月初九' 643.4량【i18】
3.6 '沽虎皮 三月十三' 21.7량【i3】	8.18 '沽11水 八月廿三' 5130.3량【i19】
3.29 '沽牛黃 四月初八' 76.6량【i4】	9.20 '沽12水 九月初九' 6373.0량【i21】
3.29 '沽金 三月廿九' 6763.8량【i5】	9.28 '沽12水 九月卅' 55.4량【i20】
4.30 '沽四水 四月廿七' 1203.4량【i6】	9.22 '沽13水 九月廿六' 3480.3량【I22】
5.7 '沽四水 五月十五' 291.0량【i7】	10.11 '沽14水 十月十五' 1067.5량【i23】
5.27 '沽五水 五月廿八' 4568.3량【i8】	11.2 '沽15水 11月初7' 2016.3량【i24】
6.17 '六水金 月廿二' 5361.4량【il0】	11.15 '沽16水 11月22' 3731.9량【i25】
6.17 '元寶' 6888.0량【i9】	11.19 '沽元寶 11月17' 214.8량【i26】
6.17 '沽麗參 七月初十' 1884.7량【ill】	12.8 '沽17水 12月12' 241.7량【i27】
7.1 '沽麗參 六月廿' 646.5량【i12】	12.15 '沽11水 10月13' 171.0량【i28】
7.1 '沽七水 六月卅' 1826.0량【il3】	12.30 '沽洋參 12月底' 797.2량【i30】
7.7 '沽九水 元宝 初四' 1145.0량【il6】	12.30 '沽又17水 12月底' 99.4량【i29】
7.7 '沽又九水 金 七月初十' 1152.1량【il4】	12.30 '沽栗子 二己 12月30' 3.9량【i31】
②수입품 매각(타 상호에 의함)	계 11215.6량(11%)
홍콩 · 안화태	연대 · 이태겸
3.26 '安和泰 沽二水' 385.8량【jl】	2.9 '煙沽庚存高粱' 140.2량【l1】
4.15 '港古三水 白參' 359.2량【j2】	2.28 '煙沽魚肚水' 45.1량【l2】
5.12 '安和泰 沽四水' 501.6량【j3】	3.29 '煙沽高粱' 354.5량【l3】
7.13 '港古五水' 149.6량【j6】	연대 · 만경원
9.7 '港古六水' 283.4량【j7】	5.1 '煙沽高粱 205.28両 45水' 214.5량【m1】
10.18 '港古七水' 659.2량【j8】	6.9 '万慶源沽□□' 10.7량【m2】
12.20 '港古八水' 324.0량【j13】	

홍콩 · 안화태(계속)	오사카 · 상륭호
12.13 '港沽九水' 72.1량【j10】	4.28 '祥隆沽元水438.56元72' 315.8량【nl】
12.13 '港沽五水' 317.6량【j9】	4.28 '祥隆沽1992.25元式水72' 1434.4량【n2】
12.20 '港沽九水' 241.1량【j11】	5.4 '祥隆沽三水2592.31元7225' 1873.0량【n3】
12.24 '港沽十水' 577.6량【j12】	6.1 '祥隆沽四水906.81元7325' 664.2량【n4】
홍콩 · 무화상	6.18 '祥隆沽5水868.21元7325' 636.0량【n5】
3.20 '又[茂和祥]沽元水' 417.1량【k2】	9.28 '坂沽7水176.28元7325' 129.1량【n7】
3.10 '茂和祥沽庚二水' 404.2량【kl】	9.28 '坂沽8水437.84元7325' 320.7량【n8】
	10.4 '坂沽6水525.34元7325' 384.8량【n6】

③송금 수취	계 18740.8량(18%)
요코하마 · 복화호	오사카 · 상륭호
8.4 '割濱二千元 7325' 1465.0량	6.2 '坂來10350元7325' 7581.4량
9.13 '割濱四千元733125' 2932.5량	발송자 불명
9.12 '割濱二千元 733125' 1466.3량	10.10 '357元 728' 289.0량
11.13 '割濱3.6千元7328' 2638.1량	12.28 '匯豐票1248元725' 903.6량
12.1 '割濱2千元7325' 1465.0량	

④기타	계 1353.7량(1%)
3.1 '代同豐泰交總署卅元 73' 21.9량	9.3 '以莊支永安□' 97.9량
3.3 '代元山交葛氏32.94元' 23.9량	9.4 '以莊支安和泰錯入' 72.9량
5.28 '□水□□□□' 32.8량	11.11 '代元山交葛氏' 46.5량
6.2 '煙沽貨項匯水45寸' 24.3량	12.8 '存票' 853.9량
6.10 '錯付□一單 五月初一' 149.6량	12.30 '16號票3千両匯水' 30.0량

부(付) = 동태호의 대변	계 115,399.5량(兩)(100%)
①상품 수출	계 92,294.9량(80%)
1.11 '元水' 9302.1량	7.7 '八水' 4366.6량
2.10 '二水' 8558.8량	8.1 '九水' 6753.3량
3.7 '三水' 16182.6량	8.19 '十水' 3792.3량
4.5 '四水' 8514.0량	9.6 '十一水' 3333.0량

4.5 '又四水' 185.5량	9.22 '十二水' 741.9량
5.4 '五水' 7628.5량	10.11 '13水' 1473.2량
5.4 '又五水' 4523.8량	11.4 '14水' 361.5량
5.28 '六水' 6739.9량	11.19 '16水' 613.5량
6.19 '七水' 7693.6량	12.8 '17水' 1531.0량
② 다른 상호로부터의 매입, 다른 상호에 대한 지급	**계 4,785.5량(4%)**
홍콩 · 안화태	오사카 · 상륭호
6.8 '安和泰代白鉛電' 1.5량	3.1 '祥隆代元水' 223.9량
6.9 '轉港參費' 7.7량	5.20 '祥隆代參費 24.1元' 17.6량
6.12 '安和泰代白鉛電' 1.5량	나가사키 · 만창화
6.28 '安和泰代辦白鉛' 1268.7량	7.10 '萬昌和代白鉛川費45.31元72.25' 33.9량
8.5 '港代辦白鉛7月25' 887.3량	7.25 '萬昌和代鉛費19.61元73.25' 14.4량
8.5 '又 [港代辦白鉛] 8月初2' 871.7량	요코하마 · 복화호
8.24 '安和泰代14 水川費' 3.5량	12.25 '福和代印票欠找 54.86元73' 40.0량
9.4 '安和泰代以莊交永安' 97.9량	기타
9.4 '割支安泰以莊手' 72.9량	1.1 '去年同記代西甘□149.2兩45水' 114.0량
10.17 '安和泰代串炮' 11.0량	2.11 '同記代辦甘□ 71.54兩45水' 74.7량
11.4 '港代辦洋參' 824.0량	3.2 '李金20元732李六手' 14.6량
11.12 '代轉港白參費' 14.7량	12.6 '交米記50元73' 36.5량
광주 · 영안태	
11.21 '配南支永安' 14.4량	
12.30 '永安代五水' 120.4량	
12.30 '永安代六水' 18.5량	
③ 회표의 지급	**계 4,704.6량(4%)**
2.6 '11號票' 868.8량	4.2 '13號' 72.4량
3.4 '12號' 362.0량	12.30 '16號 庫平3千兩 申' 3300.0량
4.1 '14號' 101.4량	

④인천분호에 대체	계 7,983.4량(7%)
2.10 '仁川二水撥入' 348.5량	6.2 '調入仁川' 7581.4량
2.10 '二水漏抄' 53.5량	

⑤기타	계 5631.1량(5%)
(庚)12.30 '綸卿交杰生家用' 53.0량	10.11 '配南衣服一單' 16.3량
2.12 '杰傑匯省' 36.0량	10.11 '代唐紹儀合物川費' 2.2량
3.7 '另賬' 77.5량	10.11 '另賬一單' 31.2량
3.22 '代元山交總署□□' 21.9량	11.4 '交物' 11.1량
5.4 '另賬' 92.8량	11.19 '另物' 29.8량
5.4 '又 [另賬] J 127.2량	12.5 '另賬' 12.2량
6.12 '英杰□泰友' 22.3량	12.8 '另賬' 25.9량
6.19 '另賬' 35.1량	12.30 '電報費40.04元73' 29.2량
7.15 '眼鏡補單' 92.2량	12.30 '由申發電去港5.89元' 4.3량
7.25 '杰生□娃19.5元73' 14.2량	12.30 '往來息' 4762.9량
8.24 '眼鏡川費' 2.0량	[파손] '另藥川費' 1.7량
9.27 '杰生交積厚堂田款' 130.0량	

주 5건의 수익/지출계산서 내용을 일괄 정리한 것이다. 각 항목은 각각 날짜, 사항, 금액을 나타낸다. 또 '부'의 항목 중에는 대응하는 매출계산서가 존재하는 것도 있다. 그 경우 대응하는 매출계산서 각각의 번호(〈표6-5〉 참조)를【 】에 넣어 표시했다. 나머지는 〈표6-1〉의 주에 따른다.
출처 『進口各貨艙口單』(奎27581-1)에 수록된 대차계산서(이 장의 제3절 1항 참조).

언급하였듯이 동순태는 특정 화상과 장기적인 관계를 유지하는 경향
이 있었는데 그러한 장기적인 네트워크의 존재가 이와 같은 정산방식
을 가능하게 했다고 할 수 있다.

2) 수收=동태호의 차변借邊

대차계산서의 각 항목은 대차 발생일 순으로 배열되어 있는데 그 안

에는 다양한 성격의 거래가 혼재한다. 〈표 6-8〉은 이러한 항목을 분류 정리한 것이다. 우선 대차계산서 상단에 열거된 '수', 즉 동태호 쪽에서 보면 동순태에게 갚아야 하는 여러 항목 — 동순태 입장에서 보면 반대가 됨 — 을 보도록 하자. 여기에서는 이들을 네 종류로 분류하고 각각을 서간이나 다른 계산서와 대조하면서 성격을 검토한다.

① 수입품의 매각(동태호에 의한)

앞 절에서 살펴본 것처럼 동태호는 동순태로부터 판매를 위탁받는 형태로 상품을 수입하였으며 매출에서 제반 비용을 제외한 금액이 동순태에게 지급해야 할 차변이었다. 이러한 거래는 대차계산서에서 '고沽~'의 형태로 기록되어 있고 신묘년 전체를 보면 32항목이 있다. 합계 금액은 '수' 전체의 70%를 차지한다.

대차계산서에서는 위탁받은 상품 내역이 아주 간단하게 밖에 쓰여 있지 않은데, 금액을 포함해 대조하면 ①의 32항목 중 31항목이 앞 절에서 본 같은 해의 매출계산서와 대응한다. 반대로 동태호가 발행한 매출계산서 31건은 모두 대차계산서의 ①과 짝이 되는 항목이 있다. 〈표 6-8〉의 각 항목에는 〈표 6-5〉의 매출계산서와의 대응관계를 【 】안에 표시했다. 대부분이 금은괴, 특히 사금이었던 것은 이미 살펴본 대로이다.

이러한 매출계산서와의 대응관계를 통해 동태호가 동순태로부터 수입한 것은 기본적으로 모두 동순태 측으로부터의 판매 위탁에 의한 것이었다고 추측되며 다른 형태(예를 들면 동태호로부터의 매입 주문)에 의해 이루어졌을 가능성은 작다. 그리고 현존하는 매출계산서가 이 해의 동태호로부터의 수입을(대차계산서에 보이는 2월 1일 자의 '고원수沽元水' = 제1편을 제외) 거의 모두 포함한다는 것을 동시에 알 수 있다.

②수입품의 매각(타 상호에 의한)

대차계산서 항목 중에는 동태호 이외의 상호에 의한 매출계산서와 짝을 이루는 항목도 있다. 예를 들면 매출계산서 가운데 안화태가 발행한 j1(4월 1일 자)은 '2방貳幇'의 백미삼 450여 근 정도를 매각하고 수수료를 공제한 정산 예정액이 535원 89임을 동순태에게 통지하는데, 여백에 '72계은삼별십오량별전사분/입삼월입육일기기72計銀參捌拾五兩捌錢四分/入三月卄六日起期'라는 메모가 따로 있다. 이는 대차계산서의 3월 26일 '안화태 고이수安和泰沽二水' 385.8량에 해당하는 내용이라고 보아도 좋다. 이외에도 각 지역 거래처의 매출계산서는 모두 동태호의 대차계산서 상에 대응하는 항목이 있다(반대도 마찬가지이다).[70]

매출계산서는 각 지역 거래처가 동순태로부터 판매를 위탁받은 상품의 매출이므로 본래는 해당 거래처의 빚이 되어야 한다. 그것이 동태호의 '수収'로 처리된 것은 각 지역의 거래처와 동태호, 동순태 삼자 사이에 채권과 채무의 이체가 이루어졌기 때문이라고 생각할 수밖에 없다.

이에 대해서 서간의 기술로부터 증명해 보자. 매출계산서 m1(신묘년 5월 5일 자)은 연대의 만경원萬慶源이 동순태로부터 위탁받은 수수高粱 171포를 매각하고 수수료 등 제반 비용을 공제한 정산 금액이 205.28량임을 통지한 것이다. 이와 관련해 담걸생은 연대의 관빙농에게 보내는 서간에서

---

[70] 동태호 이외의 매출계산서는 28건 현존하지만, 안화태가 발신한 j4, 5를 제외한 26건은 대차계산서에 대응 항목이 있다. 예외인 j4, 5는 주 49)에서 언급했듯이 동태호가 발신한 ill, 12와 같은 제품을 대상으로 한다. 이들은 대차계산서에서도 '수의 ①에 대응하는 항목이 보인다.

위의 액수를 '동태왕래장同泰往來賬'에 추가하도록 의뢰했고 이는 동태호가 연대에서 팥을 구입하는 자금에 충당한다고 설명하였다.[71] 다시 말해 만경원이 동순태에게 진 빚이 동태호의 구입상품 대금과 상쇄되었음을 의미한다. 그리고 동태호는 이를 동순태로부터의 빚으로 계상했다. 대차계산서의 만경원란에 '연고고량煙沽高粱 205.28량'이라고 있는 것이 바로 그것이다(다만 이것은 연대에서 이용되는 은량銀兩 단위인 연조평은煙曹平銀으로 지불된 금액으로 보이며 대차계산서에서는 상해량 214.5량으로 환산하였다).

동순태와 동태호 사이에서뿐만 아니라 동순태와 기타 거래처 사이에서도 상호정산이 이루어졌다는 사실은 앞에서 언급했는데 위의 예에서도 다시 한번 각 지역의 거래처와 동태호 사이에도 '왕래', 즉 대차계정이 있고 상호 정산이 이루어졌음을 알 수 있다. 이러한 다각적 관계에 기초하여 동순태가 각 지역 거래처에 보낸 상품의 대가가 동태호의 동순태에 대한 빚으로 대체된 것이다. 그리고 이렇게 생긴 동태호의 빚은 신묘년 전체를 보면 1만 1,216량에 달해, '수', 즉 동태호의 차변 전체의 11%를 차지했다.

③송금 수취

'수'에는 상품거래의 형태를 취하지 않고 송금 수취에 의해서 발생했

---

71 譚傑生 → 關聘農(書簡), 辛卯 5月 5日, 『往復文書』 34. 이 서간에 따르면 담걸생이 수수 대금을 계상하도록 의뢰한 것은 사실은 매각한 만경원이 아니라 같은 연대에 있는 이태겸의 '동태왕래장'이었다. 게다가 서간에서 의뢰를 받은 관빙농이 만경원도 이태겸도 아닌 동기호(同記號)의 상인이었던 것은 앞 절(주 56)의 인용사료에 보이는 그대로이다. 이들 세 곳 상호 간에 어떠한 형태로든 이체 관계가 있었던 것이 틀림없지만 상세한 것은 알 수 없다. 또한 만경원의 매출계산서 m1에는 나중에 쓴 절(주 56)의 인용사료에 보이는 그대로이다. 이들 세 곳 상호 간에 어떠한 형태로든 이체 관계가 있었던 것이 틀림없지만 상세한 것은 알 수 없다. 또한 만경원의 매출계산서 m1에는 나중에 쓴 '入同記(입동기)'라는 메모가 있어 관빙농의 동기호를 통한 이체가 이뤄졌음을 나타낸다.

다고 보이는 항목도 있다. 조선의 개항장에는 개항하자마자 제일국립
은행第一國立銀行(본점 도쿄), 제18국립은행第十八國立銀行(본점 나가사키) 등 일
본계 은행이 진출했다. 대차계산서가 작성된 1891년 당시, 이들이 제공
하던 송금 서비스는 일본으로의 송금뿐이었지만 이 서비스를 이용하여
중국에 우회적으로 송금하는 것은 가능했다. 다만 그러기 위해서는 일
본 거래처에게 송금을 중개시킬 필요가 있었다. 이 점에 대하여 대차계
산서를 동순태의 서간과 대조하여 확인해 보자.

대차계산서에는 '획빈劃濱(금액)'의 형태를 취하는 항목이 5건 있는데 이
중 가장 처음 발행된 대차계산서(8월 4일 자 2천 원)에 관한 설명은 동순태(담
배남)가 양윤경 일행에게 보낸 7월 15일 자 서간에서 발견할 수 있다.

> 인천분호에 의뢰해 요코하마에 '지폐(札金)'로 2천 원(元)을 송금했습니다. 복
> 화호가 받은 후 전송할테니 도착하면 한성본호의 '내왕(來往)'에 넣어 주세요.[72]

여기에서는 요코하마의 복화호를 경유하여 동태호로 송금이 이루어
진 것, 그것이 동태호의 동순태에 대한 내왕, 즉 대차계산에 추가된 것을
알 수 있다. 사료상의 '지폐'는 당시 조선의 통화 상황으로 보아 일본지폐
라고 생각해도 좋겠다.(뒤에서 자세하게 설명함) 대차계산서에서는 이 2천
원(2천 엔)에 0.7325량을 곱한 1,465량을 '수'로 계상하는데 당시의 요코
하마나 상해에서의 상해량 시세로 환산한 것이다.

---

72 "搭仁號滙濱札金貳千元, 交福和號轉滙上, 到時祈查收入漢來往可也." 譚配南 → 梁綸卿·羅
　桂臣(64號信), 辛卯 7月 15日, 『往復文書』 34. 발신자인 담배남은 담걸생의 부재중에 한성본
　호의 사무를 맡았던 인물이다(이 책 제5장의 주 73) 참조).

대차계산서에 '획빈(금액)'의 형태로 나타나는 다른 4항목에 대해서도 동순태의 서간을 보면 모두 복화호를 경유한 우회 송금이었음을 확인할 수 있다. 이에 따르면 조선에서 요코하마로의 송금에는 제일국립은행이 이용되었다.[73] 그리고 요코하마부터는 동태호가 상해에서 복화호 앞으로 발행한 회표滙票(재래식 송금어음)를 매각하는 형태로 자금을 끌어들이는 경우와[74] 복화호가 요코하마의 홍콩상해은행香港上海銀行 지점에서 송금환으로 보내는 경우가 있었던 것 같다.[75] 위 사료에서는 단지 '전송'이라고 적혀 있어서 후자의 방법이었을 것으로 추측된다.

오사카의 경우도 대차계산서의 항목과 직접 짝을 이루는 것은 아니지만 동순태가 제일국립은행을 통해서 거래처인 상륭호로 송금하고 이것을 홍콩상해은행 경유로 다시 동태호에게 전송시킨 사례가 있는 것을 서간에서 확인할 수 있다.[76] 예를 들어 대차계산서 6월 2일 자 '판래坂來' 1만 350원(7581.4량)도 마찬가지로 상륭호를 경유한 송금이라고 봐도 좋을 것이다.[77] 또한 동순태는 1890년경까지 나가사키의 만창화에도 송금 중계를 의뢰하는 일이 있었는데 일본에서 조선무역의 중심이 나가사키에서 오사카로 옮겨감에 따라 조일 간 환율도 오사카 쪽이 저렴

---

73 譚傑生 → 梁綸卿·羅柱臣(66號信), 辛卯 8月 28日, 『往復文書』 34. 譚沛南 → 譚沛霖(書簡), 辛卯 10月(日不明), 同前. 譚沛南 → 譚沛霖(書簡), 辛卯 11月 10日, 同前.
74 담걸생이 양윤경에게 보낸 서한에는 요코하마의 은행을 통해서 3,300원을 보냈으므로, '상해에서 어음을 팔고 요코하마에서 지불케 하라(在申賣單去浜交可也)'라는 구절이 보인다. 동시에 복화호의 담패림에 대해서는 '상해 동태호의 발행어음 지급에 응하라(應交申江同泰號滙單)'라고 알린다. 譚傑生 → 梁綸卿·羅柱臣(27號信), 庚寅 6月 15日, 『往復文書』 33. 譚傑生 → 譚沛霖(書簡), 庚寅 7月 13日, 同前.
75 譚沛霖 → 同順泰(書簡), 甲午 2月 3日, 『往復文書』 1.
76 譚傑生 → 陳達生(書簡), 癸巳 7月 17日, 『往復文書』 35.
77 단, 대차계산서의 이 항목에는 '수착시인호수(收錯是仁號數)'라고 뒤에 붙여 쓴 메모가 있으며 인천분호가 송금한 것을 동태호가 한성본호의 것으로 오인했을 가능성이 높다. 실제로 '부'에서는 6월 2일 자로 이 금액을 '조입인천(調入仁川)'으로 포함하여 상쇄하였다(〈표 6-8〉 '부' ④).

해져 나가사키를 거치는 일은 줄었다고 한다.[78] 즉 다양한 경로 중 유리한 것을 선택하였다고 할 수 있다.[79]

④그 외

대차계산서에는 위에서 제시한 것 이외에도 분류가 곤란한 항목이나 내용이 불명확한 항목을 찾아볼 수 있다. 여기에서는 그중 3월 1일자의 '대동풍태교총서삽원代同豊泰交總署卅元' 21.9량만을 검토한다. 앞 장에서 살펴본 것처럼 동풍태는 원산에 있는 광동상호이며 동순태와 마찬가지로 동태호의 연호로 설립되었다. 또 총서總署는 이 경우 서울에 주재하던 원세개袁世凱(총리교섭통상사의總理交涉通商事宜)를 가리키는 것으로 추측된다. 담걸생이 동태호에게 보낸 신묘년 3월 21일의 서간에서는 동순태가 원산의 동풍태를 대신하여 총서에 은 30원을 납부한 것에 대해(사유는 불명) '수본호내수收本號來數, 출원호지수出元號支數', 즉 동순태로부터의 빚으로 함과 동시에 동풍태에게 받아야 할 금액으로 해달라고 요청하였다.[80] 대차계산서의 '대동풍태교총서삽원'은 아마 이에 대응하는 것으로 동풍태에 대한 대차계산서에서도 같은 금액을 받아야 할 돈으로 계상했을 것이다. 이는 동순태와 동풍태 간의 대차를 동태호의 두 상호에 대한 대차로 대체하여 처리하였다는 사실을 보여주며 네

---

78 譚傑生 → 梁綸卿・羅柱臣(13號信), 庚寅 3月 4日, 『往復文書』 33.
79 또한 〈표 6-8〉 '수'의 ③에 열거한 항목 중, '발송자 불명'의 2건은 경로 등이 불분명하다. 다만 '회풍표(滙豊票) 1248원'에 관련되는 기술로서 담걸생이 양윤경에게 보낸 서간에 '양인 회표 1248원'을 보내니 상해의 홍콩상해은행에서 받아 달라고 의뢰한 기술이 있다. 인천에 홍콩상해은행의 대리점이 설치된 것은 청일전쟁 후의 1897년이므로(이 책 제8장 제4절), 이 '회풍표'는 조선 밖에서 발행된 것을 서양인들이 들여온 것이라고 볼 수 있다. 譚傑生 → 梁綸卿・羅柱臣(73號信), 辛卯 12月 17日, 『往復文書』 34.
80 譚傑生 → 羅柱臣(53號信), 辛卯 3月 21日, 『往復文書』 34.

트워크의 다각적인 움직임도 엿볼 수 있다.

3) 부付=동태호의 대변貸邊

대차계산서 하단의 '부', 즉 동태호의 대변이 되는 여러 항목은 다음의 5가지로 분류할 수 있다.

①상품 수출

출하번호를 '~수水'의 형태로 나타낸 항목은 동태호 자신의 상품 수출에 의해 생긴 대변이다. 제1절에서 검토한 발송계산서에서 알 수 있듯이 동태호로부터의 수출은 기본적으로 동순태의 주문을 통해 이루어진 것이라고 본다면 수출 원가가 그대로 동순태에 대한 대변이 되었다고 보인다. 신묘년 대차계산서에는 '원수元水'에서 '17수'까지 17편('우又4수', '우5수'를 별편으로 생각하면 19편)이 있고 합계 금액은 9만 2천 량 남짓이었다. 이것은 '부' 합계의 80%에 이른다.

②다른 상호로부터의 매입, 다른 상호로의 지급

다른 거래처의 상호명을 들면서 '대代~', '교交~'라고 되어 있는 여러 항목은 동태호가 동순태의 위탁에 의해 다른 상호로부터 상품을 매입하거나 동순태를 대신해 지급한 것을 나타낸다.

예를 들면 홍콩 안화태와 관련하여 '항대판백연港代辦白鉛', '우[항대판백연]'이라고 설명된 8월 5일 자 두 항목이 있다.([]는 저자의 보충설명) '백연', 즉 아연은 동전 주조 재료로 조선에 수입되었으며 같은 해 서간에서 동태호가 담걸생의 의뢰를 받아 안화태로부터 매입한 것을 확인할 수 있다.[81] 이 두 항목(887.262량, 871.66량)은 각각 홍콩에서의 수출 원가(882.852 량, 867.33량)에 동태호의 중개수수료(4.45량, 4.33량)를 더한 것이었다.[82] 동태호가 백연 대금을 안화태에 대납하고 그 금액에 자기 점포의 수수료 를 가산해 동순태로의 대변으로 처리했다고 추측된다. 6월 28일 자 '안 화태대판백연安和泰代辦白鉛' 1268.7량도 마찬가지며 또한 '안화태대백연 전安和泰代白鉛電'이라고 되어 있는 6월 8일, 12일 두 항목은 매입과 관련하 여 안화태와 주고받은 전신 비용을 동순태에게 청구한 것이다.

다만 각 지역 상호로부터 동순태로의 수출이 모두 동태호를 통해서 정산되었던 것은 아닌 것 같다. 예를 들면 〈표 6-8〉에는 광주 영안태에 관하여 '영안대오수永安代五水', '영안대육수永安代六水'라는 항목이 있는데 제5, 6편보다 이전의 제1편부터 제4편까지에 대한 기록은 없으며 이들 의 경우 동순태와 영안태 둘 사이에서 처리되었을 것이다. 즉 동태호 이외의 거래처와 대차를 어떻게 정산할지는 각각의 대차 상황 등에 따 라 선택되었다고 할 수 있다.[83]

---

81 譚傑生 → 梁綸卿・羅柱臣(61號信), 辛卯 6月 8日, 『往復文書』 34. 譚傑生 → 羅溎卿(4號信), 辛卯 6月 12日, 同前.

82 同泰號 → 同順泰(計算書), 辛卯 8月 5日, 『進口各貨艙口單』 1. 이에 대해서는 〈표 5-4〉의 '기타계 산서'에 포함되어 있다.

83 이에 대해서 을미년(1985)에 영안태가 동순태에 수출한 척계(尺桂)(계피) 2천 근의 사례를 소개 해 두겠다. 영안태의 발송계산서(5월 16일 자, 〈표 6-1〉의 c4문서)에 따르면 이 상품은 홍콩에서 고베를 경유하여 발송하게 되어 있어 이에 대응하여 홍콩의 안화태, 고베 상륭호에서 각각 전송 비용에 관한 발송계산서가 작성되었다. 안화태가 부담한 전송 비용에 대해서는 계산서(5월 22 일 자, b13)에 '당점의 내장에 계상하고 싶다(祈登小號來賬)'라는 메모가 있으며 동순태와 양자 간에 처리한 것으로 보인다. 한편 상륭호의 계산서(윤5월 4일 자, e8)에는 '이 비용은 귀 점의 동순태호와 대차에 합산하고 싶다'며 동태호로의 대체로 처리된 것임을 알 수 있다. 각각의 상 호가 동순태 및 동태호와의 대차 상황 등을 고려해 정산 방법을 선택한 것으로 보인다.

③회표(송금어음)지급

당시 조선에는 상해로의 송금 서비스를 제공하는 은행이 없었다. 그러나 일반적으로 화인의 송금은 근대적 금융기관에만 의존하지 않고 다양한 재래식 송금 수단을 이용하여 이루어진 것으로 알려져 있다. 예를 들어 동남아시아에서는 송금업을 무역상이 겸했다고 하는데,[84] 동순태의 거래처도 마찬가지였다. 앞의 '수＝동태호의 차변'의 ③에서 검토한 것처럼 동태호는 상해에서 요코하마 전용의 송금어음을 팔아서 복화호로부터 자금을 끌어들이는 일도 있었고 나가사키의 만창화도 상해로의 수출대금을 송금어음 발행을 통해 회수하였다.[85]

동순태에서도 마찬가지로 동태호와 협력하여 상해 전용 송금어음을 발행하는 일이 있었다. 신묘년 2월 담걸생이 양윤경에게 보낸 서간에서는 서울에서 판 상해 전용의 '회표', 즉 송금어음에 대해 다음과 같이 알렸다.

지금 발행된 12호 회표 한 장은 상해에서 362량, 일람 후 10일의 기한 내에 [상해]홍구(虹口)의 무태(茂泰)에게 지불하고 회표는 증거로 보관해 주십시오. [서울에서 발행할 때] 1원 당 [상해량] 7.24전으로 계산하고 그밖에 수수료(滙水)로 1.3원을 받았습니다.[86]

---

84 濱下武志(2013), 225~226쪽.

85 譚傑生 → 潘靄臣·潘達初(書簡), 辛卯 11月 11日,『往復文書』34.

86 "今發上十武號滙票春紙, 計98元362兩, 見票遲十天, 交虹口茂泰收繳回原票存據, 每元作7.24錢, 另每百元收滙水1.3元, 因關稅要支用, 現時赤金好價, 故將銅錢買金頗易化寸, 勝于買札紙多多也." 譚傑生 → 羅柱臣(49號信), 辛卯 2月 19日,『往復文書』33.

동순태는 서울에서 '원', 즉 양은 또는 일본지폐를 받아 상해량으로 지급되는 송금어음을 판 것이며 이들 회표를 상해에서 지급한 동태호에게는 동순태에 대한 대변이 생긴다. 대차계산서(〈표6-8〉)에는 여기에 해당하는 항목이 5건 나타난다. 예를 들어 사료에 보이는 '12호 회표' 362량은 대차계산서에 3월 4일 자로 나타나는 '12호'에 해당하는 것으로 보이고 금액도 일치한다. 다른 4건, 즉 '11호표', '14호', '13호', '16호'도 각각 동순태가 동태호로 보낸 서간 중에 짝이 맞는 기술이 있다.[87]

④ 인천분호로의 이체

동순태의 한성본호와 인천분호는 경영 분리에 따라 동태호와의 거래도 별도로 계산하였다. 대차계산서에는 이 삼자 사이에서의 대차 이체가 반영되었다고 보이는 항목이 3건 있다. 이 중 2월 10일 자 2건은 동태호에서 인천분호로 수출된 제2편(2수二木)의 대금을 알 수 없는 이유로 한성본호로의 대변으로 이체했다고 추측된다. 한편 6월 2일 자 항목은 반대로 인천분호의 차변이 잘못되어 한성본호의 차변으로 계상된 것을 상쇄하기 위한 항목이다.[88]

---

87 본문에서 살펴본 12호 이외의 회표에 대해서 서간으로부터 얻은 정보와 출전을 열거하면 다음과 같다. 11호 : 868.8량, 증화순(增和順)에 판매. 지폐 1,200원을 1원당 0.724량(상해량)으로 환산. 회수는 1.4원, 일람 후 10일 지급(譚傑生 → 羅柱臣(47號信), 辛卯 1月 18日, 『往復文書』33). 13호 : 72.4량, 홍구무태(虹口茂泰)에게 지급(譚傑生 → 羅柱臣(52號信), 辛卯 3月 14日, 『往復文書』34). 14호 : 101.36량, 이마로화창(二馬路華彰)에게 지급(13호와 같음). 16호 : 고평(庫平) 3천 량, 일람 후 즉시 일승창(日昇昌)을 통해서 진주부(陳州府) '원공관(袁公館)'에 송금시킬 것. 원세개의 모친 장례 비용이라고 함(譚傑生 → 梁綸卿・羅柱臣(73號信), 辛卯 12月 17日, 『往復文書』34). 또한 대차계산서에는 15호 회표가 빠져 있지만 9월 3일 자 양륜경에게 보낸 서간에 따르면 15호 회표, 고평은 6천 량분을 한성 총서인 익원당(益元堂)에게 매각했다고 한다. 그 후 취소되었을 수도 있지만 알 수 없다. 譚配南 → 梁綸卿(無號信), 辛卯 9月 3日, 『往復文書』34.
88 주 77)참조.

⑤그 외

①~④로 분류할 수 없는 각종 항목을 '기타'로 묶어서 나타낸다. 이 중에서는 마지막 12월 30일에 계상된 '왕래식往来息' 4762.9량이 흥미롭다. 담결생의 서간에 의하면 동순태와 동태호 사이의 왕래, 즉 대차계정의 잔액에는 월 1.2%의 이자가 부과되었다고 한다.[89] 정확한 계산 방법을 자세히 알 수는 없으나 가령 신묘년의 대차계산서로부터 매월 말의 대차 잔액을 계산한 후 각각 1.2%를 곱해 합산하면 4628.3량이 된다. 12월 30일의 '왕래식' 금액은 이것과 크게 차이가 나지는 않으며 대차잔액에 대한 월 이자가 연말에 한꺼번에 포함되었다고 보아도 좋을 것이다. 또한 동순태와 동태호 사이의 대차는 이 계산서로 파악할 수 있는 한 계속해서 동태호의 대변 초과이며, 따라서 이자도 동태호 측의 대변이다.

이외에는 8개의 항목에 '영장另賬'이라는 말이 보인다. 동순태 문서 중에는 대차계산서와는 별도로 동태호가 작성한 '영장초정另賬抄呈' 또는 '영장초정零賬抄呈'이라 제목을 붙인 10건의 계산서가 남아 있는데,[90] 여기에는 먹이나 종이 등 동순태(담결생) 자신들이 사용할 목적으로 들여왔다고 보이는 물건이 열거되어 있다. 대차계산서 '영장'도 그러한 종류의 청구라고 봐도 좋을 것이다. '윤경교결생가용綸卿爻杰[傑]生家用', '배남의복일단配南衣服一單' 등의 항목도 마찬가지이다. 이러한 항목이 대차계산서에 포함되는 것으로 보아 점포 경영과 가계가 완전하게는 분리되지 않았음을 엿볼 수 있다.

---

89 譚傑生 → 梁綸卿(83號信), 壬辰 5月 6日, 『往復文書』 34.
90 모두 『갑오년각래화지본』에 수록, 〈표 5-4〉에서는 '기타계산서'에 포함한다.

4) 대차관계 특징과 상해 송금

신묘년의 대차계산서에서 대차 쌍방을 통틀어 가장 금액이 컸던 항목은 동태호에서 동순태로의 상품 발송이었다.(대변 ①) 반면 동순태로부터의 수입 — 정확하게는 위탁된 상품의 매상(차변 ①)은 대변 ①의 80%에 미치지 못했고 금은괴를 제외한 일반 상품만 보면 그 차이는 더 컸다. 두 상호의 대차관계가 동태호 측의 대월貸越 상태로 계속 이어진 것도 이와 같은 상품무역의 경향을 반영한 것이라고 할 수 있다.

이러한 상품 흐름의 극단적인 치우침은 동순태, 동태호 모두에게 바람직한 것이 아니었다. 동순태 측에서 보면 동태호와의 결제에 기일 규정은 없었으므로 빚이 누적되어도 단기적으로 자금 융통이 어렵지는 않았다. 그러나 대차잔액에 붙는 월 1.2%의 이자는 경영상 부담이 되었다.[91] 또한 동태호 측에서도 상해에서의 매입 자금을 충분히 확보한 것은 아니었으므로 상해 금융이 긴축 국면으로 돌아서 금융업자의 대부를 생각한 만큼 받지 못했을 때는 동순태에게 빚 청산을 독촉하지 않을 수 없었다.[92]

이처럼 동순태는 상해로의 수출품을 제대로 확보하지 못한 가운데 서울에서 수입품을 판매한 매출을 될 수 있는 대로 빨리 상해로 회송回送해야 한다는 압박을 받았다. 대차계산서에 나타난 다양한 자금 이동 중에서 일본계 은행을 통한 우회 송금이 이에 해당하는 것은 물론이지만, 타 상호로의 상품 수출도 그 자체의 이익만을 목적으로 이루어진 것이

---

[91] 담걸생이 동태호에게 지급하는 이자를 부담으로 느꼈다는 것은 종종 서간사료에 나타난다. 譚傑生 → 羅柱臣(58號信), 辛卯 5月 21日, 『往復文書』 34 외.

[92] 梁綸卿→譚傑生(5號信), 2月 4日, 『同泰來信』 18. 연도는 불명이지만 서간번호가 작은 것으로 보아 인천분호와 경영 분리를 한 해와 그리 멀리 않은 경인년(1890)의 것으로 보아도 될 것이다.

아니라 받은 대금을 통해 동태호에게 진 빚을 상쇄하는 것을 염두에 두고 있었다고 봐도 될 것이다. 예를 들어 담걸생은 1892년 홍콩 안화태에게 보낸 서간에서 발송이 끝난 홍삼에 대해 다음과 같이 전한다.

현재 당회[동순태]는 동태호에게 4만 량 남짓의 빚이 있습니다. 게다가 연말이어서 상해쪽 자금 사정이 매우 어려워 수입 화물은 모두 수배와 거래가 정지된 상태입니다. 부디 당호에서 보낸 재고상품 매출계산서를 빨리 보내주시고 대금은 즉시 동태호로 송금하여 연말의 급한 일에 대처할 수 있도록 해주시기 바랍니다.[93]

담걸생은 이 서간과 거의 동시에 동태호의 양윤경에게도 '귀호 빚[의 결제]는 홍콩에서의 매출에 의존하고 있다'며 안화태에게 자금 회송을 독촉하고 있음을 전했다.[94] 다음 해인 1893년 겨울에도 담걸생은 양윤경에게 보낸 서간에서 빚을 갚기 위해 직접 송금하는 것은 곤란하며 안화태에게 위탁한 상품 매상금을 받을 것을 요구하였다.[95] 즉 동순태로부터 안화태로의 수출은 동태호로부터의 수입 대금과 상쇄하는 것을 염두에 둔 것으로 각각 따로 분리하여 논할 수 없음을 알 수 있다.

이와 같이 동순태는 동태호와의 대차 차액을 메우기 위해 일본 경유의 우회 송금과 각 지역 거래처로의 수출대금 이체, 그리고 여기에 (일반

93 "現小號責同泰往來賬四万餘兩, 申江年節銀口拮据, 將進口貨一槪停辦, 以至門面冷淡, 祈將小號所存貨項, 早日結單付下, 幷將貨款卽滙去申同泰往年關之急." 譚傑生 → 羅遜卿(25號信), 壬辰 11月 22日, 『往復文書』 5.
94 譚傑生 → 梁綸卿・羅柱臣(108號信), 壬辰 11月 22日, 『往復文書』 35.
95 譚傑生 → 梁綸卿・羅柱臣(138號信), 癸巳 11月 18日, 『往復文書』 10.

상품과는 구별된다는 의미로) 금은괴의 현물 발송도 추가하면 다 합쳐서 세 종류의 경로를 이용하여 상해로 송금하였던 것이 된다. 경유지를 생각하면 선택 가능한 경우의 수는 더욱 많았다고 할 수 있다. 이러한 선택에 영향을 준 조건은 다양했겠지만 여기에서는 그중 하나로 조선 및 동아시아의 통화 환경을 지적하고자 한다.

19세기 말 동아시아 개항장에서는 이른바 멕시코달러와 이것을 기준으로 삼은 양은 — 일본은화(일본엔은 日本圓銀)도 포함한다 — 이 널리 유통되고 있었다. 다만 조선의 경우 조일수호조규 朝日修好條規 부록에서 개항장에서의 일본국화폐 유통을 인정하였기 때문에(제7관), 일본은화와 함께 일본에서 발행된 여러 지폐(정부 지폐 등)도 상당액 유입됐었다.[96] 1822년 이후 여러 나라와 통상을 시작하면서 멕시코달러 등의 유입도 있었지만 다수를 차지하지는 못하였고 개항장에서는 일본통화, 특히 일본지폐 (1880년대 후반부터는 일본은행태환권 日本銀行兌換券5)으로 봐도 좋다)의 유통이 더욱 확대되었다. 예를 들어 1891년 인천 일본영사보고는 '평상시 거래를 은화로 하는 일은 매우 드물고 일반적으로 지폐를 사용하기에 이르렀다'고 하였고 같은 해 서울에서는 어림잡아 '은화(圓銀)' 7천엔, '[일본은화 이외의] 양은' 1천 엔이 유통되었던 것에 비해 '각종 지폐'의 유통 총액은 9만 엔에 이르렀다고 한다.[97]

다만 멕시코달러, 일본은화, 일본지폐의 유통은 외국인들 사이에 한정된 것이었으며 조선인은 조선정부가 주조하는 소액통화만을 계속 사

---

96 高嶋雅明(1978), 37~39쪽.

97 「本港ニ於ケル本邦貨幣流通ノ形況報告ノ件」(仁川林領事, 明治 24年 11月 6日), 『日本外交文書』 24卷, 180番, 「京城ニ於ケル本邦貨幣流通ノ槪況報告ノ件」(京城宮本領事代理, 同年 10月 22日) 『日本外交文書』 179番. 高嶋雅明(1978), 41~45쪽.

용했다. 화상에 의한 수입품 매각도 동전으로 행해졌다는 것은 제4장에서 살펴본 대로이며, 이 장 전반부에서도 수입 면직물의 매출에 영향을 준 조건으로 이 사실을 언급했다. 서울을 중심으로 한 중부지방에서는 1883년부터 발행된 당오전, 그 외의 지역에서는 17세기부터 19세기에 걸쳐 주조된 상평통보가 한결 같이 유통되었다.[98]

그런데 동순태의 입장에서는 조선인에게 수입품을 판매해서 받은 동전을 그대로 상해에 보낼 수는 없다. 인삼이나 곡물 등 상품을 구입하여 거래처에 판매를 위탁하고 그 대금을 동태호에게 이체해서 받거나 사금이나 은화, 일본돈으로 교환하여 송금해야 한다. 사금이나 은화는 상해로 현물 송금할 수 있지만 동태호와의 계산은 상해량으로 했기 때문에 상해에서 다시 환전해야 한다. 또한 일본지폐는 상해에서는 통용되지 않아 일단 일본계 은행을 통해 일본 개항장의 거래처에 송금하고 거래처가 서양계 은행의 일본 지점에서 송금환을 구입하거나 화상의 송금어음(회표)을 이용하여 상해로 보내야 한다. 위에서 말한 모든 단계에서 통화 간 교환율은 고정적이지 않았고 때와 장소에 따라 변했기 때문에 동순태는 이를 감안하여 수출상품의 가격 조건과도 비교한 후 가장 유리한 송금방법을 선택해야 했다.

담걸생은 양윤경에게 보낸 서간에서 서울의 사금 시세와 환율을 수시로 전달하고 송금 경로의 선택 이유를 상세히 설명했다.

---

98 당오전은 처음에 서울, 인천 부근에서만 유통되었으며 정부가 공납에 사용하도록 하는 등 유통구역 확대를 도모했지만 경기도 전체와 충청도, 강원도, 황해도의 일부에서 유통하는 데 그쳤다(오두환(1991), 111~112쪽). 이 외의 지역에서는 상평통보가 사용되었던 것 같다. 또한 당오전은 액면 5문, 상평통보는 1문이었지만, 당오전의 본래 가치는 상평통보의 두 배 정도에 불과했다. 그래서 당오전의 통용 가치는 발행 직후부터 급락하였고 실질적으로 1문짜리 엽전과 같은 가치로만 유통되었다. 「朝鮮國通用舊貨幣」, 『通商彙纂』 10, 1894.

전(錢) 시세는 약간 상승했습니다. '진구은정(鎭口銀錠)'이 360적[1적＝동전 1천 문], 지폐는 197적, 순도 높은 사금이 5백적입니다. 상해의 [금] 시세가 23량까지 하락해도 역시 사금 구입이 유리하고, 상승한다면 한층 더 이익을 기대할 수 있습니다. 현재 이미 200량 분 [사금을] 구입하였으며 시가로 더 매입할 생각입니다. 5~600량 사들이면 상해로 보내드리겠습니다. 만약 [상해 금 시세의] 등락이 있으면 거기에 따라 매입 여부를 결정해야 하므로 전신으로 알려 주십시오. 현재 지폐 시세는 높고, 또 일본의 [상해] 환시세는 낮으므로 [일본 경유는] 채산에 맞지 않는 것 같습니다.[99]

이 예에서 담걸생은 우선 서울에서 동전으로 구입하는 사금 가격과 상해에서 상해량을 기준으로 했을 경우를 비교한다. 또 일본계 은행을 통해 우회 송금을 할 경우에 필요한 일본화폐 시세와 일본에서의 상해 환율도 함께 생각해 본 후, 사금의 현물 송금이 일본을 통한 은행 송금보다 유리하다는 판단을 내린 것이다.

실제 송금 과정뿐만이 아니라 이와 같은 정보 수집을 위해서도 각 지역 거래처와의 협력은 필수불가결했다. 예를 들면 요코하마 경유로 은행 송금을 할 때, 요코하마에서 상해로는 직접 보내는 것 외에 홍콩 경유로 송금할 수도 있었으며 후자가 유리한 때도 있었기 때문에 어느 쪽으로 할지는 요코하마 복화호의 선택에 맡겼다.[100] 즉 복화호에게 단순

---

99 "錢價略轉順些, 鎭口宝360吊, 札紙197吊, 金砂十足色50吊, 雖申跌至23兩, 仍以買金砂爲勝寸, 如有提升, 望可得利也, 現已買入武百兩, 擬照市多買, 欲作一大幇五六百兩送申, 如再大起跌, 祈電示知, 以定進止, 現札紙價貴, 兼東洋滙價低, 似不合化寸侯覆電如何, 乃遵命而爲可也." 譚傑生 → 梁綸卿・羅柱臣(21號信), 庚寅 5月 4日, 『往復文書』33.
100 譚傑生 → 梁綸卿・羅柱臣(209號信), 乙未 5月 27日, 『往復文書』31.

한 송금 중개뿐만 아니라 환율 정보 수집과 이에 대한 판단까지도 위임한 셈이었다. 동순태의 상해무역은 결제의 측면에서도 이러한 거래처 간의 견고한 네트워크를 전제로 성립했다고 할 수 있다.

4. 화상 간 경쟁과 네트워크의 기능

1) 상해 송금의 경로 선택

여기까지 검토한 바에 따르면 동순태의 상해무역이 일본이나 홍콩, 광주, 연대 등 각 지역 거래처의 화상에 의해 지탱되었다는 것을 알 수 있었다. 이러한 활동 형태는 다른 조선 화상에게도 해당하는 것이었을까.

여기에서는 앞 절에서 주목한 결제문제를 통해 검토하고자 한다. 개항기의 조중무역 구조를 상기해 보면 수출입 불균형에 기인하는 상해 송금의 필요성은 많은 조선 화상이 공유하는 문제였다고 할 수 있다. 동순태가 행했던 것과 같은 각 지역의 거래처와 제휴한 우회적인 자금 이동은 밖에서 들여다보기가 쉽지 않다. 하지만 동순태의 방법이 결코 특이한 것이 아니었다는 사실은 단편적인 기록으로부터 추측할 수 있다. 예를 들어 1891년 인천 일본영사의 보고에 의하면 '청상淸商은 수입품을 한상韓商에게 팔아서 얻는 한전韓錢[조선 동전]을 항상 은화나 지폐로 교환하기를 희망' 했다고 한다. 이 중 일본은화가 대부분을 차지했을 은화에 대해서는 '청상은 이것을 우리 일본 혹은 본국에 현송現送6)하는 경우가 대부분'이라고 하므로 현송 수단으로서 이용되었음을 알 수 있다. 한편 '지폐', 즉 일본은행태환권의 경우는 '대부분은 우리 은행의 손을 거쳐서 항상 본국 나가사키, 고베 혹은 요코하마에서 외환으로 취급하고 있다'고 한다.[101] 이처럼 일본 경유의 우회 송금이 널리 이루어지고 있던 것이다.

또한 같은 인천 영사의 1895년 보고는 일본계 은행을 통한 요코하마로의 외환 송금 배경에 대해서 '상업상 관계에서 생기는 거래가 아니고 청상이 본국으로 송금하기 위해 외환 취급을 하는 데서 생기는 관계이다. 단, 당 항에서 상해환을 사는 것은 매우 불리하고 또한 그 수도 많지 않아 오히려 요코하마에 송금하고 그곳에서 다시 상해환을 매입하는 것이 가장 이익이 되기 때문'이라고 설명한다.[102]

앞에서 언급한 바와 같이 조선에 있던 일본계 은행 지점은 처음에 상해 송금을 취급하지 않았지만, 1893년 5월 요코하마쇼킨은행橫濱正金銀行이 상해 지점을 설치하자 이와 코레스 계약을 맺어 형식상으로는 직접 송금이 가능해졌다. 그러나 실제로는 두 지역 간의 무역 불균형으로 인해 환율 조정을 할 수 없었다고 한다.[103] 위의 사료는 이러한 상황 속에서 화상들이 여전히 일본을 거쳐 우회 송금을 계속했다는 사실을 보여준다.

그런데 동순태는 이와 같은 우회 송금 수단을 이용하는 한편 자신도 상해 전용 회표, 즉 재래식 송금어음을 팔았다. 한성본호는 경인년(1890) 초에 1호 번호를 붙인 송금어음을 팔았고[104] 다음 해 신묘년에 발행한 것

---

101 「本港ニ於ケル本邦貨幣流通ノ形況報告ノ件」(仁川林領事, 明治 24年 11月 6日, 주97), 384~386쪽. 高嶋雅明(1978), 44~45쪽.

102 「廿八年中仁川港商況年報」, 『通商彙纂』 55號(號外1), 1896, 54쪽. 이에 대해서는 이 책 제11장에서 다시 논의한다.

103 「明治二十六年中仁川港商況年報」, 『通商彙纂』 8號附錄, 1894, 110쪽.

104 譚傑生 → 梁綸卿·羅桂臣(2號信), 庚寅 1月 22日, 『往復文書』 33. 다만 서간의 발신번호와

은 앞 절에서 보았던 것처럼 11호부터 16호까지였으니 이 두 해에는 그렇게 많은 매수가 팔리지는 않았다. 하지만 담걸생은 임진년 초 17호표를 발행하면서 앞으로는 수익 수단의 하나로서 보다 적극적으로 송금어음을 팔 것이라고 양윤경에 밝혔고[105] 실제로 연말까지 판매한 송금어음은 76호에 달했다.[106] 나아가 계사년(1893) 말에는 109호까지 발행하기에 이른다.[107]

이와 같은 송금어음 구매자에 대하여 담걸생이 경인년(1890)에 양윤경에게 보내는 서간에서 다음과 같이 설명하고 있다.

> 지금 인천과 서울에는 모두 지폐가 많고 양은은 매우 적은 상태입니다. 산동방(山東幇)과 영파방(寧波幇)은 일본에 점포가 없기 때문에 지폐가 손에 들어오면 당 점의 한성본호나 인천분호를 통해 이를 송금합니다. 인천, 서울에서는 지폐가 일본 및 영국의 양은과 비교해 100원 당 2원 쌉니다. 지금 [동순태가 회표를 팔 때] 지폐 100원에 대해 상해에서 7.4량을 지불하고 따로 수수료 1.5원을 받습니다. (…중략…) 만일 지폐를 받고 바로 일본행 배가 있으며 은행 송금 수수료가 100원 당 0.4~0.5% 정도이면 합쳐서 이익이 생깁니다.[108]

마찬가지로 인천분호와의 경영 분리를 기점으로 회표의 일련번호도 새롭게 처음부터 시작되었다. 따라서 그 이전에도 회표 발매가 없었다고는 단정할 수 없다.

105 譚傑生 → 梁綸卿·羅桂臣(75號信), 壬辰 1月 20日, 『往復文書』 34.

106 譚傑生 → 梁綸卿·羅桂臣(110號信), 壬辰 12月 21日, 『往復文書』 35.

107 譚傑生 → 梁綸卿·羅桂臣(139號信), 癸巳 12月 10日, 『往復文書』 12.

108 "現仁漢俱是札紙居多, 洋錢甚少, 山東幇及寧波幇無東洋字號, 如買得札紙, 非漢號則在仁號滙之, 計札紙在仁漢□[用]기比日洋英洋, 每百元□[便]기少貳元, 今收札 紙春百元, 在申交72.4兩, 另收水1.5元, (…中略…) 或收得札紙卽有船去東洋, 兼由銀行滙去, 每百元抽滙水四五毛之間, □彼此核寸." 譚傑生 → 梁綸卿(續30號信), 庚寅 7月 13日, 『往復文書』 33.

앞에서 인천 일본영사의 보고를 인용한 것처럼 은화와 달리 상해에서 통용되지 않는 일본지폐는 일본계 은행을 통한 우회 송금에 이용되었으나, 이 방법을 취하려면 일본에서 송금을 중계해 주는 협력자가 필요했고 모든 화상이 조건을 갖춘 것도 아니었다. 동순태는 그러한 조건을 갖추지 않은 화상에게 송금어음을 파는 한편, 손에 넣은 일본지폐는 일본을 거쳐 상해로 송금해 수수료, 은화와 지폐 사이의 프리미엄打步 등으로 생기는 차익을 얻었던 것을 알 수 있다.

위 사료에서 일본에 송금 중계자가 없는 화상으로 '산동방', '영파방'이 거론되었다. 서론에서 살펴보았듯이 화상의 진출 범위는 출신지에 따라 달랐다. 예를 들어 산동 화상은 만주나 러시아령에 빨리 진출하고 조선에서도 개항 초기부터 가장 큰 그룹을 형성하고 있었지만 일본 진출은 더디었다. 산동 화상이 오사카를 거점으로 화북華北 및 만주에 면제품이나 잡화를 활발하게 수출하게 되는 것은 청일전쟁 이후의 일이다.[109] 위 사료에 해당하는 시기에는 조선의 산동 화상이 일본에 신뢰

---

[109] 오사카(가와구치(川口) 거류지·복합지)의 산동무역상이 삼강공소(三江公所)에서 독립하여 '대청북양상업회의소(大淸北洋商業會議所)'를 설립한 것은 1895년이며, 이듬해에 직례·만주 출신자를 모아, '대청북방상업회의소(大淸北幫商業會議所)'로 개편했다고 한다(西口忠(1995), 113쪽). 1899년 9월에 오사카상선(大阪商船)이 고베-천진(天津)-지부(芝罘)-우장(牛莊)선을 개설하자 '수출되는 화물은 그것의 십중팔구까지가 북방공소 소속의 중국 상인에 의해서 취급되므로 당사(오사카상선)는 북방공소와 협상하여 일본우선 회사의 정기선에 적재하는 화물 이외는 모두 당사 배에 선적하는 계약을 체결했다'고 한다(『大阪商船株式會社五十年史』, 1934, 259쪽). 고베에 북방공소는 없었으므로 문장 중에 나와 있는 것은 오사카의 북방공소로 보면 될 것이다. 또한 이 항로는 1906년에 오사카 기점으로 개편되었다. 오사카 산동 화상의 활동은 러일전쟁 후 오사카와 만주 간 무역의 성장과 더불어 더욱 활성화되었다고 한다(大阪市役所産業部, 『大阪在留支那貿易商及び其の取引事情』, 1928, 5)쪽. 오사카의 산동 화상에 관한 연구로 앞에서 언급한 니시구치(西口) 이외에 허숙진(1984)가 있다. 또 산동 출신자의 동북아시아 이동을 장기적 관점에서 정리한 上田貴子(2008)·(2011), 오사카의 산동 화상의 활동을 그 안에 자리매김한 上田貴子(2014)은 개항장 간 이동을 중심으로 한 (동아시아의) 광동 출신자와의 차이점을 생각하는 데 있어서 시사하는 바가 크다.

할 수 있는 거래처를 가지기는 어려웠을 것이다. 또한 (사료에 영파방이라고 표현된) 절강浙江 출신의 화상들은 일본에도 일찍 진출했지만 조선에서 상해로의 우회 송금의 주요 중계지였던 요코하마에는 광동 출신의 화상이 압도적으로 많아 조선과 거래하는 절강 출신자는 적었을지도 모른다.

어쨌든 이 사료에서는 조선에서 상해와의 무역에 종사하는 화상 사이에서도 출신지에 따라 거래처의 네트워크가 미치는 범위가 달랐고 이러한 사실이 상해로의 송금 경로 선택에도 영향을 주었음을 알 수 있다. 이러한 가운데 일본의 유력한 광동 상인과 거래 관계가 있던 동순태는 이를 자신의 송금에 이용했을 뿐만 아니라 그러한 거래 관계가 없는 다른 화상들에게 송금어음을 팔아 이익을 얻으려고 한 것이다.

2) 네트워크가 화상 간 경쟁에 미친 영향

개별 화상이 갖는 네트워크의 차이가 경쟁하는 화상들 사이의 관계에 어떠한 영향을 끼쳤는지 정보와 수송 수단 등에 대해서도 시야를 넓혀 살펴보겠다.

여기에서 예로 드는 것은 1894년 상반기에 일어난 중국쌀 수입문제이다.[110] 청조는 쌀의 해외 수출을 금지했지만 기근구제 등의 목적으로 특별히 허가하는 경우가 있었다. 이 해에도 1893년 조선의 흉작으로 인하여 쌀수출이 인정되었으며, 화상들이 상해에서 인천으로의 쌀수출

---

[110] 중국쌀 수출문제에 대한 본문 서술은 이시카와 료타(2004a)를 정리한 것이며 자세한 것은 이 논문을 참조하기 바란다. 또한 劉素芬(2012)에 의하면 청일전쟁 전에는 1893년 외에 1884년, 1886년, 1889년에도 조선 구휼을 명목으로 한 중국쌀 수출이 실시되었다. 堀地明(2002)・(2013)도 이 문제를 다룬다.

을 담당하였다. 일본영사보고에 의하면 이 수출에 있어서 상해 측 담당자는 '동태호 및 광리생호廣利生號', 인천 측 담당자는 '광동상 동순태'외 '산동상 영순복永順福, 항순창恒順昌, 쌍성태雙盛泰, 금생錦生, 서성태瑞盛泰 및 영래성永來盛 등 다수'였다고 한다.[111] 동태호와 동순태가 주요 담당 화상이었음을 확인할 수 있음과 동시에 조선 측 수입자가 동순태를 제외하고는 산동 상인이었다는 것 또한 알 수 있다.

그런데 이 중국쌀은 조선의 기근구제를 명목으로 수출되었음에도 불구하고 상당 부분이 인천에서 오사카로 재수출됐다. 재수출한 자들은 주로 일본인 상인이었으며 산동 상인은 수입한 쌀을 인천에서 일본인 상인에게 팔았지만 동순태는 스스로 일본 재수출에 참여했다. 중국쌀 수입과 재수출은 한성본호와 인천분호의 공동사업 형태로 진행되었으며[112] 재수출된 중국쌀을 오사카에서 판매한 것은 거래처인 상륭호였다.[113]

이 해 오사카 쌀값은 심하게 변동하여 4월 말(양력)에는 급락하였고 인천의 일본인 상인이 산동 상인으로부터의 매입 예약을 일제히 파기하는 사태도 일어났다. 하지만 5월에 들어서자 오사카의 쌀값은 서서히 반등하였다. 이러한 사정을 상륭호로부터 들어 알게 된 인천분호의 담청호는 동태호에게 쌀을 더 많이 사들이도록 요구하는 한편,[114] 인천에서는 다음과 같은 행동을 취했다.

---

111 「仁川港ニ於ケル支那米輸出ノ景況」, 『通商彙纂』 6號, 1894, 141쪽.
112 譚傑生 → 李泉享·邵蘭甫(書簡), 甲午 2月 30日, 『同泰來信』 4. 중국쌀의 거래를 '인한(仁漢) 양호 합자' 형태로 진행한다고 기술한다. 또 다른 서간에서는 같은 수입쌀에 대해서 '인한공사'의 쌀이라고 표현한다(李泉享 → 譚傑生(書簡), 甲午 5月 14日, 『同泰來信』 5). 劉序楓(2012)에 따르면, company의 번역어가 된 '공사(公司)'는 원래 화남(華南)에서 공동사업을 나타내는 말이었다. 이 경우의 공사도 그러한 의미로 쓰였을 것이다.
113 譚晴湖 → 譚傑生(書簡), 甲午 4月 5日, 『同泰來信』 6.
114 譚晴湖 → 譚傑生(書簡), 甲午 4月 7日, 同前.

오늘 일본인들이 산동쪽의 서성호(瑞盛號)에서 1천 포, 공화순(公和順)에서 1천포, 항순창(恒順昌)에서 2,800포를 샀습니다. 단가는 일본 되(枡)로 한 말(斗)당 6.2모(毛)였습니다. 이것은 포장을 포함한 가격이기 때문에 원가에 거의 근접합니다. 그들[산동 상인]은 인천 이외의 시세를 모르기 때문에 서둘러 파는 것도 무리는 아닙니다. [하역업자?] 주학운이 운송품의 유무를 물어 와서 나는 일부러 오사카 시황이 좋지 않다고 전했습니다. 그에게 산동인에게 전하도록 하고 더 서둘러 팔도록 하기 위해서입니다.[115]

즉 담청호 자신은 오사카 시장이 이미 회복 기조에 있는 것을 알았고 이를 염두에 두고 상해에 상품을 발주하였음에도 불구하고, 일본에 유력한 거래처가 없는 산동 상인에게는 사실과 다른 풍문을 흘려 산동 상인을 제치고 이익을 얻으려고 한 것이다. 커뮤니케이션 수단이 한정되어 있던 당시, 거래처 네트워크가 미치는 범위의 차이는 곧바로 접할 수 있는 정보의 차이로 나타났으며 화상 간 경쟁에도 영향을 주었다고 할 수 있다.

그런데 여기까지는 오로지 개항장을 거점으로 하는 화상 네트워크에 대해 다루어 왔지만 이 시기 조선이 개항장을 통해서만 중국시장과 접촉했던 것은 아니다. 제3장에서 검토하였듯이 전통적인 육로무역의 경로는 쇠퇴하면서도 작동하고 있었고 서론에서 언급한 것처럼 산동반도의 재래식 선박도 조선 연해에서 활동하였다. 개항장 사이를 잇는 기선 항로에만 의존하던 동순태에게는 이러한 경로에 대한 접근은 어려

---

115 앞의 주와 같음. "今日日本人有與東幇瑞盛買1000包, 公和順2000包, 恒順昌2800包, 每日斗6.2毛, 連袋在內□, 此價僅可保本, 伊不知外璋市, 怪不得急於脫手, 周鶴雲來求貨載, 我故意詳說, 坂市不好, 使其告東幇知, 更欲急賣也."

웠으리라 추측된다. 이와 같은 점은 동순태의 산동 상인과의 경쟁에 어떠한 영향을 미쳤을까.

재래식 선박의 수송 능력은 기선에 미치지 못했지만 환경에 따라 유연하게 수송을 진행할 수 있다는 것이 이점이었다. 명확한 사례가 이른바 밀무역일 것이다. 제2절에서 언급한 것처럼 화상은 홍삼 밀수출에 자주 손을 대었고 동순태도 예외가 아니었다. 하지만 그것은 해관에 적발될 위험을 동반하는 것이었다. 담걸생에 의하면 기선으로 홍삼을 밀반출하려는 사람은 영파 상인이 많았으며 1893년 인천해관이 100여근을 한꺼번에 적발했을 때도 소유자는 전원이 영파인이었다.[116] 담걸생은 홍콩 안화태에게 보낸 서간에서 이 사건을 언급하고 영파 상인과 비교하여 산동 상인의 방식을 다음과 같이 설명하였다.

산동방의 밀수는 범선을 사용합니다. 인천과 연대는 멀지 않아 지리적 이점이 있으며 항상 많은 배가 왕래합니다. 해관이 이를 검사하는 것은 어렵고 잡히기 전에 먼바다로 도망가 버립니다. 또는 야간에 작은 배로 몰래 실은 후 돛을 올리고 도망가 버리는 식이어서 거의 실패하는 일이 없습니다.[117]

인천에 오는 재래식 선박은 한강을 거슬러 올라가 서울로 향하는 것도 포함하여 기선과 마찬가지로 통관을 거치는 것이 원칙이었다.[118] 그러나

---

116 譚傑生 → 羅遜卿(11號信), 癸巳 9月 17日, 『往復文書』 35.
117 앞의 주와 같음. "山東幇, 由帆船走漏, 仁川與煙臺相隔不遠, 先得地利, 往來無定, 且船隻多, 關口難于稽查, 或先駿出口外, 晚間用小三板, 私裝去落, 然後揚帆而去, 故甚少失事."
118 중국 재래식 선박의 한강 통항 여부에 대해서는 조선과 청나라 사이에서 외교문제가 됐지만 1884년에 허용됐다. 酒井裕美(2005), 136~141쪽.

위의 사료로 보아 이들을 엄중하게 적발하는 것은 어려웠으며 밀수출에 종사하는 산동 상인들에게 재래식 선박은 좋은 수단이었음을 알 수 있다.

더욱이 이 선박들은 인천뿐만 아니라 서해안 일대의 비非개항지에도 드나들었다. 특히 1889년경에는 흉년이 든 산동반도에서 재래식 선박이 비개항지로 와 곡물을 사들이거나 산동의 이재민들이 서해안 일대에 상륙하는 사건 등이 급증했다.[119] 산동반도와 요동반도遼東半島, 만주 사이에서는 이러한 연안 교역과 사람의 왕래를 일상적으로 볼 수 있었으며, 조선으로의 도항도 그 연장선상에 있었다고 할 수 있는데 외국무역이라는 측면에서 보면 밀무역이었다. 인천의 일본인 상인 및 일본정부는 이를 비난하며 조선정부에게 일본인에게도 비개항지 입항을 허용하든지 혹은 (산동에서 오는 재래식 선박이 몰려드는) 평양을 개항하라고 압박했다.[120] 이러한 재래식 선박의 활동에 대하여 동순태의 인천분호가 한성본호로 보낸 서간에는 다음과 같은 기술이 있다.

올해 양포 등 직물류는 도저히 호황을 기대할 수 없습니다. 산동인이 재래식 선박을 이용해 황해도, 평안도로 들여와 곡물로 바꿔 연대로 되가져가서 적잖은 관세를 피하고 있습니다. 이 때문에 인천에서는 전반적으로

---

119 江南哲夫・平山房吉,『朝鮮平安黃海兩道商況視察報告』, 1889年 8月序, 50葉左. 李鴻章 → 總理衙門(函), 光緖 15年 8月 9日,『淸季中日韓關係史料』1447番.

120 평양 개항문제는 조선해관의 주도권을 둘러싼 일본, 청조, 조선의 의도, 나아가 일본이 교환 조건으로 꺼낸 제주도에 대한 일본인 출어 문제와도 관련되어 이후 수년간에 걸쳐 간헐적으로 협상이 이루어졌다. 평양 개항은 결국 이 당시에는 이루어지지 않았지만 1899년 개시장이 되었다. 외교교섭에 대해서 林明德(1970), 194~197쪽; 손정목(1982), 319~328쪽; 권석봉(1986), 348~369쪽; 박준형(2013a). 한편, 평양 개항 논의의 계기가 된 재래식 선박의 서해안에서의 '밀무역'에 대해서는 이시카와 료타(2009), 176~180쪽; 이은자(2010), 밀무역을 단속하는 청나라 제도에 대해서는 김희신(2010c), 223~231쪽.

장사가 잘 안되는 상황이며 대두(大豆)를 회송해 도착하는 일도 적습니다. 만약 [재래식 선박을 이용하는 밀무역을] 금지하지 못한다면 앞으로 인천에서의 장사는 점차 쇠퇴해 버릴 것입니다.[121]

이처럼 산동 상인의 재래식 선박에 의한 밀무역은 일본인뿐만 아니라 동순태처럼 개항장 제도를 전제로 활동하는 화상들의 눈에도 위협으로 비친 것이다. 이것은 화상 네트워크가 의거하는 사회기반시설 구조나 제도에도 제각각 차이가 있고 이러한 차이가 화상 간의 경합관계에 반영되었음을 나타낸다.

이 장에서는 청일전쟁 이전의 동순태의 해외무역을 검토했다. 동순태의 무역활동의 주축은 계열점 관계에 있는 상해 동태호와의 거래, 특히 견직물, 면직물 등의 수입이었다. 이와 비교해 동태호로의 수출은 일반상품만을 보면 수입보다 압도적으로 적으며 사금 등의 현송도 수입을 상쇄하지는 못했다. 이러한 동태호와의 거래는 조중 간의 거시적인 무역구조를 대체로 반영한다. 그러나 중요한 것은 양자 간의 거래가 그 밖의 거래처를 포함한 다각적 네트워크에 의해서 유지되었다는 점이다.

조선과 중국을 연결하는 사회기반시설 구조나 무역 관련 서비스들은 아직 성숙된 상태가 아니었으며 정치 변동의 영향에도 늘 노출되어 있었다. 이러한 가운데 안정적으로 상해와의 거래를 유지하려면 각 지

---

121 "今年洋布各款疋頭無望好景, 因山東人用民船, 裝往黃海平安各道, 發賣換什糧回煙, 省關稅費用不少, 故仁港總無生意, 黃豆亦少到, 如不能禁止, 將來仁港生意, 漸漸零落之體." 仁川分號 → 漢城本號(91號信), 己丑 4月 14日, 『同泰來信』 16.

역 거래처의 지지가 필수불가결했다.

이러한 사실은 양 상호 간 결제구조에 가장 명확하게 나타났을 뿐만 아니라 불안정한 항로망이나 통신망을 보완하거나 각 지역의 시장 정보를 수집하여 의사결정에 제공하는 등 여러 가지 측면에서 동순태의 상해무역을 뒷받침했다.

이와 같은 동순태의 무역활동은 이 시기에 움튼 동아시아 지역 내 무역이 양 국가 간 또는 양항 간 관계의 단순한 결집이 아니라 상호 연동된 유기적인 시스템으로 이루어졌음을 미시적인 차원에서 보여준다. 일본우선에 의한 조일 항로나 일본계 은행 지점 등은 애초에 일본인 상인의 조선무역을 지원하기 위해 정비된 것이라 할 수 있는데, 동순태의 다각적 네트워크를 통해 이들도 조중 교역의 한 부분으로 편입되었음에 주의할 필요가 있다. 일본이 제공한 유약한 근대적 서비스가 동아시아의 지역 내 무역 속에서 화상 네트워크와 결합함으로써 의도하지 않은 기능을 부여받은 것이다. 이러한 측면은 이 시기 조일관계를 동아시아 속에서 어떻게 자리매김할 것인가라는 문제를 생각하는 데 있어서도 시사하는 바가 클 것이다.

동순태同順泰는 동아시아 각 지역의 화상華商들과 거래하는 한편 조선 국내 활동도 확대해 나갔다. 앞에서 언급한 〈표 5-2〉, 〈표 5-3〉을 보면 담걸생譚傑生 및 한성본호本號가 해외무역 창구였던 인천분호分號 외에 국내 각 지역에 파견한 점원과 편지를 주고받았음을 알 수 있다. 청일전쟁 이전 국내에서 연락을 주고받았던 지역은 개성, 해주, 전주 세 곳이었다. 흥미로운 사실은 이들 3곳이 모두 개항장 및 개시장開市場이 아닌 지역, 이른바 '내지內地'에 속한다는 것이다.

조선 개항 후, 외국인의 내지 정착은 허용되지 않았지만 영사, 상무위원과 조선지방관이 연서連署한 호조護照, 즉 허가증을 받으면 수입품 판매, 토산품 구입 중 하나의 목적으로 내지에 들어갈 수 있었다.[1] 이는

---

1 1876년 조일수호조규(朝日修好條規), 1882년 조미(朝美), 조영(朝英), 조독(朝獨)조약은 모두 내지통상권을 인정하지 않았다. 그러나 1882년의 조중상민수륙무역장정(朝中商民水陸貿易章程)에서 처음으로 '조선상품 매입(採辦土貨)'를 목적으로 하는 내지통상이 인정되고(제4조), 1883년에 재조인된 조영조약에서는 상품 매입에 덧붙여 '각종 상품을 들여와 매각(將各

조선과 마찬가지로 거류지 무역체제를 갖춘 일본이 비즈니스를 목적으로 한 외국인의 내지 여행을 허용하지 않은 것과 크게 달랐다. 실제로 내지에서의 상업활동 ─ 이하에서는 내지통상內地通商이라고 부른다 ─ 에 종사한 것은 주로 일본인과 화인華人이다. 이병천의 계산에 의하면 1885년부터 1893년까지 발행된 내지호조 중 일본인의 신청에 의한 것이 1,229건, 화인에 의한 것이 442건이었다고 한다.[2]

서울의 화상을 관장한 용산 상무위원으로 한정하면 광서 17년(1891) 10월부터 20년 3월까지 2년 5개월 사이에 정확히 100건의 호조를 발급하였다.[3] 이 중 78건은 '북방北幇(산동山東)'의 구성원에게 발급된 것이고 '광방廣幇(광동廣東)' 12건, '남방南幇(강소江蘇, 절강浙江)' 9건으로 이어진다(다른 1건은 불명). 또 그들의 여행 예정지(도별)는 총 192개 지역에 이른다. 많은 순서대로 열거하면 충청 69, 전라 40, 경기 39(송도＝개성 5 포함), 황해도 19, 평안도 13이며 경상, 강원, 함경은 합쳐서 15에 불과하다. 한반도의 중서부, 서남부가 주요 통상지였음을 알 수 있다. 청일전쟁 이전에 동순태의 점원이 활동했던 3개 도시(개성, 해주, 전주)도 이 범위에 포함되며 호조 발급기록을 통해서도 동순태의 점원이 여러 해 계속해서

貨運進出售'하는 것도 인정되었다(제4조 6항).

2　이병천(1985) 〈표 4〉 및 〈표 6〉으로 계산. 원 사료는 화인의 경우 『구한국외교문서』 청안, 일본인의 경우 『일본외교문서(日本外交文書)』, 『통상휘찬(通商彙纂)』. 다만 이병천 스스로 언급하듯이 호조 발급 건수를 확정하기는 어렵고 본문에서 제시한 숫자도 예를 들면 한우근(1970)이 『통서일기(統署日記)』 등의 사료를 이용하여 계산한 것과 차이가 있다.

3　화인에 대한 호조는 원래 상무위원과 조선지방관의 합의하에 발급되는 것이었으나, 신청이 급증하자 1890년부터 조선의 통리아문(統理衙門)이 이미 날인 한 호조 용지를 미리 청나라 측에 교부해 두고(공백 호조), 상무위원이 신청을 받으면 이를 발급하는 방식으로 바뀌었다. 이병천(1985), 300~301쪽. 주한사관보존당안(駐韓使館保存檔案) 중, 『華商請領護照入內地採辦土貨』(1-41-46-5)에는 광서 17년 10월 이후, 용산 상무위원이 발급한 공백 호조의 목록 5건이 포함되어 있다(광서 18년 6월 9일 자, 12월 16일 자, 7월 24일 자, 11월 3일 자, 20년 3월 8일 자). 본문의 수치는 그것을 합산한 것이다.

발급년월	호조번호	성명	여행 지방
광서 17년 10월	월자(月字) 171호	이익경(李益卿), 나장영(羅章瀛)	전라, 충청
광서 17년 10월	월자 172호	이유연(李流然), 김정린(金正璘)(통사)	전라, 충청
광서 17년 10월	일자(日字) 180호	하영걸(何英傑), 이천형(李泉亨)	송도, 황해
광서 18년 12월	영자(盈字) 115호	하영걸, 유순(劉恂)	전라, 충청
광서 18년 12월	영자 116호	소송지(邵松芝), 이천형(李泉亨)	송도, 황해
광서 19년 11월	황자(荒字) 291호	소송지, 이천형	송도, 황해, 평안
광서 19년 11월	황자 292호	하영걸, 유순	전라, 충청

출처와 주　용산 상무위원의 호조 발급기록 중, 동순태를 '보(保)'라고 하는 것이 확인되는 사람을 들었다(본문 주 3 참조). 1892년 당시 이익경(李益卿)이 인천분호에 소속한 사실 등을 생각하면(제5장 주 (69), 이 표에 나타나는 인물 모두가 한성본호의 점원이라고는 단언할 수 없다. 발급 연월은 상무위원이 통리아문으로부터 공백의 호조 용지를 받은 시점.

신청을 반복한 것을 확인할 수 있다.(〈표 7-1〉)

　그런데 기존 연구에서는 외국인 상인의 내지통상을 주로 조선인 상인에게 미친 영향이라는 관점에서 검토해 왔다. 구체적으로는 거류지 무역이라는 틀을 뛰어넘은 내지통상의 증가 때문에 개항장에서 활동하는 조선인 상인의 유통 지배력이 저하되는 한편, 내지의 조선인 상인은 상품대금의 전대前貸, 외상 등을 통해 외국인 상인에게 금융적으로 종속되어 갔음을 지적한다.[4] 이들 연구는 모두 중요한 논점을 제기하지만 외국인 상인 측에서 바라본 내지통상의 실체는 거의 밝혀지지 않았으며 그 결과 조선인 상인과의 관계에 대해서도 단편적인 분석에 그치고 있다는 느낌을 지울 수 없다.

　이러한 기존 연구의 특징 이면에는 외국인의 내지통상에 대하여 '불

4　외국인의 내지통상에 대해서 처음으로 본격적으로 다룬 한우근(1970)은 정부의 연대기류 사료를 이용한 연구로 상거래의 구체적인 분석에는 이르지 못했다. 이병천(1985)과 나애자(1991)은 소송 사례 등을 이용하여 그 실태를 해명하였다. 내지과세 및 유통규제가 면제된 외상의 조약특권에 대해서는 이른바 방곡령에 관한 연구가 많은 사실을 밝혀냈다. 이 책 서장의 주 20)참조.

평등조약에 기인하는 국가 간 관계의 문제로 보는 경향이 있었던 것은 아닐까. 외국인들은 내지에서 이른바 조약특권, 예를 들어 영사재판권의 보호를 받고 조선인이 따라야 했던 내지과세 및 유통규제를 면제받는 등의 권리를 누리고 있었으므로 이러한 점이 외국인들의 내지 진출을 촉진했다는 사실은 의심할 여지가 없다. 또한 유명한 '방곡령 사건'이 내지통상에서 비롯되었다는 점에서 알 수 있듯이 내지통상과 관련된 외국인과 조선인의 분쟁이 종종 국가 간의 외교문제로 비화한 것도 사실이다. 그러나 외국인 상인의 입장에서 볼 때, 조약특권이 내지통상의 필요조건이었다고는 해도 자신의 경영 전략상 '왜' 내지통상을 필요로 했는지는 국가 간 관계와는 다른 차원에서 밝혀낼 필요가 있다. 그것은 실제로 이루어진 내지통상의 형태나 조선인과의 접촉 국면에도 영향을 미쳤을 것이다.

이와 같은 관점에서 이 장에서는 청일전쟁 이전에 이루어진 동순태의 내지통상에 대하여 경영상의 자리매김에 주의하면서 검토한다. 특히 앞 장에서 살펴본 상해上海로부터의 수입을 주축으로 하는 무역활동과의 관계에 중점을 두고 동순태가 내지통상 시 조선인 상인과 어떠한 관계를 맺었는지도 주목하고자 한다. 내지통상에 대한 기존 연구에서는 조선 측 기록에 남아 있는 분쟁 사례를 소재로 삼아 왔기 때문에 국내외 상인들의 통상적인 거래 관계에 대해서는 제대로 파악할 수 없었다. 동순태 문서에 포함된 각 지역 파견 점원의 서간은 이러한 측면에서 귀중한 자료가 될 것이다. 한 가지 덧붙이자면 앞 장에 이어 이 장에서도 사료와 대조하기 쉽게 본문 중의 날짜는 원칙적으로 음력을 사용하기로 한다.

1. 내지로의 점원 파견과 수출품 매입

담결생과 한성본호는 내지에 파견된 점원과 자주 서신을 주고받았으나 현재 남아 있는 것은 대부분이 본호가 발신한 서간의 사본으로 내지에서 보낸 서간은 계사년(1893) 말부터 갑오년(1894) 초에 걸쳐서 일부가 남아 있을 뿐이다. 〈표 5-2〉, 〈표 5-3〉에 나타낸 건수를 수·발신 날짜와 서간번호, 수·발신자 명을 포함해 정리한 것이 〈표 7-2〉이다. 개성과 해주는 경인년(1890) 가을부터, 전주와 율포는 계사년 여름부터 확인할 수 있다.

세 곳 가운데 가장 장기간에 걸쳐 점원활동을 확인할 수 있는 곳은 개성으로 한성본호로부터의 서간은 경인년부터 4년간 218건이 남아 있다. 서간의 발신번호에 거의 빠진 것이 없어서 실제 발신된 서간 대부분이 남아 있는 것으로 보인다. 서간번호가 경인년은 8월, 그다음 3년 동안은 4~5월에 시작하여 11월 말 또는 12월 초에 끝나는 것으로 보아, 점원이 현지에 1년 내내 머물렀던 것은 아니고 연말에는 일단 서울로 돌아와 다음 해 여름에 돌아가는 패턴을 반복했음을 알 수 있다.

동순태의 첫 내지통상 활동 장소는 개성이었다. 초기 상황을 자세히 살펴보면서 동순태의 내지통상의 목적이 무엇이었는지를 분석하도록 하겠다.

담걸생이 양윤경梁綸卿에게 보낸 서간에 의하면 담걸생이 개성에서의 내지통상에 관심을 가진 것은 경인년 윤2월쯤으로 오사카大阪의 상륭호祥隆號로부터 대두 값 상승 소식을 전해 듣고 점원을 파견하여 콩을 매입하고 싶다고 알렸다.[5] 고려의 도읍지인 개성은 서울에서 60km 정도 북

〈표 7-2〉 내지통상 관련 서간(청일전쟁 이전) (상단 : 건수, 중간단 : 연내 최초/최후의 서간, 하단 : 수신인/발신인)

연도	개성(한성본호 발신)	해주(한성본호 발신)
경인 (1890)	36건	19건
	8/22 (5호)~11/25 (38호)	10/15 (1호)~12/28 (29호)
	소송지(邵松芝) 30, 소란포(邵蘭圃) 5, 불명1	나장패(羅章佩) 2, 나빙삼(羅聘三) 17
신묘 (1891)	59건	16건
	5/12 (1호)~12/5 (52호)	1/11(1호)~4/?(15호)
	소송지(邵松芝) 10, 소란포(邵蘭圃) 49, 나장패(羅章佩) 1, 나빙삼(羅聘三) 12	나빙삼(羅聘三) 16
임진 (1892)	85건	4건
	4/21(1호)~12/02 (83호)	1/?(번호 없음)~3/10 (번호 없음)
	소란포(邵蘭圃) 85, 하정생(何梃生) 18	하정생(何梃生) 3, 하영걸(何英傑) 1
계사 (1893)	38건	
	5/22 (3호)~11/28 (41호)	
	소란포(邵蘭圃) 38, 이천형(李泉亨) 1	

연도	전주·율포	
	(한성본호 발신)	(한성본호 수신)
계사 (1893)	30건	3건
	5/23 (1호)~12/29 (25호)	12/19 (번호 없음)~? (번호 없음)
	하정생(何梃生) 26, 유시고(劉時高) 20, 불명1	하정생(何梃生) 1, 나명계(羅明階) 1, 유시고(劉時高) 1
갑오 (1894)	15건	33건
	1/9 (26호)~5/4 (38호)	1/4 (번호 없음)~4/16 (번호 없음)
	하정생(何梃生) 5, 유시고(劉時高) 10, 나명계(羅明階) 8, 담정갱(譚廷賡) 1	나명계(羅明階) 10, 유시고(劉時高) 11, 소란포(邵蘭圃) 1, 불명 2

출처와 주 동순태 문서에 포함되는 내지 파견 점원을 상대로 수발신된 청일전쟁 이전의 서간을 정리한 것이다. '개성', '해주', '전주·율포'는 각각 점원의 소재지. 전주와 율포는 두지역을 점원들이 빈번히 왕래하여 구별이 곤란하기 때문에 합쳤다. 각 난의 상단에서 ① '한성본호 발신'의 출처는 『동순태왕복문서(同順泰往復文書)』로 건수는 〈표5-2〉와 대응한다. ② '한성본호 수신'의 출처는 『동태래신(同泰來信)』으로 건수는 〈표5-3〉과 대응한다. 중간 단은 현존하는 서간 가운데 연도별 최초 서간과 마지막 서간을 날짜와 발신번호로 나타낸 것이다. 날짜는 원 사료 그대로이다. 하단은 해당 서간의 수신인(본호가 발신한 경우), 발신인(본호가 수신한 경우)이다. 원 사료에서는 이름만 기록된 경우가 많지만 성을 보충했다(〈표5-6〉 참조). 성명 다음의 숫자는 그 사람이 수신인/발신인인 서간의 건수를 나타낸다. 연명으로 작성된 서간은 개인마다 한 건으로 계산했다.

---

5 譚傑生 → 梁綸卿·羅柱臣(11號信), 庚寅 閏3月 16日, 『往復文書』 33.

쪽에 있으며 조선시대 내내 상업도시로 번성했다. 담걸생은 이미 일본인이나 산동 상인이 이 지역에서 내지통상을 활발히 하는 것에 대하여 위기감을 점점 더 느끼기 시작했던 것 같다. 담걸생이 보내려던 사람은 조선어에 능통한 소송지邵松芝로 중국어가 가능한 조선인 상인 김석년과 협력하여 대두 매입을 시킬 생각이었다.[6]

이때 실제 소송지가 파견되었는지는 알 수 없으나 7월에 접어들어 조선 대두의 풍년이 확실해지자 담걸생은 다시 오사카 시장의 상황을 상륭호에 문의하고[7] 8월에는 개성에 소송지를 파견했다. 8월 말에는 전년도에 수확한 대두 1천포를 개성에서 인천으로 보내 상륭호에 수출했다.[8] 10월이 되면 만주 대두의 수출항인 영구營口가 서해안보다 먼저 결빙했기 때문에 담걸생은 오사카뿐만 아니라 홍콩香港에서도 콩이 팔릴 것으로 보고 햇콩 매입을 소송지에게 명했다. 일본과 홍콩으로 수출되는 밀, 연대煙臺로부터 호황 소식을 접한 수수도 함께 적극적으로 매입하도록 명했다.[9]

각종 곡물 외에도 개성에서는 인삼제품 매입도 적극적으로 진행했다. 제3장에서 언급한 것처럼 개성은 18세기부터 재배 인삼의 가장 큰 산지였다. 인삼제품 중에서도 담걸생은 백삼 수염뿌리(백미삼白尾蔘)를 이전부터 주목하고 있었고[10] 현지에 도착한 소송지로부터 9월 초에는 출하가 시작된다는 소식을 듣자마자[11] 시장에 나온 전량을 매입하도록 지시했다.[12] 담걸생은 백미삼의 주요 시장을 홍콩, 광주廣州로 생각하고

---

6 앞의 주와 같음.
7 譚傑生 → 陳達生(書簡), 庚寅 7月 24日, 『往復文書』 33.
8 譚傑生 → 梁綸卿·羅柱臣(35號信), 庚寅 8月 26日, 同前.
9 譚傑生 → 邵松芝(32號信), 庚寅 10月 29日, 同前.
10 譚傑生 → 梁綸卿(續30號信), 庚寅 7月 13日, 同前.
11 譚傑生 → 梁綸卿·羅柱臣(34號信), 庚寅 8月 14日, 同前.

연말까지 5~6천 근을 수출하려 했으며[13] 10월 초에는 2,500근, 11월 말에는 3,800근을 순조롭게 매입하여 홍콩의 무화상茂和祥에게 판매를 위탁했다.[14] 또 수염뿌리가 아닌 백삼의 몸통 부분도 광주에 수출했다.[15]

그리고 소송지는 개성으로 오자마자 조선인 김영규로부터 '국왕의 홍삼' 1만 5천 근의 수출을 맡아달라는 제안을 받았다.[16] 동순태가 무자년(1888)에 현흥택, 오경연으로부터 국왕의 것이라 칭하는 홍삼 수출을 의뢰받았지만 가격이 잘 조율되지 않아 협상이 결렬된 것을 제5장에서 언급하였다. 김영규가 들여온 것도 같은 종류의 홍삼(별부삼別付蔘)일 것이다.

김영규의 제안에 대하여 담걸생은 산동인 유증상裕增祥이 역시 국왕의 홍삼과 연루되어 파탄이 난 사건 ― 이 사건에 대해서는 제3장에서 자세하게 다루었다 ― 이 있었으므로 신중한 태도를 보였지만[17] 국왕과의 네트워크를 통해 궁중에 견직물을 납품할 수 있을 것으로 기대하고[18] 곧바로 거절하지 않았다. 그러나 직접 개성에 나가 실물을 살펴보았는데 품질이 불량하여 실망했다고 한[19] 이후, 사료에는 나타나지 않는다. 한편, 11월 말에 밀조삼密造蔘(사삼私蔘) 100근의 거래 의뢰가 있었을 때는 상해의 가격 상승을 예상하고 구입했다.[20] 담걸생은 동태호同泰

---

12 譚傑生→邵松芝(6號信), 庚寅 8月 22日, 同前.

13 譚傑生→梁綸卿(43號信), 庚寅 11月 3日, 同前.

14 譚傑生→梁綸卿・羅柱臣(41號信), 庚寅 10月 6日, 同前. 譚傑生→羅柱臣(44號信), 庚寅 11月 24日, 同前.

15 譚傑生→五泉(永安堂)(書簡), 庚寅 11月 2日, 同前.

16 譚傑生→邵松芝(10號信), 庚寅 9月 3日, 同前. 譚傑生→梁綸卿・羅柱臣(37號信), 庚寅 9月 9日, 同前.

17 앞의 주와 같음.

18 譚傑生→梁綸卿・羅柱臣(39號信), 庚寅 9月 24日, 同前.

19 譚傑生→梁綸卿・羅柱臣(40號信), 庚寅 9月 28日, 同前.

20 譚傑生→邵松芝(35號信), 庚寅 11月 13日, 同前. 譚傑生→邵蘭南(38號信), 庚寅 11月 25日, 同前.

號에게 합법적인 '삼창參廠'이 만들기 때문에 품질은 관허를 얻어 만든 홍삼(관삼官參)과 다르지 않다고 설명하고 해가 바뀌면 배로 보내겠다고 알렸다.[21] 동순태가 홍삼 밀수출에 관여하였다는 것은 앞 장에서 살펴본 대로이지만 그것이 내지통상과도 관련이 있음을 알 수 있다.

이 해에는 해주에도 점원을 파견했다. 해주는 황해도 남쪽 경기만에 면한 항구도시로 조선시대에는 수군기지가 있었으며 이 지역 상업 거점이기도 했다. 개성의 서쪽에 있어 소송지도 처음에 개성에 파견되었을 때 직접 해주까지 가 보고 곡류 가격 등을 조사했다.[22] 밭작물 재배에 탁월한 황해도는 콩 및 잡곡류의 산지이기 때문에 오사카로의 콩 수출에 관심이 있었던 담걸생이 조사를 명했을 것이다.

소송지는 이후 개성으로 돌아왔지만 10월에 다시 나장패羅章佩가 해주에 파견되었고[23] 담걸생은 그에게 콩 2천~3천 포, 수수 800~1천 포를 조달하도록 지시했다.[24] 11월이 되자 담걸생은 더욱 내륙인 황주, 봉산, 재령에도 보내 콩, 조를 매입하도록 지시했다.[25] 특히 중점을 둔 콩은 이듬해 봄에 영구항이 해빙되어 만주콩이 유통되기 전에 일본이나 홍콩에 팔려고 했던 것 같다.[26] 나장패는 연말까지 활발하게 콩을 매입했지만 한 가지 오산이 있었다. 해주 부근의 하천도 결빙해 버린 것이다. 동순태는 내륙에서 매입한 1,980포에 이르는 콩을 실어내지 못한

---

21 譚傑生 → 羅柱臣(45號信), 庚寅 12月 14日, 同前.
22 譚傑生 → 邵松芝(6號信), 庚寅 8月 22日, 同前.
23 譚傑生 → 邵松芝(24號信), 庚寅 10月 12日, 同前.
24 譚傑生 → 羅章佩(1號信), 庚寅 10月 15日, 同前.
25 譚傑生 → 羅聘三(5號信), 庚寅 11月 3日, 同前.
26 譚傑生 → 鑑堂(茂和祥)(17號信), 庚寅 11月 24日, 同前. 譚傑生 → 羅聘三(17號信), 庚寅 12月 24日, 同前.

채 다음 봄의 해빙을 기다리게 되었다.[27] 담걸생은 결빙기를 조선인에게 확인했음에도 불구하고 속았다고 한탄하였으며[28] 이를 통해 내지의 시장환경에 대한 정확한 정보 입수가 어려웠음을 알 수 있다.

이처럼 개성과 해주에서의 내지통상은 수출용 현지 생산품을 사들이기 위한 목적으로 시작됐다고 보면 된다. 수입품의 판매는 부차적인 것으로 보이며 거의 사료에 나타나지 않는다. 개성에서의 내지통상은 계사년(1893), 해주에서는 임진년(1892)까지 확인할 수 있는데 계속하여 인삼제품 및 콩, 잡곡의 매수가 중심이었다. 개성에서는 홍콩을 겨냥한 백삼, 백미삼과 홍삼을 매입했고[29] 임진년에는 조선인 안필조로부터 삼포蔘圃(인삼밭) 3,000간間1)의 '일괄 구매合買'을 제안받았다. 담걸생은 이에 동의했고 이듬해에는 수확한 인삼을 몰래 서울로 옮겨 홍삼으로 가공하려 했지만 안필조와의 관계가 꼬여 성공하지 못했다.[30] 결과가 어떻든 담걸생이 개성으로부터의 홍삼 조달에 많은 관심을 가졌음을 알 수 있다. 이외에도 일본 수출용 대두[31]나 산동 수출을 위한 수수,[32] 상해, 홍콩 수출용의 밤[33] 등도 계속해서 매입하였다. 또한 해주에서도 콩 외에 일본 수출용 밀의

---

27 譚傑生 → 羅聘三(16號信), 庚寅 12月 21日, 同前.

28 譚傑生 → 羅聘三(13號信), 庚寅 12月 4日, 同前. 譚傑生 → 羅聘三(17號信), 庚寅 12月 24日, 同前. 이 건에 대해서는 주 93)도 참조.

29 담걸생의 파견직원에게 보낸 서간에 밀조 홍삼(사삼)을 가리키는 은어가 빈번하게 등장하는 것으로 보아 적발을 경계하면서도 적극적으로 관여하였음을 알 수 있다. 은어로서는 '소가죽(牛皮)', '사지(絲紙)' 등이 이용되었다. 예를 들어 '二〇頭張5四吊, 三〇頭張四五吊'이라고 하는 표현은 표면상으로는 소가죽의 가격을 나타내면서 실제로는 홍삼의 등급인 20지, 30지의 가격을 표시한 것으로 해석된다. 譚傑生 → 邵蘭甫(20號信), 癸巳 9月 9日, 『往復文書』 35.

30 譚傑生 → 邵蘭甫(8號信), 癸巳 6月 24日, 『往復文書』 35. 譚傑生 → 邵蘭甫(41號信), 癸巳 11月 28日, 『往復文書』 11.

31 譚傑生 → 邵蘭甫(49號信), 辛卯 11月 30日, 『往復文書』 34.

32 譚傑生 → 邵蘭甫(39號信), 辛卯 11月 10日, 『往復文書』 33.

33 譚傑生 → 邵蘭甫(60號信), 壬辰 9月 2日, 『往復文書』 35.

매입이나[34] 산동성 연대 수출용 수수, 조의 매입을 확인할 수 있다.[35]

한편 밭농사에 매우 적합한 조선 중서부 개성이나 해주와 달리 조선 남부의 벼농사 지대에 있는 전주에서는 쌀이 주로 매입되었다. 담걸생은 이미 경인년 9월, 광동이 흉작이라는 정보를 듣고 개성의 소송지를 잠시 전주에 보내 수출용 쌀을 사들이려 한 적이 있다.[36] 이는 실행에 옮겨지지 않았고 대신 하영걸何英傑이 파견됐지만 실패했다.[37]

〈표 7-2〉에서 알 수 있듯이 전주로 장기 파견이 이루어진 것은 계사년(1893) 5월로 그 전년에 개성과 해주에 파견되었던 하정생何梃生을 보냈다.[38] 전주는 전라도 북부의 약간 내륙에 위치하며 전주에서 서북쪽으로 약 20킬로미터 거리의 율포에도 점원 유시고劉時高가 체류하였다.[39] 율포는 만경강 좌안의 하항河港으로 유시고는 전주의 하정생과 연락하면서 쌀의 매입과 출하를 담당했다.

전주에서는 쌀 매입과 동시에 수입품 판매도 이루어졌다. 담걸생은 하정생을 파견한 초기부터 한성본호에 재고로 쌓여 있는 면직물 등을 전주에서 팔도록 지시했다.[40] 또한 상해의 동태호에게 전주는 부유한 곳이며 견직물이 잘 팔릴 것이라고 전하기도 했다.[41] 그해에는 동순태

---

34 譚傑生 → 何梃生(書簡), 壬辰 3月 10日, 『往復文書』 34.
35 譚傑生 → 羅聘三(5號信), 辛卯 2月 5日, 『往復文書』 33. 譚傑生 → 羅聘三(15號信), 辛卯 4月, 『往復文書』 34.
36 譚傑生 → 邵松芝(18號信), 庚寅 9月 23日, 『往復文書』 33.
37 譚傑生 → 邵松芝(27號信), 庚寅 1月 21日, 同前.
38 譚傑生 → 何梃生・劉時高(1號信), 癸巳 5月 23日, 『往復文書』 35.
39 譚傑生 → 劉時高(書簡), 癸巳 9月 24日, 同前. 율포는 현재의 전라북도 김제시 공덕면 동계리에 있다. 1925년부터 실시된 하천개수공사 이전에는 만경강변의 굴곡부에 면한 하항이었다. 하구에서 10킬로미터쯤 거슬러 올라간 곳에 있으며 예전에는 '바닷물이 밀려들어 배가 출입하였다'고 한다. 김제문화원(1991), 공덕면 부분, 21쪽.
40 주 38)과 같음.
41 譚傑生 → 梁綸卿(136號信), 癸巳 10月 23日, 『往復文書』 35.

〈표 7-3〉 한성본호와 전주 및 율포 간의 상품수송(계사년 12월~갑오년 3월)

① 전주 및 율포에서 한성본호로

발송일	선박명	출하 번호	화물 내용	출처(발신일)
계사(1893) 12월 22일	高仁善船	(불명)	쌀 110포, 대두 20포	갑오1.6
갑오(1894) 1월 6일	金萬善船	元幇	쌀 355석	1.6
20일	高萬西船	(불명)	박미(朴米) 270포, 당오전 1500적, 모피, 어두(魚肚)	1.17
21일	崔良祚船	(〃)	엽전 210조	1.20
22일	(불명)	(〃)	쌀 240포, 동전 300조	1.27
2월 6일	黃千甫	(〃)	박미 252석, 소가죽 24매, 어두 1포	2.7
(불명)	金洛連	四幇	박미 129포	2.24
(〃)	崔用凡	(불명)	쌀 100석 ※발송 예정	2.30
(〃)	金成表	(〃)	박미 28석, 소가죽 8매	3.7
3월 7일	崔順材	第五幇	박미 223포, 소가죽 8매	3.10
23일	梁正順	第七幇	쌀 141포	3.23
(불명)	鄭明信	第八幇	쌀 108포, 소가죽 30매	4.1
(〃)	崔良祚船	第九幇	쌀 151석, 엽전 300조	4.8
(〃)	崔景春船	第十幇	쌀 121석, 엽전 200조	4.8

② 한성본호에서 전주 및 율포로

발송일	선명	출하번호	화물 내용	출처(발신일)
계사(1893) 12월 23일	(불명)	七幇	견직물 등	갑오1.4
갑오(1894) 1월 24일	金萬善船	二幇	화물 60건(내용 품불명)	1.24
2월 25일	(육로)	(불명)	천청직지부사(天靑直地府紗) 37필, 남송연원고단(南松車連元車緞) 3필	2.25
(불명)	高萬西舡	(〃)	양포(洋布) ※도중에 돌아 옴	3.7
6일	(육로)	三幇	(불명)	2.6
3월 25일	崔良祚船	第六幇	주단 4상자, 양공능(洋貢綾) 2포, 양포 20포, 얇은 철판 1찰, 수은 2통, 3사백양라(3絲白洋羅) 12포, 천련지(川連紙) 1건	4.1

이외에도 많은 산동 상인들이 경기가 안 좋은 인천과 서울을 떠나 전주 쪽으로 내려갔다고 하니[42] 조선의 곡창지대인 이 지역이 서울과 맞먹는 수입품 소비지였음을 알 수 있다.

서울 및 인천과 전주 사이의 화물 왕래에는 조선 재래식 선박의 뱃길이 이용되었다. 갑오년(1894) 상반기의 상품수송에 관해서는 담걸생이 보낸 서간의 사본뿐만 아니라 전주와 율포에서 온 서신도 남아 있으며 거기에 발송품과 도착 물품이 상당히 상세하게 보고되어 있다. 이를 정리한 〈표 7-3〉에 따르면 계사년 12월부터 갑오년 3월까지 전주 및 율포에서의 발송이 14회, 도착이 5회였음을 확인할 수 있다. 전주 및 율포에서 발송된 상품 대부분은 현지에서 매입한 것으로 보이는 쌀이다. 일부 동전도 보이지만 서간에 따르면 이것은 쌀 매입 자금으로 준비한 것으로 쌀의 유통이 예상보다 적어 어쩔 수 없이 인천으로 돌려보낸 것이라고 한다.[43] 또한 한성본호에서 온 도착 물품에는 견직물 등 수입품이 많았음을 알 수 있다.

재래식 배에 실린 쌀은 일단 인천으로 보내졌고 거기에서 일본으로 수출되거나 ─ 동순태 스스로 수출하는 경우와 일본인들에게 전매되는 경우가 있었다 ─ 또는 그대로 한강을 거슬러 서울 남쪽의 마포까지 보내졌다. 어디에서 매각할지는 담걸생이 각 지역의 시세를 보고 결정하여 현지에 지시했다. 예를 들면 담걸생은 계사년 9월에 일본이 풍작일 것 같으니 서울에서 매각하는 것이 좋겠다며 배를 직접 마포까지 보내라고 현지 점원에게 지시했는데,[44] 11월이 되자 생각이 바뀌어 고베神戸

---

42 譚傑生→何梴生·劉時高(2號信), 癸巳 5月 27日, 同前.
43 何梴生→譚傑生(書簡), 甲午 1月 27日, 『同泰來信』4.
44 譚傑生→何梴生(書簡), 癸巳 9月 10日, 『往復文書』35.

에 수출하는 것이 최선이지만 선편을 예약할 수 없으므로 인천에서 매각할 방침이라고 전하였다.[45]

한편 갑오년에는 쌀 수출을 금지하는 이른바 방곡령이 전국적으로 시행되었고, 중국에서의 쌀 수입도 시작되어(제6장 제4절) 현지 점원들도 쌀값 동향을 우려 깊게 지켜보았지만[46] 영향이 어느 정도 있었는지는 알 수 없다. 어쨌든 이 무렵 전라도에서는 갑오농민전쟁이 본격화되어 4월 27일(양력 5월 31일)에는 전주도 농민군의 공격으로 인해 성이 열렸다. 당시 동순태도 수천 원어치의 상품을 소실했다고 한다.[47] 점원은 그대로 현지에 머물렀던 것 같은데 담걸생은 5월 초에 철수를 명하고 전주와 율포에 남아 있는 재고를 인천으로 옮기게 했다.[48] 사태는 그대로 청일전쟁으로 확대하여 이어졌고 동순태의 내지통상도 일단 끝났다.

이처럼 개성, 해주, 전주에 파견된 점원은 각각 현지 특산품을 사들였다. 앞 장의 제2절에서는 신묘년(1891) 해외 각 지역으로 나간 수출품을 검토했지만 그와 관련된 상품, 즉 인삼제품과 대두, 잡곡류는 모두 개성 및 해주에서 매입된 상품과 일치했다. 담걸생은 이들 상품 소비지에서의 시장 상황에 대해서 거래처로부터 적극적으로 정보를 입수하면서 현지에 매입을 지시하였다. 내지에서의 산동 상인은 만만치 않은 경쟁 상대였지만 담걸생은 해외에 '사통팔달'한 거래처를 가지는 것이 자신들의 강점이라고 자랑스러워했다.[49] 앞 장에서 살펴본 바와 같은 해외 거래처

---

45 譚傑生 → 何梴生·劉時高17號信, 癸巳 11月 3日, 同前.
46 羅明階 → 譚傑生(書簡), 甲午 3月 23日, 『同泰來信』 4.
47 譚傑生 → 淸胡(書簡), 乙未 8月 12日, 『往復文書』 31.
48 譚傑生 → 劉時高·羅明階(38號信), 甲午 5月 4日, 『往復文書』 18.
49 譚傑生 → 邵蘭甫(3號信), 癸巳 5月 22日, 『往復文書』 33.

의 네트워크가 내지통상에서의 판단에도 영향을 주었음을 알 수 있다.

그리고 시장에 대한 정보를 효과적으로 활용하기 위하여 내지에 파견한 점원과 밀접한 연락을 유지할 필요가 있었던 것은 물론이다. 담걸생이 개성에 보낸 편지를 월별로 보면 가장 많은 것은 신묘년(1891) 11월로 17건이 발신되었고 이어 경인년(1890) 10월과 임진년(1892) 7월에는 각각 16건이 발신됐다. 이 당시에는 이틀에 한 번 이상의 간격으로 서간이 오간 셈이 된다. 또한 전주와 서울 사이에서는 1888년 조선정부가 가설한 전신(남로전선南路電線)도 이용되었다.[50] 담걸생은 현지 점원에게 해외 각 지역의 정보가 얻어지는 대로 매입 내용을 지시할테니 마음대로 행동해서 어긋나지 않도록 주의를 주었다.[51] 즉 담걸생의 강력한 통제 아래 해외 시장의 상황에 즉각 대응하며 매입을 하려 했던 것으로 보인다.[52]

---

50 주 38)과 같음.

51 譚傑生 → 羅聘三(15號信), 庚寅1 2月 13日, 『往復文書』 33.

52 내지통상이 동순태의 회계상 어떻게 처리됐는지는 명확하지 않지만 1893년 담걸생이 전주의 하정생에게 보낸 서간이 단서가 된다(譚傑生 → 何梃生(7號信), 癸巳7月 9日, 『往復文書』 35). 이에 따르면 담걸생은 '분장(分庄)', 즉 파견 점원의 거점이 증가했기 때문에 각 회계를 모두 한성본호에 귀속시키면 어디가 더 많이 벌고, 어느 곳이 손해를 보는지를 알 수 없다고 하였다. 이것이 당시의 상황이었다고 생각할 수 있다. 이러한 상황 인식하에 담걸생은 전주에서 취급하는 수출입 물품의 회계를 다음과 같이 처리하라고 명했다. 수입품에 대해서는 전주가 한성본호로부터 구입한 것으로 보고 현지의 매각 이익을 전주에 귀속시키는 한편, 수출품에 대해서는 전주가 한성본호에게 판 것으로 해서 해외 매각 이익은 한성본호에 귀속시킨다는 것이다. 현대의 본점과 지점 간의 거래에 가까운 생각을 바탕으로 손익이 어디에서 생겼는지를 투명하게 하려고 했다고 보인다. 하지만 본문에서 살펴본 바와 같이 내지통상에서의 담걸생의 강력한 리더십을 생각하면 내지에서의 점원활동이 한성본호 활동의 일부였음은 명백하며 1890년 이후의 인천분호처럼 경영상 분리된 것은 아니었을 것이다.

2. 수출품 매입과 경영상의 의의

1) 동순태의 경영구조와 수출의 필요성

담걸생이 황해도 해주의 나빙삼에게 보낸 서간에서 내지통상은 '윤경형綸卿兄'의 '생각主意'이 아니고 친형 '청호晴湖'의 '생각'도 아니니 문제를 일으키지 않도록 세심한 주의를 기울여 달라고 요구하였다.[53] 즉 내지통상은 출자자인 양윤경도 형인 담청호도 신중하게 생각했던 것을 담걸생이 밀어붙여 시작한 것이었다. 내지통상이 경인년에 시작된 것 자체가 그해 담청호가 속한 인천분호가 한성본호에서 분리된 것과 관련이 있을 수 있다. 그만큼 내지통상은 위험부담이 높은 사업이라고 여겨졌으며 이를 밀어붙여서 실행에 옮긴 담걸생에게는 강한 동기가 있었을 것이다.

이 절에서는 동순태의 내지통상의 배경에 대해서 경영 전체에 가지는 의의나 역할의 관점에서 생각해 보고자 한다. 장부나 결산서와 같은 사료가 발견되지 않은 현 상황에서는 이 문제에 대한 단서는 한정적이지만 다행히 신묘년(1891)의 '총결總結', 즉 결산 결과에 대하여 담걸생이 양윤경에게 보고한 서간이 남아 있다. 그것을 정리한 〈표 7-4〉를 바탕으로[54] 당시의 동순태의 경영구조와 담걸생이 무엇을 문제라고 생각하

---

53 譚傑生 → 羅聘三(18號信), 庚寅 12月 25日, 『往復文書』33.
54 〈표 7-4〉의 근거자료에 대해서 본문과 관련된 부분도 포함해서 번역하면 다음과 같다. '지난해 결산에 대해서 처음 대략 계산 했을 때는 2, 3천 량의 이익이 있을 것으로 생각했는데, 지금 수치를 확인하니 상해에 대한 이자가 많은 것도 있고 하여 이익은 1천 량 남짓에 불과했다. 틈을 보아 결산서를 송부하겠다. 지난해 수입은 8만 량 남짓이고 총서와 상해에 대한 이자가 5770량, 급여와 수출입 화물의 사리연(四釐捐)이 약 2천 냥이고 설날부터 9월까지 환전 가치가 급락하면서 6, 7천 량의 손실을 보았다. 합산하면 이익이 1만 4천 량 남짓이 되어 처음으로 손실을 상회했다. 수입품에 대해서는 겨우 1할2푼의 이익에 불과하고 다행히 수출에서 45천

였는지를 검토하겠다.

담걸생은 이 서간에서 무역업에 의한 손익과 그 이외의 경비, 손실을 나누고 양자를 공제하는 형태로 전체의 손익을 설명하였다. 무역업을 살펴보면 수입에서 1만 1천 량兩(상해량)의 이익, 수출에서 4천~5천 량의 이익이 있어(모두 매도 가격에서 매입가를 뺀 매출총이익粗利으로 보임), 합하면 1만 5천~6천 량의 이익을 얻을 수 있었다. 이와 비교해 무역업 이외의 항목에서는 동태호와 총서總署(원세개袁世凱)에게 지급하는 이자, 점원 급여, 제반 비용과 공과公課(사리연四釐捐=무역액에 따라 총서에게 납부하는 납부금), 동전 하락으로 인한 손실이 열거되어 있고 이들의 합계는 1만 3,770~1만 4,770 량이었다. 이것을 무역업에 의한 이익으로부터 공제한 이익은 약 1천 량이었다.

담걸생은 결산 전에는 적어도 2천~3천 량의 이익을 얻을 것으로 추

량의 이익이 나서 보충할 수 있었는데, 만일 그것이 아니면 3천 량 남짓의 손실이 났다. 생각건대 현재 수입품의 이익이 떨어지고 수출에 뛰어드는 사람이 많아 장사는 점점 어려워지고 있다. 그래서 올해는 보수적인 방침을 택하여 재고를 팔아 이자 부담을 줄이는 것이 급선무이다(去年總結, 初時約略核寸似有四二千兩之利, 現時核實數目, 且耗申息之多, 亦不過賺利千餘兩耳, 俟有暇時, 將年結札實付上呈鑒可也, 計昨年來貨捌万餘兩, 耗總署及申息5.77千兩, 俸金費用進出貨四釐捐約武千兩, 況錢價自正月至九月, 俱要大虧, 亦去六8千兩, 總要獲利1万四千餘兩, 方夠盤繳, 計進口貨難得分餘貳分錢之利, 幸得出口貨獲利四五千, 籍此幫補, 否則要虧賠參千餘兩也, 計現時做進口貨利薄, 出口貨亦多人沽手, 諒生意漸〉難做, 所以今年立意收束, 沽輕底貨, 免虛耗重息, 爲急務也).' 譚以時(傑生) → 梁綸卿(書簡), 日時不明, 『往復文書』34. 전후의 서간(譚傑生 → 梁綸卿(76號信/77號信))으로 보아 임진년 2월 발신으로 추측된다. 위의 사료는 다음과 같이 해석할 수 있다. '총서와 상해에 대한 이자 5770량' 이하 세 항목은 주업인 무역업과 직접 관련이 없는 경비, 손실일 것이다. 이들을 합하면 1만 3770~1만 4770량으로 '이익이 1만 4천 량 남짓이 되어 처음으로 손실을 넘어섰다'라는 말은 주업인 무역에서 그만큼의 이익을 내 비로소 전체 손익이 '플러스(+)'가 된다는 뜻으로 해석할 수 있다. 단 수출에 45천 량의 이익을 내었고 만일 그것이 없었다면(즉 수입만으로는) 전체적으로 3천 량의 손실이었다고 하니 수입의 총이익은(1만 4천 량에서 3천 량을 뺀) 1만 1천 량이 되는 셈이다. 수입 원가는 8만 량 가량이라고 하니까 이익률은 13%가 되어 사료 중 '겨우 1할2푼의 이익'이라는 부분과도 일치한다. 또한 신묘년의 수입이 8만 량이라는 것은 앞 장의 검토 내용(동태호에서만 9만 량을 넘는 수입)과 일치하지 않아 재고품의 계상 방법 등 어떠한 형태로든 조작이 있었다고 보이지만 불분명하다.

<표 7-4> 한성본호의 손익(신묘년(1891))

(상해량)

무역업에 의한 이익	
수입에 의한 이익	11,000량(A)
수출에 의한 이익	4,000~5,000량(B)
무역업 이외의 경비, 손실	
동태호와 총서에 대한 이자 지급	5,770량
점원 급여 등, 사리연(四釐捐)	2,000량
환율하락에 의한 손실	6,000~7,000량
(이상의 합계)	13,770~14,770량 (C)
전체 손익(A+B-C)	1,000량

출처 譚傑生 → 梁綸卿(書簡), 辛卯 2月(?), 『同順泰往復文書』 第34卷. 자세한 설명은 본문 주 54).

측했으며 이것도 예년보다는 적다고 생각했기 때문에 이익이 1천 냥에
그친 것은 뜻밖의 결과였다.[55] 앞 장에서 검토한 해외 거래처와의 거래
규모 ─ 예를 들면 신묘년 동태호로부터의 수입 9만 2천 량 정도 ─ 와
비교해도 최종 이익은 의외로 적었다고 할 수 있다.[56]

이익이 적었던 이유 중 담걸생이 가장 심각하게 생각한 것은 수입품
의 이익 축소였다. 담걸생에 의하면 신묘년의 '수입품은 겨우 1할 2푼의
이익을 냈을 뿐이며 다행히 수출로 4천~5천 량의 이익이 나서 보충할
수 있었지만 만약 그것이 없었다면 [전체적으로] 3천 량 남짓의 손실이

55 譚傑生 → 梁綸卿(書簡), 發信日不詳, 『往復文書』 34. 날짜가 빠졌지만 임진 1월 19일 자 원호
(元號) 서신 바로 앞에 묶여 있다

56 다른 해 결산 결과에 대한 사료는 적지만 전년도인 경인년(1890) 한성본호의 결산에 대해서
는 8천 량 정도의 이익이 났을 것이라는 담걸생의 편지가 있다. 이와 비교하면 확실히 신묘년
은 심각하게 부진했다고 말할 수 있다. 또한 같은 사료에서 '양포필두(洋布疋頭)'는 손실이
지만 견직물, 마포, 동연(銅鉛)은 이익이 났다고 하므로 면직물 수입의 부진을 확인할 수 있다.
譚傑生 → 羅柱臣(47號信), 辛卯 1月 18日, 『往復文書』 33.

났다'고 한다.[57] 담걸생이 통화 환경이나 다른 화상과의 경합을 통해 특히 면직물 수입을 비관적으로 전망한 것은 앞 장에서 살펴본 대로이지만 견직물을 포함하여 다른 상품에서도 반드시 이익이 많이 나지는 않았던 모양이다. 상해로부터의 수입을 중심으로 활동했던 동순태에게 이것은 지극히 심각한 사태였다. 그리고 수입 이익의 감소를 보충한 것이 수출이었으며 수출상품은 내지통상에 의해서 조달된 것이었다. 이것이 동순태의 경영이라는 관점에서 본 내지통상의 첫 번째 의의라고 할 수 있을 것이다.

그런데 담걸생은 신묘년의 이익이 적었던 이유로 수입으로 발생하는 이익이 적음과 함께 이자 지급의 부담도 지적하였다.[58] 〈표 7-4〉에서 알 수 있듯이 신묘년의 경우 동태호에게 지급한 이자와 총서(원세개)에게 지급한 이자가 합쳐서 6천 량 가까이 되었다.

동태호에게 지급한 이자는 상호정산한 대차잔액에 월 1.2%씩 부과된 것으로, 앞 장에서 검토한 신묘년의 대차계산서에 '왕래식往來息' 4762.9량이라고 되어 있는 것을 가리킨다고 봐도 좋다. 이 금액이 동순태에게 부담이 된 것도 이미 지적했지만 〈표 7-4〉의 수출입 이익과 대비해 보면 경영상 무시할 수 없는 규모였음을 다시금 확인할 수 있다. 그리고 동순태는 원세개의 의뢰를 받아 청조의 공금을 보관하였고 임진년(1892) 여름에는 그 금액이 1만 4천 량에 이르렀다.[59] 이는 동순태에

---

57 주 54)의 인용 사료의 일부.
58 주 54)의 인용 사료의 일부. 총서와 동태호에 대한 이자가 경영을 압박했던 것은 1890년 담걸생의 서간에도 나타나 만성적인 문제였던 것으로 보인다. 譚傑生 → 梁綸卿(書簡), 辛卯 12月 10日, 『往復文書』 34.
59 이 책 제5장의 주 49)참조.

게도 자금 융통상 이점이 없었던 것은 아니지만[60] 예치금액에 대해서 일정한 이자를 지급해야 했기 때문에 주업인 무역의 이익이 감소하는 상황에서는 동태호에게 지급하는 이자와 마찬가지로 적지 않은 부담으로 느껴졌다.[61]

동순태가 일본과 중국 각 지역에 수출한 상품의 매출이 최종적으로 동태호가 동순태에게 빌려준 금액과 상쇄된 것은 앞 장에서 설명하였다. 동순태에게 수출 확대는 앞에서 언급한 것과 같이 그 자체의 수익에 대한 기대와 함께 동태호에게 지급하는 이자를 줄인다는 의미에서도 실현할 필요가 있었으며 내지통상도 이러한 의도에서 진행되었음은 담걸생의 다음 서간에서 엿볼 수 있다.

귀하가 주재하는 개성에서의 활동은 원래 수출품 조달에 중점을 두고 있다. 토산품은 중국시장에 적합한지를 불문하고 견본을 보내 주고 가격이 얼마인지도 함께 적어 판매처를 찾기 위해 보낼 수 있도록 해주기 바란다. 만약 잘 팔리면 매입 수출품을 하나 더 늘릴 수 있다. 많은 이익을 올릴 수 있다면 물론 좋겠지만 그렇지 않더라도 [수입품의] 대금을 되돌려 보낼 필요가 있다. 생각건대 올해 우리 점포는 지난해보다 더 많이 수입해서 상해로 보낼 자금을 마련하는 데 애를 먹고 있다. 금은은 유통이 많이 되지 않기

---

60 1892년에는 수출화물 구입 때문에 총서(원세개)로부터의 예치금 중 3천 량을 유용하였다. 譚傑生 → 梁綸卿(105號信), 壬辰 10월 15일, 『往復文書』 35. 또한 총서가 갑자기 예치금 인출을 청구하였는데 이에 응하지 못하여 동태호에게 은을 보내달라고 의뢰한 사례가 있어 어떠한 형태든 예치금을 운영한 방증이 된다. 譚傑生 → 羅柱臣(54號信), 辛卯 4월 5일, 『往復文書』 34.
61 1892년 5월 말 예치금은 8천 량으로 이자는 7리였다고 한다. 이에 대해서 담걸생은 서울에서의 장사가 부진해서 매달 이자 수백 량도 못 벌고 있다고 한탄하였다. 譚傑生 → 梁綸卿(83號信), 壬辰 5월 6일, 『往復文書』 34.

때문에 급등해서 [한 글자 불명] 손실이 거액에 이르고 있다. 그래서 수출품
으로 보충해야 한다. 양해해 주기를 바란다.[62]

위 서간으로부터 담걸생이 수출을 상해로의 자금 회송回送의 수단으
로 생각했고 그러한 의미에서 금은괴의 현송現送과 대체할 수 있는 수단
이라 여겼음을 알 수 있다. 또한 담걸생이 새로운 수출품 개척에 적극
적이었던 점도 흥미롭다. 앞 절에서 든 예로는 백삼이 이에 해당하는데
애초부터 대중 수출품으로 제조된 홍삼과 달리, 백삼은 원래 조선 국내
용 상품이었다. 담걸생은 광주의 거래처에 백삼을 보낼 때 '홍삼과 같은
물건이며 자양 효과 또한 동일하다'는 점을 강조하며 판로 확대를 의뢰
했다.[63] 이처럼 수출 확대는 담걸생에게 중요한 과제이며 그만큼 내지
통상에 대한 기대도 컸던 것이다.

2) 동전 하락에 대한 대응

한편 내지통상을 통한 상품매입에는 반드시 수출과는 직접적으로 관
련이 없는 동기도 존재했다. 아래에 인용하는 사료는 내지통상이 개시된
경인년(1890) 말, 담걸생이 개성의 소송지에게 보낸 서간의 일부이다.

수수와 조의 가격이 2, 3적(吊) 혹은 그보다 더 싸다면 모두 매입하기 바

---

62 "所駐松都之庄, 原是作出口貨爲用神, 祈看有土産, 無論合中國銷場與否, 將小樣付來, 及列明
價值若干, 以得轉付去探市, 如果合銷, 亦多一宗出口貨作辦, 如得厚利更佳, 否則作付銀回頭亦
要爲之, 計今年本號做進口貨, 比上年更多, 苦于艱難求款回申, 因金銀疎少□貴, 虧眂頗巨, 故
要由出口貨幇力, 祈知之." 譚傑生 → 邵蘭甫(15號信), 辛卯 6月 22日, 『往復文書』 34.
63 譚傑生 → 五泉(永安堂)(書簡), 庚寅 11月 2日, 『往復文書』 33. 이 책 제6장 주 51) 참조.

란다. 아니면 이전 가격으로 200~300포를 사들여서 인천으로 보내라. (⋯중략⋯) 이 상품의 이익은 크지는 않지만 금은이 폭등하여 구입이 어려우니까 동전을 사용해 버리고 싶다. 만약 따로 수배할 수 있는 상품이 있거나 혹은 해주에서 대두를 손에 넣을 수 있다면 이 물건 말고라도 상관없다.[64]

금은을 대신해 수출용 상품을 사들이려는 점은 앞의 사료와 같지만[65] 여기에서는 수출 그 자체보다 보유하고 있는 동전 처분에 포인트가 있는 것처럼 보인다. 담걸생의 이러한 생각은 신묘년(1891) 3월에 해주로 보낸 서간에서도 드러난다.

올해는 수입이 많은데 사금이나 지폐 상승을 생각하면 동전의 재고가 증가할 것이 염려된다. 수출품을 사들이면 동전을 소비하는 데 도움이 되므로 큰 이익을 보지 않더라도 그렇게 했으면 한다. (⋯중략⋯) [해주에서는] 수입품 취급도 순조롭지 않고 잘 팔리지도 않는다. 서울의 돈을 많이 소비하는 것이 아니므로 수입품을 취급하는 것은 좋지 않다.[66]

이 사료로부터 내지통상의 목적 중 하나가 동전 소비에 있었던 것이 확인됨과 동시에 ─ 수입품 판매가 적극적으로 이루어지지 않았던 것

---

64 "高粱粟如價2.3吊, 或再相宜更佳, 祈盡掃之, 否則照前盤之價, 亦買2~300包, 赶付出仁川, (⋯中略⋯) 計此貨非係有厚利, 不過因金銀騰貴難買, 欲銷化此銅錢, 如有別款貨作口, 及海州有豆作辦, 則不□此貨矣, 祈會意是荷." 譚傑生 → 邵松芝(27號信), 庚寅 10月 21日, 『往復文書』 33.

65 주62) 참조.

66 "因今年大做進口貨, 防金砂札金貴, 慮及多積存銅錢, 有出口貨作辦, 似幫力銷銅錢之路, 非係專靠厚利, 乃作之, (⋯中略⋯) 海州乃是過往之區, 非係得辦, 所以做進口貨亦似進身, 不能行開, 大不銷行漢城之錢, 故不宜做進口之貨." 譚傑生 → 羅聘三(5號信), 辛卯 2月 5日, 『往復文書』 33.

도 그 때문일 것이다 ─ 수입 증가에 따라 동전이 한성본호에 쌓여 있었음을 알 수 있다. 동전은 조선인으로부터 받은 수입품 대금이었는데 상해로 보내기 위해서는 다른 형태로 바꿀 필요가 있었다. 선택지 중 하나가 수출품 구매였고 특히 '금은이 폭등하거나', '사금이나 지폐가 상승할' 때에는 이쪽이 유리하다고 판단했을 것이다.

그런데 '금은 폭등'이 일시적인 현상이라고 예측할 수 있다면 동전을 그대로 서울에서 가지고 있다가 시기를 기다리는 것이 가능했을지도 모른다. 하지만 점차 그렇게 기대할 수 없게 되었다. 그 원인은 금은의 수요 자체라기보다 동전쪽에 있었다. 담걸생은 임진년(1892) 8월 양윤경에게 보내는 서간에서 다음과 같이 설명한다.

각종 견직물 올해 (…중략…) 매상은 평균하면 매입 가격 이하로 떨어질 것입니다. (…중략…) 이전에는 9~10월에 동전 수요가 매우 많아[시세가] 급등할 것으로 예상할 수 있었기 때문에 7~8월에 싸게 재고 화물을 매각하고 비록 매입 가격 이하로 떨어졌다고 해도 기한 대로 돈을 받고 동전 시세의 상승을 기다리면 그 이익으로 손해를 메울 수 있었습니다. 지금은 평양에서 주조된 조악한 동전이 서울로 들어와 당오전(當五錢)에 섞여 끊임없이 유통되고 있습니다. 이 상황을 보면 [동전은] 크게 하락은 해도 상승하지 않을 것입니다. 사실 손해를 피할 방법은 없습니다. 작은 이익[으로 참는 것]이 오래 계속 가는 상책일 것입니다. 혹은 내지에 들어가 토산품을 주의 깊게 살펴[서 조달하는 것이 미미하지만 도움이 될 것입니다.[67]

---

67 "各款綢緞, (…中略…) 今年所沽, 扯計不能保本, (…中略…) 以往年而論, 九十月銅錢去路頗多, 望有漲機, 故七九月按低價沽底貨, 雖是虧眂, 而到期收錢, 遇錢価升, 截長可以補短, 今平壤所之

사료의 전반부에서 말하는 것처럼 동전 수요는 원래 계절에 따라 주기가 있었다고 보인다. 농촌에서 곡식을 구매할 때는 대량의 동전이 필요하므로 동전 가치도 곡물 출하기에 가장 높아졌을 것으로 추측되며, 반대로 곡물거래가 한산한 시기인 여름에는 동전 가치도 하락했을 것이다. 이렇게 예상했다면 동순태도 서둘러 동전을 처분할 필요는 없다. 시세 상황에 따라서는 오히려 이익이 되는 일도 있었을 것이다.

그러나 동전의 남발은 이러한 자연스러운 주기를 무색하게 할 정도로 가치를 하락시켰다. 앞 장의 제3절 4항에서 언급한 것처럼 이 시기 서울과 인천 주변에서는 1883년부터 주조가 시작된 당오전이라고 불리는 동전이 유통되고 있었다. 이름처럼 5문文의 액면을 가졌음에도 동전 가치로는 기존의 1문전文錢(상평통보)의 두 배에도 미치지 못한 당오전은 발행 직후부터 시중에서는 1문전 정도로밖에 받아들여지지 않았다. 하지만 1888년경까지는 발행이 제한되어 나름 안정적인 가치로 유통되었던 것 같다. 그러나 1888년부터 품질이 조악한 동전이 늘어나고 일정한 세금을 상납한 민간인에게 개별 주조를 인정하면서 급속하게 가치가 떨어지기 시작했다. 제5장에서 언급한 것처럼 1889년에는 일시적으로 주조를 정지하는 등의 조치도 취해졌지만 근본적인 대책은 세울 수가 없었다.[68]

〈그림 7-1〉에 나타낸 인천의 '한전韓錢 시세'(이 경우는 당오전과 일본엔의 비가比價)를 보면 1890년에 들어 당오전의 가치가 거의 수직으로 하락한

小錢, 運來漢城, 作當五通用, 源ゝ不絶, 看此情形, 料有大跌, 而無大漲, 實無法以避其害, 總是亦收小乃上策以圖久遠, 或入內地, 留心于土貨, 則有些可靠耳." 譚傑生 → 梁綸卿(100號信), 壬辰 8月 26日, 『往復文書』35.
68 오두환(1991), 72~75쪽. 또 이 책 제6장의 주 98).

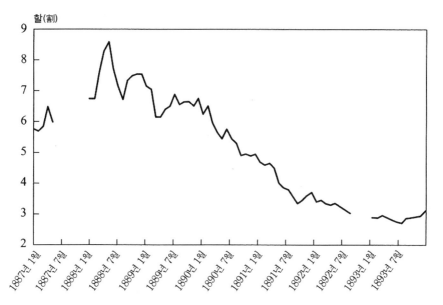

할(割)

〈그림 7-1〉 인천 한전(韓錢) 시세의 추이 (매월 평균)(1887~1893)
주 '할(割)'은 개항장 일본인이 '한전 시세', 즉 조선 동전과 일본엔의 가치를 비교하여 계산할 때 이용한 단위로, 동전
1,000문(인천에서 유통했던 당오전으로는 200장)을 일본엔으로 표시한 시세를 말한다. 예를 들어 10할이면 1,000문=1엔,
5할이면 1,000문=50전이고 시세가 낮아질수록 동전 약세가 된다.
출처 1887~1892년은『仁川府史』, 1933, 1221~1222쪽. 1893년은「明治二十六年中仁川港商況年報」,『通商彙纂』,
第7號附錄, 1894, 116쪽. 매월 평균 시세이며, 같은 달 하나 이상의 수치가 있는 경우는 단순 평균하여 계상했다. 표는
波形昭一(1985)의 図1-1을 참조하여 다시 계산했다.

것을 알 수 있다. 위 사료에서도 언급하였지만 같은 해 평양에 설치된 전
환국典圜局 분소가 기존의 것보다 더 조악한 당오전을 주조하기 시작하면
서 가치 하락에 박차가 가해졌다. 일반 당오전과 구별해서 '평양전'이라
불렸던 이것은 청동이 아닌 놋쇠로 대량의 모래를 포함하였다고 한다.[69]
그리고 이러한 상황에서 동전을 계속 보유하면 상해량=은화로 최
종 결산을 하던 동순태에게는 그만큼 손실이 생겼다. 실제로 〈표 7-4〉

---

69 오두환(1991), 75~76쪽.

에서는 동전 하락에 따른 연간 손실이 6천~7천 량에 이르렀다고 되어 있다. 담걸생으로서는 보유 중인 동전을 가능한 빨리 상품이나 다른 통화로 교환하고 싶었을 것이며 내지에서의 상품 구입은 그러한 방법의 하나로서 의미를 지녔다고 보아도 좋을 것이다.

3. 조선의 재래 상업체제와 내지통상

1) 현지 거래와 조선인 객주의 이용

내지에 파견된 동순태의 점원은 어떠한 형태로 현지에서 체류했을 까. 〈표 7-2〉를 통해 개성에 파견된 점원이 연말마다 일단 활동을 멈추고 이듬해 여름부터 활동을 재개하는 주기를 반복했음을 알 수 있다. 개성을 비롯한 각 지역에 파견된 점원은 현지에 독립 점포를 마련하지 않고 조선인 상인들의 점포에 머물며 활동했던 것 같다. 경인년(1890) 개성에 파견된 소송지는 개성 도착 초기에 손윤교라는 상인의 가게에 체류했고[70] 같은 해에 윤동삼에게로 옮겼다.[71] 신묘년(1891)에는 유경량,[72] 임진년에는 안필주의 점포가 숙소로 알려져 있다.[73] 또 해주에서는 고능전,[74] 전주에서는 한송방을 이용했다.[75]

담걸생의 서간에서는 이렇게 체류하는 곳의 조선인 상인을 '손윤교

---

70 譚傑生 → 邵松芝(24號信), 庚寅 10月 12日, 『往復文書』 33.
71 譚傑生 → 羅聘三(4號信), 庚寅 10月 29日, 同前.
72 譚傑生 → 邵蘭甫(10號信), 辛卯 6月 4日, 『往復文書』 34.
73 譚傑生 → 邵蘭甫(14號信), 壬辰 6月 16日, 同前.
74 譚傑生 → 羅聘三(12號信), 辛卯 4月 1日, 同前.
75 譚傑生 → 何梃生・劉時高(3號信), 癸巳 6月 14日, 『往復文書』 35.

잔^棧', '윤동삼 잔' 등으로 표현한다. 담걸생이 한성본호를 만들면서 체류했던 손윤필과 현성일의 가게를 '잔'이라 불렀고 이것이 조선의 전통적인 상인 중 하나인 '객주'를 가리킨다는 것은 이미 제5장에서 살펴본 바와 같다. 객주는 교통의 요충지에 점포를 갖추고 매매를 알선, 중개함과 동시에 이용자에게 숙식을 제공하고 화물 보관, 금융 등 여러 가지 서비스를 제공하는 사람이었다. 내지에서 동순태 점원들이 체류한 '잔'도 그러한 객주였다고 봐도 좋겠다.

동순태가 내지에 점포를 마련하지 않았던 직접적인 이유는 조중상민수륙무역장정이 화상의 내지 정착을 불허했기 때문이었다. 임진년(1892)에 개성의 소란포邵蘭圃는 현지에 점포를 마련할 것을 담걸생에게 건의했지만 담걸생은 이를 받아들이지 않았다. 미개항지인 개성에서는 '탑잔搭棧', 즉 객주에 머무는 것은 가능하지만 건물을 스스로 소유할 수 없다는 것이 그 이유였다.[76] 그러나 동순태가 객주를 이용한 것은 이러한 소극적인 이유 때문만은 아니었다. 이 점을 현지에서의 거래 방법을 통해 확인해 보자.

앞에서 언급한 바와 같이 객주는 단순한 숙박업자가 아니라 거래를 중개하는 상인이었다. 그리고 동순태의 점원도 기본적으로는 체류지의 객주에게 매매를 위탁했다고 볼 수 있다. 개성의 손윤교, 윤동삼이 어떠한 조건으로 거래를 중개했는지에 대하여 담걸생은 다음과 같이 설명한다.

---

[76] 譚傑生 → 邵蘭甫·何梴生(65號信), 壬辰 9月 18日, 同前.

지금 소송지가 개성에서 손윤교 '잔에 머물고 있다. 이 잔주(棧主)는 욕심이 많다. 수입품에 대하여 서양 면포, 중국 면포, 견직물은 모두 수수료의 2%를 받고 회표(滙票, 송금어음)에 대해서는 10적마다 수수료 100문을 받는다. 매입의 경우, 곡식은 수수료 3%, 밤이나 기타 상품은 2%를 받는다. (…중략…) [소송지는 윤동삼'잔으로 옮길 계획이며 수수료는 이미 이야기가 끝났다. 서양 면포와 각종 면포는 수수료 1%, 견직물과 약재는 1.5%, 쌀, 대두, 기타 곡식은 1%, 그 외 피혁 등도 1.5%이다. 공정한 수수료라고 말할 수 있다.[77]

이것을 보면 손윤교, 윤동삼 모두 수수료율의 차이가 있기는 하지만 수출품, 수입품 양쪽에서 수수료를 받고 중개하였음을 알 수 있다.

서울의 손윤필, 현성일은 담걸생 일행의 숙박비를 면제하는 대신 모든 상품을 자신들의 중개하에 거래한다는 조건을 달았다.[78] 지방 객주도 마찬가지였는지는 확인할 수 없다.[79] 그러나 가령 계약상 조건이 없었다고 해도 객주를 통해 거래하는 이점은 동순태 측에도 있었다. 이는 담걸생이 전주에 파견 중인 하정생에게 보낸 서간에서 엿볼 수 있다.

---

77 "今松芝在松都, 住孫允敎棧, 此棧主亦利心太重, 進口各貨, 無論洋布正頭綢緞等, 皆扣佣二分, 滙票每十吊加佣壹百文, 辦糧食扣佣三分, 栗子及各樣什貨扣佣貳分, (…中略…) 今欲入尹董三之棧, 佣錢已經說安, 洋布及各款正頭類, 計佣一分, 綢緞什貨藥材1.5分, 米豆各款糧食春分, 其餘皮革什貨, 亦寸一.5分, 似係公道取佣." 譚傑生 → 羅聘三(4號信), 庚寅 10月 29日, 『往復文書』 33.
78 이 책 제5장의 주 83) 참조.
79 객주 이외의 인물에게 전대금을 주고 상품매입을 의뢰한 사례도 있지만 그것이 객주를 거치지 않은 거래인지 아닌지는 알 수 없다. 예를 들어 개성에서는 김응권, 우동권, 이배옥에게 대금을 빌려주고 백삼 구입을 의뢰하였다. 譚傑生 → 邵蘭甫(8號信), 壬辰 6月 1日, 『往復文書』 34. 譚傑生 → 邵蘭甫(79號信), 壬辰 11月 10日, 『往復文書』 35.

본호는 전주에서 잔에 머물며 거래하는데 상품 매각 때도 전대에 의한 매입 때도 객주가 수수료를 받는 이상 거래를 보장해 줘야 한다. 상대방이 도산하고 도망치는 일이 생기면 잔주들이 배상해야 한다. 이전에 본호가 인천에서 독립해 서울로 오게 되어 '손 잔(孫棧)'에 머물 때도 비슷한 방식을 택했다. 만약 거래를 보장하지 않는다면 손님을 방 두세 칸의 초가집(茅屋)에 머물게 하고 비싼 수수료를 받는 것은 '공적도 없으면서 녹을 얻겠다'는 것으로 도리에 맞지 않는다. 하물며 귀하는 처음 가게 된 지방에서 사람도 땅도 익숙하지 않은데 어떻게 현지인의 우열, 빈부를 판별할 수 있겠는가.[80]

서울의 '손 잔'은 말할 것도 없이 손윤필을 가리킨다. 제5장에서 언급했듯이 동순태와 손윤필의 계약에서는 만약 중개한 거래가 이루어지지 않을 경우, 손윤필이 손해를 보상하게 되어 있었다. 이러한 보증 기능은 많은 객주가 제공했던 것으로 보이며[81] 담걸생도 이를 중시했음을 알 수 있다. 담걸생에게 객주의 중개수수료는 결코 싼 것은 아니었으며 객주 이용을 중지하는 것도 고려하고 있었다. 거래 상대를 알선하는 것이라면 객주 이외에도 중간 상인은 존재했기 때문이다.[82] 그렇지만 결

---

80 "本號到全州入棧做賣買, 無論沽貨及放賬, 本然棧主食佣錢, 須要担保賬項, 遇有客倒盤逃走之事, 應歸棧主賠償, 前者本號由仁二分庄來漢搭孫棧, 亦是一樣規式也, 如不保账, 則年中住他兩三間草房, 去大筆佣錢, 無功而受祿, 似無此理, 況閣下初到, 人地兩生, 何知土人之優劣貧富." 譚傑生 → 何梃生・劉時高(17號信), 癸巳 11月 3日, 『往復文書』 35.

81 박원선(1968), 47~50쪽.

82 개성에서의 손윤교의 수수료에 불만을 가진 담걸생은 소란포를 '마방(馬房)'으로 옮기는 것을 검토했다. 譚傑生 → 邵蘭甫(30號信), 庚寅 10月 26日, 『往復文書』 33. 마방은 행상인에게 숙식을 제공하는 동시에 거래를 알선하는 곳이었다. 최성기(1989); 유승렬(1996), 44쪽. 다만, 주77)의 사료에 나타난 객주 수수료가 평균보다 높은 것이라고 보이지는 않는다. 나애자(1991)가 수집한 사례에 따르면 1895년경 충청도에서 객주에 의한 쌀 매입 수수료(구문(口文))은 3.5~5%였다(209쪽). 세금 기타 비용을 포함하는 것인지 등의 문제가 있어 단순히 비교하는 것은 어렵지만 참고로 적어둔다.

국은 객주를 사용하지 않을 수 없었던 것은 거래처에 대한 정보를 거의 얻을 수 없는 내지에서 어떠한 형태로든 보증 없이 거래하는 것의 위험을 감수할 수 없었기 때문이다.[83]

그런데 동순태는 거래 중개 외에도 객주가 제공하는 서비스에 의지하는 경우가 있었다. 통신, 즉 서간 송달이 그중 하나다. 제1절에서 살펴본 것처럼 담걸생은 내지에서의 점원 활동을 관리하고 해외 시장의 변화에 따라 매입을 하려고 했다. 이를 위해서는 서울과 현지 간에 밀접한 정보 교환이 필요했으며 실제로 상당한 빈도로 서간이 왕래했음은 이미 확인한 대로다. 그러나 당시 조선에서는 서울과 개항장이라면 해관 우편이나 외국 우체국 등을 이용할 수 있었지만 국내 도시 사이에 공적인 우편서비스는 아직 없었다.

담걸생이 내지 점원에게 보낸 편지를 보면 첫 번째 줄에 발송방법이 적혀 있다. 경인년(1890)에 개성 점원 앞으로 보낸 36건을 정리한 〈표 7-5〉를 보면 그중 24건이 '김덕수 잔金德修棧'에게 맡겨 보내졌음을 확인할 수 있다. 김덕수에 대해서는 확실치 않지만 '잔'이라고 적혀 있는 것으로 봐서 객주로 추측되며 서울 객주 중 개성과 관계가 깊었던 사람이 아니었을까 싶다. 또한 같은 해 해주로 보낸 19건 중 8건은 '최봉식 잔'에 맡겨서 발송했다. 최봉식은 담걸생의 의뢰로 해주에서 밀을 매입한 바 있으며[84] 해주와 서울 사이의 송금업에도 종사하는 등[85] 해주와 관계가 깊

---

83 다만 객주 자체가 믿을 만한지도 문제였다. 예를 들면 담걸생은 소송지에게 다음과 같이 전하며 경계하도록 했다. '조선인의 장사 밑천은 모두 무담보 차입에 의존하며 높은 이자를 지급하고 있다. 또 가정에 비용도 많이 든다. 수입이 적으면 유지할 수 없게 된다. 외국인에게는 그 허실을 알아내기가 어렵다(朝鮮人做生意資本, 俱係生揭, 納貴利息, 又家中費用浩繁, 如入息少的, 便不能支持, 外國人難分別其虛實也).' 譚傑生 → 羅聘三(4號信), 庚寅 10月 29日, 『往復文書』 33.

84 譚傑生 → 何梴生(無番信), 壬辰 1月 30日, 『往復文書』 34.

〈표 7-5〉 개성으로 보낸 서간의 첫 번째 줄에 보이는 송달 수단(경인년(1890) 중에서)

제6호	八月廿二日交崔學中或金德修棧帶上
제7호	八月廿五早交崔學中棧帶 都松轉付上
제8호	八月廿八日交崔學中或金德修棧帶上
제9호	九月初一日交金德修棧帶上
10호	九月初三日交金德修棧帶上
11호	九月初三日交金德修棧帶上
12호	九月初六日交金德修棧帶上
13호	九月初九日交金德修棧帶上
14호	九月十一早交金德修棧帶上
15호	九月十四日交金德修棧帶上
16호	九月十七日託金德修棧帶上
17호	九月廿日交金德修棧帶上本號姑釐帶上
18호	九月廿三日交姑釐帶上
19호	十月初一日託金德修棧帶上
20호	十月初四日託金德修棧帶上
21호	十月初六日交金德修棧帶上
22호	拾月初六日交原姑釐帶上
23호	拾月初九日交金德修棧帶上
24호	拾月十二日交章佩帶上
25호	拾月十五早交金德修棧帶上
26호	拾月廿日交金德修棧帶上
27호	十月廿一日交金允鮮壬人帶上
속27호	十月廿二日交黃在明棧下人帶上
28호	十月廿四日交金德修棧帶上
29호	十月廿五早交七星帶上
30호	十月廿六早交金德修棧帶上
31호	十月廿七日託金德修帶上
32호	十月廿九日託金德修帶上
속32호	十月三十日付上
33호	十一月初三日交金德修棧帶上
34호	十一月初五早交金德修棧帶上
35호	十一月初八日交劉敬良帶上
36호	十一月十三日交劉敬良帶上
36호	十一月十九日交七星帶上
37호	十一月廿二日交金德修棧帶上
속27호	十一月廿二日交黃在明棧下人帶上

주 굵은 글씨는 '김덕수 잔'에 위탁한 것을 나타낸다(본문 참조).
출처 譚傑生→邵松芝(書簡控), 『同順泰往復文書』 第33冊 수록.

---

85 譚傑生 → 羅聘三(13號信), 辛卯 3月 12日, 同前.

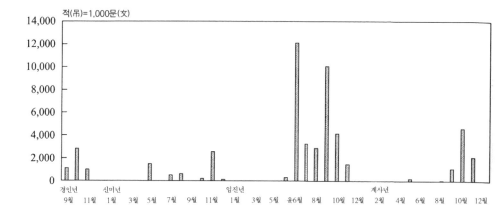

<그림 7-2> 개성에서 한성으로 보낸 '회표'의 발행액(월별)(경인~계사년[1890~1893])
주 『同順泰往復文書』第33~35卷에 수록된 담걸생이 발신한 서간의 사본으로 확인 가능한 개성에서의 '회표' 발행액을 월별로 집계. 날짜는 원 사료에 따른다.

은 객주였다. 이렇게 서울의 객주에게 맡겨진 서간은 비즈니스 등의 이유로 왕래하는 자를 통해 동순태의 점원이 체류하는 객주에게 전달된 것으로 보인다.[86]

한편 한성본호에서 내지로의 자금 이동에도 객주가 관련되었을 것이다. 우선 자금 이동이 어떠한 수단을 통해 이루어졌는지를 살펴보자. 위에서 검토한 바와 같이 동순태의 내지통상 목적 중 하나는 한성본호에 축적된 동전을 상품과 교환하는 것이었는데 액면가에 비해 중량이 큰 동전을 실제로 운반하려면 비용이 많이 들었다. 그래서 내지에 파견된 점원은 현지에서 한성본호 앞으로 된 회표, 즉 송금어음을 팔아 동전을 손에 넣었다. 송금 의뢰자는 한성본호에게 이를 제시하고 동전을 받

---

86 18세기 중반부터 객주는 특정 지역의 거래를 독점하는 관행적 권리를 갖게 되었다. 이병천 (1983), 125~134쪽. 동순태가 서간 배달을 의뢰한 서울의 객주도 이러한 형태로 상대 지역과 밀접한 관계를 맺었는지도 모른다.

게 된다. 이렇게 하여 동순태는 지방으로 동전을 옮기고 동시에 얼마간의 수수료를 챙겼다.[87] 〈그림 7-2〉는 개성에서 서울로 보낸 '회표'의 발행액을 서간 상에 나타나는 대로 집계한 것이다. 특정 시기에 발행이 집중되어 있지만 매년 늦가을을 정점으로 하는 인삼과 곡물의 매입 활동을 반영한 것으로 보인다.

1889년 6월부터 7월에 걸쳐 황해도, 평안도 지방을 답사한 인천상법회의소의 에나미 데쓰오江南哲夫 일행은 각 지역에서 잡곡을 매입하는 화상들을 만났는데 황해도 황주에서 보고 들은 바에 의하면 화상에 의한 '잡곡 매입 자본은 말굽 모양의 은馬足銀, 현금, 물품이 아니면 인천, 경성에서 지급되는 환어음인데, 그중 환어음이 가장 많이 차지한다'고 한다. 동순태처럼 송금어음을 사용해서 곡물 구입 자금을 조달하는 화상들이 많았음을 알 수 있다.[88]

그런데 앞에서 인용한 사료에도 있듯이[89] 점원이 체류하는 객주는 송금어음(회표) 발행에 대해서도 수수료를 떼고 있었다. 이것은 동순태의 점원이 송금 의뢰자에게 직접 어음을 발행하는 것이 아니라 객주가 중간

---

87 수수료는 서울로의 송금 수요에 따라서 변했다. 예를 들면 담걸생이 해주 파견직원에게 보낸 서간은 다음과 같이 전한다. '개성에서는 서울 지급의 송금어음에서 10적 당 500문의 수수료를 받는다. (…중략…) 해주에서는 고객의 손에 돈이 매우 많고 서울로의 송금 수요가 절박하니까 이 상황에서 보면 개성의 어음보다도 많은 수수료를 받아야 한다(松都滙票來王京交, 每十吊扣滙水五百文, (…中略…) 海州各客存錢甚多, 滙來漢城更緊, 以時勢而論, 總要比松都滙票抽滙水多乃合也)". 譚傑生 → 羅聘三(15號信), 庚寅 12月 13日, 『往復文書』 33.

88 江南哲夫・平山房吉(調査), 『朝鮮平安黃海兩道商況視察報告』, 仁川商法會議所, 1889, 10葉左. 이 사료에서는 황주에서 매입하는 화상 중 '겹치는 것은 경성, 인천에 있는 공화순, 쌍성태, 순동태(順同泰) 등 상점에서 갈라져 나온 매부(買附) 우두머리 지배인(番頭)과 대리 지배인(手代)들' 이라고 한다. 순동태가 동순태를 가리킨다고 하면 동순태의 내지통상은 1889년 중 이미 시작된 것이지만 자세히는 알 수 없다. 또한 일본인 상인도 내지에서 곡물매입을 하는데 어음을 자금 이동에 이용하는 경우가 있었다. 吉野誠(1993), 322~323쪽.

89 주 77) 참조.

역할을 하는 형태를 취했기 때문이라고 생각할 수 있다.[90] 조선에서는 개항 이전부터 '환換'이라고 불리는 송금어음이 이용되었다.[91] 동순태가 동전 이동에 사용한 어음도 이러한 조선의 재래식 어음이었을 것이다. 재래식 어음을 객주 명의로 발행함으로써 만일의 경우 보증 책임을 객주가 지도록 하고 조선인 송금 의뢰자로부터의 신뢰도 확보했을 것이다.[92]

이렇게 내지에 파견된 동순태 점원은 체류지 객주에게 거래를 알선시켰을 뿐만 아니라 서울과의 통신과 송금 등도 이들에게 의존하였다. 한편 동순태의 내지통상을 지탱한 조선인 상인은 객주뿐만이 아니었다. 내지에 파견되는 점원에게는 조선인이 함께해 현지에서의 객주 등과의 교섭이나 통역에 임했는데 이러한 조선인은 거간이라고 불리는 독립적인 중개인으로 거래가 성립하면 동순태와 상대방 양쪽에서 수수료를 받았다.[93] 동순태의 내지통상은 객주나 거간과 같은 조선인 상인

---

90 담걸생은 해주의 점원에게 보낸 서간에서 동순태로 들어오는 회표의 수수료가 너무 적다며 객주가 송금 의뢰인에게서 받은 수수료 중 절반 또는 그 이상을 횡령하는 것이 아닌지 의심하였다. 회표 발행이 객주의 손으로 이루어지고 동순태 점원이 직접 관여하지 않았음을 알 수 있다. 譚傑生 → 羅聘三(10號信), 辛卯 3月 1日, 『往復文書』34.

91 조선시대에 대해서는 홍희유(1989), 251~262쪽; 고동환(2010), 278~281쪽. 고동환은 식민지 시기 개성 조사에 근거하여 환의 발행은 '환거간(換居間)'이 중개하고 수수료와 이자를 징수했다고 한다.

92 앞에서도 언급하였듯이 담걸생은 지방 객주의 서비스에 만족하지 않았는데 그 이유 중 하나는 회표 발행과 더불어 객주가 취득하는 수수료였다. 담걸생은 자기 점포는 조선 사람들에게도 평판이 높고 객주의 보증이 없어도 회표를 발행할 수 있다고 생각하였던 것 같다(주82의 사료). 이를 거꾸로 생각해 보면 객주는 담걸생이 발행한 어음을 보증하였음을 알 수 있으며 송금 의뢰자도 이에 안심하고 어음을 샀을 것이다.

93 이에 대해서는 보충하는 의미로 설명해 두고자 한다. 본문에서 언급했듯이 내지에 파견되는 점원에게는 조선인들이 수행해 보좌했다. 예를 들면 이노일라는 인물은 경인년(1890)에 개성에서 소송지의 활동을 도왔으며 해주에 가서는 나장패를 도왔다(譚傑生 → 梁綸卿(34號信), 庚寅 8月 14日, 『往復文書』33. 譚傑生 → 邵松芝(24號信), 庚寅 10月 12日, 同前). 이노일은 동순태 파견 점원으로 전속(專屬)되어 있었지만 동순태 점원이었던 것은 아니었다. 그는 동순태가 곡물을 사들일 때 객주와의 사이에서 동순태와 객주 쌍방으로부터 중개수수료를 챙겼다(譚傑生 → 羅聘三(4號信), 庚寅 10月 29日, 同前). 조선의 전통적인 상관습에서는 객주와 고객 사이에 또 거간이라 불리는 중개인이 서기도 하였다. 거간은 특정 상인에 전속되는

이 구축했던 기존의 국내 상업시스템을 전제로 실현됐다고 할 수 있다.

2) 특권 상업에 대한 대항과 이용

많은 전근대 사회에서 그랬듯이 조선시대의 상업은 정치권력과 밀접하게 연결되어 있었다. 특히 조선 후기 토지세 수입이 고정적으로 바뀌자 중앙 및 지방 관청이나 군영軍營, 궁방宮房 등 각종 권력기관이 각자 상업세를 만들어 재원을 확보하려는 현상이 나타났고 이에 따라 상인 중에도 거래독점권 등의 특권을 부여받고 징세 업무를 맡는 사람도 등장하였다.[94] 이와 같은 시스템은 개항 후에도 이어졌지만, 조약에 의해서 무역품의 내지 비과세를 인정받은 외국인 상인과의 사이에서 자주 마찰을 일으키는 원인이 되었고 외교 분쟁으로 발전하기도 했다.[95] 이러한 상업시스템에 동순태는 어떻게 대처했을까.

동순태 또한 상업세 징수를 둘러싸고 몇 차례 문제가 있었다. 그중 하

경우가 있었는데 그 경우에도 독립적인 손익 계산을 바탕으로 활동했다고 한다(박원선(1968), 49·97~99쪽, 박원선(1973). 이에 비춰볼 때 이노일은 동순태에게 전속된 거간이었다고 추측되며 내지 점원을 수행하면서 객주와의 거래를 주선하고 아마 통역도 했을 것이다. 다만 점원과 거간의 관계가 항상 좋았던 것은 아니다. 경인년 말 해주에서 활동하던 점원은 매수한 콩을 하천 결빙 때문에 반출하지 못하는 사태를 겪었다. 거래에 앞서 점원은 이노일에게 해주 부근은 보통 연중 결빙하지 않는다는 말을 들었기 때문에 담걸생은 이노일이 콩 매입 계약 성사 시 지급되는 수수료가 탐이나 거짓말을 한 것으로 보고 분노했다(주 28의 본문). 결국 담걸생은 이노일과의 관계를 끊고 새롭게 김성중이라는 인물을 서울에서 파견했다. 담걸생에 의하면 김성중은 한성본호에서 한 해 동안 '경기(經紀)'를 하였으며 성실한 인물이었다(譚傑生 → 羅聘三(3號信), 辛卯 1月 25日, 『往復文書』 33). 이 책 제3장에서도 검토하였듯이 '경기'는 거간을 가리킨다고 보면 된다. 이에 따라 서울의 동순태 본호에도 전속 거간이 있었고 매매를 알선하였음을 알 수 있다.

94 지방 객주의 상업특권에 대해서는 1980년대에 대한제국 황실 재산문서(장토문적(庄土文績), 서울대 규장각한국학연구원 소장)를 정리한 중요한 연구가 발표되었다. 이병천(1983), 이영호(1985), 고동환(1985) 등. 고민정 외(2013)는 이 사료에 대한 상세한 해제이다. 일본어 문헌으로는 須川英德(1994)의 제2장이 '무명잡세(無名雜稅)'로 불렸던 조선 후기의 상업세 성격에 대해서 논한 것 외에 須川英德(2003b), 212~213쪽에서 학설사(學說史)에 대하여 정리한다.

95 주 4)의 문헌 참조.

나로 신묘년(1891) 해주에서의 예를 살펴보자. 1891년 해주에 파견된 나장패 일행은 황해도 곳곳에서 대두를 사들였다. 그러나 연말에 강물이 결빙되는 바람에 콩을 인천으로 운반하지 못하는 사태에 빠졌다는 것은 이미 제1절에서 언급했다. 콩은 부득이 해주보다 더 오지에 흩어져 있는 매입 지역에서 보관되었고 담걸생은 연말연시이었지만 나빙삼을 해주에 머물게 하고 해빙하면 곧바로 인천으로 보내도록 지시했다.[96]

황해도 주변의 얼음이 녹은 것은 신묘년 1월 20일경으로 나빙삼은 체류하는 곳의 객주에게 보관 중인 콩을 받으러 가도록 의뢰했다. 그런데 객주는 이를 차일피일 미루었고 2월이 되어도 콩은 매입지에 그대로 있었다. 객주가 두려워한 것은 각 지역의 상업세를 내지 않고 인수해서 자신이 '관벌官罰'을 받는 것이었다. 아마 무역품의 내지 비과세를 방패 삼아 나빙삼도 세금을 내지 않았을 것으로 추측된다. 이미 만주의 영구도 해빙기를 맞이하고 고베의 대두 시세도 하락하기 시작했기 때문에 초조해진 담걸생은 나빙삼에게 직접 현지에서 대두를 받아 오도록 명했다.[97]

결국 이 대두는 3월이 되어 일단 상업세를 내고서야 인수했다. 담걸생은 곧바로 용산 상무위원 당소의唐紹儀에게 민원을 넣어 조선 측 징세의 부당함을 호소했다. 탄원을 한 품稟에는 동순태 앞으로 온 세금영수증 3장이 첨부되어 있다. 이들은 황해도 장연부의 세 포구(고금포, 남창포, 태호노화포)에서 각각 발행된 것으로, 앞의 두 곳의 경우, 친군영 분세감親軍營分稅監과 포주인浦主人의 연서가, 세 번째 것에는 분세감分稅監 의 서명이 있다. 이들 포구에서는 친군영의 징세권이 인정되었을 것이다. 당소

---

96 譚傑生 → 羅聘三(3號信), 辛卯 1月 25日, 『往復文書』 33.

97 譚傑生 → 羅聘三(6號信), 辛卯 2月 6日, 同前. 譚傑生 → 羅聘三(7號信), 辛卯 2月 9日, 同前.

의에게 이 건에 대하여 상신을 받은 원세개는 통리아문에게 보상을 요구했고 조선 측도 이를 받아들였다.[98] 최종적으로 보상이 실행되었는지는 확인할 수 없다.

위의 사례에서는 친군영 분세감이 직접 징세를 한 듯하지만 객주를 중간에 세워 징세가 이루어진 사례도 보인다. 계사년(1893)에 전주에 내려간 하정생과 유시고는 율포와 인근 객주 7~8곳에서 쌀을 사들였다.[99] 현지에는 다른 화상도 와서 쌀을 매입했던 것 같다. 이들 화상으로부터의 징세에 대해서 유시고는 담걸생에게 보낸 서간에서 다음과 같이 설명한다.

> 계속 '영문(營門)'의 전령(傳令)이 율포에 와서 각 객주로부터 세전을 받아 내려 애쓰고 있습니다. 만일 '대국인(大國人)[화상]'이 납세하지 않으면 그들에게 쌀을 팔아서는 안 된다고 하고 판 사람은 붙잡아서 곤장을 친다고 하는 것 같습니다. (…중략…) 만약 객주에게 세금을 안 낸다면 화상에게 쌀을 팔아 주는 사람은 아마도 없을 것입니다. 어떻게 하면 좋을까요[의미 불명 글자 있음], 상무위원 당대인(唐大人)[당소의]과 상의해 주십시오.[100]

---

98 원세개 → 민종묵(조회), 광서 17년 3월 28일, 『구한국외교문서』 청안2, 1334번. 민종묵 → 원세개(조회), 광서 17년 5월 17일, 앞과 같음, 1356번. 또한 영수증 원본으로 보이는 것은 『同順泰稟黃道官私收稅項扣留貨物卷』(使館檔案 1-41-47-59)에 수록되어 있다.

99 현품의 쌀을 사는 경우와 대금을 미리 주고 조달(정판(定辦))하는 경우 양쪽이 있었다. 何挺生 → 譚傑生(書簡), 甲午 2月 22日, 『同泰來信』 4. 羅明階 → 譚傑生(書簡), 甲午 2月 29日, 同前.

100 "屢ゝ營門伝令到栗浦來, 責罰各棧主要收稅錢, 若不大國人不給稅錢, 不能與大國人辦米云ゝ, 如若與大國辦米者捉拿重打云ゝ, 弟時常與百一稅所理論, 倘有米舡開往仁, 亦要往百一稅所處, 說安方可米船開行, 查及各中國人亦未有給此稅錢, 是以我號亦不給他, 倘若不給他, 定然各棧主亦不敢與中國人辦米, 未知□, 兄與唐大人商量如何辦理." (劉時高 → 譚傑生(書簡), 癸巳 12月 22日, 『同泰來信』 4). 그리고 본문의 번역에서는 생략하였지만 밑줄 부분에서는 객주로부터 독립한 수세소(收稅所)로부터의 징세를 유시고가 외국인이라는 이유로 거부했음을 알 수 있다.

영문營門은 전주에 있던 전라감영(관찰사)일 것이다. 이곳이 쌀 거래를 중개하는 객주에게 징세하게 했기 때문에 만약 납세를 거부하면 쌀 구매 자체가 어려운 상황이었음을 알 수 있다.

유시고의 보고에 의하면 율포의 객주들은 백일세百一稅와 영납세營納稅, 조판세趙判稅라고 하는 세 종류의 세금에 대하여 쌀 한 포 당 7문을 한꺼번에 지급하도록 화상 측에 요구했고, 유시고는 다른 화상들과도 상의해서 이것을 받아들였다. 거부해도 객주가 쌀의 가격에 세액을 더할 뿐이며, 잘못하면 세액이 더 추가될 가능성이 있다고 판단했기 때문이었다.[101]

관으로부터 징세 권한을 위임받은 객주가 이를 자신의 수수료와 합해서 고객으로부터 징수하였던 것은 일본인의 기록에서도 확인할 수 있다.[102] 이러한 형태의 징세에 대해서 고객은 무엇이 어떠한 명분으로 징수되는지를 확인하는 것 자체가 어려웠다. 화인을 포함한 외국인은 조약상 내지의 상업세 납부를 면제받았으며 앞의 해주 사례에서 알 수 있듯이 동순태는 가능한 한 그 권리를 주장했다. 하지만 객주의 거래가 징세와 일체화된 상황에서는 납세를 피할 길은 사실상 없었던 것이다.

그런데 이렇게 관을 대신하여 징세를 하는 조선인 상인은 그 대가로 특정 장소 혹은 상품에 대한 거래 중개를 독점하는 특권을 인정받았다. 동순태가 이에 관여한 예로 제1절에서 살펴본 개성에서의 백미삼 구입을 들 수 있다. 이 사례는 지금까지의 두 가지 예와는 반대로 동순태가

---

101 發信者不明, 甲午 2月, 『同泰來信』 4. 날짜는 알 수 없지만 유시고의 2월 30일자 서간에 이어서 묶여 있다. 서명 부분이 없어졌지만 유시고와 같은 필체이다.

102 예를 들면 1889년 황해도 황주에서는 곡물매입에 대해서 '조선 도매상'이 '포세(浦稅), 수수료, 포장, 선적 등 일체 비용 400문'을 징수했다고 한다(『朝鮮平安黃海兩道商況視察報告』((주88) 12葉右). 세와 객주의 수수료가 일체화되었음을 알 수 있다.

특권과 결탁해 초과 이윤을 얻고자 했던 것이라는 점에서도 흥미롭다. 아래에서 조금 자세하게 살펴보기로 하자.

담걸생이 개성에 소송지를 파견했을 때(경인년(1890) 8월), 대두 등 곡물과 함께 백삼의 수염뿌리인 백미삼에 주목하고 이를 가능한 많이 사 모으도록 지시한 것은 이미 언급하였다. 그런데 손윤교의 객주를 체류지로 정해 백미삼을 조달하고자 했던 소송지 앞에 유경량이라는 인물이 나타나 백미삼을 사들이기 위해 동전 1천 적을 빌려달라고 제안했다.[103]

유경량은 소송지에게 자신이 백미삼의 '도고度沽'라고 주장했다.[104] 조선 후기에는 특권과 재력을 배경으로 사재기를 하는 상인을 '도고都賈'라 불렀는데,[105] '도고度沽'는 한글로 음이 같다. 유경량에 따르면 개성에서는 1년에 7천 근의 백미삼이 나돌지만 자신에게 의뢰하면 전부를 동순태에게 중개해 다른 곳으로는 가지 않게 할 수 있다는 것이었다. 이 제안에 관심을 가진 담걸생은 소송지에게 명하여 두 달 안에 1,500근을 납품하는 조건으로 유경량에게 자금을 빌려주도록 했다.[106] 이 일이 아마도 잘 진행되었는지 담걸생은 예약 분량을 3,800근으로 늘려 백미삼 수출을 독점하려 했다.[107]

이처럼 거래가 깊어지는 과정에서 유경량은 소송지에게 머무는 곳도 자신의 객주로 옮길 것을 제안했다. 이 제안에 대하여 담걸생은 백미삼의 알선과 함께 면직물, 견직물 판매나 곡물 등의 매입 모두 1∼

---

103 譚傑生 → 邵松芝(12號信), 庚寅 9月 6日, 『往復文書』 33.
104 앞의 주와 같음.
105 조선 후기의 '도고' 문제에 대해서는 須川英德(1994) 제1장을 참조.
106 譚傑生 → 邵松芝(13號信), 庚寅 9月 9日, 『往復文書』 33. 譚傑生 → 邵松芝(33號信), 庚寅 11月 5日, 同前.
107 譚傑生 → 羅桂臣(44號信), 庚寅 11月 24日, 同前.

1.5%의 수수료로 중개한다는 조건으로 받아들였다.[108] 이러한 점에서 보면 유경량 또한 객주였던 것으로 보인다. 유경량은 점포 외에 자체 삼포(인삼밭)도 소유하였다고 전해져[109] 상당한 자산을 가진 유력 객주였던 것으로 추정된다. 그가 백미삼 유통 과정에서 어떠한 권한을 가졌었는지 확인할 수는 없지만, 최소한 그해 동순태와의 거래에서 큰 문제는 없었으며 어떠한 형태든 백미삼을 모으고 유통하는 데 영향력을 갖고 있었던 것은 사실이라고 볼 수 있다.

경인년 동순태의 활동은 연말로 일단 끝났고 점원도 서울로 돌아갔지만 이듬해 5월에 활동을 재개하면서 담걸생은 점원을 유경량과 머물게 했다.[110] 그리고 담걸생은 이 해 11월 말까지 백미삼 3,500근을 넘겨주겠다는 약속을 받고 유경량에게 구입 자금을 빌려주었다.[111] 그런데 유경량은 약속 기한이 다가왔지만 3분의 1 정도의 백미삼만 납품할 수 있었고[112] 임진년(1892)이 되어도 전부를 준비하지는 못했다. 이 와중에 담걸생은 조선인 상인 중 한 명에게서 유경량의 '도고' 신분, 즉 백미삼의 중개를 독점할 권리가 몰수되어 다른 사람으로 바뀌는 것 같다는 소문을 들었다.[113] 담걸생이 그 배경을 조사했더니 다음과 같이 밝혀졌다고 한다.

유경량은 '도고'라 해도 유명무실하다. 그가 입수한 것은 생산량의 3분의

---

108 譚傑生 → 邵松芝(25號信), 庚寅 10月 15日, 同前.
109 譚傑生 → 邵蘭甫(2號信), 壬辰 4月 25日, 同前.
110 譚傑生 → 邵蘭甫(10號信), 辛卯 6月 4日, 『往復文書』 34.
111 譚配南 → 梁綸卿·羅柱臣(68號信), 辛卯 9月 28日, 同前.
112 譚傑生 → 邵蘭甫(34號信), 辛卯 10月 27日, 同前.
113 譚傑生 → 邵蘭甫(2號信), 壬辰 4月 25日, 同前.

1에 불과하고 나머지 3분의 2는 조선인이 몰래 일본인에게 팔거나 인천으로 운반되어 당점 분호나 동흥륭(東興隆)에게 팔리는 것 같다. 유경량이 매긴 가격이 너무 낮아 모두 그에게 팔지 않는 것이다. 때때로 빼돌린 물건을 적발하여 관에서 몰수하고 판매자를 고문하기도 하지만[빼돌려 파는 것을] 금지할 수 없었다.[114]

이 내용이 사실이라면 유경량은 관과의 관계를 내세워 무리하게 매입하여 상품을 조달한 셈이 된다. 유경량이 동순태에게 제시한 가격도 시장 시세보다 상당히 낮은 것으로 예를 들면 신묘년(1891) 9월의 가격, 한 근 1,100문은 인천에서의 가격 2,500문에 비해 운임을 고려해도 지나치게 저렴해 담걸생은 정말로 이 가격에 매입 가능한지 의심할 정도였다.[115] 동순태와의 계약 체결을 우선으로 생각한 유경량이 무리하게 가격을 설정함으로써 생산자 측이 다른 화상에게 밀매한 것이다. 또한 위 사료에서는 밀매 대상으로 동순태의 인천분호가 거론되는데 경영이 분리된 한성본호와 인천분호는 이 무렵 백미삼 매입을 둘러싸고 경합관계에 있었으며[116] 담걸생은 인천분호로 상품이 유입되는 것을 매우 경계하였다.

이후 담걸생은 백미삼의 중개독점권 행방을 더 조사했다. 담걸생이 알 수 있었던 것은 중개독점권이 원래 김종우라고 하는 인물에게 유경

---

114 "他雖做度沽, 實有名而無實, 計他所收不得三份之一, 有二是朝鮮人暗賣與日人, 運出仁川, 賣與仁號, 及東興隆, 皆因他出價太少, 故各人皆不賣与他, 雖有時提得將貨充公, 人亦拷打, 能禁得來." 譚傑生 → 邵蘭甫(4號信), 壬辰 5月 12日, 同前.
115 譚配南 → 梁綸卿・羅柱臣(68號信), 辛卯 9月 28日, 『往復文書』 34.
116 담걸생은 개성의 소란포에게 보낸 서간에서 백미삼을 둘러싸고 인천분호와는 '적국'과 같은 관계라고 하였다. 譚傑生 → 邵蘭甫(3號信), 壬辰 5月 3日, 『往復文書』 34.

량이 연간 500적을 주고 도급받은 것 같다는 사실이었다.[117] 게다가 김종우도 권리를 원래부터 보유하던 자가 아니고 비호자庇護者인 '민병판閔兵判'의 권리를 자기 것인 것처럼 행사하고 있었을 뿐인 것도 알았다.[118] 이 같은 정보의 진위를 조선 측 사료에서 확인하기는 어려웠지만 상업 특권의 하청이 중층적으로 이루어졌던 점, 외부인, 특히, 외국인인 화상이 전체 모습을 알기는 어려웠다는 점은 분명해 보인다.

그런데 이러한 조사를 통해 담걸생은 유경량 대신 안필주라는 인물이 백미삼 중개권을 얻은 것을 알고 안필주로부터 한 근당 1,500문의 값으로 2천 근을 사기로 하였다.[119] 그리고 개성에 파견된 점원 소란포도 안필주의 점포에서 머물게 되었다.[120] 한편 담걸생은 임진년(1892) 7월, 서울까지 찾아온 유경량으로부터 놀라운 소식을 들었다. 국왕이 개성부 유수留守(장관)를 시켜 미삼尾蔘의 독점권을 폐지했다는 것이다.[121] 담걸생은 소란포에게 이를 알리고 안필주로부터 서둘러 재고를 인수하도록 명했다.[122] 담걸생의 설명에 따르면 이는 미삼만을 대상으로 한 조치가 아니라 모든 상품에 대한 독점이 이때 일제히 폐지됐다는 것이다.[123] 이를 직접 뒷받침할만한 조선 측 사료는 찾을 수 없지만 같은 시기에 전국

---

117 譚傑生 → 邵蘭甫(9號信), 壬辰 6月 6日, 同前.
118 譚傑生 → 邵蘭甫(38號信), 壬辰 7月 15日, 同前. 당시 병조판서는 민영소이며 김종우는 여흥 민씨와 어떠한 형태로든 관련된 인물이었다고 추측된다. 김종우은 1891년에도 견직물 거래와 관련해서 담걸생과 접촉했으며 '민비의 친척(爪葛)'임을 자칭하였다고 한다. 譚傑生 → 龍山商務委員(粵), 辛卯 8月 3日(受信),『華商追韓人帳目』(使館檔案 1-41-47-60). 또한 1891년 통리아문의 문서에는 전 감찰(사헌부 정6품)에 김종우의 이름이 보인다. 외서독판 → 서리총세무사, 신묘 3월 10일,『구한국외교 관계부속문서』제1권, 266번.
119 譚傑生 → 邵蘭甫(9號信), 壬辰 6月 6日,『往復文書』34.
120 譚傑生 → 邵蘭甫(14號信), 壬辰 6月 16日, 同前.
121 譚傑生 → 邵蘭甫(40號信), 壬辰 7月 20日,『往復文書』35.
122 譚傑生 → 邵蘭甫(42號信), 壬辰 7月 24日, 同前.
123 譚傑生 → 邵蘭甫(45號信), 壬辰 7月 27日, 同前.

적으로 '무명잡세無名雜稅', 즉 법으로 정하지 않은 상업세 조사가 이루어진 것은 사실이고[124] 따라서 도고(독점)에 대해서도 모종의 조치가 내려졌을 가능성이 있다.

그리고 적어도 개성의 백미삼 독점제도가 없어진 것은 사실이었던 듯싶다. 1892년 말 담걸생이 소란포에게 보낸 서간은 다음과 같이 전한다.

> 미삼의 독점은 성립되지 않았다고 한다. 각 집이 낱낱이 팔고 있기 때문에 자연스러운 추세로 시세도 상승하고 있다. 지금 매도자가 말하는 가격은[한 근] 3천문으로 송금료나 수수료 등을 포함하여 생각하면 실제로는 그것을 넘는다. 이익이 그다지 없어 사들여도 사들이지 않아도 되지만 조금이라도 저렴하게 손에 넣을 수 있으면 좋으니까 시세와 시기를 봐서 수배하라.[125]

즉 이전에 유경량으로부터의 매입 가격은 1,100문, 안필주로부터의 매입 가격은 1,500문이었으므로 2배 이상 가격이 상승한 셈이 된다. 독점 폐지로 가격이 상승했다는 것이 사실이라면 이전 가격은 권력으로 짓누른, 수급관계라는 측면에서 보면 부자연스럽게 낮은 것이었음을 알 수 있다.

이러한 백미삼의 예는 동순태가 조선의 재래 상업특권과 반드시 적대적이었던 것은 아니며 이용할 수 있는 경우는 오히려 적극적으로 결

---

124 須川英德(1994), 131쪽.
125 "蔘尾都部云不成事, 各家散賣, 行情昻貴, 乃自然之理, 今討價三吊, 連匯水用錢打寸實要三吊過外, 似得利無幾, 作不作亦了, 須要按低些入手更佳, 祈看時勢見機而爲可也," 譚傑生 → 邵蘭甫(76號信), 壬辰 11月 1日, 『往復文書』 35. 사료 중의 '都部(도부)'라는 표현은 '度沽(도고)'라는 단어와 같은 맥락에서 자주 사용되었으며 여기에서는 모두 '도고(都賈)'와 같은 의미로 간주하고 '독점'으로 번역했다.

탁했음을 보여준다.[126] 그러나 이러한 상업특권은 중층적인 하청관계로 이루어져 언제라도 일방적으로 변경될 수 있다는 점에서 외부인에게는 불투명하고 불안정적인 측면도 있었다. 조선의 국내시장이 이러한 특권적인 상업시스템하에 있었던 것은 동순태와 같은 외국인 상인이 편승할 기회를 제공한 측면도 있다고는 하지만 역시 큰 위험부담이었다고 할 수 있다.

동순태는 내지통상을 하면서 경인년(1890)부터 청일전쟁까지 개성, 해주, 전주 세 곳에 점원을 파견했다. 내지통상의 중심은 수출품 구매에 있었고 홍콩 수출용 백삼이나 홍삼, 연대 수출용 잡곡, 일본에 보낼 쌀 등 다양한 상품 구매를 시도했다.

이러한 내지통상은 언뜻 보기에 상해에서의 견, 면직물 수입에 중점을 두었던 해외무역과 직접적인 관련이 없는 것으로 보인다. 그러나 화상 간의 과도한 경쟁 등으로 수입무역의 이익이 감소해 가는 가운데 수출은 이를 보완하는 중요한 수익원이 되었으며 나아가 상해 이외 지역에 대한 수출 매출은 거래처 간 이체를 통해 상해 동태호로 모여 두 점포 간의 대차 차액을 메우는 역할도 했다. 그리고 서울에서 수입품 판매로 얻은 동전을 수출품으로 대체함으로써 동전 가치 하락에 따른 자산 감소를 방지하는 것도 내지통상의 목적 중 하나였다.

이처럼 내지통상은 동순태의 경영 전체를 보았을 때 상해로부터의 수입무역과 다양한 형태로 연동되어 있었다. 이 사례는 외국인의 내지

---

[126] 다른 상품에 대해서도 같은 사례가 있다. 1891년 3월에 해주 점원에게 말린 물고기 부레, 어두(魚肚)의 매입을 명하고 '도고'가 있으면 출하되는 전부를 사들이라고 지시했다. 다만 그 결과는 알 수 없다. 譚傑生 → 羅聘三(3號信), 辛卯 1月 25日, 『往復文書』 34.

통상에 대해서 해외를 포함한 광역적 시장과의 연계 속에서 생각할 필요가 있음을 시사한다.

그리고 이 장에서는 동순태의 내지통상과 국내 상업체제와의 관계에 대해서도 검토했다. 외국인의 내지통상은 전통적인 상업시스템에 큰 타격을 줬다고 여겨지는 경우가 많지만 객주의 보증 기능이나 통신, 송금 업무, 그리고 상업특권에도 의존하는 동순태의 모습은 외국인의 내지통상이 기존의 상업시스템을 전제로 성립된 측면도 있었음을 보여준다. 내지통상이 조선의 상업시스템에 큰 변화를 일으킨 것은 사실이라고 해도 변화는 외국인 상인의 요구에 따라 일방적으로 일어난 것은 아니며 기존의 상업시스템을 기반으로 한 것이었다는 점을 간과해서는 안 될 것이다.

제8장

깊어지는 조일관계에 대한 대응

청일전쟁 이후의 동순태

담걸생譚傑生과 동순태同順泰의 활동은 거래처 화상華商의 광역적이고 다
각적인 네트워크에 의해 유지되었으며 한편으로 그것은 청조의 조선 정
책을 배경으로 비로소 실현된 것이기도 했다. 조선에서의 화상활동은 원
래 조중상민수륙무역장정朝中商民水陸貿易章程을 통해 법적 근거를 부여받
은 것이었고 조중 간 전신 부설이나 윤선초상국輪船招商局에 의한 인천-상
해上海 항로 운항 등이 조선 화상의 활동을 자극한 것은 틀림없다. 담걸생
개인이 양윤경梁綸卿을 통해 관계官界의 광동廣東 출신자와 연결되었던 것
도 사업을 전개하는 데 유리하게 작용했을 것이다.

하지만 1894년 7월 청일전쟁 발발은 이러한 조청관계를 크게 변화시
키는 계기가 되었다. 일본군 점령하에서 조선정부는 종속관계를 폐기
한다는 성명을 냈고 1895년 시모노세키조약下關條約1)으로 확정되었으
며 1899년에 체결된 한청통상조약韓清通商條約은 서로 영사재판권을 인정
하는 등 약간 변칙적인 형태이긴 하지만 양국의 대등한 관계를 규정했

다.[1] 청일전쟁에서 승리한 일본도 반드시 조선에서의 정치적 패권을 확보할 수 있었던 것은 아니며 특히 공사 미우라 고로三浦梧樓가 민비시해 사건을 일으킨 이후(1895.10) 급속히 영향력을 잃었다. 그러나 조선에 체류하는 일본인 수는 청일전쟁 이후 뚜렷하게 증가했고 조일 간 무역액도 크게 늘어 조중무역과 더욱 격차를 벌였다. 정치적인 상황과는 별개로 경제적 측면에서 조선과 일본의 관계는 청일전쟁 이후 더욱 깊어진 것이다.

청조의 세력 약화는 조선 국내에도 큰 영향을 미쳤다. 청일전쟁하에서 이루어진 내정개혁, 이른바 갑오개혁은 개항 후에도 크게 변하지 않았던 전통적인 재정경제시스템을 일정 수준 근대화했다. 1897년에는 조선의 국호가 대한제국으로 바뀌고 국왕도 황제라 칭하게 되었는데 이를 계기로 국가제도의 또 다른 변혁을 도모하여 왕실 재정이 극적으로 팽창하였고 경제 각 방면에 영향을 미치게 되었다. 또한 관민의 내셔널리즘이 높아지는 한편, 화인華人을 모멸적인 시선으로 바라보게 되었다.[2]

이러한 환경 변화 속에서도 동순태는 서울을 거점으로 활동을 계속했다. 이 장에서는 청일전쟁 발발에서 러일전쟁까지의 시기를 대상으로 담걸생 및 동순태의 활동을 검토하고 제6장, 제7장에서 살펴본 청일전쟁 이전의 활동과 대비하면서 어떠한 변화가 일어났는지를 밝히고자 한다. 특히 조일 간 경제관계의 심화가 화상활동에 어떠한 조건으로 작용했는지에 주목한다.

---

1   岡本隆司(2009), 이 책 서장 제3절을 참조.
2   청일전쟁 후 조선에서의 중국관, 화인관의 변화에 대해서 シュミット(2007), 49~51쪽, 박준형 (2008), 月脚達彦(2009), 220~222쪽.

본문에서의 연도는 기본적으로 양력으로 하고 필요에 따라 음력도 병용한다.

1. 청일전쟁에 대한 대응과 모색

1894년 5월 동학교도를 중심으로 한 농민군이 전라도에서 봉기하여 도의 수도인 전주지역을 함락시켰다(갑오농민전쟁). 그리고 6월에는 이들의 진압을 명목으로 청일 양군이 조선에 상륙했다. 동순태에서는 농민군의 전주 입성 후 이곳에서 활동하던 점원이 서울로 철수했으며(제7장 1절), 청일 간 긴장이 고조되자 서울에서도 중국으로 돌아가는 화상이 증가하는 가운데 담걸생의 가족과 형 청호晴湖도 6월 20일에 배를 타고 인천에서 상해로 돌아갔다. 담걸생 자신도 2만 5천 원元 상당의 견직물 재고 보관을 해관 창고에 의뢰한 후, 조카 정갱廷賡 등을 인천분호分號에 남겨두고 연대煙臺로 돌아갔다.[3]

청일 양군은 7월 말 조선 중부의 충청도에서 충돌했다. 9월에는 대규모 평양 전투를 거쳐 전선이 북상하자 잠시 상해에 머물러 있던 담걸생은 조선으로 돌아갈 기회를 엿보며 연대로 되돌아갔다. 그곳에서 인천의 정갱 등으로부터 재고품 판매가 잘 되고 있다는 소식을 듣자[4] 즉시 양윤경에게 새로운 상품의 출하를 요청하는 한편,[5] 인천-상해 간 직항

---

3 譚傑生 → 梁綸卿・羅柱臣(154號信), 甲午 6月 5日, 『往復文書』 20. 譚傑生 → 梁綸卿・羅柱臣(154號信), 甲午 9月 3日, 同前. 또한 담걸생의 피난에서 귀환까지의 경위에 대해서는 이미 강진아(2011b), 136~137쪽; 강진아(2014a)・(2014b)가 상세히 검토하였으며 이를 참고했다.

4 譚傑生 → 梁綸卿・羅柱臣(156號信), 『往復文書』 20.

로가 전쟁으로 끊어졌기 때문에 일본을 경유하여 수출하려고 고베神戶의 상륭호祥隆號에게 전송을 의뢰했다.[6] 상해로부터의 수출이 10월 하순에 재개된 것은 제6장에서 살펴본 대로다.

그리고 담걸생 자신은 영국 군함에 타는 기회를 잡아 일본군이 압록강을 건너 만주로 넘어간 것과 같은 10월 24일 인천에 상륙했다.[7] 인천에는 영업 중인 점포는 적었지만 쇼핑객들의 발길이 끊이지 않았다. 화상 중에서는 광동 상인이 가장 먼저 귀환한 경우가 많았다고 한다.[8] 일본군이 뿌린 군비軍費가 조선인의 구매력을 일시적으로 확대하여 일본 상인의 활동을 자극한 것으로 알려져 있는데[9] 그 '혜택'이 적국민인 화상에게도 돌아온 것이었다. 후에 담걸생은 당시 상황에 대하여 일본 병사로 넘쳐나는 가운데 '칼날 위에서 음식을 먹듯이(如在刀口求食)' 위험을 무릅쓰고 이익을 탐했다고 회고하였다.[10]

한편 중국에 돌아갔던 다른 점원도 12월경 조선으로 귀환했다.[11] 다만 동순태가 활동을 재개한 것은 서울과 인천뿐이었으며 내지에는 바로 들어갈 수 없었다. 전주에서는 2천 원 정도의 외상 매출금이 미회수 상태였지만 농민군 진압을 명목으로 일본군이 내지 곳곳에 퍼져 있는 상황에서는 담걸생도 정세가 안정되는 것을 기다릴 수밖에 없었다.[12]

---

5   譚傑生 → 梁綸卿・羅柱臣(158號信), 甲午 9月 9日, 同前.

6   譚傑生 → 陳達生(書簡), 甲午 10月 1日 同前.

7   앞의 주와 같음.

8   譚傑生 → 梁綸卿・羅柱臣(164號信), 甲午 9月 30日, 『往復文書』21.

9   이에 대한 논문으로 朴宗根(1984)이 있다.

10 譚以時 → 梁綸卿(書簡), 發信日不明, 『往復文書』31. 譚傑生 → 梁綸卿(209號信). 이는 을미5월 27일자 바로 앞에 묶여 있다.

11 음력11월 5일에는 하정생(何挺生)과 이천형(李泉亨)이 나가사키(長崎)를 경유하여 조선에 돌아갔으며 음력12월 2일에는 이익경(李益卿)과 이위초(李偉初)가 인천으로 돌아갔다. 譚傑生 → 万昌和(書簡), 甲午 11月 5日, 『往復文書』24. 譚傑生 → 羅柱臣(180號信), 甲午 12月 2日, 『往復文書』26.

그렇다면 이 시기 조선 화상은 어떠한 입장에 놓여 있었을까. 원세개袁世凱가 개전을 앞두고 귀국한 뒤로 화상들을 보호해야 할 청의 대표자는 없는 셈이었다. 청나라는 화상 보호를 영국에게 의뢰했지만 조선정부도 1894년 12월 보호청상규칙保護淸商規則을 정해 화상을 관리하기 시작했다.[13] 청일전쟁이 끝나자 청나라는 다시 한번 영국에게 조선에 있는 화인 보호를 의뢰했고 조선 측도 이를 인정한 듯하였다.[14] 1895년 12월에는 과거 용산 상무위원이었던 당소의唐紹儀가 총상동總商董으로 서울에 돌아왔으나(1896년 11월에 총영사), 정식 국교 회복에는 더 시간이 필요했다.[15]

이처럼 불안정한 정치 환경하에서도 화상 유입은 계속되었다. 일본 영사의 조사에 의하면 1897년 서울에 거주하던 일본인의 수는 2,063명, 화인은 1,273명이었다고 한다.[16] 1893년 서울에는 1,254명의 화인이 있었다고 하니(〈표 서-6〉) 한청조약韓淸條約 체결에 앞서 이미 전쟁시작 이전보다 많은 수의 화인이 서울에 있었던 셈이다.

이처럼 화상활동은 순조롭게 재개된 듯 보이지만 이들이 청나라의 패배로 앞날에 대한 불안감을 가졌던 것은 상상하기 어렵지 않다. 담걸생의 서간에는 청일전쟁 이전 거의 보지 못했던 정치·사회 정세에 대한 언급이 갑자기 나타난다. 삼국간섭2)이 전쟁으로 발전하는 것에 대한 우려,[17] 대만민주국台灣民主國3)의 저항운동에 대한 칭찬[18] 등 여러 문

---

12 譚傑生 → 淸湖(書簡), 乙未 8月 12日, 『往復文書』31.
13 『고종실록』, 고종31년 11월 임진(20일)조.
14 朴俊炯(2012), 60~61쪽.
15 당소의의 총영사 파견에 대해서는 小原晃(1995).
16 「明治三十年中京城商況年報」, 『通商彙纂』, 112號附錄, 1898.
17 譚傑生 → 梁綸卿·羅柱臣(203號信), 乙未 4月 16日, 『往復文書』31.
18 담걸생은 대만문제에 대하여 요코하마(橫濱)의 복화호(福和號)로부터 받은 신문 등을 통해 정보를 얻었다. 7월(윤5월) 복화호에게 보낸 서간에서는 대만민주국의 선전을 기뻐하며 이로써 '왜노(倭奴)'

제에 대하여 관심을 보여 흥미롭다. 그리고 당연하게도 전쟁 후의 조일 관계도 중대한 관심사 중 하나였다. 4월 17일 시모노세키조약이 체결된 직후인 4월 20일에 양윤경에게 보낸 서간에서 조약은 '국가의 중대사이고 서민에게는 상관이 없다'면서도 '해외에서 상업에 종사하다 보니 나라의 힘이 약하면 모든 일에 있어서 남에게 모욕을 받는다. 앞으로 조선에서 살 수 있을지 어떨지 모르겠다'고 했다.[19] 그리고 구체적으로 걱정되는 점을 다음과 같이 들고 있다.

> 지금 일본은 조선에 철도를 설치하고 평양과 전라도에 개항장을 만들어 통상하고자 합니다. 일본 상인 40~50명이 현지를 조사하고 세무사도 파견되어 해관 장소를 찾고 있다고 하며 반드시 실현될 것이라고 생각합니다. 만약 이 두 항이 늘어난다면 인천과 서울의 장사도 침체될 것입니다.[20]

일본은 청군과의 개전 직전인 7월 23일, 조선왕궁을 무력으로 제압했고 8월 20일에는 잠정합동조관暫定合同條款에 따라 조선정부에게 전쟁협력과 경제이권 제공을 약속케 했다. 경인 및 경부철도 부설과 전라도의 개항장 신설은 여기에 포함된 사항이다. 게다가 일본은 같은 해 12월 평양을 흐르는 대동강 유역에도 개항장 설치를 요구했다.[21] 담걸생

도 외지의 화상을 얕보지 않을 것이라고 했다. 譚傑生 → 譚玉階(12號信), 乙未 閏5月 22日, 同前.

19 "此是國家大事, 似于平民無干, 但在外營商, 國勢□弱, 凡事受人□淩, 未知朝地可能久棲否, 今日本要朝鮮造火車路, 平壤及全羅道開港通商, 日商四五十人去認地段, 稅務司亦往擇地設關, 料必成功之体, 如多分兩港, 則仁漢生意淸淡也." 譚傑生 → 梁綸卿·羅桂臣(201號信), 乙未 3月 26日, 同前.

20 앞의 주와 같음.

21 朴宗根(1982), 113~114쪽.

은 일본이 이 같은 내용을 조선에게 요구했다는 것을 알고 있었을 것이다. 다만 담걸생의 예상과 달리 민비 시해로 일본의 정치적 영향력이 추락하는 가운데 이권 요구는 즉각 실현되지 않았다.

그런데 담걸생은 1895년 12월에 일단 고향인 광동으로 돌아갔다. 처음에는 새해가 되면 조선으로 돌아올 생각이었던 것 같지만 병 때문에 고향에서 머무르는 시간이 길어졌고 간신히 서울로 돌아온 것은 약 1년 후인 1896년 11월이었다.[22] 서울로 돌아온 담걸생은 본호本號에 쌓여 있는 대량의 재고 물량을 보고 충격을 받았다.[23] 동순태뿐만이 아니라 전쟁 경기를 기대하며 많은 물건을 들여온 화상들은 1896년이 되자 판매 저하를 고민하게 되었다.[24] 담걸생은 이 해 12월 초 양윤경에게 보낸 서간에서 지난해(을미년, 1895) 결산은 장부 상으로는 3만 량兩의 이익을 남긴 것으로 되어 있으나 이는 재고를 조작했기 때문이며 올해는 상당히 부진할 것이라고 전하였다.[25]

그리고 같은 서간에서 담걸생은 향후의 사업방침에 대해서도 언급하였다. 담걸생은 먼저 앞에서 언급한 두 항의 개항이 1897년 봄에는 실현되어 평양 및 전남 목포가 개항될 것이라는 소문을 들었으며 만약 그

---

22 譚傑生 → 麗堂(書簡), 丁酉 1月 10日, 『往復文書』 31. 또한 현존하는 담걸생의 편지 가운데 을미년 (1895)의 마지막 서간은 10월 17일에 양윤경 및 나주신(羅柱臣)에게 보낸 229호 서신이며, 그 다음은 병신년(1896) 10월 11일자 양윤경 및 나주신에게 보낸 257호 서신이기 때문에 발신번호로 봐서 30호 정도 분량에 가까운 서간이 없어진 셈이다. 담걸생이 서울을 출발한 것은 을미년 10월 20일경(譚傑生 →)羅子明(書簡), 乙未 10月 2日付)이며 도착한 것은 병신년 10월 2일이므로(譚傑生 →)羅子明(書簡), 丙申 10月 11日付) 정확하게 담걸생의 부재중 편지를 잃어버린 것이다. 이를 뒤집어 생각해보면 담걸생의 귀성 중에도 동순태의 활동은 계속되었던 것이지만 상세한 것은 알 수 없다.

23 譚傑生 → 梁綸卿・羅柱臣(258號信), 日時不明, 『往復文書』 31.

24 「廿九年中仁川港商況年報」, 『通商彙纂』 號外 (1898.3.31).

25 譚傑生 → 梁綸卿・羅柱臣(260號信), 丙申 11月 10日, 『往復文書』 31.

렇게 되면 무역도 각 지역으로 분산되고 동순태도 서울에 머물러 있어
서는 채산이 맞지 않을 것이라는 우려를 나타냈다. 그리고 다음과 같은
형태의 대응을 양윤경에게 제안했다.

　　제 생각으로는 서울을 '총장(總庄)'으로 하고 [다른 곳은] 거기에서 가지처
럼 갈라지게 하여 화물은 한호(漢戶)가 주로 수입하여 인천에 비축해 두고
목포에서 잘 팔리면 목포에, 평양에서 비싸게 팔리면 평양으로 보내도록
하면 [운영자금의] 부담이 작아지지 않을까요. [그러나] 4만 8천 량의 자본
을 세 개 점포로 나누는 것은 충분하지 않고 이자도 불어날 것이기 때문에
실행에 옮기는 것은 어렵다고 생각합니다. 작년 말의 논의에 비추어 자본
을 6만 4천 량으로 하고 다른 자본은 그다지 들지 않게 하면 장사가 어려워
도 극복하기 쉬울 것입니다. 어떻게 할지를 판단해 주시기 바랍니다.[26]

　　실제로 신개항장이 설치된 것은 1897년 10월로 목포 및 (평양에서 보면
대동강 하류의) 진남포가 개항되었다. 담걸생이 제안한 것은 신개항장의
점포 증설이었다. 구체적으로는 한성본호가 상해에서 상품을 한꺼번
에 수입하여 인천에 보관하고 수요의 움직임을 보면서 목포와 평양으
로 나누어 판매하는 방법을 채택할 것, 자본은 기존의 4만 8천 량을 6만
4천 량으로 늘리고 이것을 한성본호, 목포, 평양 3곳이 나눌 것을 제안

26　앞의 주와 같음. "來春平壤及木浦皆開璋, 以漢城而論, 生意分散, 必然大差, 若僅守一隅, 料無
　　生色, 似大聒躕, 另行開庄, 則責資本重, 以弟愚見, 漢號爲總庄, 由漢分枝而去, 各貨物亦由漢號
　　主辦, 存貯仁川, 如木浦好銷場, 則付去木浦, 或平壤好價暢行, 則付去平壤, 如此做法, 不至重
　　責, 如□四萬八千之資本, 分做三庄, 恐不足敷, 演多耗息.口, 則難做□, 不如照前年底所議, 立本
　　六萬四千兩約束, 而做不用多入外款, 雖生意艱難, 亦易做矣, 未知合否, 憑高明裁酌可也."

했다. '작년 말의 논의'라고 하니 담결생이 광동 귀향길에 상해에 들러 양윤경 등과 증자에 대해 상의했을 것이다.

　이 구상 속에서 담결생은 목포를 수입품 판매뿐만 아니라 수출 거점 으로 활용하고자 했으며 관련하여 다음과 같이 설명한다.

　　목포는 전라, 충청의 쌀 산지에 위치하며 일본이 개항을 주장한 것은 오로 지 식량을 노리고 일본에 공급하기 위함입니다. 만약 목포에 정미기계를 설 치하면 날마다 200~300담(擔)의 쌀을 처리할 수 있습니다. 이 지역 쌀은 품 질이 좋고 가격이 저렴합니다. 잘 정미해 블라디보스토크(Vladivostok)나 샌프란시스코(San Francisco) 등으로 운반하면 큰 거래가 되고 반드시 쉽게 이익을 볼 수 있으며 다른 곳에 투자하는 것보다 유리할 것입니다. (…중 략…) 각 항에 보낸 쌀의 대금은 모두 상해에 송금하는 한편, 인천과 서울에 서 상해용 회표(송금어음)를 팔아 자금을 조달해서 쌀을 사들이면 회표 수 수료만큼 이익이 되고, [동순태가 동태호에게 빚진 수입대금의] 이자도 절약 할 수 있으므로 일거양득입니다.[27]

　한반도 남서부의 곡창지대에 위치한 목포가 쌀의 대일 수출 거점이 되는 것은 분명했기 때문에 담결생도 이에 편승하여 쌀 수출에 관여하

27　앞의 주와 같음. "木浦乃是全羅忠淸交界出米地方, 所以日本官主開此埠者, 專爲糧食之計, 以 接濟日本耳, 如是開設做米之機器, 在木浦地方, 每日約出米二三百擔之譜, 該處米好而價賤, 如 做好則分運去海參崴及金山等埠, 此是至大宗之生意, 必易得利, 勝于別處做股份多々, 大約三 万元之資本, 便可足用, 計本號可以全做, 似不用集股理公司也, 機器約五六千元, 起房子五六千 元, 尙存萬餘元之資, 買谷□米, 可能轉動, 付去各埠之米款, 皆滙回申, 在仁漢各賣票回申交, 收 銀買谷, 亦可聽滙水及折息, 可得兩頭之利." 위 사료는 본문에서 생략하여 번역하지 않았던 부 분도 포함한다.

고자 했음을 알 수 있다.[28] 제6, 7장에서 검토한 바를 다시 생각해보면 수출 쌀의 매상을 상해로 보내는 것은 동태호로부터의 수입대금과 상쇄하기 위해서라고 좋을 것이다.[29] 또한 서울에서의 상해용 송금어음 매각도 청일전쟁 전부터 이미 있었던 일이었다. 즉 이 계획은 내지통상과 상해에 대한 수입 결제를 청일전쟁 이전에 했던 것보다 훨씬 큰 규모로 연동시키려고 하는 것이었다.

이와 같은 담걸생의 제안에 동태호가 어떻게 답했는지 동태호 측 서간이 남아 있지 않아 자세히는 모르지만 아무래도 거절한 것 같다. 1897년 1월 담걸생은 동태호의 나주신에게 보낸 서간에서 자본을 4만 8천 량으로 동결한다는 동태호의 결정은 받아들인다면서도 동순태가 이대로 새로운 개항장에 진출하지 않고 '한 쪽 구석을 지키고 있는 것' 만으로는 큰 장사를 하지 못하고 각 지역에 진출한 산동 상인에게도 뒤처질 것이라고 불만을 나타냈다.[30] 결국 좌절되기는 했지만 이 구상은 담걸생이 상해로부터의 수입을 중심으로 하는 전쟁 전부터의 활동을 청일전쟁 후에도 큰 틀에서 계승하면서 동시에 조일 간 무역 확대나 사회기반시설 구조의 변화에 대응한 새로운 사업을 모색하였음을 나타낸다. 이를 염두에 두면서 전후의 상업활동의 실태에 대하여 검토해 보자.

---

28 조선에서는 농민들이 벼로 매각하는 경우가 많아 수출하는 쌀의 증가에 따라 개항장에서는 일본인에 의한 공장제 정미공업이 번성했다. 이헌창(1984)외. 담걸생의 구상은 이를 흉내 내려 한 것이라고 볼 수 있다.

29 인용사료 말미에 있는 '이자'도 동순태가 동태호로부터 빌린 금액에 대해서 지급해야 하는 이자를 가리킨다고 보면 될 것이다.

30 譚傑生 → 羅柱臣(264號信), 丙申 12月 21日, 『往復文書』 31.

2. 청일전쟁 후의 무역활동

동순태의 청일전쟁 후의 무역활동에 대해서는 제6장에서 이용한 것과 같은 거래처의 계산서류가 남아 있지 않아[31] 전체상을 파악하는 것은 어렵다. 단, 경자년(1901)과 계묘년(1903) 두 해에 대해서는 개요를 알수 있다. 한성본호의 제품은 기본적으로 인천을 통해 수출입이 이루어지며 인천의 통관 작업은 인천분호가 대행했다. 본호로부터 경영상 독립했던 인천분호는 대신 납부한 관세나 하역, 포장비 등을 정기적으로 본호에게 청구했다. 그 청구서에는 관세의 기준이 된 상품 수량과 가격이 간략한 형태로 병기되어 있어 이를 정리함으로써 무역 내용도 어느정도 알 수 있다.[32] 금은 등 면세품은 드러나지 않고 상당한 규모였을 것으로 추측되는 홍삼 등의 밀수출도 당연히 파악할 수 없지만 다른 사료가 없는 상황에서는 귀중한 단서가 된다.

〈표 8-1〉은 청구서 기록을 토대로 복원한 상대별, 상품별 무역액을 정리한 것이다. 이로부터 쉽게 알 수 있듯이 두 해 모두 수입이 수출을 크게 웃돌고 있다. 앞에서 설명한 바와 같이 이 수치는 금은 현송現送이나 밀수출은 반영하지 않지만 그것들을 제외한 일반 상품의 무역이 심하게 불균형 상태임을 확인할 수 있다. 수입 대부분은 상해에서 온 것으로 특히 견직물과 면직물의 비중이 크다. 상대방은 지명으로만 표시

---

31 다만 러일전쟁 후인 정미년(1907)의 발송계산서가 상당수 남아 있으며(『同順泰寶號記』, 이 책 〈표 5-1〉 참조) 강진아(2011b) 제4장에서 이를 분석하였다.

32 『진구각화창구단(進口各貨艙口單)』 중 제7권(경자년)과 제8권(계묘년) 수록문서를 이용한다. 이는 인천분호의 한성본호에 대한 대차 발생을 15일 혹은 한 달마다 정리한 것으로 형식은 이 책 제6장에서 본 동태호의 대차계산서와 유사하다. 비목은 다양하지만 본문에 기술한 통관 작업 관련 경비외에 인천에서 서울로의 수송에 관한 경비가 많다. 또한 두 해 모두 12월 것이 빠져 있다.

〈표 8-1〉 청일전쟁 이후 동순태의 무역액 구성(경자·계묘년(1901·1903))

① 경자년(1901)			(엔)
수출	상해	소가죽	6,283
		해산물	157
	고베	쌀	20,368
	합계		26,808
수입	상해	마직물	268
		견직물	51,923
		면직물	14,273
		잡화	2,795
		기타	3,240
	고베	견직물	300
		잡화	178
		기타	902
	나가사키	해산물	89
	홍콩	약재	394
		잡화	1,112
	합계		75,474
② 계묘년(1903)			(엔)
수출	상해	해산물	124
		소가죽	11,265
		잡화	233
	합계		11,622
수입	상해	마직물	3,078
		견직물	42,015
		면직물	18,312
		모직물	576
		잡화	2,131
		곡물	2,217
		기타	240
	홍콩	약재	3,213
		잡화	673
		모직물	221
	요코하마	잡화	875
	연대	잡화	14
	고베	약재	106
	불명	잡화	322
	합계		73,992

주 양쪽 모두 12월분이 빠져 있음. 계묘년은 윤5월을 포함. 인천분호가 해관에서 관세를 납부한 상품만을 대상으로 함. 원 사료의 단위는 '원(元)'으로 당시 조선의 개항장에서 널리 통용되던 일본엔을 가리키는 것으로 보인다.
출처 『進口各貨館口單』(奎27581) 중 第7·8冊의 관련 문서를 집계한 것.

되어 있지만 서간의 왕래 상황과 함께 보면(〈표 5-2〉, 〈표 5-3〉) 상해에서의 거래처는 청일전쟁 후에도 주로 동태호였다고 할 수 있겠다. 즉 이시기 동순태의 무역구조는 동태호로부터의 직물류 수입이 중심이었다는 점에서는 청일전쟁 이전과 크게 다르지 않았다. 거시적 무역통계를 봐도 중국으로부터 조선으로의 수출이 거의 모두 상해에서 이루어지는 상황은 청일전쟁 이후에도 변함이 없다.(〈표 서-3〉)

단, 화상이 이용할 수 있는 중국과 조선 사이의 사회기반시설과 무역관련 서비스는 청일전쟁 전후로 큰 변화가 생겼다. 하나의 예로 상해와 인천 사이의 항로에 대해서 살펴보자. 1888년 개설된 윤선초상국의 상해-인천선은 조선 화상의 중요한 수송 수단이었지만 청일전쟁으로 중단된 후에는 부활하지 않았다. 같은 구간에 1889년부터 참가한 일본우선日本郵船은 전후에도 운항을 계속했으나 1900년 의화단 사건[4]을 계기로 철수했다.[33] 그리고 이 틈을 메운 것은 1890년대부터 급속하게 동북아시아에서의 활동을 확대한 러시아 기선이었다. 블라디보스토크의 셰베로프사에 의한 상해-블라디보스토크선(1891년 개설)이 1896년부터 인천에도 기항하였고 같은 회사 항로가 1899년 말부터 동청철도東淸鐵道의 자회사인 동청철도기선회사에 인계된 후에도 인천-상해 항로는 유지되었다.[34] 〈표 8-2〉는 인천의 기선 입항 톤수를 선적국船籍國 별로 집

---

33 일본우선의 항로는 상해-블라디보스토크 간을 연결한 것으로 도중에 인천에 기항했다. 이 항로는 1894년에 홍콩-블라디보스토크선, 1900년 3월에 나가사키-홍콩선으로 바뀌며 유지되었다. 小風秀雅(1995), 239쪽. 하지만 1900년 의화단 사건 때 어용선(御用船) 징발을 계기로 휴항하였고 재개되지 않았다. 「仁川三十三年貿易年報」, 『通商彙纂』 198號, 1901.
34 셰베로프사에 대해서는 小風秀雅(1995), 236쪽, 原暉之(1998), 142~144쪽. 동청철도기선회사에 대해서는 麻田雅文(2006). 러시아기선의 인천 기항에 대해서는 이시카와료타(2012)에서 자세히 검토했다. 또한 1903년부터는 함부르크 아메리칸 라인(Hamburg American Line)도 인천-상해 노선에 뛰어들었다. 이 회사가 신설한 홍콩-상해-우장선이 인천에도 기항했기 때

〈표 8-2〉 인천 입항 기선의 추이(선적국별)(1888~1905) (톤)

연도	일본	청	러시아	기타	외국선박 합계	조선선박
1888	35,687	4,355	0	9,620	49,662	4,542
1889	52,956	12,278	0	6,706	71,940	1,923
1890	70,394	7,660	0	14,115	92,169	4,720
1891	81,987	10,841	0	6,851	99,679	5,217
1892	85,377	14,243	258	15,369	115,247	3,692
1893	73,305	14,011	0	4,776	92,092	24,186
1894	58,769	10,172	258	18,295	87,494	21,523
1895	47,780	0	0	38,089	85,869	22,452
1896	118,145	0	2,202	5,271	125,618	10,375
1897	122,155	0	9,133	24,163	155,451	25,931
1898	111,981	0	10,643	18,143	140,766	19,969
1899	115,478	0	15,348	2,388	133,214	14,301
1900	146,134	0	14,998	4,902	166,034	22,788
1901	169,774	0	17,635	6,852	194,261	25,792
1902	186,050	0	58,332	8,592	252,975	34,877
1903	279,594	241	57,253	20,309	357,397	28,883
1904	184,378	9,045	6,256	178,526	378,205	55,186
1905	334.878	12.270	0	155.233	512.381	28.752

주 각국 수치와 합계 수치의 오류는 원 사료 그대로임.

출처 1888~1894년 : 영국 *Commercial Reprots*, each year. 1895~1900, 1902년 : (『통상휘찬(通商彙纂)』에 수록된 인천무역연보(仁川貿易年報), 각 연도 단, 1899·1900년은 분기 보고의 수치를 합산(『通商彙纂』 55號號外, 93號號外, 110號, 155號, 173號, 180號, 181號, 189號, 明治36 年臨時增刊7號). 1901,1903~1905 : Korea Imperial Mantime Customs, *Returns of Trade and Trade Repors*, each year.

계한 것이다. 일관되게 일본 선박의 비율이 가장 높았지만 그 다음을 보면 청일전쟁을 경계로 청국선에서 러시아선으로의 극적인 전환이 일어났음을 알 수 있다.

이러한 상황 변화에 대응하여 동순태가 이용하는 기선도 바뀌었다.

문이었다. 「仁川第二季貿易」, 『通商彙纂』 明治37年12號, 1904.

<표 8-3> 인천분호의 서간에 나타난 상해항로선의 인천입항(계묘년)

입항일(양력환산)		선박명(○는 동청철도기선 소속)		출항지	출처(서간 발신일)
1.19	(1903.2.16)	阿根船, 亞根船 (Argun)	○	상해	1.17 / 1.19 / 1.20
1.24	(〃 .2.21)	亞根輪船(Argun)	○	여순	1.24
2.4	(〃 .3.2)	亞根船(Argun)	○	상해	2.3 / 2.4(2) / 2.5
2.9	(〃 .3.7)	亞根船(Argun) or寧古塔船(Ninguta)	○	여순	2.9 / 2.10
2.22	(〃 .3.20)	寧古塔船(Ninguta)		상해	2.22
3.3	(〃 .3.31)	亞根船(Argun)	○	〃	3.1 / 3.4 / 3.5
4.8	(〃 .5.4)	〃	○	〃	4.8
5.10	(〃 .6.5)	〃	○	〃	5.10
5.14	(〃 .6.9)	〃	○	여순	5.13
5.24	(〃 .6.19)	〃	○	상해	5.25
윤5.24	(〃 .7.18)	黑龍工船(Amur)	○	〃	윤5.25 / 윤5.27, 윤5.29(2) / 6.1
7.4	(〃 .8.26)	〃	○	여순	7.5
7.15	(〃 .9.6)	〃	○	상해	7.15
8.10	(〃 .9.30)	西爪船(Silka)	○	여순	8.10(2)
8.18	(〃 .9.30)	布倫杜船(Pronto)		상해	8.18
8.28	(〃 .10.18)	齊々哈爾船 (Tsitsikar)	○	여순	8.24 / 8.28
9.7	(〃 .10.27)	蘇路北船(Sullberg)		상해	9.8
9.8	(〃 .10.28)	西爪船(Silka)		〃	9.8
9.13	(〃 .11.2)	〃	○	여순	9.14
9.27?	(〃 .11.16)	〃	○	〃	9.27
10.5	(〃 .11.23)	〃	○	상해	10.6 / 10.9
10.14?	(〃 .12.2)	〃	○	여순	10.14
10.20	(〃 .12.8)	蘇路北船(Sullberg)		상해	10.16 / 10.17 / 10.20
10.22	(〃 .12.10)	鐵路公司船	○	〃	10.19 / 10.23
11.9	(〃 .12.27)	桑吉利船(Sungari)	○	〃	11.9 / 11.10 / 11.12 / 11.13
11.17	(1904.1.4)	西加船(Silka), 俄船	○	여순	11.16 / 11.17(2)
12.1	(〃 .1.18)	桑吉利船(Sungari)	○	〃	12.1

입항일(양력환산)		선박명(○는 동청철도기선 소속)		출항지	출처(서간 발신일)
12.9	(〃 .1.26)	松花エ船(Sungari)	○	상해	12.9
12.16	(〃 .2.2)	桑吉利船(Sungari)	○	여순	12.17
12.17	(〃 .2.3)	普安渡船(Pronto)		상해	12.15/ 12.17(2)

'입항일'은 서간에 나타나는 음력 날짜이며 괄호 안에 양력으로 표시했다. 서간의 입항일이 애매한 경우는 물음표(?)를 붙였다.
'선박명'은 서간에 보이는 한자 음의 선박명과 영어표기의 원래 선박명을 병기했다. 원래 선박명의 추정에 대해서는 이 장의 주 35) 참조
'출처(서간 발신일)'는 해당 기사를 포함하는 서간의 발신일이다. 수・발신자는 생략했지만 모두 동순태 인천분호가 한성본호 앞으로 보낸
서간이다. 같은 날짜의 서간이 2통 있는 경우는 (2)로 표시하였다.
출처 『同泰來信』癸卯, 中, 下卷(奎27584-8, 9, 10)

〈표 8-3〉은 인천분호가 한성본호 앞으로 보낸 서간에서 계묘년(1903)
인천에 들어온 상해 항로를 운항하는 선박의 입항 상황을 뽑은 것이다.
여기에 나타나는 배 대부분은 동청철도기선 소속이었으며[35] 동순태도
이를 이용하여 동태호와의 교역을 계속했다고 봐도 된다. 또한 동태호
와의 서간 왕복도 마찬가지였다.[36] 무역 경향상, 편도로만 짐을 싣기 쉬
운 인천-상해 구간은 기선회사의 경영 입장에서 보면 효율이 나쁜 구

35 〈표 8-3〉의 선박명에 대해서 보충하여 설명해 두겠다. 동순태 문서에서 한자음사(漢字音寫)의
형태로 나타나는 선박명은 현대의 한자음을 단서로 해서 영어 표기로 원선박명을 추정, 기입했
다. 동청철도기선 소속 선박명은 麻田雅文(2006), 54쪽에 따랐으며, 함부르크 아메리칸 라인의
선박명은 주 33)에서 참고한 일본영사보고를 따랐다. 구체적인 추정 과정은 다음과 같다. ①
서가선(西加船)(한자음 xijia, 이하 같음)은 계묘년 11월 17일자 서간에 '아선(俄船)'이라고 나와
있어 러시아 선박으로 확인된다(이하 연도는 생략, 모두 『동태래신(同泰來信)』8~10에 수록된
인천분호・이익경 발신서간). 이는 동청철도기선 소속선 중 소리가 가까운 Silka호로 추정된다.
서조선(西爪船, xizhua)도 마찬가지이다. ② 아근선(亞根船, Agun), 아근선(阿根船, Agun)은 1월
20일자 서간에 '철로공사선(鐵路公司船)'이라고 기록되어 있는 것으로 보아 동청철도기선으로
추측된다. 가장 소리가 가까운 것은 Argun호이다. ③ 상길리선(桑吉利船, sangjili)은 12월 24일
자 서간에 제물포 해전 때 출항하지 못했다는 기술이 있어 동청철도기선의 sungari호로 보인다.
④ 소로북선(蘇路北船, sulubei)은 10월 19일 밤에 상해에서 입항했다는 기록이 있다(10월 20일자
서간). 사흘 뒤인 10월 22일에 '철로공사선'이 역시 상해에서 입항하였다는 기록이 있으므로(10월
23일 자 서간) 소로 북선을 동청철도기선 소속의 선박이라고 보는 것은 운항 간격의 측면에서
보면 부자연스럽기 때문에 함부르크 아메리칸 라인의 Sullberg호에 추정하는 것이 맞다. 포륜
두・보안도(布倫杜・普安渡)는 같은 회사의 pronto호로 추정했다.
36 "昨晚亞根船已到步, 因風大信箱未能埋候, 到今早十一點, 乃得到信耳, 卽得申號春函付上"(李
益卿 → 譚傑生(書簡), 癸卯 3月 4日, 『同泰來信』8), "鐵路公司船云今晚或明早可抵仁, 申號信
祈預早籌便寄去, 免至臨時不及之患"(何介眉 → 譚象喬(書簡), 癸卯 10月 19日 『同泰來信』10).

간이었으며 그 만큼 정치 환경의 변화에 의해 빈번하게 개설, 폐지가 반복되었다.[37] 동순태를 비롯한 조선 화상의 상해무역은 이러한 변화 속에서 유지되었다.

〈표 8-1〉로 되돌아가 동순태의 수출무역도 살펴보자. 수입품에 비해 품목과 금액 모두 한정적인 가운데 경자, 계묘 두 해에 걸쳐 상해로의 최대 수출품이었던 것은 소가죽이었다. 조선산 소가죽은 개항 초기부터 일본에 수출되었지만[38] 화상에 의한 중국 수출은 적어도 청일전쟁 이전에는 눈에 띄지 않았다. 일본영사보고에 의하면 1903년 초부터 급격하게 상해 시세가 상승하였고 이에 따라 화상에 의한 인천으로부터의 수출이 증가했다고 한다.[39] 또한 같은 해 인천분호의 서간에서는 영구의 소가죽 값 상승이 현저하여 이를 호기로 본 산동 상인이 인천에도 매입하러 왔다고 설명한다.[40] 만주 정세가 긴장 국면에 들어가면서 군장용 소가죽 수요가 증가했다면 그것은 1903년에 갑자기 일어난 것이 아니고 1898년 러시아의 관동주關東州 점령 때부터 징조가 있었을 것이다. 동순태에 의한 소가죽 수출도 그러한 정세 변화에 대응한 것이라고 생각할 수 있다.

그리고 이보다 더 이전인 1896년에는 담걸생이 블라디보스토크의

---

37 러일전쟁이 끝나자 과거 동청철도기선이 운영한 항로는 러시아의 동아기선회사(東亞汽船會社)가 이어받아 독일 선박을 빌려 재개했지만 1907년 봄에는 중단되었다. 이후 조선우선(朝鮮郵船)에 의해 상해와 인천을 잇는 직항 정기항로가 재개된 것은 1924년의 일이다. 「朝鮮元山商務情形(光緒33年春夏)」,『商務官報』戊申1期, 淸國商部, 1908. 「釜山商務情形(光緒33年春夏)」, 同戊申二期, 1908.

38 단, 개항 초기에는 일본에 수출된 소가죽도 중국에 상당 부분이 재수출된 듯하며 최종 소비지에 대해서는 분명치 않다. 村上勝彦(1975), 238쪽.

39 「仁川第一季貿易」,『通商彙纂』明治36年改32號, 1903, 17쪽. 「仁川第二季貿易」同, 明治37年12號, 1904, 11쪽. 「仁川第三季貿易」同, 明治37年19號, 1904, 21쪽.

40 李益卿 → 譚傑生(書簡), 癸卯9月16日,『同泰來信』9.

거래처인 복태륭福泰隆과 의논하여 공동으로 흑하黑河(현 흑룡강성黑龍江省 흑하시)로의 곡물 수출을 계획했던 일이 있었다.[41] 흑하는 아무르Amur강을 사이에 두고 러시아의 블라고베셴스크Blagoveshchensk와 마주하며 금채굴과 관련하여 19세기 후반부터 많은 화인 노동자가 유입하였다. 담걸생의 계획은 러시아 철도 건설 근로자들에게 식량을 공급하겠다는 것이었으며,[42] 시베리아철도 혹은 동청철도 건설에 관여하겠다는 시도였던 것으로 보인다. 결국 담걸생은 위험부담이 크다며 계획 단계에서 포기했으나[43] 양윤경이 적극적으로 뛰어들었고 현지와는 연락이 잘 안 되어 큰 손실을 봤다.[44] 실패로 끝났지만 이 사례에서는 동순태 및 동태호가 청일전쟁 이후의 국제 환경 변화에 적극적으로 대응하며 새로운 기회를 모색하고 있었음을 알 수 있다.

다시 〈표 8-1〉로 되돌아가 소가죽 이외의 수출품으로서 경자년(1901)에 꽤 많은 금액의 쌀이 고베로 보내졌던 것에 주목할 수 있다. 구체적으로는 이 해 음력 7월에서 9월에 걸쳐 현미와 백미를 합쳐서 5714.66담을 수출했다. 고베의 수입자는 청일전쟁 전부터 거래했던 상륭호라 봐도 좋겠다. 제7장에서 살펴본 것처럼 동순태는 1893년부터 전주에서 쌀을 매입하기 시작했으나 갑오농민전쟁 발발로 얼마 지나지 않아 중단할 수밖에 없었다. 이 표에서 동순태가 청일전쟁 이후 조선쌀을 다시 취급했음을 알 수 있다. 이들 쌀이 어떻게 조달되었는지에 대해서는 다

---

41 譚傑生 → 梁綸卿・羅柱臣(262號信), 丙申 12月 9日, 『往復文書』 31.

42 譚傑生 → 羅植三(書簡), 戊戌 10月 13日, 『往復文書』 32. 譚傑生 → 羅植三(書簡), 戊戌 11月5日, 同前.

43 譚傑生 → 梁綸卿・羅柱臣(263號信), 丙申 12月 14日, 『往復文書』 31.

44 주 42)와 같음. 또 譚傑生 → 羅植三(書簡), 戊戌 9月 1日, 『往復文書』 32.

음 절에서 다시 검토한다.

마지막으로 이 표에 나타나지 않는 홍삼 수출에 대해서도 살펴보고자 한다. 홍삼은 개항 후에도 포삼제包蔘制에 의한 육로 수출만 허용됐지만 청일전쟁 중의 갑오개혁으로 포삼제를 운영하던 사역원司譯院이 폐지되면서 신설된 탁지아문度支衙門5)의 관리하에 일정 세금을 낸 상인들에게 인천으로부터의 해로 수출을 허용하게 됐다.[45]

담걸생은 일찍이 1895년부터 인천을 경유하는 홍삼 수출에 참여했다. 대부분은 '관삼官蔘'이라고 해서[46] 수출권을 가진 조선인에게 명의를 빌리거나 하청을 받는 형태로 수출한 것이다. 1897년에는 산동 상인 동순성同順成과 협력하여 연대 경유로 관삼을 수출하는 한편,[47] 1899년 초에는 소란포邵蘭圃를 개성에 파견하여 이전에 백미삼 조달을 중개한 유경량(제7장 참조)을 끌어들여 관삼을 매입하려 했다.[48] 그리고 양윤경에게도 공동사업으로 관삼 수출을 제안했다.[49]

---

45 1894년 탁지아문이 제정한 포삼규칙(包蔘規則)은 규정된 세금을 납입한 자에게 홍삼의 판매, 수출을 허용했다(今村鞆(1971) 2卷, 422~424쪽). 1895년에는 32명의 상인이 인천에서 연대로 홍삼을 수출한 사실을 알 수 있다(양상현(1996), 151쪽). 다만 홍삼의 담당 관청은 (탁지아문→)탁지부(度支部), 농상공부(農商工部)와 궁내부(宮內府) 사이를 왔다갔다하며 불안정한 상태였다. 1898년 궁내부 내장사(內藏司)의 직무에 홍삼 업무가 추가되었고 이듬해 내장사가 내장원(內藏院)으로 개편됨으로써 홍삼이 황실 재정으로 포함되었다(앞과 같음, 126~133쪽).

46 1895년 6월 연대로 관삼 9천 근을 발송했고 홍콩에는 7천 근을 수출할 예정이었다고 한다(譚傑生→載臣·子明(8號信), 乙未 5月 14日, 『往復文書』 31). 1896년 담걸생의 설명에 따르면 청일전쟁 전 조선 전체에서 관삼 2만 7~8천 근, 사화(私貨) 2만 근 정도가 제조되었지만, 전후에는 관삼 1만 5천 근, 사화 1만근 정도가 되었다고 한다(譚傑生→梁綸卿·羅柱臣(262號信), 丙申 12月 9日, 同前). 이와 비교하면 위의 동순태의 관삼 수출액은 상당히 큰 것임을 알 수 있다. 또한 1895년에는 고베 경유로 홍콩에 '삼창에서 빼돌린' 사화 32포도 수출한 적이 있어 밀수에 가담하지 않은 것은 아니었다(譚傑生→梁綸卿·羅柱臣9號信, 乙未 5月 24日, 同前).

47 譚傑生→羅柱臣(267號信), 丁酉 1月 25日, 同前.

48 다만 이 시도는 동순태가 인삼을 받지 못하여 실패했다. 譚傑生→邵蘭甫(書簡), 己亥 1月 2日, 『往復文書』 32. 譚傑生→邵蘭甫(書簡)己亥 1月 13日, 同前.

49 譚傑生→羅柱臣(264號信), 丙申 12月 21日, 同前. 다만 이것이 실행에 옮겨졌는지는 확인하기 어렵다.

그러나 이러한 형태의 홍삼 수출은 오래가지 않았다. 황실 재정 확대를 꾀하던 고종의 뜻에 따라 황실 재산을 관리하는 내장원內藏院이 1899년부터 홍삼을 관리하에 두고 전매제를 실시하였다. 수출은 특정 상사가 일괄적으로 도급받기로 되어[50] 동순태의 참가는 어려웠다. 또한 약간의 밀수출은 계속했지만[51] 담걸생은 청일전쟁 직후부터 위험이 큰 밀수출에는 소극적이었고[52] 홍삼 전매화 이후에는 단속이 엄격해지는 것을 우려하여 더욱 신중해졌다.[53] 사료의 성격상 밀무역까지 드러나 있지 않지만 〈표 8-1〉에 나타난 상황으로 보아 동순태의 홍삼 수출은 감소했던 것 같다.

위와 같이 청일전쟁 후 동순태의 대외무역은 상해에서 인천으로의 수입을 주된 축으로 했다는 점에서 청일전쟁 이전과 다르지 않았지만 이를 뒷받침하는 사회기반시설의 구조는 크게 재편되었다. 그리고 홍삼 수출이 어려워진 반면, 쌀과 소가죽이 새롭게 중요한 수출품으로 떠올랐다. 철도 부설과 개항장 신설로 서울과 인천의 무역이 급속히 감소할 것이라는 종전 이후에 대한 담걸생의 비관적인 전망은 반드시 현실이 되지는 않았지만(실제로 인천의 무역이 큰 위기에 직면하는 것은 1905년의 경

50 주45)에서 언급한 것처럼 청일전쟁 후의 홍삼 관리체제는 유동적이어서 결정적인 시기를 확정하기 어렵다. 양정필(2001)은 1899년에 이용익의 주도로 홍삼의 황실 재산화, 전매화가 본격화되었다고 하며 이 책도 이를 따랐다(33쪽). 그리고 양상현(1996)에 따르면 1899년산 홍삼부터 특정 업체의 독점판매가 시작됐으며 세창양행(世昌洋行), 용동상회(龍動商會)(미상), 미츠이물산(三井物産) 등이 위탁에 응하였다(152쪽). 또한 김재호(1997)는 1900년부터 미쓰이물산이 독점 계약을 맺었다고 한다(198쪽). 한편 한국이 보호국화되면서 홍삼의 전매권은 궁중에서 정부로 넘어가고 입찰을 통해서 불하받게 되었다(1908년 홍삼전매법). 이 제도에서 첫 번째 낙찰자는 동순태였다(今村鞆(1971) 2卷, 448쪽).

51 譚傑生 → 羅柱臣(371號信), 己亥 2月 25日, 『往復文書』 32.

52 1898년 담걸생의 서간에서는 을년(1895)부터 위험해서 '사화'(밀수품)의 취급을 삼가하고 있다고 설명한다. 譚傑生 → 陳達生(書簡), 戊戌 8月 21日, 同前.

53 譚傑生 → 譚秀枝・麥葦拔(137號信), 己亥 7月 30日, 同前.

부철도 개통 후이다) 그래도 전후 국제 환경의 변화는 여러 방면에서 동순태의 무역활동에 영향을 미쳤던 것이다.

3. 내지통상의 전개와 쌀 매입

1) 내지통상 재개와 거점 확대

갑오농민전쟁 및 청일전쟁의 영향으로 중단된 내지통상은 1896년 말 재개하였다. 〈표 8-4〉는 앞 장의 〈표 7-2〉와 마찬가지로 내지 점원과 한성본호 사이에서 오고 간 현존하는 서간을 정리한 것이다.

이 표에 나타나는 활동 지역 가운데 청일전쟁 전부터 내지통상을 하고 있었던 곳은 전주·율포와 개성으로, 강경(충남)과 군산(전북)은 전후에 새롭게 점원이 파견된 장소이다. 또한 군산은 1899년에 개항장이 되었기 때문에 이곳에서의 활동을 내지통상으로 보는 것은 적절하지 않지만 이 표에는 편의상 포함하였다.

전후 가장 먼저 점원이 파견된 곳은 전주였다. 앞에서 언급한 바와 같이 담걸생은 전쟁 종결 직후부터 방치 상태였던 전주의 채권회수에 관심이 었었다. 그러나 곧바로 내지에 들어가지 못하고 1896년에 고향에 갔다가 서울로 돌아온 후 어렵사리 전주에 하정생을 파견했다. 하정생은 청일전쟁 전에도 전주에 파견되었던 인물이다. 하정생은 그해 12월 15일(음력 11월 11일), 조선인의 재래식 선박으로 인천을 출발했고[54] 전주에 도착한 뒤에는 객주를 찾아 체류했다.[55] 한편 만경강의 하항河港이자 전주 화물

---

54 譚傑生 → 何梃生(1號信), 丙申 12月 21日, 『往復文書』 31.

<표 8-4> 내지통상 관련 서간(청일전쟁 이후)
(상단 : 건수, 중간 단 : 연내 최초/최후 서간과 발신번호, 하단 : 수신자 혹은 발신자)

① 한성본호 발신

연도	전주, 율포	강경	개성
병신 (1896)	3건		
	12/21(1호)~12/26(2호)		
	하정생(何廷生) 3		
정유 (1897)	41건		
	1/3 (3호)~8/12 (39호)	강경	개성
	하정생(何廷生) 37, 고수흥(古穗興) 12, 왕정삼(王鼎三) 4, 고위경(古渭卿) 1		
무술 (1898)	27건	15건	13건
	6/15(92호)~12/29(117호)	6/14(33호)~7/25(36호),9/24(I호)~12/29(12호)	11/24(번호 없음)~12/28(번호 없음)
	이정파(李靜波) 27, 고수흥(古穗興) 27	맥군발(麥羣拔) 8, 담수지(譚秀枝) 8, 정덕윤(鄭德潤) 3	소란포(邵蘭圃) 13
기해 (1899)	23건	5건	3건
	1/9(118호)~8/6(140호)	1/9(13호)~2/24(17호)	1/2(번호 없음)~1/13(번호 없음)
	이정파(李靜波) 7, 고수흥(古穗興) 12, 맥군발(麥羣拔) 13, 담수지(譚秀枝) 15, 황태분(黃泰芬) 8	담수지(譚秀枝) 5	소란포(邵蘭圃) 3

---

55 譚傑生 → 羅柱臣(265號信), 丙申 12月 23日, 同前.

② 한성본호로 온 수신

연도	전주, 율포	군산
계묘 (1903)	2건	2건
	1/8(15호), 2/5(번호 없음)	1/6(166호),1/10(번호 없음)
	맥군발(麥羣拔) 2	이정파(李靜波) 2
갑진 (1904)	2건	
	4/1(번호 없음, 2건)	
	하정생(何廷生) 2	
을사 (1905)	7건	39건
	1/11(18호)~2/23(24호), 9/9(5호)	1/7(번호 없음), 1/11(304호)~ 12/14 (360호)
	맥군발(麥羣拔) 6, 상개(常鍇) 1	이정파(李靜波) 29, 이위초(李偉初) 7, 맥군발(麥羣拔) 1, 불명2
불명	1건	
	4/24 (번호 없음)	
	나명계(羅明階) 1	

주 동순태 문서에 포함된 내지 파견 점원을 상대로 수·발신된 청일전쟁 이후의 서간을 정리한 것으로 〈표7-2〉에 이어짐. 각 난의 상세한 내용은 〈표7-2〉와 동일.

의 선적지인 율포에는 하정생과 동행한 왕정삼王鼎三이 체류했다.[56]

그런데 이 무렵 조선과 청나라의 국교는 아직 회복하지 못한 상태였으며 화상은 1895년 9월부터 영국의 보호하에 있었다.(앞에서 언급) 이러한 상황에서 화상의 내지통상이 어떻게 이루어졌는지는 자세히 알 수 없다. 1894년 조선정부가 제정한 보호청상규칙保護淸商規則에 의하면 '산업화물'을 내지에 남겨둔 자에 한해서 조선정부로부터 호조護照(허가증)를 받아 회수하러 갈 수 있었다.(제5조) 그러나 1896년 8월에 총상동 당소의가 기안한 '효유화상조규曉諭華商條規'에서는 내지에 물품을 매입하

---

56 譚傑生 → 何梃生(2號信), 丙申 12月 26日, 同前. 譚傑生 → 王鼎三(書簡), 丁酉 1月13日, 同前.

기 위해 들어갈 경우, 대상호의 보증이 없으면 호조를 제공하지 않는 것으로 되어 있어[57] 당소의의 권한으로 내지통상이 허용되었을 가능성이 높다. 아무튼 담걸생이 하정생을 파견한 직접적인 목적은 전쟁 전의 매각 자금 회수였지만 동시에 전쟁 경기가 과열되었을 때 가지고 있던 수입품 재고를 처리하려는 계획도 있었다.[58] 재고를 처리한 대금으로 쌀을 사겠다는 생각도 있었으며[59] 애초부터 내지통상을 본격적으로 전개하겠다고 의도했음은 분명하다.

전주에는 이후에도 계속 점원이 머물면서 담걸생과 연락을 주고받으며 활동을 이어갔다. 〈표 8-4〉에 의하면 한성본호에서 전주로 보낸 서간은 1899년까지 남아 있는데 마지막은 음력 8월 6일 자(1899.9.10) 140호 서신이다.[60] 이 발신번호는 하정생 파견 직후인 병신년 12월 21일 자 1호 서신부터 이어지므로[61] 평균하면 매달 4~5회 발신된 셈이다. 또한 전주로부터 온 서신은 을사년(1905) 것까지 남아 있어[62] 적어도 러일전쟁까지는 전주에서의 내지통상이 계속되었고 청일전쟁 이후 내지통상에서 전주가 가장 중요한 거점이었음을 알 수 있다.[63]

---

57 「曉諭華商條規」, 第3款. 北洋大臣 → 總理衙門(函), 光緒 22年 7月 15日, 『淸季中日韓關係史料』 3298番(附件1).

58 譚傑生 → 何梃生(續1號信), 丙申 12月 23日, 同前. 특히 기대한 것은 수입 면직물의 매각이었다. 1897년 초 담걸생이 동태호에게 보낸 서간에서는 재고 시포(市布) 중 600필은 전주에서 이미 매각에 성공했고 나머지 1천 필도 봄 이후 전주에서 매각할 수 있다고 말한다. 譚傑生 → 羅柱臣(266號信), 丁酉 1月 20日, 同前.

59 譚傑生 → 何梃生(11號信), 丁酉 3月 8日, 同前. 譚傑生 → 王鼎三(書簡), 丁酉 1月 13日, 同前.

60 譚傑生 → 麥羣拔·古穗興·譚秀枝(140號信), 己亥 8月 6日, 『往復文書』 32.

61 譚傑生 → 何梃生(1號信), 丙申 12月 21日, 『往復文書』 31.

62 〈표 8-4〉에서 알 수 있듯이 전주에서 한성본호로 보낸 서간은 발신번호가 연속적이지 않아 어느 정도의 빈도로 서간이 발신되었는지 추측할 수 없다.

63 1905년 군산에서 발신된 서간에서는 전주의 정세가 불안정하기 때문에 철수를 생각하고 있다고 나와 있다. 러일전쟁, 보호국화를 계기로 일어난 의병운동 등의 혼란을 염두에 두었다고 보인다. 그러나 그 이후는 사료가 없어져 분명하지 않다. 李靜波 → 譚傑生(309號信), 乙巳

한편 전주에 이어 점원이 파견된 곳은 충남 강경이다. 강경은 황해로 흘러드는 금강 중류의 하항으로 조선 후기부터 전국 유수의 상업도시로 발전하였다. 〈표 8-4〉에 제시한 바와 같이 한성본호에서 강경으로 보낸 서간은 1898년 33호 서신부터만 남아 있지만 실제로는 1897년부터 맥군발麥羣拔이 조선인 정덕윤을 동반하여 강경에 내려와 쌀 매입을 남낭하였다.[64] 맥군발은 1898년 여름, 뒤에서 언급하는 바와 같이 조선인과 분쟁을 일으켜 서울로 소환되고[65] 담수지譚秀枝가 새로 파견되어 쌀 매입 일을 맡았다.[66] 하지만 담수지도 이듬해 4월경 서울로 소환되었으며 그 후에는 강경에 점원을 파견한 흔적은 없다.[67]

그런데 담수지는 강경 체류 중이던 1898년 말 전라남도 목포에 일시 파견되기도 하였다. 청일전쟁 직후부터 개항할 것이라는 소문이 돌았던 목포는 1897년 10월에 드디어 개항하였다. 담걸생이 담수지를 파견한 것은 목포의 각국 거류지에 땅을 구입하기 위해서였다.[68] 그 배경에는 각국 거류지가 일본인에게 점거되는 것을 싫어한 '총서' 즉 총영사 당소의의 뜻이 있었다고 하지만,[69] 담걸생 자신도 전주나 강경에서 사들인 쌀을 실어내기 위해 목포에 거점을 확보하려는 생각이 있었다.[70] 담걸생은 이미 1896

2月 9日, 『同泰來信』 11.

64 譚傑生 → 麥羣拔(書簡), 戊戌 7月 25日付, 36號信, 同前.

65 譚傑生 → 譚秀枝(2號信), 戊戌 10月 18日, 『往復文書』 32. 譚傑生 → 李靜波·古穗興(96號信), 戊戌 7月 25日, 同前.

66 譚傑生 → 李靜波·古穗興(103號信), 戊戌 9月 4日, 同前. 譚傑生 → 秀芝(譚秀枝(?))(1號信), 戊戌 9月 24日, 同前. 1898년 도중에 편지의 발신번호가 한번 끊기고 1호부터 다시 시작하는 것도 이러한 사정을 반영한 것이다(〈표 8-4〉).

67 1899년이 되자 담걸생은 담수지에게 강경에서 일을 끝내고 전주를 돕도록 명령하였고(譚傑生 → 譚秀枝(17號信), 己亥 2月 24日, 同前), 이를 마지막으로 강경으로 보내는 담걸생의 편지는 없다.

68 정확히는 경매에 의해 영조권(永租權)을 취득했다. 譚傑生 → 譚秀枝·麥羣拔(9號信), 戊戌 12月 9日, 『往復文書』 32.

69 譚傑生 → 子壽(仁川義生盛)(書簡), 日付不明, 同前.

년 목포에 분호를 신설할 것을 동태호에게 제안했으나 거절되었고 결국 거류지에서의 토지 취득을 통해 3년이나 걸려 거점을 얻은 셈이었다.[71]

다만 목포에서는 그 후에도 분호가 설치된 흔적은 없고 1903년에는 빈 점포를 일본인에게 빌려 주려고 했던 것만 확인할 수 있다.[72] 목포에서 본격적으로 활동하지 않은 이유는 알 수 없으나 1899년 5월에 금강 하구에 있는 전라북도 군산이 개항하면서 담걸생의 관심도 그쪽으로 옮겨갔기 때문은 아닐까 싶다. 전주 및 강경으로부터의 거리는 군산이 훨씬 가까웠다. 담걸생은 1898년에는 군산 개항설을 듣고 점포 설치 후보지로 관심을 보였다.[73] 1899년에는 신개항장 파견 요원으로 홍콩의 안화태安和泰에게 점원 알선을 의뢰하기도 하여[74] 군산에서의 개점 계획을 구체화하고 있었다고 보인다.

그런데 동순태가 실제로 군산에 진출했던 시기는 확인할 수 없다. 〈표 8-4〉에 나타낸 것처럼 군산과 관련하여 남아 있는 편지 중 가장 오래된 것은 1903년 음력 1월에 군산에서 한성본호에 보낸 166호 서신이다.[75] 남아 있는 마지막 서간은 1905년의 음력 12월에 발신된 360호 서신이니[76] 이 사이의 서신 번호로 1년간 50~60통 정도 서신이 작성되었다고

---

70 譚傑生 → 李靜波·古穂興(108號信), 戊戌 10月 17日, 同前.
71 이 무렵 담걸생은 내지통상 요원으로 새로운 점원을 추천해 달라고 양윤경에게 요청하는 등 지방에서의 활동 확대에 높은 관심을 가지고 있었음을 알 수 있다. 譚傑生 → 梁綸卿·羅桂臣(書簡), 戊戌 8月 29日, 同前.
72 周祺蘭 → 譚傑生(書簡), 癸卯 7月 21日, 『同泰來信』9. 이와 더불어 1905년에는 목포의 건물을 해체하여 군산에 이축할 계획을 진행하고 있었던 것으로 보아 동순태가 목포에 토지 건물은 소유하고 있었지만 상업활동의 거점으로는 활용하지 않았음을 알 수 있다. 李靜波 → 譚傑生(307號信), 乙巳 1月 21日, 『同泰來信』11.
73 譚傑生 → 李靜波·古穂興(115號信), 戊戌 12月 11日, 『往復文書』32.
74 譚傑生 → 羅子明(4號信), 己亥 3月 29日, 同前.
75 李靜波 → 譚傑生(166號信), 癸卯 1月 6日, 『同泰來信』18.
76 李靜波 → 譚傑生(360號信), 乙巳 12月 14日, 『同泰來信』14.

한다면 군산 개항 후 그렇게 늦지 않은 시기에 점원을 파견했다고 봐도 좋을 것이다.[77]

이처럼 청일전쟁 이후의 동순태는 새로운 개항장인 목포와 군산을 포함하여 조선의 남서부에서 활발하게 활동했다. 반면 청일전쟁 전 내지통상의 중심이었던 개성에서의 활동은 부진했다. 〈표 8-4〉에서 알 수 있듯이 개성은 1899년 초, 음력으로는 무술년(1898) 11월부터 기해년(1899) 1월에 걸쳐 3개월 정도 소란포를 파견한 것이 확인될 뿐 그 전후로는 활동 흔적이 없다. 그리고 목포와 마찬가지로 1897년 개항한 평안남도 진남포에서는 1899년 각국 거류지의 땅을 구입했지만[78] 이 항구를 거점으로 상업활동을 펼친 흔적 역시 보이지 않는다.[79]

2) 내지통상 상품과 거래 방법

내지에서의 상업활동 내용을 망라하여 기록한 사료는 남아 있지 않지만 담걸생이 내지 점원에게 보낸 서간에서 내지로 보낸 상품과 내지로부터 받은 상품에 대하여 자주 언급한다. 〈표 8-5〉는 특히 관련 내용이 많이 나타나는 전주 및 율포로 보낸 편지를 정리한 것이다.[80] 이들 서간

---

77 The directory&Chronicle의 '군산(kunsan)' 항목에서는, 1901년부터 1909년까지 Tong Shun Tai의 이름을 확인할 수 있다. The directory & Chronicle for China, Japan, Corea, Indo-China, Straits Settlements, Malay States, Siam, Netherlands India, Borneo, the Philippines, &c., each year.

78 譚傑生 → 溢樵 · 達庭(書簡), 己亥 5月 10日, 『往復文書』 32.

79 진남포와 관련된 동순태 문서는 적지만 1903년에 이 항의 각국 조계에 보유한 토지 일부를 일본인에게 매각한 사실을 확인할 수 있다(古達庭 → 譚傑生(書簡), 癸卯 2月 11日, 『同泰來信』 8). 그리고 1905년에도 역시 조계의 토지매매에 관한 서간이 4건 보인다(李偉初 → 譚傑生(書簡), 乙巳 2月 7日, 7月 2日, 7月 6日, 7月 9日, 모두 『同泰來信』 11). 이를 통해 생각해보았을 때 동순태의 진남포에서의 활동은 부동산 매매를 목적으로 한 것일 가능성이 있다. 다만 The directory&Chronicle(주 77)의 '진남포' 항목에는 1901년부터 1907년까지 Tung Shun Tai의 이름이 있어 어떠한 형태로든 점원은 주재했을지도 모른다.

80 담걸생이 보낸 서간이 남아 있는 시기에는 전주 이외에 개성과 강경에도 점원이 파견되었지

은 기해년(1899) 8월까지 거의 연속해서 이어지며 이 표에서는 정유년(1897) 봄부터 1년씩 서간 발신일 순으로 정리했다.[81] 단, 정유년 8월부터 다음 해 무술년(1898) 6월까지는 출처의 『동순태왕복문서同順泰往復文書』 자체가 빠져 있어 이 시기를 제외한 약 1년 반을 이 표에서 정리 대상으로 삼았다.

〈표 8-5〉에 나오는 화물 대부분은 서울쪽에서는 인천 혹은 마포를, 전주쪽에서는 만경강의 하항인 율포를 발착지로 하여 선박편으로 옮겨졌다. 육로수송은 정유년에 전주·율포에서 온 화물(①) 중, 2건에 불과하다. 표의 출하번호란을 보면 빠진 번호가 많이 눈에 띄어 실제 오고 갔던 상품은 이보다 더 많았음을 짐작할 수 있다.

다만 사료의 누락을 고려해도 상품이 어떻게 구성되었었는지 그 경향은 분명하다. 전주·율포로부터 도착하는 상품은 대부분 쌀이었던 반면, 전주와 율포로 보내진 것은 견직물이나 면직물, 각종 잡화 등 상해로부터의 수입품으로 보이는 것들이었다. 이러부터 전주에 이루어진 내지통상의 중심이 쌀 매입에 있었다는 사실을 확인할 수 있으며 이와 동시에 수입품도 활발히 판매되었다는 점은 주목할 만하다. 앞 장에서 검토한 것처럼 청일전쟁 전 내지통상에서는 수입품을 그다지 반입하지 않고(특히 개성, 해주) 서울로부터 동전을 회송하여 매입에 이용하였다.

이와 같은 차이는 현지 통화의 유통 상황 때문인 것으로 보인다. 1894

만 개성과 강경 두 곳에 대한 서간에서 상품의 발송 및 착하 건을 알 수 있는 것은 저자가 아는 한 1건에 불과하다(譚傑生 → 譚秀枝(9號信), 戊戌 12월 9日, 『往復文書』32). 이 서간은 강경 및 전주 두 지방에서 발송한 상품을 묶어 설명한 것으로 〈표 8-5②〉에 포함시켰다.

81 서간 발신일 순으로 한 것은 화물 발송 및 입하일 자체를 서간에서 확인할 수 없는 사례가 많기 때문이다. 또한 전주로 하정생을 파견한 것은 병신년(1896) 겨울이지만 하정생 자신이 가져 간 상품을 제외하고 그해 중에 상품의 발착이 있었는지는 확인할 수 없다.

<표 8-5> 한성본호의 전주행 상품 발송·착하(정유~기해년[1897~1899])

① 전주, 율포에서 온 화물

서간날짜	상품 내용	수송 수단	출하 번호	출처 기타
정유년(1897) 정월~8월 서간에서				
3월 8일	현미 50석	徐百完米船		하정생앞11호서신. 인천착하 3/4
〃	현미 277석	敬信船		〃 인천착하 3/6
4월 9일	쌀 400포	高仁善船	三幇貨	하정생앞16호서신,동17 호서신.인천착하 3/7
4월 27일	사금중(砂金重)44.79량, 사지(紗紙) 100장	육로		하정생앞21호서신
5월 2일	현미 280석	敬信船	四幇貨	하정생앞22호서신, 동23호서신
5월 25일	사금	육로		하정생앞26호서신
6월 23일	쌀 23포	高仁善船		하정생앞28호서신
무술년(1898)6월~12월 서간에서				
10월 17일	현미 480포, 오배자(五倍子) 46포	張吉三船	十三幇貨	이정파앞108호서신, 동·109호서신
〃	쌀 112포	金喜寶船	十四幇貨	
11월 3일	쌀 400포	高仁善船		이정파앞110호서신
〃	쌀가마니(草包) 145포	高學賢船		
11월 30일	쌀마대(麻袋) 53포 ·가마니 107포	崔良祚船		이정파114호서신
〃	현미 300자루	火船		〃
기해년(1899)정월~8월 서간에서				
1월 9일	현미 300대 자루	火船	二十三幇貨	이정파앞118호서신, 동119호서신
1월 14일	쌀 162석	崔良祚船	一幇貨	이정파앞119호서신
1월 27일	(내용 불명)	火船	二幇貨	이정파앞120호서신
〃	쌀가마니 160포	高仁善船	三幇貨	〃
2월 7일	쌀(수량 불명)	火船	四幇貨	이정파앞121호서신
2월 23일	백미 144포	火船	五幇貨	이정파앞123호서신
〃	현미마대 144포, 현미가마니 10포, 백미가마니 8포	高學賢船	(不明)	〃
3월 16일	현미 120포, 엽전 562포	慶濟火船		수지앞125호서신, 인천착하3/9
3월 24일	쌀(수량 불명)	崔良祚船	九幇貨	수지앞126호서신

년 신식화폐발행장정新式貨幣發行章程에 따라 조선정부는 은본위제를 채

② 전주, 율포로 발송

서간 날짜	상품 내용	수송 수단	출하번호	출처 기타
정유년(1897) 정월~8월 서간에서				
3월 15일	79건(내용 불명)	高仁善船	二幫貨	하정생앞12호서신
"	93건(내용 불명)	敬信船	三幫貨	"
4월 9일	50건(주단 7상자, 삼S양포 100필, 명태어 20포, 원색조라(原色潮羅) 3상자, 안료 등	高仁善船		하정생앞16호서신
5월 10일	70건(주단, 안료(顏料), 조라(潮羅), 양면사, 성냥(火柴) 등)	張德順船	五幫貨	하정생앞23호서신
5월 11일	39건(화유(火油)30 상자, 2호 양선(洋船) 1상자, 3호양선 1 상자, 편강(糖薑)6통)	敬信船		하정생앞24호서신, 28호서신
6월 23일	126건(양포, 양사, 조라 등)	張吉西船	八幫貨	하정생앞28호서신
8월 12일	17건(양라(洋羅) 200필, 명태어 30포)	海龍火船	十幫貨	하정생앞39호서신, 동38호서신, 나요잠앞7/23자서신.인천 발송8/10
무술년(1898) 6월~12월 서간에서				
8월 6일	27건(양포 등)	壽丸	八幫貨	이정파앞98호서신, 인천 발송8/8
8월 10일	249건(등유 등)	裵成順船	九幫貨	이정파앞100호서신
8월 21일	26건(면사, 포 등)	蒼龍火船		정파앞102호서신, 인천 발송8/19
10월 24일	(내용불명)	金喜寶船	十四幫貨	정파앞109호서신, 인천 발송10/21
12월 9일	견직물 120필	明洋丸汽船		담수지앞9號서신, 강경 주재
기해년(1899)정월~8월 서간에서				
1월 9일	비단 3상자	慶濟火船	元幫貨	이정파앞118호서신, 동119호서신
3월 6일	일본면사, 견직물 등	高學賢船	七幫貨	이정파앞124호서신
5월 30일	서양식 초(洋燭), 화포(花布)	慶濟火船	八幫貨	담수지앞132호서신, 동133호서신

『同順泰往復文書』第31, 32冊에 수록된 담결생이 각 지역 출장원에게 보낸 서간 중, 상품 발송, 착하에 대하여 언급한 기사를 정리했다. 무술년 12월 9일 자서신(②)를 제외하고, 다른 것은 모두 전주와 율포 사이에서 발송 및 착하한 상품이다(이 장 주80 참조). 단 별송품의 화장이 한성본호에 도착한 것만 확인되는 경우도 포함한다. 기사는 출전인 서간의 발신일에 따라 정리하고 '출처 기타'란에 수신자와 서간번호를 표시하였다. 또한 출처의 서간이 2건 이상인 경우는 그중 빠른 쪽의 날짜를 적었다. 수신인이 연명인 경우는 앞사람만을 표시하였고 실제 착하 및 발송일이 분명한 경우는 같이 표시하였다.

택했으나 실제로는 본위화폐를 거의 발행하지 않고 2전 5푼 백동화白銅貨 등 보조화폐만 대량으로 발행하였다. 즉 정부가 소액통화만을 공급한다는 개항 이전의 상황이 결과적으로 계속되었던 것이다. 다만 백동화는 서울을 중심으로 한 중·서북부 일대에서는 기존 동전을 대체하여 널리 유통됐지만 그 외 지역에는 거의 보급되지 않았다. 조선의 남부와 동부·동북부에서는 여전히 기존 동전('엽전'이라고 불림)이 주요 통화로서 계속 유통되었다.[82] 전주 및 율포를 비롯하여 동순태가 청일전쟁 이후 점원을 파견한 지역은 대체로 동전의 유통 지역에 포함되기 때문에 쌀 매입에는 동전이 필요했다.

한편, 동순태가 서울에서 수입품을 팔아 얻는 것은 백동화였다. 이러한 백동화로 조선인의 송금어음을 처리하고 현지에서 동전으로 바꾸는 것도 불가능하지 않았다.[83] 그러나 그렇게 하는 데는 소액통화 전반의 수급 상황, 그리고 백동화와 동전 간 수급 차이도 있어 상당한 위험부담이 있었을 것으로 추측된다. 동순태가 수입품을 현지까지 가져가 매각한 것은 쌀을 매입하기 위해 필요한 동전을 확보하는 데 그것이 가장 확실한 방법이었기 때문일 것이다.[84]

그런데 화물수송에 기본적으로 배가 이용되었던 것은 앞에서 언급한 대로이다. 〈표 8-5〉의 수송 수단란에서 선주船主로 추정되는 인물의

---

82 청일전쟁 이후의 통화 유통의 개요는 高嶋雅明(1978), 91~97쪽. 이렇게 유통권이 분리된 이유는 아직 잘 모르지만 1894년 조세 금납화 이후 재정적인 회로를 통해서 소액통화가 특정 지역 내를 순환하는 경향이 강해졌을 가능성이 있다. 도면회(1989), 382~398쪽; 오두환(1991), 207~224쪽.

83 譚傑生 → 李靜波·古穗興(96號信), 戊戌 7月 25日, 『往復文書』 32.

84 앞의 주의 사료로부터 담걸생이 원산의 동풍태(同豐泰)에게 은행을 통해 송금하고 그 지역에서 유통하는 재래식 동전(엽전으로 불림)을 구입하여 배로 전주에 현송하도록 의뢰했음을 알 수 있다. 이것으로 서울에서 전주로의 자금 회송이 쉽지 않았음을 엿볼 수 있다.

이름을 따서 '아무개선'이라고 한 것은 조선인의 재래식 선박을 이용한 것으로 추측된다. 그중에 '최양조선崔良祚船'처럼 청일전쟁 전의 상황을 설명한 〈표 7-3〉에 나타난 것도 있다. 한편 〈표 8-5〉에는 〈표 7-3〉에서는 볼 수 없었던 '화선火船', 즉 기선도 등장한다. 조선의 서해안 연안 기선 항로가 처음 개설된 것은 1893년이었으나[85] 동순태가 청일전쟁 이전에 이를 상품수송에 사용한 흔적은 없다.[86] 〈표 8-5②〉에 따르면 정유년(1897)의 '10방화十幇貨' 발송에 '해룡화선海龍火船'을 이용하였다. 담결생의 서간을 보면 동순태가 국내 기선 항로를 이용한 것은 이것이 처음이었던 것 같다.[87] 해룡호는 1894년 인천의 호리 히사타로堀久太郎가 조선인 우경선의 명의로 설립한 광통사廣通社의 기선으로, 인천-군산-목포 사이를 월 5회 왕복했다.[88] 담결생은 기선 이용에 대하여 운임이 상대적으로 비싸고 군산에서 재래식 선박으로 바꾸어 실을 필요가 있다는 점, 군산의 회조업자回漕業者,6) 화선잔주火船棧主에게도 수수료를 지불해야 하는 점 등을 우려하였다.[89] 그러나 표에서 알 수 있듯이 기해년 (1899)에는 기선을 상당히 자주 이용하는 상태였다.

덧붙이면 서울과 내지 간의 서간 배달 방법에도 청일전쟁 전후로 변

---

85 조선정부는 1886년에 전운국(轉運局)을 설치하고 기선 해룡호를 수입하여 공미(貢米) 수송에 충당했지만 민간에서 이용할 수 있는 것은 아니었다. 1893년 1월 민영준 등이 이운사(利運社)를 설립하고 전운국이 불하한 기선을 이용하여 연안항로를 개설, 공미 수송을 하청받아 민간 화물과 여객도 수송했다. 또 그해 3월에는 인천의 호리 히사타로(堀久太郎)가 인천-평양 항로를 열었다. 손태현(1997), 150~177쪽; 나애자(1998), 98~105・138~139쪽.

86 제2부 도입부에서 살펴보았듯이 동순태는 1892년 조선정부에 대한 차관제공의 대가로 한강 항운권을 얻고 1893년 통혜공사(通惠公司)를 설립, 인천-용산 간을 운항했다. 그러나 연해 운항에 관여한 흔적은 없다.

87 譚傑生 → 何梃生・古穗興(33號信), 丁酉 7月 29日, 『往復文書』 31.

88 仁川府, 『仁川府史』(1933), 795쪽. 이 해룡화선은 주 85)에 나오는 해룡호와 같은 것이다.

89 譚傑生 → 李靜波・古穗興(93號信), 戊戌 6月 26日, 『往復文書』 32. 譚傑生 → 李靜波・古穗興(96號信), 戊戌 7月 25日, 同前. 또한 화선잔주(火船棧主)라는 말은 주87)에서 인용한 사료에 나온다.

화가 생겼다. 전주와의 서간 배달을 예로 들어보자. 청일전쟁 이전에는 서신을 객주나 재래식 선박에게 위탁하는 것 외에 급할 경우에는 사람을 고용하여 배달시키기도 했다. 소요 일수가 분명하게 드러나는 12건의 서신을 보면 평균적으로 14일이 소요됐지만 최단 4일, 최장 26일로 차이가 심했다.[90] 이에 비해 청일전쟁 이후 전주에서 활동을 재개했을 때는 서울과의 통신에 우편을 이용할 수 있었다.[91] 조선정부의 우편사업은 1895년 지방제도 개정과 함께 정비되기 시작했고 1896년 7월까지 전국 주요 도시 22곳에 우체사(郵遞司) 및 우체지사(郵遞支司)가 설치되었다.[92] 1896년부터 1899년에 걸쳐 담걸생이 전주와 율포에 보낸 편지 88건 중 82건은 우편을 이용했다. 우편 개시에 따라 서울과 전주의 통신은 왕복으로 따지면 10일 단축되었다고 한다.[93] 연안 기선 항로의 예와 함께 청일전쟁 이후 조선 내 사회기반시설 구조의 정비가 화상의 내지통상에도 편의를 제공하였음을 확인할 수 있다.

다음으로 내지에서의 조선인 상인과의 거래 방법을 검토하자. 1896년 전주에 파견된 하정생이 먼저 한 것은 객주를 찾아 가져온 상품을 맡

---

90 1894년 전반기에 전주·율포에서 한성본호로 보낸 서간에서는 도착 후에 받은 날이 메모되어 있기 때문에 배달 소요일수가 드러난다. 모두 『同泰來信』 4에 수록. 주 93)의 졸고 참조.

91 譚傑生 → 何梃生(1號信), 丙申 12月 21日, 『往復文書』 31.

92 조선정부는 1884년 우정총국(郵政總局)을 설치했지만 갑신정변으로 폐쇄되었으며 본격적인 사업 전개는 갑오개혁 이후가 되었다. 1895년의 우체사관제(郵遞司官制)에 의해 전국 부에 우체사가 설치되었다. 국사편찬위원회(2000), 227~228쪽.

93 譚傑生 → 何梃生·古穗興(32號信), 丁酉 7月 23日, 『往復文書』 31. 다만 강경에는 아직 우편물 배달 노선이 없었기 때문에 서울에서 서간을 보내려면 인근의 은진까지 우송한 뒤, 사람을 시켜서 전달할 필요가 있었다(譚傑生 → 李靜波·古穗興(111號信), 戊戌 11月 8日, 『往復文書』 32). 또한 1905에 군산분호에서 한성본호에 보낸 서간은 38건이 남아 있는데, 이 중 30건이 우편을 이용하였고 발신 날짜와 수신 날짜 모두 알 수 있는 4건은 모두 발신 이틀 뒤에 서울에 도착했다(모두 『同泰來信』 11에 수록). 우편서비스가 급속히 확충되고 있었음을 알 수 있다. 이러한 점에 대해서 자세한 것은 이시카와 료타(2008b), 224~229쪽.

기는 것이었다.[94] 그리고 율포의 왕정삼은 '미잔米棧', 즉 쌀 전문 객주였던 최정화의 점포에 체류했다.[95] 객주에 머물며 거래를 알선받는 형태는 청일전쟁 이전과 다를 바 없었다.

그런데 율포에서 왕정삼이 체류한 최정화는 청일전쟁 전에도 동순태로부터 돈을 빌려 쌀을 사들인 적이 있었다.[96] 그러나 전쟁 후, 최정화와 동순태의 관계는 원활하지 않았고 여러 가지 문제가 속출했다. 우선 1897년이 되어 음력 연말에 재고조사를 했는데 이미 맡긴 화물 중 일부가 행방불명 상태였다. 최정화는 배상에 응했지만 담걸생은 불신하기 시작했다.[97] 게다가 음력 4월 말에는 쌀 매입을 위해서 빌려 준 동전 600적吊을 최정화가 다른 용도로 유용했던 것이 발각되어 담걸생은 최정화와의 거래를 중지하도록 하정생에게 지시했다.[98] 그 후에도 최정화는 상환하지 않았고 담걸생은 1899년 관청에 고발한 것 같은데 결과는 알 수 없다.[99]

또한 1897년 강경에 파견했던 맥군발 역시 쌀 매입을 위해 빌려준 돈을 객주에게 유용당했다.[100] 이 돈도 최소 1899년까지 회수하지 못하였고 회수 불가능한 상황이었다.[101] 내지에 농산물 등을 사들이기 위해 들어간 외국인 상인이 조선인 상인에게 자금을 빌려주는 사례가 많았

94 주 55)와 같음.
95 譚傑生 → 何梃生(3號信), 丁酉 1月 3日, 『往復文書』31.
96 何梃生 → 譚傑生(書簡), 甲午 1月 15日, 『同泰來信』4.
97 譚傑生 → 何梃生(5號信), 丁酉 1月 22日, 『往復文書』31.
98 譚傑生 → 何梃生(20號信), 丁酉 4月 25日, 同前.
99 譚傑生 → 譚秀枝・古穗興(126號信), 己亥 3月 24日, 『往復文書』32.
100 譚傑生 → 麥羣拔(36號信), 戊戌 7月 25日, 同前. 譚傑生 → 秀芝(譚秀枝(?))(2號信), 戊戌 10月 18日, 同前.
101 譚傑生 → 秀芝(譚秀枝(?))(14號信), 己亥 1月 14日, 同前.

고 결과적으로 조선인 상인의 종속화를 초래했다는 지적도 있다.[102] 하지만 외국인 상인 입장에서도 유용당한 자금을 회수하는 것은 어려운 일이었다.

최정화 사건을 계기로 율포에 체류하던 왕정삼은 객주 이용을 그만두고 자기 건물을 구입했다.[103] 그리고 담걸생은 전주에서도 객주 이용을 그만하고 싶다고 생각하기 시작했다. 담걸생이 객주에게 기대한 기능 중 하나는 중개한 거래의 이행 보증 책임을 지는 것이었다.(제7장) 하지만 최정화 사건으로 담걸생은 전주의 객주가 정말 그 책임을 다할 수 있을지 의구심을 갖게 되었다. 객주가 보증 의사는 없고 수수료만을 노려 무책임한 거래 알선에 나선다면 동순태 측의 위험부담은 더 커질 뿐이었다.[104] 이와 함께 먼저 살펴본 우편제도의 보급이나 국내 연안항로 개설 등도 객주가 제공하는 부대서비스의 필요성을 저하시켰다고 보인다.[105] 어떠한 형태로든 조선인 중개인을 이용할 필요가 있었다 하더라도 특정 객주에게 의존해야 할 상황은 아니라는 것을 담걸생은 인식했을 것이다.

이에 담걸생은 전주의 점원에게 건물을 사라고 지시하는 한편,[106] 외국인의 내지 거주 금지에 저촉되는 것을 피하기 위해 서울에서 거래했던 조선인 백대영의 동생으로부터 명의를 빌릴 준비를 했다.[107] 그러나

---

102 이병천(1984), 93~102쪽 및 부록 표. 또 하지영(2007)은 부산지방의 일본인 쌀 상인에 의한 전대 거래의 사례를 수집, 분석하였다.

103 譚傑生 → 何梃生(20號信), 丁酉 4月 25日, 『往復文書』 31.

104 譚傑生 → 何梃生(26號信), 丁酉 5月 25日, 同前.

105 율포에서는 재래식 선박의 알선도 객주의 역할 중 하나였다. 譚傑生 → 何梃生(3號信), 丁酉 1月 3日, 同前.

106 譚傑生 → 李靜波·古穗興(92號信), 戊戌 6月 15日, 『往復文書』 32.

107 譚傑生 → 李靜波·古穗興(108號信), 戊戌 10月 17日, 同前.

결국 적어도 1899년까지 전주에서 점포를 구입하지는 않았고 담걸생은 본의 아니게 객주를 계속해서 이용할 수밖에 없었다.[108]

점포를 사지 못한 직접적인 이유는 분명치 않지만 청일전쟁 이후 조선인들의 경제 내셔널리즘이 영향을 미쳤을 것이다. 1896년 창간된 순한글신문인 『독립신문』에는 정치적 문제 외에 외국인들로부터의 상권 수호를 호소하는 기사가 종종 실렸다.[109] 1898년 여름에는 서울 상인을 중심으로 황국중앙총상회皇國中央總商會가 결성되었고 이들은 개화파 관료 중심의 독립협회獨立協會와 연계하여 가두운동을 벌이면서 조선인 상인 보호와 함께 조약을 위반하고 내지에 정착하는 외국인을 쫓아내도록 조선정부에게 요청했다. 1898년 10월에는 조선정부도 내지에 정착하는 외국인을 거류지로 돌아가게 하도록 지방관에게 지시했다.[110]

이러한 정세 속에서 담걸생도 조심하지 않을 수 없었다. 1898년 12월 전주의 점원에게 보낸 서간에서[111] 담걸생은 서울의 '독립회'('독립협회'를 말하는 듯 싶다)가 내지로부터의 외국인 배제를 호소하고 있다고 전하고 객주에 머무르면 법에는 저촉되지 않는다고 하는 한편, 청과 조선의 국교가 아직 회복되지 않았으니(한청통상조약의 체결은 1899년 9월) 분쟁을 일으켜서는 안 된다고 경계하였다. 같은 서간에서 목포의 각국 거류지에 토지를 구입해 두는 것은(이 절의 1항 참조) 만일 조선 측에서 전주 퇴거를 요구할 경우에 대비하기 위한 것이라고도 설명한다. 이처럼 긴박

---

108 譚傑生 → 李靜波・古穗興(122號信), 己亥 2月 17日, 同前.
109 신용하(1976), 547~550쪽.
110 독립협회, 황국중앙총상회의 활동에 대해서는 신용하(1976), 제8장. 독립협회와 황국중앙총상회는 1898년 12월 해산 명령을 받아 일단 활동이 종료되었다.
111 譚傑生 → 李靜波・古穗興(111號信), 戊戌 11月 8日, 『往復文書』 32.

한 상황에서는 담걸생도 굳이 탈법적인 수단으로 점포를 취득하기는 어려웠을 것이다. 전후 국제정세의 변화는 조선인의 화인에 대한 태도 변화라는 형태로 동순태에게 영향을 미친 것이다.

3) 쌀 매각과 매출액 처리

하정생을 전주에 파견한 것과 거의 같은 시기인 병신년(1896) 말, 담걸생은 고베 상륭호에게 보낸 서간에서 새해가 밝으면 한성본호와 인천분호의 공동사업으로 고베에 쌀을 수출하고 싶다고 전하였다.[112] 이를 통해 내지통상 재개 직후부터 내지에서 매입한 쌀을 일본시장으로 수출할 계획을 가지고 있었음을 알 수 있다. 실제로 동순태는 1897년 4월, 내지에서 구입한 현미 507포를 인천에서 고베로 보내 상륭호에게 판매를 위탁했다.[113] 이어 같은 해 6월에는 현미 326포,[114] 8월에는 현미 89포[115]를 모두 상륭호로 수출한 것을 확인할 수 있다. 1901년 고베에 수출된 쌀도 (〈표 8-1〉) 내지통상을 통해서 매입된 것이라 봐도 좋을 것이다.

이처럼 내지에서의 쌀 매입은 오로지 일본시장 — 특히 한신阪神지방7) — 으로의 수출을 염두에 두고 시작되었다. 일본의 조선쌀 수입량은 1890년부터 뚜렷하게 증가하였다. 1893년부터 1895년에 걸쳐 약간 줄었지만 1896년에 37만 8천 석, 1897년에는 71만 8천 석으로 2년 연속으로 신기록을 세웠다.[116] 담걸생이 일본 수출용 쌀을 사들이면서 이러한 쌀 무

---

112 譚傑生 → 淸湖(書簡), 日付不明, 『往復文書』 31. 담걸생이 나자명에게 보낸 일련번호가 없는 서신과 담걸생이 양윤경에게 보낸 262호 서신(모두 병신 12월 9일 자) 사이에 묶여 보관되어 있어 이들과 같은 시기의 서간으로 봐도 될 듯하다.
113 譚傑生 → 淸湖(5號信), 丁酉 3月 12日, 同前. 譚傑生 → 淸湖(8號信), 丁酉 4月 17日, 同前.
114 譚傑生 → 淸湖(10號信), 丁酉 5月 16日, 同前.
115 譚傑生 → 陳達生(14號信), 丁酉 7月 21日, 同前.

역 동향은 당연히 염두에 뒀을 것이다.

　다만 일본으로의 쌀 수출은 기존의 일본인 상인과의 경합이 문제였다.[117] 그리고 당시 일본의 조선쌀 시장이 성장하고 있었다고는 해도 아직 불안정했고 수요도 일본쌀의 풍흉豐凶에 영향을 받는 것은 물론, 경합상품이었던 동남아쌀 수입 상황에 따라서도 좌우되었다.[118] 이러한 상황에서 일본쌀 시장에 익숙하지 않은 동순태가 거래처 화상의 도움을 받는다고는 하지만 대일 수출에 참가하는 것은 상당한 위험부담이 따르는 일이었을 것이다.[119] 실제 내지에서 사들인 쌀 전부가 일본으로 수출된 것은 아니었으며 인천에서 팔리기도 했다. 담걸생은 정유년(1897) 동태호에게 보낸 서간에서 다음과 같이 설명한다.

---

116 村上勝彦(1975), 242쪽, 제4표에 의함.

117 譚傑生 → 羅柱臣(264號信), 丙申 12월 21日, 『往復文書』 31. 이 서간에서는 일본인과의 경쟁이 힘든 세 가지 이유를 설명한다. 첫째, 조선쌀을 취급하는 일본 상인의 수가 많고 서로 연락을 주고받는 것에 비해 화상들은 동순태 이외는 아직 조선쌀 취급을 시작하지 않은 점. 둘째, 일본 상인은 은행을 이용하여 대량으로 사들여 선적하는 것에 비해 화상은 일본인이 계약하고 남은 양밖에 배에 실을 수 없다는 점. 셋째, 수출 상대인 일본에서는 쌀을 '말' 단위로 계량하는데 비해 화상은 '방(磅)', 즉 파운드를 이용하며 이와 더불어 일본인들처럼 작은 항구에 들어가 팔 수 없고 큰 항구에서 매각할 수밖에 없는 점 등이다.

118 1910년 이전 일본의 조선쌀 수입량을 보면(주 116), 1897년 71만 8천석이 최고 기록이며, 다른 해는 최저 10만 4천석(1905년)에서 최고 61만 2천석(1907년) 사이이다. 수입량의 변화는 일본의 쌀 수입 전체 경향과 반드시 일치하지 않았다. 예를 들면 1898년 일본의 외국쌀 수입은 467만 9천석으로 전년도의 252만 1천석을 훌쩍 뛰어넘었으나, 조선쌀에 한해서 보면 1898년도의 수입은 26만석으로 전년도의 절반에도 미치지 못하였다. 일본 쌀시장에서 조선쌀, 대만쌀이 중요해진 것은 1920년대이며 그 이전에는 프랑스령 인도차이나쌀이나 영국령 미얀마쌀 등 동남아산쌀의 수입이 오히려 많았다(大豆生田稔(1993), 85쪽). 동순태 문서에서도 동남아시아산 쌀의 동향이 조선쌀의 대일 수출에 영향을 준 사실을 엿볼 수 있다. 예를 들면 1897년 7월의 서간에서 '양미(洋米)'의 대량 유입으로 일본의 쌀값이 하락하고 그 여파로 인천의 일본인이 사들인 쌀을 대량으로 떠안고 있는 상황이 보고되었다. 譚傑生 → 陳達生(13號信), 丁酉 6月 25日, 『往復文書』 31.

119 담걸생이 상룡호에게 보낸 서간에서는 일본 쌀값의 등락을 보고 쌀을 사들이는 방식으로는 시장 상황에 밝은 일본인을 이길 수 없으므로 미리 사두고 시기를 보면서 매각하는 방식으로 하겠다고 전한다(譚傑生 → 淸湖(書簡), 丁酉 1月 8日, 同前). 다만 이러한 투기적 방법을 쓰다가는 위험부담이 커질 수밖에 없었을 것이다.

내지에서 판매한 물품의 대금으로 쌀을 구입하여 인천에 보내고 인천의 시세가 좋으면 인천에서 이것을 팔고 오사카의 시세가 좋을 것 같으면 보내서 상륭호에 위탁하여 팔아 달라고 하겠습니다. 일전에 상륭호가 본호를 대신해 귀호(貴號)(동태호)에게 보낸 1천 원도 쌀의 매출금입니다.[120]

또한 쌀을 서울까지 보내 팔기도 했다.[121] 담걸생은 내지 점원들에게 쌀 운반을 위해 재래식 선박을 이용할 때는 인천에 도착한 뒤 그곳에서 짐을 내릴지 아니면 서울(마포)까지 직접 보낼지를 지시할 예정이라고 전했다.[122] 쌀값 등 여러 사정에 따라 쌀을 어디에서 팔지 담걸생이 그때그때 결정했음을 알 수 있다.

그리고 위의 인용사료에서는 쌀의 매출금이 상해 동태호에게 보내졌다는 사실도 주목할 만하다. 이는 다른 사료에서도 확인되는데, 예를 들어 담걸생은 전주의 점원에게 보낸 서간에서 다음과 같이 지시하였다.

쌀은 1포당 동전 2.2적까지 가격이 내려가면 시가에 따라 가능한 많이 매입할 것. 기선이든 범선이든 좋으니 곧바로 인천으로 실어 옮겨 팔든, 아니면 고베에 보내 팔 수 있게 해 주기를 바란다. 상해의 금융이 긴축 국면으로 돌아서 이자가 상승하고 있어 신속하게 자금을 조달해 상해로 보내 대응해야 하기 때문이다.[123]

---

120 「內地沽出之貨款, 辦米回仁, 如仁市好則在仁沽之, 或大坂市佳則付去托祥隆代沽, 日前祥隆代滙上一千元, 乃是沽米之款也, 祈知之」. 譚傑生 → 羅柱臣(281號信), 丁酉 5月 8日, 同前.
121 譚傑生 → 李靜波・古穗興(109號信), 戊戌 10月 24日, 『往復文書』 32.
122 譚傑生 → 譚秀枝・古穗興(126號信), 己亥 3月 24日, 同前.
123 "大米, 如跌至2.2吊之價, 祈卽照市多辦, 不拘由火船或帆船, 連運來仁沽之, 或轉付去神戶出手, 以求快捷, 因上海銀口緊且折息 奇貴, 要赶急求款付申, 應將軍也." 譚傑生 → 李靜波・古穗興

쌀을 인천에서 팔든 고베의 상륭호에 위탁하여 팔든 대금은 최종적으로 상해에 보내졌던 것으로 추측된다. 특히 연말이 가까워지면서 상해의 금융 사정이 절박해져 전장錢莊8)이 빌려준 자금을 회수하려 하면 동태호는 계속해서 동순태에게 송금을 재촉했다. 그렇게 되면 담걸생도 수중에 있는 쌀을 시세보다 낮은 가격에라도 팔아 동태호에게 송금해야 했다.[124] 청일전쟁 이후에도 동태호로부터의 수입을 중심으로 활동하였고 동태호에게 항상 빚이 있는 상태였던 동순태에게는 상해로 보내는 송금은 여전히 중요한 숙제였으며, 내지통상에 의한 쌀 매입도 이를 위한 수단이라는 의미가 있었다. 이러한 측면에서 봤을 때 청일전쟁 전후로 내지통상의 목적에 변화는 없었다고 할 수 있다.

4. 동순태의 상해 송금과 조일관계

1) 청일전쟁 후의 상해 송금 경로

앞 절에서 살펴본 것처럼 동태호로 보내는 송금은 동순태에게 청일전쟁 후에도 여전히 중요한 과제였다. 이것이 어떻게 이루어졌는지 전체적인 모습을 보여주는 사료는 찾아낼 수 없지만 차선책으로 담걸생의 발신서간 중에서 동태호로의 송금과 관련된 부분을 뽑아보았다.(〈표 8-6〉) 모든 송금이 서간에 기재되었다고는 할 수 없지만 대략적인 경향을 엿볼 수는 있을 것이다.

(105號信), 戊戌 9月 28日, 『往復文書』 32.
124 譚傑生 → 陳達生(書簡), 己亥 1月 4日, 同前.

〈표 8-6〉 담걸생 발신서간에 나타난 동태호로의 송금

날짜	금괴	양은	서양계 은행	화상 회표	우회 송금	경유지	비고
				(을미~기해[1895~1899])			
을 3.15					5,000(元)	고베	제일은행(第一銀行)
4.5					6,000원	요코하마	〃
5.18					5,000원	〃	〃
5.26					10,500원	〃	
윤5.24	207량(兩)	1,000원					영양(英洋)권
윤5.26					6,000원	〃	
6.17	177량						
6.19		300원					
6.26					9,000원	고베	제일은행
7.15		(금액 불명)					
8.5	17.7량	5,990원					
8.22	40량						
정 1.20				3,600원			동순성표
2.2				5,000원			〃
2.19			3,000량				차타드(麥加利)은행
4.10				5,110량			동순성표
5.8			1,000량				차타드은행
5.8					1,000원	고베	
5.8					5,000원		
5.18	3조(條)						
7.15	103.3량						
8.4				2,000원			홍태동(洪泰東) 회표
무 6.18					3,000원	나가사키	제일은행
6.20	(수량 불명)	36원	5원				영양권, 홍콩상해(滙豐)은행 '은지(銀紙)'
7.14					5,900원	고베	제일은행
7.22					3,500원	〃	〃
7.24	(수량불명)						
8.21					1,500원	〃	〃
9.18					4,000원	〃	
10.12					16,000원	〃	〃
11.5					1,000원	〃	〃
12.9					4,400원	나가사키	
12.17			6,300원				홍콩은행전신 송금

날짜	금괴	양은	서양계 은행	화상 회표	우회 송금	경유지	비고
기 1.4					6,000원	고베	제일은행
1.?					6,500원	〃	〃
1.20		2,000원					영양권
5.3					980원	〃	제일은행
6.24		450원					러청(露淸)은행(도승(道勝)은행) '은측(銀測)' 300원 홍콩상해은행 '은측' 150원

주: 을: 을미년(1895), 정: 정유년(1897), 무: 무술년(1898), 기: 기해년(1899). 날짜는 출처 서한 사본의 발신일, 원 사료 그대로.
출처: 『同順泰往復文書』第31, 32冊에 수록된 담걸생 발신서간의 사본

표에서 제시한 송금방법은 세 종류로 정리할 수 있다. 첫 번째는 금은 괴를 인천에서 상해로 현송하는 경우이며(표의 '금괴', '양은洋銀'), 두 번째는 서양계 은행 또는 화상을 통해 상해로 환송금하는 경우('서양계 은행', '화상 어음'), 세 번째는 일단 일본의 각 항을 경유해서 상해로 송금하는 경우('우회 송금')이다. 이하, 이 순서대로 서간의 내용을 보충하면서 검토하겠다.

(1) 금괴와 양은

금괴, 특히 사금의 현송은 청일전쟁 전 상해 송금에서 가장 중요한 수 단이었다. 한편 〈표 8-6〉에서도 금괴의 현송을 확인할 수 있지만 빈도 는 높다고는 할 수 없다. 담걸생 자신도 1898년 서간에서 청일전쟁 이후 에는 사금 매입이 극히 적다고 하며[125] 실제로 동순태의 사금 현송은 줄 어들었던 것으로 보인다.

그렇지만 담걸생이 반드시 사금 구입을 포기한 것은 아니었다. 전주 에 파견한 점원들에게도 종종 사금 매입을 지시했고[126] 구입한 금을 서

---

125 "小號自甲午以後買金砂甚少." 譚傑生 → 羅耀箴(書簡), 戊戌 7月 11日, 同前.

울로 옮긴 경우가 있었던 것은 앞의 〈표 8-5〉에서도 확인할 수 있다. 다만 사금 매입을 둘러싸고 화상 간 경쟁이 치열했다. 담걸생에 의하면 산동 상인에게도 사금은 중요한 상해로의 송금 수단이었기 때문에[127] 20일에서 한 달까지 연불하는 대신 시가보다 1～2원 높은 가격에 매입하였다고 한다.[128] 상해 송금에 쫓긴 화상이 시세보다 비싸게 사금을 매입한 것은 당시 일본인 측 기록에도 자주 나타난다.[129] 담걸생은 이러한 경쟁에 휘말려 현송용 사금을 조달하는 것보다도 고베, 요코하마 경유로 은행의 송금환을 이용하는 것이 유리하다고 인식하였다[130].

　다음으로 양은, 즉 멕시코달러계 은화는 당시 조선의 통화 상황을 감안할 때 많은 부분이 일본엔은日本圓銀〈표 8-6〉에 따르면 을미년(1895)에 집중적인 양은 현송이 있었고 이는 청일전쟁 중, 일본군 군비로 많은 엔은이 뿌려진 것을 반영한다.[131] 이 해의 담걸생의 서간에 의하면 동순태는 1만 원이 넘는 '일양日洋'을 가지고 있으며 동태호로 현송할 예정이었다고 한다.[132] 전시 경기하에서 수입품 판매를 통해 많은 액수의 엔은을 입수했을 것이다. 단, 정유년(1897) 이후의 양은 현송은 두 번밖에 확인할

---

126 예를 들면 1897년 여름에 전주의 하정생에게 보낸 서간에서는 수입품을 판매한 대금을 이용하여 율포에서는 쌀을 사고 전주에서는 금을 사라고 명령하였다. 譚傑生 → 何梃生(20號信), 丁酉 4月 25日, 『往復文書』 31.

127 譚傑生 → 梁綸卿(355號信), 戊戌 9月 18日, 『往復文書』 32.

128 "山東幇情性貪, 買金砂一月期有卄天期, 按高値一二元亦有之." 譚傑生 → 梁綸卿・羅柱臣 (347號信), 戊戌 7月 24日, 『往復文書』 32.

129 小林英夫(1979), 183～184쪽. '화상의 구입처인 상해 등에 대해 화물대금 지불 방법에 어려움을 겪게 되자 편법으로 사금을 사들여 이것을 회송', '사금 거래리 이익을 얻고자 하는 뜻을 가지지 않아 때로 은화 현송점까지 사들이기 때문에 영리를 목적으로 하는 타국 상인은 이에 버티어 대항할 수 없는 형편'. 「明治三十年中仁川港商況年報(續)」, 『通商彙纂』 110號附錄, 1898, 82쪽.

130 "金砂初間按47元買入40兩, 今價提升, 雖48元亦難買, 与東幇相敵, 侯有餘款, 當滙去濱神轉駁上可也." 譚傑生 → 羅柱臣(266號信), 丁酉 1月 20日, 『往復文書』 31.

131 청일전쟁 중에 300만 엔을 넘는 은화가 조선에 뿌려졌다고 한다. 高嶋雅明(1978), 57쪽.

132 譚傑生 → 梁綸卿・羅柱臣(209號信), 乙未 5月 27日, 『往復文書』 31.

수 없어 점점 중요하지 않은 송금 수단이 된 것으로 보인다.

그리고 〈표 8-6〉 이후 시기도 포함해 보면 1897년 일본이 금본위제로 이행한 것이 화상에 의한 금은 현송에 큰 영향을 주었다고 할 수 있다. 이에 대해서는 이 절의 2항(상해 송금의 통화 문제)에서 다시 검토한다.

(2) 서양계 은행, 화상에 의한 송금 서비스

1897년 8월, 조선 최초의 서양계 은행으로서 홍콩상해은행香港上海銀行이 인천 각국 거류지의 홈링거 상사Holme Ringer&co.를 대리점으로 하여 개업했다. 개업 목적은 '한청 간 환업무를 담당하는 것'이라고 했다. 얼마 지나지 않아 차타드은행Chartered Bank도 인천의 세창양행Meyer&co.을 대리점으로 하여 개업했다.[133]

〈표 8-6〉에 의하면 동순태는 차타드麥加利은행의 송금환을 2회, 홍콩상해滙豊은행의 전신환을 1회 이용하였다. 이용 횟수 자체는 많지 않지만 담걸생은 동태호에게 보낸 서간에서 자주 두 은행의 상해 외환 시세를 알렸다는 사실로부터, 상해로 보내는 송금 수단의 하나로서 관심을 가졌음을 알 수 있다. 표에서는 그밖에 홍콩상해은행의 '은지銀紙' 5원, '은측銀測' 150원, 러청은행露淸銀行(도승은행道勝銀行)의 '은측' 300원이 보이지만 모두 소액이며 은행권이나 제3자가 발행한 수표를 사용한 것으로 추측된다('러청은행'의 경우 조선에서의 점포 개설을 확인할 수 없음). 이 무렵, 일본계 제일은행第一銀行에서 중국용 외환을 취급하는 것도 가능했지만 실

---

133 「明治三十年中仁川港商況年報」, 『通商彙纂』 110號附錄, 1898, 84쪽. 차타드은행 대리점 개업 시기는 분명치 않지만 *The directory & Chronicle*(주 77)의 1898년판에는 인천의 세창양행이 맡은 대리점 업무의 하나로 꼽힌다.

제로는 거의 이루어지지 않았다.[134]

또한 동순태는 화상이 판매하는 재래식 송금어음(회표)을 이용하여 상해로 송금하기도 하였다. 〈표8-6〉에 의하면 동순성同順成과 홍태동洪泰東의 어음이 각각 3회와 1회 이용되었다. 담걸생에 따르면 동순성은 산동성 연대에 점포가 있으며 인천에서 자신들의 배로 홍삼을 수출했다.[135] 앞에서 살펴본 것처럼 홍삼은 갑오개혁 이후 해로 수출이 허용됐고 1899년 황실전매가 될 때까지는 조선정부에 일정액의 세금을 납부한 상인들이 수출할 수 있었다. 담걸생에 따르면 동순성은 조선인 상인이 수출하는 관삼, 즉 합법적으로 수출이 허용된 홍삼 대부분을 '대매代買'했고[136] 송금어음을 판매한 것도 홍삼 매입 자금을 마련하기 위해서였다고 한다.[137] 그리고 동순태 스스로도 동순성과의 공동사업으로 연대로의 관삼 수출에 손을 댄 적이 있었다.[138] 한편 홍태동의 회표에 대해서는 담걸생이 동태호에게 보낸 서간에 이러한 설명이 있다.

일본엔은이나 지폐에 의한 송금수수료는 큰 폭으로 상승하고 있습니다. 산동방의 상인도 또한 회표를 발매하고 있으며 손에 넣은 지폐는 일본을 경유하여 상해로 전송하거나 인천, 서울에서 운용하였습니다. 어제는 홍태

---

134 제일은행의 조선 지점은 1893년 요코하마쇼킨은행(橫濱正金銀行) 상해 지점과 코레스 계약을 맺었다(이 책 제6장의 주103)). 다만 미야오 슌지(宮尾舜治)의 조사에 따르면 제일은행이 실제 실시한 중국에 대한 송금 환율은 1896년 : 3934엔, 1897년 : 8795엔, 1898년 : 8586엔, 1899년 : 3731엔에 불과했다. 『宮尾稅關監視官韓國出張復命書』(刊行年不明), 301~302쪽. 사료 중에 '작년(메이지) 32년'이라는 문구가 있어(300쪽) 적어도 집필은 1900년으로 봐도 될 것이다.

135 譚傑生 → 關聘農(書簡), 乙未 6月 17日, 『往復文書』31. 譚傑生 → 夢九(書簡), 丁酉 1月 10日, 同前.

136 譚傑生 → 羅柱臣(267號信), 丁酉 1月 25日, 同前.

137 앞의 주와 같음.

138 주 47)에 대응하는 본문 참조.

동에게 2천 원[엔]의 표를 샀습니다. 1원당 0.71상해량의 환율로 합해서 1,620량이 됩니다. 일람 후 10일 지불이기 때문에, 기한이 되면 [지불하여] 당 상호로부터의 차변에 포함시켜 주세요.[139]

흥미로운 것은 산동 상인도 일본을 경유하여 상해로 송금하였고 송금어음을 팔아서 얻은 일본 돈을 이에 이용하였다는 것이다. 제6장에서 검토한 것처럼 청일전쟁 이전 산동 상인은 동순태가 발매하는 송금어음의 주요 구매자였으며 담걸생의 설명에 의하면 이는 산동 상인이 일본에 같은 고향 출신의 거래처가 없었기 때문이었다.(제6장) 위 사료는 청일전쟁 후 산동 상인의 일본(특히 오사카)진출이 본격화되면서 조선의 산동 상인 네트워크도 확대한 사실을 반영한다.[140]

(3) 일본계 은행에 의한 우회 송금

이 시기의 상해 송금방법으로 가장 빈번히 나타나는 것이 조선 소재 일본계 은행, 특히 제일은행을 이용한 우회 송금이었다. 중계지는 고베, 요코하마, 나가사키 3곳이며, 거래처인 상륭호, 복화호, 만창화가 일단 지불한 후, 현지의 홍콩상해은행 등에서 상해용 송금환으로 교환

---

139 "日洋札金, 滙價大升, 山東幇亦賣票, 他所收之札洋, 滙夫東洋轉滙申, 或在仁漢應用, 昨日洪泰東 與本號滙洋貳千元, 每元作71錢, 計規平1620兩, 見票後十天期交, 俟到期, 祈照收入本號來數可 也." 譚傑生 → 羅柱臣(292號信), 丁酉 8月 4日, 『往復文書』 31.

140 다만 동순태도 회표 발행을 그만둔 것이 아니라 1903년에는 상해용 소가죽 매입 자금을 급하게 마련하기 위해 회신(滙申), 즉 상해환을 판 것을 확인할 수 있다. 李益卿 → 譚象喬(書簡), 癸卯 11月 4日, 『同泰來信』 10. 그리고 『미야오세관감시관 한국출장복명서(宮尾稅關監視官 韓國出張復命書)』(주134)에서는 화상에 의한 '시중 환율'을 소개하는데 이를 주로 취급하는 상인으로 '인천 경성의 동순태와 우성인(祐盛仁), 원산의 동풍태'를 들었다(356쪽). 같은 사료에서는 화상의 '시중 환율' 취급을 '(일본은행의) 태환권(兌換券)을 가지고 하는 경우가 가장 많다'(296쪽)고 하므로 이 점도 본문에서 검토한 바와 일치한다.

한 것으로 보인다.

담걸생은 이와 같은 우회 송금의 비용을 인천의 영국계 은행에서 직접 상해환으로 바꾸었을 경우와 자주 비교하였다. 예를 들어 〈표 8-6〉에 의하면 기해년(1899) 1월에 6,500원이 고베를 경유하여 송금되었는데, 이에 대하여 담걸생은 홍콩상해은행이 매도한 상해량 환율이 인천에서는 1엔당 0.7575량인데 반해 고베에서는 0.77량이므로 고베에서 거래하는 쪽이 인천에서 직접 송금하는 것보다 유리하다고 동태호에게 설명하였다.[141] 일본계 은행에서 고베나 나가사키로 송금할 때 0.8~0.9%의 수수료를 부과하기 때문에 결과적으로 그다지 큰 차이는 없다고도 했지만[142] 〈표 8-6〉에서 알 수 있듯이 많은 송금이 일본 경유로 이루어졌던 사실을 보면 역시 인천의 영국계 은행에서의 송금 서비스는 상대적으로 비용이 많이 들었던 것으로 추측된다.

1900년 무렵 일본인 관료의 보고에서는 홍콩상해은행 등의 환율에 대하여 '지나支那(중국)환율은 편환율이기 때문에 일본 경유 시세에 의존해야만 한다지만 요즘에는 은행의 지나 또는 내지의 외국환 취급 은행과의 관계가 희박하기 때문에 신속하게 지나량의 시세를 알지 못한다. 때문에 은행에게 위험부담이 커서 량의 시세는 비교적 높다'고 설명하므로, 상해의 환율이 비교적 높았다는 위의 추측을 뒷받침한다. 그리고 '[중국]환의 대부분은 일본을 경유하여 요코하마, 고베, 나가사키, 상해, 지부芝罘 사이에서 항상 결제할 수 있다'고도 설명하므로 동순태뿐만 아니라 전체적으로 일본을 경유하여 환거래를 하고 있었음을 엿볼 수 있다.[143]

---

141 譚傑生 → 羅柱臣(366號信), 己亥 1月 20日, 『往復文書』 32.
142 譚傑生 → 羅植三(書簡), 己亥 1月 2日, 同前.

위에서 정리한 세 종류의 송금방법 외에 각 지역으로의 수출대금 또한 동태호에게 지속적으로 이체되었다고 추측할 수 있다. 상해로의 사금 현송이 감소하고 홍삼 수출도 줄어든 반면[144] 고베로의 쌀 수출이 증가한 것을 생각하면, 동순태에서 동태호로의 송금 중 일본계 은행을 통한 우회 송금과 고베로 수출한 쌀 대금 이체와 같이 모두 일본을 경유하는 경로의 비중이 늘어났다는 사실은 주목할 만하다.

2) 상해 송금의 통화문제

19세기 후반 동아시아에서는 멕시코달러와 이를 모델로 한 각종 은화가 유통되었다. 일본은 1897년 금본위제로 이행함에 따라 멕시코달러계 은화 유통권에서 빠져 영국을 중심으로 하는 국제금본위제로 편입되었다. 여기에서 주목하고자 하는 점은 일본의 화폐개혁이 조선 개항장을 둘러싼 통화와 귀금속 유통에도 큰 변화를 초래했다는 점이다. 앞에서 검토를 보류한 이 문제에 대하여 동순태의 상해 송금과의 관계를 통해 살펴 보고자 한다.

우선 조선 개항 후 통화 상황에 대하여 다시 정리해 두자. 조선왕조가 공급하는 통화가 국제적으로 결제할 수 없는 소액통화뿐이었고 1882년까지는 무역상대국이 일본에 한정되었기 때문에 개항장에서는 처음부터 일본통화가 사용되었다. 제6장에서 검토한 것처럼 청일전쟁 이전에는 엔은보다 오히려 일본은행태환권日本銀行兌換券이 다수를 차지하였던

---

143 『宮尾稅關監視官韓國出張復命書』(주 134), 300・304쪽.
144 홍삼 수출대금이 동태호로 대체된 예는 청일전쟁 후에는 한 사례만 확인할 수 있다. 譚傑生
　　→ 梁綸卿・羅柱臣(201號信), 乙未 3月 26日, 『往復文書』 31.

것 같지만 청일전쟁 중 일본군에 의해 내지에서까지 일본엔은이 유통되기 시작했다. 다카시마 마사아키高嶋雅明의 계산에 의하면 1897년 당시, 조선 국내에 유통된 일본통화는 약 580만 엔으로 이 중 300만 엔이 엔은이었다고 한다.[145]

한편 1897년 10월 금본위제 이행 후, 일본정부는 1898년 4월 1일 자로 엔은의 통화통용을 금지하였고 7월 말을 기하여 엔은과 새로운 통화의 교환도 정지했다. 이 시기 조선에서 상당한 엔은이 일본으로 다시 흘러갔다고 예상되는데, 한편으로는 일본정부가 조선에서 엔은 유통을 지속하도록 획책하기도 하여 상당량이 남았을 것으로 보인다. 하지만 1899년부터 1900년에 걸친 의화단 사건을 계기로 은값이 뛰어오르고 대만에서의 엔은 수요도 맞물려 조선에 남은 엔은의 대부분은 유출되었고 그 결과 1903년경에는 도시에서 엔은을 보는 일이 드물어졌다.[146] 대신 조선에는 금본위제에 바탕을 둔 새로운 일본은행태환권이 유입되었으며 1901년부터는 금엔金圓을 단위로 하는 제일은행권이 조선의 각 지점에서 발행되었다.[147] 1903년 무렵 조선에서는 일본은행태환권이 90만 엔에서 200만 엔, 제일은행권이 60만 엔 정도 유통되었다고 한다.[148]

이러한 금엔 은행권(이하에서 '일본지폐'는 이것을 가리킨다)이 반드시 순조롭게 보급된 것은 아니었다. 1902년과 1903년에는 조선정부에 의해 조선인의 제일은행권 수수가 금지되어(다만 일본의 압력에 의해 곧바로 철회)

---

145 高嶋雅明(1978), 84쪽.
146 1903년의 상황에 대해서는 岡庸一, 『最新韓國事情』(嵩山堂, 1903), 460쪽. 일본정부의 조선에서의 엔은 유통 정책에 대해서는 高嶋雅明(1978), 84~89쪽; 波形昭一(1985), 98~105쪽.
147 村上勝彦(1973a); 高嶋雅明(1978), 100~104쪽.
148 『最新韓國事情』(주 146), 457~460쪽.

조선인 상인 사이에서도 제일은행권 배척운동이 고조되었다.[149] 그러나 적어도 개항장 내 거래에서는 새로운 일본지폐 이용이 빠르게 자리를 잡은 것으로 보인다.[150]

한편 일본정부는 금준비9)정책의 하나로 조선에서 생산된 금의 매입을 추진했다. 1899년부터 1900년에 걸쳐 일본은행은 조선에 점포를 가진 제일은행, 제58은행第五十八銀行, 제18은행第十八銀行에 무이자 특별융자를 한 후, 이것을 가지고 조선산 금을 매수하게 했다.[151] 1898년 약 119만 엔이었던 일본으로의 금수출은 1899년에 205만 엔, 1900년에 307만 엔으로 급증해, 1901년 이후에는 매년 500만 엔 전후가 되었다. 반면 중국으로의 금수출은 1898년 118만 엔을 정점으로 급속하게 줄어들어 1903년에는 거의 모두 없어졌다.(〈표 서-1〉)

이러한 일련의 변화는 동순태의 상해 송금방법에도 영향을 주었다. 앞에서 살펴본 것처럼 동순태는 청일전쟁 직후부터 산동 상인과의 과도한 경쟁이 싫어 사금 매입에서 한발 물러나 있었지만 일본계 은행의 매입 증가로 인한 금값 상승은 사금 현송을 한층 곤란하게 했을 것이다. 엔은 또한 일본으로부터의 추가 공급이 끊긴 후 점차 매입을 둘러싸고 경쟁이 격화되었다고 추측할 수 있다. 예를 들어 1899년 담걸생의 서간은 서울과 인천의 화상들이 경쟁적으로 엔은을 연대로 보내면서 가치가 치솟아 손에 넣기 힘들다고 설명하였다.[152]

---

149 高嶋雅明(1978), 104~110쪽; 나애자(1984), 77~84쪽; 조재곤(1997).
150 1903년 인천분호의 서간은 인천에서의 모든 거래가 일본지폐로 바뀌고 있는 중이라고 보고한다. 李益卿 → 譚傑生(書簡), 癸卯 9月 16日, 『同泰來信』 9.
151 村上勝彦(1975), 265~266쪽; 小林英夫(1979).
152 譚傑生 → 譚秀枝・古穗興(125號信), 己亥 3月 16日, 『往復文書』 32.

그리고 동순태가 일본계 은행을 통한 일본 경유 송금의 빈도를 늘린 것은 위와 같은 금은 현송의 어려움이 배경이 되었을 것이며 동시에 일본지폐 조달이 동순태에게 중요한 과제였다. 담걸생은 1898년 8월 2일 (음력 6월 15일) 서간에서 다음과 같이 설명하였다.

일본이 앞으로는 모두 금을 사용하고 은을 쓰지 않기로 했기 때문에 일본엔은으로 송금어음을 살 수 없게 되었으며 일본계 은행과 홍콩상해은행은 모두 일본지폐로 거래하게 됐다. 최근에는 일본지폐의 유통이 줄어 교환이 매우 어렵다.[153]

이 서간이 쓰이기 직전인 7월 31일에 일본정부는 엔은과 새로운 금엔의 교환을 종료했다. 위 사료를 통해서는 결과적으로 일본계 은행뿐만 아니라 영국계 은행도 송금환율을 처리하는 데 있어서 일본지폐로 지급을 요구하기 시작했음을 알 수 있다. 동순태 입장에서 보면 상해 송금의 대부분이 일본지폐를 매개로 이루어지게 된 것이다.

그리고 동순태가 일본지폐를 확보하기 위해서는 수입품 판매를 통해 벌어들인 조선의 소액화폐를 교환할 필요가 있었다. 청일전쟁 이후, 서울은 1894년 신식화폐발행장정에 따른 2전 5푼의 백동화가 조선인 사이에서 일반적인 통화였다. 백동화는 원래 보조화폐였지만 본위화폐였던 은화가 거의 발행되지 않았기 때문에 기반을 잃어 시장수급에 따라 가치가 변동되었다. 백동화의 엔 시세는 전체적으로 하락세에 있

---

153 "因日本以後俱用金不用銀, 故用日銀不能買滙票, 是以日本銀行, 及滙豐一概以札金交易也, 現時札金疎少, 甚難找換." 譚傑生 → 李靜波・古穗興(92號 信), 戊戌 6月 15日,『往復文書』32.

었으며 특히 1900년경을 전후하여 급락했다. 이는 일본인 거류민의 불만을 초래하였고 일본정부의 조선정부에 대한 항의나 개입을 초래했다는 사실은 잘 알려져 있다.[154] 백동화 시세의 하락을 초래한 직접적인 계기는 1899년에 주조를 담당하는 전환국典圜局이 황실 재정을 관리하는 내장원內藏院 산하에 들어갔으며 동시에 발행량을 크게 늘린 것에 있었다. 그러나 백동화 시세는 단기적으로 크게 변동하였으며 이는 '발행액'보다는 '무역수지 변화'의 영향을 받았다.[155]

담걸생이 백동화 시세에 영향을 주는 요인으로 특히 주의를 기울인 것은 일본으로의 쌀 수출 상황이었다. 1899년 봄 동태호로 보낸 서간에서는 전년도의 쌀 수출 부진이 미친 영향을 다음과 같이 설명하였다.

조선의 산물 중 대부분을 차지하는 것은 쌀로, 모두 일본을 판로로 삼고 있습니다. 이전에는 일본의 쌀시장 상황이 좋았기 때문에 수출도 매우 많았지만 작년에는 일본의 풍작으로 시장 상황이 침체되어 전망이 좋지 않은 상태입니다. 일본인이 매입을 중단함으로써 개항장 밖에서 오는 [조선인] 객상도 인천, 서울의 매출 하락을 보고 쌀을 조금밖에 가져 오지 않습니다. 결국 [수입한] 화물도 재고가 되어 팔 수 없습니다. 지폐와 양은은 모두 일본인이 쌀을 사면서 내 놓는(放出) 것인데, 지금은 쌀 거래가 없어서 나가기만 하고 들어오지 않아 더욱 더 유통이 되지 않고 견딜 수 없을 정도로 가격이 비싸지고 있습니

---

154 波形昭一(1985), 105~115쪽.
155 백동화 발행 권리의 내장원으로의 이속(移屬)에 대해서 오두환(1991), 176~189쪽; 김재호 (1997), 133~134쪽. 단기적 변동에 대해서 무역수지의 영향이 컸음은 오두환(1991), 220쪽. 김윤희의 연구는 서울 및 인천 화상이 수입품 판매로 인해 백동화를 떠안는 경향이 있음을 지적하고 이들이 백동화 시세와 상해 은량 시세를 대조하면서 백동화를 일본지폐로 교환했음을 밝혔다. 이는 이 장에서 밝힌 동순태의 행동과 대체로 일치한다. 김윤희(2012), 149~196쪽.

다. 현재는 일본지폐 100엔 당 백동화로 111.5원입니다. (…중략…) 손해를 각오하지 않고는 교환할 수 없습니다.[156] (강조는 인용자)

쌀의 대일 수출 부진이 조선인의 구매력을 떨어뜨리고 수입품 매출 또한 감소시킨 것은 이해하기 쉽다. 그러나 쌀 수출 부진의 영향은 그 것만이 아니었다. 위 사료에서 강조 부분이 설명하듯이 일본인 상인이 지폐나 엔은을 내놓는 경우는 쌀 매입에 필요한 백동화를 손에 넣기 위함이며 쌀 매수가 침체하면 그 필요성도 줄어든다. 이것이 지폐와 엔은 가치 상승＝백동화 가치의 상대적 하락이라는 결과를 초래한 것이다. 일본으로의 쌀 수출이 증가 경향에 있는 가운데 그 변화폭이 백동화 시세에 주는 영향도 커져 갔을 것이다.

며칠 뒤 담걸생이 다시 동태호에게 보낸 서간에서는 쌀 수출 부진이 상해 송금에 미친 영향을 더욱 직접 묘사한다.

---

156 譚傑生 → 羅柱臣(371號信), 己亥 2月 25日, 『往復文書』 32. 중략 부분을 포함한 원문은 다음과 같다. "朝鮮出産, 以米糧爲大宗, 全靠日本之銷路, 往年日本米市好, 故出口甚多, 昨年日本豐收, 市道平淡, 化寸不通, 日人止手不辦, 內道客見仁漢無市販, 運米亦少, 故貨物積存不行, 札金·洋銀, 皆是日人買米發出, 今米無市, 則有去路而無來路, 漸見疎冷, 奇貴不堪, 兌札金每百元補水11.5元, 札金滙價7.6錢, 兌日銀每百元補水四元, 作價7.1錢, 除去補水, 每元約規水6.8-9錢耳, 但不計虧□賍, 亦無得兌." 그리고 2전5푼의 백동화는 본위화폐(5량 은화)의 20분의 1에 해당한다. 5량은 본위제 하의 일본 1엔과 동위동량(同位同量)이며 관행적으로 1원(元)으로 불렸다. 번역문의 '일본지폐 100엔당 백동화 111.5원'은 의역이다. 원문 "兌札金每百元補水 11.5元"에 '백동화'라는 말은 없지만 당시 시중에 유통하는 조선화폐의 대부분은 2전5푼의 백동화이었기 때문에 이것도 백동화로 계산했다고 보아도 문제없다(111.5원=백동화 2,230개). 당시 일본인도 100엔당 ~원이라는 형태로 백동화 시세를 계산했다. 제일은행의 조사에 따르면 1899년 10월~12월의 백동화 시세 평균은 일본 100엔당 116원이었다(第一銀行, 『株式會社第一銀行韓國各支店出張所開業以來營業狀況』, 1908, 20쪽). 백동화는 형식적으로는 은본위제에서 보조화폐로 인식되었지만 실제로는 은과도 연동하지 않았던 것은 원문 안에 "兌日銀每百元補水四元", 즉 엔은 100엔당 백동화 104원 인 것에서도 알 수 있다.

서울의 시장 상황은 심각하게 침체되어 있습니다. 개항장 밖으로부터 쌀의 입하가 적기 때문에 손님의 발걸음도 거의 없습니다. 각 상호의 재고 화물은 팔리지 않고, 팔리더라도 모두 백동화로 지불합니다. 시중에 나도는 사금과 일본지폐, 엔은은 지극히 적고 그마저도 산동 사람들이 [중국에] 되돌려 보내기 위해 닥치는 대로 사 모으고 있으므로 백동화 시세는 급락하고 있습니다. (…중략…) 생각건대 봄, 여름의 장사는 [팔림새 나쁘기 때문에] 할수록 손해가 날 뿐만 아니라 소지한 백동화를 교환해 자금을 조달, 상해에 되돌려 보낼 수도 없으므로 [동태호에게 빚진 수입대금의] 이자도 어느새 늘어나는 어려움 있어 이중의 손해가 됩니다.[157]

일본인 상인이 지폐와 엔은을 적게 내놓는 데다가 송금 수단으로서 지폐 및 엔은이 필요한 화상이 백동화를 팔았기 때문에 급속히 백동화 시세가 하락하였음을 알 수 있다. 동순태로서는 가지고 있는 백동화를 일본지폐와 교환하면 손해가 나지만 상해 송금이 밀리면 동태호로부터의 차입에 대한 이자가 늘어나 이러지도 못하고 저러지도 못하는 이른바 샌드위치 상황에 놓이게 된다. 일본인에 의한 쌀 수출 동향이 백동화의 교환율을 통해서 동순태의 상해 송금에 영향을 주었다는 것을 알 수 있다.

청일전쟁 이전의 동순태는 서울에 쌓여 있는 동전을 개성 및 해주로 보내 인삼 등의 매입 자금으로 사용하였는데(제7장), 청일전쟁 이후 내지

---

157 "漢生意甚爲冷淡, 因內道米疎來, 而客亦少到, 各家積存貨物不行, 如沽出皆是什錢銅先士, 街外砂金札金日銀甚疎, 東幇急於調回款, 故錢市大跌, (…中略…) 看春夏之生意, 如多做則多虧, 及積存銅錢, 不能調換求款返申, 以至暗耗折息之弊, 實是兩虧." 譚傑生 → 羅柱臣(372號信), 己亥 3月 2日, 『往復文書』32.

통상의 거점이 된 전주는 재래식 동전의 유통권 안에 남아 있었기 때문에 전주에서 쌀을 매입하기 위해서는 서울의 백동화를 사용할 수 없었다. 따라서 제3절에서 검토한 것처럼 전주에서도 서울과 병행하여 수입품을 팔고 이를 통해 얻은 동전을 쌀 매입에 이용해야 했던 것이다. 전주에서 쌀 매입을 진행해도 한성본호의 백동화 보유량은 감소하지 않고 수입품 매각에 따라 계속 증가하기만 하였기 때문에 백동화 시세 변동이 동순태의 경영에 미치는 영향도 한층 더 커졌다고 말할 수 있다.

지금까지의 분석을 토대로 청일전쟁 후의 동태호로부터의 수입무역에 따른 자금 흐름을 나타내면 〈그림 8-1〉과 같다. 인천으로 수입된 제품은 서울과 전주로 나뉘어 매각된다. 서울에서 팔릴 경우, 대금으로 받는 백동화는 일본지폐로 교환하여 인천의 영국계 은행을 통해 바로 상해로 보내거나 일본계 은행을 통해 일본을 경유하여 상해로 송금하였다. 한편 전주에서 수입품을 매각하여 얻은 동전은 쌀 매입에 이용하였고 쌀은 인천 및 서울 혹은 고베에서 매각되어 일본지폐로 교환, 최종적으로는 마찬가지로 상해로 송금하였다.

자금이 어느 쪽의 경로를 거친다 한들 결국 일본지폐로 상해 송금을 하였다는 점, 그 과정에서 조선쌀의 대일 수출 상황에 영향을 받지 않을 수 없었다는 점 등이 흥미롭다. 전주에서의 쌀 매입이 시장 상황에 직접적인 영향을 받은 것은 당연하지만 한성본호에서 백동화를 일본지폐로 바꿀 때도 조선에서의 일본지폐 공급량이 일본으로의 쌀 수출에 의해 결정되고 그로 인해 백동화 시세도 변동되었기 때문에 간접적으로 쌀 시장 상황의 영향을 피할 수 없었던 것이었다.

결과적으로 동태호로부터의 수입무역 그 자체가 쌀 시장 상황의 영

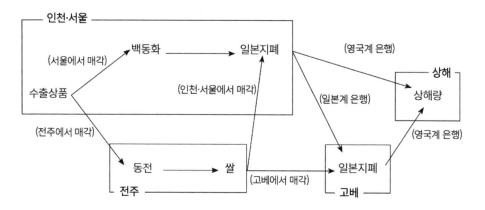

〈그림 8-1〉 동태호로부터의 수입무역에 따른 자금 흐름(청일전쟁 후)

향을 받았던 것이다. 앞에서 인용한 1899년 봄, 동태호 앞으로 보낸 서간은 다음과 같이 이어진다.

지금 당 상호에서는 장사를 엄선하여 운영하고 싶습니다. 저희가 요구하지 않는 상품은 절대 보내지 마세요. 부탁한 상품도 편지와 주문서의 양 만큼만 보내주시면 되고 마음대로 많이 보내지 않도록 해 주세요. (…중략…) 생각건대 조선에서 장사가 잘되고 안 됨은 전적으로 [조선이] 풍년이 들고 일본이 흉작이 되는 것에 달려 있으며, 이렇게 되면 화인들의 장사는 많이 늘어 납니다. (…중략…) 화물도 팔리고 백동화도 수요가 생겨 상승세로 돌아서게 됩니다. 일본인은 엔은과 지폐를 내놓아 쌀을 구입할 것이므로 그것들이 시장에 나돌아 [백동화와의] 교환이 쉬워지고 [우리 화상들도] 상품대금을 조달해 상해로 보내기 쉬워집니다. 6, 7월까지 기다려 일본과 조선의 쌀 시장 상황을 보고 나서 [수입] 화물의 양을 결정하도록 하면 계획을 세울 수 있습니다. 계획을 세울 때가 되면 알려드리고 의논하겠습니다.[158]

쌀 수출이 활발해지면 일본인 상인이 시중에 내놓는 엔은과 지폐가 늘어난다. 이에 따라 화상도 보유중인 백동화 교환이 쉬워지고 상해 송금도 원활해진다. 이러한 연관성이 존재했다는 것은 지금까지의 검토로 쉽게 이해할 수 있다. 흥미로운 것은 이러한 사실이 동태호로부터의 수입에 대한 담걸생의 판단에도 영향을 미쳤다는 점이다.

일본으로의 쌀 수출 확대가 농민의 구매력을 높인다는 의미에서 수입의 좋은 조건이 되었다는 것은 말할 필요도 없지만, 그뿐만 아니라 시중에서 일본지폐의 유통이 증가하는 것이 담걸생에게는 중요했다. 동순태는 동태호에게 항상 부채가 있어 매달 이자를 지급했을 뿐만 아니라 상해 시장 상황에 따라서는 갑작스러운 변제를 요구받기도 했다. 이러한 입장에 놓인 담걸생에게 상해로의 송금 수단이 안정적으로 확보되느냐 아니냐는 추가적으로 수입을 단행할지 말지의 판단 근거가 되었던 것이다.[159]

---

158 출처는 앞 주와 같다. "今小號立意做擇精而食, 如各貨無求辦者, 切勿付來, 或有求辦者, 祇可照信及辦單數目辦足, 不宜加多, (…中略…) 看朝鮮賣買之興旺, 全憑年成之豐稔, 幷日本失收, 則中國商務大有起色, (…中略…) 如此貨物行流, 及錢有去路, 便可轉疎貴, 日人要用日銀札金買米糧, 在市上轉流, 易於兌換, 而貨款易於籌劃返申矣, 俟六七月看日本朝鮮禾稻, 作貨物輕重, 亦有把握, 到時乃達知酌商."

159 상해로부터의 수입이 일본지폐 유통 상황의 영향을 받았다는 사실은 1898년의 상황에서도 엿볼 수 있다. 담걸생은 이 해 10월 중순 동태호로부터 수입대금의 반송을 요구받았으나 그때 한성본호에는 백동화밖에 보유 현금이 없어 일본인이 본격적으로 쌀을 매입하여 지폐가 나돌 때까지 어렵다고 판단했다(譚傑生 → 李靜波·古穗興(103號信), 戊戌 9月 4日, 『往復文書』 32, 譚傑生 → 羅植三(書簡), 戊戌 9月 6日, 同前). 동태호에게는 쌀이 나돌 때까지 송금을 기다려 줄 것을 요청함과 동시에 그때까지는 서울로 보낼 견직물의 매입도 중단해달라고 했다(譚傑生 → 梁綸卿·羅柱臣(352號信), 戊戌 9月 6日, 同前).

담걸생은 청일전쟁 초기 조선에서 일시 철수했지만 1894년 가을에
는 조선에 돌아와 무역활동을 재개하였고 1896년 말에는 내지통상도
다시 시작했다. 청일전쟁 이후의 동순태 활동은 상해 동태호로부터의
직물류 수입을 중심으로 원활하게 운영하는 것을 의도하여 이루어졌다
는 점에서 청일전쟁 전과 근본적으로 다르지 않았다.

한편 조선의 개항장 무역을 떠받치는 제도와 사회기반시설 구조, 무
역 관련 서비스 등도 이 시기에 크게 재편되었다. 이 장에서 검토한 예
로는 청일전쟁까지 수년간 정부 지원하에 치열한 경쟁을 벌였던 윤선
초상국과 일본우선의 상해-인천 항로가 잇따라 정지되었으며 대신 러
시아 동청철도기선이 같은 구간을 운항하게 되었다. 이는 조선의 개항
장 무역이 국제정세에 강하게 영향을 받고 제한되었음을 상징적으로
보여준다. 이와 같은 변화에도 불구하고 동순태는 거래처 네트워크를
이용해 상해무역을 중심으로 하는 활동을 유지했다.

이는 동태호에게로의 송금문제에 있어서도 마찬가지이다. 조선 화
상들 사이의 과도한 경쟁과 일본의 조선 생산 금 흡수 정책으로 인해 상
해로의 사금 현송이 어려워지는 가운데 동순태는 일본 거래처의 협력
을 얻어 가며 조선쌀의 대일 수출 증가라는 기회를 포착해 자신들의 상
해 송금에 활용했다.

이 장에서 살펴본 동순태의 대응은 광역적, 다각적 네트워크를 배경
으로 하는 화상의 유연함, 혹은 국가로부터의 높은 자립성을 나타내는
것이라고 볼 수 있을 것이다. 그러나 이와 같은 대응의 결과, 동순태의
상해 송금은 결국 일본지폐를 매개로 이루어지게 되었다. 조선에서의
일본지폐 공급은 일본으로의 쌀 수출 상황에 크게 좌우되었기 때문에

동순태의 상해 송금, 나아가 상해로부터의 수입 자체가 대일 쌀 수출의 영향을 받았다. 즉 화상의 상해무역도 깊어지는 조일관계로부터 독립적일 수 없게 된 것이다.

여기에서는 제2부에서 주요 사료로 사용한 동순태同順泰 문서를 서지정보 위주로 정리한다. 동순태 문서는 현재 서울대 중앙도서관 및 규장각한국학연구원에 6종, 66권이 보존되어 있다. (〈표 5-1〉 참조) 현재는 책자 형태이지만 원래는 모두 독립된 문서였으며 이를 묶은 것이다. 수록문서는 상업서간과 계산서류로 모두 동순태의 한성본호本號 내지 담걸생譚傑生이 1880년대에서 1900년대에 걸쳐 수·발신한 것이다(발신한 것은 사본). 제목을 차례대로 보면 『동태래신同泰來信』 19권, 『동순태왕복문서同順泰往復文書』 35권에 상업서간이 수록되어 있으며 그 외 제목의 4개 문서(『진구각화창구단進口各貨艙口單』 8권, 『갑오년각준래화치본단甲午年各準来貨置本單』 2권, 『을미래화치본乙未来貨置本』 1권, 『동순태보호기同順泰寶號記』 1권)에는 계산서류가 들어 있다.

서울대에서 위 문서를 소장하게 된 연도와 경위는 불분명하지만 '경성제국대학 도서 장章'이라는 도장이 있는 것으로 보아 1945년 이전 소장된 것은 분명하다. 이와 더불어 1924년 경성제국대학 설립 시 조선총독부로부터 계승된 문헌에 보이는 '총독부 장서 인印'이 없는 것으로 보아 경성제국대학이 입수한 것으로 봐도 무방하다. 동순태는 1937년 가을에 문을 닫았고 경영자인 담걸생의 후손(본인은 1927년 이미 사망)은 중국으로 넘어갔음을 감안할 때, 그 당시 유출된 경영문서의 일부로 보는 것이 타당할 것이다.

아래에서는 문서 세목 별로 수록 문서의 특징을 해설한다.

〈표 보-1〉 『동태래신』의 구성

청구기호	외제	건수	서간의 배열과 기간(발신일)
圶27584-1	同泰來信 上 / 己丑元月	20	발신일순(광서 15.1.3~1.15)
圶27584-2	同泰來信 中 / 己丑元月至二月	37	〃 (〃 15.1.17~2.13,5.9)
圶27584-3	同泰來信 下 / 己丑五月至六月	65	〃 (〃 15.5.9~6.29)
圶27584-4	同泰來信 單 / 甲午元月至四月	43	〃 (〃 19.12.19~20.4.16)
圶27584-5	同泰來信 上 / 甲午元月至三月	59	〃 (〃 20.1.8~3.11)
圶27584-6	同泰來信 中 / 甲午三月至五月	61	〃 (〃 20.3.12~5.15)
圶27584-7	同泰來信 下 / 甲午五月至六月	30	〃 (〃 20.5.17~6.5)
圶27584-8	同泰來信 上 / 癸卯元月至三月	52	〃 (〃 29.1.13~3.20)
圶27584-9	同泰來信 中 / 癸卯四月至十月	56	〃 (〃 29.4.2~10.8)
圶27584-10	同泰來信 下 / 癸卯十月至十二月	65	〃 (〃 29.10.9~12.28)
圶27584-11	同泰來信 單 / 乙巳五月至七月	38	〃 (〃 31.1.5~7.9)
圶27584-12	同泰來信 乾 / 乙巳元月至二月	38	〃 (〃 31.1.4~2.18)
圶27584-13	同泰來信 坤 / 乙巳二月至四月	48	〃 (〃 31.2.11~4.7)
圶27584-14	同泰來信 單 / 乙巳丙午	51	순서 없음
圶27584-15	同泰來信 乾 / 一月至三月	52	발신일순(광서 15.2.10~3.18)
圶27584-16	同泰來信 坤 / 三月	55	〃 (〃 15.3.19~5.6)
圶27584-17	同泰來信 單 / 仁川來信	44	〃 (연도불명1.7~2.17)
圶27584-18	同泰來信 單 / 同泰來信	40	전반부는 발신일순(광서 15.12.23~16.2.11), 후반부 순서 없음
圶27584-19	同泰來信 單 / 乙巳正月至五月	35	순서 없음

주 모두 수신서간의 원본. 외제의 '/'는 줄바꿈을 나타낸다. 원 사료에서는 발신년을 간지로 나타내거나 또는 표시하지 않지만(월일만) 여기에서는 편의상 광서 연호로 나타냈다. 월일은 원 사료의 표기 그대로이다.

1. 『동태래신』에 대하여

『동태래신』전 19권은 서울대 규장각한국학연구원에 소장되어 있다(청구기호 : 奎27584).(〈표 보-1〉 참조) 책 형태는 서간의 원본을 가로 방향으로 붙인 다음 접은 것으로 각 권에 평균 50건 정도의 서간이 들어 있다. 제본 후 크기는 세로 30센티미터, 가로 25센티미터 정도이다.

수록 서간은 모두 담걸생 혹은 동순태 한성본호에 온 서신의 원본이다. 발신자는 인천분호分號가 가장 많고, 조선 내 각 지역에 파견된 동순태 점원과 상해, 그리고 기타 거래처의 화상이 뒤를 이으며 청국영사관도 약간 포함한다. 조선인이나 일본인으로 추측되는 것은 없다.(발신자의 구성은 〈표 5-3〉을 참조) 발신일은 기축년(광서 15/1889), 갑오년(광서 20/1894), 계묘년(광서 29/1903), 을사년(광서 31/1905)의 4년 동안에 집중되며, 각 연도 내에서는 대체로 발신일순으로 배열되어 있다. 단, 제14권, 제18권, 제19권(청구기호에 따름. 이하 동일)은 배열순서가 뒤섞여 있어 발신 연도가 명확하게 쓰여 있지 않은 서간(월일만을 적은 것)은 연도를 알 수 없다. 또한 제17권의 수록서간은 발신일에 따라 정리되어 있지만 모두 발신 연도를 기록하지 않았다. 단, 인천에 입항한 윤선초상국輪船招商局의 선명이 기록되어 있는 것 등으로 보아 청일전쟁 이전의 것으로 봐도 좋다.

각 책자 외제에는 목록상의 제목인 '동태래신' 외에 부제로 발신 연월 등이 기록되어 있다. 이들은 대체로 수록 서간의 내용과 맞지만 그렇지 않은 경우도 있다. 예를 들어 제15권과 제16권의 외제에는 각각 '건/1월지3월乾/一月至三月', '곤/3월坤/三月'이라고만 있고 발신 연도가 없지만 수록 서간의 발신일을 보면 원래는 제2권 '중/기축 1월지2월(『中/己丑元月至二

〈표 보-2〉『동순태왕복문서』의 구성

청구기호	외제	건수	수록서간의 날짜		비고
6100-61-1	交貨尺牘 一 / 自 甲午正月-同二月	25	광서	20.1.2~2.7	수신원본
6100-61-2	交貨尺牘 二 / 自 甲午二月-同三月	20	〃	20.2.21~3.2	〃
6100-61-3	交貨尺牘 三 / 自 甲午三月-同四月	11	〃	20.3.12~3.28	〃
6100-61-4	交貨尺牘 四 / 自 甲午四月-同五月	11	〃	20.4.7~4.24	〃
6100-61-5	交貨尺牘 五 / 自 甲午五月-同八月	15	〃	20.4.24~7.7	〃
6100-61-6	交貨尺牘 六 / 自 甲午七月-同八月	11	〃	20.7.15~9.10	〃
6100-61-7	交貨尺牘 七 / 自 甲午八月-同九月	14	〃	20.8.22~9.6	〃
6100-61-8	交貨尺牘 八 / 自 甲午十月-同十月	13	〃	20.9.6~10.22	〃
6100-61-9	交貨尺牘 九 / 自 甲午十月-同十一月	9	〃	20.6.5/10.13~11.26	〃
6100-61-10	交貨尺牘 十 / 自 甲午十月-同十一月乙未十一月	14	〃	20.10.15~12.13/19.11.18	수신원본 / 발신사본
6100-61-11	交貨尺牘 十一 / 自 乙未十一月-同十一月	10	〃	19.11.20~12.10	발신사본
6100-61-12	交貨尺牘 十二 / 自 乙未十二月-同十二月	9	〃	19.12.10~12.26	〃
6100-61-13	交貨尺牘 十三 / 自 乙未十二月-丙申正月	10	〃	19.12.26~20.1.19	〃
6100-61-14	交貨尺牘 十四 / 自 丙申正月-同二月	7	〃	20.1.19~2.10	〃
6100-61-15	交貨尺牘 十五/自 丙申二月-同三月	9	〃	20.2.10~3.10	〃
6100-61-16	交貨尺牘 十六 / 自 丙申三月-同三月	7	〃	20.3.2~3.17	〃
6100-61-17	交貨尺牘 十七 / 自 丙申三月-同四月	11	〃	20.3.16~4.12	〃
6100-61-18	交貨尺牘 十八 / 自 丙申四月-同四月	12	〃	20.3.14~4.24	〃
6100-61-19	交貨尺牘 十九 / 自 丙申五月-同五月	11	〃	20.5.2~6.5	〃
6100-61-20	交貨尺牘 二十 / 自 丙申六月-同六月	9	〃	20.6.5~6.7/20.9.3~10.1	〃
6100-61-21	交貨尺牘 二十一 / 自 丙申九月-同十月	11	〃	20.9.12~10.6	〃
6100-61-22	交貨尺牘 二十二 / 自 丙申十月-同十月	8	〃	20.10.5~10.13	〃
6100-61-23	交貨尺牘 二十三 / 自 丙申十月-同十月	10	〃	20.10.18~11.2	〃
6100-61-24	交貨尺牘 二十四 / 自 丙申十一月-同十一月	10	〃	20.11.5~11.11	〃
6100-61-25	交貨尺牘 二十五 / 自 丙申十一月-同十二月	11	〃	20.11.14~12.2	〃
6100-61-26	交貨尺牘 二十六 / 自 丙申十二月-同十二月	9	〃	20.12.2~12.15	〃
6100-61-27	交貨尺牘 二十七 / 自 丙申十二月-丁酉正月	10	〃	20.12.19~21.1.12	〃
6100-61-28	交貨尺牘 二十八 / 自 丁酉正月-同正月	11	〃	21.1.12~1.30	〃
6100-61-29	交貨尺牘 二十九 / 自 丁酉二月-同二月	14	〃	21.1.30~2.25	〃
6100-61-30	交貨尺牘 三十 / 自 丁酉二月-同三月	8	〃	21.2.25~3.11	〃
6100-61-31	(없음)	247	〃	21.3.15~10.17/ 22.10.11~23.8.14	〃
6100-61-32	(없음)	222	〃	24.6.13~25.8.6	〃
6100-61-33	(없음)	211	〃	16.1.3~17.2.19	〃
6100-61-34	(없음)	274	〃	17.2.22~18.7.17	〃
6100-61-35	(없음)	220	〃	18.7.18~19.11.10	〃

외제의 '/'는 줄바꿈을 나타냄. 서간의 배열은 모두 발신일순. 발신 연도는 〈표 보-1〉의 원칙에 따름.

『月』'의 중간에 들어가야 할 것이었음을 알 수 있다. 또한 '을사/병오乙巳/丙午'라는 외제인 제14권에 수록된 서간은 대부분이 그해(1905・1906)에 작성된 것이지만 기축년(1889)에 작성된 서간도 섞여 있다.

위와 같은 점을 생각하면 현존하는 『동태래신』은 서간 자체가 작성되고 상당한 시간이 지난 다음 내용을 충분히 이해하지 않는 사람의 손에 의해 정리되어 현재와 같은 형태에 이르렀다고 보인다. 또한 『동태래신』의 성립 과정에 대해서는 이시카와石川(2004b)가 더 자세히 검토하였으며 수록서간의 일람도 게재하였다.[1]

2. 『동순태왕복문서』에 대하여

『동순태왕복문서』 전 35권은 서울대 중앙도서관 고문헌실에 소장되어 있다(청구기호 : 6100-61). (〈표 보-2〉 참조) 책의 형태는 1～30권과 31～35권이 다르다. 전자는 서간의 원본을 두꺼운 종이에 붙여서 접본 형태로 한 것으로 표지에는 '교화척독交貨尺牘'(권・연월)이라고 기록한 제첨題簽1)이 붙어 있다. 수록서간은 각 권 10건 정도이다.

후자는 덧대지 않은 원본을 그대로 가죽 표지의 양장본으로 만든 것으로 외제는 없다. 각 권의 수록서간은 200건 이상이다. 이처럼 책의 형태는 다르지만 아래에서 정리하듯이 내용은 연속되므로 원래 이어진

---

1 인천분호가 한성본호에게 보낸 3월 10일 자 서간. 발신연도 표기는 없지만 66호라는 발신번호가 붙어 있다. 이와 관련하여 기축년 발신서간을 수록한 제15권에는 인천분호가 발신한 속 65호 서신(3월 9일발), 67호 서신(3월 11일발)이 수록되어 있으나 66호 서신은 빠져 있다는 사실에 주목할 수 있다. 제14권에 수록된 66호 서신이 이에 해당한다고 보면 된다.

형태로 보관되었던 서신이 책의 모양을 꾸미는 작업을 하는 도중에 현재와 같은 형태로 변경된 것이라 추측된다.

수록서신 중 제1권부터 제10권 전반까지는 담걸생 또는 동순태의 한성본호가 수신한 서간 원본이며 제10권 후반부터 제35권까지는 반대로 담걸생 및 대리인이 발신한 서간의 사본이다. 상대방은 모두 조선 국내에 파견된 동순태 점원과 동아시아 각 지역의 거래처 화상이다. 단,『동태래신』에서는 다수를 차지한 인천분호와 관련된 서간은 거의 찾아볼 수 없다.(상대방 구성에 대해서는 〈표 5-2〉, 〈표 5-3〉 참조)

각 책자 내에서 서간은 대체로 발신일순으로 배열되어 있어 큰 뒤섞임은 없다. 수신서간, 즉 제1권부터 제10권 전반까지 수록된 서간은 갑오년(광서 20/1894) 정월 초부터 같은 해 12월 말까지 작성된 것으로 연속적이다.

한편, 제10권 후반 이후에 수록된 발신서간 배열에는 목록상의 청구기호 순서와 다르거나 도중에 빠진 기간도 있다. 구체적으로 설명하면 발신서간은 발신일 순으로 봤을 때 다음과 같이 4개 그룹으로 나눌 수 있다. ① 제33권부터 제35권까지와 제10권 후반부터 제20권 전반까지. 이 14권에 수록된 서간은 경인년(광서 16/1890) 정월부터 갑오년(광서 20/1894) 6월까지 이어진다. ② 제20권 후반부터 제31권 전반까지. 이 12권의 서간 일자는 갑오년 9월부터 을미년(광서 21/1895) 10월까지 이어진다. ③ 제31권의 후반. 병신년(광서 22/1896) 10월부터 정유년(광서 23/1897) 8월까지 이어진다. ④ 제32권. 무술년(광서 24/1898) 6월부터 기해년(광서 25/1899) 8월까지 이어진다.

이 중 ①과 ②의 사이, 즉 갑오년 6월부터 9월까지의 서간이 빠진 것은 청일전쟁의 영향으로 볼 수 있다. 이 시기 담걸생과 가족이 중국으로 피난해 있었던 것을 생각하면 한성본호에서는 서간 자체가 작성되지 않았을지도 모른다(다만, 인천에는 가게를 지키는 점원이 있었고 같은 시기 수신서간 중에는 담걸생이 피난처에서 인천으로 보낸 것이 있다). 또 ②와 ③의 사이, 즉 을미년 10월부터 병신년 10월까지의 1년간은 서간 내용에 따르면 담걸생이 병 치료를 위해 광동廣東에 귀향한 시기이다. 이 시기 동순태가 폐쇄된 기록은 없고 가게를 돌 본 점원이 있었다고 추측되는데[2] 왜 편지가 남아 있지 않은지는 알 수 없다.[3] ③과 ④ 사이의 누락도 이유가 분명치 않다.

이처럼 몇 차례 빠진 기간은 있지만 약 10년 분의 발신서간 사본이 시기별로 정리되어 남아 있는 귀중한 자료이다. 다만, 해당 기간의 서간이 빠짐없이 모두 남아 있는 것은 아닌 듯 싶다. 예를 들면 빈번히 정보 교환이 이루어졌을 인천분호에게 보낸 서간이 포함되어 있지 않은 것에 주의할 필요가 있다. 어떠한 기준으로 선별이 이뤄졌는지는 알 수 없다.

또한 『동순태왕복문서』와 『동태래신』을 비교하면 『동태래신』의 수록서간은 모두 수신서간인 반면 『동순태왕복문서』의 수록서간은 대부분 발신서간의 사본이다. 단, 양자의 대응관계는 명확하지 않다. 예를 들어 『동태래신』에는 인천분호로부터 온 서간이 많은 데 비해 『동순태왕복문서』에는 인천분호와 관련 있는 서간은 거의 없다. 서간 날짜도 『동태래신』과 『동순태왕복문서』가 서로 겹치는 것은 갑오년 전반뿐이

---

2 예를 들면 신묘년(1891) 9월부터 12월까지 담걸생이 광동에 귀향했을 때는 친족인 담배남(譚配南)이 담걸생의 대리인으로 계속 서간을 발신하였다.

3 이 공백기의 서간에 관해서는 이 책 제8장의 주 22)참조.

다. 『동태래신』과 『동순태왕복문서』를 대조해도 같은 상대와 같은 시기에 교환된 편지를 찾아보기는 어렵다는 얘기가 된다.

한편, 『동순태왕복문서』의 서지정보는 강진아도 제1권부터 제30권까지 소개하므로 아울러 참조하기 바란다.(강진아(2007))

3. 『진구각화창구단』, 『갑오년각준래화치본단』, 『을미래화치본』, 『동순태보호기』에 대하여

이들 4개 문서에는 각 지역 거래처 및 동순태의 인천분호가 동순태 한성본호에게 보낸 계산서류가 들어 있다.(〈표 보-3〉 참조) 『동순태보호기』는 문서를 두꺼운 종이에 붙여 접본한 것이고, 그 외는 문서를 직접 옆으로 이어 붙여서 접본한 것이다. 〈표 보-3〉에 나타낸 문서의 종류별 구성은 제5장의 〈표 5-4〉와 같다. 종류별 구성 중에서 '발송계산서'는 상대편이 동순태 한성본호 앞으로 발송한 상품과 제반 비용을 통지한 것, '매출계산서'는 반대로 한성본호로부터 판매를 위탁받은 상품의 현지 매출 상황을 통지한 것이다.(각각 〈표 6-1〉, 〈표 6-5〉를 참조)

'포장명세서'는 상대편이 발송한 상품의 자세한 내용을 통지하는 것으로 두 종류로 나뉜다. 하나는 위의 발송계산서와 거의 같은 서식으로 화물편마다 작성되고 금액 기재만 없는 것으로, 상당수는 말미에 '창구단'이라는 표기가 있기 때문에 〈표 보-3〉에서도 '창구단'이라고 표시한다.[4] 또 다른 하나는 견직물과 관련된 색상이나 무게 등 구체적인 항목

---

4 창구단의 용도에 관해서는 이 책 제6장의 주 4)참조.

〈표 보-3〉『진구각화창구단』,『갑오년각준래화치본단』,『을미래화치본』,『동순태보호기』의 구성

제목	청구기호	외제	수록문서의 종별 구성	수록문서의 날짜
직구각화 창구단	全27581-1	進口各貨艙口單/辛卯年	매출계산서 59, 기타 11	광서 17.2.10~12.30
〃	全27581-2	進口各貨艙口單/乙未年	포장명세서 35 (창구단 18,선봉단 15),기타 3	〃 20.12.24~21.6.9
〃	全27581-3	進口各貨艙口單/丙申年	포장명세서 28 (창구단 16, 선봉단 12)	〃 22.11.20~23.4.25
〃	全27581-4	進口各貨艙口單/丁酉年	포장명세서 12 (창구단 8, 선봉단 4),기타 1	23.5.12~8.27 *'기타'는 29.11.1
〃	全27581-5	進口各貨艙口單/戊戌年	발송계산서 13, 포장명세서 1(창구단 1)	〃 14.3.2~11.10
〃	全27581-6	進口各貨艙口單/己亥年	포장명세서48 (창구단 35, 선봉단 13), 발송계산서 1, 기타 1	〃 25.1.16~12.23
〃	全27581-7	進口各貨艙口單/庚子年	기타 22	〃 26.1.30~12.15?
〃	全27581-8	進口各貨艙口單/癸卯年	기타 29	〃 29.1.19~11.30
갑오년각준 래화치본단	全27582-1	各埠來貨置本單/甲午年	발송계산서 32, 포장명세서 19 (창구단 1,선봉단 13),기타 10	〃 20.1.12~12.24
〃	全27581-2	各埠來貨置本單/乙未年	발송계산서 44, 포장명세서 11(선봉단 11), 기타 17	〃 21.1.9~12.27
〃	全27583	乙未來貨置本	발송계산서 53	〃 21.1.6~6.25
〃	6100-110	同順泰宝號記	발송계산서 51 포장명세서 1(선봉단 1), 그 외 11	〃 33.1.28~12.19

주 외제의'〃'는 줄바꿈을 나타낸다. 문서의 배열은 날짜순. 발신 연도는 〈표 보-1〉의 원칙에 따른다.

을 표시한 것으로 '선봉選奉~방幫'이라는 문구로 시작되는 것이 많기 때문에 〈표 보-3〉에서는 편의상 '선봉단'이라는 명칭으로 분류했다. 69건 남아 있지만 그중 65건이 '진강발기자호주단초장鎭江發記字號綢鍛抄莊'으로

부터 발신된 것이다(그밖에 '진항경호주단초장陳恒號綢緞抄莊'으로부터 2건, '원춘창源春昌'으로부터 2건). 제6장에서 서술한 것처럼 발기는 진강의 주단장(산지 도매상)으로 동순태는 이곳과 연간 계약을 맺고 견직물을 확보하였다. 명세서도 이러한 계약에 근거해 발기가 출하한 견직물의 내용을 나타낸 것으로 보인다. 단, 상품 그 자체는 동태호를 통해서 동순태로 수출되었기 때문에 동순태의 계산 장부상에서는 동태호로부터의 수입에 포함되었을 것이다.

'기타'에는 다양한 계산서가 포함되어 있다. 이중 대차계산서는 상대편과의 대차의 상호정산 상황을 통지한 것으로 제6장에서는 『진구각화창구단』 제1권에 수록된 상해 동태호가 작성한 것을,(〈표 6-8〉) 제8장에서는 제7권, 제8권에 수록된 동순태 인천분호가 작성한 것을 이용했다.(〈표 8-1〉)[5] 그밖에 '기타'에 포함되는 계산서로서 상품 전송에 따른 제반 비용을 통지한 것, 팔고 남은 상품의 반환에 대해 통지한 것, 한성 본호가 인천에 가지고 있던 대여점포의 임대료 수납 상황에 대하여 통지한 것 등이 있다.

이하에서는 각각의 특징을 설명한다.

『진구각화창구단』

전 8권. 서울대 규장각한국학연구원.(청구기호 : 奎27581) 외제에는 목록상의 제목과 같은 '진구각화창구단' 외에 간지가 적혀 있다. 간지는 대체로 수록된 문서의 연도와 일치하지만, 제5권 외제의 '무술년'은 잘

---

5 인천분호의 대차계산서에 관해서는 이 책 제8장의 주 32)참조.

못된 것으로 무자년(광서 14/1888)이 올바르다.[6] 또한 제목에 포함된 '창구단'은 앞에서 언급한 바와 같이 포장명세서의 한 형태를 가리키지만 '창구단' 8권 중 실제로 포장명세서가 많은 것은 제2~4권, 제6권의 모두 4권뿐이다. 이로 미루어 볼 때 문서를 현재 형태로 정리한 것은 (적어도 외제를 기입한 것은) 내용에 대해 전혀 아는 바가 없는 사람이었을 가능성이 높다.

『갑오년각준래화치본단』

전 2권. 소장기관은 앞과 같은 서울대 규장각한국학연구원.(청구기호 : 奎27582) 목록상 제목에는 '각준各準'이라고 되어 있는데 외제로부터 판단하면 '각부各埠'의 오류로 보인다. 그리고 제목에서는 2권을 일괄 '갑오년'이라고 하지만 실제로는 갑오년과 을미년 각각 1권씩이다. '치본단'은 발송계산서를 가리키며 수록 문서와 일치한다. 주로 해외 각 지역 거래처로부터의 발송계산서를 수록한다. 제6장에서 주요 사료의 하나로 이용했다.

『을미래화치본』

전 1권. 소장기관은 앞과 같음.(청구기호 : 奎27583) 수록되어 있는 것은 제목 그대로 을미년의 발송계산서로 위의 『갑오년각준래화치본단』의 발송계산서가 각 지역 거래처에 의해 작성된 것인 반면 이것은 인천분호로부터 발신된 것이다. 이들 상품이 어떠한 이유로 인천분호에서 한성본호로 옮겨졌으며 회계상 어떻게 처리되었는지는 알 수 없다.

---

6 이에 대해서는 이 책 제6장의 주 17)에서 고증하였다.

『동순태보호기』

전 1권. 서울대 중앙도서관 고문헌실 소장. (청구기호 : 6100-110) 4개 문서 중, 유일하게 러일전쟁 후인 정미년(광서 33/1907)의 문서를 담은 것이다. 대부분은 상해 동태호로부터의 발송계산서이다. 이에 대해서는 강진아도 분석하였다.(강진아(2011b), 제4장)

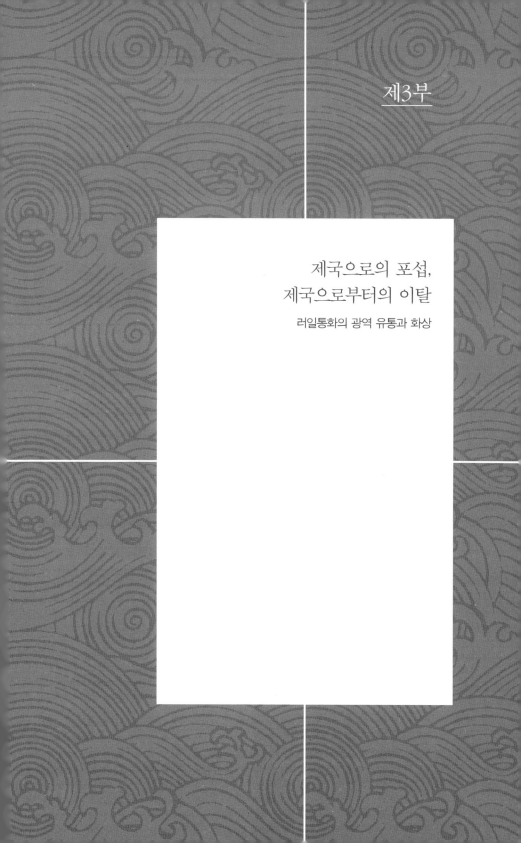

제3부

제국으로의 포섭,
제국으로부터의 이탈

러일통화의 광역 유통과 환상

조일 양국 간의 거래에서 일본통화의 자유로운 사용을 인정한 조일수호조규朝日修好條規 이후[1] 서울이나 개항장에는 일본통화가 유입, 유통되었다. 1897년 일본이 금본위제로 이행하자 조선으로 유입되는 일본통화도 은에서 분리된 일본은행태환권日本銀行兌換券으로 바뀌고 남은 구엔은圓銀은 중국으로 유출되어 자취를 감추었다. 그리고 1902년부터는 일본엔(금엔金圓)을 액면 단위로 하는 제일은행권第一銀行券이 제일은행의 조선 각 지점에서 발행되어 일본은행태환권과 함께 유통되었다.

다만 러일전쟁 이전의 일본통화 유통(특히 조선사람 간의 유통)은 일정한 법적근거를 가졌던 것은 아니다.[2] 그러한 의미에서 러일전쟁 중인 1904년에 시작된 화폐정리사업은 조선의 화폐제도 자체를 사실상 일본엔화 중심으로 통합하고 금엔 액면의 제일은행권에 강제적으로 통용력을 부여한 점에서 조선에서의 일본 통화정책상 매우 획기적이었다.

마찬가지로 러일전쟁 중 일본군은 남만주 점령지에 은엔銀圓 액면의 군용수표를 뿌렸고 전후 일본정부는 이를 계승하는 형태로 요코하마쇼킨은행권橫濱正金銀行券을 중심으로 화폐제도 통일을 시도한다. 만주의 경우, 외국통화가 대규모로 들어온 것은 이때가 처음은 아니었다. 1896년 동청철도東淸鐵道 부설권을 확보하고 1898년에 여순旅順과 대련大連을 조차한 러시아가 자국의 국립은행권(루블지폐)을 이미 다 뿌렸으며 의화단 사건을 계기로 러시아군의 만주 점령 후, 루블지폐의 유통도 더욱 확

---

1 정확하게는 조일수호조규부록(朝日修好條規附錄, 1876년 8월 24일 조인), 제7관(款)
2 그렇다고는 하지만 적어도 일본은 1880년대부터 조일 간 화폐제도를 통일하려 했고 1894년 신식화폐발행조례(新式貨幣發行條例)는 그러한 시도의 결과 중 하나였다. 大森と〈子(1989). 또한 조선 관민이 반대한 제일은행권 발행을 일본정부가 외교적인 압력으로 강행한 것은 이미 언급한 대로이다(이 책 제8장 주 149)).

대되었다. 청일전쟁 후에도 북만주에서는 러시아혁명 때까지 루블지폐가 계속 유통된다.

이처럼 조선 및 만주에서는 1900년을 전후하여 일본과 러시아 두 제국의 팽창을 배경으로 하는 대규모 통화 재편이 있었지만 그 결과는 반드시 양국 정책을 충실히 반영한 것은 아니었다. 이는 만주의 경우 현저히며 일본의 통화정책은 1935년 만주국폐(滿洲國幣2)와 엔의 일대일 (등가 유지) 원칙을 달성하기까지 30년에 걸쳐 시행착오를 반복했다. 일본의 정책을 교란한 최대 요인은 중국 본토와의 밀접한 경제관계에 따른 자금 이동이었다. 이와 동일한 문제는 조선과 대만에서도 많든 적든 있었는데 식민지 화폐제도가 (일본에서 보아) 순조롭게 확립할지는 일본이 이들 여러 지역과 중국 본토와의 경제적 유대를 '얼마나 유효하게 단절할 수 있었는가 혹은 못 했는가의 함수'(야마모토 유조山本有造)였다.[3]

제8장에서 살펴본 것처럼 일본의 금본위제 이행은 조선 화상의 상해 결제에 적지 않은 영향을 끼쳤다. 그리고 이어서 광범위한 통화 유통의 재편이 더욱 영향을 미친 것은 틀림없다. 하지만 화상이 국가 정책으로부터 일방적으로 영향을 받는 존재가 아니었음은 분명하다. 러일 제국의 경계를 넘어 중국 본토와 각 지역을 연결하면서 이루어진 화상활동은 통화 유통에 있어서도 통화를 뿌리는 측이 의도하지 않았던 영향을 미치고 정책을 거꾸로 규정하는 일도 있었다고 보인다.

이에 제3부에서는 지금까지 검토한 조선과 함께 만주도 시야에 넣어 러일 양국이 이 지역에 초래한 여러 통화의 유통 실태에 관하여 1900~

---

3 山本有造(1992), 105쪽. 小島仁(1981)도 일본 및 식민지의 금본위제가 중국 본토로의 금 유출의 영향을 받았음을 강조한다.

1910년대를 중심으로 검토한다. 특히 주목하고자 하는 점은 중국 본토 특히 상해와 연계된 화상들의 행동이 통화 유통에 준 영향이며 제2부에서 살펴본 미시적 수준의 화상의 행동이 거시적인 통화 유통시스템에 어떻게 반영되었는가라는 문제를 고찰하려고 한다. 구체적으로는 1900년대 조선 동북부(함경지방)에 유입된 루블지폐, 러일전쟁 당시 남만주에 뿌려진 일본군용수표(이하, 러일전쟁 군표), 조선에서의 식민지 화폐제도의 중심이자 1910년대에는 만주로도 유통 범위를 확대해 간 조선은행권이라는 세 통화를 소개하면서 논하기로 한다.

제9장

근대 아시아 시장 속의 조선 지방경제

루블지폐의 광역 유통으로부터

러시아는 19세기 중반부터 아무르^{Amur}강 유역에 본격적으로 진출하였고 1860년에는 북경조약^{北京條約1)}을 통해 연해주를 영유했다. 유럽으로부터 멀리 떨어진 인구도 적은 이 지역을 러시아가 자국의 자원과 노동력만으로 개발하는 것은 불가능했다. 러시아 정부는 이 지역에 자유항^{自由港2)} 제도를 도입하여 주변으로부터의 물자 수입을 촉진하고 외국인 돈벌이노동자나 농업이민에게도 처음에는 관용적인 정책을 취했다. 때마침 동아시아에서는 개항장을 거점으로 하는 지역 내 교역이 급속히 성장하고 있었고 연해주도 그 한 끝자락에 포함되었다. 1860년에 문호를 연 블라디보스토크^{Vladivostok}가 교역과 이동의 거점이 되고 중국인, 조선인, 일본인 등이 다방면에서 활동하였다.[1] 러시아의 연해주

---

1 原暉之(2008)는 연해주를 비롯한 러시아 극동이 '동아시아 교역권'에 포함됨으로써 비로소 경제적으로 존립할 수 있었다는 점을 강조한다(29~35쪽). 블라디보스토크를 중심으로 하는 무역과 무역 정책에 관해서는 高嶋雅明(1973), 原暉之(1998), 左近幸村(2013)등이 있다. 또 연해지방을 둘러싼 아시아인의 이동에 관해서는 ユ・ヒョヂョン(2002), サヴェリエフ(2005) 외

영유는 동아시아 국가 간 관계에 긴장을 초래한 한편, 현지에서는 국경을 초월한 활발한 경제교류를 낳았다고 할 수 있다.

1860년 이후 두만강 하구를 사이에 두고 러시아와 마주하게 된 조선의 동북부 지방에서도 연해주로 향하는 상품이나 노동력의 흐름이 생겨났다.[2] 한편 조선의 동북부 지방은 청과도 국경을 접하는데 러시아의 남하를 경계한 청이 1880년대부터 만주 북부로의 이주를 장려하면서 만주로 이주하는 조선인이 늘어났다.[3] 조선의 동북부 지방은 러시아 진출을 계기로 개항장 무역의 시작(1876)보다 빠르면서 그것과는 다른 형태로 국제경제와 접촉하게 된 것이다.

이러한 교류 가운데서 조선 동북부 지방의 통화 상황에도 국내의 다른 지방에서는 보이지 않는 변화가 생겼다. 러시아는 일본과 마찬가지로 1897년 금본위제로 이행했는데,[4] 마침 그 무렵부터 러시아 국립은행의 금태환권(이하, 루블지폐라고 부른다)이 조선 동북부 지방으로 유입되었다. 이 현상에 관해서는 일찍부터 가지무라 히데키梶村秀樹가 주목하였다.[5] 가지무라는 루블지폐 유입 배경으로 러시아령과의 활발한 교류와 단기 이주 노동자의 존재를 지적하고 조선의 식민지화가 진행되는 가운데 이 지방에는 일본의 영향력이 미치지 않는 '지역 경제권'이 여전히 유지되었다고 했다.

에 러일전쟁 후의 현지조사에 의한 グラーウェ, 『極東露領に於ける黃色人種問題』(滿鐵庶務部調查課, 1925)가 현재도 여전히 사료적 가치를 지닌다.

2 러시아령으로의 조선인 이주를 전체적으로 다룬 연구로 이상근(1996)이 있다.

3 간도라고 불린 길림성(吉林省) 동쪽으로의 조선인 이주에 관한 연구는 많다. 청의 정책과 조선인 이민의 관계에 관한 것으로 이성환(1991), 김춘선(1998) 등이 있다.

4 러시아의 금본위제 이행에 관해서는 中山弘正(1988), 伊藤昌太(2001).

5 梶村秀樹(1990).

루블지폐의 조선 동북부 지방으로의 유입이 현지 주민의 활발한 경제활동을 반영했다는 것에는 이론이 없다. 다만 그것이 변경邊境에 한정된 국지적인 조건에 의해서 성립된 것은 아니라는 사실에 주의할 필요가 있다. 루블지폐는 금태환을 약속한 은행권이었지만 조선 국내에는 이에 응할 수 있는 기관이 없었다. 그렇다면 조선인은 왜 루블지폐를 고향에 가져갔으며 신용은 어떻게 담보되었던 것일까. 이러한 점을 생각해보면 조선 동북부 지방에서의 루블지폐 유통이 연해주와의 두 지역에서 완결되지 않았음은 분명하다.

이와 같은 시점에서 이 장에서는 조선 동북부 지방을 둘러싼 루블지폐 유통구조를 통해 조선의 지방경제가 광역 동아시아 시장과 어떠한 회로로 연결되어 있었는지를 고찰하려 한다. 대상은 루블지폐 유입이 증가한 1900년대부터 그것이 최종적으로 소멸된 제1차 세계대전 전후까지의 십 수년간이다. 길다고는 할 수 없는 시간이지만 이 시간 동안 조선은 러일전쟁을 거쳐 일본에 의한 보호국, 식민지 지배를 받게 되었다. 이러한 정치적 환경 변화가 지방경제에 미친 영향에 주의하면서 분석을 진행하겠다.

1. 함경지방의 지리적 조건, 그리고 러시아와의 관계

여기에서 검토 대상으로 삼는 조선 동북부 지방은 조선시대에 오랫동안 함경도로 불렸고 청일전쟁 후에 함경남도와 함경북도로 나누어진 지역에 해당한다.[6] 이하에서는 함경지방이라고 부르겠다. 1910년 말 무렵 함경지방 인구는 약 130만 명으로 이는 조선 전체의 9.7%에 해당한다.[7] 기후는 차고 추우며 산이 많고 평야는 해안을 따라 여기저기 흩어져 있는데 불과하다.

이러한 혹독한 자연 환경에도 불구하고 조선 후기의 함경지방은 다른 지방보다도 오히려 높은 인구 증가율을 보였다.[8] 거듭되는 금지령을 어기고 산간 지방에서 야생인삼 채굴이나 채광, 화전 농업이 확대되었으나 이에 따른 자연 파괴도 심했다. 예를 들어, 도의 수부首府[3] 함흥의 경우, 중심을 흐르는 강의 상류 지역에 화전이 늘어났기 때문에 18세기 중엽부터 빈번하게 홍수 피해를 입었다.[9] 그리고 19세기가 되면 국경 부근에서도 목재 부족이 심각해져 장작숯을 얻기 위하여 두만강을 '불법으로 넘는犯越' 사람이 끊이지 않게 되었다.[10]

이러한 상황 속에서 1860년대 후반의 수해와 기근이 직접적인 계기가 되어 연해주로 농민들이 이주하기 시작했다.[11] 이주자 수에는 여러

---

6   현재의 조선민주주의인민공화국의 행정구역으로 말하면 함경북도, 함경남도, 양강도 및 강원도 북부에 해당한다.

7   朝鮮總督府, 『明治四十三年朝鮮總督府統計年報』, 1911, 第38表. 단 통계의 누락은 고려하지 않았다.

8   강석화(2000), 130~178쪽; 고승희(2003), 40~51쪽.

9   고승희(2003), 253쪽.

10 田川孝三(1994), 447쪽.

11 田川孝三(1994), 523~525쪽.

학설이 있는데 단기간에 6,500~8,000명이 이동했다고 한다.[12] 조선인의 이주와 농지 개발에 관하여 러시아 당국은 초기에는 호의적인 태도를 취했다. 예를 들면 1861년 아무르주·연해주이민규정에서는 자비 이민자에게 국적을 불문하고 약 100헥타르 상당의 토지용익권[用益權4]과 20년간의 지조면제를 인정했다.[13] 조선인 농민이 증가하면서 기존에 흥개호[興凱湖] 연태[煙台]인 후추[琿春]에서 곡물을 수입하던 국경지대 러시아군은 1874년까지 모든 곡물을 그 지역에서 조달할 수 있게 되었다고 한다.[14]

또한 항만 및 요새 건설에 종사하는 노동자로서 블라디보스토크에 들어오는 사람도 있었기 때문에 결과적으로 조선인 인구는 1886년 시점에 1,050명에 달했다. 블라디보스토크의 조선인 주민은 1886년과 1911년 2회에 걸쳐 '위생[衛生]' 정책의 일환으로 시 중심부에서 쫓겨나 교외에 신한촌[新韓村5]이라고 불리는 집단거주 지역을 형성했다.[15]

한편 이민 증가 외에 교역도 확대되었다. 원래 함경지방에서는 원거리 교역이 활발하게 이루어졌다. 낮은 농업생산성에도 불구하고 팽창하는 인구를 유지하기 위해서는 다른 지역과의 교역이 필수불가결했으며 마직물과 명태 등 특산물과 교환하여 조선 남부지방으로부터 쌀과 면제품 등이 들어왔다. 또 청과는 회령과 경원 두 곳에서 국경 무역이 이루어졌다(변경 개시[邊境開市]). 이는 원래 청조의 군사적 요청으로 시작한 것인데 시간이 흐르면서 상업적 성격이 강해졌다. 이들 교역은 조선정부에게

12 サヴェリエフ(2005), 240~241쪽.
13 原暉之(1998), 111쪽. 다만 이 규정이 조선인에게 그대로 적용된 사례는 많지 않았던 것 같다. 유효정(2002), 212쪽.
14 유효정(2002), 227쪽.
15 原暉之(2006), 5·12쪽. 신한촌은 일본으로부터 항일운동의 거점으로 지목되어 1920년 4월 시베리아 출병군 토벌로 괴멸되었다. 原暉之(1979)·(1987).

무거운 재정 부담을 주는 반면, 상인들 중에는 편승해 부를 쌓는 자도 나타났으며 지역 전체에 사치하는 분위기가 있음이 지적되기도 했다.[16]

연해주의 개발은 함경지방 상인에게는 새로운 사업 기회를 의미했다. 함경지방과 연해주의 교역경로에는 경흥에서 두만강을 넘는 육로와 연안을 따르는 해로가 있었다. 육로를 통한 교역은 일찍부터 이루어졌는데 1888년 조러육로통상장정朝露陸路通商章程에 의하여 공인되었다. 해로에 관해서는 개항장인 원산(1880년 개항)이나 성진(1899), 청진(1908)과 블라디보스토크를 잇는 정기 기선 항로가 점차 정비되어 감과 동시에 미개항지를 포함하는 연안 여러 항구에서 매년 수백 척에 달하는 재래식 선박이 블라디보스토크 사이를 왕래했다. 이들은 여객과 상품수송을 담당하는 것 외에 일부는 봄부터 가을 사이에 블라디보스토크에 머무르면서 항구 내 하역이나 연해지방의 연안 수송에 종사했다. 조선인 외에 중국인도 재래식 선박을 가져왔으며 이는 연해지방 남부의 중요한 교통수단이 되었다.[17]

조선의 수출품 중 특히 중요했던 것은 소와 곡물이다. 조선에서는 일을 시키는 가축으로 소를 널리 쓰는데 러시아령에서는 군인을 비롯한 유럽계 주민의 식재료였다. 소는 육로 및 해로를 통해 살아있는 상태로 운반되었다. 정확한 수량은 명확하지 않지만 1901년경 추산으로는 1년에 2만 5천 마리 정도였다고 한다.[18] 곡물은 군마軍馬의 사료가 되는 귀리가 중요했다.[19] 경흥 근처에서는 러시아령으로의 수출을 목적으로

---

16 고승희(2003), 174~177쪽.
17 原暉之(2008), 41~42쪽.
18 「城津浦潮港間貿易情況」, 『通商彙纂』 206號, 1902.
19 原暉之(2008), 41쪽.

귀리가 널리 재배되었고 '밭과 산야 모든 곳에 전부 귀리를 심은' 상태였다고 한다.[20] 농민을 포함한 함경지방 주민이 러시아 측 수요를 민감하게 받아들여 대응하였음을 알 수 있다.

청일전쟁 후의 조사에 의하면 양쪽 지역을 오가는 조선인 상인 중 특히 규모가 큰 것은 소 상인으로 혼자서 60~70마리, 때로는 100마리 이상의 소를 데리고 육로국경을 넘는 모습이 보였다고 한다.[21] 중소 상인들도 자금을 서로 내어 재래식 선박을 빌리기도 하고 5~6명이 조합을 만들어 자산가의 출자를 청하기도 하면서 교역에 참가했다.[22] 1897년에는 함경도 경성을 본거지로 하는 상인들이 천일회사天一會社를 설립하고 기선으로 소 수출을 시도했다.[23] 러시아로 이주한 조선인도 러시아 당국으로의 소고기 납품을 통해 부를 축적하고 재러在露 조선인의 지도층이 되는 자가 나타났다. 예를 들면 연해주 최초의 조선어신문『해조신문海朝新聞』을 창간한 최봉준, 러일전쟁 후 독립운동을 지휘하여 일본의 시베리아 출병군에게 살해당한 최재형 등이 잘 알려져 있다.[24]

상인 외에 단기 이주 노동자로서 연해주를 왕래하는 자도 적지 않았다. 일본인 관찰자는 혹독한 자연환경에도 불구하고 함경지방 북부의 민중이 일정한 생활수준을 유지하는 이유를 블라디보스토크에서의 소득 때문이라 하며 북미나 남양南洋6) 중국인의 고향 송금에 비유한다.[25]

20 書記生高雄謙三 → 元山領事二口美久,「雄基湾並二慶興視察復命書」, 明治 29年 7月 13日,『各館往復』(國史編纂委員會,『駐韓日本公使館記錄』10卷, 506쪽)
21 「咸鏡道北部各港商況視察報告(6)」,『日韓通商協會報告』25號, 1897.
22 「咸鏡道北部各港商況視察報告(5)」,『日韓通商協會報告』23號, 1897.
23 천일회사의 활동에 관해서는 김재호(1999).
24 재러 조선인의 상공업 활동에 관해서 이상근(1997), 최봉준에 대해서 石川亮太(2012), 玄武岩(2013), 최재형에 관해서는 이정은(1996), 박환(1998).
25 주 22)와 동일.

함경지방 최북단에 해당하는 경흥에서는 남성의 8할이 러시아에 돈벌이를 하러 간 경험이 있었다고 하고 대화중에는 러시아어 단어를 섞어 쓰면서 블라디보스토크에 간 경험이 없는 자를 촌사람 취급하기도 했다고 한다.[26] 또한 함경지방 중부의 단천에 관해서는 '남녀 구분없이 봄여름 가을 동안 블라디보스토크에 돈벌이를 가는 경우가 해마다 많아진다', '조선인인데 양복을 입는 자가 적지 않고 특히 어업 및 농업 종사자 중에서 양복을 입는 일이 있는 것은 기이한 경관'이라는 묘사도 있다.[27] 이 지역 조선인에게 연해주는 생활권의 일부라고 할 수 있는 장소였던 것이다.

2. 루블지폐의 유입과 원산 화상

이처럼 1860년대부터 함경지방은 연해주와의 관계를 강화하기 시작했는데 그것이 바로 러시아통화 유입으로 연결된 것은 아니다. 1896년 일본인의 현지답사 결과에 의하면 국경에 인접한 지역에는 러시아은화, 지폐 모두가 유입되고 '지방의 대거상들은 모두 이것을 중요하게 생각하는' 상태였지만, 남쪽으로 내려올수록 가치는 낮게 평가되고 '길주, 단천 주변', 즉 함경남도와 함경북도의 경계로부터 남쪽에서는 '일본은'이

---

26 『小山光利韓國北邊事情視察報告書』(外交史料館 1-6-1-12, アジア歷史資料センター Ref.B030 50318100).

27 元山領事代理宮本羆 → 外務次官林薫, 「咸鏡道北地ヘ露國船出入シ密貿易を爲すの件に關し報告(機密二八號)」, 明治二五年——一月二六日, 『韓國咸鏡道沿岸ヘ露國船出入密貿易一件』(外交史料館3-1-5-15, アジア歷史資料センター Ref.B10073668100).

널리 통용되는 상태였다고 한다.[28]

그런데 20세기에 들어서면서 함경지방 남부에서도 루블지폐가 출현하기 시작했다. 원산은 함경지방의 남쪽에 있고 조선의 두 번째 개항장으로 1880년에 개항했는데 원산해관연보에 따르면 이 지역에서 루블지폐가 보이게 된 것은 1902년 이후의 일이었다. 그 배경에 관해서 연보는 다음과 같이 설명한다.

이는 이민자에 의한 돈벌이의 일부이다. 기존에 루블지폐를 블라디보스토크(지금까지 홍콩香港 이북, 극동 지역에서 유일한 자유항이었다)에서 사용했는데 [같은 항에서] 보호주의적 관세가 시행된 후, 고객은 보다 싼 시장으로 도망가 버렸다. 1901년 관세가 시행된 시점에서 사금은 정부의 전매품이었으나 몰래 싼 가격으로 살 수 있었다. 사금은 밀수되어 국경을 넘어 원산에서 상품과 교환되었다. 금에도 통상관세가 부과되고 그 결과 금 가격이 정상수준까지 상승하자 임금을 지폐 형태로 가지고 돌아가는 쪽이 편리해졌다.[29](( )안은 원 사료 그대로)

위 사료에 따르면 루블지폐는 조선인이 블라디보스토크 지역에서 노동하고 번 것이었으나 기존에는 현지에서 소비되고 조선으로는 갖고 돌아갈 수 없었다. 그런데 1901년 블라디보스토크의 자유항제도가 폐지되고 사금 반출에도 관세가 부과되자 조선인은 루블지폐로 가지고

---

28 「咸鏡道北部各港商況視察報告(4)」, 『日韓通商協會報告』21號, 1897.
29 Korea Imperial Maritime Customs, Chief Commissioner of Customs, Returns of Trade and Trade Reports for the Year 1903, Seoul : The Seoul Press, 1904, p.167. 한국국립중앙도서관 소장.

돌아가기 시작했다고 한다.

앞에서 설명한 대로 연해주에서는 개발에 필요한 물자 수입을 촉진하기 위하여 자유항제도를 도입하고 블라디보스토크에도 1862년 12월 25일 자(러시아달력)로 이 제도가 적용되었다.[30] 그 결과 기계제 면직물을 비롯한 공업제품은 조선의 개항지보다도 블라디보스토크에서 사는 편이 저렴해졌다.[31] 위 사료에서 조선인이 일해서 번 루블지폐를 현지에서 '다 써버렸다'는 것은 구체적으로는 이러한 공업제품을 사서 함경지방으로 가지고 돌아간 것을 가리킨다고 생각한다. 하지만 러시아 정부는 자유항제도가 극동 영내의 국산품 시장 확대를 저해한다고 생각하고 1901년 이 제도를 철폐, 고율의 관세를 부과하기 시작했다.[32] 배후지의 생산력이 충분하지 않은 가운데 이 조치는 현지 물가를 대폭 상승시켰으며 조선인 상인이나 노동자는 번 돈을 상품으로 교환하여 돌아가는 것을 기피하게 되었다.

이들 조선인이 함경지방에 돌아온 후 어떠한 행적을 보였는지 살펴보겠다. 1901년 원산 일본영사보고는 다음과 같이 전한다.

기존에는 함경도(주로 북관(北關)[함경북도] 지방)의 한인이 생우(生牛) 등 기타 국산품을 블라디보스토크로 수송하고 대금으로 금건(金巾), 서양 옷감 및 중국 견직물을 가지고 돌아갔으며 이들 물품의 당 항(원산)에서의

---

30 原暉之(1998), 77쪽, 卷末年表.
31 書記生高雄謙三 → 元山領事二口美久, 「北道狀況視察復命書(公第四二號別紙)」, 明治 三〇年 八月 二八日, 『各館往信』(『駐韓日本公使館記錄』 12卷, 332쪽)
32 高嶋雅明(1973), 續・85~90쪽, 芳井硏一(2000), 21~25쪽, 左近幸村(2013), 11~14쪽. 자유항제도는 러일전쟁으로 1904년에 재시행되는데(실효는 1906년부터) 1909년에는 최종적으로 폐지되었다.

판로는 함경도 남부 지역 일부로 하여 정말로 얼마 되지 않았다. 그러나[블라디보스토크의] 관세 실시 후에는 당 항에서 매수하는 것이 오히려 싸서 함경북도 사람까지도 일단은 반드시 원산으로 귀항하고 이들 물품을 매입하여 연안의 소형 기선으로 고향에 수송하게 되었다. 그 결과, 블라디보스토크항 중국인의 한인 단골은 중국인 단골로 바뀌었다. 따라서 근래 당 항에서는 중국인 손에 의해 수입되는 상품이 더욱 늘어났으며 현저한 징후를 보인 것은 금년되[1901년] 4, 5, 6의 3개월 정도임이 분명하다.[33]

이 사료에서 우선 조선인이 자유항제도 아래에 있던 블라디보스토크에서 '금건, 서양 옷감 및 중국 견직물'을 갖고 돌아간 것을 확인할 수 있다. 이들 상품에 관하여 함경지방은 블라디보스토크의 상권에 포함되고 원산으로부터의 공급은 지극히 소량에 머물렀다. 그런데 블라디보스토크의 자유항제도 폐지 후, 조선인은 일부러 함경지방 남쪽 끝에 있는 원산에서 이들 상품을 사들이기 시작했다. 자금은 당연히 블라디보스토크에서 갖고 돌아온 루블지폐가 사용되었으며 이 무렵부터 원산에 루블지폐가 등장한 것도 위와 같은 상황을 반영한 것이라 생각해도 좋다.

그리고 위 사료로부터는 공업제품의 공급자는 블라디보스토크와 원산 모두 화상이었다는 사실을 명확하게 알 수 있다. 한자명으로는 '해삼위海蔘威'라고 하는 블라디보스토크에서는 중국으로 보낼 해산물에 주목

---

33 「浦潮港關稅引上ノ元山市場ニ及ホシタル影響」, 『通商彙纂』 201號, 1901, 11쪽, 다음 해의 원산영사보고도 다음과 같이 언급하였다. '작년 러시아령 블라디보스토크항 관세 개정의 결과, 중세(重稅)가 부과되기 시작했다. 기존에 해당 항에 체류 중인 청나라 상인이 함경북도 및 흑룡강 연안 지역을 고객으로 간주하고 수입하던 금건, 서양 옷감, 견직물 류는 완전히 그들의 손을 떠나 전부 해당 항에 체류 중인 청국 상인의 손에 의해 공급하게 되었다'. 「韓國元山港對日, 淸國貿易現況」, 『通商彙纂』 232號, 1902, 9쪽.

한 중국인이 러시아인보다 빨리 진출했다. 1870년대는 이미 산동성山東省 연대와의 사이에서 교역과 사람의 이동이 눈에 띄게 활발했고 1890년대 는 동청철도東淸鐵道가 건설됨에 따라 하얼빈哈爾濱 등 북만주로 진출하는 화상의 거점으로 거듭났다. 결과적으로 1910년경에는 약 5만 명의 중국 인이 있었다고 한다.[34] 한편 원산의 중국인은 인천이나 서울에 비해 적고 청일전쟁 이전에는 100명을 넘지 않을 정도였는데(〈표 서-6〉) 상해上海와 나가사키長崎에서 블라디보스토크로 향하는 기선 항로의 기항지였기 때 문에 1880년대 중반부터 중국인의 왕래는 활발해[35] '상업상 좋은 기회에 민감한 중국 상인은 이미 빨리도 상권을 확장해 당시 금건 종류의 거래처 럼 우리[일본] 상인을 능가하는 기세'를 보였다고 한다.[36] 함경지방으로 의 루블지폐 유입은 이들 양 항 화상의 상권이 블라디보스토크의 자유항 제도 폐지를 계기로 재편성된 것을 반영한 현상이었다.

이 책에서 지금까지 검토한 바에 따르면 화상의 상품 수입처는 중국, 구체적으로는 상해이다. 그리고 이 시기 원산에서의 대중 무역에 관하 여 〈그림 9-1〉을 보자. 1901년부터 수입 초과 폭이 급격히 커졌음을 알 수 있다. 앞에서 제시한 사료와 맞추어보면 블라디보스토크의 자유항 제도 폐지에 따른 '금건, 서양 옷감 및 중국 견직물'의 수입 증가를 반영 한 것으로 볼 수 있다. 루블지폐는 이들 상품과 교환, 원산으로 유입되 어 화상의 손에 넘어간 것이다.

---

34 原暉之(2008), 42・99・283쪽; サヴェリエフ(2005), 207~233쪽; 上田貴子(2011), 31~34쪽, 블라 디보스토크에 있는 중국인의 대부분은 노동자였으나 1910년경에는 대소 합쳐서 625개의 '중국 인 상점'이 있었으며 '러시아인 상점' 181개보다 훨씬 많았다. 『極東露領に於ける黃色人種問題』 33쪽, 주 1.

35 이 책 제1장의 주 50) 참조.

36 朝鮮總督府, 『朝鮮に於ける支那人』, 1924, 187쪽.

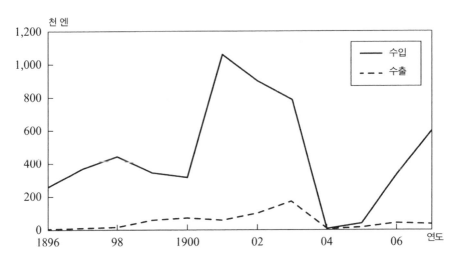

〈그림 9-1〉 원산의 대중무역(1896~1907)

주 상품무역만을 나타내며 귀금속은 포함하지 않는다. 또한 조선해관의 무역상대 분류 기준은 1907년까지 최종 선적지/최초 하역지였으며 원산지/소비지가 아니었다. 예를 들어 중국의 항구에서 선적된 상품은 원산지가 어디든 대중수입이다.

출처 1896~1899 · 1902 · 1904년 : 『通商彙纂』에 게재된 各年元山商況報告. 1901 · 1903 · 1905 · 1906년 : Korea Imperial Maritime Customs, *Returns of Trade and Trade Reports*, each year. 1907년 : 『한국외국무역개람』(탁지부) 융회원년판.

그렇다면 원산 화상은 조선인으로부터 받은 루블지폐를 어떻게 처리했을까. 앞에서 인용한 1903년 원산해관보고에서는 갖고 들어온 루블지폐의 행방에 관하여 '적어도 62만 7천 루블이 수입품 지불을 위해 해외로 반출되었다. 3분의 2가 중국으로 나머지가 일본으로 보내졌다'고 한다.[37] 즉 루블지폐의 대부분은 중국으로 현송現送된 것인데 청일전쟁 직전, 원산의 일본영사는 보다 자세하게 다음과 같이 보고하였다.

이 지방의 단기 이주 노동자가 그 지역[블라디보스토크]에서 손에 넣는

---

37 주 29)와 동일. 한편, 여기에서 제시된 수치는 〈표 9-1〉, 〈그림 9-2〉과 많이 다르지만 그 이유는 불명확하다.

노동임금 및 수출한 소 대금 대부분은 원래 금건 종류의 화물 구매에 쓰였지만 블라디보스토크항의 관세율 인상 후에는 상업적인 상황이 크게 변화하였고 이후 휴대하기 편한 사금 혹은 지폐를 수입하기에 이르렀다. 그런데 예전에 청나라 상인들을 위하여 끌어들인 사금 수출은 이미 보고한 대로 지난 몇 해 동안 우리 상인이 독점케 하고 그들은 거의 완전히 압도된 모습이었으나 지금은 오로지 지폐 매수에 노력하고 이를 상해로 수송하거나 북청(北淸) 지방으로 전송하는 것[이] 되었다. 그리고 일본으로 수출하는 자는 불과 우리나라 상인 한두 명으로 소수이며 주로 나가사키로 보냈다.[38]

돈을 벌기 위해 온 조선인이 블라디보스토크의 자유항제도 폐지 후 루블지폐를 갖고 돌아가게 되었다는 기술은 지금까지 검토한 바와 일치한다. 여기에서 주목할 부분은 화상이 루블지폐를 보낸 곳이 상해뿐이었다는 점과 그것이 사금수송을 대체하는 것이었다는 점이다.

이 책에서도 반복해서 언급해 왔듯이 상해로부터의 수입에 대응하는 수출품을 확보할 수 없었던 조선 화상에게 조선에서 생산된 사금은 중요한 수입 결제수단이었다. 그러나 일본정부가 1897년 금본위제를 실시하고 금준비 확보정책의 하나로 일본계 은행을 통해 사금을 적극적으로 매입했기 때문에 화상에 의한 중국으로의 사금수송은 1899년경을 정점으로 급감했다.(제8장) 이에 원산 화상의 경우, 때마침 블라디보스토크 방면에서 원산으로 들어온 루블지폐를 사금 대신 상해로의 송금 수단으로 이용하기 시작한 것이다.

---

38 「露國紙幣元山港輸出槪況」, 『通商彙纂』 明治 37年 9號, 1904. 원산영사관의 보고일은 메이지 37년 1월 27일로 한다.

그런데 이는 상해에서 루블지폐를 받을 자가 있었음을 의미하기도 한다. 러일전쟁 후인 1909년의 사료에는 다음과 같은 설명이 있다.

유입된 러시아지폐는 지금까지 대부분 원산진(元山津)에 모이고 거기에서 일본 및 중국으로부터의 수입 대가 지급에 사용되었다. 여기에서 청일 무역상은 러시아지폐를 받아 주로 나가사키와 상해로 보내고 러청은행(露淸銀行)에게 제공함으로써 각각 그 지역의 통화로 교환된다고 한다. 루블지폐는 일시적으로 우리 태환권과 같은 금액으로 간주되어 러일전쟁 전에는 1엔 1전 5리 정도였다.[39]

이를 통해 상해와 나가사키에서도 주로 러청은행의 지점에 의해 루블지폐가 매입되었음을 알 수 있다. 러청은행은 1896년 1월 러시아은행과 프랑스은행이 합병하는 형태로 상트페테르부르크$^{Saint Petersburg}$에 설립되었다. 설립 목적은 청 정부에게 청일전쟁 배상금의 원금을 빌려 준다는 것이었는데 동시에 중러 간 무역 금융도 중시하여 같은 해 2월 상해 지점 개설을 시작으로 한구漢口나 천진天津 등 중국 본토, 만주의 주요 도시, 그리고 나가사키, 고베, 요코하마에도 점포를 개설했다.[40]

위 사료에 따르면 러일전쟁 전 원산에서의 루블지폐 환율은 1루블 =1.015엔이었는데 금 평가(金平價)[7]로 비교했을 경우, 1루블은 약 1.032엔에 상당했기 때문에[41] 현송비 등을 생각하면 대체로 평가平價[8]대로 교환

39 東京高等商業學校, 『朝鮮に於ける支那人』, 1924, 187쪽.
40 矢後和彦(2014), 1233~1234・1255쪽. 또 Quested(1977)도 참조.
41 朝鮮銀行調査局, 『近世露國貨幣史』(1917)에 의하면 1루블은 '순금 17.424도리아(Doria)'이며 1.032316엔에 상당한다고 한다(39쪽). 또 앞에서 언급한 「노국지폐원산항수출개황(露國紙幣

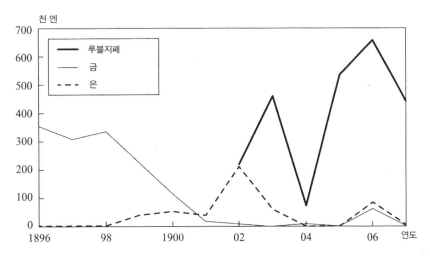

〈그림 9-2〉 원산으로부터 중국으로의 화폐 및 귀금속 유출(1896~1907)
출전 〈표 9-1〉과 동일.

되었다고 봐도 될 것이다. 따라서 상해나 나가사키의 러청은행은 루블지폐를 에누리하지 않고 받았다고 보인다.[42] 이러한 배경이 있었기 때문에 화상은 상해로의 송금 수단으로 루블지폐를 사용한 것이며 또 조선인은 연해주에서의 수입을 루블지폐의 형태로 받아 갔다고 할 수 있다.

　이와 같은 루블지폐의 동향에 대하여 조선 측의 통계로부터 확인해 두겠다. 함경지방의 각 개항장으로부터의 유출액은 해관통계 등에서 수치를 얻을 수 있다.(〈표 9-1〉) 휴대가 쉬운 지폐이기 때문에 정확한 수치라는 보증은 없지만[43] 어느 정도 어림잡는 기준은 될 것이다. 원산에

　元山港輸出槪況)」(주 38)은 '우리나라 화폐 100엔에 대하여 약 50전 내외의 프리미엄이 붙어서 교환되고 또 현저한 변동이 없는 것과 같다'고 하는데 상하 어느 쪽의 프리미엄이 붙었는지는 명확하지 않다.

42 Quested(1977)에 의하면 1907년경 천진과 상해의 러청은행 지점에서는 루블지폐를 감가 없이 매입했다고 한다(51쪽).

43 〈표 9-1〉에서 1903년 원산으로부터의 유출 금액은 59만 6천 여 루블이지만 이 해의 해관보고에서는 '적어도 62만 7천 루블'이라 한다. 주 29)・37).

〈표 9-1〉 함경지방 3개 항에서의 루블지폐 송출액 (1902～1912)

(루블)

| 연도 | 원산 | | | | 성진 | 청진 |
	중국으로	일본으로	러시아로	합계	합계	합계
1902	218,764	11,302		230,066		
1903	464,416	161,884		596,300		
1904	68,820	278,509		347,329		
1905	537,936	632,304		1,170,240		
1906	658,527	1,300,361		1,958,888		
1907	441,883	79,276	14,501	535,660		
1908	231,975	12,696	44,350	289,021	56,470	8,700
1909	199,205	29,012	94,365	322,582	63,179	5,419
1910	98,744	39,424	96,002	220,558	26,691	7,790
1911	17,510		271,823	289,332	28,907	93,362
1912					48,016	281,355

주 공란은 자료를 얻을 수 없음을 나타낸다. 참고로 성진 개항은 1899년, 청진은 1908년이다. 한편 이 표에는 다음과 같은 문제점이 있다. ① 1904～1909년은 원래 엔 표기인 것을 1엔＝1루블로 환산했다. ② 1904년은 2사분기가 빠진 수치이다. ③ 1906・1907년의 유출액은 일본지폐를 포함할 가능성이 있다.

출전 원산에 관해서는: 1902～1903년: 『通商彙纂』明治37年9號. 1904년: 『通商彙纂』明治37年41號, 明治39年16號, 明治40年36號. 1905년: 『通商彙纂』明治38年64號, 明治39年12號, 明治40年36號. 1906～1907년: 『한국외국무역개람』(탁지부), 융희 원년(1907)판. 1908년: 『元山港貿易一斑』(元山日本商業會議所), 明治42年版. 1909년: 『한국외국무역개람』(탁지부), 융희 3년(1909)판. 1910～1911년: 『朝鮮貿易要覽』(朝鮮總督府), 各年版. 성진・청진에 관해서는 朝鮮銀行, 『咸鏡北道ニ於ケル經濟狀況』, 1913, 21쪽.

관하여 살펴보면 러일전쟁 중인 1904년부터 1906년에 걸쳐 일본으로의 유출이 증가하고 1911년 러시아로의 유출도 늘어났지만 그 외의 연도에는 중국으로의 유출이 가장 많았음을 알 수 있다.

이 표에서 중국으로의 루블지폐 유출을 뽑아 같은 시기 중국으로의 금과 은의 유출을 합쳐서 그래프로 나타낸 것이 〈그림 9-2〉이다. 이를 통해 중국으로의 금 유출이 1898년을 경계로 감소하고 1901년 이후에는 전무에 가까워진 것을 알 수 있다. 그림에 나타나 있지 않지만 같은 시기 일본으로의 금 유출은 급증하였으며[44] 이는 일본의 금 흡수 정책

44 청일전쟁 후 원산으로부터의 금 유출은 처음부터 일본으로 간 것이 많았다. 1898년 시점에서

을 반영한 움직임인 것은 확실하다. 루블지폐의 중국 유출은 금 유출 감소와 교대하듯이 증가하였으며 사금을 대신하는 중국으로의 송금 수단으로서 루블지폐가 사용되었음을 확인할 수 있다.

3. 만주에서의 루블지폐 유통

1900년대 함경지방에서의 루블지폐 유통은 국지적 조건하에서 발생한 특이한 현상이었다고 생각하기 쉽다. 하지만 러시아령 외에서의 루블지폐 유통은 함경지방에서만 있었던 것은 아니다. 거의 같은 시기 인접한 만주에서는 여순 및 대련 조차租借와 동청철도 건설, 의화단 진압을 명목으로 한 군사 점령 등의 조건이 겹쳐 널리 루블지폐가 유통되었고 이러한 상황은 남만주에서는 러일전쟁, 북만주에서는 제1차 세계대전 때까지 계속되었다. 여기에서는 주로 남만주에서의 루블지폐 유통에 관하여 검토하고 함경지방과 비교해 보겠다.

만주에 루블지폐가 들어온 계기 자체는 앞에서 언급한 대로 정치적인 이유였기 때문에 함경지방의 경우와는 크게 다르다.[45] 동청철도는 1898년 건설이 시작되었을 당시에는 임금이나 자재 값 지불에 양은洋銀

는 일본으로 63만 6천 엔, 중국으로 33만 6천 엔이었으며, 일본의 경우 1899년에 78만 7천 엔, 1900년에 131만 3천 엔으로 급증했다.

45 만주에서의 초기 루블지폐 유통에 관해서는 石田興平(1964), 513~519쪽; Quested(1977), 49~52쪽. 또 양배신(楊培新)에 의하면 러시아 정부가 본국에서 유통하는 루블지폐를 만주에 그대로 가지고 들어온 것은 러시아가 만주 투자를 위한 자금조달에 고심하고 있었고 이와 더불어 만주와의 상품무역 또한 현저한 수입 초과였기 때문에 루블지폐의 현지 유통에 의해 이를 상쇄하려 했던 것이라고 한다. 楊培新(1992), 67쪽.

을 사용하였는데, 안정적인 루블지폐가 현지 주민에게 좋은 평가를 받고 널리 사용되었기 때문에 1903년 개통 시에는 여객과 화물 운임 모두 루블지폐를 사용했다고 한다.[46] 그리고 러시아 정부는 우선 러청은행 만주 각 지점에 루블지폐의 금태환을 명하고 일정한 신뢰를 얻은 상황에서 이를 정지시켰다고 한다.[47] 유통을 강제시켰는지 여부는 차치하고 정책적으로 보급하려 한 것은 틀림없다.

그러나 러시아 당국의 의도가 어떠하든 현지 주민에게 필요한 기능이 없었다면 정착하지 못했을 것이다. 1903년경 일본 외무성 조사에 의하면 루블지폐는 '금폐金幣 태환권이지만 태환을 청구하기 위해서는 러시아 본국에서 해야만 했기 때문에' 사실상의 불환지폐不換紙幣임에도 불구하고 당시 남만주 유일의 개항장이었던 영구에서는 '본위화폐'로서 유통되었다고 한다.[48] 금은과 직접 교환할 수 없는 루블지폐가 중국인 사이에서 신용을 얻은 이유로서 같은 시기 일본은행의 조사에 따르면 러청은행이 '중국 각 지역은 물론 일본의 각 개항장 및 서양의 주요 도시를 위하여 편의적으로 또 손쉽게 외환어음 유통 방법을 만든 것'을 든다. 값싼 수수료로 어떠한 통화와의 환어음도 현금화할 수 있어서 화상은 굳이 루블지폐의 교환을 요구하지 않았다고 한다.[49] 거래처 내역은 분명하지 않으나 상해가 특히 중요한 거래처였던 것 같으며 러일전쟁 중인 1904년 9월경에도 러청은행의 만주 각 지점에서 월평균 130만 냥

---

46 楊培新(1992), 67쪽.

47 佟燦章,『東三省金融幣制論』, 1915, 20쪽; 楊培新(1992), 63쪽에서 재인용. 러일전쟁 당시 일본 측의 조사에서도 러시아는 처음에 루블지폐의 금태환을 인정하고 신뢰를 얻은 후, 점차 지폐 전용으로 변경했다고 한다. 日本銀行(?),『滿洲北淸及韓國ニ於ケル調査復命書』, 1905, 123쪽.

48 外務省通商局,『北淸地方巡廻復命書, 長江沿岸視察復命書』, 1903, 64쪽.

49『滿洲北淸及韓國ニ於ケル調査復命書』(주 47), 123쪽.

이상의 환어음을 현금화했다고 한다.[50]

이와 같은 환어음의 현금화가 루블지폐의 신뢰 유지에 의미를 가진 것은 당시의 만주 경제 상황과 무관하지 않다.[51] 원래 들판과 삼림으로 덮여 있던 만주는 18세기 이래 중국인 농민의 유입에 의해 19세기 말에는 거의 전 지역에서 경지화耕地化가 진행 중이었다. 노동력과 소비재는 중국 본토에서 공급되는 한편, 만주의 농산물도 상당 부분이 중국 본토로 보내졌다. 러일전쟁 당시 만주는 중국 본토에 의존한 상업적 농업지대로서 성장 도중에 있었다고 할 수 있다. 특히 상해와의 관계는 깊었고 개항 이전부터 만주산 콩깻묵은 상해를 거쳐 화남華南으로 보내졌으며 개항 후에는 기계제 면직물 등과 같은 소비재도 상해를 통해 만주로 들어왔다.[52] 이러한 상황에서 러청은행이 루블지폐를 통해 만주 지역 외, 특히 상해로의 외환 거래에 응한 것은 현지 주민이 루블지폐를 수령하는데 커다란 의미를 가졌다고 추측된다.[53]

---

50 横浜正金銀行上海支店 → 本店, 明治 37年 9月 17日, 『軍用切符ニ關スル調査』(大藏省理財局, 1908)下卷, 623쪽. 이 사료에 관해서는 이 책 제10장의 주 5) 참조.

51 만주 개발 과정과 이에 영향을 받은 화폐제도의 실태에 관해서는 石田興平(1964), 安富步(2009)를 참조했다.

52 小瀨一(1989)에 의하면 영구, 천진, 연대등과 같은 발해 연안의 여러 항에서는 1890년대 말 시점에서 외국과의 직접 교역은 없었고 대부분의 외국제품 공급이 상해 경유로 이루어졌다고 한다. 1899년 영구의 경우, 상해에 대한 외국산 물품의 이입 초과가 1170만 량에 달했다(42~43쪽).

53 본문에서는 생략 했는데 이와 같은 루블지폐의 유통은 함께 유통되는 다른 통화와의 관계를 무시하고는 생각할 수 없다. 당시 만주에서는 현금이나 동전 공급이 시장 경제 성장에 따라갈 수 없는 상태에 있었다. 이를 보완하기 위하여 현지의 행정기관과 상점은 각각 지폐나 어음을 발행하고 예금이체시스템을 발전시키기도 했으나 어쨌든 만주 지역 이외로 지불할 때는 사용할 수 없었다(만주의 통화시스템에 관해서는 이 책 제10장에서 다시 정리한다). 따라서 루블지폐는 지역 외부로의 결제 통화라는 역할을 특화하는 형태로 받아들여졌다고 보인다. 예를 들면, 1910년경의 장춘(長春)에서는 '면사포 기타 수입품 거래'에는 루블지폐만 사용되고 다른 화폐는 전혀 사용할 수 없었다(横浜正金銀行大連支店, 『滿洲ニ於ケル通貨及金融』, 1914, 109쪽). 또한 흑룡강성(黑龍江省) 남부의 쌍성보(双城堡)에서는 수입품 대금을 영구로 보내는데 '상인 스스로 루블지폐를 소지하고 하얼빈에 와 러청은행을 통해 송금했다고 한다. 루블지폐는 '곡물매입 대금으로서 시중 상인의 손에 들어가도 외환용으로 수출되는 것이 꽤 많아 시중에 유통되는 것은 적다고

그런데 만주의 루블지폐는 상해환 구입에 쓰였을 뿐만 아니라 바로 상해로 보내지는 경우(현송)도 있었다. 마찬가지로 상해로의 현송이 있었던 함경지방의 경우와 비교하기 위하여 조금 더 자세히 살펴보자. 1902년의 우장牛莊(영구)해관보고는 '당 지역에서의 루블지폐 이출은 65만 8,029해관량 상당이며 이입은 1만 1,600해관량에 불과했다. 또한 적어도 같은 금액이 해관을 거치는 일 없이 이출되었다고 생각한다. 당 지역에서의 평균 시세는 1루블 0.905해관량이지만 상해에서는 0.95해관량으로 매각할 수 있기 때문에 3~4%의 이익을 보았다'고 한다.[54] 그리고 1903년에도 같은 항에서는 74만 7723해관량 상당의 루블지폐가 이출되어 그중 절반 정도가 상해로, 나머지 절반이 여순으로 향했다고 한다.[55]

러일전쟁이 시작되어 남만주로 전선이 옮겨가도 한동안 이러한 상태는 계속되었다. 1904년 10월 요코하마쇼킨은행 상해 지점이 본점으로 보낸 보고서에 의하면 상해에는 '금년 8월경부터는 매월 200만 루블 정도의 수입'이 있는 상태이며 연대 혹은 영구에서 산동 상인의 손에 의해 들여온 것이라고 한다.[56] 이는 위의 해관보고에서 1902~1903년 영구로부터 이출된 금액(연 약 100만 루블로 환산된다)[57]보다 월등히 큰 금액인데,

설명되어 있다. (南滿州鐵道調査課, 『北滿洲經濟調査資料(續)』 1911年序, 20쪽)

54 China Imperial Maritime Customs, *Returns of Trade and Trade Reports for the Year 1902*, Newchwang, p.6.

55 China Imperial Maritime Customs, *Returns of Trade and Trade Reports for the Year 1903*, Newchwang, p.6.

56 橫浜正金銀行上海支店長鋒郎 → 本店頭取席 · 支配席, 明治 37年 10月 23日, 『軍用切符ニ關スル調査』(주 50)下, 629쪽.

57 해관량은 해관에서만 쓰이는 은량(銀兩) 단위로 통상 100해관량=111.4상해량에 해당한다(支那經濟硏究會, 『上海ノ通貨』, 1928, 43쪽). 해관량과 루블 시세는 직접적으로는 알 수 없으나 상해량과 일본엔을 매개로 하여 교차시켜 보면 영구에서 이출된 루블지폐는 1902년 약 81만 9975루블, 1903년에 약 93만 4135루블이 된다. 일본엔과 상해량의 시세는 『금융 사항 참고서(金融事項參考書)』의 각 연도 평균 시세에 의하며 루블과 엔 시세는 주 41)에서 제시한 평

상해 지점이 연대 상인으로부터 들었다는 정보에 의하면 '러시아는 루블지폐로 군량 등을 매입하고 한 때 몇 천 혹은 몇 만에 이르는 거액의 물건을 매입했다'고 하므로[58] 전쟁발발 후 군비로 특히 거액이 유포되었을 가능성이 있다. 다만 쇼킨은행의 보고서에서는 '러시아가 만주를 경영한 이래 만주지방으로부터 상해로 유입된 루블지폐는 실로 엄청나며'[59] 이러한 루블지폐의 흐름은 전쟁 발발 전부터 이어진 것으로 인식되었다.

1904년 9월경 연대에 파견된 쇼킨은행의 행원도 만주에서 상해로 향하는 루블지폐의 흐름을 목격하였다.

> 지부[연대]에서의 러시아화폐는 중국인이 바다 건너 지역 혹은 영구에서 정크[9] 또는 기선으로 수입해 오는 것으로 근래 약간 수량이 줄었다고는 해도 여전히 하루에 평균 34만 엔에 달하고 순태(順泰), 겸익풍(謙益豊), 천보통(泉寶通), 서성(瑞盛) 등과 같은 대은행을 비롯해 450개의 소은행은 모두 이들 러시아화폐를 매입하고 양화점, 잡화점 등으로 하여금 물품 매상대금으로 러시아화폐를 받는 일이 있다. 이렇게 받은 러시아화폐는 모두 상해로 보내고 은행에서는 교환 시 발생하는 차익을 얻었으며 다른 점포에서는 물품 구매자금으로 충당해 쓴다. 이러한 이유로 지부의 러시아화폐 시세는 상해 러청은행 러시아화폐 매입 시세를 기초로 하고 여기에 상해 지부 간 환율을 참작해서 산출한 것이다.[60]

가로 환산했다.

58 横浜正金銀行上海支店長鋒郎 → 本店支配席, 發信日不明, 『軍用切符ニ關スル調査』(주 50)下, 618쪽. 메이지 37년 8월 17일부로 대장성에 회부되어 있다.

59 주 56)과 동일.

60 伊東小三郎 → 横浜正金銀行頭取, 發信日不明, 『軍用切符ニ關スル調査』(주 50)下, 645쪽. 메이지37년 9월 27일부로 대장성에 회부되었다.

요동반도遼東半島의 끝 부분과 마주하는 연대는 오래전부터 연안 교역의 거점으로 성장하였으며 영구와 마찬가지로 1858년 천진조약天津條約을 통해 1862년에 개항되었다. 위 사료에서 연대에는 영구뿐만 아니라 바다 건너편, 즉 요동반도의 각 지역으로부터 기선, 재래식 선박을 통해 루블지폐가 유입되었음을 알 수 있다. 그리고 산동반도의 각 현성에는 전포錢舖 또는 당포当舖라 불리는 금융업자가 다수 있었으며 만주에 돈벌이를 간 자들이 가지고 돌아오는 각종 통화를 교환해 연대로 보냈다고 한다.[61] 연대로 유입된 루블지폐 중에는 그렇게 돈벌이를 간 사람들이 갖고 돌아온 것도 포함되어 있었을 것이다.

그리고 연대에 모인 루블지폐는 상품대금과 은행의 투기대상으로서 전부 상해로 보내졌다고 하는데 원래 연대와 상해와의 관계는 깊으며 상해로부터 들어오는 상품을 취급하는 상점('상해장上海莊'이라 불렀다)이 다수 있었던 반면, 상해에는 연대 상인이 거주하면서 상품매입을 담당하였다.[62] 이렇게 황해와 발해를 사이에 둔 사람과 물건, 돈의 움직임 일부에 포함되는 형태로 루블지폐 또한 상해로 이동했다.

만주 현지의 일본군도 동일한 상황을 확인한 바 있다. 요동반도의 길목에 해당하는 개평蓋平의 요동수비군 경리부에서는 1904년 11월 다음과 같이 보고하였다.

러시아가 점거했던 시대에는 (…중략…) 통상은 엔은1엔10전 이상 15전 정도로 통용되고 루블지폐와 금화는 동일한 가격으로 즉시 통용되었다고 한다.

61 荒武達朗(2008), 316~322쪽.
62 長浜淺太郎, 「芝罘」, 『大連實業會報』 23號, 1908, 26~27쪽; 庄維民(2000), 35쪽.

금년 2월 개전 이후에도 러시아 화폐는 항상 1엔 이상의 가격으로 통용되었고 러시아가 물러난 후에도 상인에 의하여 계속 천진 혹은 상해로 흡수됨으로서 지금도 여전히 1엔 8전 내지 10전 정도의 가격을 유지한다. 하지만 개평지방에서는 이미 러시아화폐의 유통은 매우 드물고 자취가 없어진 것에 가깝다.[63]

여순을 제외한 요동반도 거의 전 지역이 일본군 손에 떨어진 것은 1904년 6월 말경이다(6월 30일 영구 점령). 위의 보고가 있었던 11월에는 더 이상 루블지폐는 유통되지 않았지만 그래도 시중에서의 가치는 개전 전에 비하여 거의 떨어지지 않았다고 한다. 그리고 그 이유에 관하여 '상인에 의해 계속 천진 혹은 상해로 흡수되는' 점을 드는 것이 흥미롭다. 현지에서의 루블지폐에 대한 신뢰를 최종적으로 담보하던 것은 러시아군의 존재가 아니라 그것이 상해를 비롯해 중국 본토를 상대로 한 지불 수단이 된다는 사실이었다.

마지막으로 상해로 유입된 루블지폐가 어떻게 처리되었는지를 검토해두자. 앞에서 인용한 연대의 요코하마쇼킨은행 출장원이 보고한 바에 따르면 연대에서의 루블지폐 시세는 상해의 러청은행 매입 시세를 기준으로 산출되었다고 하는데[64] 러청은행의 조사에 의하면 상해에서는 러청은행 뿐만 아니라 다른 서양계 외국은행도 루블지폐 매입에 응했다. 구체적인 숫자를 제시하자면 1904년 1월부터 8월까지 상해의 외국은행이 매입한 루블지폐는 1,518만 루블에 달했으며 그중 러청은행

63 遼東守備軍経理部の報告, 明治 37年 11月 10日, 『軍用切符ニ關スル調査』(주 50)下, 245쪽.
64 주(60)과 동일. 이에 따르면 메이지37년 9월 14일 연대에서의 루블지폐 시세는 상해의 러시아 화폐 시세가 82량, 연대와 상해 간 외환 시세 프리미엄이 5량이었기 때문에 (연대와 상해의 통용은량(通用銀兩)의 차이도 감안해서) 78량1이었다고 한다(646쪽).

의 매입가는 4할에 가까운 586만 루블에 그치고 홍콩상해은행(548만 루블)이나 독아은행獨亞銀行(298만 루블), 미국계 인터내셔널은행 등이 나머지 절반을 매입했다.[65] 이들 외국은행은 상해와 런던London 간의 환율과 런던과 러시아 간의 환율을 감안해서 루블지폐의 매입 가격을 결정했다. 루블지폐는 '요컨대 런던을 대상으로 한 외환매수로서 매입, 현송되었다'고 쇼킨은행은 평가하며[66] 이는 외국은행의 입장에서 보면 금기반 자산의 일종으로 매입한 것이라고 할 수 있다.

만주에서 흘러나온 루블지폐의 예에서 추측해 보면 함경지방에서 흘러나온 루블지폐도 상해에서 러청은행을 비롯한 서양계 은행에 의하여 상해량과 교환, 매입되었다고 보아도 괜찮을 것이다. 1900년 전후 만주와 함경지방에서 루블지폐는 각각 유입 경위는 달랐지만 양쪽 모두 현지에서는 화상에 의한 상해로의 송금 수단이라는 역할을 했으며 이를 통해 두 지역 내에서 루블지폐의 신뢰를 유지하고 있었던 것이다.

4. 러청은행의 루블지폐 매입

화상의 손으로 함경지방 및 만주 각 지역에서 상해로 보내진 루블지폐는 최종적으로는 러청은행 등과 같은 외국은행에 의하여 상해량으로 교환되었다. 외국은행의 입장에서 보았을 때 이 거래는 어떠한 의미를 갖고 있었던 것일까. 여기에서는 일본 측 사료를 통해 추측해 보도록 하겠다.

---

65 横浜正金銀行上海支店長 → 頭取, 明治 37年 9月 17日, 『軍用切符ニ關する調查』(주50)下, 622쪽.
66 앞의 주와 동일.

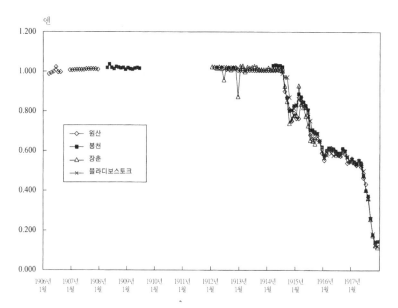

<그림 9-3> 각 지역 루블 지폐 시세(1루블 당 엔 시세, 매월) (1906~1907)

출처: 원산: 1906년 3월~1907년 12월『株式會社第一銀行韓國各支店出張所開業以來營業狀況』(同行, 1909), 1912.2~6; 『朝鮮經濟年鑑(大正6年)』(京城商業會議所, 1917), 1912.7~1917.7; 『朝鮮銀行月報』各月.
봉천: 1908.8~1909.6; 『滿洲誌』(關東都督府, 1911), 1914.3~1917.12; 『朝鮮銀行月報』(同行, 各月版).
장춘: 1912.1~1915.9; 『滿洲通貨一斑』(朝鮮銀行, 1915), 1917.1~2; 『朝鮮銀行月報』各月.
블라디보스토크: 1914.7~1917.12, 『露國革命と極東に於ける紙幣の變遷』(極東露日協會, 1922)

우선 논의를 위한 단서로 조선과 만주에서의 루블지폐 시세를 들 수 있다. 러일전쟁 전 루블지폐 시세를 연속적으로 파악할 수는 없으나 앞에서 살펴본 것처럼 함경지방 원산에서는 1루블＝1.015엔 정도였다고 한다.[67] 그리고 러일전쟁 후의 엔 대비 시세를 나타내기 위하여 제시한 〈그림 9-3〉에 의하면 1914년 제1차 세계대전 발발 이전의 시세는 원산, 봉천奉天, 장춘長春 모두에서 1루블이 1엔보다 약간 강세였다. 엔과 루블의 금 평가는 1루블＝약 1.03엔이었기 때문에[68] 조선과 만주의 루블지

---

[67] 주 39)와 동일.

폐 시세는 러일전쟁을 전후하여 크게 다르지 않았다고 할 수 있다. 조선과 만주에서는 기본적으로 루블지폐의 금태환은 이루어지지 않았기 때문에 위와 같은 시세 상황은 러청은행 이외의 외국은행에 의한 루블지폐 매입이나 수출어음 협상이 루블의 평가에 준하여 이루어졌음을 말해준다.

또 앞 절에서 검토한 1902년 우장(영구)해관보고에서는 우장의 경우, 1루블=0.905해관량인데 반해 상해에서는 1루블=0.95해관량이기 때문에 루블을 현송하면 3~4%의 이익을 얻을 수 있었다고 한다.[69] 이를 통해 상해에서의 루블지폐 매입 시세가 영구에서의 시세에 비하여 현송비 이상으로 높은 수준이었음을 알 수 있다. 그리고 원산에 대해서도 러일전쟁 후의 사료에서 '청나라 상인은 본국, 특히, 상해의 매입처에 보냄으로써 테일tael10)[은량銀兩] 시세로 인해 이익을 보기 때문에 이[루블]지폐를 일본인보다도 3전 정도 비싼 가격으로 산다. 이에 한인韓人이 기꺼이 청나라 상인과 거래하는 것은 거스르기 어려운 흐름으로 결국 청나라에서 오는 금건 종류의 판로가 활발해짐과 반비례하여 일본인은 큰 타격을 입는 일이 있다'고 기술한다.[70] 이 경우도 그만큼 상해에서의 루블지폐 매입 시세가 높았다는 사실을 말해준다. 그리고 이러한 시세 상황이 화상에 의한 루블지폐 송금을 한층 더 재촉했다.

상해의 외국은행 중에서 적어도 러청은행은 상해 송금을 유도하기 위해 시세를 의도적으로 설정한 흔적이 있다. 예를 들면, 러일전쟁 중

---

68 주 41)과 동일.
69 주 55)와 동일.
70 東京高等商業學校(上田光雄調查), 『韓國ニ於ケル貨幣ト金融』上, 1909, 15쪽.

인 1904년 8월경 산동반도 연대에서는 중국인 사이에서 루블지폐를 100루블＝105.80엔에 교환하였는데, 이것은 '주조평가mint parity, [平價] 이상으로 차이가 나[루블지폐가 과대평가되어 있다' 있는 상태였다고 한다. 요코하마쇼킨은행의 보고는 이러한 현상을 '상해에서 러청은행이 있는 힘을 다하여 이것[루블지폐] 매입에 노력한 결과'라고 했다.[71] 또한 러일전쟁 종료 후 길림성 장춘에서는 루블지폐의 현지 은화 대비 시세가 급락했는데 그 와중에 러청은행은 루블지폐 대비 상해량 시가를 루블의 금 평가에 준하는 시세로 계속 처리했기 때문에 화상의 투기적인 송금을 초래했다고 한다.[72]

러시아 정부가 아시아에서 루블지폐 시세가 안정되기를 바랐던 것은 말할 필요도 없지만 더욱이 루블지폐는 러시아 본국의 중앙은행권 그 자체였기 때문에 만일 아시아에 널리 퍼져나간 루블지폐가 대량으로 본국에 되돌아오면 국내 금융에 직접적인 영향을 줄 가능성이 있었다. 러시아 정부로서는 널리 퍼진 루블지폐가 가능한 오랫동안 현지에 머물러 있기를 바랐을 것이다. 러청은행이 상해량 대비 시세를 설정함으로써 루블지폐에 상해를 상대로 한 결제수단이라는 지위를 부여한 것은 이와 같은 러시아 정부의 이해 관계를 반영한 행동이 아니었나 싶다.

한편 루블지폐가 본국으로 되돌아 올 것에 대한 우려가 결코 기우가 아니었음을 나타내는 사례를 설명해 두겠다. 러일전쟁 종료 직후 만주에서는 앞에서 언급한 바와 같이 루블지폐의 시중 시세가 일시적으로

---

71 橫浜正金銀行牛莊支店 → 大藏省理財局長, 明治 37年 9月 18日, 『軍用切符ニ關スル調査』(주50) 下, 721쪽.
72 橫浜正金銀行總務部行報係(工藤長春出張所主任調査), 『長春金融事情』, 1909, 16쪽.

하락하고 이에 편승한 화상의 투기가 활발해졌다. 산서표호^{山西票號}11)가 선택한 투기 방법은 매우 광범위한데 시베리아^{Siberia}와 모스크바^{Moskva}, 런던에도 대리인을 두고 '금본위인 러시아화폐의 은괴 시가'를 이용한 투기를 했다고 한다. 예를 들면 '독신옥^{獨愼玉}과 같은 경우는 현지(장춘)에서 러청은행과 마찬가지로 러시아화폐를 기준으로 하는 상해환으로 팔고 그 재정^{裁定}12)은 모스크바를 경유하는 상해환으로 하는 방법을 시작했다'고 한다.[73] 즉, 장춘과 모스크바에 있어서의 루블지폐에 대한 상해환 시세차이에서 차익을 얻은 것으로 보인다. 루블지폐가 본국과 공통으로 쓰이는 한 만주에서의 은 대비 시가가 본국에서의 그것을 크게 밑돌아 루블이 싸지면 — 국제적인 금은 비가를 크게 밑돈다면이라고 해도 좋다 — 이러한 투기활동이 일어나는 것은 피할 수 없었다. 투기 활동을 저지하기 위해서라도 러청은행 만주 지점은 루블지폐에 의한 상해량 환매 시세를 고객에게 유리하게 설정해(혹은 상해 지점에서 루블지폐를 보다 고가로 매입해서) 상해로의 송금 수요를 흡수할 필요가 있었다고 추측된다.

그리고 러청은행의 입장에서는 상해에 있는 다른 외국은행의 움직임도 신경 쓰였을 것이다. 앞 절에서 살펴본 것처럼 러청은행 이외의 외국은행도 루블지폐를 매입하였고 요코하마쇼킨은행은 이것을 '런던을 대상으로 한 외환매수'라고 해석하였다. 상해의 외국은행에서는 수입환 취급이나 청나라 정부의 차관변제 등에 의해 은량 기반 자산이 축적되는 경향이 있었고 금 기반 자산과의 균형을 맞추기 위해서 파운드

---

73 앞 주와 동일, 29쪽.

로 통화를 매입하는 일이 있었다고 한다.[74] 루블지폐 매입도 그와 같은 보유량 조정의 일환으로 이루어진 것이다. 그러나 외국은행이 거액의 루블지폐를 보유하면 러시아 입장에서는 금 유출의 우려가 높아진다. 따라서 러청은행에 의한 적극적인 루블지폐 매입은 이를 막는다는 의미도 있었을 것이다.

이처럼 러청은행에 의한 루블지폐 매입, 그리고 상해량 환매는 동아시아에 뿌려진 루블지폐가 러시아 본국 금융에 주는 영향을 차단하는 효과를 갖고 있었으며 그것을 의도적으로 했을 가능성이 높다. 따라서 러청은행의 활동은 화상의 상해 송금 수요를 충족시킴과 동시에 이를 전제로 한 것이기도 했다.

5. 지방경제 속에서의 루블지폐

지금까지 루블지폐의 광역 유통을 가능케 한 조건을 공간적인 규모를 서서히 넓히면서 검토해 왔는데 이 절에서는 다시 함경지방으로 눈을 돌려 루블지폐가 지방경제 속에서 어떠한 역할을 했는지 생각해 보겠다.

함경지방의 남쪽 끝에 위치하는 원산은 1880년 개항하기 전부터 연안무역의 거점이었다. 매우 추운 함경지방에서는 쌀이나 면직물 등과 같은 기초적인 소비재를 자급하지 못하여 조선 남부지방으로부터 들여올 필요가 있었는데 이들 소비재는 원산을 경유해 함경지방 연안의 작은 포구로 운반되었다.[75] 개항 후에도 이러한 원산의 역할은 이어져 함

---

74 西村閑也(1993), 10쪽.

경지방 내 연안 교역을 국내외 원격지 유통과 연결시키는 거점이 되었다.[76] 예를 들어 다음 사료를 통해 원산의 객주를 중심으로 하는 조선인 상인 간의 네트워크가 함경지방 내 교역에서 중요한 역할을 했음을 알 수 있다.[77]

이들[함경지방 연안] 도읍에서의 점포는 모두 원산항과 거래 관계를 갖지 않을 수 없다. 하물며 청진 이남의 각 지방으로의 물자공급은 대개 원산을 중심으로 하고 가끔 부산에서 직접 거래를 하는 것이 없지 않으나 그다지 많지 않았다. (…중략…) 이들 도읍에 있는 약간 대규모의 상인은 상품을 매입하자마자 서면 혹은 전신으로 원산 객주에게 주문한다. 스스로 출장오는 것은 대부분은 대두, 삼베, 사금 등 각 지역의 토산물을 가지고 왔을 때이다(1909년).[78]

블라디보스토크가 자유항제도를 폐지한 후, 원산이 함경지방으로의 수입품 창구가 된 배경에는 이와 같은 지방 유통구조가 있었다. 루블지폐가 원산으로 집중되는 과정도 마찬가지이다.[79]

그런데 이 시기 함경지방에서 유통되던 것은 루블지폐만은 아니다.

---

75 고승희(1996), 97쪽.

76 이헌창(1985), 194~196쪽.

77 객주는 매매 쌍방의 위탁을 받아 거래를 알선함과 동시에 숙식이나 통신, 금융 등의 편의를 제공했다. 이 책 제7장 제3절 참조.

78 「商業上ヨリ見タル韓國ニ於ケル外國人就中日本人ト韓國人トノ關係(五) 元山港ノ分」, 『貿易月報』9號, 韓國關稅局, 1909, 15쪽. 원산의 조선인 상인 중에는 청일전쟁 전후부터 연안의 작은 기선 항로 개설에 나서는 기업가도 잇달아 등장했다. 梶村秀樹(1990), 164~166쪽; 나애자(1994), 82~89쪽.

79 주 33)의 사료에서는 블라디보스토크에서의 귀환자가 직접 원산에 와서 상품을 구입한 것처럼 기술되어 있는데 이러한 경우는 지방 내부에서의 유통은 거치지 않았다고 볼 수 있다. 왜 그러한 경로를 선택했는지 현재로서는 알 수가 없다.

1900년을 전후한 시기의 경우, 전통적인 동전인 상평통보가 널리 사용되었을 뿐만 아니라 복수의 일본통화가 유통되었다. 예를 들면, 1897년경에는 원산에서만 일본의 근대 은화인 엔은 약 6만 엔, 일본지폐 9만 엔이 유통되었고 그중에서 지폐는 원산을 벗어나는 일이 거의 없었지만 엔은은 특산물인 대두나 명태, 마른정어리 등의 매입을 통해 내지로도 유입되었다고 한다.[80]

지금까지도 언급해 왔듯이 개항기 조선에서는 본위제가 확립되지 않았고 — 도입 시도는 되풀이되었지만 성공에는 이르지 못했다 — 다양한 통화가 동시에 유통되는 상태가 계속되었다. 여러 통화 간에는 고정적인 교환 관계가 성립되어 있지 않았으며 함경지방으로 유입된 루블지폐도 마찬가지였다. 그 결과 루블지폐는 다른 통화의 수급관계로부터 영향을 받지 않고 이동하는 것이 가능함과 동시에 유통의 공간적인 확대를 제한받았다고 할 수 있다. 예를 들면, 러시아령으로부터의 귀환자가 농촌에 루블지폐를 가지고 돌아왔다 해도 거기에서 일반적으로 사용되는 동전과 교환하는 것이 쉽지 않았기 때문에 루블지폐는 언젠가는 상품과 교환하기 위하여 원산으로 흘러들었을 것이다. 더욱이 그것은 부산 등 조선의 다른 개항장에서는 받아들여질 보증이 없었기 때문에 러청은행의 지점이 있고 만주로부터의 루블지폐 유입도 있었던 상해로 유출되어 수입품의 결제수단으로 사용되는 것이 자연스러운 결과였다고 보인다.[81]

---

80 大藏省, 『明治三十年幣制改革始末槪要』, 1899, 415~416쪽.
81 이러한 구조는 黑田明伸(1994)가 19세기 말 중국에 대하여 묘사한 여러 종류의 화폐제도구조 (현지통화와 지역 간 결제 통화의 단절, 특정 상품 및 특정 운송 담당자와 특정 통화의 대응)와 유사하다(108~114쪽). 본위제가 존재하지 않는 상황에서의 통화간 분업이라는 점에서는 공통 현상이라고 할 수 있다. 그러나 조선의 소액통화의 경우, 납세를 통한 순환이 보이는 등 일률적으로 비교할 수 없는 측면도 있다. 개항기 조선에서의 소액통화 유통 상황에 관해서는

이와 같이 연해주에서 함경지방으로 유입된 루블지폐는 조선 국내에서는 유통이 확대되지 못한 반면, 함경지방 내에서의 유통이 동시에 국제적 순환의 일부를 구성한다는 특징적인 유통 패턴을 형성하였다. 그 결과 함경지방은 연해주에서 벌어들인 구매력을 조선 전체의 국제수지와는 상관없이 상해로부터의 수입으로 돌릴 수 있었다. 하지만 한편으로는 이러한 루블지폐의 유통은 함경지방 경제에 일종의 취약성을 가져왔다. 일본영사보고는 러일전쟁 종결 직후 원산 시장의 상황을 다음과 같이 전한다.

[1905년] 10, 11월 두 달 동안에 북한지방[함경북도]의 고객은 주로 러시아 지폐를 가져와 수입품 중 타면 목면, 금건 그리고 쌀 상담을 했는데, 거래가 점차 활기를 띠면서 바쁘기가 이를 데 없었던 바로 그 때, 11월 하순 중에 상해에서의 러시아지폐 시세 하락 소식이 전해져왔다. 따라서 원산항에서의 시세도 34전 정도 하락했고 한상(韓商) 등이 갑자기 태도를 바꾸어 쉽게 이것을 손에서 놓지 않아 상업계는 일대 타격을 받고 모든 상품은 흐름이 끊어졌으며 쌀과 같은 것은 생각한 대로 수입도 적었기 때문에 한 때 엄청나게 정체하여 어쩔 수 없는 슬픈 상황에 빠진 것이었다.[82]

다른 사료에 의하면 이 시기 상해에서의 루블지폐 하락은 러일강화

도면회(1989). 저자의 시론(試論)은 石川亮太(2006).

82 「元山ニ於ケル歲晩歲首貿易狀況」, 『通商彙纂』 明治 39年 15號, 1906. 高尾新右衛門, 『元山發展史』(1916)는 이 사건에 관하여 '러일강화조약이 발표되자마자 일본화폐 1엔 내지 1엔5리로 교환되었고 러시아지폐가 상해에서 34전 정도 하락한다는 소식이 전해지자마자 갑자기 원산에서도 94전5리로 폭락했다'고 한다(372쪽).

조약 비준의 영향을 받은 것이었다고 한다.[83] 주목해야 하는 부분은 상해에서의 루블지폐 변화가 원산으로 바로 전달되고 또한 연안 무역의 활황과 침체에도 영향을 미쳤다는 사실이다. 더욱이 그 영향은 회양목과 같은 수입품뿐 아니라 쌀과 같은 국내 유입품에도 영향을 미쳤다.

루블지폐의 하락에 의해 한때 침체된 원산의 시장 상황은 조선 남부지방으로 보내던 명태의 풍어로 회복되었다고 한다.[84] 함경지방은 복수의 경로로 외부 시장과 연결되었고 연해주에서 벌어들인 구매력에만 의존하고 있었던 것은 아니다. 하지만 국제적인 지불 수단인 루블지폐가 동시에 연안 유통의 수단이기도 했기 때문에 외부로부터의 충격이 지방경제에 보다 직접적으로 영향을 미치게 된 것은 분명하다. 본위제가 결여된 통화시스템하에서 함경지방은 국경이 지니는 완충효과에 의해 보호되지 않고 완전히 노출된 형태로 국제시장 변동의 영향을 받았던 것이다.

6. 조선의 식민지화와 루블지폐의 종언

〈표 9-1〉을 보면 원산에서는 러일전쟁 중부터 종결 직후(1904~1906)에 걸쳐 일본으로의 루블지폐 유출이 급증하였다. 그 이유를 직접적으로 보여주는 사료는 없으나 〈그림 9-1〉에서 알 수 있듯이 전쟁 중인

---

83 앞 주 참조.
84 '때는 마침 연말이라 금융 사정도 어렵고 화물정체도 심했는데 점차 명태의 풍어로 입하량이 많아졌고 이에 걱정이 사라져 안심하게 되었다'(『元山發展史』(주 82), 372쪽).

1904~1905년에는 중국과의 무역 자체가 급감한 반면, 러일전쟁 초기에는 러시아군이 함경지방 북부를 점령하고 군비로 루블지폐를 뿌렸기 때문에 조선 상인의 손에 의해 원산으로 되돌아오는 루블지폐는 증가했다.[85] 이러한 상황으로 보아 종전 직후에는 상해에서의 루블지폐 시세 변동이나 뒤에서 설명하는 일본계 은행에 의한 매입도 영향을 미쳐 일본으로 되돌아오는 루블지폐가 증가한 것은 아니었을까 싶다.

1907년 이후에는 원산에서 일본으로의 루블지폐 유출은 감소했다. 하지만 루블지폐의 유통 패턴이 러일전쟁 이전 상태로 되돌아온 것은 아니다. 이 시기 조선의 통화 및 금융시스템에는 일본에 의한 보호국지배를 배경으로 불가역적인 변화가 일어나고 있었다. 직접적인 계기가 된 것은 화폐정리사업이라고 불리는 정책이며 이는 함경지방에서의 루블지폐 유통에도 영향을 미쳤다.

화폐정리사업은 1904년 8월 제1차 한일협약韓日協約에 따라 한국정부의 재정고문이 된 메가타 다네타로目賀田種太郎의 주도하에 추진되었다. 목적은 조선에서 유통되는 여러 통화를 일본과 동위동량同位同量의 금본위제로 통일하는 것이었다. 이 사업 추진의 중심이 된 기관은 조선에서 개항 직후부터 활동하던 제일은행이다. 제일은행은 기존에 개항장에서 일본인을 위한 상업 금융을 중심으로 사업을 하였는데 1905년 1월부터 중앙은행 업무를 위탁받았으며 ― 이것이 사실상 한국에서의 중앙은행 설립이 되었다 ― 제일은행이 1902년부터 발행한 일본엔 액면의 제일은행권은 한국의 법정화폐로서 무제한 통용을 인정받았다. 제일

85 「元山三十七年第二季貿易」,『通商彙纂』明治 39年 65號, 1904, 27쪽.

은행의 중앙은행 업무는 1909년 신설된 한국은행(1911년 조선은행으로 개칭)이 이어받았고 제일은행권의 뒤를 이은 한국은행권 및 조선은행권은 식민지 시기 화폐제도의 중심으로 자리 잡았다. 그리고 보조화폐도 일본 시스템을 모방하여 새롭게 만들어 기존의 백동화나 동전을 대체했다.[86]

한편 보호국 시기에는 금융과 재정제도 변혁의 일환으로 전국에 근대적 금융기관이 신설되었는데 이들도 기존 업무와 병행하여 구 화폐 회수와 신 화폐 유통 등 화폐정리사업의 한 부분을 담당했다. 함경지방의 경우, 러일전쟁 이전에는 18은행(본점은 나가사키)이 원산에 지점을 두었을 뿐인데 러일전쟁 발발 후 잇달아 제일은행 점포가 설치되었다(1904.11 : 원산, 1905.6 : 성진, 1906.2 : 함흥, 1907.4 : 경성鏡城).[87]

이들 함경지방의 금융기관은 기존의 동전과 함께 루블지폐도 매입했다. 보호국지배하의 한국정부가 이를 정식으로 명령한 것은 1908년 3월이지만[88] 실제로는 그 전부터 매입이 이루어졌다. 제일은행 4개 점포의 매수액을 〈표 9-2〉에서 보면 1906년 원산에서 50만 루블 이상을 매입한 것을 알 수 있다. 전쟁 중 러시아군 점령 지역에서 뿌려져 원산으로 유입된 루블지폐를 구입한 것이다.

루블지폐의 매수에 관해서는 조선은행 원산 지점장이 다음과 같이

---

86 화폐정리사업의 개요에 관해서는 羽鳥敬彦(1986) 참조.

87 개업 연도는『주식회사 제일은행 한국각지점 출장소 개업 이래 영업 상황(株式會社第一銀行韓國各支店出張所開業以來營業狀況)』(第一銀行, 1908)의 부표를 참조했다. 이와 더불어 식민지화 후에는 나남(1910.5), 회령(1912.10)에 한국은행, 조선은행 점포가 개설되었다. 다만 함흥과 경성의 두 지점은 1910년, 성진 지점은 1912년에 함경농공은행이 인수하였다. 한국은행 시기 이후의 점포 상황에 관해서는 朝鮮銀行史研究會(1987), 850~851쪽을 참조했다.

88 高久敏男(1967), 44~46쪽.

〈표 9-2〉 제일은행 각 점포에 의한 루블지폐 매수액(1906~1911)(루블)

연도	함경남도		함경북도	
	원산	함흥	성진	나남
1906	562,274	14,920	46,398	―
1907	66,315	941	165,567	―
…				
1910*	293	―	15,465	1,630
1911	1,862	―	73,027	13,989

주 *는 8월부터 12월까지의 수치이다. 함흥 지점은 1910년 6월에 점포 폐지(함경농공은행에게 양도), 나남 지점은 1910년 5월에 개업했다. 또한 은행명은 1909년에 한국은행, 1911년에 조선은행으로 바뀌었다.
출전 1906~1907년:『株式會社第一銀行韓國各支店出張所開業以來營業狀況』, 1908, 付表. 1910~1911년:『朝鮮銀行月報』各月.

보고하였다. 이는 1914년 7월 제1차 세계대전 발발 직후의 보고로 전쟁 시작 전 상황을 반영한 것으로 보아도 좋다.

> 유입된 러시아화폐의 8, 9할은 각 은행업자의 손에 들어가고 매우 적은 부분은 중국 상인이 차변 결제를 위하여 상해로 보내거나 프리미엄 수익을 목적으로 만주에 보내는 것이 있다. 은행업자 중 교환에 관련되는 자는 교환할 때 교환 가격, 반출 제반 비용 여하를 계산해서 블라디보스토크 혹은 고베, 요코하마, 나가사키 방면으로 우송 혹은 운반업자의 손을 거쳐 보냈다.[89]

이로부터 1914년이 되면 이미 유입된 루블지폐의 대부분이 '은행업자'에 의해 매입되기 시작했고 화상에 의한 상해 및 만주로의 수송은 '매우 적었음'을 알 수 있다. 은행에 의해 매입된 것은 각 지역의 시세나 경비를 비교하여 블라디보스토크 내지는 일본으로 보내졌다고 하며

---

[89] 朝鮮銀行(龜島豊治調査),『時局ニ於ケル浦塩斯德金融貿易並ニ一般槪況』, 1914, 21쪽.

<표 9-3> 함경지방 각 금융기관에 의한 루블지폐 매수액(1910~1914) (루블)

연도		함경남도	함경북도	계
1910		220,558	247,736	468,294
1911		271,823	95,592	367,415
1912		60,443	333,306	393,749
1913		156,519	466,394	622,913
1914	상반기	58,416	319,318	377,734

주 한국은행(조선은행) 이외의 기관도 포함된다.
출전 龜島豊治(調査)『時局ニ於ケル浦塩斯德金融貿易並ニ一般概况』(朝鮮銀行, 1914) 20쪽.

〈표 9-1〉에 나타나는 원산으로부터의 송출 지역 변화(1906년 일본 송출 급증, 1909년 이후 러시아 송출의 완만한 증가)도 위 사료에서 말하는 은행 및 금융기관의 대응에 의한 것으로 보아도 좋다.

그런데 〈표 9-2〉에 의하면 1910년 이후 원산에서의 매수액은 1906, 1907년에 비해 크게 감소한 한편, 함경북도 두 점포에서의 매수액이 급증했다. 이에 관하여 다른 금융기관에 의한 매수액을 포함하여 정리한 〈표 9-3〉을 보자. 총 매수액은 제1차 세계대전 직전까지 대략 증가하는 모습이었는데 함경남도에서의 매수액은 정체된 상태였으며 1912년 이후는 오히려 감소 경향에 있었다. 한편, 함경북도에서의 매수액은 제1차 세계대전 직전까지 증가하였다.

이는 〈표 9-1〉에서 한국병합 후에 함경북도, 특히 청진으로부터의 송출액이 늘어났다는 사실과도 부합한다. 즉 한일병합 전후부터 금융기관이 러시아 국경에 보다 가까운 장소에서 루블지폐를 매입하고 거기에서 외부로 보내는 경향이 강해졌다고 생각할 수 있는 것이다.

식민지화 직후 국경지대에서의 루블지폐 유통 상황에 관하여 함경북도 장관은 1911년 9월, 조선총독부 정무총감政務總監에게 다음과 같이 보고했다.

　　러시아국 지폐의 유통 금지에 관해서는 이미 자명한 사실이지만 당 관할
하에서 지금도 계속 각지에서 다소 유통되는 것이 확인된다. 특히 두만강
연안지대에는 원래 금융기관이 없다는 이유 등으로 교환 인상의 기회가 없
고, 국경 무역 혹은 단기 이주 노동자 때문에 다소의 수입이 끊어지지 않음
으로서 해당 지폐뿐만 아니라 보조화폐와 함께 유통이 활발하며 실제 이
지방의 유통 총금액의 대부분을 차지하는 것이 현재 상황이다.[90]

　정리하자면 국경지대에서는 식민지화 후에도 단기 노동 이주 등을
통해서 루블지폐뿐만 아니라 러시아 보조화폐도 유입되어 통화 유통의
'대부분'을 차지하는 상황이었다. 함경북도 장관은 이를 조선통화와 교
환할 기관이 없기 때문으로 이해하였고 사료의 뒷부분에 따르면 함경
북도에서도 가장 북쪽인 종성과 경원에 신설한 지방금융조합에 자금을
대여하여 루블지폐 회수를 담당하게 할 것을 건의하였으며 정무총감도
인정했다.[91] 이는 루블지폐 유입을 의식적으로 국경 '부근'에서 막으려
고 했던 조치였다고 해석할 수 있다.
　조선총독부의 이러한 정책에 의해 함경지방으로 유입된 루블지폐가

---

90 咸鏡北道長官武井友貞 → 山縣伊三郎, 明治 44年 9月 26日, 『貨幣整理關係書類』(大韓民國國
　　家記錄院, Film No. 6-3-4-1).
91 政務總監山縣伊三郎 → 咸鏡北道長官武井友貞, 明治 44年 10月 19日, 『貨幣整理關係書類』(앞
　　주). 이후 금액은 명확하지 않지만 지방금융조합이 루블지폐 회수를 맡았던 것은 틀림없어 보
　　인다. '국경지대 압록강 연안지방의 금융조합이 중국화폐를, 두만강 유역지방금융조합이 러시
　　아 화폐를 쫓아내고 통화조절을 위하여 노력한 공적도 더불어 무시할 수는 없다.' 朝鮮金融組合
　　協會(秋田豊執筆), 『朝鮮金融組合史』, 1929, 247쪽. 설립 초기 지방금융조합은 화폐정리사업
　　에 기여할 것이라 기대되었는데 이에 관해서는 石川亮太(2006).

바로 일본엔으로 교환된 것은 바꾸어 말하자면, 지역 외에서 벌어들인 '구매력'이 조선 및 일본제국의 영역 내에서 일반적으로 통용되는 형태로 전환됨을 의미한다. 이미 특정한 상품 유통 루트를 따라 국경을 넘나드는 순환구조를 만들 필요가 없어졌고, 따라서 함경지방의 경제가 상해 시장에서의 루블지폐 동향으로부터 직접적으로 영향을 받는 일도 없어졌다. 지방경제와 국제경제의 관계가 보다 간접적인 것으로 바뀌고 국경에서 나누어지는 영역경제로의 통합이 진행되었다는 의미에서 함경지방의 '국민경제'로의 통합이 진행되었다고 표현해도 좋을 것이다.

그런데 함경지방과 연해주의 관계는 조선의 식민지화를 전후해서 통화 이외의 측면에서도 변화했다. 함경지방에서 연해주로 향한 최대의 수출품이었던 생우生牛를 예로 들어보자. 조선은행의 조사에 의하면 함경북도 성진에서 해로로 수출된 생우의 수는 1908년 : 3,131마리, 1909년 : 2,328마리였는데, 1910년 : 9,672마리, 1911년 : 12,654마리로 급증한 후, 1912년에는 2,714마리로 급감했다.[92] 그 이유로 '성진의 생우 수출 선주인 최봉준이 파산했기 때문에 항해를 중지한 것에 의한다'는 설명이 있다. 제1절에서 언급한 것처럼 최봉준은 러시아군에게 소고기를 납품하여 사업을 급성장시킨 이주한 조선인 상인이었다.

그런데 이는 최봉준 개인의 문제가 아니라 연해주를 둘러싼 생우 공급구조 자체의 변화를 반영한 것이었다. 이 무렵 블라디보스토크에서

---

92 朝鮮銀行(高坂松男調査), 『咸鏡北道ニ於ケル經濟狀況』, 1913, 3쪽. 이 사료에서는 수치에 대하여 함경북도로부터의 수출이라고만 말하고 있다. 하지만 같은 해의 다른 사료에서 '성진항'의 수출 두수(頭數)를 1910년 : 9,672마리, 1911년 : 12,630마리라고 하며 이는 본문에 제시한 수치와 대략 일치한다(「朝鮮ト浦塩斯德及敦賀舞鶴間間貿易狀況(第二號ノ續)」(『朝鮮總督府月報』3卷4號, 1913, 92쪽). 따라서 본문의 수치는 육로 수출이나 재래식 선박에 의한 미개항지로부터의 수출을 포함하지 않는 성진만의 수출 두수라고 생각할 수 있다.

는 산동성으로부터 단기 이주 노동자를 실어 나르는 배로 생우와 소고기도 수입하기 시작했다.[93] 생우는 오랜 시간 수송하면 살이 빠지는데 기선의 운항시간 단축 등으로 산동으로부터의 수송도 가능해졌다. 그리고 소규모이지만 미국과 호주로부터 냉장선으로 소고기를 수입하는 경우도 생겼으며[94] 연해주나 시베리아에서의 소 사육 두수도 늘었다.[95]

1910년경 추산에 의하면 블라디보스토크로 반입되는 생우와 소고기는 연간 5만두 내외였는데 그중에서 조선에서 들어오는 것은 16,500마리이며 이 밖에 산동성 연대에서 15,000마리, 만주 및 몽골에서 18,000마리, 시베리아에서 16,000마리가 공급되었다고 한다.[96] 교통수단의 발전과 러시아 극동 자체의 개발에 의해 함경지방의 접근성은 절대적인 우위를 보증 받지 못하게 되었다.

함경지방 입장에서도 생우 수출은 반드시 유리한 사업은 아니었다. 1915년 조선은행 조사에서는 연해주로의 생우 수출이 감소한 원인으로 육질문제나 장기간의 풍작으로 농가가 소 매각을 원하지 않게 되었으며 이와 더불어 함경북도에서 '정부의 여러 사업이 융성'했기 때문에 일을 시키는 가축으로서의 소의 수요가 늘어나 가격이 상승한 것을 들고 있다.[97] 보호국 시기 이후 함경북도에서는 러청 양국과 국경을 접한다는 지정학적 이유에서 일본군 주둔지의 건설, 청진 축항, 도로보수 등과 같은 토목사업이 증가했다.[98] 이것은 노역에 사용하는 소役牛의 수요

93 「ウラジオストク大正二年貿易年報(下)」,『通商公報』195號, 1915.
94 朝鮮總督府度支部(藤原正文書記官調査),『淸津方面視察報告』, 1908, 61쪽.
95 「沿海州に於ける生牛の需給」,『通商彙纂』, 大正 元年 20號, 1912.
96 「朝鮮卜浦塩斯德及敦賀舞鶴間間貿易狀況(第二號ノ續)」(주92), 92쪽.
97 『時局二於ケルウラジオストク貿易並二一般槪況』(주89), 55쪽.
98 朝鮮銀行『咸鏡北道二於ケル經濟狀況』(주92), 11・24쪽.

를 늘렸을 뿐만 아니라 막대한 재정자금 투하를 통해 지방경제가 연해주에서 벌어들이는 구매력에 의존하는 비율을 감소시켰음을 말해준다.[99] 이러한 변화에 대하여 이 장의 시작 부분에서도 인용한 가지무라 히데키는 '보다 예속적인 성격이 강한 일본제국 본위의 식민지적 재생산구조로의 개편'이라 표현하였다.[100] 제국 영역 내에서의 교환과 재분배에 의한 깊은 의존 관계로 변화했다는 의미라면 일리가 있는 평가라고 할 수 있다.

한편 비슷한 시기 러시아의 정책에도 커다란 변화가 생겼다. 러일전쟁 후 연해주에서는 아시아로의 의존을 전제로 한 개방 정책에서 전환하여 러시아 내 다른 지역과의 통합을 시도하기 시작했다.[101] 예를 들면 블라디보스토크에서는 러일전쟁 후 1906년에 일단 부활한 자유항제도가 1909년을 마지막으로 폐지되고 국외로부터의 수입상품 대부분에 고율의 관세가 부과되기 시작했다. 함경지방의 여러 항과 연해주를 잇는 조선의 재래식 선박 활동도 1911년 1월부터 외국선의 연안 교역이 폐지됨으로서 급속히 쇠퇴했다.[102] 더욱이 1906년 연안지방 아무르총독이 된 운텔벨겔Unterberge은 황화론黃禍論13)을 주창하며 조선인 농민의 정착에 강한 경계심을 보였다. 그가 제기한 황색인종의 입국규제는 그대로 실시된 것은 아니지만 조선인에 대한 관리시스템이 예전보다도 엄격해 진 것은 틀림없었다.[103]

---

99 한편 함경지방에서 중국령 간도로의 이민은 계속 늘었다. 식민지하의 '개발'이 지방경제에 미친 영향에 관해서는 보다 다각적으로 분석할 필요가 있다.

100 梶村秀樹(1990), 19쪽.

101 原暉之(2003)・(2005).

102 「ウラジオストク大正二年貿易年報(下)」(주 93).

103 サヴェリエフ(2005), 151~169쪽.

이와 같이 러일전쟁 후, 일본과 러시아 양국은 함경지방과 연해주를 각각의 '국민경제'에 포함시키려고 했다. 그 일환으로 함경지방에서 루블지폐 매입이 실시되고 양쪽 지방 사이의 교역이나 인적이동 자체도 위축되었다.[104] 최종적으로 동아시아의 루블지폐는 제1차 세계대전 개전 후, 러시아의 금태환 정지를 계기로 시장의 신뢰를 잃고 결국 러시아 혁명으로 인하여 퇴장했다.(〈그림 9-3〉) 그러나 함경지방의 경우 국경을 초월한 광역 유통 조건은 그 이전에 이미 사라져버린 것이다.

1900년대 함경지방에서의 루블지폐 유통은 직접적으로는 1901년 블라디보스토크의 자유항제도 폐지를 계기로 유입이 늘어난 루블지폐가 원산 화상의 상해 송금 수단으로 활용됨으로써 성립한 것이었다. 함경지방에서의 루블지폐는 같은 시기의 만주에서의 그것과 유입 경위는 다르나 상해를 중심으로 한 화상의 유통시스템에 수용되어 신뢰를 유지했다는 점에서 유통기반을 공유했다.

물론 함경지방에서의 루블지폐 유통을 지탱한 조건에는 이것뿐만 아니라 주민의 재생산을 가능케 했던 연해주와의 일상적인 교역과 이동, 그리고 함경지방 내부에서의 연안 교역도 있었음은 말할 필요가 없다. 한편 루블지폐의 광역적 순환이 상해의 러청은행을 비롯한 외국은행이 금본위 자산의 일종으로 그것을 매입함으로서 완결되었다는 측면에 주목하면 루블지폐 유통을 최종적으로 유지하던 것은 은 유통권인 아시아를 하부시스템으로 하는 국제금본위제 그 자체였다고 할 수도 있다.

---

104 〈표 9-3〉에서 루블지폐 매수액 자체는 시기가 지남에 따라 늘어났다는 사실로부터 추측할 수 있듯이 함경지방으로의 유입액 자체가 감소한 것은 아니다. 다만 이것은 러시아령으로부터의 직접적인 유입이라기보다 중국령 간도로부터의 유입이었다. 이 점에 관해서는 이 책 제12장에서 다시 검토한다.

그리고 이와 같이 함경지방의 루블지폐 유통을 유지한 여러 조건이 모두 국가 영역과는 완전히 일치하지 않는 넓고 좁은 다양한 공간을 전제로 하였다는 점은 주목할 만하다. 국경을 넘는 경제활동을 조정, 규제하는 국가 능력이 한정적인(혹은 '불평등조약에 의해 제약) 상황에서는 국경에 의해 구분된 영역도 다양하고 중층적인 경제활동의 공간 — 기능적인 의미에서의 '지역'으로 불러도 좋다 — 의 한 층을 이루는데 불과했다. 이러한 조건 속에서 함경지방의 지방경제는 국경이라는 완충재 없이 국제시장 속으로 내던져진 것이며 루블지폐의 광역 유통도 이를 보여준다.

일본에 의한 조선의 식민지 지배는 영역적인 경제제도 확립을 통하여 지방경제의 자립성을 억제하려는 일면을 갖고 있었다. 러시아도 마찬가지이며 러일전쟁 후, 근대 아시아 시장 속에서 존립해 온 연해주의 경제를 분리하려는 움직임을 가속화했다. 함경지방을 둘러싼 루블지폐 유통의 종말은 국경에 의해 나누어진 영역적인 경제통합 — 앞에서 사용한 표현을 한 번 더 사용하면 '국민경제' — 을 지향하는 경제질서의 변화를 반영한 것이라고 할 수 있다.

하지만 국경에 접하는 지방 주민의 생활이 그렇게 쉽게 제어되는 것은 아니었을 것이다. 이들이 높아진 '국경'의 벽에 어떻게 맞서고 그 벽을 자신의 생활 속에서 어떻게 수용해 갔는지는 다시 검토할 필요가 있을 것이다.[105]

---

[105] 加藤圭木(2014)는 국경 교역 거점의 하나였던 함경북도 웅기에 초점을 맞추고 식민지배에 따른 경제적위상 변화에 주목한다. 이 연구에서는 한일병합 후에도 반드시 식민지경제에 포섭되었다고 볼 수 없었던 조선인의 활동에 주목해야 함을 지적한다.

제10장

일본의 만주 통화정책 형성, 그리고 상해와의 관계

러일전쟁 군표의 유통 실태

조선에는 개항 직후부터 일본엔 계통의 통화가 유입되었는데 러일전쟁을 계기로 만주에서도 일본엔을 액면금액으로 하는 각종 지폐가 유포되었다. 마치 루블지폐의 뒤를 쫓듯 유통 범위를 확대한 것이다.

러일전쟁 이후 '만주국滿洲國' 성립에 이르기까지 일본엔을 주축으로 한 만주 화폐제도 통합은 일본의 중요 관심사 중 하나였다.[1] 이 과정에서 줄곧 문제가 된 것은 다음 두 가지 사항이었다. ① 만주 내에서 유통되는 여러 통화와의 관계. 만주를 포함하는 당시의 중국에서는 가치의 표준이 되는 본위제가 존재하지 않았고 따라서 많은 종류의 통화가 각각 독자적인 수급구조하에 서로 변동 시세를 이루고 있었다. 이러한 상황에서 통화통합은 본위제로 바꾼다고 해결되는 것이 아니라 변동 시세의

---

[1] 러일전쟁 후부터 '만주국' 시기까지의 일본의 만주 통화정책에 관해서는 다수의 연구가 있다. 波形昭一(1985), 金子文夫(1991)등. 중국계 금융기관도 포함한 만주 화폐제도의 개관은 安富歩(1997) 서장을 참조.

여러 통화 간 관계를 어떻게 안정시킬지가 우선 문제였다. ② 기본통화 단위를 금으로 할 것인가, 은으로 할 것인가. 일본은 1897년 은본위제에서 금본위제로 이행했는데 중국 본토에서는 여전히 은이 통화소재로서 중요한 위치를 차지하고 있었다. 만주 화폐제도의 기초를 금은 어느 쪽으로 삼을지는 만주 역외경제와의 관계가 중국과 일본 어느 쪽을 지향할 것인가라는 방침에 직결되는 문제였다.

이러한 통화통합 시도는 1905년 12월 근대 은화인 엔은圓銀을 액면 단위로 하는 요코하마쇼킨은행권橫濱正金銀行券(이하, 쇼킨은행권)이 만주 화폐제도 통일의 수단이 된 것에서 시작한다.[2] 그러나 일본이 만주에 정책적으로 투입한 통화는 이것이 처음이 아니다. 러일전쟁 중, 일본군은 전장戰場에서 지불할 때 역시 엔은을 액면 단위로 하는 군표를 이용하였다. 쇼킨은행권은 이 군표를 대체한다는 명목으로 군표를 통해 얻게 된 유통권을 이어받고 아직 일본 군정하에 있었던 만주에 투입된 것이다.

이 군표의 유통에 관하여 기존 연구는 쇼킨은행권의 전사前史로 간단하게 언급하는데 그친다.[3] 대장성大藏省의 『메이지 다이쇼 재정사明治大正

---

2 1905년 12월 16일 대장성과 외무성(外務省) 대신에 의한 명령서의 한 절로 쇼킨은행권을 '만주의 공화(公貨, 공공 화폐)'로 하는 정책이 제시되었다. 그리고 이 시점에서 쇼킨은행권은 법적으로는 일람불어음이었는데 1906년 9월 칙령247호에 의해 다시 은 태환(兌換) 은행권으로 자리매김하고 이들을 합쳐서 관동주(關東州)와 청국에서 무제한 법정통화로 인정되었다. 北岡伸一(1978), 46쪽; 波形昭一(1985), 172~173쪽; 金子文夫(1991), 136쪽; 山本有造(1992), 94쪽. 또한 쇼킨은행 우장 지점은 1901년부터 일람불어음을 발행하고 있었다. 그러나 이는 개항장을 벗어나 널리 유통되는 상황을 상정한 것은 아니었다.

3 쇼킨은행권 전사로 러일군표를 논한 것에는 주 1)의 연구 외에 근대 일본의 군표사 중 하나로 러일군표를 자리매김한 岩武照彦(1980)가 있다. 하지만 모두 대장성(大藏省)의 『메이지다이쇼재정사(明治大正財政史)』(15卷 「橫浜正金銀行」, 第20卷 「軍用切符」)에 의거해 제도를 개관하는 것에 머무른다. 이 외에 군표 회수 과정이 일본산 기계 면포 판매와 관련되었다는 점이 高村直助(1971)下, 87~188쪽; 金子文夫(1991), 139~142쪽에서 지적되어 있다. 하지만 이들 연구도 군표의 유통 실태를 검증하지는 않는다.

財政史』(1937~1940)는 러일전쟁 군표에 관해서도 상당한 페이지를 할애하여 그 제도가 전쟁 중에 매우 많이 변화하였다고 서술한다.[4] 러일전쟁 군표가 이후의 쇼킨은행권에도 영향을 미쳐 일본의 만주 통화정책사에서 중요한 새로운 시기를 열었다고 해도 좋다. 그러나 시행착오의 배경이 된 현지에서의 군표 유통 실태에 관해서는 거의 알려지지 않았다.

이 장에서는 일본의 만주 통화정책에 있어서 문제가 된 위의 두 가지 사실, 특히 일본 및 중국 본토와의 관계에 주목하면서 군표의 유통 실태를 복원해 그것이 제도에 어떻게 다시 영향을 주었는지를 고찰해 본다. 또한 제9장에서 거론한 루블지폐의 사례도 함께 고려하여 화상이 상해上海를 지향한 상업활동 중에서 군표를 어떻게 이용하였는가라는 문제를 특히 주의해서 검토하겠다.

사료로서는 『메이지 다이쇼 재정사』의 군표 관련 기사의 원본이라고 추측되는 『군용표에 관한 조사軍用切符ニ関スル調査』(1908)를 주로 사용한다. 여기에는 군표 유포와 회수에 관련된 여러 기관, 즉 육군, 외무성, 쇼킨은행, 제일은행第一銀行의 현지보고가 풍부하게 수록되어 있어 제도 변경의 배경이 된 유통 실태를 엿볼 수 있는 귀중한 사료이다.[5]

---

4 앞 주 참조.
5 『군용표에 관한 조사』로부터의 인용은 이하 『軍用切符』로 줄여 쓴다. 이 사료는 상, 하 2권으로 이루어진다. 상권의 제도적 개요를 서술하는 부분이 『메이지 다이쇼 재정사』에서의 군표 관련 기술의 원본이 된 것으로 보인다. 그리고 상권은 1905년 3월부터 1906년 1월에 걸쳐 개최된 군용표 위원회의 의사 요지도 수록한다. 하권에는 육군, 외무성, 요코하마쇼킨은행, 제일은행의 현지보고서 중, 대장성에 회부된 것을 수록한다.

1. 러일전쟁 군표 제도의 개관

일본정부는 1904년 2월 개전에 즈음하여 전장에서의 지불에 군표(정식 명칭은 군용표)를 사용하기로 각의결정[閣議決定1)]했다. 대외전쟁에서 군표 사용은 청일전쟁에 이어 두 번째였다. 각의결정과 동시에 공포된 '군용표 취급순서[軍用切符取扱順序]'에 의하면 군표는 정부가 직접 발행하고 권면[券面2)]은 은 10엔[円]부터 은 10전[錢]까지 여섯 종류, 교환이 필요하다고 청구된 경우는 엔은과 교환하는 것으로 했다. 용도로써는 점령지에서 고용된 노동자의 임금이나 물자징발의 대가, 군인 및 군속의 급여 지급 등을 염두에 두었다.[6] 재정적으로 보면 군표는 세입으로 계산되는 정부 지폐가 아니라 채권자에게 가까운 미래의 지불을 약속한 대용증표에 불과하다. 따라서 정부는 지불 준비를 해야 할 의무도 없고 예산 범위 내에서 상한선 없이 발행해도 괜찮았다.

위의 각의결정은 군표 사용 목적을 '본위화폐 사용을 절감하고 나아가 이것을 군사상 본위화폐가 필요한 용도로 전용할 수 있게 하는 것'이라고 설명한다. 이것은 청일전쟁 군표에 관한 각의결정(1894.1.27)을 답습한 표현이기는 하나, 일본정부가 외채를 모아 겨우 러일전쟁을 수행할 수 있었다는 사실은 이미 잘 알려져 있으며 그만큼 금본위 화폐의 절약이라는 목적은 매우 절실한 것이었다고 할 수 있다. 일본은행태환권[日本銀行兌換券]의 발행을 늘려 전장에서 쓰면 태환 준비를 위하여 국고가 보

---

6 閣議案(1904.1.23. 提出, 2.6 決定)과 「軍用切符取扱順序」에 관해서는 『軍用切符』上, 16~21쪽. 제1절의 기술은 특별한 설명이 없는 한 이에 따른다. 또 점령지에서의 군인, 군속 급여 지급에 관하여 전면적으로 군표가 쓰이게 된 것은 1905년 5월 이후이다(『軍用切符』上, 181~186쪽).

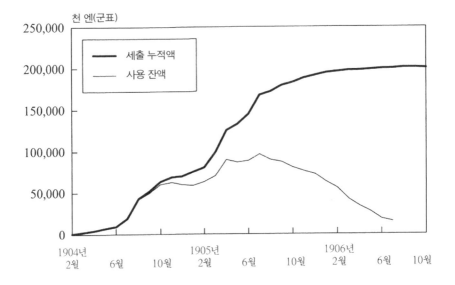

〈그림 10-1〉 러일전쟁 군표에 의한 세출액 누계와 사용 잔액(월 말)(1904~1906)
주 수치는 중앙금고에서 기록한 시점을 기준으로 계산되었기 때문에 현지에서 실제로 지불이 이루어진 시점과는 일치하지 않는다.
출전 사용 잔액:『明治大正財政史』15卷, 360쪽. 세출액 누계:『軍用切符ニ關スル調査』上, 付表

유한 매우 적은 금을 내놓아야 하며 태환을 통해 금이 국외로 유출될 우려도 있었다.

그리고 군표의 액면이 '은엔銀円', 즉 1897년 금본위제로 이행됨에 따라 일본 국내에서는 통용되지 않는 엔은이 된 것도 이와 관련이 있다고 생각한다. 『군용표에 관한 조사』는 군표 발행취지 중 하나에 대하여 '군용표는 (…중략…) 한 나라의 화폐제도와는 별도로 독립시킴으로써 화폐제도의 기초에 폐해가 가지 않도록 하는 것이 이익'이라고 설명했다.[7] 즉 군표를 은엔 액면으로 한 직접적인 이유는 주요 전장으로 예상

7 『軍用切符』上, 24쪽.

(엔 · 군표)

		교환 수입액
한국	경성	1,225,530
	인천	8,221,183
	평양	923,229
	진남포	746,659
	원산	36,014
청국	안동현(安東縣)	14,227,942
	철영(鐵嶺)	402,801
	대련(大連)	3,555,558
	우장(牛莊)	73,284,100
	요양(遼陽)	348,491
	여순구(旅順口)	249,344
	봉황성(鳳凰省)	20,000
	봉천(奉天)	3,926,616
일본	도쿄(東京)	17,120,700
	요코하마(橫濱)	565,043
	오사카(大阪)	15,487,784
	나가사키(長崎)	2,153,379
	히로시마(廣島)	1,770,620
	모지(門司)	2,403,457
	기타	322,191
합계		146,991,032

출전 「軍用手票回收槪況(明治三九年四月一八日)」(『軍用切符發行並滿州ニ於テ
橫浜正金銀行一覽拂手形發行一件』外交史料館藏, 본문의 주12 참조)로부터 작성.
금고 소재지별, 지명은 원 사료에 의한다.

되는 만주가 은의 유통권이기 때문이기도 하지만 동시에 일본의 금본
위제에 대한 영향을 최소화하려고 했기 때문이다.

일본군은 1904년 2월 개전 직후에 군표 유포를 시작하여 최종적으로
는 약 2억 엔을 지출했다.(〈그림 10-1〉) 이는 러일전쟁 임시군사비 17억
엔의 1할 이상에 해당한다. 다만 1905년에 들어서면 회수도 본격적으
로 이루어졌기 때문에 유통 잔액은 가장 많을 때라도 1억 엔 정도이며

최종적으로는 1906년 7월 말 시점에 유통 중이던 1,500여만 엔이 요코하마쇼킨은행의 계정으로 옮겨지고 정부의 군표 사용은 끝났다.[8] 그 직전까지의 교환 상황은 〈표 10-1〉에 나타냈다.

군표 회수에 관하여 위의 '취급 순서'에서는 원칙적으로 금고에서 교환하도록 하고 군의 금궤부金櫃部에서도 교환에 응하기로 했다.[9] 금고란 1922년 이전 구 회계법하에서 국고금 출납을 담당한 기관이다. 도쿄東京에 중앙금고, 각 부현府縣에 본本금고, 지支금고가 있고 실제 업무는 일본은행이 맡았는데 전선이 확대됨에 따라 조선에서는 제일은행, 만주 점령지에서는 요코하마쇼킨은행 지점들이 금고 출장소의 자격을 부여받아 군표 교환을 담당했다.

교환할 경우에는 액면 단위인 엔은과 등가 교환하는 것 외에 그 당시 일본 법정통화인 엔(이하, 이것을 '금엔金圓'이라 하여 군표액면의 '은엔'과 구별한다)과도 '대장성 대신이 정한 1엔 은화의 시가'로 교환하였다('취급 순서' 제10조, 이하에서는 이 시가를 '공정시세'라고 한다). 이 공정시세는 매월 1회 개정하기로 되어 있었는데 실제로는 1904년 6월에 군표 1엔＝금 90전이 된 후 1906년 1월까지 1년 반 동안 개정되지 않았다.[10] 은엔 액면인

---

8 『軍用切符』上, 242~268쪽.

9 軍用切符取扱順序(第9~12條) 및 『軍用切符』上, 43~51쪽. 정확하게 말하면 여러 금고 중, 군표를 엔은 및 금엔 쌍방과 교환할 수 있었던 것은 오사카, 히로시마, 모지의 3곳뿐이며(제9조) 중앙금고 외의 주요 금고에서는 금엔과의 교환만이 허용되었다(제10조). 조선과 만주에 설치된 것은 중앙금고의 출장소이며 법령에 따르면 금엔과의 교환만이 가능했다. 다만 쇼킨은행의 우장 지점에서는 중앙금고 대리점으로서의 업무와는 달리 자신의 은행업무로서(다만 손익은 정부 부담으로) 엔은과 교환이 가능했으며 1904년 10월 31일부터 시작했다(『軍用切符』下, 742쪽). 또 그 외의 점포에서도 편의상 엔은과의 교환을 실시한 흔적이 있다. 예를 들면 경성에 관하여 『軍用切符』下, 484쪽.

10 『軍用切符』上, 41~42쪽. 한편 일본의 금본위제 이행 후, 대만에서는 과도기적인 조치로 엔은 기반 대만은행권과 금엔을 공정시세로 연결했다(向壽一(1978) 외). 공정시세로 러일군표와 금엔을 교환한 것도 이 예를 모방했을 가능성이 있다.

군표가 금엔에 대해서도 사실상 고정된 것은 이후 군표 유통에도 커다란 영향을 주었다.

2. 만주에서의 군표 유포와 영구로의 집중

러일전쟁은 1904년 2월 8일, 인천에서 러시아와 일본 군함의 교전으로 시작되었다. 같은 날 인천에 상륙한 일본군은 바로 군표 사용을 시작했다. 그러나 교환시스템이 충분하게 갖춰지지 않은 가운데 '갑자기 위력威力하에' 군표를 강제로 접하게 된 조선인은 앞 다투어 이것을 내놓아 군표의 신뢰는 급속히 떨어졌다.[11] 조선에서는 이미 금엔 단위의 일본은행태환권, 제일은행권이 많이 유통되고 있었기 때문에 은엔 액면의 군표 사용에는 인천, 서울의 일본영사도 부정적이었다.[12] 이에 2월 하순 대장성은 조선에서의 군비 지급에 군표 사용을 단념하고 주로 일본은행태환권을 사용하기로 하였다.[13] 이후 조선에는 거액의 일본은행태환권이 유입되고 동시에 제일은행권 발행도 확대되었으며[14] 이를 통해 금엔 본위의 통화개혁(화폐정리사업, 제9장 제6절 참조)을 위한 사전 준비를 했다.

---

11 第一銀行京城支店報告, 明治 37年 3月 26日, 『軍用切符』 下, 475쪽.

12 在仁川加藤領事 → 小村外相, 明治 37年 2月 21日, 『軍用切符發行並滿洲ニ於イテ橫浜正金銀行一覽拂手形發行一件』(外交史料館2-4-5-52, アジア歷史資料センター Ref.B11090632300, 分割1, 畵像6), 在京城三增總領事 → 外務大臣, 1904.2.22, 同前, (分割2, 畵像9)

13 阪谷大藏次官 → 珍田外務次官, 明治 37年 2月 23日, 同前(分割2, 畵像13)

14 1904년 중 제일은행 한국 지점으로 수송된 일본은행권은 800만 엔에 달하고 대부분은 '주로 군용 목적으로 수입'된 것이었다. 또한 일본은행권에 지불 준비하는 제일은행권 발행액은 인천 지점만 하더라도 1903년 하반기에 371여만 엔이었던 것이 1904년 하반기에는 914여만 엔에 달했다. 第一銀行仁川支店, 「時局に關聯したる滿州經濟狀況第六回報告」, 作成日不明, 『軍用切符』 下, 502~504쪽.

그 결과 군표는 만주에서 주로 유포되었다. 일본의 제1군이 압록강 회전을 거쳐 만주로 들어간 것은 1904년 5월 1일이며 제2군이 요동반도遼東半島의 염대오鹽大澳에 상륙한 것은 5월 5일이었다. 일본군은 1904년 9월까지 현재의 요녕성遼寧省 남부를 점령하기에 이르렀는데 군표 사용액도 이 시기부터 급속히 늘어난 것을 〈그림 10-1〉에서 알 수 있다.

만주 진출 후 육군 각 부대로부터의 보고에 의하면 만주에서의 군표 유통은 대략 양호했던 것 같다. 1904년 6월 안동현安東縣에서는 제1군의 병참금궤부兵站金櫃部가 4일에 한번 빈도로 군표와 엔은을 교환해 줬는데 이 때문인지 군표 유통은 '엄청난 호황이고 우리 군이 주둔하는 어떠한 곳은 토착민 사이의 백화百貨 매매는 물론 청국 환전점에서 교환, 사용하는 등 청조국민의 신용을 크게 얻어 유통이 빈번하게 되는' 상황이었다.[15] 즉, 군을 상대로 수납 및 지불하는데 그치지 않고 민간에서도 군표가 '통화'로서 이용되고 있었음을 알 수 있다.

여기에서는 당시 중국 및 만주 화폐제도의 특징에 관하여 개관하면서 그중에서 군표가 차지했던 지위를 생각해 보겠다. 앞에서 언급한 바와 같이 당시 중국에는 각종 통화의 표준이 되는 본위화가 확립되어 있지 않았다. 청조 정부가 공급한 동전은 농촌을 포함해 액수가 적은 액면거래에 광범위하게 이용되었는데, 규모가 큰 거래나 원격지 교역에서는 각종 칭량은秤量銀이 사용되었으며 더욱이 개항장 등 도시부를 중심으로 엔은이나 멕시코달러 등과 같은 은화도 보였다. 이들 여러 통화는 기능과 유통공간을 각각 달리하는 '입체 모자이크'의 모습이었으며

---

15 第一軍兵站経理部(安東縣)報告, 明治 37年 6月 20日, 『軍用切符』 下, 38쪽.

상호수급에 맞게 변동 시세로 교환되었다.[16]

만주의 화폐제도도 대략 같았는데 지역경제 특징상, 중국 본토와는 다른 모습을 보였다.[17] 앞 장에서도 언급했듯이 러일전쟁 당시 만주는 상업적 농업지대로서 성장 과정 중에 있었다. 상업화를 동반하는 농업 개발은 통화수요를 크게 높였다고 추측되며 동전, 청량은 등과 같은 금속통화는 충분히 공급되지 않아 만성적인 결핍 상태였다. 농산물 상인이나 재래식 금융업자는 활발하게 자기앞어음(사첩私帖)을 발행하고 이것이 지방 차원에서 통화로서 유통되었다. 청일전쟁 이후에는 각 성의 관첩국官帖局 및 관은호官銀號가 관첩官帖이라고 불리는 불환지폐를 발행하였는데 지방에 따라서는 사첩도 오랫동안 살아남았다.[18] 이러한 상황 속에서 엔은이라는 기반이 있고 적어도 일본군의 점령지 범위 내에서는 교환이 약속된 군표는 국지적으로만 유통되는 사첩에 비해 중국인에게도 이용하기 쉬운 것이었다고 보인다.[19]

그런데 점령지에 유포된 군표는 점차 발해만 안의 영구營口(우장)에 모였다. 영구는 1861년 개항하여 남만주 역외 교역의 거점으로 발전했다.

---

16 청 말기의 중국 화폐제도에 관해서는 宮下忠雄(1952), 黑田明伸(1994)를 참조했다. '입체모자이크'는 구로다 아키노부(黑田明伸)의 표현이다(109쪽).

17 만주 화폐제도에 관한 서술은 石田興平(1964), 安富步(2009)를 참조했다.

18 봉천(奉天)의 경우, 1894년에 화풍관첩국(華豊官帖局)이 설치되어 전첩(錢帖)을 발행했다. 이것은 일단 폐지되었지만 1898년에는 화성관첩국(華盛官帖局)이 설치되어 은첩(銀帖)을 발행했다. 또한 길림(吉林)에서는 1898년에 영형관첩국(永衡官帖局)이 설치되어 관첩을 발행했다. 이들 액면은 전이나 은원(銀元) 기반이였지만 실제는 불환지폐였다(山本進(2007), 173～174쪽). 흑룡강(黑龍江)에서는 1904년에 광신공사(廣信公司)가 설치되고 흑룡강성 관은호로 발전했다. 청일전쟁 후 중국에서는 많은 성에 관은전호(官銀錢號) 등으로 불리는 기관이 설치되어 관금(官金) 출납이나 지폐발행을 했다. 각 성에서의 설립 상황에 관하여 謝杭生(1988) 참조. 黑田明伸(1994)는 20세기 초 호북성(湖北省)을 예로 관전국의 관전표(官錢票)가 성 권력의 재정기반을 제공했음을 지적한다(218～225쪽).

19 예를 들면 요양(遼陽)에서는 전포(錢舖)의 전표에 비해서 광범위하게 유통되는 군표의 수요가 높았다고 한다. 關東州民政長官 → 曾禰藏相, 明治 38年 11月 14日, 『軍用切符』下, 331쪽.

소비재 공급과 농산물 시장 양 측면에서 중국 본토에 의존한 만주의 상품 유통은 영구를 정점으로 하여 남만주를 관통하는 요하遼河를 통해 내륙의 주요 도시 그리고 현성급 지방도시를 통해 농촌으로 이어지는 형태로 흡사 나뭇가지 모양과 같이 조직되어 있었다.[20] 군표의 움직임도 기본적으로 이러한 형태를 반영한 것으로 중국 본토로부터의 이입품 대금이나 단기 노동 이주자의 임금 등이 군표의 형태를 취하면서 영구에 모였다고 보아도 좋다.

그리고 영구로 향하는 군표의 움직임은 러일전쟁 하 만주의 역외 교역이 지닌 특수한 조건에 의해 부추겨졌다. 원래 만주에서는 금속통화 부족으로 인하여 기존 금융업자의 대체예금을 통한 결제구조가 각 지역에서 발달하였다. 예를 들면 영구에서는 은로銀爐라는 금융업자의 예금(과로은過爐銀)을 대체하여 대부분의 상거래 결제가 이루어졌고 이와 더불어 상해량上海兩 외환도 매매되었다.[21] 다만 이러한 대체결제구조는 앞에서 언급한 나뭇가지 형태의 유통기구를 전제로 상품의 쌍방향적 흐름에서 생기는 채권과 채무를 상쇄함으로써 성립되기 때문에 상품의 흐름이 과도하게 한쪽 방향으로 치우치면 기능하지 못한다.

1904년 가을 이후 전선이 요양 북쪽에서 교착 상태였기 때문에 오지로부터의 농산물 출하가 정체됐을 것이라는 사실은 쉽게 상상할 수 있다. 한편 영구에는 상해나 연대煙臺, 천진天津으로부터의 군수품 이입이 급증하여 이출 상품은 '열이 하나를 감당하지 못하는' 상황이 되었다. 영구에서 이출품 대금을 환송금하려고 해도 매매계약을 할 수 없어서

---

20 石田興平(1964), 251쪽; 安富步(2009), 172~173쪽.
21 佐々木正哉(1958); 小瀨一(1989), 48~49쪽.

실질적으로 이용하지 못했다고 한다.[22] 이와 같은 상황에서 영구 '시장
에는 화폐가 줄어들고 멕시코은화의 수요가 매우 커졌을 뿐만 아니라
군표는 매일 전장에서 유출되어 (영구로 유입되므로) 현재 영구에 있는 유
입액은 대략 34백만 엔에 달하는' 상황이었다.[23]

　이러한 군표의 집중은 영구에서의 엔은 교환청구를 급증시켰다. 초
기에 영구에서는 일본군 금궤부가 엔은 혹은 멕시코달러와 교환해 줬
는데 군이 북진함에 따라 1904년 9월 말 이를 정지하고 1개월 후인 10월
31일부터 쇼킨은행 우장(영구) 지점이 인계했다. 계절이 겨울을 향해 산
동山東, 직례直隷(하북河北)로부터의 단기 이주 노동자가 고향으로 돌아가
는 시기에는 교환 청구자가 쇄도하여 '매일 아침 오전 6시경부터 쇼킨
은행 문 앞에 진을 치기 때문에 혼잡함을 말로 표현할 수 없다', '어쩔 수
없이 헌병 및 병사의 힘으로 항상 은행 문 앞에 군집해 있는 청나라 사
람들을 위압적인 태도로 제압'했다고 한다.[24]

22　中央金庫牛莊派出所中村取扱主任 → 松尾日銀總裁, 明治 37年 11月 20日, 『軍用切符』下, 727쪽.
　　이 사료에서는 누가 거래하는 환율인지 명확하지 않다. 다른 사료에 의하면 쇼킨은행 우장 지점은
　　1904년 8월 영업을 재개한 후, 천진과 상해를 대상으로 한 외환 거래는 사실상 정지된 상태였으며
　　이에 일본 상인, 중국 상인 모두 타격을 받았다고 한다(在牛莊瀨川領事 → 小村外相, 明治 38年
　　1月 3日, 『軍用切符』下, 391~401쪽). 본문에서 인용한 사료도 직접적으로는 쇼킨은행의 외환
　　거래에 관해서 언급했을 수도 있다. 한편 기존의 과로은은 개전과 함께 시장의 동요로 기능하지
　　못하게 되고 7월 영구가 일본군 점령에 들어간 후에도 한동안 회복하지 못했다고 한다(滿鐵,
　　『南滿洲經濟調查報告』第6(第3編), 1911, 19쪽). 과로은에 의해 거래되던 기존 외환도 당연히
　　그 영향을 받았으며 쇼킨은행의 외환도 마찬가지로 거래가 힘들었다. 1904년 영구의 수이입(輸
　　移入)은 3605만 량, 수이출(輸移出)은 1680만 량이었다(同前, 第1篇, 17·51쪽). '열이 하나를 감당
　　하지 못한다'는 표현은 과장된 것이겠지만 해관을 경유하지 않는 유통도 있었기 때문에 무조건
　　잘못된 것이라고도 할 수 없다.
23　在營山瀨川領事 → 小村外相, 明治 37年 11月 8日, 『軍用切符』下, 388쪽.
24　在牛莊瀨川領事 → 小村外相, 明治 38年 1月 3日, 『軍用切符』下, 391~401쪽.

3. 군표를 통한 상해 송금과 금은 관계

1) 상해로의 군표 현송과 매수문제

위와 같은 만주에서의 군표 유통은 중국 본토로의 송금 수요와 밀접하게 관련되어 있었다. 여기에서는 군표 유통의 영향과 일본의 대응에 관하여 시야를 만주 밖으로도 넓혀가면서 검토하고자 한다.

우선 이른 시기부터 표면화된 문제는 상해로의 군표 현송現送이다. 상해 총영사인 오다기리 마스노스케小田切万壽之助에 의하면 상해에 처음으로 군표가 등장한 것은 1904년 6월 초순이며, 그 후에도 '대부분은 한 구좌 당 1만 2, 3천 엔, 보통은 한 구좌 당 5, 6백 엔씩 계속해서 들어왔다'. 상해에서 군표를 매입한 것은 쇼킨은행 상해 지점이며 규모는 1904년 9월까지 약 10만 엔에 달했다.[25]

쇼킨은행 상해 지점이 처음으로 군표를 접했을 때 본점 앞으로 보낸 보고에서는 '어떠한 지부[연대] 상인'이 '우리 정부가 발행한 군용수표인 은 1엔에 상당하는 지폐'를 제시했지만 사전에 본점으로부터는 어떠한 통지도 받지 않았으며 '과연 우리 정부가 발행한 것이 맞는지 알 수 없다'고 했다.[26] 이 시기는 아직 요동반도에서 작전이 진행 중이었으며 일본군은 영구에도 도착하지 않았다. 따라서 이러한 시점에서 군표가 상해까지 유출되는 것을 본점에서는 상상하지 못했음을 알 수 있다.

다만 위의 상해 지점 보고에서는 '현재 러시아국이 만주를 점령한 이래 루블지폐가 상해로 유입되는 경우도 매우 많으므로', 만주에서 일본

25 在上海小田切總領事 → 小村外相, 明治 37年 9月 13日, 『軍用切符』下, 454～457쪽.
26 正金銀行上海支店長 → 本店頭取席・支配席, 發信日不明, 『軍用切符』下, 614～616쪽.

군이 유포하는 통화도 그 종류에 따라서는 상해와 관련이 있을 것이며 '우리 정부가 위 지폐를 원활하게 만주지방에서 통용시키기 위해서는 만주와 상업상 중대한 관계가 있는 상해에서의 루블지폐 매매 여하에 주의하는 것이 가장 중요'하다고 지적한다.[27] 만주에 유포한 군표가 상해와 관계가 있다는 것은 지금까지의 예에 비추어 현지 점원이라면 쉽게 예상할 수 있었을 것이다. 그런데 위에서 루블지폐가 비교대상으로 등장하는 것은 흥미롭다. 이후에도 상해 지점의 보고에서는 만주에 유포된 외국 지폐의 전례로 루블지폐를 종종 언급한다. 예를 들면 1904년 10월 보고에서는 군표의 상해 유입 경로에 관하여 다음과 같이 설명한다.[28]

당점[쇼킨은행 상해 지점]에서 취급하는 군용표 같은 것도 대부분은 연대에서 상해로 보내진 것입니다. 산동 상인은 요동반도에서 상품대금으로서 군용표를 받지만 이것을 현금으로 바꾸어 연대에 보내는 것보다 군용표 그대로 보내는 것이 위험이 적고 또 편리하며 더욱이 이것을 중앙 시장인 상해로 보내면 외환 매매도 가능합니다.

위 사료로부터 군표가 일본군이 점령한 요동반도에서 산동반도를 거쳐 상해로 유입되었고 그것이 화상의 교역 결제를 위하여 이용되었음을 알 수 있다. 보고는 아래와 같이 계속된다.

---

27 앞 주와 동일.
28 正金銀行上海支店長 → 本店頭取席・支配席, 明治 37年 10月 23日, 『軍用切符』 下, 638~639 쪽. 이 사료는 앞 장의 주56)에서도 인용했다.

러시아가 만주를 경영한 이래 만주지방에서 상해로 오는 루블지폐는 실로 엄청나며 금년 8월경부터는 매월 200만 루블 정도 유입되고 있습니다. 그리고 그 루블지폐를 우장 혹은 연대에서 상해로 보낸 것은 다름 아닌 산동 상인입니다. 그들이 우리 군용표에 주목하는 것 또한 루블지폐와 마찬가지로 여러 곳을 전전한 후, 자연스럽게 연대에서 모아 상해로 보낼 수 있기 때문입니다. 우리 군이 아직 우장을 점령하기 이전부터 우리 군용표가 우장에서 상해로 보내진 것입니다. 이는 군용표가 중국인들 사이에서 돌다가 우장에 모여 결국에는 상해로 온 것입니다.

만주에 유포된 루블지폐가 화상의 지불 수단으로서 연대를 거쳐 상해에 유입되었다는 것은 이미 앞 장에서 밝혔다. 그리고 '매월 200백만 루블'이라는 루블지폐 유입액보다는 훨씬 소액이지만 화상이 군표를 이와 동일하게 이용하였음을 알 수 있다. 앞에서 언급한 것처럼 군표가 상해에 처음으로 유입된 것은 1904년 6월 초이기 때문에 개전으로부터 한동안은 러일 양국이 만주에 뿌린 통화가 동시에 상해로 들어왔던 것이다.

그런데 쇼킨은행 상해 지점이 군표를 매입할 때 고심한 것은 매수 가격 설정문제였다. 점령지 외에서의 군표 교환은 제도상 예정되지 않았기 때문에 매수 가격 기준도 정해져 있지 않았다. 그리고 매수한다 해도 정부와 관련이 없는 쇼킨은행의 독자적인 활동이어서 손익도 은행 스스로 부담해야 했다.

상해 지점에서는 처음에 군표 매입은 '은을 은으로 교환하는 것으로' 하고 만주에서의 신뢰를 유지한다는 차원에서 '시중에서 유통되는 멕시코달러와 같은 값으로 교환'하고 수수료를 정부로부터 보조받으면 어떨지 본점에게 제안했다.[29] 우선 멕시코달러와 엔은을 동등한 것으로 간주한다면(실제로는 시세에 약간의 차이가 있었지만), 군표가 은엔 액면인 것을 중시하고 상해에서도 액면 가격으로 교환해야 한다고 생각한 것이다. 하지만 기대했던 일본정부의 보조금은 받지 못했기 때문에 상해 지점에서는 어쩔 수 없이 대장성의 공정시세인 군표 1엔＝금 90전錢을 기준으로 상해에서의 일본용 매입환율과 곱하여 매입 가격을 산출하기로 했다.[30] 쇼킨은행에서는 매입한 군표를 일본에 되돌려 보내고 국고금을 취급하는 금고(일본은행)에서 공정시세로 교환을 요구하게 되기 때문에 정부 보조가 없는 이상, 매입 가격을 위와 같이 산출하는 것은 영업상 당연했다. 예를 들어, 1904년 여름에는 군표 1엔을 멕시코달러로 95~96센트 정도에 교환했다고 한다.[31]

그러나 8월 하순, 쇼킨은행 본점은 군표를 멕시코달러와 같은 가격으로 교환하도록 상해 지점에게 지시했다. 이 경우 상해에서의 멕시코달러 시세가 일본으로의 현송비를 포함해서 금 90전과 같거나 그 이하가 아니면 쇼킨은행이 손실을 본다. 하지만 이 시기 은의 금 대비 시세는 떨어지기는커녕 계속 상승하고 있었다. 상해 지점은 만약 손실이 없는 범위 내에서만 매입한다면 현 상황에서는 실질적으로 매입을 중지할 수밖에 없다고 하며 만주에서의 군표 신뢰를 유지하기 위해서라도 매입 가격을 재검토해 줄 것을 본점에 호소했다.[32]

---

29 쇼킨은행 상해 지점장의 보고(주 26). ( )는 원 사료대로.
30 正金銀行上海支店長 → 本店頭取席・支配席, 發信日不明, 『軍用切符』 下, 620~621쪽. 메이지37년 9월 1일부로 대장성에 회부되었다.
31 상해 주재 오다기리 총영사의 보고(주 25).
32 쇼킨은행 상해 지점장의 보고(주 30).

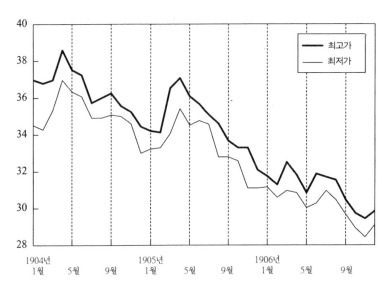

〈그림 10-2〉 금은 비가의 추이 (금 1에 대한 은의 비율, 매월)(1904~1906)
주 런던 표준은괴 시세에서 정수定數 943을 빼고 계산

　　근본적인 문제가 군표의 공정시세에 있었던 것은 분명하다. 제1절에서 언급한 대로 공정시세는 한 달에 한 번 변경하는 것이 원칙이었지만, 실제로는 1904년 6월부터 1년 반 동안 금 90전에 묶여 있었다. 엔은 1엔에 대하여 금 90전이라는 교환율은 금은 가격비율로 말하면 거의 1대 35.8이 된다. 〈그림 10-2〉는 런던 표준은괴 시세에서 산출한 금은 비가比價인데 이를 보면 1904년 6월 금은 비가는 36.1에서 37.3 사이로 군표의 공정시세보다 오히려 은이 쌌다.

　　그런데 이후 금은 비가는 계속해서 은 강세가 이어지고(비가가 작을수록 은 강세이다) 공정시세 수준을 넘었다. 쇼킨은행 상해 지점이 군표를 멕시코달러와 같은 가격으로 구입하면 차액(＋운송비) 만큼 손실이 나는 상황이었다.

그 후 경위는 확실하지 않지만 연대에 재직 중인 미즈노 고키치水野幸
吉 영사는 1905년 1월 '상해 쇼킨은행에서도 상당히 에누리하지 않으면
교환을 승낙하지 않는다'고 외무성에 보고하였다.[33] 상해 지점은 군표
와 엔은의 등가 교환을 단념하고 군표 1엔＝금 90전의 공정시세를 기준
으로 하여 액면과 비교하면 할인된 형태로 교환하였다고 보인다.

2) 영구의 군표 시세와 대일 외환거래

제2절에서 살펴보았듯이 일본군 점령지 확대와 함께 각 지역에서 유
포된 군표는 영구에 모이는 경향을 보였다. 군표의 영구 집중은 중국
본토로의 상품대금이나 노동임금의 송금 수요를 반영한 것이지만 유포
가 시작되고 얼마 되지 않았던 군표는 중국 본토에서는 거의 알려져 있
지 않았다. 게다가 상해 쇼킨은행에서도 액면대로는 교환할 수 없었다
고 한다면 영구에서 군표를 엔은과 같은 가격으로 교환하려는 수요가
높았음은 당연하다.

하지만 영구에서도 군표와 엔은 교환은 원활하지 않았으며 이는 시
중에서의 군표 평가에 직결되었다. 앞에서 살펴 본 바와 같이 처음에
교환을 담당하던 군 금궤부는 부대의 북상으로 인하여 9월 말 업무를
정지했으며 동시에 시중의 군표는 엔은 대비 1할 정도 가치가 떨어졌
다. 10월 말 쇼킨은행 연대 지점이 교환을 재개하자 군표 시세도 바로
엔은과 같은 가격으로 되돌아왔지만 교환금액이 첫날 12만 9천 엔, 이
틀째에 14만 3천 엔과 같이 너무 많아 사흘째부터 교환 대상을 하루에

33　在芝罘水野領事→小村外相, 明治 38年 1月 28日, 『軍用切符發行並滿洲ニ於イテ横浜正金銀
　　行一覽拂手形發行一件』(주 12 참조, 分割2, 畫像47).

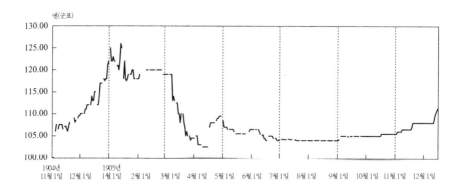

<엔(군표)>

〈그림 10-3〉 영구 시장의 군표 시세(엔은 100엔 당, 매일) (1904~1905)
출전 『軍用切符ニ關スル調査』上, 202~219쪽. 요코하마쇼킨은행 조사.

100명으로 제한하였고 그 결과 군표 시세는 다시 하락하기 시작했다.[34]

〈그림 10-3〉은 영구 시중의 엔은에 대한 군표 시세를 나타내는데 1904년 11월 초부터 거의 일직선으로 하락하여 1905년 1월 2일에는 엔은 100엔＝군표 125엔에 이른다. 1904년 12월 우장 지점 보고에서는 군표 교환 침체와 시세의 관계를 다음과 같이 설명한다.

군용수표 매입을 청구하는 자가 더욱 많으며 단기 이주 노동자의 귀성자 또한 하루하루 늘어나 매일 아침 문 앞으로 몰려오는 자가 천 이삼백 명을 넘는다고 하지만 이들의 희망을 모두 충족시키지 못하고 당점에서 매입하는 것은 불과 10분의 1에 지나지 않는다. 매입 받지 못한 자는 화살과 같이 고향으로 돌아가고 싶은 마음에 사로잡혀 환전소로 가서 환율이 어떠한지를 물을 틈도 없이 가진 군표를 엔은으로 교환하려 하고 환전소는 기회를

---

34 앞 주와 동일, 또 영구 주재 세가와 영사의 보고(주 23).

잘 타야 한다며 터무니없는 이익을 탐하고 깊이 생각지도 않은 채 황당한 환율을 말해 외부인을 놀라게 했다. (…후략…)[35]

이어지는 부분에서는 단기 노동 이주자가 귀성하는 계절에 통화 가치가 변동하는 것은 매년 있는 일로서 군표의 신용이 사라졌다고까지는 할 수 없다고 설명한다. 그래도 쇼킨은행에 의한 엔은 공급이 수요를 따라가지 못해 시중의 군표 시세를 결정하는 힘을 잃어버렸던 것은 사실이다.

쇼킨은행 우장 지점은 엔은 외에 국고금을 취급하는 금고(일본은행) 출장소 자격으로 군표를 금엔과 교환할 수도 있었다. 실제로 영구의 화상 중에는 군표를 일본은행태환권으로 교환하여 상해나 천진, 연대로 보내는 사람도 있었다.[36] 하지만 금엔발행을 억제한다는 군표 본래의 발행의도를 고려하면 쇼킨은행 우장 지점이 일본은행태환권과의 교환에 어느 정도 많이 응했을지는 의문이다. 교환금액에는 일정한 제한이 가해진 흔적도 있다.[37]

이러한 가운데 대장성은 1904년 11월부터 '군용표 가격 유지를 목적'으로 쇼킨은행 우장 지점에서 대일외환업무를 군표로 하게 했다. 대금은 국고로부터 지출되는 것으로 사실상 정부의 군표 회수사업의 일환이었다. 환율은 금엔기준으로 시세는 공정시세, 즉 군표 1엔=금 90전으로 설정되었다.[38] 〈그림 10-4〉의 평면 그래프는 이 대일외환 거래액

---

35 正金銀行牛莊支店,「軍用手票買入狀況報告第四」, 作成日不明, 『軍用切符』下, 747~748쪽. 메이지 37년 12월 26일부로 대장성에 회부되었다.
36 나카무라 취급주임의 보고, 우장 주재 세가와영사의 보고(모두 주 22). 메이지 37년 10월경, 상해에서는 산동 상인이 만주에서 갖고 들어온 금태환권을 서양계 은행에게 매도했다(쇼킨은행 상해 지점의 보고, 주 28).
37 뒤의 주(64)·(65)를 참조.

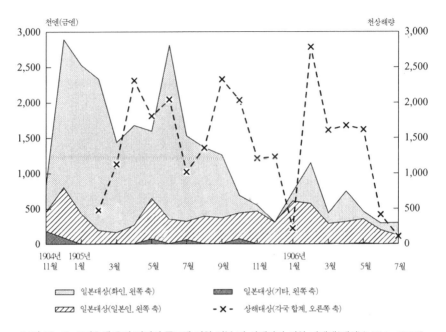

〈그림 10-4〉 쇼킨은행 우장 지점의 군표에 의한 일본 및 상해와의 외환 거래액(매월)(1904~1906)
주 왼쪽축 단위인 '엔'은 군표 액면의 은엔이 아니라 외환 액면의 금엔이다. 일본과의 외환 거래액은 누적 그래프로 표시되었으며 '화인'의 선이 일본 대상 거래 총액과 일치한다.
출전 쇼킨 우장지점의 10일 간격 외환거래 상황 보고(『軍用切符ニ關スル調査』下卷 수록)

을 나타내는데 거래 개시 다음 달인 1904년 12월에 이미 300만 엔(금엔) 가까이에 달했다. 흥미로운 사실은 대부분이 중국인에 의한 매매거래 였다는 것이다.

예를 들어 1904년 12월 7일 우장 지점의 보고에 의하면 거래의 대부 분은 영구와 무역 관계가 깊은 고베神戸를 대상으로 한 것이지만 반드시 이와 관련된 송금만은 아니라고 하며 다음과 같이 설명한다.

---

38 『軍用切符』上, 113~115쪽.

자세히 깊게 생각해 보면 현재 상해, 천진, 연대 등으로의 송금이 어려워지고 나서 신속하게 상업적 도행(道行)을 숙지한 상인 등이 본국 대상 외환을 매입하고 본국에 자금을 준비하는 한편, 상해, 천진, 지부(芝罘) 등에서 외환을 팔아 각 지역에서 매입한 화물에 대한 지불자금을 얻는 하나의 방법으로 삼고 있음도 역시 추측해서 알아야 한다.[39]

이 설명에 따르면 화상에 의한 대일외환 거래는 상해 등과 같은 중국 본토로의 송금 때문이었던 것이 된다. 이후의 쇼킨은행 우장 지점 보고도 대일외환 거래 대부분은 화상에 의한 상해로의 우회 송금이었음을 반복적으로 지적한다. 그리고 1905년 4월 쇼킨은행 고베 지점이 우장 지점으로부터의 군표거래를 조사한 결과, 수취인 혹은 의뢰인이라 되어 있는 화상 대부분은 고베에 점포가 없고 영구 무역과도 관련이 없는 사람들이었다. 이를 근거로 고베 지점에서도 '우장으로부터의 송금은 최종 목적이 상해로부터 수송된 상품의 대금변제에 있고 단순히 고베를 경유하는 데 지나지 않았다'는 결론을 내렸다.[40]

이와 같이 쇼킨은행 우장 지점의 대일외환 거래는 결과적으로 중국 본토로의 송금 수단을 제공한다는 의미를 지니게 되었다. 군표 교환의 배후에 있었던 중국 본토로의 송금 수요 중 일부는 이것으로 채워진 셈이다. 그러나 군표의 엔은 대비 시세는 외환 거래가 급증한 1904년 12월에 오히려 급락했다. 외환 거래는 적어도 단기적으로는 '군표 가격 유

---

39 正金銀行牛莊支店, 「本邦向け爲換取組狀況報告第一」, 明治 37年 12月 7日, 『軍用切符』下, 778~779쪽.
40 正金銀行神戶支店靑木支配人 → 相馬頭取, 明治 38年 4月 18日, 『軍用切符』下, 795~799쪽.

지'라는 목적과 연동되지 않았다. 앞에서 언급한 1904년 12월 우장 지점 보고에서는[41] 엔은 공급 부족을 강조함과 동시에 군표하락에는 다른 원인도 있다고 설명한다.

> 은괴 가격이 폭등한 오늘날 여전히 군표 1엔을 금화 태환권 90전 비율로 교환하는 것은 오히려 군표의 에은 대비 가격을 하락시킨다고 생각한다. 왜냐하면 오늘날 은괴 혹은 상해에서의 환율로 보면 엔은과 금태환권과는 거의 같은 가격이지만 군표는 엔은으로 교환됨에도 불구하고 실상은 엔은 90전 이상으로 통하지 않는 경우가 생겨 사람들로 하여금 군표는 엔은의 90 전에 미치지 않는다는 오해를 초래한다.[42]

여기에서 말하는 금엔과의 교환은 현금통화(일본은행태환권)뿐만 아니라 금엔 기반의 대일외환 거래를 포함한다고 보아도 좋다. 교환 및 거래에 공정시세인 군표 1엔＝금 90전이 쓰인 것은 이미 주지의 사실이다. 한편, 1904년 후반 금은 비가는 금 강세 은 약세 경향을 유지하고 공정시세와의 괴리는 벌어질 뿐이었다. 위 사료에 따르면 '엔은과 금태환권은 거의 같은 가격'으로 치면서[43] 군표와 금엔을 공정 시세에 따라 교환하면 군표가 엔은 대비 1할 정도 가치가 적은 것과 같다. 이것만이 군표 가치의 하락 원인이라고는 할 수 없겠지만 엔은의 공급이 불충분한 상황에서 군표의 가치평가는 오히려 금엔 공정시세에 영향을 받았을 가능성

---

41 주 35) 참조.
42 「軍用手票買入狀況報告第四」, 주 35).
43 금엔과 은엔이 등가일 때 금은 비가는 1대 32.3이 된다. 〈그림 10-2〉에 의하면 1904년 말 금은 비가는 이에 가까운 수준까지 은 강세가 진행되었다.

이 높다.

그런데 위와 같은 경향은 군표 시세 하락 국면뿐만 아니라 반대의 움직임에도 적용된다. 영구의 군표 시세는 1905년 1월에 하락을 멈추고 3월부터 급격히 상승하기 시작했는데 금은 비가도 거의 같은 시기에 금값 인상으로 반전되었다. 1905년 3월 쇼킨은행 우장 지점의 보고는 이에 대하여 다음과 같이 설명한다.

외환 거래는 상해와의 거래가 시작된 지 얼마 지나지 않았지만 본국(本邦)과 거래한 외환을 상해에서 전매한 자가 많다. 그리고 대일외환은 은괴 하락으로 인하여 상해에서 고가로 팔 수 있기 때문에 우장 지역에서 지불되는 군표금액과 상해에서의 매상금을 대조함으로써 우장의 군표 가격을 높인 하나의 원인이 된 것과 같다.[44]

이 사료가 주목한 것은 '본국 대상 외환', 즉 대일외환 거래의 확대이며 급격한 금값 인상 은값 하락에 의해 공정 시세로 대일외환을 거래하는 것이 (의뢰자 입장에서) 유리해졌음을 시사한다. 그리고 이에 편승한 투기적인 일본 우회 송금 증가가 영구에서의 군표 시세 상승을 초래한 하나의 원인이 되었다는 것이다.

이것은 군표 시세 상승이라는 점만을 보았을 때는 일본에게도 바람직한 결과였을 수 있다. 하지만 대일외환 거래 증가는 일본에서의 일본은행태환권 발행 증가로 이어졌으며, 그것이 상해로의 송금 수요와 연

---

44 正金銀行牛莊支店, 「軍用手票買入狀況報告第十三」, 明治 38年 3月 15日, 『軍用切符』 下, 758~759쪽.

동되어 있었음을 생각하면 태환권을 통한 금 유출이라는 결과로 이어질 우려도 있었다. 원래 군표를 은엔 기반으로 발행한 목적 중 하나는 금준비화폐의 유출을 막는 것에 있었기 때문에 공정시세에 의한 대일 외환 거래는 처음 목적과 양립할 수 없는 측면이 있었다고 할 수 있다. 다음 절의 내용을 먼저 언급하자면 위의 사료에서 '얼마 지나지 않았지만'이라고 표현하는 상해와의 외환 거래(1905년 2월 개시)는 위의 모순을 해소하고 금엔을 경유하지 않는 형태로 상해로의 송금 수요를 충족시킴을 목적으로 했다는 것이다.

4. 상해와의 외환 거래 시작

군표제도는 처음에 일본 국내 그리고 조선 및 만주의 점령지에서만 교환을 예정하였다. 하지만 그것으로는 불충분하다는 사실은 영구에서의 군표 시세 하락이나 대일외환 거래가 우회 송금에 이용되는 상황을 보면 분명했다.

앞에서도 언급한 연대의 미즈노 고키치 영사는 1905년 1월, 군표 시세 하락의 원인에 대하여 '군대에 필요한 물자 및 노동력의 마지막 채권자 중에서 겹치는 자가 영구, 천진, 연대, 상해 등 개항장에 있는 것을 당국자가 생각하지 않았기 때문에 시스템의 좋은 부분을 얻지 못한 것'이라고 했다. 해결법으로는 일본이 해외에 개설한 우체국에서 군표를 액면대로 받아들이는 것, 군표수송의 중계지인 연대에 쇼킨은행의 점포를 만들어 회수하는 것 외에 쇼킨은행 각 지점에서 '대일외환뿐만 아니

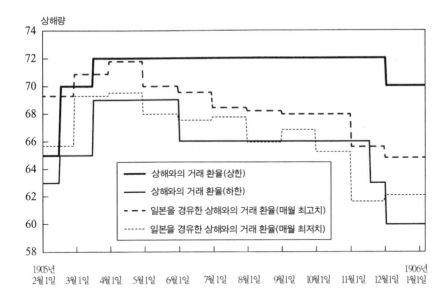

상해량

<그림 10-5> 쇼킨은행 우장 지점에서의 군표외환 시세(군표 100엔 당 상해량)(1905~1906)

출처와 주 '상해와의 외환 거래 시세'는 쇼킨은행 우장 지점에서의 상해량 기반 상해와의 외환 거래 시세(군표 100엔 당).
단, 대장성의 인가를 받은 상한과 하한. 『明治大正財政史』 15卷, 377~378쪽에 의한다. '일본 경유 상해와의 외환 거래
시세'는 쇼킨은행 우장 지점에서의 금엔 기반 일본과의 외환 거래 시세(군표 100엔당 금90엔의 공정시세로 사실상 고정)와
일본의 상해와의 외환 거래 도착 시세에서 산출. 다만 매월 최고 시세와 최저 시세, 일본의 상해와의 외환 거래 도착 시세는
大藏省, 『自明治三十三年一月至明治四十二年三月金融事項參考書』, 1909, 815~816쪽.

라 청에 있는 해당 지점 출장소 상호 간의 달러환 거래에 응하여 군표를
멕시코은과 같은 가격으로 받는 것'을 제안했다.[45] 이는 군표로 중국 본
토와의 외환 거래를 가능케 한다는 것이며 만주 현지 육군도 이미 같은
제안을 했었다.[46]

대장성은 1905년 1월 24일 쇼킨은행 우장 지점에게 상해와의 외환 거
래를 군표로 하도록 했다. 쇼킨은행의 이름으로 시행한 일이지만 정부

---

45 在芝罘水野領事 → 小村外相, 明治 38年 1月 28日 『軍用切符發行並滿洲ニ於イテ橫浜正金銀
行一覽拂手形發行一件』(주 12참조), 分割2, 畵像46~49.

46 鶴田第一軍兵站経理部長 → 外松野戰経理長官, 明治 37年 12月 17日, 『軍用切符』下, 51~52쪽.

가 자금을 주고 정부의 계산하에서 이루어졌다는 점에서 실질적으로는 정부에 의한 군표 회수의 일환이었다는 사실은 대일외환 거래의 경우와 같다. 외환 시세는 '우장 시장에서의 군용수표 유통 가격', 즉 시가를 표준으로 삼아 현지에서 결정하고 10일마다 대장성 대신의 인가를 받기로 했다.[47] 실제 우장 지점이 거래를 개시한 것은 2월 20일이다.[48] 상해량 거래, 멕시코달러 거래 모두 할 수 있었지만 거래가 이루어진 것은 거의 상해량이었다. 앞 절에서 제시한 〈그림 10-4〉의 점선 부분은 매달의 거래액을 나타낸다.[49] 거래 의뢰자는 거의 중국인이었다. 일본정부는 이후, 점령지의 다른 주요 도시에서도 일본 및 상해와의 외환 거래를 시작했다.[50]

외환 시세의 결정 방법이 군표의 현지시가에 따르며 미즈노의 제안처럼 군표가 엔은(≒멕시코은화)과 같은 값인 것을 전제로 하지 않았다는 사실은 흥미롭다. 대장성이 쇼킨은행에게 지시한 내용에는 '시세는 은지銀紙[엔은과 군표] 사이에 급격한 변화가 없도록 하여 점차 공정 가격에 도달하는 것을 목적으로 해야 한다'는 조건이 붙어 있었다.[51]

상해와의 거래환율은 우장 지점이 신청한 것에 근거하여 대장성 대신이 인가한 상한과 하한이 분명하다(〈그림 10-5〉의 실선, 군표 100엔에 대한 상해량의 시세). 이에 따르면 시세의 상한과 하한은 모두 1904년 4월까지

---

47 『軍用切符』上, 121~125쪽.

48 正金銀行牛莊支店, 「上海向ケ爲替取組景況報告第一」, 發信日不明, 『軍用切符』下, 802~803쪽. 메이지 38년 3월 25일부로 대장성에 회부되었다.

49 멕시코달러 기반 외환도 소액이지만 거래되었다. 하지만 대부분은 상해량 기반이었기 때문에 그림에서는 후자만 제시했다.

50 『明治大正財政史』15卷, 714・719쪽. 중국 본토의 외환 거래처로서 천진과 연대도 추가되었는데 거래 규모는 상해와 비교했을 때 소규모에 머물렀다.

51 『軍用切符』上, 123쪽.

급속하게 인상된 후, 상한은 1905년 말까지 72량으로 고정되지만 하한은 점차 떨어진 것을 알 수 있다. 순은일 경우 엔은 100엔에 대한 상해량 평가는 72.2006량이었기 때문에[52] 군표에 의한 상해와의 외환 거래 시세 상한은 이보다 약간 상해량 강세(그림에서는 아래쪽)였다고 할 수 있다.

한편 하한은 어떻게 정해졌을까. 쇼킨은행 우장 지점에 의하면 상해와의 외환 거래 시세는 영구에서의 군표시가, 과로은에 의한 상해 외환 시세와 함께 '상해에서의 금괴 시세' 및 '상해와 일본 사이의 환율'을 생각해서 산출하였기 때문에[53] 일대일 환율을 이용한 우회 송금 시세를 의식하였다는 사실을 알 수 있다. 우회 송금 시세는 대일외환 공정 시세인 군표 1엔＝금 0.9엔에 일본에서의 상해와의 외환 거래 시세를 곱해서 계산한다. 한편, 〈그림 10-5〉에 점선으로 나타낸 시세 하한은 쇼킨은행이 신청한 상해와의 외환 거래 시세의 하한과 대략 겹친다.

즉 쇼킨은행이 정한 상해와의 거래환율의 상하한은 '은지[엔은과 군표] 사이에서 급격한 변화가 없고 점차 공정 가격에 도달하도록 한다'는 대장성의 지시를 반영한 것이라고 할 수 있다. 이 상하한 사이에서 설정된 하루하루의 시세는 분명하지 않지만 어떠한 방침이 취해졌는지는 시중에서의 군표 시세로부터 어느 정도 추측할 수 있다. 앞 절에서도 살펴본 것처럼 1904년 11월 이후 군표 시세의 움직임에는 금은 비가가 영향을 미쳤으며 1905년 3월부터 급등한 군표 시세도 같은 시기의 금값 인상 경향을 반영한 것으로 보인다. 그러나 금은 비가는 5월까지 다시 바뀌어 은값이 작년도를 웃돌게 되었음에도 이미 군표 시세는 이와 연

---

52 滿鐵調查課, 『大連を中心として觀たる銀市場と銀相場の硏究』, 1930, 18쪽.
53 「上海向け爲替取組景況報告第一」(주 48).

동하지 않고 1905년 4월 이후 엔은 100엔=군표 105엔 전후로 대략 안정적인 양상을 보였다. 그 배경에는 영구에서의 엔은 수급 등 여러 요인을 생각할 필요가 있으며 비슷한 무렵부터 상해와의 거래환율이 상하이군표 100엔=상해량 72량으로 고정된 것도 관계가 없지 않을 것이다. 앞에서 언급한 것처럼 이는 엔은 대비 상해량의 평가와 거의 같았다. 실제 외환 시세는 이 상한에 가깝게 설정되었다고 보아도 좋을 것이다.

그리고 이렇게 정해진 시세는 자동적으로 일본을 우회할 때의 시세보다 상해량 약세가 된다. 상해로 송금하려는 사람들의 입장에서 보면 대일환율을 이용해 우회 송금하는 것 보다 상해와의 거래 환율을 이용한 쪽이 유리하다. 그리고 이를 통해 군표의 엔은 대비 시세를 안정시킴과 동시에 우회 송금을 억제하는 효과를 낼 수도 있다고 생각한다. 앞에서 설명한 것처럼 대일외환 거래가 상해 송금에 이용되는 것은 금유출의 계기가 될 수 있다는 측면에서 일본정부의 입장에서는 바람직한 일은 아니었다. 앞 절의 〈그림 10-4〉로부터 상해와의 외환 거래가 늘어남에 따라 화인에 의한 대일외환 거래가 감소해 간 것을 확인할 수 있다. 이것은 우연이라기보다 쇼킨은행 우장 지점에 의한 의식적인 시세 설정의 결과로 보아야 할 것이다.

이처럼 상해와의 외환 거래는 영구에서 군표의 신뢰를 유지함과 동시에 상해 송금의 수요를 흡수하는 것을 목적으로 하였으며 상당 부분 성공적이었다고 할 수 있다. 하지만 인위적으로 상해량의 시세를 낮게 설정한 것은 다른 측면에서 부작용을 일으켰다. 제2절에서 검토한 것처럼 영구에서는 재래식 금융기관인 은로의 대체예금(과로은)이 통화의 하나로 널리 이용되었고 상해와의 재래식 외환 거래도 이것에 의해 이루어졌다. 과로은은 러일 개전과 영구 점령을 거쳐 한동안 혼란에 빠지고 일본군정서日本軍政署로부터도 폐지하도록 압력을 받았지만 점차 기능을 회복한 것 같다. 과로은과 상해와의 외환 거래의 관계에 대하여 쇼킨은행 우장 지점은 다음과 같이 보고하였다.

> 이 지역에서 거듭되는 거래, 즉 콩, 콩깻묵, 콩기름, 면사, 면포 등의 매매는 과로은에 의해 이루어지는데 과로은을 얻는 가장 빠른 길은 상해 외환을 파는 자금을 상해에서 준비하기 위하여 군표를 당점에 가져와 먼저 당점의 외환을 매입하여 상해로 송금하고 나중에 시장에서 외환을 팔아 과로은을 수납하는 것으로 이렇게 해서 앞에서 말한 화물거래를 충당한다.[54]

여기에서 설명하는 것은 화인이 영구에서 군표를 사용하여 쇼킨은행 상해량 외환을 사서 그것으로 얻은 상해량을 담보 삼아 과로은으로 상해량 외환을 판다는 것이다. 과로은 대비 상해량 외환 시세는 확실하지는 않지만 쇼킨은행 외환 쪽이 상해량을 싸게 살 수 있는 것이 아니라면 이러한 일은 일어나지 않았을 것이다. 위의 사료에서는 상품 거래상 과로은 수요와 연결시키고 있지만 순수하게 투기를 목적으로 군표 → 상해량 → 과로은 → 군표의 순서로 거래를 반복하는 자도 적지 않았다고 한다.[55]

---

54 「明治三八年五月一二日付牛莊支店書信拔萃」, 『軍用切符』 下, 816쪽.
55 '은로는 (…중략…) 이 때도 과로은을 이용하여 군표를 매입하고 당점과 외환 거래하려는 흔적'. 正金銀行牛莊支店, 「爲換取組景況報告改第二回」, 發信日不明, 『軍用切符』 下, 810쪽. 메이지 38년 5월 20일부로 대장성에 회부되었다.

이러한 투기에 의한 상해와의 외환 거래는 때로는 쇼킨은행의 대응 능력을 넘었었다. 앞에서 언급한 것처럼 금은 비가는 1905년 5월경부터 급속하게 은 강세 경향이 두드러졌는데 이와 함께 우장 지점에는 상해와의 외환 거래 신청이 쇄도했다. 원인으로서 우장 지점은 상해에서의 현금 부족과 더불어 재래식 금융기관인 '은로가 과로은을 이용하여 군표를 매입하고 부정한 이익을 탐하려는 간계한 책략'을 들었다.[56] 상해에서의 은 부족으로 과로은에 의한 상해와의 외환 거래가 급등하여 (즉 상해량 강세) 정책상 상해량 약세 수준으로 유지된 쇼킨은행 시세와의 괴리가 커졌기 때문에 투기의 여지가 생겼다고 추측된다. 1905년 6월 하반기, 중국인에 의한 상해와의 외환 거래 의뢰는 389만 1,300여 량에 달했으나 이 중 우장 지점이 감당할 수 있었던 것은 101만 5,900여 량에 불과했다.[57]

7월이 되자 상해의 현금 부족이 해소되고 우장 지점에서의 상해와의 외환 거래 의뢰도 감소했다고 한다.[58] 그러나 근본적인 문제는 우장 지점이 인위적으로 상해량을 평가절하하여 설정한 시세였기 때문에 금은 비가 및 과로은 시세의 동향에 따라서는 비슷한 투기가 재현될 우려는 충분히 있었다. 공정시세와 분리된 상해와의 거래환율도 대일외환 거래의 억제라는 임무를 띠는 한 간접적으로 공정시세가 초래하는 왜곡으로부터 자유롭지 않았던 것이다.

---

56 正金銀行牛莊支店, 「爲替取組景況報告改第六號」, 作成日不明, 『軍用切符』 下, 827~828쪽. 메이지 38년 7월 19일부로 대장성에 회부되었다.
57 앞 주와 동일.
58 「爲替取組景況報告改第七號」, 作成日不明, 『軍用切符』 下, 832쪽. 메이지 38년 9월 18일부로 우장 지점에서 일본은행 총재 앞으로 발신되었다.

5. 군표를 둘러싼 광역적 투기와 조선

제2절에서 살펴본 것처럼 일본군이 처음으로 군표를 사용한 것은 조선이었지만 교환시스템이 갖춰지지 않기도 하여 거의 유통되지 않았다. 그러나 이후 조선이 군표 유통과 전혀 관계가 없었던 것은 아니다. 이 절에서는 지금까지 검토한 화상에 의한 군표의 광범위한 투기활동 속에 조선도 포함되었다는 사실을 확인해 두겠다.

개전 당시로 이야기를 돌리면 1904년 2월 24일 외무대신 고무라 쥬타로는 주한공사 하야시 곤스케林權助에게 앞으로 인천과 서울에서는 군표를 신규로 발행하지 않을 것, 지금까지 발행한 군표에 대해서는 제일은행 각 지점에 위탁하여 '대장성 대신이 정하는 시가', 즉 공정시세로 일본은행태환권과 교환할 것을 통지했다.[59]

앞에서 제시한 〈표 10-1〉에 의하면 1906년 4월까지 인천에서 822만 엔, 경성(서울)에서 122만 엔의 군표가 회수되었다. 특히 인천의 회수액은 일본 국외의 회수 거점 중에서는 우장(영구), 안동현에 이어 3번째로 많다. 위의 고무라의 통지에 따르면 1904년 2월 말부터 이 지방에서 신규 발행된 군표는 없었지만 회수된 군표가 개전 직후에 유포된 것뿐이라고는 볼 수 없다. 경성, 인천, 진남포, 평양의 제일은행 각 지점 1905년 5월까지의 월별 회수액을 정리한 〈표 10-2〉를 보면 어느 곳이나 회

---

[59] 外相小村壽太郎→駐韓公使林權助, 明治 37年 2月 24日, 『軍用切符發行並滿洲ニ於イテ横浜正金銀行一覽拂手形發行一件』(주 12, 分割1, 畵像20より), 원래 「군용표 취급순서(軍用切符取扱順序)」에서는 금엔과의 교환을 일본 국내에서만 하는 것으로 상정하였는데 이를 조선에 준용한 것이다. 같은 해 4월 제일은행 한국 지점에 중앙금고 출장소 자격이 부여되어 정식으로 금엔과의 교환이 시작되었다(『軍用切符』上, 46쪽). 이후 이것이 일본군의 만주 침공에 따라 쇼킨은행에도 적용된 것은 제1절에서 언급한 대로이다.

<표 10-2> 제일은행 한국 지점에서의 군표 교환액(1904~1905)　　　　　(엔·군표)

연월		경성	인천	진남포	평양
1904년	2월	1,473	44,545		
	3월	413	117,309	2,082	
	4월	22,895	291,315	65,222	
	5월	29,258	2,197	81,320	
	6월	11,192	55,772	32,910	23,428
	7월	19,720	120,978	24,566	14,300
	8월	19,402	74,719	28,946	24,608
	9월	13,493	141,545	41,013	21,444
	10월	53,617	197,073	91,885	31,579
	11월	27,786	376,318	61,672	30,207
	12월	11,368	337,379	32,177	65,623
1905년	1월	16,783	246,318	7,315	70,382
	2월	8,896	137,769	7,245	27,189
	3월	17,205	1,172,088	28,932	49,749
	4월	291,607	1,512,995	46,760	19,650
	5월	480,399	1,954,198	27,018	25,257
누계		1,025,505	6,782,516	579,063	403,416

출처와 주 日本銀行(梶原仲治調査)『滿州北淸及韓國ニ於ケル調査復命書』, 1905, 272·273·275·280쪽. 단, 인천의 1904년 2~4월은 大藏省『軍用切符ニ關スル調査』下, 523쪽. 각 지점이 중앙금고 출장소 자격으로 회수한 것.

수가 중단되는 일은 없었다. 인천 지점의 회수액은 1904년 5월부터 일단 감소하지만 가을부터 다시 증가하였으며 경성 지점에서도 같은 경향을 보였다. 이들 군표는 조선 이외의 지역에서 군 이외의 경로를 통해 유입된 것이라고 생각할 수 있다.

한편 인천에서는 압록강 하구에 가까운 안동현과 정기 항로가 운항되었고 이를 통해 군수물자 수출이 이루어졌다.[60] 제일은행 인천 지점에서는 처음에 군표도 군수물자 수출과 더불어 일본인 종군 상인從軍商人이 가지고 돌아온 것으로 보았다.[61] 그런데 1904년 말 안동현이 결빙하

60　第一銀行仁川支店, 「時局に關聯したる滿州經濟狀況第七回報告」, 明治38年 2月 18日, 『軍用切符』下, 507쪽.

여 항로가 정지된 후에도 군표는 인천으로 계속 유입되었다. 인천 지점은 군표가 '외환권의 대용으로 전장에서 연대로 모인 것이 다시 연대의 청나라 상인 손을 거쳐 인천으로 와 교환되는 것'임을 발견했다.[62]

제일은행 인천 지점은 이에 관하여 '한국에서도 다소 군표가 유통력을 가진다는 증거로 보는 것은 큰 오류'라고 하며 조선인의 수요에 응한 것은 아니었다고 설명한다. 은을 좋아하지 않는 조선인은 처음부터 군표를 전혀 수수하지 않고 '일본군대가 한국에서 만주로 러시아군을 쫓아가 러시아병을 한국에서 철수시킨 속도보다도 빠르게 군표는 한국 내에서 만주로 내쫓아'졌다. 연대에서 유입된 군표는 시장에서 '한 번도' 유통되지 않고 바로 은행에서 교환되었다고 한다.[63]

인천 지점에 의하면 이들 군표는 1904년 말부터 만주에서 일본은행 태환권으로의 교환이 일정액으로 한정됨에 따라 교환 목적으로만 유입된 것이라고 한다.[64] 만주에서의 군표와 일본은행태환권 교환은 1905년 3월부터 공식적으로 제한되었다.[65] 한편, 조선에는 개전 초기부터 대량의 일본은행태환권이 유입되어 1904년 10월부터는 금엔을 사실상의 본위로 하는 통화제도 개혁＝화폐정리사업이 진행되었다.[66] 제일은

---

61 珍田外務次官 → 阪谷大藏次官, 明治 37年 12月 22日, 附件「第一銀行券位置及影響等調査ノ件」, 『在韓第一銀行支店ニ於イテ無記名式一覽拂銀行券發行一件』(外交史料館所藏, アジア歴史資料センター Ref.B11090627200, 分割6, 畫像3).

62 「時局に關聯したる滿州経濟狀況第七回報告」(주 60), 508쪽.

63 「時局に關聯したる滿州経濟狀況第六回報告」(주 14), 498~499쪽.

64 「時局に關聯したる滿州経濟狀況第七回報告」(주 60), 507쪽.

65 만주 지역 이외로 반출하는 용도가 아니면 교환을 금지한다는 것으로 일본군인, 군속이 갖고 돌아가는 것을 염두에 둔 조치였다고 보인다. 『軍用切符』上, 48~49쪽.

66 1904년 10월 한국정부 재정고문으로서 메가타 다네타로(目賀田種太郎)가 부임했다. 일본과 본위를 공통으로 하는 통화제도가 실시된 것은 1905년 6월 1일이며 동시에 금엔 액면의 제일은행권은 한국의 법정통화로서 무제한 유통이 인정되었다.

행은 화폐정리 담당 기관이기도 했기 때문에 일본은행태환권의 지불을 제한하는 것은 곤란했다고 보인다.

〈표 10-2〉에 의하면 인천에서의 군표 교환이 급증한 것은 1905년 3월부터이다. 제일은행 인천 지점이 1905년 5월에 작성한 '인천항에서의 군표 교환 현황'이라는 보고에 의하면[67] 연대에서 인천으로 군표를 갖고 들어오는 것은 한국과 일본 상인도 아니고 일반적인 화상도 아니며 '지부에서 100여 개의 소자본 은행가가 군표 매매를 하나의 영업으로 보고 활발하게 우장, 영구 등 지역에 사람을 파견하여 군표를 매점한 후, 이를 연대로 보내고 중간 관리자番頭手代에게 군표를 가지고 일부러 인천까지 교환하기 위하여 갖고 들어온 것'이었다. 인천의 청국 거류지에 있는 '지나支那 여관'의 경우, 투숙객 24명 중 20명이 군표를 지참한 '연대 은행원'이었다. 그들은 '한 사람이 수천 엔 혹은 수만 엔의 군표를 누더기에 싸서 다른 동업자에게 알려지지 않도록 중국 정크를 타고 연대에서 인천으로 오는 것'이었다. 해상보험을 들지 않았을 뿐만 아니라 '군표를 매매하는 것 자체가 하나의 도박'이었으며 생명의 위험도 두려워하지 않는 모습이었다고 한다.

앞 장에서 언급했듯이 연안 교역의 거점이었던 연대에는 전장錢莊 등과 같은 다수의 재래금융업자가 있고 루블지폐를 만주에서 상해로 중계하는 역할을 한 것도 그들이었다. 같은 경로를 거쳐 연대로 들어온 군표 중 일부가 투기대상이 되어 인천으로 유입되었다고 보인다. 제일은행 인천 지점이 화상에게 들은 바에 의하면 연대에서는 '오사카, 고베

---

67 第一銀行仁川支店,「時局に關聯したる韓國経濟狀況第十回報告」,作成日不明,『軍用切符』下, 518~524쪽. 메이지38년 5월 23일에 대장성에 회부되었다.

등에 지점 혹은 대리점을 가진' 대상인은 직접 일본으로 군표를 수송해 교환하지만, 인천으로 유입된 것은 소상인이 어쩔 수 없이 연대의 금융 업자에게 매각한 것이었다고 한다.[68] 상인이나 금융업자가 각각의 네트워크 범위 내에서 군표투기에 참가했던 것이다.

그렇다면 인천에서 어떠한 형태의 투기가 이루어졌는지를 구체적으로 검토해 보자. 계속해서 '인천항에서의 군표 교환 현황'에 의하면 이 무렵 연대에서는 군표 1엔이 금 85전에 상당했다고 한다. 연대에는 쇼킨은행을 비롯하여 군표를 매수하는 기관이 없었기 때문에 이러한 감가滅價가 생긴 것이다. 한편 인천에서는 제일은행이 공정 시세인 금 90전으로 교환하였기 때문에 그것만으로 5전 만큼의 이익을 얻을 수 있다. 더욱이 연대의 금융업자는 1905년 3월부터 급격한 은값 하락, 금값 인상 상태가 지속된 사실을 이용하여(〈그림10-2〉) 다음과 같이 행동하기 시작했다.

이익에 민감한 중국인이 생명과 재산을 위험한 정크에 맡기고 이렇게 군표를 수송하는 이유는 지부에서 인천으로 오는 도중 상해량 환율이 하락하는 것을 예상하고 실제 지부를 출발할 때보다도 인천에 도착했을 때 상해량 환율이 하락하면 그들은 태환권과의 교환을 통해 일만 엔마다 500엔의 이익을 보기 때문이다. 이것을 가지고 인천의 [홍콩상해]은행 혹은 사타(查打)[차타드]은행에서 상해 외환을 매입하면 환율에 의해 이익을 볼 수 있는 편리함을 갖고 있다.

---

68 第一銀行仁川支店,「第十一回報告時局に關聯したる韓國經濟狀況」, 作成日不明,『軍用切符』下, 526~528쪽.

즉 수일간의 은 약세에 기대를 건 매우 단기적인 투기가 이루어졌던 것이다. 같은 사료에 의하면 이 시기 인천의 상해량 시세는 영구와 연대에 비해서도 저렴했으며[69] 이 점도 함께 작용하였기 때문에 군표 → 금엔 → 상해량으로 바꾸는 것이 유리했을 것이다. 중국인 상인은 전신으로 인천의 상해량 시세를 문의한 후, 시기를 보고 출발하였으며 인천에 도착한 후 염두에 두고 기대했던 시세가 형성되어 있지 않으면 교환한 일본은행태환권은 그대로 연대로 갖고 돌아갔다고 한다.

위 사료에서 상해로의 송금에 이용되었다는 홍콩상해은행, 차타드은행은 모두 1897년 인천 각국 거류지의 서양계 상회를 대리점으로 개설되었다. 제8장에서는 광동계廣東系 화상인 동순태同順泰의 예를 들어 이 두 은행의 환율이 1890년대 말 상해 송금 수단의 하나로 이용되었음을 살펴보았다. 그 무렵 이들 영국계 은행에 의한 송금은 반드시 고객에게 유리하지는 않아 실제 거래도 많지 않았다고 보이는데 1905년경이 되면 '매년 두 은행에서 거래하는 상해로의 송금환은 적어도 천만 엔 이하로 떨어지지 않았으며', 이에 대하여 '인천에 있는 일본계 은행'은 전혀 관여할 수 없었다고 한다.[70] 인천의 대중수입액이 1903년 451만 엔, 1904년 516만 엔이었던 것을 생각하면[71] 상해와의 외환 거래가 천만 엔을 넘었다는 사료의 서술은 약간 과장된 것으로 보이지만 두 영국계 은행은 단기간에 인천 화상에 의한 상해 송금의 중요한 경로가 되었

---

69 앞 주 「時局に關聯したる韓國經濟狀況第十回報告」, 520쪽, 군표 100엔을 영구에서는 63~64량, 연대에서는 64~65량, 인천에서는 65량9로 한다. 영구의 경우 〈그림 10-5〉의 시세는 이것보다 큰 폭으로 상해량 약세이며 쇼킨은행의 인위적인 환율유도책을 반영한 가능성도 있으나 추가 사료는 없다.
70 「時局に關聯したる滿州經濟狀況第七回報告」(주 60), 509~511쪽.
71 仁川日本人商業會議所『仁川商業會議所報告』, 1905.

으며 연대에서 온 금융업자도 이용하기 쉬웠을 것이다.

그런데 이와 같은 투기에 직면한 제일은행이 특히 우려한 것은 군표와 교환한 일본은행태환권이 연대로 유출되는 것이었다.[72] 태환권 유출은 금본위 화폐의 유출로 이어진다는 의미에서 일본의 통화정책상 문제가 됨과 동시에 제일은행 경영이라는 입장에서 보아도 제일은행권의 발행 준비가 줄어드는 것을 의미했다. 제일은행은 연대 및 만주에서의 군표 신뢰에 관련되므로 교환의 전면적인 정지에는 부정적이었지만 일정 정도의 제한은 어쩔 수 없다는 의견을 대장성에 제출했다.[73] 한편, '연대에서 인천으로 돌아온 상인 및 군표 교환의 대판代辦을 하는 매판 comprador'을 불러내어 '가능하면 태환권을 청구하지 않고 오사카, 고베, 상해의 환율로 송금'하도록 설득했다.[74]

한편 1905년 9월 일본은행의 조사에 따르면 인천에서의 군표 교환은 아직 계속되었는데 그중 일부는 일본은행태환권으로 연대와 상해에 현송되었고, 반 정도는 고베 및 오사카로 외환 송금된 후 거기에서 환시세를 보고 상해로 다시 송금되었다고 한다.[75] 다만 연대에 쇼킨은행 점포가 설치되었기 때문에(1905.6, 뒤에서 설명함) 앞으로는 인천으로의 현송은 감소할 것이라는 전망도 나왔다.[76] 그리고 1905년 3월부터의 투기는 금은 비가의 급격한 은 약세를 배경으로 한 것이었기 때문에 5월에 상황이 반전된

---

72 「時局に關聯したる韓國経濟狀況第十回報告」(주 67), 522~523쪽.

73 第一銀行仁川支店電報, 明治三八年五月二六日發, 『軍用切符』下, 525쪽.

74 「第十一回報告時局に關聯したる韓國経濟狀況」(주 68), 526~528쪽.

75 梶原調查役 → 松尾日銀總裁, 明治 38年 9月 8日付, 日本銀行(?), 『滿州北淸及韓國ニ於ケル調查復命書』, 1905, 721쪽.

76 梶原調查役 → 松尾日銀總裁, 明治 38年 8月 17日付, 『滿州北淸及韓國ニ於ケル調查復命書』(앞주), 721쪽.

후에는 자연스럽게 수습되었다고 보인다. 〈표 10-1〉, 〈표 10-2〉를 비교하면 1905년 5월까지 조선 각 점포로부터 회수는 8할 이상 끝났고 1905년 여름 이후 인천으로의 군표유입은 감소했다고 보아도 좋을 것이다.

이처럼 인천으로의 군표유입은 상품이 뒷받침하지 않는 투기적인 것이었다. 그렇다고 해도 연대 및 상해와 인천을 연결하는 화상의 긴밀한 네트워크를 바탕으로 성립되어 있었음은 틀림없다. 일본이 조선과 남만주에 각각 금과 은을 기반으로 한 다른 통화를 유포하고 더욱이 양쪽 통화를 사실상 고정 시세로 엮은 것이 두 지역에 걸쳐 전개되는 화상의 네트워크를 통한 투기를 유발한 것이다.

6. 군표정책의 마지막–중국 본토로의 유출허용과 금엔 연결 포기

1) 연대·상해에서의 군표 회수

1905년 봄이 되자 일본정부 내부에서 전후의 통화정책을 염두에 둔 움직임이 나타나기 시작한다. 군용표위원회軍用切符委員會 설치는 그중 하나로(3월 1일에 제1회 위원회를 개최) 대장성 차관을 비롯하여 관련된 각 성이나 금융기관 간부직원이 군표정리방침을 합의했다.[77] 6월 15일 제15회 위원회에서는 대장성 차관인 사카타니 요시로阪谷芳郎가 쇼킨은행

---

[77] 『軍用切符』上에 의사 요지가 남아 있어 알 수 있는 범위 내에서 설명하자면 1905년 3월 1일 제1회부터 처음에는 매주, 이후에는 간격을 벌려가면서 1906년 1월 19일까지 34회에 걸쳐 개최되었다. 대장성 차관, 대장성 이재국장(理財局長), 외무성 통상국장, 육군 경리국장, 체신성 통신국장, 일본은행 총재, 쇼킨은행장 등이 주요 출석자로이며 이노우에 가오루(井上馨) 대장성장관이 출석하는 일도 있었다.

에게 일람불어음─一覽拂手形3)을 발행시켜 법정통화로 삼고 군표 회수 수
단으로 하는 안을 보고했다.[78] 이 정책 방향은 그 후에도 유지되어 1905
년 12월 쇼킨은행권에 의한 만주 화폐제도 통일이 정부방침으로 제시
된 것은 이 장의 시작 부분에서 언급한 바 있다.

이 위원회에서는 기존의 군표정책이 지닌 문제점을 논의하고 관련
된 각 기관의 조정을 거쳐 타개안을 정했다. 이러한 경험의 정리는 전
후의 만주 통화정책에도 영향을 주었다고 생각한다. 이 절에서는 지금
까지 언급한 두 문제에 관하여 일본정부가 각각 어떠한 형태로 결론을
내었는지를 검토한다.

첫째는 중국 본토로의 군표 유출에 어떻게 대처하느냐는 문제이다.
만주에서의 군표 유출이 중국 본토로의 송금 수요와 연결되어 있었음
은 초기에 분명히 밝혀졌으며, 제4절에서 살펴본 영구에서의 상해와의
외환 거래는 이에 직접 부응하려 한 시도였다. 그러나 일본정부는 군표
를 일본, 조선 그리고 만주 점령지 범위 내에서 회수한다는 원칙을 고수
했고 유출지인 중국 본토에서의 회수에는 관여하려고 하지 않았다. 이
러한 자세가 변화하는 것은 1905년 중반의 일인데 다음과 같이 연대와
상해에서 각각 정부 책임으로 군표 회수가 이루어졌다.

1905년 1월 연대 영사인 미즈노 고키치가 연대에서의 군표 회수를 제
안한 것은 제4절에서 언급한 대로이다. 이 시점에서 연대에는 쇼킨은
행 외에 군표 회수를 맡을만한 일본 측 기관은 없었다. 군용표위원회가
군표 회수를 처음으로 거론한 것은 3월 8일 제2회 위원회이며 육군성

---

78 金子文夫(1991), 136쪽.

경리국장(도마츠 마고타로^{外松孫太郎})이 영구, 천진, 상해, 연대 상호 간의 군표에 의한 외환 거래를 제안했다.[79] 계속해서 3월 15일 제3회 위원회에서 일본은행 총재(마츠오 시게요시^{松尾臣善})가 쇼킨은행이 출장소 개설의 의사가 있음을 알렸다.[80] 도마츠는 연대 외 천진에서도 군표에 의한 외환 거래를 주장하고 군표를 가능한 널리 유통시키는 것은 만주에서 신뢰를 유지하는 데도 유익하다고 했다.[81]

쇼킨은행 연대출장소가 실제 영업을 개시한 것은 6월 15일이었다.[82] 거기에서는 군표의 교환 자체는 이루어지지 않았지만 군표로 일본 및 상해와 외환 거래를 할 수 있었다. 운용 방법은 영구에서의 예에 준하여 정해졌고 정부가 손익을 부담했다.[83] 당시 상해뿐만 아니라 대일환율도 공정시세로 하면 투기를 초래할 우려가 있다고 하여 현지시가로 시세를 정하는 것이 인정되었다.[84]

또 하나 군용표위원회의 논의에서 흥미로운 점은 대장성 차관인 사카타니 요시로가 2회에 걸쳐 연대에서의 군표 회수에 대하여 부정적인 의견을 내놓은 일이다. 쇼킨은행의 출장소 개설 의사가 표명된 제3회 위원회에서는 '연대 시장을 대련^{大連}으로 옮겨', '대련을 북방의 홍콩^{香港}으로 만들려는 큰 계획상, 연대로는 외환을 끊고 가능한 대련으로 집중

---

79 『軍用切符』上, 272쪽.
80 『軍用切符』上, 275쪽.
81 第四回軍用切符委員會(1905.3.22)의 발언. 『軍用切符』上, 278쪽.
82 「廣告(橫浜正金銀行)」, 『東京朝日新聞』, 1905.6.18. Web database(DB) '聞藏Ⅱ'을 참고하였다 (2015.9.22 열람). 또 제5회(1905.3.29)의 군용표위원회에서는 일본은행 총재로부터 4월 말에는 개업할 예정이라는 보고가 있었다(『軍用切符』上, 280쪽). 개업이 예정보다 지연된 이유는 분명하지 않다.
83 개업 직전인 1905년 6월 9일부로 인정되었다. 『軍用切符』上, 116쪽.
84 『軍用切符』上, 118~119쪽.

하는 것이 좋은 방책'이라 하고[85] 제15회 위원회(6월 7일)에서도 '오늘의 정책상 연대의 지위를 대련으로 하여금 빼앗게 하기 위하여 가능한 연대를 불편하게 하는 것에 이익이 있다'고 하였다.[86] 사카타니는 어차피 당분간은 출장소 설치는 어쩔 수 없다고 하며 적극적으로 반대한 것은 아니다. 하지만 연대를 거점으로 하는 기존의 연안 유통을 극복 대상으로 보고 대련을 중심으로 재편해야 한다는 의견은 일본정부가 전후 취한 방침을 먼저 제안한 것과 같았다.[87]

상해에 관해서는 제3절에서 살펴본 것처럼 이미 1904년 6월부터 쇼킨은행 상해 지점이 유입 군표를 매입하고 있었다. 그러나 이는 정부가 관여하지 않는 은행의 독자적인 업무에 불과하며 매입 가격 설정 문제부터 쇼킨은행도 그다지 적극적으로 진행하였던 것 같지 않다. 1904년 10월경에는 미국계 인터내셔널은행도 상해에서 군표를 매입하였다는데[88] 대규모로 이루어진 흔적은 없다.

그런데 1905년 6월경부터 갑자기 인터내셔널은행이 상해에서 도쿄의 중앙금고(일본은행 본점)로 군표를 갖고 와서 교환을 청구하였고 그

---

85 『軍用切符』上, 276쪽.
86 『軍用切符』上, 311쪽.
87 일본정부는 1906년 4월 쇼킨은행에게 내린 명령 가운데서 '만주 무역은 대련을 중심으로 하고 외환 관련 주요 경로로서 대련과 고베를 연결할 방침'을 분명히 했다(金子文夫(1991), 136쪽, 『明治大正財政史』15卷, 318쪽). 대련 개방은 5월 만주문제에 관한 협의회에서 결정되어 6월 만주경영조사위원회(滿洲經營調査委員會)에서 대련항을 자유항으로서 운영한다는 방침이 정해졌다(北野剛(2005), 89쪽). 또 쇼킨은행 연대출장소는 1909년 9월 말에 폐지되는데 이에 관하여 대장성 차관 와카츠키 레지로(若槻禮次郎)는 군표 회수가 종료됨과 동시에 '대련을 무역의 중심으로 하기 위하여 외환 관련 주요 경로로서 대련과 고베를 연관지으려는 정부 방침하에 연대 무역상의 중요성이 줄어들었기 때문이라고 설명하였다. 若槻大藏次官 → 石井外務次官, 明治 41年 10月 1日, 『本邦銀行關係雜件(正金銀行之部)』第1卷(外交史料館所藏, アジア歷史資料センター Ref.B10074149400), 分割3, 畵像18.
88 正金銀行上海支店長 → 本店頭取席・支配席, 明治 37年 10月 23日, 『軍用切符』下, 630쪽.

합계는 6월 21일부터 7월 21일까지의 1개월 동안에 207여만 엔에 달했다. 일본은행이 쇼킨은행를 통해 조사한 바에 의하면 이는 산동 상인이 상해로 갖고 온 군표를 인터내셔널은행이 매입한 것이었다. 5월 26일부터 8월 11일까지 인터내셔널은행 외에 홍콩상해은행 등 서양계 5개 은행이 매입한 군표는 다 합쳐서 추정컨대 635만 5,000엔에 이르렀다고 한다.[89] 〈표 10-1〉의 각 지역 교환액과 비교하면 단기간에 매우 큰 규모의 매입이 이루어졌음을 알 수 있다.

이에 관하여 8월 16일 제24회 군용표 위원회에서는 쇼킨은행 부행장인 미사키 가메노스케三崎亀之助가 다음과 같이 보고했다.

> 홍콩상해은행(香上銀行), 인터내셔널은행(花旗銀行), 독일-아시아은행(德華銀行), 차타드은행(麥加利銀行), 네덜란드은행(和蘭銀行) 등이 6월 2일부터 8월 4일까지의 사들인 군용표 액수는 550만 엔으로 매입 시세는 군용표 1엔에 대하여 평균 88전 정도이다. 그들은 이렇게 구매한 후 수입환 자금을 무리해서 많이 처리할 뿐만 아니라 상해에서 일본으로의 외환 거래를 통해 1엔당 1전 남짓의 이익을 얻고 일본에서 런던으로 송금하는 외환은 일본은행이 설정한 시세보다도 16분의 1 정도 저렴하게 취급하기 때문에 100엔 당 25전의 이익을 얻게 된다.[90]

위의 사료에 의하면 상해의 외국은행은 군표를 1엔당 금 88전 상당에

---

89 松尾日銀總裁 → 水町理財局長, 明治 38年 8月 28日,『軍用切符』下, 631~634쪽. 매수액 내역은 홍콩상해은행 167.5만 엔, 독일-아시아은행 93.5만 엔, 네덜란드은행 28만 엔, 차타드은행 94만 엔, 인터내셔널은행 252.5만 엔이었다.
90 『軍用切符』上, 332쪽.

사들이고(실제는 은량銀兩 내지 멕시코달러를 지불했다고 보아도 좋다) 일본에서 이것을 금 90전과 교환함으로써 이익을 얻고 또 그것을 런던으로 송금할 때 일본은행이 매각하는 값싼(엔 강세 파운드 약세) 외환을 이용함으로써 재차 이익을 얻었다.[91] 외국은행이 상해의 잉여 은 자금을 금 자금으로 런던에 이체할 때 유리했던 '군표 → 금엔 → 일본은행의 파운드환' 경로가 이용되었으며[92] 그 결과 외국은행의 군표 매입이 산동 상인에 의한 영구 방면으로의 현송을 더욱 자극했다고 추측된다. 앞 장에서 살펴본 상해의 외국은행에 의한 루블지폐 매입과 같은 패턴이 군표를 둘러싸고 재현된 것이다.

군용표위원회는 이 문제를 쇼킨은행 상해 지점도 군표 매입에 참가시킴으로써 정리하고 군표의 공정시세에 상해의 런던과의 외환 거래 시세를 합쳐 산출한 시가로 군표를 매입하게 했다(명령은 8월 19일).[93] 자금은 정부계정에 의한 런던과의 외환 거래 매출로 조달하였고 우선 10만 파운드가 준비되었다.[94]

이 조치의 목적은 서양계 외국은행의 군표 매입을 억제하는 것에 있었다고 봐도 좋은데 그 외에 '일반적으로 군용표는 언제라도 동양의 큰 시장인 상해에서 매매할 수 있는 것이라는 관념을 가졌을 때 군용표에

---

91 러일전쟁 중 일본에서는 수입이 급증하고 수입환 징수로 외국은행의 수중에는 거액의 잉여 자금이 생겼다. 이것을 본국으로 되돌려 보낼 때 외환 시세가 불리하다는 이유로 금 수송을 꾀하는 움직임이 나타났고 '일본은행은 이들 외국은행에 대해서는 때때로 시의(時宜)에 맞게 설정 시세에 비하여 약간 비싼 외환을 거래하였다. 이렇게 함으로써 본위화폐 유출을 억제하는 방법'을 취했다고 한다. 大藏省, 『明治大正財政史』 17卷, 544쪽.
92 이러한 움직임이 1905년 5월경부터 갑자기 생긴 것에 관해서는 일본은행의 런던 외환정책 외에 금은 비가의 급속한 은 강세가 영향을 미쳤다고 추측되지만 구체적으로는 확실하지 않다.
93 『軍用切符』 上, 98~106·332·336쪽.
94 『軍用切符』 上, 100쪽.

대한 신용이 증가하고 무형의 이익 또한 커진다'는 취지가 포함된 것에 주목할 수 있다.[95] 군표 유통이 일본, 조선 그리고 점령지 범위 내에 멈추지 않는 것을 정부 스스로가 공인하고 동아시아의 금융 센터라는 상해의 지위를 이용하여 신뢰를 유지하려는 시도였다고 할 수 있다. 이후의 매입 상황은 분명하지 않으나 1906년 7월 군표 회수 종료까지 상해에서이 매입액은 215여만 엔이었다.[96]

2) 공정시세제도의 폐지

중국 본토로의 송금 수요와 함께 금엔과의 공정시세제도가 만주에서의 군표 유통을 교란한 것은 이미 거듭 설명했다. 1904년 9월 쇼킨은 행 우장 지점의 나카무라 죠타로中村鋌太郎는 공정시세 제도하에서 군표는 '은으로 금의 성질'을 띠고 있으므로 엔은과 같은 가격으로 유통하는 것은 곤란하다고 지적하였다.[97]

1905년 4월 26일 제9회 군용표위원회에서는 금은 비가가 정확히 은 1엔=금 90전 수준에 가까워졌을 때부터 대일외환 거래만이라도 시가대로 하도록 개정하는 것은 어떠냐는 의견이 나왔다.[98] 다만 5월 17일 제12회에서는 군인, 군속의 급여 지급에 군용표를 쓰고 있으므로 금엔 기준 가치를 변동할 수 있는 시가 제도에는 반대한다는 육군경리장관부陸軍經理長官部의 의견이 제출되었다.[99] 이후에도 대일외환의 시가거래

---

95 第二四回軍用切符委員會, 1905.8.16. 『軍用切符』上, 332쪽.
96 『軍用切符』上, 付表 「軍用切符受拂高累計表」의 비고란에 '상해로부터의 매입' 215만 0251엔 10이 계상되어 있다.
97 正金銀行牛莊支店中村鋌太郎 → 本店頭取・副頭取, 明治 37年 9月 16日, 『軍用切符』下, 715쪽.
98 神野書記官의 發言. 『軍用切符』上, 303쪽.
99 『軍用切符』上, 305쪽.

는 가끔 의제에 올랐으나 항상 육군이 이의를 제기해서 결정에 이르지 못했다.[100] 앞에서 살펴본 것처럼 쇼킨은행 연대출장소에서 일본과의 외환 거래가 시가로 이루어진 것이 유일한 예외이며 이것은 연대가 일본군의 점령지가 아니었기 때문에 가능했을 것이다.

이렇게 해서 군표 1엔＝금 90전의 공정시세는 유지되었는데 1905년 5월 이후 은 강세 경향은 수습되지 않고 공정시세와 괴리는 더욱 커졌다. 1905년 11월 30일 제32회 군용표위원회에서는 임석한 이노우에 가오루가 공정시세 개정에 관하여 군인 급여에 대한 영향을 이유로 들며 반대하는 육군성 경리국장에게 '군용표 가격은 세계의 은 시세를 따를 수밖에 없고 인위적인 시세를 정하여 그 시세로 봉급을 강요할 수 없다'고 발언하여 협의 결과 공정시세 폐지가 결정되었다. 다만 실행 시기는 조사 결과에 따르기로 했다.[101]

1906년 1월 1일부터는 아마 임시적인 조치였다고 추측되는데 공정시세가 1년 반 만에 개정, 군표 1엔이 금 90전에서 금 96전이 되었다. 그런데 그 결과, 영구에서 대일환율을 이용한 상해 송금이 재차 활발해졌고 결과적으로 금 유출이 우려되는 상황이 생겼다. 자세한 것은 불명확하지만 금 96전이라는 설정에 오류(과도한 금 약세)가 있었던 것이다. 1월 19일 제35회 군용표위원회에서는 이를 의제로 해서 다음과 같이 결정했다.

당분간 상해 및 일본과 거래하는 외환 시세는 우장의 쇼킨은행 지점에서 일본과 우장, 일본과 상해 그리고 상해와 우장 간의 환율을 고려하고 필요

---

100 제18회(1905.6.28, 『軍用切符』上, 318쪽)에서의 논의 등.
101 『軍用切符』上, 353~354쪽.

할 때는 상해와 런던 간 환율에도 주의해서 이것을 정하여 일본을 거치는 것이 직접 상해와 외환 거래를 하는 것보다 얼마간 불이익이 있도록 함으로써 일본에서 금화가 유출되지 않도록 할 것.[102]

같은 날에 거의 같은 취지의 '우장에서의 군표환에 관한 방침牛莊に於ける軍票為替に関する方針'이 이재국장으로부터 일본은행과 쇼킨은행에게 내려졌고 현지로는 전보를 통해 지시되었다.[103] 이것으로 영구에서의 대일외환환율은 공정시세로부터 완전히 멀어지고 일본 우회 송금 억제와 상해와의 외환 거래 유도를 목표로 현지에서 수시로 결정하게 되었다. 현금통화와 교환할 경우 공정시세는 이후에도 남아 있었으나 빈번히 개정이 이루어졌고 1906년 2월부터 조선에서의 공정시세는 일본과 다르게 결정되었다.[104] 이 시기에 이르러 일본정부는 공정시세를 통해 군표를 금엔과 연결하는 것을 완전히 포기한 것이다.

군표가 현지 주민의 의사와 상관없이 점령하에서 권력적으로 유포된 것은 말할 것도 없다. 그러나 군표가 군과의 관계를 떠나 민간에서 '통화'로서 유통되었다면 사람들이 그것을 어떻게 수용하고 어떠한 역할을 부여했는가에 대하여 생각해 볼 필요가 있다. 러일전쟁 군표는 각종 통화가 중층적으로 순환하는 만주 화폐제도 중에서 상대적으로 원격지 사이의 지급 수단으로 자리매김하고 상품과 노동력의 흐름을 반

---

102 『軍用切符』上, 357~359쪽.
103 『軍用切符』上, 145~148쪽.
104 『軍用切符』上, 49~50쪽.

영하여 영구로 몰렸다. 군표정책이 '마지막'에 가까워진 1906년 4월 시점에서 누적 회수액 중 놀랍게도 49.9%가 우장(영구)에서 회수된 것이었다는 사실은(〈표 10-1〉) 이를 여실히 보여준다.

이러한 영구로의 군표집중은 최종적으로는 중국 본토로의 송금 수요로 증명되었다. 군표의 일부는 연대나 상해로 유출되었으나 대부분은 영구에서 엔은으로 교환 청구되었다. 하지만 이에 전적으로 응할 능력이 없었던 일본 당국은 영구에서 만주 지역 외로 외환을 팔고 군표를 회수하려 하였으며 그러한 시도는 점령지 내 다른 도시로도 확대되었다. 일본정부에 의한 군표 회수는 1906년 7월 말에 끝났지만 그때까지 회수된 1억 9,315만 엔 중 군표의 액면 단위인 엔은에 의해 교환된 것은 479만 엔(3%)에 불과하고[105] 금엔 통화, 즉 일본은행태환권으로 교환된 것도 5,612만 엔(29%)에 그쳤다.[106] 한편, 1억 367만 엔(54%)이 외환 거래를 통한 회수이고 그중에서 일본과의 외환 거래가 3,348만 엔, 중국 본토와의 외환 거래가 6,786만 엔이었다.[107] 일본과의 외환 거래 대부분도 상해로의 우회 송금에 이용된 사실을 생각하면 만주의 군표 유통이 중국 본토로의 송금 수요와 얼마나 긴밀하게 관련되어 있었는지를 알 수 있다.

그런데 군표는 엔은을 액면으로 한 한편, 금엔과도 공정시세로 연결되었고 더욱이 공정시세는 군표가 이용된 대부분의 기간 사실상 고정

---

105 『軍用切符』上, 付表「軍用切符受拂高累計表」의 비고란. '엔은과 교환' 53만 8859엔, '엔은으로 매입' 424만 8144엔의 합계. 또 총 회수액은 '교환 수입액'·'정액 환원 판매액'·'세입에 수입액'를 더한 1억 9314만 5454엔(『軍用切符』上, 241쪽)
106 출처는 앞 주와 동일. '통화와 교환' 5611만 18083엔.
107 출처는 앞 주와 동일. 외환 거래에 의한 회수액으로서는 '본국환' 3347만 7779엔, '만주환' 6719만 1742엔, '만주환(엔은 자금에 대한 분)' 67만 2302엔, '은행환(결산 절차 중의 분)' 233만 2363엔의 합계. 그중 중국 본토용은 두 번째, 세 번째 항목의 합계.

된 상태였다. 이것이 단순한 계산상 편의 때문이었는지 그렇지 않으면 점령지의 통화를 일본의 금본위제에 포함하려는 정책적인 함의에 의한 것이었는지는 명확하지 않다. 다만 만주의 군표 유통이 중국 본토와의 관계를 통해 규정된다는 사실을 무시한 조치였던 것에는 변함이 없고 공정시세에 의한 군표와 금엔의 '연결link'은 주로 영구와 상해 사이의 송금을 통해 다양한 형태의 투기를 유발한 후, 일본에서 금본위화폐 유출의 우려조차 나왔다. 군표 발행은 원래 본국의 금본위제에 대한 부하를 줄이기 위한 것인데 취지와 상반된 사태에 직면한 일본정부는 최종적으로 군표와 금엔의 연결을 끊고 만주-중국 본토 간 송금에 금엔이 활용되는 것을 피하려 했다.

이러한 군표의 경험은 이후 쇼킨은행권을 운용할 때도 당연히 참고하였다. 쇼킨은행권은 군표와 마찬가지로 엔은 액면이었지만 금엔과의 고정연결은 채택하지 않았다. 그리고 엔은 기반의 형식을 취했지만 실제로 현금과 태환하는 일은 거의 없고 쇼킨은행은 그 신뢰를 상해와의 거래외환을 매각하여 유지하려 했다. 또한 시세의 설정 방법도 상해량을 저가에 매각함으로써 일본 우회 송금을 억제한다는 방침, 즉 군표외환과 관련하여 선택된 것과 같은 방침이 답습하였다.[108] 만주의 중국 본토로의 송금 수요를 전제로 유통과 신뢰를 유지하는 한편, 거기에 일본이 휘말리는 것을 최대한 회피한다는 점에서 군표의 유통회수 방침이 대체로 이어졌음을 확인할 수 있다.

다만 쇼킨은행권에 의한 만주 화폐제도의 통일방침은 이미 1906년 9

---

[108] 쇼킨은행에 의한 상해와의 거래환율 설정방침에 관하여 小島仁(1978), 103～106쪽; 小島仁(1981), 228쪽.

월부터 만주철도운임의 금엔 기반 화폐 병용을 계기로 무너지기 시작한다. 이후 일본의 만주 통화정책이 금 기반·은 기반 중 어느 것을 채택할지를 둘러싸고 혼란이 계속된 사실은 잘 알려져 있다.[109] 그러한 가운데 쇼킨은행권을 대신하여 유포된 조선은행권도 상해 송금을 둘러싸고 화상의 투기대상이 되었으며 이는 조선은행권 액면인 일본엔 자체의 대외 가치에도 영향을 미친 것은 분명했다.[110] 화상과 상해 사이의 금융 관계는 일관되게 일본의 만주 통화정책을 제약하고 나아가 일본엔 자체에게 계속해서 부담이 되는 것이었다.

---

109 이른바 금 기반·은 기반 논쟁에 관해서는 많은 연구가 있는데 러일전쟁 종결 직후의 논쟁에 관해서는 北岡伸一(1978), 46~48쪽; 波形昭一(1985), 172~180쪽; 金子文夫(1991), 157~165쪽.
110 대련과 상해 사이의 송금을 둘러싼 화상의 투기활동에 관해서는 많은 연구가 있으며 이를 금엔 액면의 조선은행권 유포에 기인하는 문제로서 정리한 사람은 安富步(1991)이다. 이 논문의 주 18)에 관련 선행연구의 논점이 정리되어 있다.

제11장

식민지화 전후의 조선 화상과 상해 송금

조선은행권 순환에 미친 영향

일본은 러일전쟁을 계기로 대한제국을 보호국으로 삼고 1910년에 정식으로 식민지화했다. 그 이전에도 조선의 주요 도시에는 일본인들이 진출한 상태였으며 여러 방면에서 일본과의 관계는 깊어져 있었다. 그러나 보호국 및 식민지화는 '제국'의 일부로 영역적 지배의 대상이 된다는 점에서 아무래도 그 전의 조일관계와는 질이 다른 것이었다.

하나의 예는 통화제도의 변화이다. 일본통화는 1876년 개항 이래 개항장이나 서울에서 무역 관련 거래에 널리 이용되었는데 조선정부가 발행한 각종 소액통화나 다른 외국통화와 함께 유통되었을 뿐이며 강제적인 통용력도 없었고 다른 통화와의 관계도 고정적인 것은 아니었다. 이러한 상황이 바뀌는 것은 1904년 10월부터 실시된 화폐정리사업에 의해서이며 일본엔을 사실상 본위로 하는 통화제도 도입을 통해 국내 화폐제도 통일과 일본과의 통화통합이 시도되었다. 이는 자연스럽게도 기존의 통화시스템과 마찰을 일으켰는데 결과적으로 보면 단기간에 조선은행^{朝鮮銀行}을 정점으로 하는 식민지 금융제도의 형성과 연동되는 형태로 통화제도 개혁을 실현한 것이다.[1]

이러한 제도적 변화에 조선 화상^{華商}은 어떻게 대응했을까. 제2부에서는 동순태^{同順泰}의 사례를 통해서 러일전쟁 이전 조선 화상이 일관되게 상해^{上海}로부터의 수입무역을 중심으로 활동하면서도 조일간의 무역이나 서비스, 사회기반시설에 대한 의존도를 높여갔음을 밝혔다. 이와 같은 측면을 염두에 두고 이 장에서는 조선의 식민지화 과정에서 화상과 상해의 관계가 어떻게 유지, 변화했는지를 검토하겠다.

우선 제1절과 제2절에서는 러일전쟁 후 조선에서의 화인^{華人} 사회 구성과 그 속에서의 화상의 지위, 그리고 이들의 징세 업무와 결제구조에 관하여 제1부에서도 이용한 주한사관보존당안^{駐韓使館保存檔案}이나 이 시기에 간행된 청국의 영사보고(『상무관보^{商務官報}』), 화상의 결제에 관련된 홍콩상해은행^{香港上海銀行}의 기록 등을 통해서 분석하겠다. 서장에서 설명한 러일전쟁 이전의 상황과 비교함으로써 이 시기 조선 화상의 특징이 분명해질 것이다.

이어서 제3절과 제4절에서는 1911년 신해혁명^{辛亥革命}을 계기로 진행된 상해의 금융경색 상황에 주목하여 상해무역의 창구 기능을 한 인천 화상이 이에 어떻게 대응했는지 그리고 일본 측이 화상의 행동을 어떻게 이해했는지를 검토하겠다. 바꾸어 말하자면 위기에 처했을 때의 행동을 통해 화상의 거래, 결제시스템의 기능을 가능한 적극적으로 이해하는 작업이다. 여기에서는 인천의 일본어신문 『조선신문^{朝鮮新聞}』이나 조선

---

1 화폐정리사업의 개요에 관해서는 羽鳥敬彦(1986).

총독부의 조사자료(『청국폭동이 조선무역경제에 미치는 영향淸國暴動ノ朝鮮貿易経済ニ及ホス影響』),[2] 조선은행 간행물 등 일본 측의 문헌을 주로 이용한다.

1. 러일전쟁 후의 화인 사회와 화상

조선에서 화인이 법적으로 거주를 인정받는 것은 청일전쟁 후에도 서울 및 개항장의 거류지(정확히는 그 주변 10 조선리(4km) 이내)로 한정되었다.[3] 개항장 수는 1897년 이후 증가했는데 화인의 거류지로서 서울과 인천의 비중이 높은 것에는 변함이 없었다. 다만 보호국화 이후에는 광산이나 토목공사, 염전 등의 노동자로서 집단적으로 내륙 지역에 거주하는 예가 늘어났다.[4] 최종적으로 거류지가 1914년에 철폐된 후에도 노동자에 의한 구 거류지 외 지역으로의 진입은 규제되었지만 1899년부터 이미 같은 규제를 실시 중이었던 일본과 비교하면 완만하게 운용되었기 때문에 산동성이 주요 출신지인 단기 노동 이주자가 증가했다.[5] 그 결과 서울 및 인천에 거주하는 화인의 비중은 점차 감소했다. 일본 측 인구 통계를 정리한 〈표 11-1〉을 보면 1907년 조선 전체 화인의 43%를 차지하

---

2 134정(丁)의 등사판 책자로 조선총독부 탁지부(度支部)가 관계 부서에 배포한 문서를 엮은 것이다. 제2회(1911.11.1)부터 제11회(1911.12.26)까지의 10회분이 실려 있다. 일본 국립국회도서관 소장.
3 청일전쟁 전에 성립한 인천, 부산, 원산의 청국 거류지는 전후에도 유지되었다. 다만 청일전쟁을 거치면서 조선정부는 청과의 여러 계약을 폐기하였고 그 안에 거류지장정(居留地章程)도 포함되었기 때문에 전후의 거류지에 법적근거는 없었다고 할 수 있다. 이에 관하여 보호국 기간에 일본과 청의 교섭이 이루어졌고 1910년 새로이 3개 항의 거류지에 관한 장정이 체결되었다. 제1장 주 1)의 문헌 참조.
4 보호국 기간의 화인 노동자에 관하여 李正熙(2012), 366쪽, 또 12장 전체.
5 松田利彦(2003); 安井三吉(2005) 4章.

연도	조선 전체	(남)	(여)	경성	인천
1906	3,661	n.a.	n.a.	1,363	714
1907	8,102	7,939	163	2,120	1,373
1908	9,978	9,600	378	1,975	2,255
1909	9,568	9,163	405	1,728	2,069
1910	11,818	10,729	1,089	1,828	2,886
1911	11,837	11,145	692	2,102	1,582
1912	15,517	14,593	924	2,310	1,549
1913	16,222	15,235	987	1,839	1,503
…					
1923	33,654	29,947	3,707	4,130	1,579

출처 『統監府統計年報』, 『朝鮮總督府統計年報』 各年.

던 경성(서울) 및 인천 거주자는 1913년에는 20%로 하락하고 거주자의 절대적인 수도 정체 또는 감소 경향에 있었다. 서울과 인천을 중심으로 했던 개항 이래 조선 화인의 모습이 변화되어 갔음을 알 수 있다.

다음으로 서울과 인천 화인 사회의 구성을 살펴보자. 〈표 11-2〉(인천), 〈표 11-3〉(서울)은 청국영사가 작성한 1907년 명부를 정리한 것이다.[6] 출신지로 보면 서울과 인천 모두 산동山東 출신자가 90%를 넘는다(서울은 판명되는 자 중에서의 비중). 그리고 광동廣東과 절강浙江이 그 뒤를 잇는다는 점은 청일전쟁 전과 다르지 않지만 산동 출신자의 비중은 계속 커졌다.(〈표 서-7〉 참조)

한편 직업은 크게 세 개의 범주로 나눌 수 있다. 첫 번째는 '잡화', '주단업綢緞業', '양화洋貨' 등 경공업품의 수입과 판매에 종사하는 상인이다. 두 번째는 도시의 잡업雜業이나 서비스업, 건설업 등에 종사하는 사람들

6　출처는 표의 주 참조. 또 김희신(2014), 〈표 3〉은 같은 사료를 사용하여 1907~1909년 서울 화인의 직업별 인구를 정리한다.

	산동	광동	절강	호북	안휘	강소	복건	직업 계
채원(菜園)	364							364
노점상(小販)	141	7	1					149
주단(綢緞)	111							111
잡화(雜貨)	98	3				2		103
대방(袋房)	60							60
양행(洋行)	11	28			4	1	1	45
객잔(客棧)	39							39
양화점(洋貨)	29	2						31
수공업 공장(作房)	26							26
선박업(船店)	18							18
양복점(洋服店)			15					15
통관대행업(報關行)	15							15
주점(酒館)	12							12
기성복점(成衣店)		2	8					10
목재공장(木廠)	9							9
이용업(剃頭舖)				6				6
서양포목(洋布)	5							5
약국(藥局)	2							2
(본적지 계)	940	42	24	6	4	3	1	1,020

출처 「[표제 없음(光緒三三年十一月日仁川正領事唐恩桐筆呈)」, 『華商人數清冊─清査旅韓商民案卷』(使館檔案 2-35-56-15). 날짜는 기술되어 있지 않다.

이다. 서울의 서양인들 사이에서는 건축과 양복 봉제 등의 분야에서 일본인보다도 화인 장인이 인기가 있었으며 이를 목표로 한 '서민小民'의 도항이 증가했다고 한다.[7] 상인뿐만 아니라 다양한 기술을 가진 사람들이 중국의 개항장에서 유입된 것이다. 세 번째는 '채원菜園', 즉 채소농장이다. 인천에서는 1880년대부터 산동 화인이 야채 지배를 시작하였고 이후에도 식민지기에 걸쳐 조선 화인의 특징적인 직업이 되었다. 인천이나 서울, 평양 등 도시부에서 소비되는 야채의 대부분을 화인이 공급하였다고 할 수 있겠다.[8]

---

7 「三十三年春夏兩季漢城商業戶口情形冊」(報告日不明), 『各口商務情形(2)』(使館檔案 2-35-56-2)
8 李正熙(2012), 第9~11章.

〈표 11-3〉 광서 33년(1907)의 서울 화인 구성

① 본적

성(省)	사람 수
산동(山東)	1,022
광동(廣東)	30
절강(浙江)	27
직례(直隷)	23
호북(湖北)	11
복건(福建)	6
강소(江蘇)	5
하남(河南)	3
봉천(奉天)	2
강서(江西)	1
순천(順天)	1
협서(陝西)	1
산서(山西)	1
기재 없음	577
합계	1,710

② 직업

직종	호수	사람 수
잡화(雜貨)	145	702
요업(窯廠)[벽돌(煉瓦)]	7	147
양화(洋貨)[수입품(輸入品)]	8	95
주점(酒館)	12	95
농원(菜園)	25	95
석공(石匠)	8	90
목재공장(木廠)[제재(製材)]	6	82
기와공(瓦匠)	9	71
호텔(飯店)	20	63
목공(木匠)	11	60
제과점(菓品店)	4	58
양복점(洋服店)	4	42
포목점(綢緞主)	10	31
철물점(鐵舖)	4	30
장원(醬園)	1	30
가사(傢私)[가구(家具)]	3	27
제분업(磨房)	8	25
이발점(理髮店)	6	20
약국(藥店)	6	16
고기점(肉舖)	5	16
		(다음 쪽에서 이어짐)

주점(酒店)	4	12
기성복점(成衣店)	3	11
땅콩가게(花生店)	5	10
도료업(油漆)[페인트]	1	6
숙박업(客栈)	3	9
조당(澡塘)[목욕탕(浴場)]	2	8
제화점(皮靴店)	1	6
양수업(挑水)	1	6
쌀가게(米店)	1	4
주택거주(住家)	73	231
합계	396	2,094 [이 중에서 여성 203]

출신지와 직업의 대응관계는 인천에 관해서만 명확하다. 사람 수가 많은 산동 출신자는 폭넓은 직업에 분포하는 반면, 광동 출신자에게는 '양행洋行'(무역업을 가리키는 듯 싶다), 절강성 출신자에게는 양복업이 많은 등의 쏠림 현상이 있었다. 같은 시기 인천 청국영사보고에 의하면 화인 중에서 가장 사람 수가 많은 산동 출신자(북방北幇)는 '주단 포필布疋'을 비롯하여 각종 상품을 수입, 판매하는 반면, 광동 출신자(광방廣幇)의 수는 약간 적고 각종 잡화나 공업제품을 수입하는 '양화점'을 경영했다.

또한 강서江西, 절강, 강소江蘇 출신자(남방南幇)는 '주단 포필' 외에 약재도 수입하였다고 한다.[9] 이처럼 출신지마다 특색 있는 상품을 수입한 사실을 엿볼 수 있다.

같은 보고에 의하면 상인 외에는 '집 짓기, 의류봉제, 벽돌굽기, 착암鑿巖 및 기타 기술업'에 종사하는 '화공華工'이 있는데 대부분은 봄에 산동 연안에서 와서 가을에 돌아가는 계절적인 단기 노동 이주자였다.[10] 산동

9 「韓國仁川口岸本年春夏兩季商務情形」(光緒 30年 8月 11日, 領事許引之報告)『各口商務情形各口造送光緒三十年春夏商務淸冊』(使館檔案 2-35-5-12).
10 앞 주와 동일.

과 봉천^{奉天}(요녕^{遼寧})에는 조선으로 돈을 벌러 가는 자를 위하여 간단한 읽고 쓰기를 가르치는 '한어^{韓語} 강습회'가 있었다는 사실로부터[11] 이들 지방에서 조선으로 돈벌이 가는 것이 일상화되어 있었음을 알 수 있다. 1909년 한 일본어잡지 기사에는 서울의 화인에 관하여 '대 상인은 역시 광동 사람으로 한정된다. (…중략…) 따라서 광동 사람은 마치 우리 오우미^{近江} 상인1)과 같이 매우 근면한 사람이며 도처에 손을 뻗치고 있다', '석공, 목수 기타 인부는 산동 사람이 많다. 이들은 매년 3, 4월에 와서 12월 상순에는 모두 귀국한다'고 설명한다.[12] 유동성이 높고 계층이 다양한 산동 출신자에 비하여 광동 출신자가 상업에 집중되어 있다는 이미지는 중국 측 사료에 나타나는 특징과 일치한다.

한편 화인의 사회단체에 관해서는 서울의 경우, 출신지 별로 구성된 '방'이 중심조직이고 1899년까지 북·경·광·남의 4개 방이 성립되었다.(제4장) 이들은 자치단체임과 동시에 거류민을 관리하는 공적인 성격이 강한 조직이었다. 동사^{董事}는 각 방에서 추천하여 공사(1906년의 공사관 철폐 후는 총영사)가 임명했다.[13] 공동으로 처리해야 할 안건은 4방의 동사가 수시로 합의하여 대응했으며[14] 1902년에는 4방 동사가 공동으로 운영하는 화상회관^{華商會館}이 설립되었다.[15] 인천에서도 출신지에 따라 남·북·광의 3개 방이 조직되었고[16] 1895년에는 3방 동사가 '공소^公

---

11 「朝鮮甑南浦商務情形(三十二年秋冬二季)」, 『商務官報』 丁未18期, 光緒 33年 7月.

12 滿韓萍士, 「京城に於ける清國人の社會的狀態」, 『朝鮮』 2巻5號, 日韓書房, 1909.

13 방의 추천으로 동사가 임명됐음을 나타내는 예로 주한 총영사 오광패(吳廣霈)가 있다, [年不明]6月 24日, 『京幇票擧董事由』(使館檔案 1-4-59-11).

14 駐韓總領事馬 → 外務部(申), 宣統 3年 6月 14日, 『清季中日韓關係史料』 4974番.

15 出使韓國大臣許 → 駐漢城總領事(札飭), 光緒 28年 8月 24日, 『憲諭建造華商公所案』(使館檔案 2-35-24-1). 4방과 대상인이 자금을 모아 건설하고 1층을 공소(公所), 2층을 임원들이 집무하는 총회로 할 계획이었다.

^{所'2)} 설립을 청국영사에게 청원하여 인정받았다.¹⁷ 이것은 중화회관으로 불렸고 적어도 1911년경까지는 3방 동사에 의한 운영이 계속되었다.¹⁸ 다른 도시에서도 마찬가지로 화인 중에서 동사가 선임되었던 것 같다.¹⁹

그런데 1903년 조선과 청국정부가 공포한 간명상회장정^{簡明商會章程}에 근거하여 서울에서도 1907년까지 상무총회^{商務總會}가 설립되었다.²⁰ 이것은 화상회관을 모체로 한 것으로 처음에는 기존과 같이 4방 상동^{商董}이 주도하였는데²¹ 신해혁명 이후 임원은 선거로 뽑았다.

그리고 이 경성상무총회의 임원의 경우 1912년 제1기와 1913년 제2기 구성을 알 수 있다.(〈표 11-4〉) 이름을 올린 32명 중 19명은 직업을 '주단잡화', '양광^{洋廣}잡화'라 하므로 중국으로부터의 수입상 내지 수입품을 취급하는 상인이었다고 보아도 좋다. 출신지 구성을 보면 산동은 15명으로 과반에 미치지 못하고 그 외에는 광동 8, 강소 3, 절강 5라는 구성이었다(광동 출신자 중 제2부에서 살펴본 담걸생의 이름도 있다). 이 시기 화

---

16 『淸季中日韓關係史料』 4781 · 5005番.

17 『疑設華商會館由』(使館檔案 2-35-31-3)에 수록된 각 문서. 또한 인천 화상협회가 소장한 『仁川華商商會華僑狀況報告(中華民國二十四年三月)』에 의하면 동 상회는 광서 13년(1887)에 남 · 북 · 광방의 상인에 의해 중화회관으로 설립되었다고 하므로'공소의 실제 설립은 본문에 기술한 것보다도 이른 시기였을 가능성이 있다. 다른 화인 단체로는 인천산동동향회(광서 17년 설립), 남방회관(광서 25년 설립), 광방회관(광서 26년 설립) 등을 들 수 있다. 이정희 · 송승석(2015), 319~320쪽.

18 「京仁淸商の營業振(三)」,『朝鮮新聞』, 1911.11.29. 교토대학 인문과학연구소 소장 마이크로필름. 원본은 일본 국립국회도서관 소장.

19 1904년까지 인천, 부산, 진남포, 원산, 목포의 동사가 임명되었고 1907년에는 신의주, 1909년 마산포, 1911년 군산 및 혜산진에서도 동사가 임명되었다. 전부『淸季中日韓關係史料』 4095番, 4490番, 4570番, 4781番, 5016番.

20 「漢城商務情形及進出口貨人口數目」(日時不詳),『各口商務情形-各口商務情形(二)』(使館檔案 2-35-56-2), 그리고『中國年鑑』(商務印書館, 1924)에 의하면, 경성 이외에 운산군 북진, 신의주, 인천, 진남포, 원산, 평양에 총상회가 존재했다.

21 「京仁淸商の營業振(三)」,『朝鮮新聞』, 1911.11.29.

〈표 11-4〉 경성상무총회의 임원(제1기 : 1912년, 제2기 : 1913)

직위 (제1기)	직위 (제2기)	성명	본적			도항 시기	거주지	상호	영업 내용
정회장	의원	장시영 (張時英)	산동성 (山東省)	등주부 (登州府)	봉래현 (蓬萊縣)	광서 14(1888)년	남부 회현방 소공동	부리호 (傅利號)	주단잡화
-	정회장	송금명 (宋金銘)		등주부 (登州府)	황현 (黃縣)	18(1892)년	〃	서성태 (瑞盛泰)	〃
부회장	의원	노은봉 (盧恩封)		등주부 (登州府)	봉래현 (蓬萊縣)	17(1891)년	중부 장통방 대립동	의순흥 (義順興)	〃
회동	-	주상하 (周常賀)	광동성 (廣東省)	조경부 (肇慶府)	개평현 (開平縣)	11(1885)년	중부 장통방 입동	원원호 (源源虎)	양광잡화
〃	의원	이서명 (李書萌)	산동성 (山東省)	등주부 (登州府)	봉래현 (蓬萊縣)	33(1907)년	중부 장통방 대립동	유풍덕 (裕豐德)	주단잡화
〃	〃	제갈자명 (諸葛子明)	강소성 (江蘇省)	상주부 (常州府)	의흥현 (宜興縣)	선통 원(1909)년	남부 남대문외통	남양운목공사 (南洋運木公司)	목재
〃	〃	왕연삼 (王連三)	산동성 (山東省)	등주부 (登州府)	영해주 (寧海州)	광서 18(1892)년	남부 회현방 송현동	덕순복 (德順福)	주단잡화
의원	〃	원경지 (袁敬之)	광동성 (廣東省)	광주부 (廣州府)	향산현 (香山縣)	14(1888)년	남부 회현방 태평동	안창호 (安昌號)	양광잡화
〃	부회장	임온산 (林蕰珊)		광주부 (廣州府)	신령현 (新寧縣)	24(1898)년	남부 회현방 석정동	여흥호 (麗興號)	목재건축
〃	의원	임굉구 (林宏久)		등주부 (登州府)	황현	23(1897)년	중부 장통방 대립동	유태춘 (裕泰春)	잡화
〃	〃	담걸생 (譚桀生)		조경부 (肇慶府)	고요현 (高要縣)	14(1888)년	남부 대평방 동현동	동순태 (同順泰)	양광잡화
〃	〃	황월정 (黃月亭)	강소성 (江蘇省)	태창주 (太倉州)	보산현 (寶山縣)	14(1888)년	남부 대평방 대리동	공정국 (工程局)	건축
〃	-	정이현 (鄭以賢)	광동성 (廣東省)	광주부 (廣州府)	향산현 (香山縣)	20(1894)년	남부 대평방 대광교	덕흥호 (德興號)	양광잡화
〃	-	손선방 (孫仙舫)	산동성 (山東省)	등주부 (登州府)	영해현 (寧海縣)	16(1890)년	북부 경행방 철물교	풍성영 (豐盛永)	철기 및 잡화
〃	-	우홍남 (于鴻南)		등주부 (登州府)	복산현 (福山縣)	23(1897)년	중부 장통방 대립동	금성동 (錦成東)	잡화
〃	-	송지암 (宋志菴)		등주부 (登州府)	황현 (黃縣)	18(1892)년	남부 회현방 소공동	서성태 (瑞盛泰)	주단잡화
〃	-	왕수익 (王受益)		등주부 (登州府)	복산현 (福山縣)	24(1898)년	남부양생방 태평동	원춘무 (元春茂)	〃

직위 (제1기)	직위 (제2기)	성명	본적			도항 시기	거주지	상호	영업 내용
〃	의원	곡소처 (曲紹處)		등주부 (登州府)	영해주 (寧海州)	21(1895)년	남부 대평방 동현동	광화순 (廣利順)	〃
〃	〃	왕선경 (王善卿)		등주부 (登州府)	영해주 (寧海州)	26(1900)년	남부 회현방 소공동	전리호 (傳利號)	〃
〃	〃	난자공 (樊子功)		등주부 (登州府)	봉래현 (蓬萊縣)	17(1891)년	남부 회현방 소룡동	홍순복 (洪順福)	〃
〃	-	재익삼 (載益三)	절강성 (浙江省)	영파부 (寧波府)	봉화현 (奉化縣)	20(1894)년	서부 양생방 대정동	원태창 (源泰昌)	양복점
〃	의원	장홍해 (張鴻海)		영파부 (寧波府)	봉화현 (奉化縣)	21(1895)년	남부 회현방 석정동	상흥호 (祥興號)	〃
〃	-	육경안 (陸慶安)		영파부 (寧波府)	자계현 (慈谿縣)	민국 원 (1912)년	남부 수표교	영대호 (榮大號)	약재
-	의원	은오강 (殷鳴岡)	강소성 (江蘇省)		오현 (吳縣)	선통 원 (1909)년	남부 장곡천정 석정동	남양운목공사 (南羊運木公司)	-
-	〃	노가병 (盧家柄)	절강성 (浙江省)		진해현 (鎭海縣)	광서 18(1892)년	남부 수표교 통입동	영대호 (榮大號)	약재
-	〃	누원영 (樓元榮)		영파부 (寧波府)	봉화현 (奉化縣)	34(1908)년	남부 정동	원태창 (源泰昌)	양복점
-	〃	등수자 (鄧受玆)	(기재 없음)			13(1887)년	중부 장통방 대립동	금성동 (錦盛東)	주단잡화
-	〃	송홍산 (宋鴻山)	산동성 (山東省)	등주부 (登州府)	영해주 (寧海州)	20(1894)년	남부 양생방 태평동	원춘무 (元春茂)	〃
-	〃	임유성 (林有茂)	광동성 (廣東省)	광주부 (廣州府)	신령현 (新寧縣)	20(1894)년	남부 정동	영흥호 (榮興號)	목공소
-	〃	주학산 (周鶴山)		조경부 (肇慶府)	개평현 (開平縣)	34(1908)년	남부 회현방 소룡동	의생성 (義生盛)	양광잡화
-	〃	주상하 (周常賀)		조경부 (肇慶府)	개평현 (開平縣)	11(1885)년	중부 장통방 입동	원원호 (源源號)	〃
-	〃	손신경 (孫信卿)	산동성 (山東省)	등주부 (登州府)	영해주 (寧海州)	21(1895)년	남부 회현방 소공동	동화동 (同和東)	주단잡화

주 ‘직위(1기)’, ‘직위(2기)’의 - 는 그 기수의 임원으로 등장하지 않음을 의미한다.
출처 「朝鮮京城華商總會劉督選定中華商務總會正副會長及會董議員(民國二年月日)」; 「同(民國三年三月日)」, 『各口商務情形—商務報告(二)』(使館檔案 2-35-56-18)

인의 90% 이상이 산동 출신자였음을 생각하면 경성상무총회의 임원 구성은 반드시 전체 화인 구성을 반영한다고는 할 수 없다. 이 구성을 통해서는 사회의 지도층에 산동 이외의 출신자가 상대적으로 많았음을 알 수 있고 이와 더불어 산동 출신자의 상당 부분은 유동적이며 화인 사회 운영에 영향을 줄 수 없는 사람들이었다고 추측할 수 있다. 또한 도항 시기는 1899년 한청통상조약韓淸通商條約 체결 이전이 25명이며 그중 18명은 1894년 이전 도항자였다. 조선 화인 사회의 모습은 청일전쟁 후 크게 변화했는데 그럼에도 불구하고 화인 사회의 중심은 19세기 말에 도항하여 기반을 형성하였고 대중수입에 관련된 일을 하는 상인이 차지하고 있었다.

2. 대중무역과 화상의 거래 및 결제 방법

1) 인천의 대중무역

여기에서는 화상의 대중무역 거점이었던 인천에 초점을 맞춰 한국병합 전후의 무역 상황에 대하여 살펴보겠다. 〈표 11-5〉는 1910년대 초 인천의 무역 상황을 상대국별로 정리한 것이다. 조선의 무역통계는 1906년까지 최종 선적지와 최초 하역지를 기준으로 상대국을 분류하였는데 1907년 이후에는 현재와 같이 원산국, 소비국을 기준으로 하게 되었다(그러한 의미에서 이 표는 〈표 서-1〉과 직접 연결하여 해석할 수 없다). 무역 상대국으로서 중국은 수이출輸移出3)에서는 일본 다음이고 수이입輸移入4)에서는 일본과 영국에 이은(1913년에는 영국을 제치고 일본 다음이다) 자리를 차지하였다.[22]

---

22 조선의 대중무역에서 인천이 차지한 비중은 수출에서 32%, 수입에서 49%였다(1910~1913년의 평균). 대일무역에서 차지하는 비중은 수출입 모두 17%이며 대중무역의 비중이 높은 것은

〈표 11-5〉 인천의 무역액(1910~1913)

수이출 · 상대국별   (천 엔)

연도	일본	중국	영국	독일	미국	그 외	합계
1910	3,064	951	6	13	18	3	4,055
1911	2,321	760	1	16	801	9	3,908
1912	2,475	1,256	1	2	54	0	3,788
1913	4,100	1,643	2	1	72	1	5,818

수이입 · 상대국별   (천 엔)

연도	일본	중국	영국	독일	미국	그 외	합계
1910	4,586	2,380	3,755	247	1,440	258	12,667
1911	5,968	2,853	4,583	815	1,962	345	16,526
1912	6,985	3,462	4,312	711	2,618	401	18,489
1913	5,709	4,064	3,372	1,049	2,537	859	17,589

출처 朝鮮總督府,『朝鮮貿易年表』, 各年.

조선 최대 소비 도시인 서울과 인접한 인천의 무역은 전체적으로 수이입 초과 경향에 있었고 이는 대중무역에서도 마찬가지였다. 대중 수입상품의 중심은 직물류였으며 특히, 견직물과 마직물이 주류를 이뤘다. 이 두 품목이 인천의 대중수입액에서 차지하는 비중은 보호국 시기인 1907~1910년 평균하여 61%이며,[23] 병합된 후에도 높은 비중을 유지하였다(1912년에 58%, 1913년에 41%).[24] 한편 중국으로의 주요 수출품은 인삼(특히 증기로 쪄서 만든 인삼)과 쌀이었다.[25] 인삼은 청일전쟁 후 일시적으로 인천의 대중수출액의 8할 내외를 차지하였는데[26] 제8장에서 언

인천 무역구조의 특징 중 하나였다.

23 1907~1909년은 한국탁지부,『한국외국무역요람』, 융희 2년판, 융희 3년판에 의한다. 1910년은 朝鮮總督府,『朝鮮貿易要覽』, 明治 43年版에 의한다.

24 仁川稅關,『大正二年貿易要覽』, 1914년에 의한다.

25 인천의 대중수출액 중에서 쌀과 인삼 두 품목이 차지하는 비중은 1912년에 82%, 1913년에 76%에 달했다. 仁川稅關,『大正二年貿易要覽』, 1914, 32쪽.

26 이 책 서장 주 52)의 본문을 참조.

급한 것처럼 1899년 이후에는 전매사업이 되기 때문에 일반 상인과는 크게 관련이 없었다. 한편 쌀의 대중수출이 늘어난 것은 러일전쟁 이후로 대부분이 관동주關東州와 만주로 향했다.

그런데 앞에서 언급한 것처럼 〈표 11-5〉는 무역상대국을 상품의 원산지와 소비국 기준으로 분류한 것인데 조선의 대중수입에서 서양제품의 재수입이 커다란 비중을 차지한 사실은 이 책에서 반복적으로 지적해 왔다. 그리고 이러한 경향은 이 시기에도 계속되고 있었다. 〈표 11-6〉은 일본 이외의 여러 나라로부터 인천으로의 수입에 관하여 원산지인 수출국과 조선으로의 수입 직전의 선적지와의 대응관계를 나타낸 것이다(1911~1913년 평균). 원산국과 상관없이 최종 선적지를 보면 이 시기 조선으로의 수입은 8할 이상이 중국과 일본 중 어딘가를 거쳐 이루어졌음을 알 수 있다. 중국이 원산지인 상품 대부분이 중국 각 항에서 출하되는 것은 당연하며 영국이나 독일, 미국이 원산지인 상품도 상당 부분 중일 양국을 거쳐 수입되었다.[27]

이러한 경로로 수입된 대표적인 상품은 영국제 면직물이다. 개항 당시 조선의 최대 수입품이었던 영국제 면직물은 청일전쟁 후, 일본제 면직물로 점차 교체되었는데 면직물 중에서도 생금건生金巾과 같은 두께가 얇은 물건은 여전히 영국제품이 경쟁력을 유지하였고 중국을 거쳐 인천으로 수입되었다.[28] 조선의 식민지화 이후에는 〈표 11-6〉에 나타나듯이 서양제품의 상당 부분이 중국이 아니라 일본 경유로 수입되었

---

27 이들 세 나라로부터 직접 수입된 것은 최종 선적지 '그 외'에 포함되어 있다.
28 예를 들면 1896~1903년 사이 인천의 대중수입 중 32%는 기계제 면직물(생금건, 쇄금건(晒金巾), 시팅천)이었다. 이 책 서장, 〈표 서-5〉 참조.

〈표 11-6〉 인천 수입품의 최종 선적지(수출국 별)(1911~1913년 평균)　　　　　　　(천 엔)

		수출국(원산국)				
		중국	영국	독일	미국	합계 (기타도 포함)
최 종 선 적 지	일본	313	1,763	589	1,179	4,305
	고베(神戶)	14	1,117	494	812	2,751
	나가사키(長崎)	144	123	7	21	334
	요코하마(橫濱)	0	53	4	50	110
	중국	3,068	1,740	78	38	4,971
	상해(上海)	445	476	13	17	971
	지부(芝罘)	1,668	1,037	28	2	2,751
	대련(大連)	642	223	37	19	928
	석도(石島)	203	0	0	0	206
	기타	79	586	191	1,155	2,038
합계		3,460	4,089	858	2,372	11,314

출처: 朝鮮總督府, 『朝鮮貿易年表』, 各年.

는데 영국제품의 경우는 여전히 중국 경유와 일본 경유의 비중이 거의
비슷하다. 이는 상해의 면직물 집산 기능이 일찍부터 확립되었기 때문
에 간단하게는 그 지위가 흔들리지 않았음을 말해준다. 1913년 인천에
수입된(일본산은 제외) 기계제 면직물 124만 엔 중 75%는 중국 경유이고
일본 경유는 10%, 직접 수입은 15%에 불과했다.[29]

또한 〈표 11-6〉에서 알 수 있듯이 최종 선적지는 상해보다도 지부芝
罘(연대煙臺)의 비중이 컸다. 이는 인천 및 서울에 연대와 거래를 했던 산
동 화상이 많았던 점[30]과 항로 사정에도 기인한다. 제8장에서 살펴본

---

29 '생금건 및 생시팅찬', '쇄금건 및 쇄시팅찬'의 합계액(仁川稅關, 『大正三年貿易要覽』, 1915, 54~55쪽).
30 ライス翁, 「京仁淸商の營業振(七)」, 『朝鮮新聞』, 1911.12.6.; 仁川搏風生, 「仁川港貿易政策
　　(二)」, 『福岡日日新聞』, 1912.6.21(고베대학 도서관 데이터베이스, 디지털판 신문기사문고,
　　2012.7.25 열람). 또한 李正熙(2012)는 1910년대 서울에서 수입 직물상으로 활동하던 세 상호
　　가 고향인 산동성 연대 근교에서 자금을 조달하였음을 밝혔다(49~53쪽).

것처럼 청일전쟁 후에는 러시아 선박이 상해-인천항로를 운항했는데 이것이 러일전쟁 발발로 인하여 폐지된 것이다.

그리고 1905년 7월에는 인천과 서울의 화상이 인한윤선유한공사仁漢輪船有限公司를 설립하여 전세 선박으로 상해-인천 간 항로 부활을 시도했는데 실패했다.[31] 러일전쟁이 끝나자 예전에 동청철도기선東淸鐵道汽船이 운영하던 항로를 러시아의 동아기선회사東亞汽船會社가 인수하여 운항을 재개했으나 이것도 1907년 봄 무렵에는 중단되었기 때문에[32] 이후 상해와 인천 사이의 무역은 연대를 거치지 않을 수 없었다. 참고로 상해-인천 직항로가 조선우선朝鮮郵船에 의해 부활한 것은 1924년의 일이다.[33]

31 1905년 7월 인천 및 서울의 화상은 인한윤선유한공사를 설립하여 독일 기선 하문호(廈門號)를 빌려 상해-영구-지부-인천 간을 취항하기 시작했다(「華商輪船公司設立」, 『通商彙纂』, 明治38年52號). 이것은 주한공사 증광전(曾廣銓)이 화상들에게 2만 원씩 출자시켜 설립을 촉구한 것이었다(「漢城等處商工業情形」, 『商務官報』27期, 1906, 「朝鮮仁川商務情形」, 『商務官報』己酉34期, 1909). 인한윤선유한공사의 장정에서는 화상 스스로가 항로를 개설하는 것은 '외인(外人)' 개입을 배제하기 위해서라고 하며 업무는 인천의 남·북·광 3방이 분담하기로 했다. 그리고 출자 유무나 화물의 양과 상관없이 인천으로 가는 화물을 다른 배에 선적하거나 일본 경유로 발송한 자에게는 벌금을 부과하여 화상의 화물을 독점적으로 한 곳에 모으려 했다(「仁漢輪船有限公司」, 『仁漢輪船公司運貨事宜』使館檔案 2-35-31-5). 하지만 항로를 개설한 지 불과 1개월 만에 3천 원의 손실이 난 것이 분명해졌고 주한공사는 1톤 7.2원이었던 화물 운임을 9.2원으로 인상하도록 명령을 했다. 인천 3방의 동사는 이에 항의하여 일본 상인과 서양 상인이 5~6원의 운임으로 수송하는 가운데 화상에게만 운임 부담을 지도록 하는 것은 부당하다고 하며 운임 인상 폭은 1원이 한계라고 주장했다(駐韓總領事收南北廣幇董事稟, 光緖31年8月30日, 同前). 결국 인한윤선유한공사는 불과 5개월 만에 출자금 전액을 잃고 해산하게 되었다. 증광전의 후임인 총영사 마정양(馬廷亮)은 때때로 화상을 모아 항로 부활을 호소했으나 모두 이전의 손실을 이유로 거절했다(「漢城等處商工業情形」前揭).
32 「朝鮮元山商務情形」, 『商務官報』戊申1期, 1908, 「釜山商務情形」, 『商務官報』戊申2期, 1908, 러시아의 동아기선회사에 관해서는 사콘 유키무라(左近幸村, 니가타(新潟)대학)로부터 조언을 받았다.
33 『朝鮮郵船株式會社二十五年史』, 1937, 151쪽. 이와 비슷한 시기에 화상의 직물 수입경로도 상해로부터의 직수입으로 돌아가는 경향을 보였다고 한다. 李正熙(2012), 80쪽.

2) 화상에 의한 거래 방법

인천의 대중무역 중 수출은 화상과 관련된 바가 적었다. 주요 수출품인 인삼은 전매제도하에서 독점적으로 수출되었고 쌀은 주로 만주 거주 일본인의 수요에 부응하기 위하여 일본인 업자가 수출하였다. 반면 주요 수입품인 직물과 잡화류의 경우, 화상이 중심이 되어 취급했다고 봐도 좋다. 1909년 『조선신문』에서는 '인천항으로 수입되는 생금건의 대부분은 영국산이지만 취급은 거의 청나라 상인이 독점하며 작년 1908년에는 영국인 상인이 25분의 1을 차지하는 데 불과했다'고 하며 화상의 대부분은 생금건을 상해에서 수입한다고 전했다.[34] 수입 방법에 관해서는 인천에 관한 한국관세국의 조사기록(1910)에 다음과 같은 기술이 보인다.

> 이 물건(생금건)의 수입은 거의 청나라 상인에 의해 이루어진다. 청나라 상인은 수입하자마자 상해에 상주하는 자기 점포의 대리인을 통해 외부 상인인 '매판(買辦, comprador)'과 상담 거래를 해서 수입한다. 즉 대리인은 당항(인천) 지점에서 주문을 받으면 바로 매판과 상담해 화물을 매입, 당항으로 보낸다.[35]

이 사료를 통해 상해에 조선 화상의 '대리점' 격인 화상이 있고 서양 수입상으로부터 매입을 담당하였음을 알 수 있다. 상해에는 '선방鮮帮'이라고 불리는 화상그룹이 형성되어 조선으로 향하는 견직물 수출에 관여하였다. 1920년 조선총독부가 견직물 수입세를 올렸을 때는 이들

---

34 「布帛類輸入は淸商首位にあり―仁川輸入貿易と列國商勢の消長(三)」,『朝鮮新聞』, 1909. 5. 20.
35 關稅局,『韓國貿易品ノ取引順序及運賃等ニ關スル調査(財務彙報四四號付錄)』仁川港部, 1910, 39쪽.

〈표 11-7〉 서울의 주요 화인 상점(1911년경)

점포명	목적	자본(원)	본점 소재		본점 창립연월	
유풍덕(裕豊德)	잡화	100,000	청국 지부		광서	23년
덕순복(德順福)	〃	80,000	〃 (덕순화(德順和))		20년 정월	
동화동(同和東)	〃	60,000	〃 (공진화(公晉和))		2년 3월	
취성호(聚成號)	철물	60,000	〃 (동취항(同聚恒))		17년 정월	
풍성영(豊盛永)	철물	50,000	〃 (풍성영(豊盛永))		3년	
남양운목공사 (南羊運木公司)	목재	50,000	청국 상해		선통원년 5월	
영대호(榮大號)	잡화	50,000	〃		(기입 없음)	
광화순(廣和順)	〃	50,000	청국 지부		광서	30년 9월
금성호(錦成號)	〃	40,000	〃		4년	
전리호(傳利號)	〃	35,000	경성		26년 2월	
동순태(同順泰)	양광잡화	35,000	〃		12년 11월	
여흥호(麗興號)	목재공장	30,000	〃		19년 2월	
의생성(義生盛)	양잡화	30,000	인천		8년	
홍순복(洪順福)	잡화	20,000	경성		23년	
원춘무(元春茂)	〃	20,000	〃		25년 6월	

주 원 사료에 작성자와 작성일이 기재되어 있지 않음. 다만 같이 묶여 있는 전후 사료로부터 1911년경에 작성된
것으로 추측된다. 원 사료에는 47개 상호가 포함되는데 여기에서는 자본 금액 상위 15개를 뽑아냈다. 이 표에서 생략한
상호를 포함하여 원 사료 전체는 김희신(2014), 310~312쪽에 게재되어 있다. 굵은 글자체는 본점이 청국에 있는
것. 참고로 '본점'은 원 사료상의 표현이다.
출처 「華商舖名資本等項表」,『各口商務情形: 商務報告(二)』(使館檔案 2-35-56-18)

이 반대운동의 한 세력을 이뤘다.[36] 이러한 화상이 조선의 거래처와 연
계하여 화물조달을 맡았던 것이다. 한편〈표 11-7〉은 1911년경 서울의
청국 총영사관이 작성했다고 보이는 화상의 주요 상호 일람이다. 자본

---

36 李正熙(2012), 81·122·126쪽. 실태는 확실하지 않으나 1905년 무렵 상해에는 이미 '주신선방
(駐申鮮幇)'이라는 단체가 있었음을 확인할 수 있다(「仁漢輪船有限公司」,『仁漢輪船公司運貨事
宜』使館檔案 2-35-31-5). 그리고 1906년 상해에 산동 공소가 새롭게 만들어졌을 때 협력한 산동
출신자 그룹 22개 중 '인천방(仁川幇)', '원부산방(元釜山幇)'의 이름이 등장한다(彭澤益 主編,
『中國工商行會史料集』下, 中華書局, 1995, 887~888쪽). 이것이 위의 '선방'과 같은 것인지는
불명확하지만 상해에 조선과의 거래를 주로 하는 화상이 일정 정도 존재했음은 확인할 수 있다.

금이 큰 상호 중에는 연대와 상해에 '본점'을 갖는 경우가 많았으며(계열점이라 보아도 좋을 것이다), 이처럼 자본 관계를 봐도 조선 화상과 중국 본토와의 관계는 깊었음을 알 수 있다.

그리고 이러한 중국 본토와의 관계는 무역 결제 방법에도 반영되었다. 이 책 제2부에서는 동순태의 상해무역이 장기적인 상호정산을 통해 결제되었음을 밝혔는데, 다른 화상의 경우에도 방법에 약간의 차이는 있지만 장기적인 신용에 의해 결제하는 것은 동일했다. 1900년 무렵 조선을 시찰한 대장성의 미야오 슌지宮尾舜治는 화상이 상해로부터 화물을 수입할 때 은행에서 하환어음을 발행하여 결제하는 일은 없고 '각 지역의 상점 및 자본 네트워크가 충분히 갖추어져 있어' 연 2회 절기지급하면 괜찮았으며 화상은 조선에서 매상금을 회수한 후에 상해로 지급하면 되기 때문에 한 번에 거액을 수입하는 것이 가능했다고 한다.[37]

그리고 미야오에 의하면 수출상으로부터 연불을 인정받은 화상은 '화물을 파는데도 크게 여유가 있어 상대방對手을 신용할 수 없을 경우에는 외상거래를 통하여 화물을 모두 처리할 수 있었다'고 한다.[38] '상대방'은 수입품을 구매하는 사람, 즉 조선인이라 생각해도 될 듯싶다. 청일전쟁 이전의 서울에서 화상이 조선인 상인에게 수입품을 판매할 때 한 달 정도 짜리의 약속어음이 이용되었음은 제4장에서 검토한 바 있다. 같은 방법이 이 시기에도 활용되었던 셈이다.

한편 인천의 청국영사에 의하면 어음을 이용한 조선인 중매인의 사

---

37 『宮尾稅關監視官韓國出張復命書』刊行年不詳, 9쪽. 1900년경의 것이라고 판단하는 근거는 이 책 제8장의 주 34) 참조.
38 앞 주와 동일.

기 사건이 자주 발생해서 1909년 조선인을 상대로 한 화상의 연불 거래를 금지하였더니 오히려 거래가 지체되는 일이 일어났다.[39] 『조선신문』에 의하면 연불에 관한 분쟁이 많이 생긴 것은 전년도의 불황을 배경으로 하며 화상이 조선인으로부터의 연불을 인정하지 않았더니 조선인의 도산이 이어지고 장래를 비관한 인천 화상 대부분이 한때 연대로 철수하는 소동이 벌어졌다고 한다.[40] 은행 등과 같은 상업 금융이 불충분한 상황에서 화상은 조선인 매입자에게 연불 형태로 개별적인 신뢰를 보증했으며 그 신뢰는 거슬러 올라가면 다름 아닌 상해의 수출상이 부여한 것이었다. 이러한 연속적인 양자 간 신뢰 위에 화상활동은 성립했다고 할 수 있다.

3) 화상의 대중 송금과 그 경로

위와 같은 무역구조와 거래 방법으로부터 조선 화상의 대부분은 중국 거래처에게 만성적으로 채무를 지는 상태였다고 할 수 있다. 장기적인 연불 혹은 상호정산의 관행은 화상의 자금변통을 어느 정도 도왔지만 조선으로부터의 수출품을 충분히 확보할 수 없는 이상 최종적으로는 어떠한 형태로든 송금해야 했다. 대중 송금방법이 확립되지 않았던 개항기, 화상이 다양한 경로나 수단으로 이를 해결하려 했다는 사실은 제2부에서 동순태의 예를 통하여 자세히 논한 바 있다.

한편 청일전쟁 후 송금방법에 가장 큰 영향을 준 것은 금본위제 이행

---

39 「朝鮮仁川商務情形」, 『商務官報』乙酉34期, 1909, 20葉右 김희신(2014)에 의하면 1909년의 연불 금지는 영사관이 화교 전체에게 보낸 것이었다. 위 논문의 표4는 청일전쟁 후의 연불에 의한 분쟁 사례를 보여 준다(303~307쪽).
40 「淸商の過半芝罘に引揚ぐ-財界不振の結果」, 『朝鮮新聞』, 1909.4.28.

에 따른 일본계 은행의 정책적인 금 매입일 것이다. 제8장에서 검토한 것처럼 결국 화상은 중국으로의 사금 현송이 곤란해졌고 마찬가지로 현송 대상이었던 엔은圓銀의 감소와 맞물려 중요한 송금 수단을 잃게 되었다. 앞에서 언급한 1900년경 이루어진 미야오 슌지의 조사는 '일본의 화폐제도 개정[금본위제 이행] 이래 일본인이 점점 금지金地5) 매수에 손을 뺌으로 따라 청상은 매우 당황했다', '또한 엔은의 경우 점점 한국의 보유액이 감소하여 한, 두 해 후에는 자취가 끊길 것'이라고 설명한다.[41]

제8장에서 살펴본 동순태는 사금과 엔은 유통이 감소함에 따라 일본 통화(은행권)에 의한 은행 송금을 많이 사용하게 되었는데 다른 화상도 이렇게 대응하였다고 보인다. 미야오의 조사에서는 화상에 의한 '[대중] 외환 거래 대부분은 일본을 거쳐 요코하마, 고베, 나가사키와 상해, 지부 사이에서 결제되는 것이 보통'이라고도 설명한다.[42] 일본을 거치는 외환 송금 자체는 청일전쟁 전부터 있었지만(제6장), 청일전쟁 이후의 상황 변화로 화상들이 보다 널리 이용하게 되었다고 추측할 수 있다.

그리고 1897년 홍콩상해은행과 차타드은행의 대리점이 인천에 설치되자 화상은 이들을 통하여 상해로 보낼 송금환을 바로 사들일 수 있게 되었다. 초기에는 이용자가 많지 않아 미야오의 조사에서도 홍콩상해은행 인천대리점의 송금어음 거래는 연간 50만 엔 정도로 추정한다.[43] 하지만 앞 장에서도 언급한 것처럼 러일전쟁 전후로 화상에 의한 이 두 은행의 송금환 이용이 꽤 늘어났던 것 같다. 1908년 일본인의 조사에 의

---

41 『宮尾稅關監視官韓國出張復命書』(주 37), 302~303쪽.

42 『宮尾稅關監視官韓國出張復命書』(주 37), 300쪽.

43 『宮尾稅關監視官韓國出張復命書』(주 37), 302쪽. 이 책 제8장의 주 133) 참조.

하면 화상은 수입할 때 하환어음은 전혀 이용하지 않고 두 영국계 은행의 전신환으로 송금했는데 송금수수료가 '매우 비싸서' 은행은 다른 업무를 하지 않아도 이 업무만으로 꾸려나갈 수 있을 정도였다고 한다.[44] 1909년 청국영사보고에 의하면 인천 화상 중 송금을 서두르는 자는 두 영국계 은행의 전신환으로, 그렇지 않으면 일본을 거쳐 상해로 송금했다고 한다. 전자에 의한 송금은 연간 100만 엔, 후자는 200만 엔 정도였다.[45] 영국계 은행이 제공하는 상해와의 외환 거래 서비스를 이용하는 것은 비용이 약간 비싸도 신속하게 송금할 수 있으므로 환리스크를 피하려는 화상의 수요를 반영할 수 있었다고 보인다.

그런데 인천의 두 영국계 은행 중, 홍콩상해은행의 경우 1908년 및 1912년 검사보고서와 1910년의 영업 규모 자료가 남아 있다.[46] 유감스럽게도 영업 상황을 전면적으로 재구성할 수 있는 사료는 아니지만 화상에 의한 상해와의 외환 거래가 어떻게 이루어졌는지를 은행의 입장에서 살펴볼 수 있다. 아래에서 구체적으로 검토하겠다.

1908년 보고서에 의하면[47] 인천에서는 상해로부터 면직물과 기계, 식품 등이 화상에 의해 수입되었고 '화상은 상해로 거액을 송금해야 하며 일반적으로는 홍콩상해은행과 차타드은행을 이용하여 송금하였다'

---

44 東京高等商業學校(上田光雄調査), 『韓國ニ於ケル貨幣ト金融』下, 86쪽.

45 「朝鮮仁川商務情形」, 『商務官報』 乙酉39期, 1909, 21葉右.

46 런던의 HSBC Archives에 소장되어 있다. 저자가 확인할 수 있었고 여기에서 이용한 것은 1908년 및 1912년의 검사보고서("Report on the Trade & Conditions in Chemulpo, June, 1908", SHG Ⅱ129 ; "Report on the Business of Chemulpo, and General Remarks on Korea"Oct. 1912, HSBC H190/00), 1910년의 영업규정("Sundry Rules & Regulations, Nov. 1910", HSBC H190/00)이다. 이 외에 홈링거상회(Holme Ringer&Co.) 및 타운센드상회(Townsend&Co.)와의 대리점 계약에 관한 문서, 조선총독부의 점포개설 허가에 관한 문서 등이 있다.

47 "Report on the Trade & Conditions in Chemulpo, June, 1908"(앞 주).

고 한다. '한 화인 브로커ª Chinese Broker'가 은행보다 고객에게 유리한 시세로 상해와의 외환 거래를 해주고 있어 경쟁이 우려된다는 기술도 있는 등 화상에 의한 기존의 송금어음도 아직 이용되고 있었음은 알 수 있으나 규모는 명확하지 않다.

다음으로 1912년 보고서를 살펴보자.[48] 처음부터 대리점이었던 홈링거상회Holme Ringer&Co.가 1908년부터 1912년 사이에 인천에서 철수했기 때문에 1910년 11월부터 타운센드상회Townsend&Co.가 새로운 대리점이 되었다.[49] 대리점의 가장 중요한 업무는 화인에게 대중전신환을 파는 것이었으며 이는 홍콩상해은행과 차타드은행이 독점했다. 대리점의 외환 거래 상황은 1911년부터 1912년 상반기에 걸쳐서는 확실하게 알수 있는데(〈표 11-8〉), 서양기업이나 선교회를 고객으로 하는 금 기반 외환도 매매되었지만 그다지 큰 규모는 아니었다. 압도적으로 많은 것은 상해량 외환의 매각이며 전부 화인이 거래한 것이었다. 또한 은 기반 외환매수(예를 들면 하환어음 거래)에 관해서는 구체적인 숫자는 알 수 없으나 '무시할 수 있을 정도very insignificant'라는 설명이 있는 것으로 보아 중국에 대해서는 인천으로부터의 송금뿐이었다고 할 수 있다.

같은 보고서에 의하면 1912년 1월부터 8월까지 조선의 대중수입이 482만 472엔이었던 것에 반해 대리점이 화인과 거래한 외환은 147만 6,965량이었다. 이것을 100엔＝72량으로 환산하면 205만 1,340엔이 된다. 또한 차타드은행에서는 1912년 7~9월까지 3개월 동안에만 93만 6,200량의 외환을 거래했으며 홍콩상해은행과는 비슷하거나 더 많은

---

48 "Report on the Business of Chemulpo, and General Remarks on Korea"(주 46).
49 주 46) 참조.

	1911년 상반기	1911년 하반기	1912년 상반기	비고
외환매수(금 기반)				
Missionary&Consular Drafts	9,677	8,999	9,944	파운드
Consular	6,816	5,525	14,795	프랑
Missionary	207,397	191,956	199,604	달러(금)
외환매도(금 기반)				
British American Tobacco Co. ; Nobels Explosives; Brand Bros.	59,870	45,359	38,098	파운드
Townsend & Co's Drafts	18,212	2,452	9,581	프랑
Oriental Consolidated	10,348	6,323	13,084	달러(금)
외환매도(은 기반)				
All Chinese	20,570	12,206	19,955	홍콩, 달러(은)
	1,113,865	1,312,654	1,339,148	상해, 량
	6,860	8,066	10,115	상해, 달러(은)

출처: "Report on the Business of Chemulpo, and General Remarks on Korea", Oct. 1912, HSBC H190/00, HSBC Archives in London.

거래가 있었던 것 같다. 1911년 말부터 1912년 초에 걸쳐서는 신해혁명
으로 인해 대중 송금이 증가한 시기였지만 〈표 11-8〉에서 알 수 있듯이
1911년 상반기에도 상당한 액수의 송금이 있었기 때문에 혁명의 영향
력이 컸다고 보이지는 않는다. 화상의 상해 송금 중 상당 부분이 일상
적으로 두 영국계 은행을 통해서 이루어졌다고 봐도 좋을 것이다.

그런데 화상들이 상해와 외환 거래를 할 때 두 영국계 은행 중 어디에
의뢰할지를 정하는 방법이 흥미롭다. 약간 장문이지만 인용해 두겠다.

[상해와의] 거래환율이 결정되는 구조는 부적절한 문제를 피하는 데 있어
서 매우 공평하다고 생각한다. 운영 방법은 다음과 같이 합의되어 있다 ― 환
율 서류는 봉인된 봉투에 넣어 두 영국계 은행의 매판이 중화회관(Chinese

Club)으로 갖고 온다. 오후가 되어 관계된 화인들이 모두 모이면 봉투는 청국 영사의 입회하에 개봉되고 보다 높은 환율을 제시한 은행이 그 날의 외환 거래 신청을 모두 가져간다. 환율이 같으면[대리점인] 타운센드상회의 매판을 더욱 신뢰하기 때문에 보통은 우리들의 거래가 많다. 다만 타운센드씨에 의하면 차타드은행의 대리점은 거래에 상한을 설정하지 않는다고 한다. 우리는 하루에 3만 량으로 상한을 정해 놨기 때문에 이를 넘어서는 액수는 그들이 거래한다.[50]

예를 들면 1912년 9월 16일 홍콩상해은행의 환율은 100엔이 상해량으로 72량과 8분의 1이었는데 비하여 차타드은행에서는 72량과 4분의 3이었기 때문에 이 날 신청된 11만 2,000량의 외환 거래 모두 후자가 맡았다고 한다. 두 은행이 같은 환율을 제시했을 때의 화상의 대응을 보면 개별 화상의 선택권 자체가 제약되어 있었던 것 같지는 않고 은행이 화상에게 제시하는 환율을 공개함으로써 은행과 개별 화상이 교섭하는 비용을 절약하는 목적을 가진 관행이었다고 보인다. 즉 영국계 은행의 가장 중요한 고객으로서 화상이 우위에 있었음을 엿볼 수 있다.

---

50 원문은 다음과 같다. "The system under which rates are given out seems a perfectly fair one, as, to avoid undue trouble and running about it was agreed that rates should be put into sealed envelopes and taken to the Chinese Club by the respective Compradores where they are opened in the presence of the Chinese Consul in the afternoon when all the Chinese interested go there and the Bank quoting the higher rate obtains all the exchange offering on that day. In case of even rates our share is usually grater as Townsend & Co's compradore is very popular. However, Mr. Townsend told me that the Chartered Bank's Agent appeared to have no limit as to the amount he sold and as our limit is Tls. 30,000 in one day, any surplus went to them," 문장 중에 'compradore'이 등장하는 것으로 보아 일본의 개항장에도 있던 서양계 은행의 은행중매인(이 책 제1장의 주32)에 나타나는 남만고(藍萬古)는 그 하나의 예이다)이 인천에서도 있었음을 알 수 있다. 1908년의 검사보고서(주47)에 의하면 홍콩상해은행이 화인에게 상해로 보낼 전신환(T.T.)을 팔 때는 중매인에게 16분의 1%의 수수료를 내는데 차타드은행에서는 중매인의 수수료는 없고 대신 수시로 보너스를 줬다고 한다.

그런데 이러한 상해와의 외환 거래를 통해서 인천의 영국계 은행 수중에는 화상으로부터 들어온 일본엔(금엔金圜)이 쌓인다. 은행 측은 이 것을 어떻게 처리했을까. 1910년의 홍콩상해은행의 영업규정에서는 현금cash을 다음과 같이 취급하도록 정한다.

우리 은행의 명의로 한국은행 인천 지점에 계좌를 개설하고 모든 [현금의] 출납은 이를 통해서 해야 한다. (…중략…) 잔액은 가능한 5만 엔으로 유지해야 하고 [인천대리점을 감독하는] 나가사키대리점으로부터 특단의 지시가 없는 한 이 이상의 금액은 전부 한국은행을 통해서 요코하마로 송금되어야 한다.[51]

한국은행은 제일은행에게 위탁되었던 한국의 중앙은행 업무를 인계하여 1909년에 설립되었다(1911년에 조선은행으로 개칭). 위 사료에 의하면 홍콩상해은행은 인천에서 얻는 금엔 자금을 조선에서 운용하는 일은 거의 없고 금엔 자금이 수중에 들어오면 한국은행을 통해서 요코하마 (아마도 한국은행 요코하마 지점)로 보냈다. 1909년 일본인의 조사에 의하면 차타드은행의 인천대리점도 화상으로부터 상해로 송금하기 위하여 받은 자금은 '빌려주지 않고 모두 제일은행의 손을 거쳐 상해로 송부'했다고 한다.[52] 홍콩상해은행의 경우와 마찬가지로 제일은행을 통해 일단

---

51 'Sundry Rules & Regulations, Nov. 1910'(주 46). 대응하는 원문은 다음과 같다. "An account to be kept in the Bank's name with the bank of Korea, Chemulpo, through which all receipts and payments must be pass. The balance should be verified daily. The balance should be kept as close as possible to Yen 50,000, and any surplus remitted through the bank of Corea to Yokohama, unless otherwise instructed by Nagasaki Agency."

52 『韓國ニ於ケル貨幣ト金融』(주 44) 下, 86쪽.

차타드은행 일본 지점을 거쳐 상해로 보낸 것이다.

　이처럼 이 두 은행이 인천의 자금을 일본으로 되돌려 보낸 이유는 인천의 대리점이 각각 일본에 있는 지점의 감독 아래에 있었다는 사정도 있지만[53] 상해로만 송금이 치우쳐진 외환 거래 상황을 보았을 때 조선에 자금을 두어도 운용전망이 서지 않았다는 점이 보다 중요하게 작용했을 것이다. 서양계 외국은행의 업무는 일본에서도 수입환 취급에 치중되었고 수중에 잉여금엔 자금이 쌓이는 경향이 있었는데 이를 금태환金兌換하여 상해로 보내는 경우가 있었다.[54] 조선으로부터의 자금도 이러한 취급 과정을 거쳐 각각 상해 지점으로 되돌려 보냈다고 봐도 좋을 것이다.

　이러한 영국계 은행의 움직임을 염두에 두면서 인천의 일본계 은행에 의한 송금 서비스 상황을 살펴보자.(〈표 11-9〉) 인천의 일본계 은행에는 1883년에 진출한 제일국립은행第一國立銀行(1897년부터 제일은행, 후에 한국은행을 거쳐 조선은행) 외에 1890년 진출한 제18국립은행第十八國立銀行(1897년부터 18은행), 1892년 진출한 제58국립은행第五十八國立銀行(1897년부터 제58은행, 1909년부터 130은행)이 있었다.

　이 장에서 검토하는 시대로부터 약간 거슬러 올라가 청일전쟁 전인 1892년부터 살펴보자. 〈표 11-9〉에서는 인천으로부터의 송금처로 요코하마가 오사카 다음으로 컸던 점과 한편으로 요코하마에서 인천으로의 송금은 전무에 가까웠던 점을 주목할 수 있다. 1895년 일본영사보고는 이러한 요코하마의 송금에 관하여 '비즈니스상의 관계에서 생긴 거

53　홍콩상해은행의 인천 대리점은 나가사키 지점, 차타드은행의 인천 대리점은 고베 지점 아래에 속해 있었다. 1908년 검사보고서(주 46).

54　小島仁(1981), 123~126쪽.

<표 11-9> 인천에서의 일본계 은행을 통한 송금(1892·1912)

① 1892년 중(천 엔)

인천에서 각 지역으로				각 지역에서 인천으로		
송금환	할인어음+하환어음	합계		송금환	할인어음+하환어음	합계
62	1	63	도쿄	50	0	50
260	0	260	요코하마	1	0	1
125	635	759	오사카	23	365	388
69	9	78	고베	5	0	5
19	34	53	바칸(馬關)6)	10	1	11
115	16	130	나가사키	12	57	69

② 1912년 중(천 엔)

인천에서 각 지역으로				각 지역에서 인천으로		
송금환	할인어음+하환어음	합계		송금환	할인어음+하환어음	합계
166	72	238	도쿄	83	754	837
8,012	28	8,040	요코하마	81	101	182
1,068	1,915	2,983	오사카	172	1,251	1,423
487	285	772	고베	20	461	481
44	284	328	모지(門司)	9	15	24
79	60	139	나가사키	11	46	57

출전 : ①은 「明治二十六年中仁川港商況年報」, 『通商彙纂』 8號附錄, 1894, 108~109쪽. ②는 日本銀行, 『要地各銀行金銀移動高表』, 明治45年上半季, 明治45年大正元年下半季, 1913.

래가 아니라 청상이 본국으로 송금하기 위하여 외환을 거래하면서 생긴 거래'라고 평가한다.[55] 제6장에서 이미 설명한 것처럼 일본계 은행을 이용한 화상의 우회 송금에 있어서 요코하마는 중요한 중계지였고 <표 11-9>의 요코하마로의 송금도 이를 반영하는 것으로 봐도 좋다.

다음으로 20년 후인 1912년의 상황을 보자. 이 해 인천의 최대 송금처는 오사카를 크게 앞선 요코하마였다. 요코하마로 보내는 송금 대부분이 송금환에 의한 것이었다는 점, 요코하마와 조선의 무역 규모는 오사

---

55 「廿八年中仁川港商況年報」, 『通商彙纂』 55號(號外1), 1896, 54쪽.

카의 수분의 일에 불과했던 점을 생각하면[56] 상품무역을 반영한 것이라고는 보기 어렵다. 앞에서 인용한 홍콩상해은행의 영업규정을 고려하면 요코하마로의 송금은 개별 화상에 의한 우회 송금과 인천의 두 영국계 은행에 의한 자금회송을 반영한 것이라 봐도 좋을 것이다.

즉 화상의 상해 송금이 영국계 은행의 상해와의 외환 거래를 이용한 것이라도 은행 내부의 자금순환까지 시야에 넣어 생각하면 최종적으로는 제일은행(→ 한국은행, 조선은행)을 비롯한 일본계 은행의 대일 송금 서비스를 전제로 성립되었음을 알 수 있다.

제8장에서는 청일전쟁 이후, 1890년대 후반의 동순태 사료를 사용하여 상해 송금이 조선의 대일 관계와 깊이 관련되어 있었음을 밝혔는데 이러한 구조는 영국계 은행의 상해와의 외환 거래가 널리 이용되고 나서도 변하지 않았던 것이다.

3. 신해혁명에 대한 조선 화상의 대응

1) 상해의 금융경색과 인천 무역의 변화

신해혁명에 대하여 조선의 화인이 어떠한 태도를 취했는지는 거의 알려져 있지 않다. 하지만 당시 인천에서 간행되던 일본어신문 『조선신문』의 경우 화인의 동향을 비교적 잘 파악하고 있었다. 1911년 10월

---

56 1912년의 요코하마와 오사카의 조선 무역액을 보면 이출에서는 요코하마가 304만 7000엔, 오사카가 2573만 5000엔이며, 이입에서는 요코하마가 184만 7000엔, 오사카가 777만 6000천 엔이었다. 大藏省, 『大日本外國貿易年表』, 明治45年・大正元年版.

10일 무창武昌봉기7)를 계기로 혁명이 발발한 후 11월 26일 기사 '청인과 모금—경인 거주의 청국 상인清人と募金—京仁在住の清国商人'에서는 인천과 서울의 유력 화상이 적십자 의연금이라는 명목으로 혁명군에게 자금 원조를 계획하고 있다고 전한다. 11월 28일 '청인과 모금—경성의 단발인 속출清人と募金—京城の断髪者'에 따르면 일본에서 잠입한 혁명파 화인 유학생의 주도로 모금에 응할 뿐만 아니라 변발辮髮을 잘라 반청反清 의지를 분명히 표하는 화인이 나날이 늘어나고 있다고 한다. 한편 화인들이 불안에 동요하는 모습을 엿볼 수 있는 기사도 있다. 예를 들면 12월 7일 기사 '재선청인과 새해맞이在鮮清人と越年'에 의하면 산동에서 관혁官革 양군의 승패가 결정 나지 않아 겨울이 되어도 귀국을 못하는 단기 이주 노동자가 많고 이들 중에는 가족을 불러들이고자 하는 이도 있다고 한다.

위의 기사 모두가 실태를 전한다고는 할 수 없으나 적어도 커다란 혼란을 전하는 기사는 보이지 않는다. 화인들은 전반적으로 평온한 가운데 혁명을 받아들였다고 보아도 좋을 듯싶다. 1911년 12월 말에는 서울의 청국 총영사가 단발과 양력 사용의 자유를 고시하고 스스로도 단발했다.[57] 그리고 다음 해 2월에는 선통제宣統帝8) 퇴위의 정보를 입수하여 영사관이 새로운 국기를 게양하고 화인도 이에 따랐으며 구정을 축하했다고 한다.[58]

다만 신해혁명이 화인에게 준 영향은 정치적인 것만은 아니다. 혁명을 계기로 발생한 상해의 금융경색은 상해와의 무역을 중심으로 활동

---

57 「領事か率先して断髪」, 『朝鮮新聞』, 1911.12.26.
58 「在留清人と新國旗」, 『朝鮮新聞』, 1912.2.16; 「支那人と新國旗」, 『朝鮮新聞』, 2.18, 「各地の旧暦元旦」, 『朝鮮新聞』, 2.19.

해 온 조선 화상에게도 커다란 충격을 주었다. 이하에서는 앞 절에서 검토한 청일전쟁 후의 화상의 무역 및 결제구조를 염두에 두고 상해의 금융문제가 조선 화상에게 미친 영향에 대하여 생각해 보겠다.

우선 상해의 상황을 간단히 살펴보자.[59] 무창봉기로 인해 우선 영향을 받은 것은 전장錢莊이라 불리는 금융기관이었다. 전장은 예금이나 외국은행으로부터의 단기융자, 자기앞어음(장표莊票) 발행 등으로 조달한 자금을 대여함으로서 현지 화상들 사이에서 큰 영향력을 갖고 있었다. 20세기 초기에는 무역과 기업활동의 활성화를 배경으로 전장의 활동도 확대되었는데 이는 반드시 근거가 있다고는 할 수 없는 신용팽창으로 이어져 상해 시장은 잠재된 금융위기에 대한 불안감이 나날이 높아지고 있었다. 1910년에도 고무 관련 주식에 대한 투기로 인해 금융위기가 발생했다.

이러한 상황에서 무창봉기 소식은 양자강揚子江 상류 지역으로부터의 자금유입이 끊기는 것은 아닌가라는 불안감을 야기하고 그 결과 금융시장의 기능이 불완전한 상태에 빠졌다. 전장이 발행하는 장표는 신뢰를 잃고 현금이 아니면 거래를 할 수 없게 되었으며, 한편으로 외국은행은 전장에게 융자한 자금을 급히 회수하려 했기 때문에 전장의 도산이 많이 발생했다. 이는 상해의 유통구조를 마비시킴과 동시에 현금 부족으로 인하여 은 시세의 급등을 초래했다. 세계 유수의 은 수요지인 상해의 동향은 국제적으로 큰 영향력을 가졌기 때문에 런던 은괴 시세도 상승하기 시작했다.[60]

---

59 상해의 상황에 관해서는 菊池貴晴(1960); 丁日初(1994), 285~291쪽. 本野英一(2001)에 의거하여 정리했다.

상해 시장의 혼란은 상품무역과 금융 양 측면에서 조선에게 영향을 주었다. 전자부터 살펴보자. 조선총독부의 조사『청국폭동이 조선무역 경제에 미친 영향』에 의하면 기선 창용호蒼龍號는 인천과 연대(지부) 사이를 한 달에 4회 왕복하면서 '지부를 거치는 상해 화물'을 인천으로 운반하였으며 혁명 발발까지는 운항을 순조롭게 이어갔다. 8월 말 무렵부터는 겨울옷 매입으로 화물이 늘기 시작하여 9월이 되면 인천에서 취급하는 화물은 전년도보다 5할 많은 3,331개, 10월 상반기에는 전년도의 7할이 증가한 2,283개에 달했다. 그런데 무창봉기 후, 10월 하반기의 하역은 반대로 전년도보다 5할 감소한 2,266개가 되었다. 조사 담당자는 '다음 화물 편까지는 아무래도 많은 화물이 없을 전망으로 소란이 오랫동안 지속되면 이 항로는 모처럼 왕성하게 움직이는 계절을 놓칠 수밖에 없다'고 전한다.[61] 이러한 수입화물 감소는 적어도 1912년 초까지 계속되었다.[62]

다만 중국제품인 견직물과 마직물 수입은 상대적으로 이른 시기에 회복하였다. 우선 견직물의 수입은 1911년 11월 하순부터 상해의 질서

---

60 1911년 내내 표준은 1온스 당 월평균 24펜스대로 안정적이었던 런던 은괴 시세는 11월부터 25펜스대로 오르고 1912년 10월 29펜스3173으로 최고점에 이르기까지 계속 상승했다(大藏省,『金融事項參考書』各年「倫敦銀相場表」). 이와 같은 은시세의 상승 경향에는 인도에서의 은 거래 등과 같은 여러 요인이 작용하였는데 신해혁명이 적어도 계기를 만들었다는 점은 당시부터 인식되었다. 'In October there was a sudden rise in price, which was due to the run on the Chinese banks caused by the outbreak of the revolution in China'.("Silver in 1911", *The Economist*, London, Dec. 30, 1911). 이와 더불어「事変發生後上海ニ於ケル金融運輸及商工業狀態」,『上海日本人實業協會報告』1, 1911(1914年再版), 9~13쪽.

61 「第6回調査(44.11.20)」, 朝鮮總督府度支部, 『淸國暴動ノ朝鮮貿易經濟ニ及ホス影響』, 1911. 이하,『淸國暴動』으로 약칭한다.

62 예를 들면 상해로부터의 주요 수입품인 쇄금건, 마포, 견포의 수입액은 혁명 전인 1911년 1월 ~3월에 62만 3099엔이었던 것이 1912년의 같은 시기에는 46만 3877엔에 그쳤다.「支那動亂の仁川に及ぼせる影響(三)」,『朝鮮新聞』, 1912.5.1.

가 회복됨에 따라 증가하기 시작하여[63] 12월 수입액은 전년도 같은 달보다 2할 증가한 2만 6,304엔에 달했다(우편 이용을 포함). 1912년 1월경에는 혁명의 영향으로 생산지에 적체된 화물이 생겨 가격이 하락하자 이에 편승하여 투기성 구매를 하는 화상도 나타났다고 한다.[64] 그리고 마직물에 관해서는 최고의 제조 시기인 겨울철에 산지인 소주와 산두汕頭지역이 전란에 휘말려 가격이 상승하고 수입도 정체되었는데,[65] 원래 여름철 수요품이기도 해서 1912년 4월경부터 연대 경유로 수입이 증가하기 시작했다. 예를 들어 '12일 인천에 입항한 가미오카上岡9) 회조점回漕店10) 기선 만성원호萬盛源號처럼 2천 8백여 개를 적재하고 기타 여러 잡화 및 산동의 하층노동자 200여 명의 승객으로 배를 가득 채워와 활기찬 모습'을 보였다고 한다.[66]

한편 영국제 면직물에 관해서는 원래 일본제품과 경합관계에 있었던 점도 작용하여 결국 혁명 전 상태로는 돌아가지 못했다. 조선은행 인천 지점의 조사에 의하면 혁명 후 은 가격 폭등은 중국에서 조선으로 들어오는 수입 전반에 불리하게 작용했지만 마직물과 견직물처럼 거의 독점적으로 중국에서 공급되는 상품의 경우 가격은 상승해도 '얼마간 판매를 꺼리는' 정도로 끝났다. 한편 '일본제품으로 대용되는 생금건과 같은 것은 이미 점차 명성을 잃어가던 상황이었기 때문에 전적으로 일본제품에게 판로를 잠식당하는 해괴한 모습을 보이고 있으며 이는 청국 상인에게는 커다란 타격'이 되었다. 은 가격 상승으로 인하여 상해로

---

63 「上海發小包の增加」,『朝鮮新聞』, 1911.12.7.
64 「朝鮮と支那絹布」,『朝鮮新聞』, 1912.1.18.
65 「支那動亂の仁川に及ぼせる影響(二)」,『朝鮮新聞』, 1912.4.28.
66 「支那商との取引」,『朝鮮新聞』, 1912.4.13.

부터의 수입 가격이 상승하는 한편, 영국으로부터의 수입에는 수개월 전부터 예약이 필요하였기 때문에 막막해진 화상 중에는 일본제품 수입을 시도하는 자도 나타났다.[67] 영국제 생금건의 수입액은 이후에도 감소하여 1913년에는 일본제품에게 역전 당했다. 근본적인 배경으로는 일본제품의 경쟁력 상승, 즉 기술혁신에 의한 가격 하락을 들지 않으면 안 되겠지만[68] 혁명에 의하여 여러모로 곤란해진 화상의 처지가 일본 상인이 파고들 기회를 제공한 것은 확실하다.[69]

2) 화상에 의한 본국 송금의 증가

신해혁명 발발 후, 대중수입 감소와 함께 화상에 의한 상해 송금이 증가했다. 무창봉기로부터 10여 일이 지난 10월 21일의 『조선신문』 기사 '동란의 영향이 온다動乱の影響来る'는 혁명의 영향은 아직 뚜렷이 드러나지 않는다고 하면서도 다음과 같이 전한다.

인천에 있는 청상 사이에는 이미 금융긴축을 한탄하는 자도 있을 뿐만 아니라 상해쪽에서는 일반적으로 연장거래를 거부하고 기존의 외상매출금 회수를 끊임없이 요구해 오는 자도 있다. 그러한 탓인지 몰라도 인천의 청상은 4, 5일 전부터 상해로 외환 송금을 시도하는 자가 많고 이미 약 20만 엔에 달했다고 전해진다. 은화의 폭등, 금건의 강세, 시팅천의 급매 등을 생각해 보면 그들이 표면적으로 평온함을 가장함에도 불구하고 동란으로 인하여

---

67 「支那動亂の仁川に及ぼせる影響(朝鮮銀行仁川支店に於ける調査)」, 『朝鮮新聞』, 1912. 4. 27.
68 朝鮮綿糸布商聯合會, 『朝鮮綿業史』, 1927, 47~50쪽. 또한 금건 중에서도 쇄금건은 1920년대까지 영국제품이 상당한 규모로 수입되었다.
69 「淸國動亂と日淸兩國商人」, 『朝鮮新聞』, 1911. 12. 13, 「金巾(群山)」, 『朝鮮新聞』, 1912. 2. 14.

어떻게 영향을 받고 있는가를 □□는데 충분하다.[70]

상해의 수출상도 상품매입을 위하여 전장의 금융에 의존하였기 때문에[71] 혁명 후의 금융경색으로 인하여 직접 타격을 받았다고 보인다. 위 사료에서 알 수 있듯이 수출상은 지금까지의 외상매출금을 급히 반환하도록 요구할 뿐만 아니라 신규 연불賒帳도 인정하지 않게 되었다.[72] 앞 항에서 언급한 인천 무역의 축소도 이러한 사정에 의한 바가 크다고 생각한다. 10월 22일『조선신문』에서도 인천 화상이 '상해 쪽에서 요구하는 급격한 자금회수에 응하기 위하여' 여러 가지로 고심하고 있다고 전하며 서둘러 수중의 직물류를 담보로 조선은행으로부터 임시로 빌린 자금을 상해로 보내는 등 '인천 청상이 금융긴축을 한탄하는' 일이 자주 있었다고 한다.[73] 더욱이 조선 화상 중에는 상해의 거래처로부터 공동출자금까지 환급을 재촉 받는 자도 나타났으며[74] 이로부터 심각한 금융경색이 인천에도 큰 영향을 미쳤음을 엿볼 수 있다.

이러한 가운데 홍콩상해은행과 차타드은행를 통한 상해와의 외환 거래는 급증하여 11월 상순까지 한 달이 채 되지 않은 기간 동안 80~90만 엔에 달했다.[75] 일본계 은행을 통한 우회 송금도 증가했다. 인천의 3

---

70 「動亂の影響來る」,『朝鮮新聞』, 1911.10.21.

71 「其在上海等處所來貨物, 款項大都貸自錢莊, 其利息自一分至二分不等」(「朝鮮釜山商務情形續十一期」,『商務官報』丁未12期, 1907)

72 같은 점을 지적한 다른 기사로서 「淸商の一大頓挫-在仁某淸商の談」,『朝鮮新聞』, 1911.11.12.

73 「動亂と仁川」,『朝鮮新聞』, 1911.10.22..

74 「淸商と應急策」,『朝鮮新聞』, 1911.11.17. 이 기사에 의하면 서울의 상무총회는 급격한 출자금 인상에 대처하기 위하여 일치단결해 상해로부터의 회수 요구에 응하지 않을 것을 합의했다고 한다. 단, 상무총회 측은 이를 오보라며 신문사에게 항의했다(「京城にゐる淸國人」,『朝鮮新聞』, 1911.11.19). 이는 사실 여부와 상관없이 상점의 신용에 큰 영향을 줄 사항이었기 때문일 것이다.

75 「第3回調查(44年11月11日)」,『淸國暴動』(주61), 주73)의『조선신문』의 기사는 10월 하순 시

개 지점(조선, 18, 130)을 통한 화상의 송금액은 처음에는 하루에 2만 엔 정도에 불과했던 것이 10월 중순부터 급속히 늘어나 10월 15일부터 20일까지 5일 동안에 30만 9,500엔에 달했다. 이후에는 약간 안정되었지만 11월 말에도 하루에 2만 5,000엔 정도의 송금이 계속되었다.[76]

그리고 11월 4일에는 영국계 은행에 상해와의 외환 거래 의뢰가 몰려 시세가 성립되지 않아 마침내 매도 중지에 이르렀고 그 결과 화상은 수중에 갖고 있던 조선은행권을 일본은행태환권으로 교환하려고 하였으며 조선은행 인천 지점에서는 19,275엔이 인출되었다.[77] 일본계 은행에서 외환 송금을 한다면 일본은행태환권으로 교환할 필요가 없기 때문에 이는 일본은행태환권 자체를 보내려고 한 것으로 봐도 좋을 것이다. 조선은행권의 전신인 제일은행권(1902년 발행개시) 시대에 조선의 화상들 사이에는 이미 제일은행권을 일본은행태환권으로 바꿔 일본에 보내고 이를 금태환해서 상해로 보내려는 움직임이 있었다.[78] 이 시점에서

점에서 차타드은행에 의한 송금만으로 50만 엔에 달하고 홍콩상해은행에 의한 송금도 거의 같은 금액으로 예상된다고 전한다.

76 「對淸人金融」, 『朝鮮新聞』, 1911.11.28.
77 「第3回調査(44年11月11日)」, 『淸國暴動』(주 61).
78 요코하마쇼킨은행장인 다카하시 고레키요(高橋是淸)는 1907년 12월에 일본은행 총재에게 제출한 『청한시찰보고서(淸韓視察報告書)』 중에서 '한국에서의 제일은행권 발행액은 1,000여만 엔이며 요코하마쇼킨은행은 일본에서 매월 평균 약 30만 엔의 태환권을 수송하여 1년에 400만 엔 내외에 달한다. 왜 이렇게 태환권을 수송하는가 하면 재한 외국 상인(주로 청국 상인)은 제일은행권으로 지급받고 이것을 다른 곳으로 송금하기 위하여 같은 은행에 가서 태환권으로 교환한 후 자기 나라로 갖고 가 금화와 교환, 수출하여 채무를 갚는다고 설명하며 1909년 제2회 동양 지점장회의에서도 같은 취지의 발언을 되풀이했다(『淸韓視察報告書』, 勝田家文書117-2(國立公文書館藏), 『第二回東洋支店長會議錄(橫浜正金銀行史資料集第3輯第2卷)』, 日本經濟評論社, 61쪽). 多田井喜生(1997), 13~14쪽; 小島仁(1981), 181~182쪽은 위의 내용을 사실로 보고 인용하였다. 저자도 화상이 일정액의 일본은행태환권을 조선에서 가지고 나와 금으로 태환한 것은 틀림없다고 생각하는데(이 책 제10장 제5절), 1906년 조선의 대중수입 자체가 410만 엔보다 약간 많았던 것(〈표 서-1〉)을 생각하면 제일은행이 조선에 갖고 들어온 일본은행태환권 400만 엔이 전부 화상에 의해 태환된 것처럼 표현하는 다카하시의 발언은 상당한 과장을 포함한 것으로 보인다. 다카하시의 시찰여행은 만주통화의 금 기반을 주

도 동일한 현상이 보였다고 할 수 있으며 이 밖에 1912년 3월경에는 일본은행태환권을 연대로 보내는 움직임도 발생했다.[79] 일본은행태환권은 루블지폐나 러일전쟁 군표와 마찬가지로 금으로의 교환이 보증된 통화로서 광역적으로 유통될 가능성이 있었으며 신해혁명에 의한 금융 경색이 이 점을 자극한 것이다.

그런데 송금 증가가 직접적으로는 앞에서 언급한 상해 수출상 측의 요구를 계기로 일어난 것은 틀림없지만 이러한 상황은 인천과 서울에서만 나타난 것은 아니다. 역시 상해로부터 많은 상품을 이입하던 연대에서도 채무독촉이 심해져 11월 중순에는 '이 지역[연대] 상인은 현금을 받으면 바로 상해로 송금하며 신규 상업은 금융 변통을 할 수 없어서 전부 보류'된 상태였다.[80] 상해를 중심으로 하는 유통권 전체가 금융경색으로부터 큰 영향을 받았던 것이다.

다만 조선의 경우 은 기반 통화를 사용하지 않는다는 의미에서 상해와 다른 통화권에 속해 있었던 것이 문제를 더욱 복잡하게 만들었다. 앞에서 설명한 것처럼 신해혁명 발발 직후부터 금은 비가比價는 급격한 은 강세 경향을 보였고 결과적으로 금본위 국가에서 상해와의 거래환율도 상해량 강세가 되었다. 인천의 경우 혁명 전에는 1,000엔당 852량 125 전후였던 홍콩상해은행의 상해 송금환율은 혁명의 첫 소식이 들어

장하는 만철(滿鐵) 및 관동도독부(關東都督府) 관계자의 설득을 목적으로 한 것이다. 다카하시와 쇼킨은행이 이에 반박할 근거의 하나로 화상에 의한 금본위 화폐 유출 우려를 들었던 것을 생각하면 위의 『報告書』도 그와 같은 점을 의식하여 강조했을 가능성이 있을 것이다.

79 「支那動亂の仁川に及ぼせる影響(三)」, 『朝鮮新聞』, 1912.5.1. 일본은행태환권이 연대로 유출된 이유는 각종 통화가 혼용되는 연대에서 '비교적 일정한 가격을 유지할 수 있는 일본은행권'의 인기가 높았기 때문이라고 한다.

80 「第4回調査(44年11月15日)」, 『淸國暴動』(주 61).

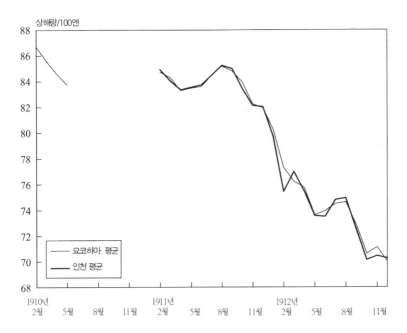

상해량/100엔

<그림 11-1> 상해와의 외환 거래 시세의 추이(월평균)(1910~1912)
주 모두 상해와의 외환매도 시세, 인천은 홍콩상해은행 인천대리점, 요코하마는 요코하마 쇼킨은행에 의한다.
출처 『朝鮮銀行月報』各月.

온 직후에 10량 이상의 상해량 강세를 보였고 11월 10일경에는 827량75에 달했다.[81] <그림 11-1>에서 알 수 있듯이 인천의 상해 대상 외환 시세는 그 후에도 상해량 강세 경향이 이어졌고 같은 금엔권에 속하는 요코하마에서의 상해와의 외환 거래 시세와 거의 같았다.

조선 화상의 상해 송금은 수출상 측의 정산 요구와 함께 외환 시세 동향에 의해 더욱 늘어났다. 이 점을 지적하는 『조선신문』의 기사를 살펴보도록 하자.

81 「第3回調査(44年11月11日)」, 『淸國暴動』(주 61).

상해 외환 시세가 하락ᆖ 은량 강세할 때는 은으로 계산하여 매입하는 청상인은[조선에서] 외상거래를 한 상품대금이 금으로 된 채권으로 바뀌고 다른 한편에서는 은으로 된 채무를 지기 때문에 외상매출금을 회수할 때까지 시세하락에 따르는 위험부담을 안고 가지 않으면 안 된다. 따라서 외환 시세가 하락세라고 인식했을 때는 한쪽 상품의 외상거래가 있음에도 불구하고 사정이 허락하는 한 은으로 채무를 변제하는 것이 가장 안전하다.[82]

화상은 수출상으로부터 장기간 지불을 유예받는 한편, 매수자인 조선인 상인에게도 연불을 인정했다. 다만 수출상에 대한 채무는 상해량 기반, 조선인 상인에 대한 채권은 금엔 기반이었기 때문에 금은 비가 변동에 의해 대차대조도 변한다. 급속한 은 강세 경향이 예상되는 상황에서는 엔 기반 채권이 떨어지면 상해량 채무가 늘어나기 때문에 화상으로서는 조금 빨리 채권을 회수하여 채무해소에 충당하는 것이 합리적인 셈이다.

한편 한 관찰자는 화상이 본국으로의 송금을 서두르는 이유에 대하여 단순히 '기일에 이르러 상해로 송금하는 것과 해당 시기에 상해로 건너가 송금하는 것의 시세를 비교 계산해서 결국 이익이라고 생각하면 은행으로부터 차입해서 송금하는 것'에 불과하고 '일시적으로 송금했다고 해서 청상이 금융핍박 상태에 있다고 판단하는 것은 경솔한 생각'이라

---

82 「支那動亂の仁川に及ぼせる影響(朝鮮銀行仁川支店に於ける調査)」,『朝鮮新聞』, 1912. 4. 27. 동일한 점을 지적하는 사료로서 '화상은 상해에서 대부금회수를 재촉 받으면 외환 시세가 폭락하고 또 그 후 외환 시세가 하락 일변도가 되는 것에 놀라 이 때 가능한 상해로 송금해 두는 것을 이득이라고 하여 급하게 상해로 송금'(제3회 조사(44년 11월 11일)'『淸國暴動』주61), '상해쪽에서 급격한 회수가 있었다면 인천의 청상이 싸움의 형세를 예상하고 외환 시세를 더욱 절감해야 할 것을 예상, 송금을 서두름'(「對淸人金融」,『朝鮮新聞』, 1911. 11. 28)

고 평가한다.[83] 화상들 사이에 금융핍박이라고 부를 수 있는 상황이 사실 없었다고는 단정할 수 없지만 조선 화상의 송금이 수출상의 요구에 대응하기 위해서만 이루어지는 수동적인 행동이었다고는 할 수 없으며 주체적인 이해 관계 계산의 결과라는 측면도 있었다는 사실은 주의해야 한다.

4. 조선의 유통과 금융에 미친 영향

상해의 금융경색은 조선 화상을 매개로 조선인에게도 영향을 미쳤다. 서울에서는 1911년 말 화상이 조선인으로부터 외상매출금을 회수하는 한편, 새로운 거래를 할 때는 지불 기간을 현저하게 단축했기 때문에 '조선 상인이 받는 영향은 적지 않고 따라서 12명의 파산자가 나타나기에' 이르렀다고 한다. 또한 인천에서도 화상이 조선인 상인에게 연불을 인정하지 않고 현금 거래를 요구했기 때문에 '조선 상인 사이에 자금 부족의 목소리가 점점 높아'지고 '조선 상인의 운용자금이자는 보통 월 2부 내지 2부 5리인데 요즈음은 3부 5리로 (…중략…) 이렇게 고리로 해도 역시 충분한 자금을 얻을 수 없는 상태'에 빠졌다.[84]

영향은 내륙으로도 확대되었다. 1911년 12월 말 『조선신문』에 의하면 이 해 조선산 쌀 집하가 전반적으로 저조했던 것은 기후 변화에 의한 것이 크지만 신해혁명의 영향도 적지 않았다.

---

83 「第3回調査(44年11月11日)」, 『淸國暴動』(주 61).
84 「第11回調査(44年12月26日)」, 『淸國暴動』(주 61).

중청(中淸)동란으로 인하여 경인(京仁)지역 거주 청인이 상해와 지부 등 상품매입지에서 연장거래를 모두 중지하고 어쩔 수 없이 조선 상인에 대한 외상판매를 없애기에 이르렀을 뿐만 아니라 조금이라도 자금을 대출하여 이자수입을 시도한 것 모두를 회수하기에 이르러 경인지역의 이른바 객주와 같은 도매상들은 예전처럼 청상 등으로부터 외상으로 매입하고 금건 외의 상품을 지방의 조선 농민에게 대출해 준 후 가을 수확으로 이를 회수하는 방법을 쓸 수 없어서 자금융통에 크게 고생을 했으며 (…후략…)[85]

이 책의 다른 곳에서도 언급했듯이 객주는 위탁매매에 응하는 조선인 중개 상인을 말한다. 위 사료에 의하면 객주는 화상으로부터 외상판매로 구입한 수입품류를 농민에게 '대출', 즉 후불로 팔고 수확기에 쌀로 회수하였다. 따라서 화상으로부터 객주에 대한 외상판매가 중지됐을 때 쌀 자체가 농민에게 있어도 객주는 이를 구입할 수 없게 되어 버렸다.

쌀 매입 방법은 지역이나 시기에 따라 다양하여 이 사례를 일반화할 수는 없다. 그러나 상해 및 연대의 수출상으로부터 연불을 인정하는 형태로 조선 화상에게 부여된 신용이 조선인 상인에게 그치지 않고 소비자인 조선인 농민에게까지 연계되는 상황은 당시의 수입품 유통을 생각할 때 시사적이다. 은행에 의한 상업신용 제공이 한정적인 상황에서는 이러한 양자 간 신용 관계의 연쇄가 화상의 수입무역을 유지하고 있었을 가능성이 높다고 할 수 있다. 한편 이러한 유통 상황은 이 사례가 나타내듯이 신용 관계의 출발점인 상해에서의 금융 시장 변화가 바로

---

85 「地方の貯米如何」,『朝鮮新聞』, 1911. 12. 22.

국경을 넘어 파급된다는 위험부담을 가진 것이기도 했다.

그런데 화상이 취급하는 상품은 주로 조선인을 위한 소비재이며 일본인 상인과의 거래는 적었다. 10월 22일 『조선신문』에서는 화상의 외상매출금 회수 움직임에 관하여 '경성 혹은 평양 등의 조선 상인 중에는 평소 [화상과] 밀접한 거래 관계를 가진 자가 많고 따라서 운용자금 측면에서 엄청난 타격을 받는 것을 피하지 못하는 자가 당연히 있다'고 하면서 '직접적으로 우리 상인[일본인 상인] 측에는 아무런 영향도 없다'고 단언한다.[86] 양자의 신용 관계에 근거한 금융은 그 연쇄 구조에서 제외된 자에게는 영향을 미치기 어렵다는 측면도 있었다.

그럼에도 불구하고 조선은행은 화상의 상해 송금에 무관심하게 있을 수가 없었다. 1912년 2월 20일 도쿄에서 열린 조선은행의 주주총회에서는 총재인 이치하라 모리히로市原盛宏가 전년도 금융 상황을 설명하는 가운데 이 문제를 언급하였다.

> 9월에 들어서는 면사포 종류의 팔림새가 좋고 그 외에 겨울옷 매입 또한 활발하며 덧붙여 햅쌀에 대한 투자도 이루어졌는데 (…중략…) 금융은 오히려 그다지 번창하지 못했다. 그 후 내지에서 재정방침 변경에 관한 논의가 전해지고 또 일본은행의 금리인상이 있었으며 이어서 **중청동란[신해혁명]에 따라 조선 청상이 대청거래의 결제를 서두르는 일이 있었기 때문에** 이러한 사정들은 조선금융의 긴축을 초래하고 금리 또한 2리 정도 인상되었다.(강조는 인용자)[87]

---

86 「動亂と仁川」, 『朝鮮新聞』, 1911.10.22.
87 「市原總裁の演說(上)」, 『朝鮮新聞』, 1912.2.21. 거의 같은 연설문이 조선은행의 제5기(1911년

조선은행 스스로도 1911년 11월 1일부터 대출표준금리를 2리 올렸다.[88] 이는 1909년 한국은행 설립 때부터 취해져 온 금리인하에 따른 '개발'자금의 안정적 공급이라는 방침을 바꾼 것으로 조선은행은 이후에도 1912년 중에 3회, 또 1914년에 1회 금리인상을 이어간다. 출발점이 된 1911년 11월의 금리인상은 직접적으로는 같은 해 9월에 이루어진 일본은행의 금리인상으로부터 영향을 받은 것이었다고 한다.[89] 하지만 위 사료는 이 점과 더불어 신해혁명에 따른 화상의 본국 송금도 은행 당국의 판단에 영향을 주었다는 사실을 말해준다.

조선은행 당국이 이 문제를 중시한 배경에는 당시 조선은행이 직면하던 조선의 대일이입초과와 이에 따른 외환 송금문제가 있었다고 추측된다. 초창기 조선은행의 역할 중 하나로 조선총독부에 대한 대상(貸上)[주11] 등을 통해 재정자금을 조달하는 것이 있었는데 대부분은 조선은행권의 추가 발행에 의해 조달되었다. 조선은행권 발행액은 1908년 11월을 100으로 하면 1911년 12월에는 209까지 늘어났다. 이러한 통화팽창은 수이입 증가를 촉진했다. 특히 일본에서의 이입이 급증한 결과 1911년에는 일본으로의 이출 1,334만 엔에 비하여 이입 3,406만 엔이라는 현저한 이입 초과 현상이 나타났다.

이입품 대금 대부분은 조선은행을 통해 외환 결제되었는데 이는 조선은행의 입장에서 보면 조선에서 조선은행권을 받고 일본에서 일본은행태환권을 지불하는 거래이다. 이입초과 폭이 커질수록 일본은행태

　7월～12월) 영업보고서 '영업경황(營業景況)' 란에 수록되어 있다.
88 앞 주 참조. 또 「歲末の金融」, 『朝鮮新聞』, 1911.12.17.
89 朝鮮銀行史研究會(1987), 124쪽.

환권의 순수지불액도 증가하는데 일본은행태환권은 조선은행권 발행의 준비 통화였기 때문에 조선은행권의 발행이 계속 늘어나는 가운데 조선은행의 수중에 있는 일본은행태환권이 계속 감소하면 조선은행권에 대한 신뢰 자체가 무너질 수 있었다.[90] 제2절에서 검토한 것처럼 최종적으로는 일본을 경유하는 화상의 상해 송금은 조선은행 입장에서는 위와 같은 상황을 조장하는 움직임으로 파악된 셈이다.

앞에서 언급한 것처럼 제일은행권 시대부터 화상이 이를 일본은행태환권으로 바꾸어 상해 송금에 이용하는 움직임은 있었으며[91] 여기에서 일어난 것은 그 변형이었다. 그것은 일본에서 금본위 화폐를 유출시킬 가능성이 있다는 의미에서 일본 본국의 금본위제 입장에서는 경계해야 할 현상이었던 것은 물론이지만, 조선은행의 경영(및 조선은행권을 주축으로 하는 식민지 화폐제도)이라는 측면에서도 우려할 수밖에 없는 사태였다고 할 수 있다.

조선은행의 이러한 인식을 직접 나타내는 사료는 없으나, 조선 거주 일본인의 눈을 통한 사료 중에서 간접적인 증거를 얻을 수 있다. 당시 조선에서 발행된 일본어미디어는 대일이입 증가에 따른 조선은행의 경영위기를 자주 언급하였다.[92] 그중에서 『조선신문』이 1911년 11월에 게재한 '조선은행의 본위화폐 준비 충실朝鮮銀行の正貨準備充実(동란에 대한 영

---

90 朝鮮銀行史研究會(1987), 96∼98쪽. 무역액은 朝鮮總督府, 『朝鮮貿易年表』, 明治44年版에 의한다.
91 주78) 참조.
92 예를 들면 잡지 『조선과 만주(朝鮮及滿州)』에서는 1912년 상반기만 해도 다음과 같은 관련 기사가 보인다. 어느 것이나 조선은행의 위기를 대략적으로 부정하는 것인데 그만큼 널리 위기설이 유포되었음을 엿볼 수 있다. 岡崎遠光(日韓瓦斯電氣株式會社專務取締役), 「朝鮮財界小觀」, 『朝鮮及滿州』47, 木村雄二(朝鮮銀行營業局長), 「輸入超過必ずしも憂ふるに足らず」, 『朝鮮及滿州』48, 水越理庸(朝鮮銀行理事), 「朝鮮経濟界振興策-三千五百万円の輸入超過は何物に依って權衡を保つ可きか」, 『朝鮮及滿州』51, 市原盛宏(朝鮮銀行總裁), 「輸入超過と救濟策」, 『朝鮮及滿州』53.

향이라는 풍문에 관하여動亂に対する影響なりとの巷説に就て)'이라는 기사에 화상의 본국 송금이 언급되어 있어 흥미롭다.

근래 조선은행이 자주 본위화폐를 축적하려 한다는데 이는 **청상이 빈번하게 본국으로 송금하여 본위화폐의 부족을 느낀 결과라든가** 혹은 조선의 전반적인 수이출입이 현저히 균형을 잃어 본위화폐의 유출이 심해져서는 안 된다는 등 억지 추측하는 세간의 평이 분분하다. 들은 바에 의하면 양측의 말이 모두 반드시 견강부회의 말은 아니다. 조선은행이 본위화폐의 축적에 부심하는 것은 사실이며 이는 마침내 태환권의 기초를 견고히 하려는 당연한 조치로 계획은 반드시 오늘날에 시작된 것은 아니지만 일반 무역 상태는 누적 달의 수이입초과가 심하고 **덧붙여 사회 상황 때문에 청상의 본위화폐 반출이 자주 늘어날 것을 예상을 할 수 있어서** 조선은행이 평소 계획을 추진하는 것이 세월이 흐름에 따라 기세가 더욱 긴박하지 않을 수 없게 된 듯싶다.[93]

이 기사에서는 조선은행이 은행권 발행의 준비통화로서 본위화폐(구체적으로는 일본은행태환권으로 보아도 좋다) 부족에 고민하던 사실을 보여주며 그 원인으로 무역에서의 수이입초과와 더불어 화상의 본국 송금을 들고 있다. 밑줄 부분의 '사회 상황 때문에'란 지금까지 살펴본 신해혁명을 가리킨다.

위 기사가 언급하듯이 조선은행은 1911년 하반기 일본은행에서 200만 엔을 차입하여 부족한 외환결제자금을 보충하려고 했다. 같은 시기

---

93 「朝鮮銀行の正貨準備充實(動亂に對する影響なりとの巷說に就て)」, 『朝鮮新聞』, 1911.11.23.

취해진 금리인상과 대출억제책 또한 수이입초과를 줄여 조선은행권의 발행액을 억제하는 의도에서 이루어진 것이다.[94] 이러한 상황하에서 신해혁명의 발발에 따라 증가한 화상의 본국 송금은 조선은행의 당국자에게 무시할 수 없는 사건이었다고 해도 좋다. 이 때 화상의 송금이 어느 정도 규모에 달했는가는 확인할 수 없으나 상해의 혼란이 진정되면서 결과적으로는 단기간에 수습되었을 가능성이 높고 따라서 제2절에서 본 홍콩상해은행의 같은 시기의 기록에도 언급되지 않는다. 그렇다고 해도 이 사례는 설립 당시의 식민지 화폐제도가 제국 내에서 완결되지 않고 화상의 상해 송금이라는 형태로 동아시아 시장의 압력에 노출되어 있었음을 시사한다.

조선의 보호국화 후 조선의 화인 구성은 다양해졌는데 직물 등 대중수입에 종사하는 무역상은 여전히 화인 사회의 중심을 차지하였다. 이들의 무역이 상해와 연대의 수출상과 긴밀한 네트워크를 전제로 하여 장기간의 연불과 상호정산에 의해 이루어졌던 것도 이전과 같았다. 이렇게 수출상으로부터 부여받은 신용을 바탕으로 화상은 조선인 매수자에게 연불 거래를 하였다. 양자 간 신용 관계를 연결시키는 거래 방법은 은행금융이 충분히 성숙되지 않은 상황에서는 화상의 수입활동을 원활하게 해주는 반면, 출발점인 상해 시장의 동요가 국경을 넘어 직접 전달될 수 있다는 점이 취약했다. 신해혁명 때 상해의 금융경색이 조선 농촌과 쌀 출하 상황에까지 영향을 주었다는 사실은 이를 단적으로 보

---

94 朝鮮銀行史研究會(1987), 111쪽; 羽鳥敬彦(1986), 168쪽.

여준다.

그런데 조선 화상의 대중무역은 장기간 신용에 바탕을 두고 이루어졌다고는 하지만 수입과 수출의 불균형 때문에 최종적으로는 어떠한 형태로든 송금을 필요로 했다. 일본이 금본위제로 이행한 후, 화상의 상해 송금은 일본계 은행을 이용하여 우회적으로 이루어지는 일이 늘어났다. 인천의 영국계 은행 대리점이 담당했던 상해로의 위한 송금도 화상이 송금 수요 중 상당한 부분을 충족시키게 되었는데 영국계 은행이 흡수한 금엔 자금도 결국 (제일은행·한국은행을 인수한) 조선은행을 통해 일본으로 보내졌다. 조선 화상의 무역활동은 일본이 제공하는 제도나 사회 기반시설로부터 자립해서는 존재할 수 없는 상태였다고 해도 좋겠다.

한편 이러한 화상의 본국 송금은 일본 본국에서의 금 유출을 재촉할 가능성이 있었을 뿐만 아니라 조선은행으로부터의 일본은행태환권 유출로 인해 조선은행권의 발행제도에 대한 잠재적인 위협이 될 수 있었다. 신해혁명으로 인하여 돌발적으로 증가한 화상의 상해 송금은 결과적으로는 그다지 큰 영향을 남기지 않고 수습되었지만 그러한 위험성이 새삼스럽게 표면화되면서 그렇지 않아도 조선의 이입초과에 의한 대일 송금 확대에 고심하던 조선은행 당국자는 위기감을 안게 되었을 것이다.

조선은행은 1913년 이후 만주 점포 설치와 조선은행권 유포를 추진했다. 조선은행의 경영상의 입장에서 보면 이는 만주에서 일본으로의 수출금융을 통해 일본에서 일본은행태환권을 받아 조선에서 일본으로의 송금과 상쇄하는 것이 목적이었다. 이와 같은 조선은행의 만주 진출 과정에서 상해 및 연대와 연결된 조선 화상의 활동이 어떻게 인식되었는지는 앞으로 더욱 검토해야 할 과제라고 할 수 있을 것이다.

제12장

1910년대 간도의 통화 유통시스템

조선은행권의 만주 유포와 지방경제 논리

식민지 조선의 발권은행인 조선은행朝鮮銀行의 점포망은 1911년 설립 당시에는 거의 한반도 내에 한정되어 있었는데 1913년 봉천奉天·대련大連·장춘長春 3개 지점이 설치된 것을 시작으로 1910년대 후반에 걸쳐 만주에서 한 때는 동부 시베리아로까지 확대하였다. 그리고 이와 함께 조선은행권의 유통 범위도 한반도를 넘어 확대되었다.

조선은행의 만주 진출과 은행권 유포는 제11장 마지막 부분에서 언급했듯이 대일외환자금 조달에 고민하던 조선은행의 경영상 필요에 의해 이루어짐과 동시에 일본정부의 만주 통화정책의 일환이라는 성격도 있었다. 일본정부의 만주 통화정책은 제10장에서 검토한 러일전쟁 군표와 회수를 명목으로 유포된 요코하마쇼킨은행권橫濱正金銀行券을 효시로 한다. 그러나 쇼킨은행권의 유통은 생각한 만큼 확대되지 않았고 일본 측 내부의 의견 불일치도 있어서 은엔銀圓에 의한 만주 화폐제도 통일 방침은 금세 동력을 잃었다. 한편 조선은행권은 데라우치 마사다케

寺内正毅 내각에 의한 '선만일체화鮮滿一體化'정책의 수단으로 1917년 11월부터 관동주關東州 및 만철滿鐵부속지에서 강제적인 통용력을 가지게 되었다.[1]

조선은행권을 사용한 만주 화폐제도의 금엔통일 정책 자체는 1920년 공황에 의해 조선은행 스스로가 심각한 손실을 입은 것에 더해 일본 측 내부의 지속적인 의견 불일치, 장작림張作霖정권에 의한 화폐제도 장악 시도 등이 장벽으로 작용하여 사실상 포기하기에 이른다. 만주에서의 조선은행권 발행액도 1919년을 정점으로 점차 감소했다고 보인다.[2] 그래도 만주의 주요 도시에서는 1930년대 '만주국滿州國'1)에 의한 통화 정리에 이르기까지 다양한 통화의 하나로 조선은행권이 계속 유통되었다.

이와 같이 만주에서의 조선은행권 유통에 관하여 생각할 때 일본의 통화정책만을 거론하는 것으로는 불충분하고 조선은행권이 만주의 '잡다한 화폐제도'의 일부로서 독자적인 기능을 맡으며 정치적 영역에서 상대적으로 자립한 순환구조를 가졌다는 측면에 눈을 돌리지 않으면 안 된다. 이시다 고헤石田興平는 1920년대 만주에서의 계층적인 화폐 유통구조를 모델화하고 그중에서 조선은행권이 원격지와의 결제수단이라는 기능을 맡았음을 지적한다.[3] 이 장에서는 1910년대에 초점을 맞추어 조선은행권을 포함한 새로운 통화 유통시스템이 만주에서 생성되는 과정에 대하여 선행하는 조건에도 주목하면서 검토하기로 한다.

---

1 조선은행사연구회(1987), 154쪽. 그 외에 波形昭一(1985), 394~399쪽; 金子文夫(1991), 252~259쪽; 山本有造(1992), 95~100쪽 등.
2 만주에서의 조선은행권 유통 규모에 관하여 山本有造(1992), 96쪽(〈표 2-3〉). 금엔 통일 방침의 파탄에 관하여 波形昭一(1985) 第4章第1節; 金子文夫(1991), 288~303쪽 등.
3 石田興平(1964), 580~585쪽.

구체적인 사례로 거론하는 것은 길림성吉林省의 동부, 조선과 러시아의 국경지대이다. 이하에서는 이 지역을 당시의 일본인과 조선인의 호칭에 따라 '간도間島'라고 부른다. 현재의 연변延邊 조선족 자치주의 일부에 해당한다. 간도는 18세기 이후 청과 조선 양쪽이 영유권을 주장했으며 1909년 청일협약淸日協約(간도협약間島協約)을 통해 청으로의 귀속이 확정된 후에도 정치적 분쟁의 대상이 되어 왔다. 그 배경에는 이 지역의 개발을 조선인이 주도했다는 사실이 있었다. 개발 과정에서는 조선 및 러시아와의 육로무역을 포함하는 역외 유통이 성장하고 이와 병행하여 발행 주체를 달리하는 다양한 통화가 유통되었다. 조선은행권도 다양한 통화 중 하나였던 것이다.

　간도에 조선은행권이 유입되는 과정에 대해서는 이미 김주용이 검토했다. 김주용은 제1차 세계대전 후반기 조선은행권 유입이 증가했음을 밝히고 그 배경으로 일본에 의한 유통 확대 정책에 주목했다.[4] 물론 이러한 측면을 무시할 수는 없으나 여기에서는 간도 현지 상인으로 초점을 옮겨 이들이 유입되는 조선은행권을 기존의 통화 유통시스템과 연관 짓고 정착시키는 과정을 분석하고자 한다. 국경을 넘는 조선은행권의 순환구조가 형성되어 가는 과정을 유통의 끝자락에 위치하는 지방경제의 논리에 입각하여 다시 파악하려는 시도라고 해도 좋다. 이하, 제1절에서는 제1차 세계대전 발발 전 간도를 둘러싼 통화 유통 상황을 밝히고 제2절에서는 제1차 세계대전 당시 조선은행권 유통이 증가해 가는 과정에 대하여 이전 상황과 비교하면서 검토한다.

4　김주용(2001), 88~98쪽; 김주용(2008), 199~225쪽. 이 외에 塚瀨進(1993)가 1920년대 이후를 중심으로 간도의 금융에 대하여 언급한다(201~204쪽).

1. 제1차 세계대전 이전 간도에서의 통화 유통

1) 간도 개발과 역외 유통의 성장

간도는 길림성 동쪽 끝의 산간 분지이며 북동쪽으로는 러시아령과 인접하고 남동쪽으로는 도문강圖們江(한국명은 두만강)을 사이에 두고 조선과 마주한다. 통화 유통을 검토하기에 앞서 이 지역의 개발 과정과 그 과정에서 형성된 역외 유통구조에 관하여 언급해 두겠다.

청조는 1740년 봉금封禁정책2)에 의해 만주로의 민간인 이주를 금지하였으며 간도도 예외가 아니었다. 그러나 19세기 후반부터 이를 어기고 간도에 이주하는 조선인 농민이 증가하였고 1880년대에는 러시아에 대항하려는 청조의 정책 전환으로 인하여 화인華人 이주도 허용되었다.[5] 이후에도 이주민은 계속 증가하여 1910년 14만 명이었던 인구는 1921년에는 38만 명이 되었다.[6] 인구 증가에 따라 경지도 늘어나 1910년 추정치로 5만여 정보町步였던 재배 면적은 1925년에는 3.5배나 증가했다.[7]

이러한 개발 과정 때문에 간도의 인구도 조선인을 중심으로 구성되었으며 1910년 인구의 79%, 1921년 인구의 82%는 조선인이었다.[8] 한편 화인은 소수파였으나 그중 유력자는 조선인을 소작농으로 삼는 지주이거나 상업, 양조나 대두박 제조 등 농산물 가공업에 종사하는 사람들로

---

5 李盛煥(1991), 26~30쪽; 김춘선(1998).
6 李盛煥(1991), 397쪽 表3. 단, 통계의 (인구)파악율 향상에 의한 겉으로 드러나는 인구 증가도 많았을 것이다. 또 여기에서 말하는 간도는 연길현(延吉縣), 왕청현(汪淸縣), 화룡현(和龍縣), 훈춘현(琿春縣)의 범위이며 이하 원칙적으로 동일하다.
7 단, 훈춘현을 제외한 수치. 統監府臨時間島出張所, 『間島産業調査書』, 1910, 農業編, 189쪽. 朝鮮總督府內務局, 『滿洲及西比利亞地方ニ於ケル朝鮮人事情』, 1927, 488쪽.
8 주6)과 동일.

이들이 지방경제를 주도했다.[9] 지방관을 둔 국자가局子街3)는 화상의 집단 거주지이기도 했는데 주류는 성도省都 길림의 화상華商과 본점-지점 관계, 즉 연호聯號 관계에 있는 자들로[10] 그 네트워크를 이용하여 만주 각 도시와의 교역에 종사하였다.

또한 블라디보스토크와의 교역도 있었다. 블라디보스토크가 함경지방으로의 소비재 수입 거점이었던 사실은 제9장에서 살펴본 대로이며 간도도 마찬가지로 상해上海에서 블라디보스토크 경유로 면직물 등을 수입하였다.[11] 주요 담당자는 러시아 국경 가까이에 위치하는 훈춘琿春의 화상이며 이들은 거래처인 상해나 블라디보스토크의 화상과 연호 관계를 맺고 있었다.[12]

한편 조선과는 교통로 상에 두만강과 험준한 산지가 있어 처음에는 조선인 이주민이 영세한 필수품을 교환하는데 머물러 있었다.[13] 그런데 블라디보스토크 교역을 활성화한 원인이었던 블라디보스토크항의 자유항제도가 1909년 정지된 한편, 1910년에는 함경지방 북부의 청진(1908년 개항)을 경유해서 이루어지는 간도와의 무역에 대하여 조선 측 관세가 면제되었다(통과무역 면세제도). 그 결과 면직물 등 공업제품을 수입하는 경우 청진을 경유하는 편이 오히려 유리해졌다.[14] 〈표 12-1〉에서 1910년 이후 간도(훈춘, 용정촌龍井村 두 해관)의 육로무역액을 보면 1910

---

9 「頭道溝地方狀況」,『通商公報』396號, 1917, 729쪽. 또 荒武達郎(1997)는 간도에 인접하는 안도현(安圖縣)에 관하여 조선인을 소작농으로 하는 중국인 지주 경영의 사례를 소개한다(10～11쪽).
10 「淸國間島局子街商勢一斑」,『通商彙纂』明治43年13號, 1910, 5～7쪽.
11 塚瀨進(1993), 192～197쪽; 芳井研一(2000), 89～95쪽; 김주용(2001), 88～98쪽.
12 탁지부,『청진 방면 시찰 보고』, 1908, 66쪽. 岩本善木ほか,『北鮮の開拓(上)』, 北鮮の開拓編纂社, 1928, 358쪽. 후자는 1908년 조사의 회상록.
13 鶴嶋雪嶺(2000), 228쪽.
14 주 11)과 동일.

<표 12-1> 간도의 육로무역액(5년 평균)(1910~1929)　　　　　　　　　　　　(천 엔)

연도	조선과의 무역			러시아와의 무역		
	수출	수입	총액	수출	수입	총액
1910~1914	149	780	930	349	166	515
1915~1919	1,665	3,198	4,863	516	176	693
1920~1924	2,952	5,888	8,840	170	166	336
1925~1929	5,226	7,538	12,804	1	18	19

주 원 사료의 단위는 해관량. 매년 엔으로 환산한 후 5년 단순 평균치를 산출했다. 해관량에서 엔으로의 환산율은 Hsiao Liang-lin, *China's Foreign Trade Statistics, 1861~1949*, Cambridge University Press, 1974. 또한 1910~1914년 훈춘에 관해서는 총액만 알 수 있기 때문에 상대별 가격은 이하의 방법으로 추측 계산, 배분했다. 수출 : 1915년 상대별 비중에 따라 배분. 수입 : 1911년과 1914년은 출처 자료의 기술에 따라 배분. 1912년과 1913년은 『通商公報』 107號에 실린 수치에 따라 배분. 1910년은 1911년의 상대별 비중에 따라 배분.
출처 1910~1914년 : *Returns of Trade and Trade Reports*, Hunchun[琿春] and Lungchintsun[龍井村], each year. 1915~1929년 : 滿鐵調查課 『北支那貿易年報』 1919년 이후의 각 연도 판.

년대 전반에는 이미 조선으로부터의 수입이 러시아로부터의 수입을 능가하였다. 다만 수출은 여전히 러시아 쪽이 많았다. 이 시기 간도의 수출품은 밤, 대두박 등과 같은 농산물이 중심이었고 조선과 러시아 대상 수출 모두(다른 곳으로 보내는 통과 무역이 아니라) 현지 소비를 주요 목적으로 하였기 때문에 블라디보스토크 및 청진의 제도 변화와 상관없이 러시아로의 수출이 계속된 것이라 생각할 수 있다.[15]

　이와 같은 간도의 조선 무역에는 화상도 참가했지만 주도한 것은 일본인과 조선인 상인이었다.[16] 간도에서는 러일전쟁을 계기로 일본인 상인이 출현하는데[17] 1906년부터 1909년에 걸쳐 외국인에게 개방된 5개의 상업 지역[18]을 중심으로 활동했다.

---

15 「琿春四十四年貿易年報」, 『通商彙纂』, 明治 45年 43號, 1912, 54쪽.
16 「頭道溝ニ於ケル貿易狀況」, 『通商彙纂』, 大正 2年 11號, 1913, 34쪽.
17 The Inspector General of Customs, *Decennial Reports 1902~1911*, Vol.1, Lungchingtsun(龍井村), p.75.
18 1906년에 훈춘, 1909년에 용정촌, 국자가(局子街), 두도구(頭道溝), 백초구(百草溝)가 개방되었다.

이와 같이 간도의 역외 교역은 주로 길림, 블라디보스토크, 청진의 세 곳을 거래처로 하여 이루어졌다. 그리고 1910년경부터는 그중에서도 블라디보스토크보다 청진과의 무역 비중이 커졌다.

2) 통화의 유통공간과 기능

〈표 12-2〉는 1912년경 간도에서의 통화 유통액이다. 근거는 명확하지 않고 느낀 인상에 가까운 것이라 보이는데 앞 항에서 검토한 역외 교역의 구성과 대응하여 발행 주체가 다른 다양한 통화가 유통되었음을 알 수 있다. 여기에서는 표의 윗부분에 위치하는 세 종류의 통화에 관하여 각각의 유통공간과 기능을 검토한다.

〈표 12-2〉 간도에서의 통화 내역(1912년경)

	유통액
관첩(官帖)	20~30만 엔
일본화(日本貨)	12~13만 엔
러시아화(露貨)	13~15만 엔
청국은동화(淸國銀銅貨)	5~8만 엔
기타	5만 엔 내외
합계	55~65만 엔

주 화폐 종류의 명칭은 원 사료에 따른다.
출처 朝鮮銀行, 『間嶋及琿春地方経濟狀況』, 1912, 39쪽.

① 길림관첩吉林官帖

제10장에서 언급한 것처럼 청일전쟁 후 만주에서는 각 성에서 관첩이라 불리는 지폐를 발행했다.[19] 1898년부터 관첩국官帖局(1909년 영형관은전호永衡官銀錢號로 개편)이 발행한 길림관첩도 그중 하나로 '만주국' 시기

---

19 이 책 제10장, 주 18) 참조.

에 이르러 화폐제도 개혁이 시작될 때까지 계속 유통되었다.

길림관첩의 액면은 기본적으로 청조의 동전(제전^{制錢})4)을 기반으로 했는데(단위 '적^{吊}', 1적＝동전 1,000문^{文}), 1900년대 말에는 이미 불환지폐가 되어 다른 통화와 변동 시세가 성립하였다.[20] 유통 범위는 대략 길림성 영역 내로 한정되었다. 만철의 종착지이자 원격지 교역의 거점이었던 장춘에서는 1910년경 성내 거래는 길림관첩으로 하고 길림성 외부와의 거래는 은정^{銀錠}5)과 외국지폐를 썼다.[21]

한편 간도에서는 1905년 무렵부터 관리의 봉급과 조세 수납에 길림관첩이 사용되기 시작했고 점차 일반적인 용도로도 유통되었다.[22] 그리고 1909년에는 길림관첩의 발행처인 관은전호^{官銀錢號}의 분호^{分號}(지점)도 간도의 국자가에 설치되었다. 분호는 공금 출납을 담당하는 것 외에 유력한 화상, 지주에게 길림관첩을 대여하거나 관은전호의 점포 사이에서 길림관첩 기반 외환을 거래했으며 그 결과 길림관첩의 민간 유통도 늘어났다.[23]

길림관첩이 유입되기 이전 간도에서는 지주와 농산물 상인 등 지역유지가 발행하는 자기앞 어음(사첩^{私帖})이 통화와 마찬가지로 유통되었다.[24] 관은전호가 이들 화상 유지에게 길림관첩을 제공함으로서 사첩을 없애는 한편, 농민층까지 길림관첩의 순환구조 속으로 끌어들였다고 추

---

20 길림관첩의 제도 변천에 관해서는 南鄕龍音, 「吉林官帖の硏究」, 『滿鐵調査月報』 11卷11〜12 號, 1921을 참조했다. 또 길림관첩은 영형관은전호가 발행한 다양한 지폐의 총칭이며 같은 시대의 사료에서도 구별되지 않는 것이 많다.

21 滿鐵調査課, 『南滿洲經濟調査資料(第五)』, 1910年 調査, 113〜115쪽.

22 *Decennial Reports 1902-1911*, Vol.1, Lungchingtsun, p.78. 滿鐵調査課, 『吉林東南部經濟調査資料』, 1911, 6〜7쪽.

23 朝鮮銀行, 『間嶋ノ貿易及金融狀況』, 1915, 50〜51쪽. 가가(1994).

24 주 21)과 동일.

측할 수 있다. 화상의 농산물 매수 가격도 1910년대 초기에는 길림관첩 기반이었다.[25]

②금엔 계통의 여러 지폐

〈표 12-2〉의 근거가 된 조선은행의 조사에 의하면 간도에서 유통되는 '일화日貨'(일본화폐)에는 조선은행권과 일본은행태환권日本銀行兌換券 두 종류가 있었다.[26] 간도에서 이들이 본격적으로 유통된 것은 러일전쟁 후인 1907년경부터라고 한다.[27] 이 해 일본은 한청韓淸 영토분쟁에 개입하여 통감부統監府의 출장소를 용정촌에 설치했다.

조선은행권(또 전신인 제일은행권, 한국은행권)은 일본인과 조선인 상인에 의한 조선무역을 통해 유입된 것으로 보인다.[28] 한편 일본은행태환권은 조선이 아니라 주로 블라디보스토크에서 유입되었다.[29] 1906년의 조사에 의하면 간도 동부 훈춘에서 대러 무역에 종사하는 화상은 루블지폐와 일본은행태환권은 액면대로 받는 반면, 블라디보스토크에서 유통되지 않는 제일은행권은 2할 이상 에누리하지 않으면 받지 않았다고 한다.[30]

이러한 차이는 1910년대에 들어와 조선과의 무역이 증가하자 없어졌고 조선은행권은 루블지폐, 일본은행태환권과 거의 같은 가격으로

---

25 「頭道溝ニ於ケル公議會準單」, 『通商彙纂』, 大正元年29號, 1912, 57쪽.

26 朝鮮銀行, 『間嶋及琿春地方經濟狀況』, 1912, 32쪽.

27 *Decennial Reports 1902-1911*, Lungchingtsun, p.78. 塚瀨進(1993), 202쪽.

28 外務省通商局, 『滿州事情(第5輯)』, 1911, 362쪽.

29 朝鮮銀行, 『咸鏡北道ニ於ケル經濟狀況』, 1913, 19쪽.

30 탁지부, 『청진 방면 시찰 보고』, 1908년(1906년 조사), 71~72쪽. 블라디보스토크에서는 1912년 경이 되어도 조선은행권이 일본은행태환권에 비해 5% 이상 쌌다고 한다. 朝鮮銀行, 『間嶋及琿春地方經濟狀況』, 1912, 36쪽.

교환되었다.[31] 다만 길림과의 교역에 종사하는 화상들은 여전히 조선 은행권은 기피하였고 일본은행태환권을 선호했다고 한다.[32] 앞에서 설명한 것처럼 조선은행은 1913년부터 만주에 점포를 개설하기 시작했지만 그것이 본격화하는 것은 제1차 세계대전 후반기이고 1910년대 전반 조선은행권은 만주에 그다지 보급되지 않았다고 보아도 좋다. 한편 일본은행태환권은 러일전쟁 후 쇼킨은행권에 의한 만주 화폐제도 통일 방침과 상관없이 1906년 9월에는 만철이 수납과 지급에 이용하기 시작하고 일본정부도 이를 추인, 1909년 10월 만주로의 일본은행태환권 유입을 자유화했다.[33] 이러한 상황을 배경으로 만철 주변 주요 도시에서는 일본은행태환권이 일정 정도는 유통되었다고 추측할 수 있다. 간도에서 화상이 어떠한 통화를 선호했는지가 교역 상대 지역의 유통 상황에 의해 결정되었음을 엿볼 수 있다.

③ 루블지폐

〈표 12-2〉에서는 '러시아화'라고 한다. 간도에서는 러시아군이 의화단 사건을 계기로 만주 전역을 점령한 1900년경부터 루블지폐가 출현하기 시작했다.[34] 1910년대 중반 사료에 의하면 매년 '수십만' 루블이 러시아령에서 간도로 유입되었다.[35]

유입된 루블지폐의 일부는 간도에서 유통된 것 같은데[36] 다시 유출

---

31 滿鐵調查課, 『吉林東南部經濟調査資料』, 1911, 18쪽.
32 「間島地方流通々貨」, 『通商彙纂』 明治44年13號, 1911, 64쪽.
33 波形昭一(1985), 172~177쪽.
34 *Decennial Reports 1902-1911*, Vol. 1, Hunchun[훈춘], p.61.
35 「間島大正三年貿易狀況」, 『通商公報』 203號, 1915, 50쪽. 「琿春經濟狀況」, 『通商公報』 284號, 1916, 261쪽.

〈표 12-3〉 간도 일본 우체국의 루블지폐 수송액(1910~1913)

연도	수송액(루블)	전체 수송 중 화인에 의한 비율(%)
1911	130,809	73
1912	149,613	76
1913	189,333	98

주 : 용정촌국과 국자가국의 취급액 합계.
출처 : 朝鮮銀行, 『間島ノ貿易及金融狀況』, 1915, 40~48쪽.

〈표 12-4〉 간도 일본우체국의 루블지폐 수송액(1911년 10월분)   (루블)

보낸 곳		수송액
만주	길림(吉林)	3,400
	봉천(奉天)	113
중국 본토	산해관(山海關)	90
	지부(芝罘)	836
	북경(北京)	95
	상해(上海)	1,150
	한구(漢口)	100
조선	청진	3,600
	원산	500
기타		53
합계		9,937

주 : 용정촌국과 국자가국의 취급액 합계.
출처 : 朝鮮銀行, 『間嶋及琿春地方經濟狀況』, 1912, 37쪽.

된 부분도 무시할 수 없었다. 〈표 12-3〉에 의하면 일본우체국을 통한 현송現送만으로도 매년 10~20만 루블이 유출되었음을 알 수 있다. 그리고 〈표 12-4〉는 1911년 10월 일본 우체국을 통해 현송된 루블지폐의 상대별 내역이다.

이를 통해 간도의 교역 상대 지역인 길림과 청진을 필두로 상해 외 중

---

36 朝鮮銀行調查局, 『琿春地方ニ於ケル經濟狀況』, 1918, 33~36쪽.

국 본토에도 루블지폐가 현송되었다는 사실을 알 수 있다. 다시 〈표 12-3〉에 의하면 간도로부터 현송된 루블지폐 중 7할 이상은 화인의 손에 의한 것이었다. 간도의 역외 교역을 다방면에 걸쳐 담당하던 화상이 결제수단으로 루블지폐를 이용하였다고 볼 수 있다.

한편, 〈표 12-4〉를 보면 최대의 유출지는 청진이다. 1908년 개항한 청진은 앞에서 언급한 통과 무역 면세 제도에 의해 블라디보스토크를 대신하여 간도로의 수입 거점이 되었다. 〈표 12-1〉에서 알 수 있듯이 간도의 조선 무역은 압도적인 수입 초과였으며 대부분은 청진을 통한 면직물 등의 수입이라고 생각해도 좋다. 1912년 조선은행 조사에 의하면 간도에서 청진으로 유출되는 루블지폐는 청진에서의 수입무역 결제에 충당되었고 규모는 1911년에 20만 루블 정도였다.[37] 같은 해 간도의 조선으로부터의 수입 초과액은 약 70만 엔이었기 때문에[38] 1루블＝1엔으로 대략 계산하면 수입 초과액의 3할에 약간 못 미친 금액이 루블지폐에 의해 결제되었던 셈이다.

한편 제9장의 〈표 9-3〉을 다시 보면 함경지방 북부(함경북도) 금융기관의 루블지폐 매수액은 제1차 세계대전 직전까지 증가했다. 이 중에는 블라디보스토크 쪽에서 유입된 것뿐만 아니라 청진을 통한 간도와의 무역으로 유입되는 것도 상당액 포함되어 있었다. 청진 일본인상업회의소의 1913년 기록에 의하면 청진의 '간도 거래는 기존의 일본화폐를 주로 하고 루블은 이 뒤를 잇는다. (…중략…) 루블 거래를 계속 늘리는' 상태이며 청진으로 유입되는 루블지폐는 원산이나 블라디보스토크로 보

---

37 朝鮮銀行, 『咸鏡北道ニ於ケル經濟狀況』, 1913, 19쪽.
38 〈표 12-1〉의 출처 자료에서 계산했다.

내진 후 교환되거나 현지의 함경농공은행 지점에서 교환되었다.[39]

〈표 12-4〉에서 청진과 더불어 큰 비중을 차지한 것은 길림으로의 현송이며 상해가 그 뒤를 잇는다. 제9장에서 살펴본 것처럼 1900년대 전반 만주와 함경지방에서는 화상에 의한 상해 결제수단으로 루블지폐가 널리 이용되었다. 러일전쟁 후 조선에서는 화폐정리사업의 영향으로 그러한 형태로는 이용되지 않았지만 만주의 도시부에서는 계속해서 상해 송금의 수단으로 루블지폐가 쓰였다. 예를 들면 영구營口와 장춘에서는 1910년경이 되어도 러청은행露淸銀行 지점에서 상해량 외환 거래에 루블지폐가 이용되었다.[40] 간도에서 길림 및 상해로의 루블지폐 현송도 최종적으로는 만주에서의 상해 대상 결제의 필요에 의해 유지되었다라고 해도 좋을 것이다.

3) 간도에서의 통화 간 수급 조정

1910년대 전반 간도에 출현한 여러 통화는 각각 다른 공간 안에서 순환하였다. 이는 기능의 차이와도 연동된 것으로 길림성 내에서 유통되는 길림관첩이 생산자 및 소비자에게 가까운 층에서 이용되는 한편, 금엔 계통 지폐나 루블지폐는 길림관첩의 유통 범위를 넘어 상대적으로 광역 결제에도 이용되었다.

이들 여러 통화의 교환 시세는 화상이 조직하는 국자가의 상무회商務會가 길림·장춘 등과 같은 성내省內 대도시 시세를 기준으로 결정하였

---

39 大正二年九月二日付報告書(作成者不明), 淸津商工會議所, 『淸津商工會議所史』, 1944, 389쪽 수록.
40 滿鐵調査課, 『南滿洲經濟調査資料(第6)』, 1910年調査, 66~67쪽, 拓殖局(橫濱正金銀行調査), 『滿州各主要地ニ於ケル通貨及金融機關』, 1911, 44쪽.

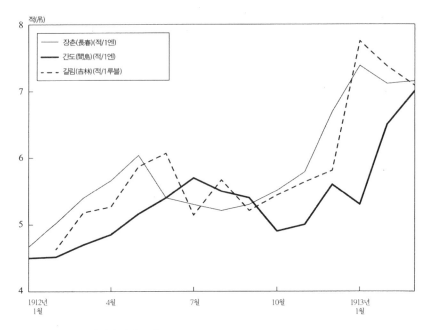

〈그림 12-1〉 길림관첩 시세 동향(1912~1913)

주 간도 시세는 용정촌에서의 값. '적'은 길림관첩의 단위

출처 간도:『通商彙纂』, 明治45年 15, 24, 25, 29, 31, 34, 39, 41號, 大正元年 5, 26號,『通商公報』, 12, 15號. 다만 1개월
내에 복수의 값이 얻어질 경우는 그 평균치. 장춘:『滿州貨幣相場集成 : 三』(滿鐵調査課, 1929), 20쪽. 길림:『滿州ニ於
ケル通貨事情』(外務省通商局, 1919), 190쪽.

다.[41] 제1차 세계대전 발발 후 1916년에는 상무회 안에 거래소가 설치
되어 길림관첩 대비 루블지폐와 조선은행권, 크고 작은 은원銀元 시세가
정해졌다.[42] 간도에서의 통화 시세의 특징에 관하여 1913년 일본영사
보고는 다음과 같이 설명한다.

　국자가 지방의 중국통화인 길림관첩은 매년 12월경부터 다음해 4, 5월에

41　朝鮮銀行,『間嶋ノ貿易及金融狀況』, 1915, 53쪽.
42　朝鮮銀行調査局,『局子街方面ニ於ケル經濟狀況』, 1918, 26쪽.

이르는 5, 6개월 동안은 유통 가격이 폭등하고 이후 5, 6개월 동안은 점차 하락한다. 이는 매년 12월부터 다음해 4, 5월에 이르는 기간은 콩, 조 기타 농산물이 활발하게 수출되어 외국 화폐의 유입이 엄청나고 수입하는 외국 상품에 대하여 외국화폐로 대금을 결제하기 때문에 충분히 남아 관첩 시가의 폭등을 초래하는 원인이 된다.[43]

앞에서 언급한 것처럼 국자가는 간도에서 중국 측 중심지이다. 이 사료에서 농산물 거래가 활발해지는 수확기부터 다음 해 봄까지 국경을 넘는 수출이 '외국화폐', 즉 루블지폐나 조선은행권, 일본은행태환권의 유입을 초래하고 그 결과 상대적으로 길림관첩의 수요가 더욱 높아졌음을 알 수 있다. 농산물 거래의 주기에 따라 통화 수요가 변동하는 것 자체는 농업 사회에서 일반적으로 볼 수 있던 현상이라고 할 수 있는데 간도의 경우 국경지대에 위치한다는 지리적 특징이 통화 간 수급 변동의 기복을 보다 크게 하였다.

이와 같은 간도에서의 통화 시세의 특징을 길림관첩의 유통권에 있는 다른 도시와 비교해 보겠다. 〈그림 12-1〉은 1912~1913년 간도(용정촌) 및 장춘, 길림에서의 길림관첩 시세를 나타낸다. 간도와 장춘은 금엔 1엔, 길림은 1루블에 대한 길림관첩의 시세(단위＝적)이다. 금엔의 구체적인 화폐 종류는 명기되어 있지 않은데 앞에서 언급한 것처럼 만주에서 조선은행권 유포가 아직 본격적으로 이루어지지 않은 상태였기 때문에 우선은 일본은행권이라고 생각하겠다.

---

43 「吉林官帖下落ノ原因」, 『通商彙纂』, 大正2年8號, 1913, 42쪽.

길림관첩은 신해혁명辛亥革命 전후부터 남발되었기 때문에 가치가 계속 하락하였으며[44] 그림에 나타낸 장춘, 간도, 길림 모두 길림관첩의 장기적인 하락세를 보여준다.

그러나 월 단위의 단기적인 변동에 주목하면 각 도시들 사이에 차이가 있었다. 우선 간도와 장춘에서의 길림관첩의 엔 대비 시세를 비교하면 6월부터 9월까지 여름철에는 장춘의 시세가 높고(장춘의 선이 간도보다 아래쪽에 있다) 그 외 시기에는 간도의 시세가 높다. 앞에서 인용한 1913년 일본영사보고[45]를 염두에 두면 농산물 거래가 활발하게 이루어지는 가을부터 봄에 걸쳐 간도에서 길림관첩 수요가 상대적으로 높아졌다고 볼 수 있다. 루블지폐 대비 길림관첩의 시세에 관해서는 길림의 수치밖에 얻을 수 없는데 앞 항에서 살펴본 것처럼 1910년대에는 루블지폐와 금엔이 대략 같은 값이었다고 하면 금엔 대비 시세와 같이 지방마다 차이가 있었다고 생각해도 좋을 것이다.

1909년 영형관은전호의 분호가 간도에 설치되었을 때는 길림관첩의 대부를 통해 통화 수급의 계절적 변동을 완화하는 것을 기대했던 것 같다.[46] 그러나 1911년경부터 길림관첩의 하락이 가속화함에 따라 분호의 민간 대상 업무는 지체되었다.[47] 발행자인 관은전호 스스로가 길림관첩의 유통량을 제어할 수 없는 상황에서 간도의 화상 일부는 다음과 같은 작업을 했다.

---

44 김주용(2001), 117~118쪽. 예를 들면 장춘에서의 길림관첩의 엔 대비 시세는 1911년을 100으로 했을 때 1914년에는 340까지 하락한 상태였다. 滿鐵調査課, 『滿洲貨幣相場集成 : 其三』, 1929, 20쪽)

45 주 43)참조.

46 「淸國間島 ノ通貨及金融」, 『通商彙纂』明治 43年 14號, 1910, 37쪽.

47 朝鮮銀行, 『間嶋 ノ貿易及金融狀況』, 1915, 51~52쪽.

이 지역 중국 상인의 일부는 매일 길림성시의 관첩 시세를 전보로 조회하고 더욱 하락했다는 회신 전보를 받고서는 일절 이것을 비밀로 하고 (…중략…) 관첩을 일러화(日露貨)로 교환하기 위해 노력하고 이 지역 시세 이상으로 계속 하락하는 길림성을 향해 이 지역 일본우체국을 거쳐 가격을 표기해 송부하고 재차 관첩환(官帖換)으로 반송하게 했다. (…후략…) (1913년)[48]

즉 화상들이 간도에서 '일러화', 즉 루블지폐와 일본엔(일본은행태환권인 듯 싶다)을 길림에 보내고 길림관첩을 가져오게 한 것을 알 수 있다. 〈그림 12-1〉에서 확인했듯이 간도의 길림관첩 수요는 농산물 출하기에 길림과 장춘보다 많았다. 위 사료는 이러한 각 지방의 차이를 이용한 재정거래(裁定去來6))를 보여준다. 앞에서도 언급했듯이 간도의 화상에게는 길림과 연호 관계를 맺는 일이 많았고[49] 그러한 네트워크가 신속한 정보 교환과 비밀을 요하는 거래를 가능하게 했다. 또한 길림 및 장춘 쪽에서의 길림관첩 시세가 간도를 상회하는 경우에는 반대로 간도에서 길림관첩이 유출되고 이를 대신하여 루블지폐가 유입되는 현상도 보였다.[50]

이러한 화상의 재정거래에 관하여 간도의 지방경제라는 시점에서 보면 현지 사정을 반영한 통화 수급의 자율적인 조정시스템이 기능하였다고 표현해도 좋다. 이것은 길림관첩이나 루블지폐, 일본은행태환권 각각의 광역적 순환을 전제로 성립한 것이라고 할 수 있는데 동시에 그러한

---

48 「間島大正二年第一季貿易狀況」, 『通商公報』 15號, 1913, 3쪽.
49 주 10) 참조.
50 「間島大正三年貿易狀況」, 『通商公報』 203號, 1915, 4쪽.

지역별 자율적 조정이 각 통화의 광역 순환을 유지하였음을 시사한다.

2. 제1차 세계대전기의 조선은행권 유입과 지방경제

러일전쟁 후에도 루블지폐는 광범위하게 유통되었는데 1914년 8월 제1차 세계대전이 발발하고 러시아가 금태환金兌換을 정지하자 만주와 조선에서의 루블지폐 시세는 하락하기 시작했다. 그리고 러시아혁명이 일어나자 하락세는 더욱 가속화했다.(제9장)

루블지폐의 금태환이 정지되자 간도에서도 일본우체국이 루블지폐 납부를 거부하기 시작했다.[51] 또 청진의 일본인 상인도 루블지폐 받는 것을 기피하게 되어[52] 루블지폐를 조선무역의 결제수단으로 사용하는 것이 힘들어졌다. 그 결과 기존에 루블지폐를 이용하던 간도 상인들 사이에서도 루블지폐를 사용하지 않고 수중에 두거나退藏 수취를 거부하는 경우가 생겼다. 루블지폐는 유통망에서 사라져가고 금융경색으로 인하여 어쩔 수 없이 폐점하는 상인도 속출했다.[53]

한편 이 시기에는 간도의 육로국경무역에도 변화가 나타났다. 〈표 12-1〉을 보면 1910년대 전반부터 후반에 걸쳐 러시아와의 무역은 약간 증가하는데 그친 것과 대조적으로(이 시기 물가 상승을 고려하면 실질적으로는 감소했다고 보아도 좋다) 조선과의 무역은 증가한 것을 알 수 있다. 특히

---

51 앞 주와 동일, 50쪽. 단, 우편을 통한 루블지폐 현송은 가능했다.
52 「露貨下落とその影響」, 『朝鮮總督府月報』 5卷1號, 1915, 60쪽.
53 김주용(2001), 118~122쪽.

조선에 대한 수출은 1916년부터 1918년까지 연 100% 이상 늘어났다. 직접적인 계기는 제1차 세계대전의 영향으로 서양에서 강낭콩 등과 같은 콩류 수요가 급증했기 때문이다. 간도산 콩류 수출은 1916년경부터 증가하여[54] 간도에서 청진을 거쳐 일단 고베神戸로 수출된 후, 홋카이도北海道나 대련大連 등 다른 산지의 콩류와 함께 재수출되었다.[55] 수출은 우선 고베의 스즈키상점鈴木商店과 미츠이물산三井物産 등에서 청진의 일본인 무역상에게 발주가 가고 거기에서 다시 간도 상부지商埠地7)의 일본인 및 조선인 상인에게 주문되어 이루어졌다.[56]

그런데 제1차 세계대전 중 조선은행이 만주에서 점포망을 급속히 확장한 것은 이미 언급한 대로이며 1913~1918년 동안 17개 점포가 신설되었다.[57] 간도의 용정촌에도 1917년 3월에 조선은행 출장소가 설치되어 일본인 무역상의 콩류 수출 자금을 빌려주었다.[58] 청진의 무역상도 간도 상인에게 콩류를 발주하면서 매입 자금을 미리 빌려주었으며[59] 결과적으로 간도에 유입되는 조선은행권은 급속히 증가했다. 김주용은 이 시기 간도가 '엔 블록'8)화했다고 표현하는데[60] 간도에서 조선은행권은 어떠한 권력에 의해 강제적으로 통용력이 인정되었던 것은 아니다.

---

54 간도에서 청진 경유로 이루어지는 통과 수출에서 강낭콩(통계상의 상품명은 '흰 콩')이 차지하는 비중은 1916년 : 42%, 17년 : 41%, 18년 : 21%, 19년 : 61%이었다(朝鮮總督府, 『朝鮮貿易年表』, 各年版). 또한 1917년 청진으로부터 두만강에 면한 회령까지 철도가 개통하고 1918년 청진-쓰루가(敦賀) 항로가 조선총독부의 명령항로로서 개설되는 등 정책적인 유통 기반 정비가 수출을 뒷받침한 점도 중요할 것이다.

55 朝鮮銀行調査局, 『滿鮮産色豆取引狀況』, 1918, 1~13쪽.

56 東洋拓殖會社, 『間島事情』, 1918, 556~557쪽.

57 朝鮮銀行史研究會(1987), 850~851쪽.

58 朝鮮銀行調査局, 『局子街方面ニ於ケル經濟狀況』, 1918, 20쪽; 김주용(2001), 139~153쪽.

59 주 56)과 동일.

60 김주용(2001), 153~155쪽.

조선은행권이 지방경제 속에서 정착하는 과정은 앞 절에서 검토한 여러 종류의 통화 간 관계 속에서 부여된 기능에 주목할 필요가 있다.

콩류 수출에 따라 발생한 자금 흐름을 쫓아 조선은행권의 이용 상황을 살펴보자. 청진으로부터 주문을 받은 상부지의 일본인 상인은 상부지 내에서 매수하는 것 외에 조선인 및 화인 소상인에게 자금을 미리 빌려주고 상부지 외에서의 매수를 위탁하는 일도 많았다.[61] 이 무렵 상부지 근교 조선인 농민들 사이에서는 이미 조선은행권이 널리 사용되었다고 하므로[62] 이들로부터의 매입에는 조선은행권이 사용되었을 가능성이 있다. 하지만 콩류를 매입하는 범위는 수출 증가와 더불어 확대되고 이전에는 간도 상부지의 상권에 포함되지 않았던 오지 농촌에까지 미치기 시작했다.[63] 이들 지방에서는 길림관첩만이 유통되었고 조선은행권은 에누리하여 수수되는 상황이었기 때문에 농민으로부터의 매입은 길림관첩으로 이루어졌다.[64]

즉 콩류 수출과 함께 조선은행권 유입이 증가하면 할수록 농민으로부터의 매입에 사용되는 길림관첩의 수요도 증가한다는 관계가 생긴 것이다. 이러한 관계를 길림관첩의 금엔 대비 시세를 통하여 확인해 보겠다. 〈그림 12-2〉는 1917~1918년 매월 간도에서의 시세(적/1엔)를 장춘 시세로 나눈 값을 나타낸다. 값이 1보다 아래쪽이면 간도 쪽이 '관첩 강세'라는 것이다. 1917, 1918년 모두 농산물 출하기에 해당하는 가을부터 봄에 걸쳐 간도의 길림관첩 수요가 장춘을 상회했음을 알 수 있다.

---

61 「間島地方豆類輸出狀況」, 『通商公報』712號, 1920, 1084쪽.
62 「頭道溝地方狀況」, 『通商公報』696號, 1920, 435쪽.
63 「間島貿易狀況(大正6)」, 『通商公報』560號, 1918, 79쪽.
64 「頭道溝對西間島地方取引狀況」, 『通商公報』430號, 1917, 1쪽.

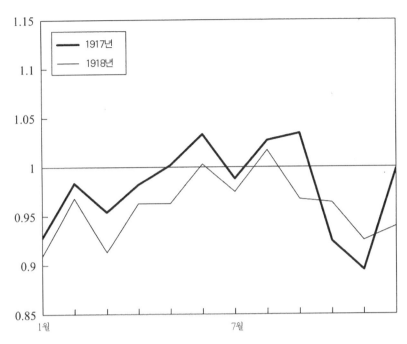

〈그림 12-2〉 길림관첩 시세의 도시 간 비교(간도 · 용정촌/장춘)(1917, 1918)
주 간도의 길림관첩 엔 대비 시세(적/1엔)를 장춘의 길림관첩 엔 대비 시세(적/1엔)로 나눈 값을 나타낸다.
출처 간도 : 1912년은 〈그림 12-1〉과 동일. 1917년 1~3월은『通商公報』560號, 1917년 4월~1918년 12월은
『朝鮮銀行月報』, 各月版. 장춘 : 〈그림 12-1〉과 동일.

그렇다면 조선은행권의 유입이 증가할 수록 길림관첩의 수요가 높아지는 현상에 대하여 현지 상인들은 어떻게 대응하였을까. 다음 사료는 1917년 12월 조선은행 길림 지점(같은 해 6월 개설)의 영업 상황을 보고한 것이다.

현저히 증가한 것은 간도 쪽으로부터의 전신 송금으로 그 지역에서의 곡물 거래가 금 기반으로 이루어지고 오지에서의 매출에는 관적(官吊)을 필요로 하기 때문에 당행[조선은행] 용정촌출장소를 통해 이쪽[길림 지점]으로 송금

하고 이를 관적으로 바꿔 다시 간도 쪽으로 현송하는 바 (···후략···) [65]

사료에서 말하는 '금 기반'이란 금엔金圓 기반, 구체적으로는 조선은행
권에 의한 거래라고 해석해도 좋을 것이다. 조선은행 출장소 주변에서
는 조선은행권이 유통되는 반면, 상부지에서 떨어진 농촌부에서의 매
입은 길림관첩으로 이루어진다는 앞에서 언급한 상황을 여기에서도 확
인할 수 있다. 그리고 오지 매입에 필요한 길림관첩을 조달하기 위하여
(혹은 길림관첩 시세의 변화에 편승한 재정거래를 목적으로 한 것도 포함) 간도의
금엔 자금을 일단 길림으로 보내고 대신 길림관첩을 현송하는 작업이
빈번하게 이루어졌음도 알 수 있다. 이러한 작업의 담당자는 주로 간도
의 화상들이었다.[66] 이 패턴은 앞 절에서 살펴본 길림관첩과 일본은행
태환권 그리고 루블지폐와의 재정거래[67]와 거의 동일하며 간도에서 길
림으로의 송금이 조선은행의 환송금에 의한 것이라는 점만 다르다.

조선은행 용정촌출장소를 통해 실제로 어느 정도의 송금이 이루어
졌는지를 〈그림 12-3〉을 통해 살펴보자. 이 그림은 1917년 3월 출장소
개설 이후 취급한 각종 외환의 순출납액(자금의 수입액(= 매도환)-지출액
(= 매입환))을 상대방 별로 나타낸 것이다. 수치가 양수이면 출장소의 수
입 초과이며 간도에서 자금이 유출된 것을 의미한다. 음수이면 반대로
출장소의 지출 초과로 간도에 자금이 유입한 것을 의미한다. 출납의 균
형이 크게 무너진 것은 1917년 말부터 1918년 5월경까지와 1918년 말이

---

65 「各地金融狀況 吉林」, 『朝鮮銀行月報』 8卷12號, 1918, 48쪽.
66 「各地金融狀況 龍井村」, 『朝鮮銀行月報』, 9卷3號, 1918, 62쪽.
67 주 48) 참조.

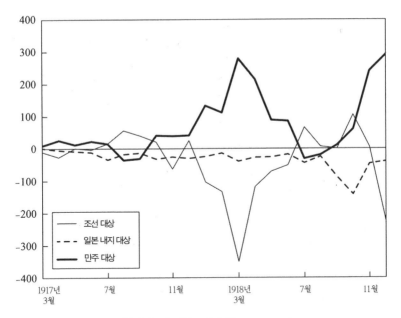

〈그림 12-3〉 조선은행 용정촌출장소의 외환 순출납액(1917~1918)

주 용정촌출장소에서의 외환 거래를 통한 현금의 수입액과 지출액을 정산한 잔액. 수치가 양수이면 간도로부터의
송출 초과, 음수이면 간도로의 유입 초과라고 할 수 있다. 또 '기타' 값도 있지만 소액이기 때문에 생략.
출처 『朝鮮銀行月報』「各地爲替受拂高表」 各號.

다(유감스럽게도 이러한 종류의 수치는 1918년 말까지 밖에 얻을 수 없다). 그리고
모든 시기에 있어서 조선 외환의 수입 초과(조선으로부터 간도로의 자금 유
입)과 만주 외환의 지출 초과(간도로부터 만주로의 자금 유출)이 거의 동시
에 확대되었다는 사실을 주의해야겠다.

이 그림에서는 자금 유출이 만주의 어느 지방에서 이루어졌는지까
지는 명확하지 않다. 그러나 일본영사보고에 의하면 1918년 11월 중 조
선은행 용정촌출장소로부터의 송금액 20만 2880엔 중 길림 대상이 8만
2950엔, 장춘 대상이 10만 9800엔을 차지한다.[68] 앞에서 인용한 1917년

---

68 「局子街に於ける最近金融狀況」, 『通商公報』 589號, 1919, 244쪽.

12월 조선은행 길림 지점의 보고[69]와 합쳐서 생각하면 〈그림 12-3〉에 나타나는 외환 출납의 불균형은 콩류의 매입 자금으로 조선에서 유입된 자금이 다시 길림이나 장춘으로 유출된 것을 반영한다고 보아도 좋다. 길림과 장춘으로 유출된 것은 길림관첩의 형태로 간도에 돌아오고 농촌에서 실제로 콩류 매입을 위한 수단으로 사용되었을 것이다.

다만 오지 농촌에서는 아직 조선은행권이 원활하게 유통되지 않았던 점을 생각하면 조선은행권이 간도에 아무리 많이 유입되었다고 해도 그것만으로는 콩류 매입을 늘릴 수 없었을 것이다. 제1차 세계대전 전부터 나타났던 화상에 의한 통화 간 재정거래가 조선은행권을 둘러싸고 이루어짐으로써 비로소 필요한 길림관첩이 간도로 유입되고 나아가서는 간도로부터의 콩류 수출 확대를 실현할 수 있었다고 보인다.

또한 조선은행권의 유통 확대라는 관점에서 봤을 경우 조선은행의 점포망 확대가 화상의 재정거래를 가능하게 한 것은 틀림없는데 한편으로 화상의 재정거래를 통해 간도에 유입된 조선은행권이 만주 내륙의 길림과 장춘이라는 회로를 거쳐 유통권을 확대했다는 사실도 간과할 수 없다. 통화의 광역적 순환이 권력에 의한 '위로부터의' 힘뿐만 아니라 각 지방의 통화 수급 조정시스템에 의해 유지, 실현된다는 사실은 루블지폐나 일본은행태환권, 길림관첩의 경우처럼 조선은행권도 마찬가지였다.

덧붙여서 말하자면 그러한 통화수급 조정시스템은 간도에서 루블지폐가 퇴장하는 과정에서도 기능했다. 앞에서 설명한 것처럼 제1차 세

---

69 주(65) 참조.

계대전 발발 직후부터 루블지폐 시세는 하락하기 시작했지만 러시아에 인접하고 루블지폐 유입이 많았던 간도의 시세는 길림과 장춘보다도 더욱 급하게 떨어졌다. 간도의 화상은 이에 편승하여 간도의 루블지폐를 사들여 길림으로 보내고 길림관첩을 갖고 오도록 해 차익을 얻고자 했다.[70] 루블지폐의 현송에는 일본우체국이 이용되는 일이 많고 1918년 11월 수송액은 길림에 12만 1750루블, 장춘에 18만 5500루블이었다.[71] 이러한 움직임은 1919년경까지 이어졌지만 이후 파탄이 났으며 루블지폐 그 자체도 1920년경에는 보이지 않게 되었다.[72]

마지막으로 제1차 세계대전 후의 상황을 간단하게 언급해 두겠다. 제1차 세계대전 종결과 함께 간도 경제 붐을 주도하던 강낭콩 수출은 쇠퇴하였고 1920년의 공황이 간도를 덮쳤다. 그리고 같은 해 일본군의 간도출병도 있었기 때문에 경제는 일시적으로 침체할 수밖에 없었다. 그러나 이후 간도와 조선의 무역은 주요 수출품이 대두로 바뀌면서 다시 증가세로 전환했다.[73]

1920년대에는 조선은행과 함께 일본영사관의 감독하에서 조선인민회朝鮮人民會를 통한 농민 금융이 확대되면서[74] 농촌 지역에서도 조선은행권이 압도적인 우위를 차지하였다는 보고가 있다.[75] 화폐 유통의 중

---

70 「局子街に於ける露貨暴騰の影響」, 『通商公報』 512號, 1918, 319쪽.
71 「局子街に於ける最近金融狀況」, 『通商公報』 589號, 1919, 244쪽.
72 塚瀨進(1993), 202~203쪽. 이러한 루블지폐 하락에 따른 투기는 만주 전체에서 가열되어 최종적으로는 루블지폐 퇴출이라는 결과를 낳았다. 石田興平(1964), 519~530쪽. 또 루블 투기에 기인하는 금융 혼란이 영구에서의 과로은(過爐銀) 쇠퇴를 초래해 장(張)정권 개입을 초래한 것에 관해서는 松重充浩(2009), 328~332쪽.
73 塚瀨進(1993), 199~201쪽. 또 〈표 12-1〉도 참조.
74 申奎燮(1993), 181~182쪽; 김주용(2001), 65~87쪽.
75 滿鐵調査課, 『吉會鐵道關係地方調査報告書』 第1輯, 1928, 66쪽.

<表 12-5> 조선은행 용정촌출장소의 외환출납액(1921~1925)   (천 엔)

연도	일본 내지	조선	만주	기타
1921	-33	181	1,001	75
1922	-267	-613	723	124
1923	-139	-1070	2,016	262
1924	-145	-770	1,791	72
1925	-92	-689	1,529	44

주 : '추심어음', '송금거래'액을 정산한 잔액. 값이 양수면 은행의 수취 초과=간도로부터의 자금 유출, 음수면 은행의
출납 초과=간도로의 자금 유입을 나타낸다(<그림 12-3>과 동일).
출처 : 朝鮮總督府鐵道局營業課, 『豆滿工流域經濟事情』, 1927, 81쪽.

층성을 해소하려는 시도가 일정한 성과를 거둔 것으로 보인다. 하지만
한편으로 화상에 의한 길림관첩의 재정거래는 계속해서 이루어졌다.[76]
<표 12-5>의 조선은행 용정촌 출장소의 외환 출납액을 보면 조선으로
부터의 자금 유입과 만주로의 자금 유출이라는 <그림 12-3>과 같은 패
턴이 1920년대에도 유지되었음을 알 수 있다. 일본의 정치적, 경제적
관여가 깊어지는 중에도 화상의 이러한 움직임이 여전히 간도의 대두
수출 경제의 한 부분을 지탱하고 있었던 것이다.

이처럼 1910년대 간도를 둘러싸고는 다양한 통화가 중층적으로 순
환하였다. 이러한 상황에서 간도의 화상은 각 지방의 통화 수요 차이를
이용한 재정거래를 반복하였다. 결과적으로 화상의 움직임은 이 지방
의 통화 수급을 조정함과 동시에 통화의 광역적 순환을 유지하기도 했
던 것이다.

제1차 세계대전 중 간도로 유입되는 조선은행권이 급증했을 때도 간
도의 화상은 기본적으로 위의 틀 안에서 대처했다. 그 결과 간도의 콩

---

76 「間島金融槪況(十一月)」, 『通商公報』 803號, 1921, 38쪽.

류 수출은 급속히 증가하고 간도로 유입되는 조선은행권은 더욱 길림과 장춘으로 흘러나갔다. 간도를 둘러싼 조선은행권의 순환은 조선은행 점포망 확대에 의해서만 실현된 것이 아니라 현지에 이전부터 존재한 자율적인 통화수급 조정시스템에 의해 유지, 형성되었다는 측면을 간과해서는 안 될 것이다.

러일전쟁부터 제1차 세계대전에 걸쳐 동북아시아에서는 일본의 국가적 관여를 통하여 물류와 금융의 제도적 기반이 광역적으로 정비되기 시작했다. 조선은행권의 유통 확대도 그러한 현상 중 하나라고 할 수 있다. 그리고 제도적 기반 위에 일본의 공업화를 축으로 한 새로운 분업체제도 형성되었다. 그러나 변화는 반드시 일본의 이해 관계에 따라 일방적으로 결정된 것은 아니고 오히려 다양한 수준에서 이미 형성되어 있던 현지 경제시스템과의 상호 관계의 결과로서 형성된 것이라고 생각해야 하지 않을까. 이와 같은 시점을 취함으로서 일본의 정치적, 경제적 팽창이 근대 아시아 시장의 전개에서 지닌 의미를 상대적으로 재정립하는 것이 가능할 것이다.

종장

조선 개항기의 역사적 위상

화상 네트워크가 만드는 '지역'

19세기 후반 동아시아에서는 중국과 일본 각 지역에 개항장이 설치되었고 이와 더불어 러시아의 동진東進에도 자극을 받아 화상華商이 주체가 되는 지역 내 무역이 급속도로 활기를 띠었다. 이와 같은 상황 속에서 조선이 자유무역에 문을 연 것은 화상들에게는 새로운 비즈니스 기회로 다가왔음이 틀림없다. 1882년 이후 조선이 일본 이외의 여러 나라에게도 개항장 무역을 열어간 것은 청조의 제안과 압력의 결과이며 화상의 이동도 청조의 계획에 포함된 것이었다. 하지만 화상들 스스로 각자의 주체적인 판단에 의해 조선으로 건너온 것은 틀림없으며 이는 역시 동아시아 전체에서 발생한 화상의 이동과 광역 상업활동의 일부로 자리매김해야 한다.

다만 화상의 진출 과정이나 현지에서의 활동은 조선을 둘러싼 사회 기반시설이나 금융 서비스의 정비 상황, 조선의 전통적 상업체제 등에 의해 규정되었기 때문에 다른 지역과는 차별되는 특징을 띠었다. 이 책은 화상활동을 미시적 수준에서 밝혀냄과 동시에 화상활동을 바탕으로 형성된 상품과 통화의 유통시스템에도 주목하여 이 시기 조선이 마주한 국제시장의 특징을 생각해 보고자 했다. 종장에서는 고찰한 결과를 간단하게 정리하고 연구 전망을 제시하겠다.

화상의 국제상업과 네트워크

이 책에서는 몇몇 개별 화상의 사례를 검토했는데 그중에서 제2부에서 거론한 동순태同順泰의 예에 근거하여 조선 화상에 의한 국제적인 상업활동의 특징을 정리해 보겠다.

동순태는 1885년 광동성廣東省 고요현高要縣 출신의 담걸생譚傑生에 의해 인천에 설립되고 다음 해 서울로 옮겼다. 이는 상해上海의 유력 화상이며 자형인 양윤경梁綸卿의 지원에 의한 것으로 동순태는 양윤경이 경영하는 동태호同泰號의 연호聯號로 설립되었다. 이러한 동순태 설립 경위는 개항장 화상의 네트워크가 조선으로 연장되어 가는 과정을 구체적으로 보여준다.

동순태의 무역활동은 상해의 동태호로부터의 견직물과 면직물 수입을 중심으로 하였으며 이는 조중무역의 거시적 구조와도 대략적으로 맞는다. 그러나 결제를 포함하여 동태호와의 거래 구조는 결코 단순한 것은 아니었다. 청일전쟁 전 조선에는 상해로 보낼 적당한 수출품이 없었다. 게다가 은행 송금 서비스도 시작되지 않아 동순태는 수입품의 담보로서 조선산 사금을 수송하는 것 외에 홍콩香港이나 상해, 연대煙臺 등으로의 수출대금을 동태호로 대체하거나 이른 시기 조선에 진출한 일본계 은행을 통해서 우회 송금하는 등 다양한 경로를 통해 수입대금을 결제해야 했다.

이러한 동태호와의 거래는 각 지역 개항장 화상과의 다각적인 네트워크에 의해 유지되었다. 동순태 및 동태호 그리고 이들과 거래 관계가 있는 각 지역의 광동 화상은 각각 채권 채무를 서로 상쇄하고 네트워크 속에서 전체의 대차 평형을 유지하는 시스템을 형성하였다. 위에서 언급한 동순태의 수입대금 지불도 그러한 관계 속에서 일종의 다각적 결제의 일환으로 이루어진 것이다. 이는 근대적인 사회기반시설이나 서비스가 발달하지 않았음에도 불구하고 조중 간 개항장 무역이 성장한 배경으로 미시적 수준의 화상 네트워크의 역할이 컸음을 시사한다.

조선 국내에서의 활동에 눈을 돌리면 동순태는 서울 본호本號에서 수입품을 판매함과 동시에 개항장 외에 점원을 파견하여 이른바 내지통상內地通商에도 적극적으로 임했다. 내지통상의 목적은 인삼과 곡물 등을 매입해 각 지역에 수출하고 위와 같은 다각적 결제를 통하여 동태호로의 지불에 충당하는 것이었다. 그리고 내지에서의 매입에는 수입품 매각으로 얻은 현지 통화(동전銅錢)를 빨리 상품으로 바꿔 현지 통화의 가치 변동이 동태호에 대한 지불에 영향을 미치는 것을 피한다는 의미도 있었다. 불평등조약체제의 결과로서 정치적인 문맥 속에서 이해하려는 시도가 많은 내지통상이지만 화상의 경영상 입장에서 보면 광역적인 상업활동의 일환으로서 이루어진 측면을 간과할 수 없다.

동순태의 상해무역에서 또 하나 주목해야 할 것은 그것이 일본과의 관계를 전제로 성립되어 있었다는 사실이다. 개항장의 일본계 은행이 상해로의 우회 송금 수단으로 활용된 것이 대표적인 예인데 조일간의 기선 항로나 전신도 동순태의 무역에서 편의에 따라 적절하게 이용되었다. 이러한 일본의 영향은 청일전쟁 후 더욱 심화되었다. 일본이 금본위제로 이행한 후 개항장의 주요 무역 통화가 금엔金圓 액면의 일본은행태환권日本銀行兌換券과 제일은행권第一銀行券이 되고 더욱이 이들 통화의 공급이 조선의 대일 쌀 수출에 의해 좌우되었기 때문이다. 동순태의 예로부터는 일본이 조선에서 구축한 사회기반시설이나 서비스가 화상의 다각적 네트워크를 유지하는 기능을 했다는 사실과 조일관계를 보다 광역적인 지역 시장의 일부로서 이해할 필요가 있음을 알 수 있다.

조선인 상인과의 관계

서장에서는 지금까지의 조선사 연구가 개항기의 내외상內外商 관계에 많은 관심을 보이면서도 외국인 상인 측의 조건을 충분히 고려하지 않았던 점을 지적했다. 위와 같은 화상의 국제상업활동을 염두에 두고 조선인 상인과의 관계를 재검토하면 어떠한 특징들이 보일까.

화상의 조선시장에서의 거래 사례를 통해 알 수 있는 것은 조선인 중개 상인이 해 온 역할이 크다는 것이다. 다시 동순태의 예를 들면 서울로 진출할 때 특정 객주에 체류하면서 매매 알선을 의뢰하고 내지통상도 현지 객주를 거점으로 활동했다. 그리고 제4장에서 검토한 것처럼 서울에서의 수입품 판매에는 일반적으로 거간居間이라 불리는 중매인을 활용했다. 제3장에서 살펴본 국경 무역의 경우도 이에 특화된 거간의 활동이 있었다. 일본의 판매상賣込商이나 중국 매판買辦의 예도 있듯이 외국인으로서 정보를 충분히 얻을 수 없는 시장에 접근할 때 양쪽 사정을 잘 아는 중개자를 이용하는 것 자체는 드물지 않다. 다만 중개자인 현지 상인과의 관계에는 각각의 시장환경에 맞는 특징이 있었을 것이다. 조선에 관하여 우선 두 가지 특징을 들어두겠다.

하나는 신용(금융)과의 관계이다. 이 책에서 살펴본 사례에 의하면 화상은 중개자, 나아가 매도자, 매수자에게 어떠한 형태로든 신용을 부여하는 일이 많았다. 예를 들면 제4장에서 살펴보았듯이 화상이 판매한 상품에 대한 지불은 매수자 자신 혹은 중매인이 발행하는 한 달 정도 기한의(기간이 긴 경우) 약속어음에 의하여 이루어졌다. 이는 일본 개항 초기 내외상 간의 수입품 거래가 주로 현금에 의해 이루어졌던 것과는 달리[1] 조선인 상인의 종속성을 나타내는 것으로도 볼 수 있지만 조선에 원래 있었던 시장 관행에 따른 거래 방법이 사용되었다는 측면도 간과할 수 없다. 개항 이전 조선의 금융에는 밝혀지지 않은 부분이 많은데 어음 이용이 널리 보였던 반면, 이를 에누리하거나 집중 결제하는 구조는 거의 없었고 양자 간 신용의 연쇄를 통해 시장이 성립되었을 가능성이 높다. 화상도 그 말단에 연결된 셈이다.

한편 화상 자신도 상해에서 상품을 수입할 때 수입처로부터 장기간에 걸친 지불 유예라는 형태로 신용을 부여받았다고 한다면, 조선인의 수입품 구입은 최종적으로 상해에서 이어지는 양자 간 신용의 연쇄에 의해 유지되었다고 할 수 있다. 즉 화상과 조선인의 거래는 각각의 네트워크를 신용으로 연결함으로써 성립되었던 것이며 전체가 하나의 네트워크를 형성했다고 볼 수도 있다.

이러한 측면은 일본인 상인의 활동이 개항장에 일찍부터 진출한 일

1　石井寬治(1984), 130~132쪽. 1860년대 요코하마의 사례이다. 또한 생사(生絲) 등의 수출품 거래에서는 외국인 상인의 전대(前貸)가 있었지만 일본 측 금융시스템 정비에 의해 그러한 관행이 없어진 것은 주지의 사실이다.

본계 은행의 무역 금융에 의존했던 것과 대조적이다.[2] 개항기 일본 측 사료에는 적어도 수입품 판매에서 은행 하환어음의 지불 기일에 제약을 받는 일본인 상인보다 화상이 유리하다는 기술이 있다.[3] 은행 신용에 의존하지 않는 화상의 수입이 1880년대 후반부터 급속히 늘어난 배경 중 하나는 그들의 금융시스템이 조선인에게도 편리했기 때문이라고 생각해도 좋을 것이다. 다만 이러한 양자 간 신용의 연쇄는 한 곳의 올이 풀리면 그 영향이 순식간에 관계자 전체에게 미친다는 점에서 취약한 측면도 있었다. 화상 신용의 출발점인 상해에서 발생한 금융경색이 조선인에게 바로 전파된 것은 제11장에서 살펴본 대로이다.

단, 청일전쟁 후에는 조선의 금융에 변화가 생겨 이 모델을 그대로 적용할 수 없는 상태가 되었다. 갑오개혁에 의한 조세금납화를 시작으로 1896년 최초의 조선인 은행으로서 조선은행朝鮮銀行(1911년 설립의 식민지 중앙은행과는 다름)과 한성은행漢城銀行이 설립되고 1899년에는 대한천일은행大韓天一銀行도 설립되었다. 이들은 모두 관료와 유력 상인층이 주도한 것으로 국고금이나 황실 자산의 일부를 취급하는 것 외에 조선인을 주요 대상으로 상업 금융에도 종사했다. 규모는 일본계 은행에 비해 작고 외국환도 취급하지 않았지만 일본계 은행이 취급하지 않는 조선의 현지 통화를 받고 무역에 따른 가치 변동에 편승하여 이익을 올렸다고 한다.[4] 양자 간 신용에 의존했던 시장 모습에 변화의 조짐이 보였다고 할 수 있는데 이 책에서 다룬 화상 측 사료에 이들 은행은 나타나지 않

---

2 高嶋雅明(1978), 247~253쪽.
3 「明治二六年中仁川港商況年報」, 『通商彙纂』 8號付錄, 1894.
4 김윤희(2012), 247~270쪽.

는다. 새롭게 출현한 은행들이 시장에 어느 정도의 영향력을 가졌는지 상인의 입장에서 새롭게 고찰할 필요가 있다.[5]

화상과 조선인 상인의 관계에 관하여 또 하나 생각할 필요가 있는 점은 상업특권과의 관계이다. 해방 후 남한과 북한에서는 자본주의의 자생적 발전을 증명함으로써 정체하는 이미지가 강한 조선사상朝鮮史像을 타파하려는 내재적 발전론의 입장에서 경제사 연구가 이루어졌다. 이러한 연구에서는 18세기 이후의 상품 경제 발전이 강조됨과 동시에 그 주체로서 권력으로부터 자립한 상인＝'사상私商'의 출현을 자리매김했다. 하지만 실증 연구의 진전으로 명확해진 것은 신흥 상인, '사상'을 포함한 상인과 권력의 밀접한 관계였다. 개별 재원을 확보할 필요가 있었던 관공서나 궁전, 군영軍營 등이 특정 장소나 상품에 관한 독점권이나 징세권을 만들어 연고가 있는 상인에게 주고 상인은 대신 일정한 상납금을 냄으로써 권력기관의 비호를 받아 자신의 활동 영역을 확보한 것이다.[6] 이러한 특권이라는 특징을 지닌 상업체제는 개항기에도 유지되었고 갑오개혁으로 일단 해체되지만 대한제국 시기에 황실 재원의 일환으로 부활하여 보호국 시기에 이른다.[7]

이러한 상업시스템은 무역품에 대하여 관세 이외의 비용을 부과하지 못하도록 한 조약상 규정과 저촉될 수 있으며 실제 외국인과의 사이

5　대한천일은행 측 사료에 의하면 1899년 개업식에는 동순태 외 유력 화상도 참석하고 약간의 대금 융통도 받은 것 같다(김윤희(2012), 99쪽). 또한 1910년대 이후 화상이 서울의 조선인 은행에서 어음 할인 등을 받았던 것이 알려져 있다(李正熙(2012), 90~97쪽). 이것으로 화상과 조선인들 사이에 은행이 관여하는 경우가 있었음은 확실한데 어느 정도의 영향력이 있었는지는 명확하지 않다.

6　須川英德(1994) 학설사에 관해서는 서장, 그리고 須川英德(2011).

7　대한제국기의 황실 재정에 관하여 李榮薰(2013), 趙映俊(2013).

에서 자주 분쟁을 야기했다. 선행연구는 이 점에 주목해 외국인의 활동이 조선인 상인활동의 기반인 상업특권을 붕괴시킨 측면을 강조해 왔다. 하지만 화상 자신의 행동에 초점을 맞춰 재검토하면 이들이 기존의 상업특권과 항상 적대적이었던 것은 아니었음을 알 수 있다. 화상이 거래하는 객주 등 중개자는 종종 어떠한 형태로든 독점권이나 징세권을 권력으로부터 받았다. 중개가 동시에 징세를 동반하는 거래시스템 속에서 화상이 징세만을 거부하는 것은 현실적으로 곤란했다고 추측되며 화상 자신이 적극적으로 중개자의 특권을 이용하려 한 측면도 있었다.

동순태의 경우 수입품 판매나 수출품 조달에서 해당 상품의 독점권을 가진 객주를 활용했다. 동순태는 러일전쟁 후까지 한국 황실과 연결된 유력 상인과 제휴하여 사업 확대를 시도하였다.[8] 또한 제3장에서 살펴본 산동山東 화상에 의한 홍삼 수출도 수출권을 가진 조선인과의 관계를 통해서 이루어진 것이었다. 이러한 예로부터 생각하면 화상이 특정 중개자를 선택하여 국내시장에 접근하려고 할 때 이들 중개자가 어떠한 특권을 가졌는지, 권력과 어떻게 연결되어 있었는지는 중요한 선택 기준이었다고 보인다.

이와 같은 특권적 상업체제는 보호국기 황실 재정 정리 과정에서 해체되었고 여기에 의존했던 조선인 상인도 대부분 몰락했다. 하지만 살아남은 사람들, 특히, 금융업자 중에서는 이번에는 식민지 권력과 결탁하여 자본가로 성장하는 자가 나타났다.[9] 이러한 조선 국내 상업체제의

---

8 1906년 궁내부 특허에 의해 설립된 동양용달주식회사, 마찬가지로 1908년 설립된 동양합자회사에 출자자 중 한명으로 참가한다. 오미일(2002), 63쪽.
9 이승렬(2007) 등.

변화 속에서 화상이 구사했던 기존의 인적 네트워크나 네트워크를 통한 시장으로의 접근 방법이 어떻게 변화했는지는 흥미로운 문제이다.

상업특권의 문제와 관련하여 추가로 언급해 두고 싶은 것은 조선인 측 중간조직의 역할이다. 19세기 말, 일본이나 중국에서는 각각 현지 상인이나 생산자 조직이 외국인 상인과의 거래 조건이나 품질 관리에 상당한 영향을 준 것이 알려져 있다. 조선의 경우 왕조 초기로 거슬러 올라가 동업 단체인 서울의 시전市廛이 있고 개항기에는 각 지역 객주가 상회사商會社 등으로 불리는 단체를 결성했다. 이들 단체가 개별 거래 내용에 개입한 흔적은 약하지만 관과의 관계에 있어서 창구 역할을 함으로써 구성원에게 특권을 보증하는 대리인으로서 기능했다.[10] 이 책에서 다룬 화상 측 사료를 보면 조선인과의 거래는 개별적이고 조건도 각각 다르며 이들 단체가 개입한 흔적은 보이지 않는다. 단, 청일전쟁 후에는 객주 단체가 외국인 상인과 수수료 및 상품 수수 규칙에 대하여 교섭한 예도 있고[11] 시장 전체를 보았을 때 이들 단체가 대외적인 거래 질서 형성에 한 역할은 신중하게 검토할 필요가 있다.[12]

제국의 팽창과 화상 – 통화 유통의 측면에서

청일전쟁을 거쳐 러일전쟁 전후에 발생한 광역적 변화 중 하나로 러시아와 일본통화의 유통 확대를 들 수 있다. 이 책 제3부에서는 조선과

---

10 시전이 개별 구성원의 거래에 개입하지 않았던 것은 고동환(2013), 271쪽. 객주 상회소의 성격에 관해서는 이병천(1984).

11 인천의 신상(紳商)회사, 목포의 사상(士商)회사 등의 예가 알려져 있다. 이병천(1984), 95쪽.

12 식민지화 이후가 되면 이출입품의 동업 조합이 조선인도 구성원에 포함하여 활동하고 일본에 있는 동종 조합하고도 연계한다. 홍성찬(2009)은 1920년대 일본산 견직물의 이입상 조합에 관하여 분석하였다.

함께 남만주도 시야에 넣어 러시아와 일본통화의 유통 실태를 화상의 광역 상업과의 관계를 통해 파악하려 했다. 이것은 미시적 수준의 화상 활동이 거시 시장에 어떻게 반영되었는지를 검증하는 시도이며 제국의 팽창에 따른 시장환경 변화에 화상이 어떻게 대응했는지를 생각해 보는 작업이기도 했다.

제9장에서는 1900년대부터 만주에서 유포되고 조선의 일부로도 유입된 루블지폐를 검토하고 제10장에서는 러일전쟁 당시 일본 군표의 예를 살펴보았는데 양쪽 모두 화상에 의한 상해로의 송금 수요가 유통에 커다란 영향을 미쳤다. 러일 양국의 세력권을 벗어나 확대하는 화상 네트워크 속에서 양자 간 지불 연쇄를 이어주는 수단으로서 이들 통화가 이용된 것이다. 화상은 통화 그 자체를 상해에 보내는 일도 있었는데 러청은행露淸銀行이나 요코하마쇼킨은행橫濱正金銀行의 송금 서비스를 이용하기도 했다. 이러한 점은 조선에 진출한 일본계 은행의 대일 송금이 화상의 상해 송금 경로로 이용된 것과 궤를 같이 하며 중국 남부에서 동남아시아에 걸쳐 그러했듯이 동아시아에서도 국제은행이 화상의 광역적 송금망의 일부로서 기능하였던 사실을 엿볼 수 있다.

다만 이들 통화의 광역 유통은 화상의 송금 수요만으로 성립되었던 것은 아니다. 러시아와 일본통화가 상해까지 현송되는 경우를 생각해 보면, 한편으로 현지 지방경제에서 대외지불 수요가 있고 또 다른 한편으로는 상해의 서양계 국제은행에 의한 금 기반 자금의 수요가 있었다. 루블지폐와 군표는 이러한 다양한 수준의 자금 순환을 연결하는 역할을 했다고 할 수 있다. 기존에 이 지역에는 다양한 통화가 유통되고 그것들이 자금 순환의 각 계층을 순차적으로 연결하였다. 그런데 러시아와 일본이 유포한 금과의 교환성을 지닌 통화(군표는 은엔 액면이지만 금엔과 사실상 고정 시세로 묶여 있었다)는 국제금본위제하에서 기존의 여러 통화보다 훨씬 '사정거리가 긴' 통화로서 로컬 수준에서 글로벌 수준에 이르는 자금 순환의 각 계층을 한 번에 연결시킨 것이다.

그런데 위와 같은 통화의 광역 유통이 제국의 정책상 예상되었던 것인지는 다른 차원의 문제이다. 일본정부 입장에서 만주에 유포된 군표가 상해로의 송금 수단이 된 것은 예상외의 사태였다. 따라서 유지되어 온 군표의 신뢰를 훼손하는 일도 없고 일본 본국의 금본위제에도 영향을 미치지 않도록 당국은 다양한 수단을 강구하고 최종적으로는 금과의 고정적 관계를 끊기에 이르렀다. 조선에서는 보호국 지배하의 화폐정리사업에 의해 통화 제도 자체가 일본엔으로 통합되었다. 현지 발행의 제일은행권(→ 한국은행권 및 조선은행권)을 강제적인 통용력을 지닌 법정 화폐로 하고 준비 통화로서 일본은행태환권을 충당하는 '엔환본위제圓換本位制'(야마모토 유조山本有造)가 채택되었으며 식민지 통화와 금의 교환성을 제한했다.[13] 아울러 각종 금융기관도 정비되어 통화 수급을 영역적으로 조정하기 위한 체제가 구축되어 갔다.

다만 식민지 조선의 통화체제는 특히 초기에 취약했다. 조선의 대일 이입 초과에 의해 조선은행이 외환 결제 자금 부족(준비 통화인 일본은행권의 유출)을 고민한 것은 잘 알려져 있는데[14] 제11장에서 검토한 것처럼 화상에 의한 상해로의 송금이 일본을 경유한 것은 이 문제를 증폭시켰다. 그리고 조선 내에서 은행권과 기타 보조화폐의 관계는 액면대로 고

---

13 山本有造(1992), 93・104쪽.
14 이 책 제11장의 주 94).

정되어야만 했지만 실제로는 1910년대 중반까지 특히 농촌지역에서 양자 관계는 유동적이었다.[15] 하물며 본위제가 실시되지 않고 각종 통화가 병행 유통한 만주에 투입된 조선은행권은 현지 화상에 의하여 지역 수준의 통화 수급시스템 속에 편입됨으로써 밖에서 유통될 수 없었던 것은 제12장에서 살펴본 대로이다.

이후 만주의 통화 유통이 일관되게 중국 본토와의 관계에 영향을 받고 일본이 끝내 만주사변 후까지 이를 조정, 통제하지 못한 것은 재차 반복해서 언급할 필요는 없을 것이다. 여기에서는 1870년대부터 일본 통화가 계속 유통되어 온 조선에서도 영역적인 통화지배를 확립하는 것이 그다지 용이하지 않았고 적어도 그 요인 중 하나로 1880년대부터 이어진 화상의 상해 결제문제가 있었음을 확인해 두고 싶다. 이것이 식민지기 통화 당국의 정책에 끼친 영향에 관해서는 따로 검토하지 않으면 안 된다.

조선 개항과 '지역'

마지막으로 개항기 조선을 생각할 때, 공간적인 틀, 바꾸어 말하자면 연구시각으로서 '지역' 설정의 문제에 관하여 검토해 보겠다.

서장에서 언급했듯이 1980년대 아시아 교역권론은 19세기 후반의 아시아를 하나의 시장권으로 보는 시각을 제기했다. 1960년대 동아시아 세계론에서는 한 국가 단위의 역사의 '덧셈'으로서 동아시아를 생각하는 경향이 강했던 것에 반해,[16] 아시아 교역권론에서는 국경 그 자체

---

15 식민지화 초기의 소액통화 수급문제는 石川亮太(2006)에서 논했다.
16 遠山茂樹(1966), 鵜飼政志(2002) 제9장.

를 상대화하고 국경을 걸쳐 형성되는 광역적 시장의 통합 — 하마시타 다케시濱下武志의 표현을 빌리면 근대 아시아 시장 — 에 주목하는 점이 큰 특징이었다. 이러한 논의 속에서 네트워크라는 개념이 중요하게 거론된 것도 네트워크가 국가 영역을 초월하여 형성되는 관계성의 확대를 나타내는데 유효했기 때문이다.

이 책은 전체적으로 화상의 네트워크를 단서 삼아 근대 아시아 시장 속에서 개항기 조선을 어떻게 규정하면 좋을지 고찰하려고 하였다. 이 시기 대중무역은 거시적으로 보면 인천과 상해라는 두 지역 사이에 집중되었는데 무역 주체인 화상의 네트워크는 일본을 포함하는 동아시아 연해 여러 항에 이르고 있었고 그 네트워크가 전체로서 인천과 상해 사이의 무역을 유지하는 형태였다. 이는 조선의 개항장이 동아시아 개항장 간 무역시스템에 포함되어 있었다는 후루다 가즈코古田和子의 학설을 미시적인 화상 네트워크의 수준에서 뒷받침한다. 개항기 조선을 광역적이고 다각적인 국제시장의 일부로 파악할 필요가 있음을 다시 한번 확인했다고 해도 좋을 것이다.

그런데 화상활동이나 이를 통한 상품과 자금의 움직임을 쫓아가면 그것이 단순히 여러 나라에 걸쳐 이루어졌을 뿐만 아니라 조선 자체의 국경을 넘나드는 형태로 존재했음을 알 수 있다. 제9장에서 검토한 루블지폐 유통이 전형적인 예로, 조선에서 유일하게 루블지폐가 유통된 함경지방의 경제는 화상이 상해에 대한 지불 수단으로 루블지폐를 이용함으로써 조선이라는 국가적인 틀을 뛰어넘는 형태로 동아시아의 광역 지역 혹은 국제금본위제하에 있는 글로벌한 시장 변동과 연결되었다. 이는 조선 경제의 영역적 통합이 절대적인 것은 아니었음을 시사한다.

앞에서 언급한 내재적 발전론의 시각에서는 조선 후기 전국 규모의 시장 형성이 강조되었다. 다만 개항 이전 조선에서 국내의 원격지 상업이 상당한 규모로 성립되었음은 확실하다고 해도[17] 그것이 곧 시장 통합을 의미하는 것은 아니다. 개항기의 함경지방이 러시아 연해주와 연결되어 성장한 것을 일찍이 지적한 가지무라 히데키梶村秀樹는 내재적 발전론의 입장을 취하면서도 당시의 조선은 '상대적으로 독자성을 가진 지역경제'가 국민경제로의 통합을 기다리는 단계에 있었다고 주의 깊게 표현한다.[18] 또한 최근의 물가사物價史 연구에서는 쌀 가격 동향을 보았을 때 개항 전 시장은 통합된 상태라고는 할 수 없으며 개항은 오히려 분열을 심화했다는 견해를 제시한다.[19]

이러한 상황에서 조선을 둘러싼 사람이나 물건, 돈의 움직임은 각각 국경을 걸친 형태로 '지역'을 형성했다고 표현해도 좋을 것 같다. 물론 여기에서 말하는 '지역'이란 어떠한 고정적인 지리적, 공간적 범위를 나타내는 것은 아니다. 그것은 인간의 다양한 활동을 통해 나타나는 공간과 장소의 확장을 두드러져 보이도록 하는 분석 개념이며 시간의 경과에 따라 늘어나고 줄어들 뿐 아니라 분석하는 주체가 어떠한 사항에 주목하는지에 따라 다른 형태로 나타난다. 사람의 이동이나 교역, 커뮤니케이션과 같은 사항을 거론한다면 그것은 쉽게 국경을 넘어 확대될 것이다.

이와 같은 '지역' 개념을 사용한 분석은 논리적으로는 어느 시대를 대상으로 해도 가능하며 실제 전근대를 대상으로 한 '해역사'는 이러한

---

17 고동환(1998).

18 梶村秀樹(1990), 298쪽.

19 이영훈·박이택(2001).

사고방식을 통해서 근대 이후의 국민국가 영역에 구애받지 않는 풍요로운 역사상을 제시해 왔다.[20] 다만 개념 보급에 커다란 영향을 끼친 이타가키 유죠板垣雄三의 'n지역론'은 원래 근대를 염두에 둔 것이며 제국주의/세계자본주의와 이에 대항하는 민중운동, 나아가 민중운동을 제어하려는 민족주의의 대항 관계를 하나의 '장場' 안에서 파악하려는 고민에서 비롯되었음을 잊으면 안 되겠다.[21] 이에 관하여 이타가키는 조금은 일반적으로 느낌으로 다음과 같이 설명한다.

> 근대 세계의 형성이란 (⋯중략⋯) '사람들이 스스로 안주할 수 있었던 지역'을 타파하고 재편성하는 것이었다. 생활의 장의 확대는 일그러진 중층 구조로 다시 만들어졌다. 종속과 수탈의 세계적 시스템이 형태를 갖추어 감에 따라 세계 전체가 모든 차원과 국면에서 얽혀 복잡해진 몇 단계의 중합성(重合性)을 띠게 되었다.[22]

앞에서 언급한 해역사의 성과에 따르면 근대 이전의 생활 세계를 자기완결적인 '스스로 안주할 수 있었던 지역'으로 묘사하는 것에는 문제도 있을 것이다. 하지만 근대 이후 사람들이 상황에 따라 넓고 좁은 다양한 '지역'을 동시에 살아가는 경향이 강해진 것은 틀림없다. 이 책에

---

20 일본의 '해역사' 연구는 국경을 넘어 펼쳐지는 자율적인 '지역' 논리에 주목함으로서 많은 발전을 이루어 왔다. 그러나 六反田豊(2013)에 의하면 한국 학계에서는 그러한 연구 시각에 회의적인 경향이 강하다. 한국(조선)에서는 통일에 의한 국민국가 형성 자체가 오늘날의 과제이며 그것을 상대화하려는 일본의 연구 시각은 쉽게 받아들여지지 않을 것이라고 한다(69~71쪽). 역사학의 연구시각이 오늘날의 상황에 의해 제약을 받는 것은 당연하며 이 책의 시각도 그로부터 자유롭지 않을 것이다.

21 板垣雄三(1992), 제2장 참조. 초출은 1973년.

22 板垣雄三(1992), 9~10쪽.

서 검토한 화상의 네트워크나 통화, 상품 유통은 그러한 의미에서 '지역'의 계층 중 하나를 나타내는 것이며 모두 19세기 후반이라는 특정한 시대 환경하에서 형성된 것이었다.

이렇게 생각하면 이 책의 성과는 개항기 조선을 둘러싼 '지역'의 다중적 확장을 그려내고 동시대적인 몇 개의 조건을 검토했다는 것이라고 할 수 있다. 다시 서장으로 되돌아가면 개항기 '외압'의 실태를 화상의 활동을 통해 밝히고자 하는 문제의식에서 출발한 이 책은 결과적으로 화상활동으로 인해 일어난 변화를 조선의 '외부'로부터 주어진 자극으로 파악하는 것이 아니라 조선의 '내부'도 포함하여 국경을 걸친 '지역'이 힘을 얻는 과정으로 파악하는 시각을 제시하였다고 할 수 있다. 그 과정이 개항 이전 형성된 조선사회의 시스템에 의해 어떻게 제한되었는지를 분석함과 동시에 보호국화에서 식민지화를 거쳐 강고한 영역화 지향이라는 특징을 지닌 일본의 식민지 지배하에서 어떻게 변형되어 갔는지를 검토함으로써 국제시장과의 관계에서 개항기의 고유한 위상을 보다 명확히 이해할 수 있을 것이다.

역주

서장

1) 조선 고종 19년(1882)에 조선의 어윤중과 청나라의 주복(周馥)에 의하여 이루어진 해륙 양로 통상 규정을 말한다.
2) 개항장이 아닌 지역에서도 교역을 할 수 있는 권리로 조중상민수륙무역장정을 통해 청이 확 보한 권리로 조선 상인과 경제에 막대한 피해를 가져다 준 것.
3) 특별한 국제조약에 의해 영사가 주재국에서 자국민에게 관계된 소송을 자기 나라 법률에 의 해 재판하는 권리를 말한다.
4) 일본의 국립은행은 1872년 국립은행조례(國立銀行條例)에 의거하여 설립되었으며 설립 순 으로 번호를 매겨 이름이 붙여졌다.
5) 기존의 류큐국을 폐지하고 오키나와현을 설치하여 메이지 중앙정부 관할로 강행, 통합한 과정
6) 1872년 이홍장이 상해에 설립한 중국 최초의 근대 기선 운항 회사.
7) 1885년 설립된 일본 3대 해운 회사 중 하나.
8) 당시의 대표적인 면직물 상품으로 옥양목이라고도 한다. 표백하지 않은 것을 생금건, 표백 및 가공한 것을 쇄금건이라고 한다.
9) 교무란 중국어로 해외교민에 관한 사무를 뜻한다. 즉, 교무 정책이란 재외국민, 재외동포정 책이라고 할 수 있다.
10) 특정 거류지를 정하지 않고 외국인이 자유롭게 국내에 거주, 활동할 수 있도록 한 조치.
11) 일정 기간 거주지를 떠나 다른 지역, 나라에 가서 일하는 것. 예를 들어, 일본에서는 고도경제 성장기에 도호쿠(東北)나 호쿠리쿠(北陸) 등 추운 지방의 농민들이 농한기에 도시 지역에 일 시적으로 돈을 벌러 가는 일이 많았다. 이 용어에 일대일로 대응하고 의미하는 바를 정확하 게 표현하는 한국어를 찾기는 힘들기 때문에 문맥에 따라 적절하게 번역하였다.
12) 청말 1800년대부터 1940년대에 걸쳐 서구열강(은행이나 상사)의 대륙진출이나 무역을 지원 한 중국인 상인.
13) 오사카와 고베를 중심으로 한 지역.
14) 시장과 거리에서 점포를 개설하고 상행위를 할 수 있는 권리. 중국에서 사용되던 용어.
15) 중국 본토를 뜻하는 개념으로, 청조 통치하에 있던 18개의 성(省)을 이후의 획득, 편입한 지역 과 구분할 때 사용한다.
16) 조선시대의 외교 정책인 사대교린의 한 부분을 이룬다. 사대교린은 명에게는 사대하고 일본, 여진 등 이웃과는 대등하게 사귄다는 원칙이다.

제1장

1) 메이지유신을 통해 에도막부의 무가정치를 타도하고 천황 중심의 새로운 정치체제를 수립 한 정치적 변화.
2) 1869~1885년 사이의 일본의 외무대신을 일컫는 말.

3) 소도회는 농민, 수공업자, 선원 등으로 구성된 청대 민간 비밀결사이다. 반청복명이 목표인 천지회(天地會)의 한 지파로서 구성원 모두가 작은 칼을 지니고 있어 소도회라 불렸다. 태평천국에 호응하여 1853년 상해에서 봉기, 한 때 상해 현성(縣城)을 점령하기도 하였다.
4) 대한제국에서 기기국・전환국・친왕부・통신원에 둔 으뜸관직. 칙임관이었으며 나중에 관리로 고쳤다.
5) 국제법의 옛 말.
6) 지점을 뜻한다. 본점을 뜻하는 '본호'와의 관계는 5장에 상세하게 설명되어 있다.
7) 1882년 후쿠자와유키치(福澤諭吉)가 창간한 일간지. 1936년 『도쿄일일신문(東京日日新聞)』(현재의 『마이니치신문(毎日新聞)』)에 합병되었으며 당시 일본의 5대 신문 중 하나였다.
8) 일본의 류큐제도 중 남서부에 위치하는 미야코(宮古)제도와 야에야마(八重山)제도의 총칭. 류큐처분 이후 일본과 청 사이에 류큐지역의 영유권 문제가 발생하는데, 사키시마제도의 할양(割讓)은 일본측이 제시한 협상안 중 하나였다.
9) 외국 주재 대사・공사・사절 등이 본국 정부에 지시를 요구하는 것.
10) 동청철도는 러시아제국이 만주 북부에 건설한 철도 노선으로 동청철도기선회사는 그 자회사이다.

第2章 ....

1) 에도시대에 대청무역용으로 수출된 건해삼, 건전복, 샥스핀을 말한다. 표(俵)(섬)에 넣어서 수출되었기 때문에 이 이름을 붙였다고 한다.
2) 주로 중심지에서 상인조합이나 지역의 공적인 집회소, 사무소, 거래소로서 사용된 독립된 건물.
3) 일본을 크게 둘로 나누었을 때 서쪽 지역. 일반적으로 도야마(富山), 기후(岐阜), 아이치(愛知)현의 서쪽을 가리키는 경우가 많다.
4) 동력 어선에서 공기를 공급받는 잠수부가 직접 해저에 들어가 호미나 분사기를 사용하여 해저 바닥에 서식하는 수산 동식물을 포획, 채취하는 어업.
5) 1881년부터 1925년까지 존재했던 일본 중앙 정부 부처로 농림, 상공 행정을 담당하였다
6) 일본 재래식 소형 선박에서 노를 젓는 사람. 선장과 같은 뜻으로도 쓰임.
7) 擔. 중량의 단위 중 하나로 1담=100근.
8) 상어나 조기의 부레를 말린 것
9) 매도인이 먼 곳에 있는 매수인에게 주권이나 상품을 보내면서 그것을 담보로 하여 발행하는 환어음을 말한다.
10) 외국환 거래 시, 상대국에 있는 외환은행과 업무상 체결할 필요성이 있는 약속을 말한다. correspondence.
11) one-sided balance of exchange.

第3章 ....

1) 조선 후기 청나라로 보낸 조선 사신. 인조 때부터 시작하여 고종 때까지 500회가 넘게 파견되었다.
2) 1881년 청이 설립한 근대적인 광업 기업.
3) 청나라가 이민족으로부터 만주를 보호하기 위해 쌓은 토담.
4) 역사적으로 서울의 '주동'은 한자로 표기하면 '鑄洞'과 '紬洞' 두 군데 존재하였다. 각각 오늘날 중구 충무로 일대와 종로구 낙원동 일대인데 여기서 말하는 '주동'은 한자 표기가 달라 정확히 어디인지 알 수 없다.

5) 조선시대의 정4품 관직.
6) 조선정부가 홍삼 무역을 관리하고 세금을 안정적으로 거두기 위해 마련한 규정 중 하나. 이 밖에도 포삼절목(蔘包節目)(1797), 포삼이정절목(包蔘釐整節目)(1847), 포삼가정절목(包蔘加定節目)(1857)이 있다.
7) 조선 후기 의주 관세사 아래에 있던 말단 관원.
8) 조신시내 외국어 통역, 번역을 관장하던 관청.
9) 조선 시댜 육조(六曹) 중 하나. 호구, 조세, 재물 등에 관한 일을 관장.
10) 앞 문단에 설명되어 있는 것처럼 현홍택의 이름에서 '택'은 '宅'이 아니라 '澤'이다. 원문에서는 앞으로 현홍택을 玄興宅이 아니라 玄興澤이라 하겠다는 기술(원문: この推測に從って、以下では彼を玄興澤と呼ぶことにする)이 있으나 한국어 번역시에는 불필요하고 혼란을 줄 수 있다고 판단하여 삭제하였나.
11) 조선시개 통역관을 선발하기 위해 실시했던 잡과 시험
12) 조선 후기 청의 군제를 모방하여 설치한 군사 조직 중 무기 제조를 위한 부서.
13) 조선시대 매년 동짓달에 중국에 보냈던 사신.
14) 조선 말기의 관직으로 개항 이후 설치된 근대적 관청에서 실무를 담당하였다.
15) 조선시대 지방 관아를 뜻하는 부의 최고 벼슬.
16) 조선 국왕이 북경이 아닌 천진에 파견한 영사급 외교 사정.
17) 조선시대 중국에 공문서(咨文)을 전달하기 위해 파견된 연락 담당 사신.
18) 일정 한도 이상으로 빌려주는 것. 반대어가 차월.

제4장

1) 외국 상인이 서울에서 상점을 개설할 수 있는 권리.
2) 정식 명칭은 북양통상대신. 청 말기, 총리아문 설치와 더불어 만들어진 관직으로 개항장의 통상, 외교 업무를 담당하였다.
3) 철해져 있는 책.
4) 문의하거나 알리기 위해 보내는 공문, 또는 그러한 공문을 보내는 행위.
5) 막부 말기에서 메이지초기에 걸쳐 일본 및 근세 중국에 유입된 외국제 은화.
6) 조선 후기에 외국인에게 내주던 여행권.
7) 비답이라고도 함. 보통은 임금이 상주문 끝에 내용에 대한 가부를 대답하는 것.
8) 숙박업소 주인. innkeeper.
9) 일본의 근대 은화로 대외무역 용도로 발행되었다. 엔은 또는 일엔은화(一円銀貨)라고도 한다.
10) 원나라 말기부터 출현한 말발굽 모양의 화폐로 청대에 가장 많이 주조되었다.
11) 6촌 또는 4촌의 가까운 친척.
12) 왕권 강화를 위하여 『경국대전』의 일부를 개정, 증보하여 펴낸 법전.
13) 미국의 법학자 휘튼(H. Wheaton)의 국제법 저서를 1864년 중국 총리아문이 번역하여 출판한 서적.
14) 매우 다의적으로 쓰이고 있는 개념인데, 일반적으로는 법의 존재형식을 의미한다.

제5장

1) 광동성 출신 상업연합회.
2) 서일본의 핵심 지역권이다. 주요 도시로 오사카시, 교토시, 고베시를 포함한다.

제6장

1) 문서에 다른 필적으로 추가 기입되어 있는 내용.
2) 약 400km.
3) 여름과 연말, 연 2회 대금을 지불하는 형태.
4) 앞의 숫자는 원가에 수수료를 더하면 887.302량이나, 원문에는 887.262량으로 되어 있음.
5) 메이지시대부터 일본은행이 발행한 금화 또는 은화와 교환된 지폐.
6) 직접 화폐를 실어 보냄.

1) 1간＝약 1.81m＝6자.

2) 일본 시모노세키에서 체결된 청일전쟁의 강화조약이다. 이 조약을 통해 청은 조선이 독립국임을 확인하고 요동반도(遼東半島)를 할양하며 일본에 배상금을 지급하게 되었다.
2) 1895년 시모노세키조약 조인 직후, 러시아, 프랑스, 독일 세 나라가 일본으로 하여금 요동반도를 청에게 반환하도록 요구한 사건
3) 1895년 시모노세키조약에 반발하여 타이완에서 선포되었다.
4) 청일전쟁 후, 의화단(청조 말기, 산동성 농민들 사이에 일어난 비밀결사)이 생활에 힘든 농민을 모아 일으킨 배타운동.
5) 조선 말 화폐, 조세, 국채 등 국가 재무를 총괄한 정부 부처.
6) 항구와 선박사이를 오가며 화물을 실어 나르는 업자.
7) 일본 오사카와 고베 지역.
8) 전근대 중국 남부를 중심으로 발달한 구식 금융, 신용기관.
9) gold reserve. 정부 또는 은행이 금 또는 금화 형태로 보유하는 것, 또는 그렇게 보유한 자금.

1) 표지에 직접 쓴 것이 아니라 다른 종이에 써서 붙인 외제.
2) 만주국원(滿州國圓)은 만주국에서 유통된 통화로이며 이 통화의 통칭이 국폐(國幣)이다. 만주중앙은행이 발행.

1) 1856년 발발한 제2차 아편전쟁의 결과 청이 영국, 프랑스, 러시아제국과 체결한 조약.
2) free port. 항구가 위치하는 국가의 관세가 적용되지 않는 지역.
3) 도 안에 감영이 위치하는 곳.
4) 타인의 토지를 일정한 목적을 위하여 사용해 수익을 내는 권리.
5) 러시아 연해주의 한국인 사회를 대표하는 한국인 거주지이며 연해주 독립운동의 총본산이다.
6) 태평양의 적도 주변 지역.
7) 금본위제의 국가에서의 통화일단위(通貨一單位)의 가치와 동등하다고 정해져 있는 일정한 무게의 금을 말한다. 2개의 통화가 존재했을 경우, 이를 통해 금으로 환산하면 어느 정도일까

를 기준으로 해서 환전을 할 수 있으므로 간단하게 통화 간의 교환비율이나 가치비율을 산출할 수 있다

8) 각국 통화의 대외 가치를 나타내는 기준치. 금 등의 특정 금속, 혹은 특정 외환과의 비율에 따라 나타낸다. 환율 평가라고도 한다.
9) 중국에서 전통적으로 승객이나 화물을 실어 나르던 범선으로 연해, 하천에서 이용되었다.
10) 중국의 중량 단위 및 구제(旧制)통화 단위인 '량'의 영어 명칭.
11) 청나라 시기부터 전문적으로 송금업무를 담당했던 중국의 재래식 금융기구로 표호를 가장 먼저 만든 것이 산서성(山西省) 상인이었기 때문에 일반적으로 산서표호라고 하기도 한다.
12) 금리 차이나 가격차를 이용해 매매하여 차액의 이익금을 버는 것.
13) 19세기후반부터 유럽을 중심으로 시작된 '황색', 즉 황인종이 서양문명에 위협을 주므로 이들을 국제직 활동에서 몰아내야 한다는 담론.

제10장

1) 내각으로서 의사결정.
2) 금액을 기입한 증권의 표면.
3) 통상적으로 어음은 지불일이 지정되어 있는데, 지정된 지급일이 없는 어음을 일람불어음이라고 한다. 일람불이란 그 어음이 제시되면 바로 지급하지 않으면 안됨을 말한다.

제11장

1) 오우미는 현재의 일본 시가현(滋賀縣)으로 일본 3대 상인 중 하나이다.
2) 중국에서 동향인 혹은 동업 상공업자 그룹이 북경을 비롯하여 고향 이외의 도시에서 상호 목, 경제활동, 소송, 숙박, 빈민구제, 장례 등을 목적으로 세운 건물.
3) 수출과 이출(移出)을 아울러 이르는 말.
4) 수입과 이입(移入)을 아울러 이르는 말.
5) 금니(金泥)나 금박을 입힌 천이나 종이.
6) 일본 시모노세키(下關)의 옛날 명칭.
7) 1911년 10월 10일 중국 호북성 무창에서 일어난 봉기로 신해혁명의 시작을 알린 움직임이다.
8) 대 청국 제12대로서 마지막 황제. 재위 1908　1911년. 연호에 의해 선통제(宣統帝)라고 한다.
9) 일본 가나가와현(神奈川縣)의 지명.
10) 뱃짐을 취급하는 가게.
11) 정부가 국고금의 부족을 메우기 위하여 일시적으로 중앙은행에서 돈을 빌리는 일.

제12장

1) 일본이 만주사변(1931년) 이후 만주지역 세운 괴뢰국으로 1932년 청의 마지막 황제였던 선통제를 옹립하였다.
2) 청조에 의해 시행된 동북 지역으로의 한족 민간인 출입을 엄금한 정책으로, 조선에서 건너오는 이주민을 막는다는 목적도 있었다.
3) 중국 길림성 옌벤 조선족자치주에 위치하는 옌지(延吉)의 옛날 이름.
4) 중국, 명대 후기부터 청대를 통해 사용된 동전의 총칭. 중국에서는 옛날부터 동전이 본위화폐로 사용되었다.
5) 20세기 전반까지 중국에서 사용되고 있었던 칭량화폐 형태를 취하는 은화.

6) 동일한 상품에 대하여 두 시장에서 서로 가격이 다른 경우, 가격이 저렴한 시장에서 그 상품을 매입하고, 가격이 비싼 시장에서 그 상품을 매도해 이익을 얻고자 하는 거래를 말한다.

7) 청이 외국인의 거주와 무역을 위하여 개방한 지역.

8) 근대 시기 통화 제도를 엔으로 연계하여 사용하고 결제 통화로 엔이 통용된 지역.

참고문헌

일본어문헌(오십음순)

靑山治世,『近代中國の在外領事とアジア』, 名古屋大學出版會, 2014.

秋田茂・水島司, 「はじめに」, 秋田茂・水島司編, 『現代南アジア6世界システムとネットワーク』, 東京大學出版會, 2003.

秋谷重男・黑澤一淸,『日本資本主義と水産貿易』, 水産研究會, 1958.

秋月望, 「鴨綠江北岸の統巡會哨について」, 『九州大學東洋史研究』11, 1983.

_____, 「朝中貿易交涉の経緯――八八二年, 派使駐京問題を中心に」, 『九州大學東洋史研究』13, 1984.

_____, 「朝中間の3貿易章程の締結経緯」, 『朝鮮學報』115, 1985.

麻田雅文, 「「中東鐵道海洋汽船」と極東の海運」, 『北海道大學大學院文學研究科研究論集』6, 2006.

_____, 「華商紀鳳台－ロシア帝國における「跨境者」の一例」, 松里公孝 編, 『ユーラシア－帝國の大陸(講座スラブ・ユーラシア學3)』, 講談社, 2008.

荒居英次,『近世海産物貿易史の研究－中國向け輸出貿易と海産物』, 吉川弘文館, 1975.

荒武達朗, 「淸朝後期東北地方における移住民の定住と展開－吉林永吉徐氏の履歷を手掛かりとして」, 『東方學』96, 1997.

_____,『近代滿洲の開發と移民－渤海を渡った人びと』, 汲古書院, 2008.

荒野泰典,『近世日本と東アジア』, 東京大學出版會, 1988.

李正熙[い・じょんひ],『朝鮮華僑と近代東アジア』, 京都大學學術出版會, 2012.

李碩崙[い・そんにゅん],『韓國貨幣金融史－1910年以前』, 藤田幸雄譯, 白桃書房, 2000.

李盛煥[い・そんふぁん],『近代東アジアの政治力學－間島をめぐる日中朝關係の史的展開』, 錦正社, 1991.

李榮薰[い・よんふん], 「大韓帝國期皇室財政 の基礎と性格」, 森山茂德・原田環編, 『大韓帝國の保護と倂合』, 東京大學出版會, 2013.

李英美[い・よんみ],『韓國司法制度と梅謙次郎』, 法政大學出版局, 2005.

石井寬治,『近代日本とイギリス資本－ジャーディン=マセソン商會を中心に』, 東京大學出版會, 1984.

石井孝, 「幕末開港後に於ける貿易獨占機構の崩壞－特に俵物を中心として」, 『社會経濟史學』11-10, 1942.

_____,『明治初期の日本と東アジア』, 有隣堂, 1982.

石川亮太, 「開港後朝鮮における華商の貿易活動－1894年の淸國米中繼貿易を通じて」, 森時彦 編, 『中國近代化の動態構造』, 京都大學人文科學研究所, 2004a.

_____, 「ソウル大學校藏, 『同泰來信』, の性格と成立過程－近代朝鮮華僑研究の端緒として」, 『九州大學東洋史論集』32, 2004b.

_____, 「韓國保護國期における小額通貨流通の変容」, 『朝鮮史研究會論文集』44, 2006.

_____, 「19世紀末の朝鮮をめぐる中國人商業ネットワーク」, 籠谷直人・脇村孝平編, 『帝國とアジア・ネットワーク－長期の19世紀』, 世界思想社, 2009.

_____, 「二十世紀初頭の沿海州における朝鮮人商人の活動－崔鳳俊を中心に」, 今西一 編, 『北東ア

ジアのコリアン・ディアスポラ』, 小樽商科大學出版會, 2012.

石田興平, 『滿洲における植民地經濟の史的展開』, ミネルヴァ書房, 1964.

板垣雄三, 『歴史の現在と地域學一現代中東への視角』, 岩波書店, 1992.

伊丹正博, 「第十八國立銀行の貿易商人的性格－荷爲替業務を中心として」, 『九州文化史研究所紀要』 8・9, 1961.

伊藤泉美, 「横浜華僑社會の形成」, 『横浜開港資料館紀要』 9, 1991.

伊藤昌太, 『舊ロシア金融史の研究』, 八朔社, 2001.

稲井秀左衛門, 『朝鮮潜水器漁業沿革史』, 朝鮮潜水器漁業水産組合, 1937.

今村鞆, 『人蔘史』 全7卷, 思文閣(朝鮮總督府, 1934~40年の復刻), 1971.

岩井茂樹, 「十六・十七世紀の中國邊境社會」, 小野和子 編, 『明末清初の社會と文化』京都大學人文科學研究所, 1996.

＿＿＿＿＿, 「朝貢と互市」, 和田春樹ほか 編, 『岩波講座東アジア近現代通史1 東アジア世界の近代－19世紀』, 岩波書店, 2010.

岩武照彦, 「日本軍票の貨幣史的考察1・2」, 『アジア研究』 27-1・2, 1980.

上田貴子, 「東北アジアにおける中國人移民の変遷――一八六〇一一九四五」, 蘭信三 編, 『日本帝國をめぐる人口移動の國際社會學』, 不二出版, 2008.

＿＿＿＿＿, 「20世紀の東北アジアにおける人口移動と「華」」, 『中國研究月報』, 65-2, 2011.

＿＿＿＿＿, 「奉天・大阪・上海における山東幫」, 『孫文研究』 54, 2014.

植田捷雄, 『支那に於ける租界の研究』, 巌松堂書店, 1941.

鵜飼政志, 『幕末維新期の外交と貿易』, 校倉書房, 2002.

＿＿＿＿＿, 『明治維新の國際舞台』, 有志舍, 2014.

臼井勝美, 「横浜居留地の中國人」, 『横浜市史』 第三卷下, 1963.

太田淳, 「ナマコとイギリス綿布－19世紀半ばにおける外島オランダ港の貿易」, 秋田茂 編, 『アジアからみたグローバルヒストリー――「長期の18世紀」から「東アジアの經濟的再興」へ』ミネルヴァ書房, 2013.

大豆生田稔, 『近代日本の食糧政策－對外依存米穀供給構造の変容』, ミネルヴァ書房, 1993.

大森とく子, 「朝鮮における銀本位幣制改革と日朝マネタリー・ユニオン構想」, 『日本植民地研究』 2, 1989.

大山梓, 『舊條約下に於ける開市開港の研究－日本に於ける外國人居留地』, 鳳書房, 1988.

岡義武, 「條約改正論議に現われた當時の對外意識(一)(二完)」, 『國家學會雑誌』 67-1・2, 67-3・4, 1953.

岡本隆司, 『屬國と自主のあいだ－近代清韓關係と東アジアの命運』, 名古屋大學出版會, 2004.

＿＿＿＿＿, 「韓國の獨立と清朝の外交－獨立と自主のあいだ」, 岡本隆司・川島眞 編, 『中國近代外交の胎動』, 東京大學出版版會, 2009.

＿＿＿＿＿＿＿＿, 「屬國/保護と自主－琉球・ベトナム・朝鮮」, 和田春樹ほか 編, 『岩波講座東アジア近現代通史1東アジア世界の近代 19世紀』, 岩波書店, 2010.

＿＿＿＿＿＿＿＿, 「宗主權と國際法と翻譯－「東方問題」から「朝鮮問題」へ」同 編, 『宗主權の世界史－東西アジアの近代と翻譯概念』, 名古屋大學出版會, 2014.

小川國治,「明治政府の貿易政策と輸出海産物－明治期輸出貿易に占める俵物の位置」,『社會經濟史學』38-1, 1972.

_____,『江戸幕府輸出海産物の研究－俵物の生産と集荷機構』, 吉川弘文館, 1973.

奥平武彦,「朝鮮の條約港と居留地」, 京城帝國大學法學會 編,『朝鮮社會法制史研究』, 岩波書店(同『朝鮮開國交渉始末』刀江書院,1969年に收錄), 1937.

小野一一郎,『近代日本幣制と東アジア銀貨圈－圓とメキシコドル(小野一一郎先生著作集①)』ミネルヴァ書房, 2000.

カースルズ, S.・ミラー, M.J.,『國際移民の時代』關根政美・關根薰監譯, 名古屋大學出版會, 2011.

籠谷直人,「1880年代のアジアからの"衝擊"と日本の反應－中國人貿易商の動きに注目して」,『歷史學研究』608, 1990.

_____,「1880年代の對アジア貿易と直輸出態勢の模索－日本昆布會社を事例にして」,『オイコノミカ』31-2・4, 1995.

_____,『アジア國際通商秩序と近代日本』, 名古屋大學出版會, 2000.

梶村秀樹,「近代朝鮮の商人資本等の外壓への諸對応－甲午以降(1894~1904年)期の「商權」問題と生産過程」,『歷史學研究』560(臨時增刊號), 1986.

_____,「旧韓末北關地域經濟と內外交易」,『商經論叢』(神奈川大學) 26-1, 1990.

糟谷憲一,「近代的外交体制の創出－朝鮮の場合を中心に」, 荒野泰典・石井正敏・村井章介 編,『アジアのなかの日本史Ⅱ 外交と戰爭』, 東京大學出版會, 1992.

_____,「閔氏政權後半期の權力構造」,『朝鮮文化研究』2, 1995.

片山剛,「2009年高要市金利鎭調査記錄－「村の土地」の實在をめぐって」,『近代東アジア土地調査事業研究ニューズレター』4, 2009.

加藤圭木,「朝鮮東北部・雄基港における交易の変容－一九世紀後半から一九二〇年代まで」, 君島和彦 編,『近代の日本と朝鮮－「された側」からの視座』, 東京堂出版, 2014.

加藤雄三,「租界に住む權利－淸國人の居住問題」, 佐々木史郎・加藤雄三 編,『東アジアの民族的世界－境界地域における多文化的狀況と相互認識』, 有志舍, 2011.

金子文夫,『近代日本における對滿州投資の研究』, 近藤出版社, 1991.

蒲地典子,「明治初期の長崎華僑」,『お茶の水史學』, 20, 1977.

神長英輔,「コンブの道－サハリン島と中華世界」,『ロシア史研究』88, 2011.

_____,「コンブがつなぐ世界－近現代東北アジアのコンブ業小史」,『新潟國際情報大學國際學部紀要』創刊準備號, 2015.

姜德相[かん・とくさん],「李氏朝鮮開港直後に於ける朝日貿易の展開」,『歷史學研究』265, 1962.

菊池一隆,『戰爭と華僑－日本・國民政府公館・傀儡政權・華僑間の政治力學』, 汲古書院, 2011.

菊池貴晴,「經濟恐慌と革命への傾斜」, 東京敎育大學東洋史學研究室アジア史研究會・中國近代史研究部會編,『中國近代化の社會構造－辛亥革命の史的位置』, 東京敎育大學文學部東洋史學研究室アジア史研究會, 1960.

岸百艸,「麥少彭一斑」,『歷史と神戶』5-4(通卷24), 1966.

北川修,「日淸戰爭までの日鮮貿易」,『歷史科學』創刊號, 1932.

北岡伸一,『日本陸軍と大陸政策』, 東京大學出版會, 1978.

北野剛,「日露戦後における大連稅關の設置経緯－滿洲開放と経営体制の確立」,『史學雜誌』114-11, 2005.

木部和昭,「近世對馬沿岸の漁業に見る漁場と國境－對馬藩の西目拜規制と朝鮮海密漁」,『東アジア近代史』16, 2013.

金秀姻きむ・すひ],「朝鮮開港以後に於ける日本漁民の朝鮮近海漁業の展開」,『朝鮮學報』153, 1994.

木村健二,『在朝日本人の社會史』, 未來社, 1989.

_____,「朝鮮進出日本人の営業ネットワーク－龜谷愛介商店を事例として」, 杉山伸也・リンダ・グローブ 編,『近代アジアの流通ネットワーク』, 創文社, 1999.

許淑眞,「川口華商について1889〜1936－同郷同業ギルドを中心に」, 平野健一郎 編,『近代日本とアジア－文化の交流と摩擦』, 東京大學出版會, 1984.

楠家重敏,『W・G・アストン－日本と朝鮮を結ぶ學者外交官』, 雄松堂出版, 2005.

黒田明伸,『中華帝國の構造と世界經濟』名古屋大學出版會, 1994.

高秉雲こ・びょんうん],『近代朝鮮租界史の研究』, 雄山閣出版, 1987.

黃榮光,『近代日中貿易成立史論』, 比較文化研究所, 2008.

小風秀雅,『帝國主義下の日本海運－國際競爭と對外自立』, 山川出版社, 1995.

小島仁,「金本位制定以降の日本の金塊輸出入構造(一八九七－一九一四年)」,『金融經濟』169, 1978.

_____,『日本の金本位制時代1897〜1917－圓の對外關係を中心とする考察』, 日本經濟評論社, 1981.

小瀨一,「一九世紀末中國開港場間流通の構造－營口を中心として」,『社會經濟史學』54-5, 1989.

小林英夫,「日本の金本位制移行と朝鮮－日中兩國の對立と抗爭を中心に」, 旗田巍先生古稀記念會 編,『旗田巍先生古稀記念, 朝鮮歷史論集』下, 龍溪書舍, 1979.

小原晃,「日淸戰爭後の中朝關係－總領事派遣をめぐって」,『史潮』新37, 1995.

サヴェリエフ, イゴリ R,『移民と國家－極東ロシアにおける中國人, 朝鮮人, 日本人移民』, 御茶の水書房, 2005.

酒井裕美,「甲申政變以前における朝淸商民水陸貿易章程の運用實態－關連諸章程と楊花津入港問題を中心に」,『朝鮮史研究會論文集』43, 2005.

_____,「朝淸陸路貿易の改編と中江貿易章程－甲申政變以前朝淸關係の一側面」,『朝鮮史研究會論文集』46, 2008

_____,「開港期朝鮮における外交体制の形成－統理交涉通商事務衙門とその對淸外交を中心に」, 一橋大 博士論文, 2009.

_____,「開港期朝鮮の關稅「自主」をめぐる一考察」,『東洋學報』91-4, 2010.

_____, 「最惠國待遇をめぐる朝鮮外交の展開過程－朝淸商民水陸貿易章程成立以後を中心に」,『大阪大學世界言語研究センター論集』6, 2011.

左近幸村 編,『近代東北アジアの誕生－跨境史への試み』, 北海道大學出版會, 2008.

_____,「帝政期のロシア極東における,「自由港」の意味」,『東アジア近代史』16, 2013.

佐々木正哉,「營口商人の研究」, 近代中國研究委員會 編,『近代中國研究』第一, 東京大學出版會, 1958.

諸洪一じえ・ほんいる],「明治初期の朝鮮政策と江華島條約－宮本小一を中心に」,『札幌學院大學人文學會紀要』81, 2007.

滋賀秀三,『清代中國の法と裁判』,創文社, 1984.

重藤威夫,『長崎居留地と外國商人』,風間書房, 1967.

斯波義信,「明治期日本來住華僑について」,『社會經濟史學』47-4, 1981.

_____,「在日華僑と文化摩擦-函館の事例を中心に」,山田信夫 編,『日本華僑と文化摩擦』,巖南堂書店, 1983.

_____,『中國都市史』東京大學出版會, 2002.

朱德蘭,『長崎華商貿易の史的研究』,芙容書房出版, 1997.

十八銀行,『百年の歩み』,十八銀行, 1978.

シュミット、アンドレ,糟谷憲一・並木眞人・月脚達彦・林雄介 譯,『帝國のはざまで-朝鮮近代とナショナリズム』,名古屋大學出版會, 2007.

申奎燮[しん・ぎゅそぷ],「日本の間島政策と朝鮮人社會-1920年代前半までの懷柔政策を中心として」,『朝鮮史研究會論文集』31, 1993.

須川英德,『李朝商業政策史研究-十八・十九世紀における公權力と商業』,東京大學出版會, 1994.

_____,「朝鮮時代の商人文書について-綿紬廛文書を中心に」,『史料館研究紀要』34, 2003a.

_____,「朝鮮時代における商業の歴史的性格についての試論」,『史料館研究紀要』34, 2003b.

_____,「經濟史」朝鮮史研究會 編,『朝鮮史研究入門』,名古屋大學出版會, 2011.

杉原薫,『アジア間貿易の形成と構造』,ミネルヴァ書房, 1996.

園田節子,『南北アメリカ華民と近代中國-19世紀トランスナショナル・マイグレーション』,東京大學出版會, 2009.

高崎宗司,『植民地朝鮮の日本人』,岩波書店, 2002.

高嶋雅明,「第百二國立銀行と外國貿易金融-朝鮮貿易と荷爲替金融」,『社會經濟史學』37-2, 1971.

_____,「ウラジボストク貿易概觀-『通商彙纂』・『通商公報』の分析を中心として[正]、續」,『經濟理論』133・134, 1973.

_____,『朝鮮における植民地金融史の研究』,大原新生社, 1978.

_____,「明治前期の貿易業者に關する資料-日朝貿易と五百井商店・住友」,『大阪の歴史』17, 1986.

高橋秀直,『日淸戰爭への道』,東京創元社, 1995.

_____,「江華條約と明治政府」,『京都大學文學部研究紀要』37, 1998.

高久敏男,『李朝末期の通貨とその整理』,友邦協會, 1967.

高村直助,『日本紡績業史序說』,塙書房, 1971.

_____,「京城出張所の綿布販賣」,財団法人近江商人鄕土館・丁吟史研究會 編,『変革期の商人資本-近江商人丁吟の研究』,吉川弘文館, 1984.

_____,「開港後の神戸貿易と中國商人」,『土地制度史學』44-4, 2002.

田川孝三,「近代北鮮農村社會と流民問題」,朝鮮總督府朝鮮史編修會 編,『近代朝鮮史研究』,朝鮮總督府, 1944.

_____,『李朝貢納制の研究』,東洋文庫, 1964.

瀧野正二郎,「淸代常關における包攬について」,『山口大學文學會誌』39, 1988.

田島佳也,『近世北海道漁業と海産物流通』,淸文堂出版, 2014.

田代和生,『近世日朝通交貿易史の研究』,創文社, 1981.

多田井喜生, 『大陸に渡った圓の興亡』上, 東洋經濟新報社, 1997.

田保橋潔, 『近代日鮮關係の研究』上・下, 朝鮮總督府中樞院, 1940.

中華會館, 『落地生根－神戶華僑と神阪中華會館の百年』增訂版, 硏文出版, 2013.

趙映俊[ちょ・よんじゅん], 「大韓帝國期の皇室財政研究の現況と展望」, 森山茂德・原田環 編, 『大韓帝國の保護と併合』, 東京大學出版會, 2013.

朝鮮銀行史研究會, 『朝鮮銀行史』, 東洋經濟新報社, 1987.

陳天璽, 「華人ディアスポラ－華商のネットワークとアイデンティティ」, 明石書店, 2001.

陳來幸, 「鄭孝胥日記にみる中華會館創建期の神戶華僑社會」, 『人文論集』(神戶商科大學)32-2, 1996.

_____, 「清末民初期江南地域におけるシルク業界の再編と商業組織」, 太田出・佐藤仁史 編, 『太湖流域社會の歷史學的研究－地方文獻と現地調査からのアプローチ』, 汲古書院, 2007.

塚瀬進, 『中國近代東北經濟史研究－鐵道敷設と中國東北經濟の変化』, 東方書店, 1993.

月脚達彦, 『朝鮮開化思想とナショナリズム－近代朝鮮の形成』, 東京大學出版會, 2009.

角山榮, 「明治初期, 海外における日本商社及び日本商人－明治17年・明治22年の調査を中心として」, 『商經學叢』(近畿大學) 30, 1984.

鶴嶋雪嶺, 『豆滿江地域開發』, 關西大學出版部, 2000.

寺内威太郎, 「義州中江開市について」, 『駿臺史學』66, 1986.

_____, 「柵門後市と湾商」, 神田信夫先生古稀記念論集編纂委員會 編, 『清朝と東アジア』, 山川出版社, 1992a.

_____, 「柵門後市管見－初期の實態を中心に」, 『駿臺史學』85, 1992b.

_____, 「近世における朝鮮北境と中國－咸鏡道の國境貿易を中心に」, 『朝鮮史研究會論文集』36, 1998.

遠山茂樹, 「世界史把握の視点」, 幼方直吉・遠山茂樹・田中正俊 編, 『歷史像再構成の課題－歷史學の方法とアジア』, 御茶の水書房, 1966.

中山弘正, 『帝政ロシアと外國資本』, 岩波書店, 1988.

波形昭一, 『日本植民地金融政策史の研究』, 早稻田大學出版部, 1985.

仁井田陞, 『中國法制史研究(土地法・取引法)』, 東京大學出版會, 1960.

西口忠, 「川口華商の形成」, 堀田曉生・西口忠 編, 『大阪川口居留地の研究』, 思文閣出版, 1995.

西里喜行, 「清末の寧波商人について(上)(下)－「浙江財閥」の成立に關する一考察」, 『東洋史研究』26-1・2, 1967.

_____, 「黎庶昌の對日外交論策とその周辺－琉球問題・朝鮮問題をめぐって」, 『東洋史研究』53-3, 1994.

西村閑也, 「香港上海銀行の行内資金循環, 1913年」, 『經營志林』30-1, 1993.

_____, 「第一次グローバリゼーションとアジアにおける英系國際銀行」, 西村閑也・鈴木俊夫・赤川元章 編, 『國際銀行とアジア－1870～1913』, 慶應義塾大學出版會, 2014.

二野瓶德夫, 『明治漁業開拓史』, 平凡社, 1981.

布目潮渢, 「明治十一年長崎華僑試論－清民人名戶籍簿を中心として」, 山田信夫 編, 『日本華僑と文化摩擦』, 嚴南堂書店, 1983.

河明生[は・みょんせん], 「韓國華僑商業－1882年～1897年迄のソウルと仁川を中心として」, 『研究論

　　　集』(神奈川大學大學院經濟學研究科) 23, 1994.

朴俊炯[ぱく・ちゅにょん], 「近代韓國における空間構造の再編と植民地雜居空間の成立－淸國人及
　　　び淸國租界の法的地位を中心に」, 早稻田大學博士學位論文, 2012.

_____, 「東アジアにおける雜居と居留地・租界」, 李成市ほか 編, 『地域論(岩波
　　　講座日本歷史20)』, 岩波書店, 2014.

朴宗根[ぱく・ちょんぐん], 『日淸戰爭と朝鮮』, 靑木書店, 1982.

_____, 「日淸戰爭と朝鮮貿易－日本による朝鮮對外貿易の支配過程」, 『歷史學研究』536, 1984.

箱田惠子, 『外交官の誕生－近代中國の對外態勢の變容と在外公館』, 名古屋大學出版會, 2012.

橋谷弘, 「釜山・仁川の形成」, 大江志乃夫ほか 編, 『植民地化と産業化(岩波講座近代日本と植民地
　　　3)』, 岩波書店, 1993.

羽鳥敬彦, 『朝鮮における植民地幣制の形成』, 未來社, 1986.

羽原又吉, 『日本昆布業資本主義史－支那輸出』, 有斐閣, 1940.

_____, 『日本近代漁業經濟史』上・下, 岩波書店, 1957.

濱下武志, 『近代中國の國際的契機－朝貢貿易システムと近代アジア』, 東京大學出版會, 1990.

_____, 「朝貢と條約－東アジア開港場をめぐる交渉の時代1834～94」, 溝口雄三・濱下武志・平石
　　　直昭・宮嶋博史 編, 『アジアから考える3周緣からの歷史』, 東京大學出版會, 1994.

_____, 「一九世紀後半の朝鮮をめぐる華僑の金融ネットワーク」, 杉山伸也・リンダ・グローブ 編,
　　　『近代アジアの流通ネットワーク』, 創文社, 1999.

_____, 『華僑, 華人と中華網－移民・交易・送金ネットワークの構造と展開』, 岩波書店, 2013.

原暉之, 「ロシアにおける朝鮮獨立運動と日本」, 『季刊三千里』17, 1979.

_____, 「ウラジオストクの新韓村」, 『季刊三千里』50, 1987.

_____, 『ウラジオストク物語－ロシアとアジアが交わる街』, 三省堂, 1998.

_____, 「日露戰爭後のロシア極東－地域政策と國際環境」, 『ロシア史研究』72, 2003.

_____, 「巨視の歷史と微視の歷史－『アムール現地總合調査叢書』(一九一一～一九一三年)を手がか
　　　りとして」, 『ロシア史研究』76, 2005

_____, 「ウラジオストクの新韓村・再考」, 『セーヴェル』23, 2006.

_____, 「近代東北アジア交易ネットワークの成立」, 左近幸村 編, 『近代東北アジアの誕生－跨境史へ
　　　の試み』, 北海道大學出版會, 2008.

原康記, 「明治期長崎貿易における外國商社の進出とその取引について－中國商社の場合を中心に」,
　　　『經濟學研究』57-2, 1991.

坂野正高, 『近代中國政治外交史－ヴァスコ・ダ・ガマから五四運動まで』, 東京大學出版會, 1973.

菱谷武平, 「長崎外人居留地に於ける華僑進出の經緯について」, 『長崎大學學芸學部社會科學論叢』12,
　　　1963.

_____, 「唐館の解体と支那人居留地の形成」, 『長崎大學敎育學部社會科學論叢』19, 1970.

玄武岩[ひょん・むあむ], 「越境するエスニック・メディア－極東ロシアの沿海州を中心とするコリア
　　　ンのメディア・ネットワーク－」玄武岩『コリアン・ネットワーク－メディア・移動の歷史と
　　　空間』, 北海道大學出版會, 2013.

福井憲彦, 「國家論・權力論の変貌」, 歷史學研究會 編, 『國家像・社會像の変貌(現代歷史學の成果と

課題, 1980~2000年, 11)』青木書店, 2003.

藤村道生, 「朝鮮における日本特別居留地の起源」, 『名古屋大學文學部研究論集』35(史學12), 1965.

古田和子, 『上海ネットワークと近代東アジア』, 東京大學出版會, 2000.

彰澤周, 『明治初期日韓淸關係の研究』塙書房, 1969.

堀和生, 「韓國併合に關する經濟史的研究－貿易・海運を素材として」森山茂德・原田環 編, 『大韓帝國の保護と併合』東京大學出版會, 2013.

_____・木越義則, 「開港期朝鮮貿易統計の基礎的研究」, 『東アジア經濟研究』3, 2008.

堀地明, 「中國米密輸問題と東アジア米穀流通(1895~1911)」, 『北九州市立大學外國語學部紀要』105, 2002.

_____, 『明治日本と中國米－輸出解禁をめぐる日中交涉』中國書店, 2013.

洪宗郁[ほん・じょんうく], 「內在的發展論の臨界－梶村秀樹と安秉珆の歷史學」, 『朝鮮史研究會論文集』48, 2010.

松重充浩, 「營口－張政權の地方掌握過程」安富步・深尾葉子 編, 『「滿洲」の成立－森林の消盡と近代空間の形成』名古屋大學出版會, 2009.

松田利彦, 「近代朝鮮における山東出身華僑－植民地期における朝鮮總督府の對華僑政策と朝鮮人の華僑への反應を中心に」千田稔・宇野隆夫編『東アジアと「半島空間」－山東半島と遼東半島』, 思文閣出版, 2003.

三谷博, 「一九世紀における東アジア國際秩序の轉換－條約体制を「不平等」と括るのは適切か」, 『東アジア近代史』13, 2010.

宮下忠雄, 『中國幣制の特殊研究－近代中國銀兩制度の研究』日本學術振興會, 1952.

村上衛, 『海の近代中國－福建人の活動とイギリス・淸朝』名古屋大學出版會, 2013.

村上勝彦, 「第一銀行朝鮮支店と植民地金融」, 『土地制度史學』16-1, 1973a.

_____, 「植民地金吸收と日本産業革命」, 『經濟學研究』(東大學)16, 1973b.

_____, 「植民地」, 大石嘉一郎 編, 『日本産業革命の研究』下, 東京大學出版會, 1975.

村上定, 『村上定自叙伝・諸文集』, 慶應義塾福澤研究センター, 1989.

茂木敏夫, 『變容する近代東アジアの國際秩序』山川出版社, 1997.

本野英一, 「辛亥革命期上海の信用構造維持問題－1910年「ゴム株式恐慌」を中心に」, 『近きに在りて』39, 2001.

_____, 『伝統中國商業秩序の崩壞－不平等條約体制と「英語を話す中國人」』, 名古屋大學出版會, 2004.

森万佑子, 「朝鮮政府の駐津大員の派遣(一八八三~一八八六)」, 『史學雜誌』122-2, 2013.

森田吉彦, 「日淸關係の轉換と日淸修好條規」岡本隆司・川島眞編『中國近代外交の胎動』, 東京大學出版會, 2009.

矢後和彦, 「露淸銀行・インドシナ銀行1896-1913年」西村閑也・鈴木俊夫・赤川元章 編, 『國際銀行とアジア－1870~1913』, 慶應義塾大學出版會, 2014.

安井三吉, 『帝國日本と華僑－日本・臺灣・朝鮮』, 青木書店, 2005.

安富步, 「大連商人と滿洲金圓統一化政策」, 『証券經濟』176, 1991.

_____, 『「滿洲國」の金融』, 創文社, 1997.

_____, 「縣城經濟－一九三〇年前後における滿洲農村市場の特徴」, 安富步・深尾葉子 編, 『「滿洲」

の成立－森林の消盡と近代空間の形成』, 名古屋大學出版會, 2009.

山岡由佳, 『長崎華商經營の史的研究－近代中國商人の經營と帳簿』, ミネルヴァ書房, 1995.

山田昭次, 「明治前期の日朝貿易－その日本側の担い手と構造について」家永三郎教授東京教育大學退官記念論集刊行委員會編『家永三郎教授東京教育大學退官記念論集2近代日本の國家と思想』, 三省堂, 1979.

山本進, 「淸末東三省の幣制－抹兌と 過帳」, 『九州大學東洋史論集』35, 2007.

_____, 『大淸帝國と朝鮮經濟－開發・貨幣・信用』, 九州大學出版會, 2014.

山本有造, 『日本植民地經濟史研究』, 名古屋大學出版會, 1992.

ユ・ヒョヂョン, 「利用と排除の情団   九世紀末、極東ロシアにおける「黃色人種問題」の展開」原田勝正 編, 『「國民」形成における統合と隔離』, 日本經濟評論社, 2002.

芳井研一, 『「環日本海」地域社會の變容－「滿蒙」・「間島」と「裏日本」』, 靑木書店, 2000.

吉田敬市, 『朝鮮水産開發史』, 朝水會, 1954.

吉田光男, 『近世ソウル都市社會研究－漢城の街と住民』, 草風館, 2009.

吉野誠, 「李朝末期における米穀輸出の展開と防穀令」, 『朝鮮史研究會論文集』15, 1978.

_____, 「開港期の穀物貿易」中村哲・安秉直 編, 『近代朝鮮工業化の研究』, 日本評論社, 1993.

藍孞, 「日本華橋社會における買辦制－第二次大戰前における神戶の銀行買辦を中心に」, 『歷史と神戶』5-4(通卷24), 1966.

廖赤陽, 『長崎華商と東アジア交易網の形成』, 汲古書院, 2000.

六反田豊, 「朝鮮前近代史研究と「海」－韓國學界の動向と「海洋史」を中心として」, 『朝鮮史研究會論文集』51, 2013.

渡邊美季・杉山淸彦, 「近世後期東アジアの通交管理と國際秩序」, 桃木至朗 編, 『海域アジア史研究入門』, 岩波書店, 2008.

和田正廣・翁其銀, 『上海鼎記號と長崎泰益號－近代在日華商の上海交易』, 中國書店, 2004.

한글문헌(가나다순)

가가, 「吉林永衡官帖局 延吉分局」, 『解放前 延邊經濟(延邊文史資料 7)』, 延吉 : 延邊人民出版社, 1994.

강석화, 『조선 후기 함경도와 북방영토의식』, 경세원, 2000.

강진아, 「근대 동아시아의 초국적 자본의 성장과 한계－재한화교기업 동순태(同順泰)(1874?~1937)의 사례」, 『경북사학』 27, 경북사학회, 2004.

_____, 「동아시아경제사 연구의 미답지－서울대 중앙도서관 고문헌자료실소장 朝鮮華商 同順泰號關係文書」, 『동양사학연구』 100, 동양사학회, 2007a.

_____, 「廣東네트워크(Canton-Networks)와 朝鮮華商 同順泰」, 『사학연구』 88, 한국사학회, 2007b.

_____, 「근대전환기 한국화상의 대중국 무역의 운영방식－『同順泰寶號記』의 분석을 중심으로」, 『동양사학연구』 105, 동양사학회, 2008a.

_____, 「韓末 彩票業과 華商 同順泰號－20세기 초 동아시아 무역 네트워크와 한국」, 『중국근현대사연구』 40, 중국근현대사학회, 2008b.

_____, 「동순태문서를 통해 본 근대전환기 조선 화상의 타자 인식」, 동북아역사재단 편, 『역사적 관점에서 본 동아시아의 아이덴티티와 다양성』, 동북아역사재단, 2010.

_____, 「근대전환기 동아시아 砂糖의 유통 구조와 변동 – 朝鮮華商 同順泰號를 중심으로」, 『중국 근현대사연구』 52, 중국근현대사학회, 2011a.

_____, 『동순태호 – 동아시아 화교 자본과 근대 조선』, 경북대 출판부, 2011b.

_____, 「在韓華商 同順泰號의 눈에 비친 淸日戰爭」, 『역사학보』 224, 역사학회, 2014a.

_____, 「청일전쟁 시기 華商 同順泰號의 영업 활동 – 변경에서의 愛國과 致富」, 『중국근현대사연 구』 64, 중국근현대사학회, 2014b.

고동환, 「18, 19세기 외방포구의 상품 유통 발달」, 『한국사론』 13, 서울대, 1985.

_____, 『朝鮮後期 서울 商業發達史 硏究』, 지식산업사, 1998.

_____, 「조선 후기 ~ 한말 신용거래의 발달 – 於音과 換을 중심으로」, 『지방사와 지방문화』 13-2, 역사문화학회, 2010.

_____, 『조선시대 시전상업 연구』, 지식산업사, 2013.

고민정 · 김혁 · 안혜경 · 양선아 · 정승모 · 조영준, 『잡담(雜談)과 빙고(憑考) – 경기 · 충청 장토문 적으로 보는 조선 후기 여객주인권』, 소명출판, 2013.

고병익, 「목인덕(穆麟德)의 고빙(雇聘)과 그 배경」, 『진단학보』 25 · 26 · 27 합집, 진단학회, 1964.

고승희, 「18, 19세기 함경도 지역의 유통로 발달과 상업활동」, 『역사학보』 151, 역사학회, 1996.

_____, 『조선 후기 함경도 상업연구』, 국학자료원, 2003.

구선희, 『韓國近代 對淸政策史 硏究』, 혜안, 1999.

_____, 「고종의 서구 근대 국제법적 대외관계 수용 과정 분석」, 『동북아역사논총』 32, 동북아역 사재단, 2011.

국사편찬위원회, 『한국사44 갑오개혁 이후의 사회 · 경제적 변동』, 국사편찬위원회, 2000.

권석봉, 『청말 대조선정책사연구』, 일조각, 1986.

권혁수, 『19世紀末 韓中關係史硏究 – 李鴻章의 朝鮮認識과 政策을 中心으로』, 백산자료원, 2000.

김경태, 「갑신 · 갑오기의 상권회복문제」, 『한국사연구』 50 · 51, 한국사연구회, 1985.

김동철, 「부산의 유력자본가 香椎源太郎의 자본축적과정과 사회활동」, 『역사학보』 186, 역사학회, 2005.

김수희, 『근대 일본어민의 한국진출과 어업경영』, 경인문화사, 2010.

김승, 『근대 부산의 일본인 사회와 문화변용』, 선인, 2014.

김옥경, 「개항후 어업에 관한 일 연구」, 『대한제국연구』 V, 1986.

김원모, 「견미 조선보빙사 수원 변수 · 고영철 · 현흥택 연구」, 『상명사학』 3 · 4 합집, 상명사학회, 1995.

김윤희, 『근대 동아시아와 한국 자본주의 – 공생과 독점 이중지향의 자본축적』, 고려대민족문화 연구원, 2012.

김재호, 「갑오개혁 이후 근대적 재정제도의 형성과정에 관한 연구」, 서울대 박사논문, 1997.

_____, 「개항기 원격지무역과 '회사' – 대러시아 무역과 경성천일회사」, 『경제사학』 27, 경제사학 회, 1999.

김정기, 「조선정부의 청차관 도입(1882 ~ 1894)」, 『한국사론』 3, 서울대, 1976.

_____, 「1880년대 기기국・기기창의 설치」, 『한국학보』 10, 일지사, 1978.

_____, 「1890년 서울상인의 철시동맹파업과 시위 문쟁」, 『한국사연구』 67, 한국사연구회, 1989.

김제문화원, 『내고장의 옛이름-김제군 마을 유래』, 김제문화원, 1991.

김주용, 「일제의 대간도금융침략정책과 한인의 저항운동연구-1910~1920년대를중심으로」, 동국대 박사논문, 2001.

_____, 『일제의 간도 경제침략과 한인사회』, 선인, 2008.

김춘선, 「1880~1890년대 청조의 '이민실변'정책과 한인이주민 실태 연구-북간도 지역을 중심으로」, 『한국근현대사연구』 8, 한국근현대사학회, 1998.

김태웅, 「대한제국기 군산 객주의 '상회사 설립과 경제・사회운동」, 『지방사와지방문화』 9-1, 학연문화사, 2006.

김희신, 「'漢城 開設行棧 조항 개정' 교섭과 중국의 대응」, 『동양사학연구』 113, 동양사학회, 2010a.

_____, 「淸末(1882~1894年)漢城 華商組織과 그 位相」, 『중국근현대사연구』 46, 중국근현대사학회, 2010b.

_____, 「駐朝鮮使館의 화교 실태조사와 관리-청일전쟁 이전 한성・인천을 중심으로」, 『명청사연구』 34, 명청사학회, 2010c.

_____, 「청말 주한성상무공와 화상조직」, 『동북아역사논총』 35, 동북아역사재단, 2011a.

_____, 「근대 한중관계의 변화와 외교당안의 생성-『淸季駐韓使館保存檔』을 중심으로」, 『중국근현대사연구』 50, 중국근현대사학회, 2011b.

_____, 「華僑, 華僑 네트워크와 駐韓使館-청일전쟁 이후 한성 지역을 중심으로」, 『중국사연구』 89, 중국사학회, 2014.

나애자, 「이용익의 화폐개혁론과 일본제일은행권」, 『한국사연구』 45, 한국사연구회, 1984.

_____, 「개항후 외국상인의 침투와 조선상인의 대응」 한국역사연구회편 『1894년 농민전쟁연구』 1, 역사비평사, 1991.

_____, 「개항기(1876~1904)민간해운업」, 『국사관논총』 53, 국사편찬위원회, 1994.

_____, 『韓國近代海運業史研究』, 국학자료원, 1998.

담영성, 「조선 말기의 청국상인에관한연구-1882~1885년까지」 단국대 석사논문, 1976.

도면회, 「갑오개혁 이후 화폐제도의 문란과 그 영향(1894~1905)」, 『한국사론』 21, 서울대, 1989.

류승렬, 「한말 일제초기 상업변동과 객주」, 서울대 박사논문, 1996.

박경룡, 『개화기 한성부 연구』, 일지사, 1995.

박구병, 「한・일 근대 어업관계 연구」, 『부산수산대연구보고』(사회과학편) 7-1, 부산수산대, 1967.

박원선, 『객주』, 연세대 출판부, 1968.

_____, 「거간」, 『연세논총』 10, 연세대, 1973.

박은경, 『한국 교의 종족성』, 한국연구원, 1986.

박정현, 「청일전쟁 이후 한중 간 분쟁의 유형과 한국인의 중국인에 대한 인식」, 『중국근현대사연구』 59, 중국근현대사학회, 2013.

박정현・권인용・배항섭・박찬홍・강격락・송규진・손승희・김희신・이영옥, 『중국 근대 공문서에 나타난 韓中關係-『淸季駐韓使館檔案』 解題』, 한국학술정보, 2013.

박준형, 「1890년대 후반 한국 언론의 '자주독립'과 한청관계의 재정립」, 『한국사론』 54, 서울대, 2008.

_____, 「개항기 漢城의 開市와 잡거문제 - 한성개잔 및 철잔 교섭을 중심으로」, 『향토서울』 82, 서울역사편찬원, 2012.

_____, 「개항기 平壤의 개시과정과 開市場의 공간적 성격」, 『한국문화』 64, 규장각한국학연구소, 2013a.

_____, 「잡거의 역사, 한국 화교와 이웃하기」, 『동방학지』 161, 연세대 출판부, 2013b.

_____, 「日本專管租界 내 잡거 문제와 공간재편 논의의 전개」, 『도시연구』 12, 도시사학회, 2014.

박현규, 「서울 吳武壯公祠의 歷史와 現況 고찰」, 『중국사연구』 74, 중국사학회, 2011.

박환, 「최재형과 재러한인사회 - 1905년 이전을 중심으로」, 『사학연구』 55·56합집, 한국사학회, 1998.

변광석, 『朝鮮 後期 市廛商人 硏究』, 혜안, 2001.

서영희, 『대한제국 정치사 연구』, 서울대 출판부, 2003.

손정목, 『韓國 開港期 都市變化過程硏究 - 開港場, 開市場, 租界, 居留地』, 일지사, 1982.

손태현, 『한국해운사』(증정판), 효성출판사, 1997.

송규진, 「일제하 관세정책의 변화가 조건의 대중국 무역에 끼친 영향」, 『아세아연구』 47-2, 고려대 아세아문제연구소, 2004.

_____, 「청계주한사관당안(清季駐韓使館檔案)'소송안건' 계량화를 통한 근대 한중 간 소송사건에 대한 재해석」, 『아세아연구』 57-1, 고려대 아세아문제연구소, 2014.

신용하, 『독립협회연구』, 일조각, 1976.

_____, 「오경석의 개화사상과 개화활동」, 『역사학보』 107, 역사학회, 1985.

양상현, 「대한제국 내장원의 인삼관리와 삼세징수」, 『규장각』 19, 서울대 규장각 한국학연구원, 1996.

양정필, 「19세기~20세기초 개성상인 삼업자본연구」, 연세대 석사논문, 2001.

양필승·이정희, 『차이나타운 없는 나라 - 한국 화교 경제의 어제와 오늘』, 삼성경제연구소, 2004.

연갑수, 「개항기 권력집단의 정세인식과 정책」, 한국역사연구회 편, 『1894년 농민전쟁연구』 3, 역사비평사, 1993.

_____, 『대원군집권기 부국강병정책 연구』, 서울대 출판부, 2001.

_____, 『고종대정치변동연구』, 일지사, 2008.

오두환, 『한국근대화폐사』, 한국연구원, 1991.

오미일, 『한국근대자본가연구』, 한울아카데미, 2002.

_____, 「開港(場)과 移住商人 開港場都市 로컬리티의 형성과 기원」, 『한국근현대사연구』 47, 한울엠플러스, 2008.

유승주, 『조선시대 광업사 연구』, 고려대 출판부, 1993.

_____ · 이철성, 『조선 후기 중국과의 무역사』, 경인문화사, 2002.

은정태, 「개념의 충돌인가, 해석의 문제인가? - 영사재판의 '청심(聽審)' 조항을 중심으로」, 『개념과 소통』 2-2, 한림대 한림과학원, 2009.

이배용, 『한국근대 광업침탈사 연구』, 일조각, 1989.

이병천, 「조선 후기 상품유통과 여객주인」, 『경제사학』 6, 경제사학회, 1983.

_____, 「거류지무역기구와 개항장객주」, 『경제사학』 7, 경제사학회, 1984.

_____, 「개항기 외국상인의 침입과 한국상인의 대응」, ソウル대 박사논문, 1985.

이상근, 『한인 노령이주사 연구』, 탐구당, 1996.

_____, 「연해주지역에 이주한 한인들의 상공업」, 간행위원회 편, 『죽당 이현희교수 화갑기념한국사학논총』, 국학자료원, 1997.

이승렬, 『제국과 상인-서울·개성·인천지역 자본가들과 한국 부르주아의 기원, 1896~1945』, 역사비평사, 2007.

이시카와료타, 「開港期 中國人 商人의 活動과 情報媒体-同順泰 書簡資料를 中心으로」, 『규장각』 33, 서울대 규장각 한국학연구원, 2008.

_____, 「인천을 둘러싼 러시아 정기항로 구축과 화교 상인-대한제국 시기를 중심으로」, 『인천문화연구』 9, 인천광역시립박물관, 2012.

이영옥, 「하중 민간 노동자, 1906~1910-導之案姚貴春案劉金有案 등 살인사건을 중심으로」, 『중국근현대사연구』 35, 중국근현대사학회, 2007.

이영호, 「19세기 포구수세의 유형과 포구유통의 성격」, 『한국학보』 41, 일지사, 1985.

_____, 「인천개항장의 '한국형 買辦', 徐相渙의 경제활동」, 『사학연구』 88, 한국사학회, 2007.

이영훈·박이택, 「농촌 미곡시장과 전국적 시장통합-1713~1937」, 『조선시대사학보』 16, 조선시대사학회, 2001.

이옥련, 『인천화교사회의 형성과 전개』, 인천문화재단, 2008.

이원순, 「한말 제주도 통어문제 일고」, 『역사교육』 10, 역사교육연구회, 1967.

이은자, 「淸日戰爭 이전과 이후 在韓 韓中間 '訴訟' 안건 비교 분석」, 『아시아문화연구』 17, 가천대 아시아문화연구소, 2009.

_____, 「19世紀末 在朝鮮 未開口岸의 淸商 密貿易 관련 領事裁判案件 硏究」, 『동양사학연구』 111, 동양사학회, 2010.

이정은, 「최재형의 생애와 독립운동」, 『한국독립운동사연구』 10, 독립기념관 한국독립운동사연구소, 1996.

이정희·송승석, 『근대 인천화교의 사회와 경제-인천화교협회소장자료를 중심으로』, 학고방, 2015.

이철성, 『조선 후기 대청무역사 연구』, 국학자료원, 2000.

_____, 「大院君執權期 包蔘貿易政策과 海上密貿易」, 『조선시대사학보』 35, 조선시대사학회, 2005.

이항준, 「19세기 중·후반 관세청에 대한 정책과 그 성격」, 서울여대 석사논문, 1999.

이헌창, 「개항기 한국인 도정업에 관한 연구」, 『경제사학』 7, 경제사학회, 1984.

_____, 「한국 개항장의 상품유통과 시장권-한국개항기에서의 시장구조의 변동을 초래한 일차적 요인」, 『경제사학』 9, 경제사학회, 1985.

인하대한국학연구소 편, 『동아시아, 개항을 보는 제3의 눈』, 인하대 출판부, 2010.

_____ · 중국 복단대학역사지리연구중심 편, 『근대 동아시아의 공간 재편과 사회 변천』, 소명출판, 2015.

전성현, 「식민자와 조선-일제시기 大池忠助의 지역성과 '식민자'로서의 위상」, 『한국민족화』 49, 부산대 한국민족문화연구소, 2013.

전우용, 「한국 근대의 華僑 문제」, 『한국사학보』 15, 고려사학회, 2003.

정태섭·한성민, 「開港 후(1882~1894) 淸國의 治外法權 행사와 朝鮮의 대응」, 『한국근현대사연구』 43, 한울엠플러스, 2007.

조세현, 『부산화교의 역사』, 산지니, 2013.

조정민, 『동아시아 개항장도시의 로컬리티』, 소명출판, 2013.

조재곤, 「1902·3년 일본제일은행권 유통과 한국상인의 대응」, 우송 조동걸선생 정년기념논총 간행위원회 편, 『한국민족운동사연구』, 나남출판, 1997.

최성기, 「책가어물시장내 상업기관-마방을 중심으로」, 편집위원회 편, 『한국근대경제사연구의 성과-추언 권병탁박사 화갑기념논총』 II, 형설출판사, 1989.

최태호, 「홍삼전매제도의 성립과정에 관한 연구」, 『경제논총』 5, 국민대, 1983.

하원호, 「개항후 방곡령실시의 원인에 관한 연구 (상)·(하)」, 『한국사연구』 49·50·51, 한국사연구회, 1985.

_____, 『한국근대경제사연구』, 신서원, 1997.

하지영, 「개항기 조선상인과 일본상인 간의 자금거래와 곡물유통」, 『지역과 역사』 20, 부경역사연구소, 2007.

한우근, 『개항기 상업구조의 변천-특히 외국상인의 침투와 한국인 상회사의 성립과정을 중심으로』, 한국문화연구소, 1970.

한철호, 『한국 근대 개화파와 통치기구 연구』, 선인, 2009.

현계순, 「韓末 韓日漁採問題의 硏究」, 서울대 석사논문, 1965.

홍성찬, 「일제하 韓日 무역 네트워크 형성의 한 樣相-1920, 30년대 초 견직물 무역업계의 사례」, 『동방학지』 145, 연세대 출판부, 2009.

홍순권, 「객주의 유통지배에 관한 연구」, 『한국학보』 39, 일지사, 1985.

_____, 『근대 도시와 지방권력-한말, 일제하 부산의 도시 발전과 지방세력의 형성』, 선인, 2010.

홍희유, 『조선상업사(고대·중세)』, 과학백과사전종합출판사(백산자료원재간), 1989.

중국어문헌(병음순)

丁日初, 『上海近代經濟史』, 上海人民出版社, 1994.

郭緒印, 『老上海的同鄉團體』, 文匯出版社, 2003.

林明德, 『袁世凱與朝鮮』, 中央硏究院近代史硏究所, 1970.

劉序楓, 「近代華南傳統社會中『公司』形態再考-由海上貿易到地方社會」, 林玉茹 編, 『比較視野下的臺灣商業傳統』, 中央硏究院臺灣史硏究所, 2010.

劉素芬, 「恤隣字小-甲午戰前的中韓賑災米糧貿易」, 海洋史叢書編輯委員會 編, 『港口城市與貿易網路』, 中央硏究院人文社會科學硏究中心, 2012.

秦裕光, 『旅韓華僑六十年見聞錄-韓國華僑史話』, 中華民國韓國硏究學會, 1983.

權赫秀, 『近代中韓關係史料選編』, 世界知識出版社, 2008.

_____, 『東亞世界的裂變與近代化』, 中國社會科學出版社, 2013.

宋鉆友, 『廣東人在上海(1843~1949年)』, 上海人民出版社, 2007.

王淑玲, 『韓國華僑歷史與現狀社會』, 社會科學文獻出版社, 2013.

市川信愛·戴一峰, 『近代旅日華僑與東亞沿海地區交易圈-長崎華商『泰益號』文書硏究』, 廈門大學出版社, 1994.

謝杭生, 「淸末各省官銀錢號硏究(1894~1911)」, 『中國社會科學院硏究所集刊』 11, 1988.

楊培新, 『華俄道勝銀行和歐亞大陸第一橋－未透露過的沙俄侵華內幕』, 中國金融出版社, 1992.

楊昭全・孫玉梅, 『朝鮮華僑史』, 中國華僑出版公司, 1991.

張存武, 『淸韓宗藩貿易－1637～1894』, 中央硏究院近代史硏究所, 1978.

中國社會科學院經濟硏究所 編, 『上海市棉布商業』, 中華書局, 1979.

庄維民, 『近代山東市場經濟的變遷』, 中華書局, 2000.

_____, 『中間商與中國近代交易制度的變遷－近代行棧與行棧制度硏究』, 中華書局, 2012.

영어 문헌

Goodman, Bryan, *native place, city and nation : Regional networks and Identities in shanghai*, 1853~1937, University California press, 1995.

Ishikawa,Royta, "The Merchants of the korea-china Ginseng Trade in the Late Ninettenth, century", Lin, yu-ju and Zelin,Medeleine ed., *Merchant communities in asia,1600 ~1980*, pikering & chatto, 2014.

Larsen, kirk W., "From suzerainty to commerce- Sino-lorean Ecoonomic and Business, Relations during the Open Port Period(1876-1910)", ph.D thesis Harvard University, 2000.

_____, *Tradition, treaties and Trade : Qing Imperialism and Choson Korea, 1850 ~1910*, Harvard University Asia Center : Havard University press, 2008.

Noble, Harold J., "The Former Foreign Settlements in Korea", *The American Journal of International Law*, 23-4, 1929.

Patterson Wayne, *In the Service of His Korean Majesty-William Nelson Lovatt, the Pusan Customs, and Sino-Korean Relations 1876 ~1888, Institute of East Asian Studies*, University of California, 2012.

Quested, Rosemary K. I., *The Russo-Chinese Bank-A Multi-National Financial Base of Tsarism in China, Department of Russian Language and Liturature*, University of Birmingham, 1977.

Leung, Yuen Sang, "Regional Rivalry in Mid-Nineteenth Century Shanghai-Cantonese vs. Ningpo Men", *Ch'ing-shih Wehn-t'i* 4-8, 1982.

초출일람

제1장 Ishikawa, Ryota, "The Question of Foreign Residents in Pusan's Japanese Enclave during the 1880s", *Memories of the Research Department of the Toyo Bunko*, vol. 72, 2014.

제2장 「19世紀末 東アジアにおける國際流通構造と朝鮮－海産物の生産・流通から」, 『史學雜誌』 제109-2, 2000.

제3장 「1880年代の紅蔘對淸輸出と華商－裕增祥事件を通じて」, 『朝鮮史研究會論文集』 제53집, 2015.

제4장 「開港期漢城における朝鮮人・中國人間の商取引と紛爭－'駐韓使館檔案'を通じて」, 『年報朝鮮學』 제10호, 2007.

제6장 「朝鮮開港後における華商の對上海貿易－同順泰資料を通じて」, 『東洋史研究』 제63-2, 2005.

제7장 「朝鮮開港期における華商の內地通商活動－同順泰文書を通じて」, 『朝鮮學報』 제235집, 2015.

제9장 「20世紀初, 朝鮮東北部のルーブル紙幣流通-近代東アジア域內流通と朝鮮の地域経濟」, 『待兼山論叢』 제35호 사학편, 2001; 「近代東アジアのロシア通貨流通と朝鮮」, 『ロシア史研究』 제78호, 2006.

제10장 「日露戰爭軍票の流通實態と日本の對應－滿洲通貨政策の起點として」, 『軍事史學』 제40권 2・3호 합책, 2004; 이시카와 료타, 「'인천을 둘러싼 화교 네트워크와 일본제국－러일전쟁 군표 유입 문제를 중심으로」, 조정민 편, 『동아시아 개항장 도시의 로컬리티』, 소명출판, 2013.

제12장 「1910年代滿洲における朝鮮銀行券の流通と地域經濟」, 『社會經濟史學』 제68권제2호, 2002.

별도로 표시한 것 이외는 저자(이시카와 료타)의 단독 저작물이다. 모두 이 책에 수록하면서 대폭 가필, 수정하였다. 제5장, 제8장, 제11장과 서장, 종장, 보론은 새롭게 쓴 것이다. 단 다음 논문에서 검증한 내용을 부분적으로 이용했다.

「'ソウル大學校藏『同泰來信』の性格と成立過程－近代朝鮮華僑研究の端緒として」, 『九州大學東洋史論集』 제32호, 2004.

「開港後朝鮮における華商の貿易活動－1894年の淸國米中繼貿易を通じて」, 森時彦編, 『中國近代化の動態構造』, 京都大學人文科學研究所, 2009.

「19世紀末の朝鮮をめぐる中國人商業ネットワーク」, 籠谷直人・脇村孝平 編, 『帝國とアジア・ネットワークー長期の一九世紀』, 世界思想社, 2009.

Ishikawa, Ryota, "The merchants of the Korea-China Ginseng Trade in the Late Nineteenth Century", Lin Yu-ju and Madeleine Zelin ed., *Merchant Communities in Asia, 1600~1980,* Pickering & Chatto, 2014.

후기

"이것은 '조선사' 연구인가요"라는 질문을 몇 번이나 받은 것 같다. 돌이켜 보면 끊임없이 스스로에게 묻고 있었는데 사람들로부터 질문을 받았다고 생각했는지도 모르겠다. 특정 분야에 전공을 한정하는 것은 의미가 없다고 생각하지만 그래도 이 질문은 항상 마음 한구석에 남아 있었다.

조선 근대사, 특히 개항기의 경제사를 전공하고자 하는 생각은 일찍이 확고했으나 재학 중이었던 오사카대학大阪大學의 동양사 연구실에는 이를 전공하는 교수가 없었다. 그래서 일단은 수업을 통해 접하게 된 아시아 교역권론에 관심을 갖고 '외부로부터의 시선'을 통해 조선사에 접근해 보자고 생각했는데, 이 때가 졸업논문의 첫 중간보고 직전인 1996년 봄이었다. 중국사, 중앙아시아사, 동남아시아사를 전공하는 교수·대학원생으로 구성되었던 소속 연구실의 분위기는 전문 분야나 접근법의 선택에 관해서 매우 개방적이었고 논문 지도 교수인 가타야마 츠요시片山剛 선생님, 모모키 시로桃木至朗 선생님은 적극적으로 응원해 주셨다. 또 주임 교수인 하마시마 아츠토시濱島敦俊 선생님은 한문 사료 다루는데 엄격함을 잃지 않으시는 한편, 해박한 지식에 근거한 질문을 통해 항상 논의를 넓은 세계로 이끌어 주셨다. 그리고 저자의 대학원 진학과 거의 같은 시기에 아시아 교역권론 주창자 중 한명인 스기하라 가오루杉原薫 선생님이 오사카대학 경제학부에 부임하셔서 직접 가르침을 받을 수 있게 된 것도 매우 운이 좋았다.

그러나 '외부로부터의 시선'을 취한다고는 하지만 외부 환경 속에 조선을 자리매김하는 것만으로는 아무것도 알 수 없다. 이 사실을 뒤늦게 깨닫고 조선사 연구회 간사이 부회關西部会에 참석하기 시작했다. 저자의 조선사에 관한 지식 대부분은 이 연구회와 연구회 뒤풀이 자리에서 배운 것을 기초로 한다. 조선사 연구회 간사이 부회에서 만난 기타무라 히데토北村秀人 선생님을 통해 오사카 시립대학의 조선 사료 강독 수업에 참가할 수 있었고, 근대사를 전공하신 미즈노 나오키水野直樹 선생님, 후지나가 다케시藤永壯 선생님께는 기초 사료와 참고 도서, 문헌 검색법과 한국의 학계 사정에 이르기까지 때때로 연구실을 방문해 가르침을 받았다.

그리고 이러한 만남이 계기가 되어 점차 한국 연구자 중에도 지인이 늘어나고 서툰 한국어로 논문을 읽을 수 있게 되자 한국에는 한국 사정을 반영한 연구 흐름이 있다는 당연한 사실을 알게 되었다. 이와 동시에 이제껏 저자에게 강한 영향력을 미쳐온 아시아 교역권론이 1980년대부터 1990년대 일본이라는 고유한 역사적 조건의 산물이라는 점을 인식했으며 그 결과 연구자로서 스스로의 입장, 자세를 고민하기 시작했다.

이러한 고민 속에서 연구를 이어가던 저자에게 2007년부터 2008년에 걸쳐 서울대학교 규장각한국학연구원에서 객원연구원으로 있으면서 한국 학계를 내부로부터 볼 수 있는 기회를 얻은 것은 큰 전환점이 되었다. 조선 사회를 연구 대상으로 삼는 모든 분야의 연구자가 모이는 기관에서 아침부터 밤까지 사료를 보고, 피곤하면 연구원의 연구자들과 한국 특유의 단맛이 나는 인스턴트커피를 마시면서 여러 가지 잡다한 이야기를 했다. 마침 미국산 소고기 수입 자유화를 계기로 일어난 반정부

시위가 최고조에 달한 무렵이었다. 급속한 '근대화'를 달성하는 한편, 글로벌화의 압력이 일본보다도 훨씬 일상 깊숙이 침투한 한국에서 연구자들이 한국 현실에 뿌리내린 역사학을 구축하고자 고군분투하고 격렬하게 논의하는 모습에 강한 자극을 받았다. 또 체류 중 한국에 있어서 동순태同順泰 문서 연구의 1인자인 강진아 선생님은 만나 다양한 가르침을 받은 것은 이 연구에 직접적으로 이어지는 귀중한 만남이었다.

한편 일본의 아시아 경제사 연구는 지구사global history나 영국 제국사와 연계하고 중국사로부터 여러 가지 의미의 반응을 본격적으로 수용하면서 아시아 교역권론의 틀을 넘어 크게 발전해 갔다. 저자도 그들의 논의를 가능한 계속 팔로업 했지만 이를 어떻게 조선사와 연결시키면 좋을지 단서를 얻을 수 없는 상태가 이어졌다. 그러한 가운데 가고타니 나오토籠谷直人 선생님은 자주 연구회에 초대하여 자네 연구는 의미가 있다고 용기를 주셨다. 일본사에서 시작하여 그 내부로부터 아시아 경제사로 길을 열어 오신 선생님의 말에는 묵직한 무언가가 있었다. 또 중국사의 입장에서 조중관계사의 새로운 시각을 제시한 오카모토 다카시岡本隆司 교수님께서는 매번 조선과 관련된 저서를 출판하실 때 마다 건네주셨고 연구회에서도 따뜻하게 격려해 주셨다. 내가 할 수 있는 연구가 남아 있을까라는 압박감을 느끼면서도 오카모토 교수님의 저서를 넘길 때마다 새로운 힌트를 얻었다.

저자의 지금까지의 연구는 아시아 경제사라는 평면 속에 조선을 자리매김하는 방향과 조선 사회의 역사적 흐름 속에 개항기의 독자적인 위상을 재검토하는 방향, 이 두 방향 사이에서 동요하며 진행해 왔다. 이 책의 서장과 종장의 제목은 의도한 것은 아니었지만 다시 보니 이러한 시각의 왕복, 동요를 나타낸 것 같다는 생각이 든다. 아시아 경제사와 조선사의 접점을 찾는다는 의도가 이 책을 통해 어디까지 달성할 수 있었는지는 확실하지 않다. 어느 쪽에서 보아도 부족한 점이 많다고 느껴지지만 다양한 방향으로부터의 비판을 통해 두 흐름을 연결하는 하나의 계기가 된다면 더 없는 행복일 것이다.

앞에서 언급한 한국의 무역 자유화를 둘러싼 논의 가운데서 '제2의 개국開國'이라는 말을 들은 적이 있다. 거기에는 식민지화의 출발점이라는 함의가 포함되어 있었던 것 같다. '개국'이라는 말이 갖는 울림에는 한일韓日 간에 큰 차이가 있다. 한편으로 각 지역의 구舊 개항장에서는 방치되어 온 개항기·식민지기의 건축물을 '문화재'로 보존·재생하려는 움직임도 보인다. 아픔을 동반하는 과거라도 자신들의 역사로 받아들이고 소화하고자 하는 행위라고 저자는 이해한다. 조선사 중에서도 개항기는 반드시 연구자가 많은 분야는 아니지만 상상을 초월하는 속도로 글로벌화가 진행되는 가운데 참고할 수 있는 역사적 틀로서 새로운 의미가 있다고 생각한다. 그러한 의미를 자각하면서 연구를 더욱 심화해 감으로써 지금까지 저자를 키워 주신 분들에게 작지만 보답을 하고 싶다.

위에 이름을 거론할 수 없었던 분들을 포함하여 저자를 공사公私에 걸쳐 지켜 봐주시고 지지해 주신 분들 그리고 자유로운 연구를 허락해 주신 사가대학佐賀大學과 리쓰메이칸대학立命館大學의 여러분들에게 마음속으로 깊이 감사를 표하고 싶다. 또 이 책은 일본학술진흥회日本學術振興會의 헤이세이平成 27년도(2015) 과학연구비 보조금('연구성과 공개 촉진비·학술도서')의 지원을 받아 출판하였다. 이에 대해서도 여러분의 배려에 감사를 드리고 싶다.

2016년 1월

이시카와 료타(石川 亮太)

추기에 덧붙여

이 책이 간행되고 5년이 채 안 되는 사이 한국과 일본의 연구 상황은 많이 바뀌었다. 특히 한국 화교는 글로벌화가 한층 진행되면서 한국에서 가장 오랜 역사를 지닌 정주(定住) 외국인으로 재발견되어 다양한 시각에서 관련 연구가 진행 중이다. 역사학에서도 과거 일본 대학에 몸담았고 필자도 많은 가르침을 받은 이정희 교수님(현재 인천대학교 재직)의 저서를 비롯하여 무게감 있는 연구들이 잇달아 발표되고 있다. 이 책의 내용도 이들 연구를 반영하여 고쳐나가야 할 부분이 많지만 시간적 제약으로 인해 하지 못했다. 이 점을 여기에 밝히고 관련된 연구자들에게 양해의 말씀을 드리고 싶다.

2020년 8월

저자 이시카와 료타

역자 후기

이시카와 료타 선생님의 저자 후기 첫 줄, "이것은 '조선사' 연구인가요라는 질문을 몇 번이나 받은 것 같다"라는 구절이야말로 이 책의 성격과 특징을 온전히 표현하지 않나 싶다. 언제부터인지 알 수 없을 정도로 우리에게 근대 동아시아 삼국의 역사를 조선사, 일본사, 중국사로 분류하는 것은 자연스럽다. 그렇기 때문에 위의 질문도 어쩌면 매우 자연스러운 것인데 이 책은 그러한 '자연스러움'에 의해 놓칠 수도 있는 부분, 바꾸어 말하자면 '일국사一國史'로는 설명할 수 없는 역사 속 인물, 사건, 현상을 고민하고 재구성한다. 이 책은 개항 후 조선에서 활동한 화상華商을 통해 조선의 개항이 지니는 역사적 의미를 살펴본 연구이다. 따라서 조선과 중국은 물론, 당시 제국으로서 세를 확장하던 일본, 세 나라 모두를 무대로 한다. 물론 이제껏 화상이라는 존재를 통해 근대 동아시아를 바라보고 '일국사'적 시각을 넘어서고자 하는 시도가 없었던 것은 아니다. 하지만 이 책은 특히 조선 화상의 역동성에 주목하고 국제 정치, 경제, 사회 속의 근대 조선을 그려냈다는 점에서 국내에 번역, 출판되는 것은 큰 의미가 있다고 생각한다.

그리고 이처럼 '일국사'를 넘는 근대 조선 나아가 동아시아 상像을 그려낸 『근대 아시아 시장과 조선』을 번역하면서 역자에게 매우 중요하게 다가온 키워드가 하나 있다. 바로 해역海域이다. 바다와 관련된 인간 활동의 범위라고 할 수 있는 해역을 통해 우리는 국가나 지역 사회의 배후지가 지니는 특성을 고려하면서 '바닷길'을 통한 사람, 물건, 문화의 교류를 이해할 수 있다. 그리고 이 책의 주인공인 조선 화상이야말로 이러한 해역을 무대로 왕성하게 활동한 대표적인 집단이다. 개항장에서 시작된 조선 화상의 활동은 점차 기타 지역으로 확장되어 갔지만 대부분이 해역이라고 부를 수 있는 지역을 중심으로 했다. 해역은 다층적인 네트워크로 구성된다는 특징을 지닌다. 그리고 이를 통해 국가의 경계가 주는 제약을 초월할 수 있는 동시에 국가(제국)의 통제를 받기도 한다. 이 책에서 살펴보았듯이 결과적으로 해역을 중심으로 한 조선 화상의 활동이 다양한 아이러니컬함을 포함할 수밖에 없었던 이유도 여기에 있다. 『근대 아시아 시장과 조선』에서는 해역에 주목함으로써 비로소 조선 화상의 활동을 종합적, 입체적으로 검증할 수 있었다고 생각하며, 여기에 이 책이 부경대학교 인문사회과학연구소 '"해역"인문학 번역총서'의 한 권인 이유가 있을 것이다. 아직까지 국내에서 생소한 개념인 '해역'이 『근대 아시아 시장과 조선』의 출판을 계기로 조금 더 널리 알려졌으면 하는 바람이 있다.

번역을 위해 이 책을 짧지 않은 시간 동안 붙잡고 있으면서 반복하여 감탄한 바가 있었다. 바로 알기 쉽게 정리된 방대한 실증적 자료의 존재이다. 새롭게 발굴한 사료는 물론, 기존의 역사적 자료도 교차 검토를 거쳐 철저하게 검증하였고 이를 최대한 독자가 이해하기 쉬운 형태로 제시하려 한 저자의 열의가 느껴졌다. 이 책이 출판됨으로써 이들 자료가 국내에서도 새로운 학문적 자극과 시도의 계기가 되기를 바란다.

최민경